12117

LE PARFAIT PROCUREUR,

CONTENANT

La nouvelle maniere de proceder , dans toutes les Cours & Jurifdictions du Roiaume , tant en matiere Civile, que Criminelle & Beneficiale, Aides, Tailles, Gabeles, Lods & Ventes , Criées, & adjudications par Decret.

Tirée des Ordonances , des Arrêts & des Coûtumes de France.

AVEC

La refolution des queftions les plus frequentes de Droit & de Pratique , même fur les droits honorifiques des Seigneurs dans les Eglifes.

Par PIERRE NE'EL DUVAL, Sieur de la Liffandriere , Avocat en Parlement.

TOME II.

F 2712 2.

A LYON.

Chez ANTOINE BOUDET, Libraire, ruë Merciere.

M. DCCV.

Avec Privilége du Roi.

TABLE

DES CHAPITRES ET FORMULES
contenus dans le fecond Tome de ce Livre.

CHAPITRE PREMIER.

E la taxe & liquidation des domages & interêts , page 1
Formule de declaration de domages & interêts , p. 5
Signification de jugement & de la declaration defdits do-
mages & intcrêts , p. ibidem.
Requête pour obtenir la contrainte par corps , contre un Procureur qui
eſt refuſant de rendre les pieces juſtificatives de la declaration des
domages & interêts , p. 6
Comiſſion pour taxe de dépens & liquidation de domages & interêts ,
p. 7
C H A P. II. *Des dépens ,* p. ibidem.
Formule de declaration de dépens , p. 19
Executoire de dépens , p. 23
C H A P. III. *Des droits qui doivent entrer en taxe , & de la taxe*
d'iceux , p. 25
C H A P. IV. *Des apelations de taxes de dépens ,* p. 30
Formule d'acte d'apel pour taxe de dépens , p. 31
Requeſte contre un Grefier qui refuſe de donner la declaration deſdits dé-
pens , ſur le recepicé du Procureur , ou de l'envoier au grefe de la Ju-
riſdiction où l'apel reſſortit , p. ibidem.
Autre , faute de croiſer , p. 32
Autre de l'apelant , à ce que la taxe des dépens ſoit infirmée; p. 34
Autre , lorſque ledit apelant neglige de faire juger ſon apel , ibidem.
Letre d'apel d'une taxe & executoire de dépens du conſeil , p. 36
Anticipation ſur ledit apel , ibidem.
CHAP. V. *Des ſaiſies & executions ,* ibidem.

ã ij

TABLE

CHAP. VI. *Des ventes de meubles, grains, bestiaux & choses mobiliaires,* p. 46

Formule de taxes pour salaires d'huissiers & sergens, p. 49

CHAP. VII. *Des opositions aux saisies & ventes de meubles, de la décharge des gardiens, & du privilege des creanciers,* ibidem.

CHAP. VIII. *Des saisies & arrêts de deniers,* p. 55

CHAP. IX. *Des saisies reelles,* p. 58

CHAP. X. *Du bail judiciaire, fait à la requête du Comissaire établi aux choses saisies,* p. 66

CHAP. XI. *Des criées & certifications d'icelles,* p. 73

Formule de requête pour faire élire un tuteur à une femme mineure, aux fins de faire vendre, crier & ajuger par decret les biens immeubles à elle propre, p. 76.

Ajournement au subrogé tuteur pour continuation de poursuite & criée d'heritage, saisis reelement & mis en decret, p. 77.

CHAP. XII. *De la subrogation des criées,* p. 85

Formule de letres d'atribution de jurisdiction pour criée, p. 87

Validation de criée, p. 88

CHAP. XIII. *Des opositions, & criées,* ibidem.

Formule d'apointement de production sur une oposition, p. 90

CHAP. XIV. *Des ajudications par decret,* p. 105

CHAP. XV. *Des decrets volontaires,* p. 116

CHAP. XVI. *De l'ordre de creanciers, & distribution des deniers entre eux,* p. 121

CHAP. XVII. *De la preference des creanciers hipotequaires* p. 124

CHAP. XVIII. *Des contraintes par corps,* p. 126

Formule de sentence portant que dans quinxaine le debiteur sera contraint par corps, p. 133

Requête pour avoir permission d'emprisoner Fêtes & Dimanches, p. 134

CHAP. XIX. *Des reditions de comptes,* p. 135

Formule de jugement, portant condanation de rendre compte, p. 136

Requête à ce que le contable soit contraint à presenter son compte, p. 137

Jugement portant que le contable represeñtera le compte, ibidem.

Compte de tutelle, p. 138

Requête aux fins d'obtenir contrainte, contre un Procureur pour rendre les pieces justificatives du compte de tutelle, p. 141

Apointement à fournir de debats, & soûtenemens, écrire & produire, p. 143

DES CHAPITRES.

Debats de compte, ibidem.

Soûtenemens, p. 144.

CHAP. XX. Des évocations du principal, p. 145

CHAP. XXI. Des apelations incidentes, p. 146

CHAP. XXII. Des faits nouveaux, p. 149

CHAP. XXIII. Des demandes incidentes, p. 150

Formule de requéte, pour demande incidente, ibidem.

CHAP. XXIV. Des interventions, p. 151

Formule d'arrêt, par lequel l'intervenant est reçu partie, p. 152

CHAP. XXV. Des productions nouvelles, p. 153

CHAP. XXVI. Des matieres sommaires, & des procedures qui s'y observent, p. 154.

CHAP. XXVII. Des apositions & levées de scellé, p. 159

Formule de requête, pour avoir permission de faire aposer le scellé, p. 160

Procés verbal d'aposition dudit scellé, p. 161

Oposition au scellé, p. 162

Requête pour faire lever le scelé, ibidem.

Inventaire, p. 163

Autre requéte pour avoir permission d'informer du recellé des éfets d'une succession, p. 165

CHAP. XXVIII. Du sequestre, ibidem.

Requête pour faire sequestrer des choses contentieuses, p. 169

Procés verbal de nomination d'ofice d'un sequestre, p. 170

Autre procés verbal portant delai en connivence de cause, p. 171

Acte de serment de sequestre, p. 172

Requéte aux fins de faire cometre un Conseiller pour proceder au bail judiciaire, p. 173

Afiche, p. 174

Bail judiciaire des choses sequestrées, p. 175

Requête pour avoir permission de faire les reparations, p. 177

CHAP. XXIX. De la qualité & diference des crimes en general, p. 178

CHAP. XXX. Des injures, p. 186

CHAP. XXXI. Des injures par écrit & libelles difamatoires, p. 190.

CHAP. XXXII. Des injures apelées reelles, & qui se cometent par voie de fait, p. 192

CHAP. XXXIII. Des meurtres & homicides, p. 195

CHAP. XXXIV. Du duel, p. 205

ã iij

TABLE

CHAP. XXXV. *Des filles & femmes qui celent leur groffeffe, &*
acouchement,

CHAP. XXXVI. *Du crime de paricide,* P. 208

CHAP. XXXVII. *Du crime de leze-Majefté divine,* P. 212

CHAP. XXXVIII. *Du crime de leze-Majefté humaine,* P. 214

CHAP. XXXIX. *Des empoifonemens,* P. 224

CHAP. XL. *De l'homicide de foi-même, & du curateur criée aux*
cadavres, P. 228

CHAP. XLI. *Du vol & larcin,* P. 232

CHAP. XLII. *Du crime de peculat,* P. 238

CHAP. XLIII. *Du crime de concuffion,* P. 259

CHAP. XLIV. *De la paillardife, ou fornication,* P. 263

CHAP. XLV. *Du concubinage & du rapt,* P. 266

CHAP. XLVI. *De l'adultere, de l'incefte, & de la paillardife*
contre nature, P. 270

CHAP. XLVII. *Du crime de faux & du parjure,* P. 279

CHAP. XLVIII. *De la fauffe monnoye,* P. 282

CHAP. XLVIX. *Des procedures en matieres criminelles,* P. 293

CHAP. L. *De la competence des Juges,* P. 295

CHAP. LI. *Des acufations, plaintes & denonciations, & pref-*
criptions de crime, P. 297

Formule de requéte contenant plainte, P. 311

Aēte par lequel le plaignant fe rend partie civile, P. 319

Autre requête de Monfieur le Procureur du Roi, ou fifcal, pour avoir
permiffion d'informer du delit comis, enfuite de la denonciation qui
lui en a été faite, P. 320

CHAP. LII. *Des procés verbaux des Juges, & de la capture des*
criminels, P. 322

Formule de procés verbal de l'état d'une perfone bleffée, P. 324

Conclufion de Monfieur le Procureur du Roi, P. 227

CHAP. LIII. *Des raports des Medecins & Chirurgiens,* P. 328

CHAP. LIV. *Des informations,* ibidem.

Formule d'information, P. 330

Comiffion rogatoire, P. 334

CHAP. LV. *Des monitoires,* P. 335

Formule de requête, afin d'avoir permiffion d'obtenir & faire publier
monitoire, P. 337

Autre pour faire faifir le temporel de l'Oficial, P. 338

Monitoire, P. 339

Opofition à la publication d'un monitoire, P. 340

P. 341

DES CHAPITRES.

CHAP. LVI. *Des decrets, & de leur executions.*   P. 344

Formule de decret de prife de corps.   P. 347

Autre fous la defignation de l'Abé.   Ibidem.

Autre de prife de corps à l'indication.   Ibidem.

Decret d'affigné pour être oüi.   Ibidem.

Autre fur ajournement perfonel.   Ibidem.

Autre fur procés verbal.   P. 348

CHAP. LVII. *Des défauts & contumaces.*   Ibidem.

Formule de procés verbal d'apofition de fcellé en la maifon de l'ac-cufé.   P. 350

Letre pour efter, à droit, aprés les cinq années de la Contumace,   P. 355

CHAP. LVIII. *Des rebellions en Juftice.*   P. 356

CHAP. LIX. *Des excufes ou exconies des acufés.*   P. 558

Formule de procés verbal d'atteftation de la verité d'un raport de Medecin.   P. 359

Somation à la partie civile de fe trouver à l'Audiance, pour voir dire que l'exonie fera reçûe.   P. 359

Jugement, portant permiffion d'informer de l'exconie.   P. 260

Requête, à fin de faire vifiter le corps de l'accufé.   P. 361

CHAP. LX. *Des fentences de provifion.*   Ibidem.

Formule de Requête, à fin de provifion en matiere criminele.   p. 362

CHAP. LXI. *Des Interrogatoires.*   p. 364

Formule d'Interrogatoire d'un acufé.   p. 370

Autre à l'acufé pour ajuger en dernier reffort.   p. 372

Autre à celui qui n'entend pas la langue Françoife.   Ibidem.

Autre aux acufés des cas Prevôtaux.   Ibidem.

CHAP. LXII. *Du bris de prifon.*   P. 373

CHAP. LXIII. *Du recollement & confrontations de témoins.*   P. 377

Formule de jugement portant que les témoins feront recolés & con-frontés.   P. 378

Requéte de l'acufé, à fin d'être relaxé.   Ibidem.

Recolement.   Ibidem.

Confrontation.   Ibidem.

CHAP. LXIV. *De la punition du crime de faux, tant princi-pal qu'incident.*   p. 383

Formule de Requête, à ce que ce défendeur foit tenu de declarer, s'il veut fe fervir de la piece maintenuë fauffe.   P. 385

Acte, portant que la piece infcripte de faux a été mife au gre-fe.   P. 388

TABLE

Autre portant inscription de faux. Ibidem.

Sentence, par laquelle les moiens de faux sont declarés admissibles. p. 389

CHAP. LXV. *Les letres de graces, remission, pardon & abolition.* p. 392

Formule de letres d'abolution. p. 400

Autre, pour remission. p. 401

Autre de pardon. Ibidem.

CHAP. LXVI. *Des jugemens & procés verbaux de question & torture.* p. 402

Formule de procés, verbal de question ordinaire & extraordinaire. p. 410

CHAP. LXVII. *De la reception en procés ordinaire, & de l'abrogation des apointemens à oüir droit.* p. 411

Formule de Requête de la partie civile. p. 413

Autre de l'accusé. Ibidem.

CHAP. LXVIII. *Des descendans jugemens & arrêts sur procés criminel.* p. 414

Formule de conclusions du Procureur du Roy, afin de decharge, de l'accusation. p. 419

Autre. Ibidem.

Autre, à ce que l'acusé soit receu en ses faits justificatifs. Ibidem.

Conclusions à mort. Ibidem.

CHAP. LXIX. *De la maniere de faire le procés aux Communautés de villes, bourgs, & villages, corps & compagnies.* p. 420

Formule d'interogatoire à une Comunauté d'habitans, en la personne d'un Sindic, Deputé, ou Curateur. p. 421

CHAP. LXX. *De la maniere de faire le procés aux muets, & sourds, & à ceux qui refusent de repondre.* p. 422

Formule d'interrogatoire au muet, ou sourd, qui veut écrire ses reponses. p. 425

Autre à celui qui refuse de repondre. p. 426

CHAP. LXXI. *Des apellations en matiere criminele.* p. 427

Formule de Requête, afin d'obtenir defenses d'executer un decret d'ajournement personnel. p. 428

Acte de comparution personnele. p. 430

Afiche de bail fait au rabais, à la diligence de Monsieur le Procureur du Roy, ou Procureur fiscal, pour la conduite du prisonnier accusé par devant le Juge dont est apel. p. 433

Letres

DES CHAPITRES.

Letres d'apel de procedure extraordinaire ou criminele. p. 434

CHAP. LXXII. *Des letres de revision de rapel, de ban, ou de galere, & de la procedure à l'éfet de purger la memoire d'un défunt.* p. 435

Formule de letres qui reçoivent à purger la memoire du défunt. p. 439.

Letre de rapel de ban ou de galeres. p. 440

Autre de commutation de peine. p. 441

Autre de rehabilitation. Ibidem.

CHAP. LXXIII. *Des Benefices, de leurs divisions.* p. 442

CHAP. LXXIV. *Des capacités requises pour posseder les Benefices.* p. 448

CHAP.. LXXV. *De la vacance des Benefices.* p. 451

CHAP. LXXVI. *De la colation des Benefices.* p. 455

CHAP. LXXVII. *Des Indultaires, & du droit d'indult.* p. 458.

CHAP. LXXVIII. *Des Gradués.* p. 462

CHAP. LXXIX. *Des nominations du Roy aux Benefices.* p. 468

CHAP. LXXX. *Du droit de patronnage, ou de presentation.* p. 470

CHAP. LXXXI. *Des incapacités de tenir les Benefices.* p. 471

CHAP. LXXXII. *Des devoluts.* p. 474

CHAP. LXXXIII. *Des dispenses.* p. 477

CHAP. LXXXIV. *De la regale, & du serment de fidelité que les Evêques, ou Archevêques doivent prêter au Roy.* p. 479

Formule d'arrêt sur requête judiciaire du demandeur en regale. p. 485

Acte pour venir plaider sur une demande en regale. p. 486

Commission pour faire assigner les pourvûs d'un Benefice, au lieu d'un défunt. p. 489

CHAP. LXXXV. *Des moiens d'aquerir les Benefices.* Ibidem.

CHAP. LXXXVI. *Des élections.* p. 490

CHAP. LXXXVII. *Des provisions.* p. 794

CHAP. LXXXVIII. *De la prise de possession, & de la possession annale, & triennale.* p. 498

Formule d'acte de prise de possession. p. 499

Requête pour avoir permission de prendre possession d'un Benefice. p. 501

Autre à mêmes fins, lorsque les provisions du Benefice ne sont pas expediées au nom du pourvû. p. 502

Commission de pacificis possessoribus. p. 504

CHAP. LXXXIX. *Des ofices & devoir des oficiers des insinuations Eclesiastiques, & de leurs droits.* p. 505

ē

TABLE DES CHAPITRES.

CHAP. XC. *Des complaintes & de la procedure en matiere Beneficiale.*

Formule de défense contre une demande en complainte. p. 514

Autre de celui qui n'a pris possession que comme Procureur. p. 516

Acte pour venir à l'audiance. Ibidem.

Acte de soumission de rendre les fruits. p. 519

Sentence portant adjudication de l'état d'un Benefice & main-levée des fruits. p. 520

Requête d'intervention en une instance de complainte Beneficiale. p. 521

CHAP. XCI. *Des permutations des Benefices.* p. 523

CHAP. XCII. *Des pensions.* p. 526

CHAP. XCIII. *Des portions congruës.* p. 552

CHAP. XCIV. *Des resignations & des regles de la Chancelerie Romaine.* p. 566

CHAP. XCV. *De l'exemption des Eclesiastiques, tant en matiere Civile, que criminele.* p. 571

CHAP. XCVI. *Du privilege de clericature.* p. 585

CHAP. XCVII. *De l'execution de l'article 22. de l'édit de Melun, concernant les procés criminels qui se font contre les Eclesiastiques.* p. 587

CHAP. XCVIII. *Des droits honorifiques des Seigneurs dans les Eglises.* p. 591

CHAP. XCIX. *Des lots & ventes.* p. 600

CHAP. C. *Du rang des Eclesiastiques, gentils-hommes & autres Oficiers.* p. 667

CHAP. CI. *De l'honneur de la procession.* p. 612

CHAP. CII. *Des bans d'Eglise.* p. 614

CHAP. CIII. *De la sepulture.* p. 618

CHAP. CIV. *Des litres & ceintures funebres.* p. 625

Fin de la Table des Chapitres.

TABLE
DE LA TAXE DES DEPENS,
qui est à la fin du present Tome.

Subalterne civil.   page 629
Subalterne criminel.   p. 630
Voiage pour le civil.   p. 631
Pairie civile.   Ibidem.
Pairie criminele.   p. 632
Bailliages Roïaux & Prevôtés Roïales hors Paris.   Ibidem.
Sieges Roïaux criminels.   p. 633
Bailliage du Fort-l'Evêque, saint Germain des Prés, sainte Geneviéve, saint Victor, saint Marcel, saint Martin, le Temple, & autres Justices subalternes de la Ville & faux-bourgs de Paris. p. 635
Jurisdictions Consulaires, tant de Paris que du ressort de la Cour. p. 636
Châtelet de Paris.   p. 637
Table de marbre.   p. 643
Conétablie & Marechaussée de France, & Chambre du trésor. Ibidem.
Admirauté.   Ibidem.
Baillage du Palais.   Ibidem.
Eaux & forêts.   p. 644
Requête du Palais.   Ibidem.
Sur renvoy fait aux requêtes.   p. 648
Incident de faux.   p. 650
Instance de reprise.   p. 651
En constitution de Procureur.   Ibidem.
En peremption.   Ibidem.
Complainte & reintegrande.   p. 652
Complainte en matiere Beneficiale.   p. 653
Criées.   p. 654
Frais ordinaires des criées.   p. 662
Frais extraordinaires des criées.   p. 663

ē ij

Table de la taxe

Appellation verbale en la grand-Chambre. p. 664

Appel incident. p. 667

Incident de létre. ibidem.

Lettre en forme de requéte civile. p. 668

Incident de faux. p. 669

Criminel. p. 671

Defaut & contumace. p. 674

Demande en vertu de commission & requête qui s'instruisent à la barre, non incidente. p. 675

Requêtes appointées à mettre à l'audiance. p. 676

Retention & évocation de cause. ibidem.

Défaut ou congé, frais prejudiciaux, frais & mises d'execution. p. 677

Demande en peremption d'instance. ibidem.

Demande en distraction de frais & salaires qui se doivent instruire entre les deux parties. ibidem.

Procés par écrit. p. 678

Procés évoqués & renvoyés. p. 679

Appellations incidentes au procés par écrit. p. 680

Folles assignations, desertions & incompetence. p. 682

Voiage des parties, suivant leur qualité, à dix lieuës par jour. p. 684

Frais de licitation au Parlement. p. 686

Frais de partage ordonné par arrêt. p. 687

Criées & adjudication par decret, poursuivi en la Cour. p. 688

Frais ordinaires de criées, desquels l'adjudicataire est tenu. p. 692

Frais extraordinaires de l'instance d'ordre, pris sur les biens vendus. p. 693

Receptions d'Oficiers. p. 694

Voiage & sejour, suivant le reglement de la Cour du 10. Avril 1701. ibidem.

Salaires des huissiers & sergens au Châtelet de Paris. p. 700

Contrôle des exploits. p. 703

Salaires des huissiers audianciers. ibidem.

Salaires des Procureurs du Châtelet de Paris. p. 704

Chambre civile. p. 706

Défaut aux ordonnances. ibidem.

Parc civil. p. 707

Scelés, inventaires, comptes & partage. ibidem.

Procés par écrit. ibidem.

Criées. p. 708

des dépens.

Frais d'opofition.   p. 709

Salaires & vacations des Commiffaires, Subftituts & Notaires du Châtelet de Paris.   p. 712

Autres droits attribués aufdits Commiffaires dudit Châtelet, comme taxateurs de dépens & tiers referendaires.   p. 713

Pour le droit du tiers.   ibidem.

Pour le droit du contrôle.   ibidem.

Pour les droits attribuez aux Clercs & Secretaires des Meffieurs, Ibidem.

Grefiers des Audiances du Châtelet de Paris, du Parc Civil & Prefidial.   Ibidem.

Droits des quinze grefiers commis, écrivains à la peau, pour l'expedition des Sentences du Parc Civil, & Prefidial, des Jeudis & Samedis, & de deux Vendredis, l'un, & autre acte de leur greffe.   p. 715

Au grefier des decrets.   Ibidem.

Aux grefiers des Chambres Civile, de Police & du Procureur du Roy.   p. 716

Aux grefiers des défauts.   p. 717

Au grefier des infinuations & garde regiftres des bannieres.   Ibidem.

Aux grefiers commis des depôts, & pour l'expedition de la moitié des fentences fur procés par écrit, tant au civil qu'à la Police, & les quatre autres grefiers, commis pour l'expedition en l'autre moitié defdites fentences du Civil & de la Police.   p. 718

Des droits dûs aux grefiers du criminel & un commis écrivain à la peau, réuni aufdits grefiers.   Ibidem.

Droits des certificateurs des criées.   p. 719

Droits des grefiers en chef.   p. 720

Droits des petites fignatures, pour les quatre gardes minutes, & Secretaires du grefe.   Ibidem.

Droits des geoliers.   p. 721

Les prifonniers aux lits.   Ibidem.

Des gites & geolage des prifonniers.   Ibidem.

Les prifonniers des Chambres deftinées à la penfion.   Ibidem.

Droits des Commiffaires aux faifies réeles.   p. 722

Droits des receveurs des amendes, & épices dans toutes les Cours.   p. 725

Taxe des voiages pour le Châtelet de Paris.   Ibidem.

Droits des Jurés experts Charpentiers & Maffons, & grefiers de l'écritoire.   p. 726

ë iij

Table de la taxe des dépens.

Maſſonnerie. Ibidem.

Charpentiers de bois, tant neuf que vieux. p. 727

Couvertures d'ardoiſes, fortes tuiles, maniées à bout & recherchées. Ibidem.

Plombiers de bâtimens & pour les tuyaux de fontaine. p. 728

Menuiſeries pour bâtimens ordinaires. Ibidem.

Serruriers & gros fers. p. 729

Vitriers. p. 730

Impreſſion en huile, & en détrempe. Ibidem.

Pavé de grais. Ibidem.

Droits des Commiſſionnaires, & Facteurs de toutes ſortes de marchandiſes en la Ville & faux-bourgs de Paris. p. 731

Droits des Jurés recoleurs & chargeurs de tonneaux de vin & autres liqueurs. Ibidem.

Des droits qui doivent être payés aux grefiers des inſinuations Ecleſiaſtiques. Ibidem.

Fin de la Table des dépens.

LE PARFAIT

LE
PARFAIT
PROCUREUR.

Aprés qu'on a surmonté tous les obstacles pour parvenir à un jugement défi-nitif, on n'y trouve pas toûjours la fin du procés, l'execution dont j'ai parlé dans le dernier Chapitre du premier Tome de ce Livre fait naître encore un grand nombre de Contestations, ainsi qu'il sera expliqué dans les diferens Chapitres de ce second Tome, tant en Matiere civile que criminelle & beneficiale.

CHAPITRE PREMIER.

De la Taxe & Liquidation des Dommages & Interêts.

PAR ces mots, *Dommages & Interêts*, on entend l'es-timation ou la recompense du dommage qu'on a soufert en ses biens, ou de la perte du gain qu'on a manqué à faire par la faute d'autrui, que celui qui a causé cette perte est condamné de payer à celui qui l'a souferte.

Les dommages & interêts doivent être adjugés, tant en ma-tiere personnelle, que reelle.

Primò. Dans le cas de l'inexecution des Contracts de la part de l'une, ou de l'autre des parties, comme par exemple, si celui qui a vendu, refuse ou est en demeure de livrer à l'acheteur, ou de le faire jouir de ce qu'il lui a vendu.

Tome II. A

Secundò. Si celui qui a loué une maison, ou affermé une metairie refuse pareillement , ou est en demeure de faire jouir le locataire ou le fermier , de ce qu'il lui a loué ou affermé , l'une & l'autre doit être condamnée aux dommages & interêts souferts par l'acheteur , & par le fermier ou locataire , à cause de l'inexecution de ses Contracts.

Par Arrêt rendu en l'audiance de la grand'Chambre le 29. Mars 1664. Maître François Pelletier , President en l'Election de Richelieu a été condamné à quatre mille livres de dommages & interêts envers Damoiselle Marie Fonteau , pour l'inexecution du Contract de mariage qu'il avoit passé avec elle , & s'être marié à son insçû à une autre femme.

Par autre Arrêt rendu aussi à l'audiance de la grand'Chambre le 10. Decembre 1670. un pere a été condamné à six mille livres de dommages & interêts envers l'acordée de son fils , pour avoir rompu avec ladite acordée le jour de ses fiançailles & empêché l'execution du Contract de mariage , auquel il avoit auparavant consenti , & par le même Arrêt il est ordonné que ce qui avoit été donné à cette acordée pour present de nôces , lui demeureroit.

Tertiò. En matiere de crime & delit , comme d'excés , batures, homicides , incendies & autres choses semblables , il est certain qu'il est dû dommages & interêts à celui qui a été batu & excedé , à la veuve & aux heritiers de celui qui a été tué & à celui dont la maison a été brûlée & incendiée , mais ses dommages & interêts s'adjugent le plus souvent sous le titre d'amande & reparation civile.

Quartò. En matiere de quasi delit, celui qui a laissé aller ses bêtes en dommage sur l'heritage d'autrui , celui dont les animaux ont blessé quelqu'un, comme par exemple des taureaux mal gardés, des chevaux vicieux, en ruant ou mordant, des chevaux de charetes , ou carrosses mal conduits dans les ruës ou par les chemins , celui de la maison duquel par les fenêtres , ou autrement , a été jetté ou versé quelque chose dans la ruë , par le moïen dequoi quelque passant ait été blessé ou ses habits gâtés ou quelque chose qu'il portoit , rompu & brisé , doivent tous être condamnés aux dommages & interêts envers celui qui a soufert quelque perte , & a été endommagé par leur faute , negligence , ou imperitie.

Un Maître est aussi tenu civilement pour le delit de son Commis ou valet , qui a causé quelque dommage dans la fonction à laquelle il est preposé , & le Commis est censé employé à cette fonction du moment que fon maître fouffre qu'il y travaille, ou qu'il eft apellé par ceux qu'il a commis à cet exercice.

Ainfi le Maître n'en eft pas quite en reprefentant fon valet à la Juftice pour le faire punir, il doit indemnifer les voifins, à l'arbitrage du Juge, fi fon cuifinier ou boulanger, avoit caufé par fa faute une incendie de leurs maifons.

Il eft encore tenu civilement, fi fon cocher avoit bleffé ou tué quelqu'un conduifant fon caroffe, ou charete ; mais en ce cas il femble que le maître en foit quite en abandonnant fes chevaux & charetes qu'il lui avoit confiés, de même que l'on tient à l'égard du Commis d'un vaiffeau, qui ne peut pas engager fon maître par delit ou Contract, au de là de la valeur du vaiffeau.

Le Maître qui foufre chés lui des valets infolens, ne doit pas auffi être condamné à tout le dommage qu'ils ont caufé, mais felon l'arbitrage du Juge.

Quintò. Si un Chirurgien ou un Apoticaire par imperitie ou ignorance en leur art, avoit eftropié ou caufé la mort à quelque perfonne, c'eft un quafi delit & malefice qui doit être puni par une condamnation de dommages & interêts.

Les Maffons, Charpentiers, ou autres artifans, pechent auffi en leur art par imperitie, ou par ignorance, doivent pareillement être condamnés à reparer le dommage caufé par leur faute, comme fi un mur deverfé ou creve, fi un bâtiment tombe, pour n'avoir pas été bien conftruit, ou s'il fe trouve quelque vice, ou quelque défaut procedant de leur faute ou imperitie, ils doivent être condamnés aux dommages & interêts qu'en a foufert le proprietaire, qui les a employés, pourvû qu'ils foient maîtres Maffons & Charpentiers ; car fi ce font de fimples manouvriers travaillans à la journée, ils ne font pas garants ni refponfables de la bonté, ni de la durée de leurs ouvrages.

A l'égard des Sergens, Notaires & Procureurs, qui par imperitie font des actes & procedures nulles, ils ne font pas tenus des dommages & interêts que foufrent les parties à caufe de la nullité defdits actes & procedures, quand la nulité procede de la difpofition de droit, ou des coutumes, ainfi qu'il a été jugé au profit des Notaires qui avoient obmis d'étendre le Senatufconfulte Velleien dans les Contracts & obligations paffées par les femmes, par plufieurs Arrêts raportés par Brodeau fur Monfieur Loüet, lettre n. nombre 9.

Les Arrêts ont auffi débouté de la demande des dommages & interêts contre les Procureurs qui ont fait des obmiffions dans la

pourfuite du retrait lignager, lefquelles en auroient caufé la de-
chéance.

Mais fi la nullité procede de l'Ordonnance, comme fi un Sergent dans fon exploit & faifie avoit obmis de faire figner le Com-
miffaire par lui établi, ou de faire mention de la caufe pour laquelle il n'auroit pû ou voulu figner, de ce interpellé, fi un Notaire avoit obmis de faire figner les parties contractantes ou les
interpeler de figner; fi un Procureur avoit fait une procedure
contraire à la difpofition de l'Ordonnance & principalement à celle de 1667. par le moyen dequoi le droit de la partie fût bleffé ou
le jugement de la caufe ou du procés retardé, ou s'il avoit été
caufe que la partie eût été condamnée aux dépens à caufe que certains articles de la taxe de dépens qui concernoienr l'utilité du
Procureur, ont été reduits, dans tous ces cas ils doivent être condamnés en tous les dommages, interêts & dépens des parties.

La raifon de la difference eft, qu'ils font excufables d'avoir
manqué dans la difpofition du droit ou des coûtumes, mais non
pas en celles qu'ils font par ignorance des difpofitions de l'Ordonnance & des reglemens en ce qui touche & regarde leur profeffion chacun en particulier, *Cum fit mandatum utriufque gratia*; ils
font tenus de la faute que les Jurifconfultes apelent legere.

Sextò. Si des faifies & executions ou emprifonnemens ont
été declarés tortionnaires & injurieux, les parties qui les ont fait
faire doivent auffi être condamnés aux dépens, dommages & interêts de celui qui a été injuftement executé en fes biens ou em-
prifonné.

Septimò. En matiere poffeffoire dans les cas de complainte & de
reintegrande, celui qui a fait le trouble ou la fpoliation eft condamné aux dommages & interêts de celui qui a été troublé ou
fpolié, ainfi qu'il eft dit par les articles 4. & 5. du titre 18. de
l'Ordonnance de 1667.

Quant au petitoire, s'il n'y a pas apel de la fentence définitive,
ou qu'elle ait paffé en force de chofe jugée, le condamné à de-
laiffer la poffeffion d'un heritage, n'obeiffant point dans la quinzaine, après la fommation qui lui a été faite en vertu de ladite fentence, doit être condamné à tous les dommages & interêts de la
partie adverfe.

Les Procureurs qui auront occupé dans l'inftance principale,
font tenus d'ocuper dans celles de liquidation des dommages &
interêts, fans qu'il foit befoin de nouveau pouvoir.

Après la fentence, jugement ou arrêt rendu, portant adjudication de dommages & interêts, si on veut les faire liquider, il faut que la partie à laquelle ils ont été adjugés en fasse dresser la declaration par son Procureur, qui contiendra au juste, & article par article, les pertes & dommages qu'il aura soufferts, en la forme qui en suit.

Déclaration de dommages & interêts.

Declaration de dommages & interêts adjugés à M. .... par sentence, ou arrêt du ....

Contre B............

Premierement pour la nouriture du demandeur pendant tant de tems .... qu'il a été prisonnier és prisons de. ....à raison de........ par jour.....

Pour les gîtes & droits du Geolier........

Pour les salaires d'un homme qui a solicité pour le demandeur pendant sa détention ....

Pour les dommages & interêts causés par l'interuption de son commerce. ...

Et ainsi articuler les dommages & interêts, tant à cause de l'emprisonnement, deperissement de meubles, que de saisies de terres, &c.........

Ensuite, il faut bailler copie de cette declaration au Procureur du défendeur, ensemble de la sentence, jugement, ou arrêt de condamnation qui aura adjugé lesdits dommages & interêts,& en même tems lui sera communiqués sous son récépicé, les pieces justificatives du contenu en ladite declaration, pour être rendues dans la quinzaine, à compter du jour qu'il les aura prises en communication.

Signification du jugement & de la declaration des dommages & interêts.

A la requête de A...... Procureur de M........

Soit signifié & donné copie à T......Procureur de B.......du jugement rendu entre les parties le ..... par lequel ledit B. ... a été condamné aux dommages & interêts de A....... de la declaration d'iceux, & à lui offert de lui communiquer sur son récépicé les pieces justificatives d'icelle, pour les rendre dans quinzaine, suivant l'ordonnance, dont acte.........

Si le Procureur auquel les pieces auront été communiquées ne les veut pas rendre dans la quinzaine à compter du jour & date de son récépicé, la peine est de prison, soixante livres d'amande & du sejour, dépens, dommages, & interêts des parties en son nom & pour obtenir telle contrainte, il faut donner la requête qui suit.

A iij

A Monsieur le Prevôt ou Bailli de ....

Suplie humblement M...............

Qu'il vous plaise, faute par T.....Procureur de B...... d'avoir rendu les pieces justificatives de sa declaration des dommages & intérêts adjugés au supliant par sentence du..... quinzaine aprés qu'elles lui ont été communiquées, suivant son récépicé du...... ordonner qu'il sera contraint par corps & le condamner en l'amande & aux dépens, dommages & intérêts du supliant, & vous ferés bien.

Le Juge met sur cette requête *Viennent les parties au premier jour, fait à &c.* aprés quoi il faut signifier la requête & l'ordonnance, avec un avenir pour plaider, en sorte que par la sentence qui intervient il est condamné par corps à rendre les pieces justificatives de la declaration des dommages &, interêts & en soixante livres d'amande, aux frais du sejour, dépens, dommages & interêts du demandeur en son nom, sans qu'aucunes de ses peines puissent être reputée comminatoire, ni remise ou moderée sous quelque pretexte que ce soit.

Le défendeur peut faire des offres de ce qui sera legitimement dû pour les dommages & interêts, & si elles sont raisonnables & qu'elles soient acceptées, il sera passé apointement de condamnation de la somme portée par les offres, lequel doit être reçu à l'audiance en la maniere accoutumée.

Mais si le défendeur ne fait point d'ofres, ou que celles qu'il aura faites soient contestées par le demandeur, il sera pris apointement à produire dans trois jours par la partie qui voudra poursuivre, & si par le jugement de l'instance les ofres se trouvent raisonnables, & que les dommages & interêts n'excedent pas la somme qui aura été oferte, le demandeur sera condamné à tous les dépens de l'instance de liquidation à compter depuis le jour des ofres, lesquels dépens feront liquidés par le même jugement.

Dans la declaration que le demandeur donnera pour la liquidation des dommages & interêts, il faut distinguer les gains ordinaires entre les gains extraordinaires.

Par exemple, si un homme a été injustement emprisonné, il pourra employer en la declaration de ses dommages & interêts ce qu'il auroit pû gagner certainement de son mêtier ou de sa vacation, s'il n'avoit pas été detenu prisonnier; mais si un Marchand disoit que sans la détention de sa personne, il auroit mené en Flandre des marchandifes fur lefquelles il auroit pû gagner beaucoup, il n'y feroit pas recevable, parce que cet interêt eſt trop éloigné & extrinſeque, & le gain qu'il auroit prétendu faire trop incertain, ayant pû arriver qu'il auroit perdu au lieu d'avoir gagné à ſon voyage.

*Commiſſion pour taxe de dépens & liquidation
de dommages & interêts.*

Louïs &c..... au premier nôtre Huiffier &c... de la partie de nôtre amé tel .... nous a été expofé qu'il a obtenu arrêt le..... par lequel tel .... a été condamné en tous fes dépens, dommages & interêts, lefquels il defireroit faire liquider, ce qu'il ne peut faire fans avoir nos Lettres fur ce neceffaires, humblement requerant icelles. A ces caufes, defirant fubvenir à nos fujets felon l'exigence de cas, nous te mandons & enjoignons par ces prefentes, qu'à la requête dudit Expofant, tu affigne en execution dudit arrêt à certain & competant jour, en nôtre Cour de Parlement tel .... pour voir taxer & liquider les dépens, dommages & interêts aufquels il a été condamné par arrêt de nôtre dite Cour dudit jour ... & en outre proceder comme de raifon, de ce faire te donnons pouvoir Car tel eſt nôtre plaifir, Donné à &c......

Par le Confeil.
Tel....

CHAPITRE II.

Des dépens.

TOutes parties, foit principale ou intervenante qui fuccombent en une caufe ou en un procés, doivent être condamnés aux dépens, nonobſtant la parenté ou autre qualité des parties, & fans que fous pretexte d'équité, de partage & d'avis ou pour quelque autre caufe que ce foit, elles en puiſſent être déchargées, ni lefdits dépens moderés, liquidés ou refervés.

Et fupofé qu'ils n'euffent pas été adjugés par la fentence ou qu'ils euffent été refervés, moderés ou liquidés, ils doivent être taxés en vertu de la difpofition de l'Ordonnance, au profit de celui qui a obtenu définitivement gain de caufe.

L'article 14. du titre des évocations contient une exception de cette regle, qui eſt que fi l'évocation eſt demandée, & que par le decés d'un oficier, ou par la demiffion qu'il auroit faite de fon ofice, le demandeur fût débouté de fa demande en évocation, il n'eſt pas pour cela condamné aux dépens, ce qui eſt fort juſte, parce que sa demande étoit bien fondée, & s'il en a été débouté c'est par un accident imprevû & qui ne provient pas du défaut du demandeur.

Neanmoins il y a certains cas ausquels il semble que les parties ont été bien fondées dans leurs contestations ; pour lors les Juges peuvent compenser les dépens, quelquefois aussi une partie a contesté avec raison dans une partie & dans l'autre elle a été mal fondée, c'est pourquoi le Juge peut condamner une partie en une portion de dépens, & condamner l'autre partie pour le reste des dépens.

Il y a quatre choses à observer ici sur le premier article.

La premiere est, que les dépens sont dûs quoiqu'ils n'ayent pas été demandés par la partie qui a gagné son procés, parce qu'ils sont dûs *ipso jure*.

La deuxiéme est, que les dépens sont pareillement dûs ; quoique le Juge n'en ait pas fait mention par la raison susdite.

La troisiéme est, que les dépens doivent être referés, quand le jugement rendu n'est qu'interlocutoire ; car comme les sentences interlocutoires ne sont renduës que pour la procedure & pour l'instruction du procés, on ne peut pas sçavoir celui qui est mal fondé, qu'aprés que l'interlocutoire est jugé.

Ainsi le susdit article premier se doit entendre de la sentence ou du jugement rendu définitivement.

La quatriéme est une exception de cet article, fondée sur l'édit portant reglement pour les affaires du Roi, du mois de Mars 1668. article 5. qui permet aux Juges dans les cas où il s'agit de l'imposition & levée des deniers Royaux, de prononcer sur les dépens suivant la qualité des affaires, sans être obligé d'y condamner celui qui sucombera.

Les Cours souveraines, les requêtes de l'Hôtel & du Palais, les Baillifs, Senéchaux, les Juges Présidiaux & les arbitres sont aussi tenus de condamner aux dépens sans toutefois les liquider, pour ensuite être taxés en vertu de la disposition de l'Ordonnance au profit de celui qui a obtenu gain de cause.

A l'égard des juges subalternes, tant Royaux que des Seigneurs, ils sont expressément obligés de liquider les dépens par les mêmes sentences qui portent les condamnations, soit qu'elles soient rendues à l'audiance ou sur procés par écrit, avec défenses de les taxer & liquider sur declaration, à peine de vingt livres d'amande & de restitution de ce qu'ils auroient pris pour taxe, selon les articles 32. & 53. du même titre.

On

On ne peut pas aussi faire taxer les dépens sur declaration dans les Présidiaux, s'il n'y a plus de dix livres : mais il seroit à propos de fixer une plus grande somme pour éviter les frais des afaires de peu de consequence.

Autrefois, celui qui succomboit & qui avoit pour lui de fortes raisons & grande aparence de bon droit, en sorte qu'on ne lui pût imputer aucune chicane ni mauvaise foi, les Juges prononçoient par hors de Cours sans dépens ; mais aujourd'hui cette forme de prononcer est interdite à tous Juges, par l'article 1. du titre 31. de l'ordonnance de 1667. qui veut absolument que quiconque succombe au principal, soit condamné aux dépens.

Cette pratique est aussi conforme à celle de la Rote de Rome, qui condamne aux dépens, soit qu'il y ait eu juste sujet de plaider ou non, & même l'intimé qui succombe en la cause d'apel, comme le remarquent *Cassadorus decis. 13. de rescrip. & Æmilius Veraldus decis. 340. nombre 4. partie 1.*

Plusieurs autres veulent qu'ils soient compensés en faveur de l'intimé, qui a eu juste sujet de plaider pour soutenir le jugé conformément à l'opinion de la glose sur la loi, *generaliter §. 2. verbo dispendij cod. de reb. credit. & de Capzou. in process. judic. tit. 24. article 1. nombre 70.*

La plûpart admetent encore la compensation, lorsque l'apelant a fait reformer la sentence sur les pieces nouvelement produites, comme a remarqué le Pape *Innocent IV. sur le Chapitre finem litibus 5. nombre 4. ext. de dol. & contum.* Et Bartole sur la loi *generaliter 12. §. 1. nombre 8. c. de reb. cred. & Papon livre 8. de son recueil, tit. 2. article 18.*

Scaccia de appel. quæst. 17. limit. 21. nombre 55. tient la même chose, en cas que deux sentences conformes soient infirmées.

Toutefois si la sentence étoit renduë par le moïen de la denegation de quelque fait veritable faite par l'intimé, ou qu'elle fût nulle & contre les ordonnances, la plûpart conviennent que l'intimé ne pourroit pas profiter de son dol.

Il est aussi constant que l'intimé a dû acquiescer au mal jugé depuis la condamnation des nouvelles pieces, sinon il doit les dépens faits depuis.

Les dépens doivent encore être adjugés, quoique pendant le cours du procés il y survienne quelque incident qui soit jugé définitivement ; ainsi qu'il est dit par l'article 3. de ladite ordonnance de 1667.

La raison est, parce que l'une des parties pourroit gagner en

Tome II.   B

caufe principale, & neanmoins fucombereroit dans quelque incident, c'eft pourquoi fi l'incident étoit jugé avant la caufe principale, il eft à propos de faire païer les dépens à celui qui l'a formé mal à propos, par lequel il a donné ocafion aux dépens qui ont été faits pour la pourfuite de cet incident.

Ainfi par l'article 4, du titre 6. de ladite ordonnance de 1667. ceux qui fuccombent dans les apelations de deni de renvoi & d'incompetance, font condamnés aux dépens fans qu'ils puiffent être moderés.

Cependant l'apelant qui fait infirmer la fentence de quelques chefs, ne doit pas obtenir tous les dépens de la caufe d'apel, & même on pourroit auffi lui faire porter une partie des épices & couft de la fentence ou arrêt, s'il avoit infifté mal à propos fur certain chef qui euffent donné lieu à un plus grand nombre de vacation & à un plus long veu.

Les arbitres font tenus en jugeant les diferends, de condamner indéfiniment aux dépens celui qui a fucombé, ce qui fe doit entendre des arbitres de droit, & non des arbitrateurs ou amiables compofiteurs dont l'ordonnance ne parle point, y ayant tres grande diference entre les uns & les autres, en ce que les arbitres font obligés de juger felon la rigueur & felon l'ordre judiciaire, mais les arbitrateurs ne peuvent fuivre que l'équité dans leurs jugemens, étant cenfés élus & nommés par les parties pour décider leurs diferents par une amiable compofition, ainfi qu'ils le trouveront à propos.

Neanmoins l'arbitre pourroit juger fans dépens ou les moderer, au cas que par le compromis, les parties lui euffent donné le pouvoir de le faire : mais autrement les dépens feroient adjugés à celui qui auroit obtenu gain de caufe, à moins qu'il ne les eût compenfé, ce qui ariveroit au cas que l'une des parties fût condamnée chacune dans quelque chef de la fentence arbitrale, ainfi que le Juge ordinaire peut faire.

Quoiqu'une fentence qui adjuge les dépens, ait été executée pour le principal, & le condamné déchargé de la condamnation par le demandeur, le condamné nonobftant cela, peut être pourfuivi derechef pour les dépens faits en la caufe principale, & le demandeur bien fondé à en faire la demande.

La raifon eft, que les dépens étant dûs en confequence du jugement & ne faifant pas partie de la caufe principale, ils ne font pas moins dûs, quoique l'obligation principale foit éteinte par le païement , d'autant que ce font deux dettes reputées principales, dont l'une ne dépend pas de l'autre.

Si les parties ont été condamnées aux dépens chacune pour diferens chefs de la fentence ou arrêt , ils doivent être compenfés *ipfojure.*

D'où il s'enfuit, que l'une des parties ne pouroit pas empêcher que cette compenfation eût lieu , en tranfportant les dépens qui lui feroient adjugés pour quelques chefs de la fentence ; car ce font des dettes reciproques fondées fur une même caufe , qui eft le juge qui les a adjugés ; ainfi il n'eft pas befoin de demander la compenfation , ce qui ne fait aucun doute, & qui a été jugé autrefois par plufieurs Arrêts , tant du Parlement de Paris , que des autres raportés par Papon.

Si l'Avocat ou le Procureur avoient remis gratuitement à la partie à qui les dépens auroient été adjugés , leurs frais & falaires, il femble qu'ils ne doivent pas être mis en taxe, d'autant que par l'Edit du Roi du mois de Mars 1673. pour les épices , article 28. il eft enjoint aux Avocats de mettre au pied de leurs écritures le reçu de leurs falaires , à peine de reftitution & de rejet de la taxe des dépens.

Mais cet article n'eft pas obfervé , ainfi je ne crois pas qu'on fût bien fondé à vouloir faire rejeter ces frais ; car ceux qui les ont remis en aïant voulu gratifier ceux aufquels ils les ont remis, il ne feroit pas jufte qu'un autre en profitât.

Il en faut dire de même au cas que l'Avocat qui auroit un procés en fon nom , eût plaidé lui-même & eût fait lui-même fes écritures ; car fans doute qu'il les pouroit mettre dans la declaration de dépens, parce qu'il n'eft pas obligé de remettre fa peine & fon travail à fa partie adverfe qui a été condamnée aux dépens.

Le Juge peut compenfer les dépens pour une partie des procedures & y condamner pour l'autre , ce qui arive au cas que le défendeur pourfuivi eût jufte caufe de contefter contre la demande à lui faite , & qu'enfuite il eût connoiffance de l'équité de la caufe du demandeur.

Comme , par exemple , fi le proprietaire d'un fond qui auroit été vendu *à non domino* , à un acquereur de bonne foi , & que cet acquereur fût pourfuivi par celui qui dans la fuite juftifieroit en être le proprietaire, en ce cas les dépens feroient compenfés jufqu'au tems que cet acquereur auroit ignoré que le demandeur étoit proprietaire de la chofe , parce qu'il étoit bien fondé de contefter pour fe conferver la chofe qu'il avoit acquife;car c'eſt à ce-lui qui agit par action reelle à juſtifier de la proprieté de la chofe.

Mais il feroit condamné aux dépens depuis qu'il auroit eu connoiſſance que la chofe apartenoit au demandeur, par les titres & pieces qu'il auroit produites au procés , & s'il y a pluſieurs chefs de demandes, & que le demandeur obtienne en quelques-unes & qu'il ſoit débouté pour les autres, il gagne les dépens pour les uns, & il eſt condamné pour les autres.

Neanmoins on obſerve le contraire au criminel, où cette regle a lieu, que _Qui in uno peccaverit, factus eſt omnium reus_ ; ainſi un Juge étant acuſé de concuſſion, de peculat & de fauſſeté par une même acuſation , il ſuffit qu'il ſoit convaincu de l'un des trois, pour être condamné à tous les dépens du procés.

Celui qui ſucombe dans un declinatoire ou reglement de Juges doit auſſi être condamné aux dépens , par le jugement qui prononce le renvoy ou le débouté de declinatoire ou reglement de Juge, ſuivant l'article 4. du tit. 6. de la nouvelle ordonnance , contre l'uſage ancien, qui étoit de referver par ces ſortes de ſentences à faire droit fur les dépens en définitive, comme il ſe pratique aujourd'hui à l'égard des ſentences proviſoires où le Juge doit referver à faire droit fur tous les dépens , par la ſentence définitive.

On tient au Palais que celui qui ſucombe dans la cauſe d'apel ne doit pas être condamné aux dépens faits en premiere inſtance, parce qu'ayant gagné ſa cauſe en premiere inſtance , il a eu juſte raiſon de conteſter en cauſe d'apel.

Cependant je ſoutiens le contraire , la raiſon eſt , que le jugement rendu en cauſe d'apel, fait connoître l'injuſtice du jugement rendu en premiere inſtance, & fait que l'intimé doit être condamné à tous les dépens, car la cauſe principale n'étant pas plus juſte en premiere inſtance qu'en cauſe d'apel , le jugement qui condamne l'intimé dans la cauſe d'apel , le rend auſſi condamnable dans la cauſe principale.

Ainſi il ne ſe peut pas faire que l'intimé ait été bien fondé en premiere inſtance, & mal fondé dans la cauſe d'apel , puiſqu'une même cauſe ne peut pas être juſte & mal fondée , en ſorte qu'on ne peut pas avoir raiſon devant un Juge & avoir tort devant un autre ; car puiſque les Juges ſouverains ſont pour réformer les injuſtices des Juges inferieurs, on doit croire que l'intimé qui a été condamné par eux avoit gagné ſa cauſe injuſtement.

Celui qui a été condamné par défaut & qui vient par aprés à

gagner fon procés, eft obligé de païer les dépens faits par fa partie pour fa contumace, & il n'eft pas même recevable à contefter par devant le même Juge, s'il n'a auparavant refondé les dépens & jufques-là toutes audiances lui doivent être deniées.

Les dépens font âpellés prejudiciaux, parce qu'ils doivent être payés préalablement avant que la partie qui les doit puiffe être reçuë à proceder en la caufe, attendu que par l'article 5. du titre des délais de l'ordonnance de 1667. il eft dit, que pour le profit du défaut les conclufions font adjugées au demandeur avec dépens.

Néanmoins au Châtelet de Paris on reçoit fouvent les opofitions de ceux qui ont été condamnés par contumace & au cas qu'ils foient renvoyés abfous de la demande qui leur étoit faite, faute par le demandeur de juftifier fa demande, ils ne font point condamnés aux dépens de la contumace, je l'ai vûë juger plufieurs fois, cependant c'eft la contumace du défendeur qui a donné lieu aux dépens qui ont été faits par le demandeur: ainfi ils devroient retomber fur le défendeur.

Les Procureurs du Roi ne font pas tenus des dépens foit en procés civil ou criminel, à moins que ce ne foit pour une calomnie évidente, & ils n'en obtiennent point auffi, mais ils font obligés en cas d'acufation, de nommer leur dénonciateur, s'ils en font requis aprés que l'acufé a été renvoyé abfous par fentence ou arrêt, afin de recours pour dommages & interêts contre le denonciateur.

Quelquefois ils font des pourfuites de leur feul mouvement & pour le devoir de leurs charges, fur de fimples conjectures,& dans ce cas il n'y a aucun recours.

Quand le criminel eft reçu en procés ordinaire, ou quand l'acufé eft renvoyé pour fe reprefenter toutesfois & quantes, le Procureur du Roi n'eft pas obligé de nommer fes denonciateurs.

Quant aux Procureurs fifcaux ; dans les procés civils ils obtiennent dépens & ils y font condamnés, & c'eft aux Seigneurs à les payer, mais en matiere criminelle il n'y a point de condamnation de dépens ni pour ni contre, les Seigneurs, hauts Jufticiers & les Juges des Seigneurs peuvent feulement condamner le délinquant en amande envers les Seigneurs, & fur l'amande fe prennent les frais du procés, comme il a été ordonné par arrêt du 15. Avril 1580. intervenu fur la fentence du Bailli de fainte Genevieve du Mont à Paris.

La raifon eft que les Juftices ont été accordées aux Seigneurs, à la charge de faire faire le procés aux criminels à leurs dépens.

Neanmoins celui qui feroit prifonnier à la requête du Procureur fiſcal du Seigneur, apeloit du decret de priſe de corps contre lui decerné & de l'empriſonnement fait de ſa perſonne & faiſoit intimer le Seigneur haut Juſticier, ſi l'apelant ſucomboit dans ſon apel, il ſeroit condamné aux dépens de la cauſe d'apel; ainſi qu'il a été jugé par arrêt du 18. Mars 1581, pour Monſieur l'Evêque de Meaux.

Un tuteur qui agit en qualité de tuteur, & qui eſt condamné aux dépens, ne peut pas en ſon nom être pourſuivi pour les païer, & en ce cas celui qui les a obtenu doit le faire aſſigner pour rendre compte & declarer les biens qui apartiennent au pupille, afin qu'aprés diſcution faite de ſes meubles, il ſe pourvoye par ſaiſie réelle de ſes immeubles, pour être païé tant en principal, que dépens.

L'heritier par benefice d'inventaire, peut mettre en compte les dépens des pourſuites qu'il a faites ou qui ont été faites contre lui en cette qualité, & pour cet égard il eſt preferé à tous les creanciers de la ſucceſſion.

La raiſon eſt, qu'il a plûtôt travaillé pour l'int-erêt des creanciers, que pour les ſiens, puiſque les creanciers hereditaires ſont preferés à l'heritier, ce qui ſe doit entendre au cas qu'il n'ait pas conteſté mal à propos ou entrepris & commencé des pourſuites temeraires.

L'article 11. du titre des garands de l'Ordonnance de 1667. veut que les jugemens rendus contre les garands, ſoient executoires contre les garantis, ſauf pour les dépens, dommages & interêts, dont la liquidation ne doit être faite que contre le garanti; car le garanti étant mis hors de cauſe, il ne peut pas être tenu des dépens adjugés contre le garand, quand il ſeroit inſolvable, & quoique le garanti fût demeuré en cauſe pour la conſervation de ſes droits, il ne pourroit au plus être condamné qu'aux dépens qu'il auroit cauſés, non pas de ceux auſquels le garanti ſeroit condamné, parce que les dépens ſont perſonnels, neanmoins les garantis ſont condamnés aux dépens faits du jour de la demande, juſqu'au jour de la ſommation de garantie, ſuivant l'article 14. du même titre.

Les frais des empriſonnemens & nourritures pendant la détention du priſonnier, ne doivent pas être compris dans les dépens, quoiqu'il eût été declaré injuſte & torſionnaire, mais ils viennent

dans les dommages, & inerêts, cependant ils tombent dans les
dépens, quand les dépens sont adjugés pour dommages & interêts.

Les dépens se payent par tête, en sorte que ceux qui sont compris sous un nom collectif, comme des habitans ne font qu'une
tête, quand ils sont condamnés par même jugement avec d'autres
particuliers qui y sont denommés, aussi le tuteur de plusieurs mineurs ne fait qu'une tête, de même que le mari & la femme, excepté quand ils sont défendeurs en cause criminelle d'autant que
les crimes sont personnels.

Ils se payent aussi par tête entre coheritiers, quoique ceux qui
sont condamnés, succedent inégalement, & l'aîné n'en païe pas
plus qu'un de ses puînés.

Les dépens sont personnels, & par consequent ils sont dûs par
chacun des consorts également, & non pas à proportion de la
portion qu'ils ont d'avec la chose, comme si deux personnes poursuivent une maison par action réelle, l'un pour deux tiers & l'autre pour l'autre tiers, s'ils sont déboutés de leur demande, ils sont
condamnés aux dépens chacun pour la moitié.

La raison est, que chacun n'a pas moins contribué aux dépens
faits par la partie qui a obtenu gain de cause, que l'autre; ainsi
puisque la faute est égale, il faut qu'elle soit punie d'une peine
égale, car, comme dit Coquille, la condamnation de dépens
procede directement de la temerité du plaideur, laquelle est é-
gale entre tous ceux qui ont été mal fondés dans une demande ou
une défense commune.

Quelques-uns ont voulu que cette contribution égale pour les
dépens entre ceux qui ont des pertes inégales, fût contraire aux
regles de la justice, d'autant que la même proportion devoit être
gardée pour l'accessoire, comme pour le principal, mais je répons à cela, que l'on ne doit pas mesurer l'équité & l'égalité par
raport à ce qui nous paroit, mais plûtôt eu égard à ce que la Loi
ordonne; car chacune des parties est presumée avoir contracté
en justice, & doit porter la peine de sa temerité & de sa calomnie.

Il n'en est pas de même à l'égard des heritiers qui succedent à
un défunt qui avoit commencé un procés qu'ils ont abandonnés,
ou qu'ils ont repris, & même lorsqu'ils ont agis de nouveau, ou
qu'ils sont convenus avant le partage, ils ne sont tenus pour
lors des dépens que pour leurs parts hereditaires, à moins qu'il
ne s'agît des dépens concernans les dettes actives ou passives,

d'autant qu'elles font divifées de droit entre les heritiers, fans qu'il foit befoin de partage & par confequent rien n'empêche que les dépens ne foient portés virilement , encore que les pertes foient inégales.

Il faut excepter en matiere criminelle ; car les dépens qui font adjugés contre plufieurs pour crimes , font folidaires :

Baffet en fes Arrêts , raporte un arrêt du Parlement de Grenoble du 8.Juil. 1649. qui l'a jugé ainfi , & c'eft l'ufage de toute la France, ce qui fe doit entendre , pourveu que ce foit du grand criminel & non pas du petit ; car pour le petit criminel les dépens adjugés font perfonnels, & ne font dûs que par tête.

Si une femme mariée étoit condamnée aux dépens d'un procés pour crime, ils ne peuvent pas être pris fur les biens de la Communauté , ni même fur ceux que ladite femme y avoit mis, quoique contenus dans l'inventaire qu'elle en auroit fait.

La raifon eft, que le mari eft le maître de la communauté , pour en pouvoir difpofer à fa volonté fans le confentement de fa femme, & d'autant que la femme n'a aucune part dans la communauté qu'après la mort de fon mari, ou la diffolution de la communauté par une feparation de bien, au cas qu'elle l'ait acceptée , il s'enfuit qu'elle ne peut préjudicier au droit que fon mari a dans ladite communauté , par quelque maniere que ce foit : mais elle pourroit être condamnée par corps aux païemens des dépens qui auroient été adjugés contre elle.

Par Arrêt du 5. Juin 1671. raporté dans la deuxiéme partie du Journal du Palais, la Cour a declaré une femme en puiffance de mari contraignable par corps au païement de dommages & interêts adjugés contre elle pour excés qu'elle avoit commis ; d'où il s'enfuit qu'elle peut être auffi contraignable par corps pour dépens adjugés contre elle en cas de délit.

Quant aux propres heritages à elle apartenans , ils ne pourroient être faifis ni vendus du vivant du mari, ou au moins pendant la communauté , à moins qu'ils ne fuffent vendus à la charge de l'ufufruit pour le mari pendant fa vie : comme il a été jugé par plufieurs arrêts, atendu que l'ufufruit des biens de la femme apartiennent au mari pour foutenir les charges du mariage , & comme ce droit lui eft acquis en confequence de fon contract de mariage ; ainfi il n'y peut être prejudicié , par le fait ou le délit de fa femme , au moins pour le tems que durera le mariage.

Il a été jugé par plufieurs Arrêts raportés par Monfieur Loüet & fon Commentateur lettre D. chapitre 41. qu'un creancier doit

être

être mis en ordre du jour du contract de constitution de rente, tant pour le sort principal, interêts, que dépens.

La raison est, que le contract est fondement de l'action, l'origine & le fondement des dépens ; ainsi comme accessoires ils prennent hypoteque de ce jour, ce qui soufre moins de dificulté quand le contract porte cette clause, *à peine de tous dépens, dommages & interêts*, car en consequence d'icelle les dépens, dommages & interêts, emportent hipoteque du jour du contract, comme faisant partie d'icelui.

Neanmoins il a été jugé depuis par plusieurs Arrêts, que quoique la clause susdite ne soit pas inserée au contract, l'hypoteque des dépens étoit du jour du contract, Brodeau audit lieu en raporte plusieurs Arrêts qui l'ont ainsi jugé, Basset en ses Arrêts en raporte aussi plusieurs du Parlement de Grenoble qui ont jugé de même.

L'hipoteque des dépens adjugés par sentence ou arrêt, est du jour de la sentence, si ce n'est à l'égard de ceux qui sont faits pour l'execution d'un contract, ou obligation, dont il a été parlé ci-dessus.

Celui qui a repris un procés & qui est condamné aux dépens, doit aussi ceux qui ont été faits du tems de son predecesseur, de même que s'il avoit gagné la cause, d'autant qu'il exerce les droits de celui auquel il a été subrogé.

Ainsi un beneficier qui auroit repris le procés commencé par son predecesseur, devroit tous les dépens du tems de son predecesseur dans le benefice, quoiqu'il ne lui eût pas sucedé par resignation, mais *per obitum* ; la raison est, qu'en reprenant un procés intenté à l'ocasion du benefice, il represente sa personne, & il exerce ses droits, tant pour le gain, que pour la perte du procés.

Le mari & la femme quoiqu'obligés solidairement à une dete qu'ils auroient contractée au sujet d'une condamnation de dépens faits en execution d'un contract, ne sont pas solidaires, parce que les dépens sont personels, en sorte que la femme aprés la mort de son mari, ne peut pas être poursuivie que pour moitié, comme il a été jugé par arrêt du 27. Novembre 1556. contre les Marguilliers de l'Eglise de saint Eustache.

Il faut neanmoins remarquer que la condamnation de dépens seroit solidaire, au cas que le Juge eût fait mention dans l'Arrêt de la condamnation solidaire pour le regard des dépens.

Les dépens doivent auffi être adjugés à celui qui a demandé
plus qu'il ne lui étoit dû, à moins que le défendeur ne lui ait fait
des ofres de ce qu'il lui devoit, & qu'il ait été refufant de l'acepter ; car il fufit que le demandeur ait été bien fondé dans fa demande en partie, parce que le moins eft contenu dans le plus, &
que qui demande cinquante livres, quoiqu'il ne lui en foit dû que
quarante, demande ce qui lui eft dû, d'autant que quarante font
contenus dans cinquante.

Mais quoiqu'on ait gagné les dépens, on ne peut pas prétendre
ceux d'une inftance perie, car l'inftance étant perie elle ne peut
produire aucun éfet, & c'eft veritablement comme fi jamais elle
n'avoit été commencée.

Le debiteur qui eft obligé de payer dans un certain tems & icelui paffé fans qu'il ait fait le payement, il eft en demeure ; ainfi
s'il eft ajourné & qu'après l'ajournement il païe fans condamnation, il doit les frais dudit ajournement : mais fi la dete étoit païable à volonté fans terme préfini, il n'eft pas obligé de païer les
frais de l'affignation qui lui a été donnée, parce qu'il n'a pas été
en demeure avant l'ajournement, puifqu'il avoit lieu d'ignorer fi
le creancier vouloit être païé de fa dete, & on ne peut pas
dire qu'il ait été en demeure aïant fatisfait dés qu'il a connu que
le creancier vouloit être païé.

Les parties qui tranfigent fans parler des dépens, ne peuvent
pas les demander après la tranfaction faite, atendu qu'il y a lieu
de croire que celui qui les pouvoit demander, les a remis ; à moins
que par la tranfaction on ne connoiffe que les parties n'ont voulu
tranfiger que du principal, & qu'ils ont obmis, fans y penfer, de
faire mention des dépens, ce qui dépend des circonftances de la
chofe.

Il y a de deux fortes de dépens qui font faits par le pourfuivant criées, fçavoir les frais ordinaires de criées, & les frais extraordinaires.

Les frais ordinaires font dûs par l'adjudicataire, & les frais extraordinaires font pris par préference fur le prix de l'adjudication,
& le pourfuivant a droit de les prendre préferablement à tous autres creanciers excepté le Seigneur pour les droits Seigneuriaux
qui lui font dûs, precedent l'adjudication pour lefquels il fe foit
opofé auparavant ; ainfi qu'il fera dit ci-après, touchant les faifies reeles & criées.

Par Arreft du 3. Juin 1595. raporté par Monfieur Loüet, lettre
L. Chapitre 6. il a été jugé que les interefts d'une fomme contenuë

Premierement pour la confultation avant que de faire la demande . . . .

Pour le Sergent qui a donné l'affignation , avec copie des pieces mentionnées en l'exploit , droit de contrôle de l'exploit & papier timbré , employé à l'original & aux copies . . . .

Et ainfi des autres articles.

La declaration étant dreffée , le Procureur du demandeur en taxe doit donner copie de l'arrêt ou jugement qui a adjugé les dépens au Procureur du défendeur , enfemble de la declaration qui en aura été dreffée.

Dans les délais reglés pour le voyage & retour fuivant la diftance des lieux & le domicile du défendeur en taxe, à raifon d'un jour pour dix lieües , en cas qu'il foit abfent , le Procureur du défendeur doit prendre comunication des pieces juftificatives des articles de ladite declaration par les mains & au domicile du Procureur du demandeur fans deplacer.

Huitaine aprés la comunication , le défendeur doit faire des ofres au Procureur dudit demandeur de telle fomme qu'il avifera pour les dépens adjugés contre lui, & ces ofres doivent être fignifiées, & en cas d'acceptation, il fera délivré executoire au demandeur de la fomme portée par lefdits ofres.

Que fi nonobftant les ofres le demandeur fait proceder à la taxe , & que par le calcul en ce non compris les frais de la taxe, les dépens ne fe trouvent exceder les ofres faites par le défendeur, les frais de la taxe feront portés par le demandeur, & ne feront pas compris dans l'executoire.

Si au contraire le défendeur ne fait aucune ofre dans les délais qui lui font donnés pour ce faire , ou que celles qu'il aura faites foient conteftées comme infufifantes , il faut que le Procureur du demandeur en taxe, mete fa declaration avec les pieces juftificatives entre les mains du Procureur tiers.

Ce qui s'obferve ainfi dans les Jurifdictions où il y a des Procureurs tiers en titre d'ofice ; car où il n'y en a point & où la Communauté des Procureurs nomme un d'entre eux pour regler & taxer les dépens, il y en a auffi un qui eft propofé pour en faire la diftribution aux autres ; mais où il y a des Commiffaires Examinateurs, la charge de regler les dépens leur apartient.

Ce Procureur eft apelé *Tiers* , parce qu'il fert de tiers entre le demandeur & le défendeur en taxe , pour regler & terminer les diferents qu'ils pouroient avoir fur quelque article contenu en la declaration.

On l'apele referendaire à caufe que lorfque les parties ne veu-

dans un executoire de dépens étoient dûs du jour du commandement de païer , de même que les interêts font dûs en vertu de l'ordonnance , d'une fomme contenuë en une cedule ou une obligation du jour du commandement de païer , ce qui auroit lieu pareillement fuivant l'opinion de cet Auteur , quoique les dépens fuffent taxés en l'abfence du Procureur.

La raifon eft , que les dépens font dûs en vertu d'un jugement qui doit avoir autant de force que le confentement des parties.

Bouvot en fes Arrêts du Parlement de Dijon , Partie 1. lettre C , raporte un Arrêt de ce Parlement du 18. Janvier 1608. par lequel il a été jugé , que quand les dépens font compenfés tant de la caufe principale que d'apel , celui qui a avancé les épices de la fentence , pouvoit demander le rembourfement de la moitié.

Quand les habitans d'une Paroiffe , Ville , ou Bourg , font condamnés à des dépens , foit par fentence ou arrêt , les Marguiliers & acefeurs doivent obtenir lettre d'affiete dans un mois pour en être païé , autrement ils y feroient condamnés en leur propre & privé nom.

Les dépens aïant été adjugés , il faut que le Procureur le plus diligent en faifant fignifier la fentence , arrêt ou jugement adjudicatif de fes dépens , faffe fomation aux Procureurs des parties adverfes de comparoir au Grefe un tel jour , à une telle heure , pour retirer les facs & productions des parties , declarant qu'à faute de comparoir , il retirera les fiens, qui lui feront délivrés par le Gréfier , après les avoir verifiés , en lui faifant aparoir de ladite fomation faite aux Procureurs de fes parties adverfes pour y afifter , à peine de trois livres d'amande par chacun jour , en cas de refus ou de denie par le Gréfier , dont il doit être délivré executoire à la partie.

Les productions étant retirées, le Procureur du demandeur doit dreffer fa declaration , contenant article par article les dépens qui doivent être païés par le défendeur en taxe , commençant par les premiers frais qui ont été faits & finiffant par les derniers.

Declaration de dépens.

Déclaration de dépens dont requiert la taxe , par devant vous Monfieur le Prévôt ou Bailli de .... ou Nofseigneurs de .... S....,demandeur, Contre X..... défendeur.
Adjugés par Arrêt, ou fentence du ....

lent pas paſſer par ſon avis, il fait raport des conteſtations à ceux qui les doivent regler.

Les Procureurs du Parlement de Paris ſont tiers referendaires taxateurs de dépens, mais ſuivant l'Edit du 6. Decembre 1689. nul n'en doit faire la fonction qu'aprés dix années de reception & d'exercice.

Ils font la taxe les uns aprés les autres ſelon l'ordre preſcrit par la communauté.

La moitié du droit de taxe apartient au tiers qui voit les dépens, & qui fait la taxe ; l'autre moitié eſt miſe dans la bourſe commune pour être emploïée au païement des detes & charges de la communauté.

La conteſtation ſe regle en la chambre des tiers ; ou en cas d'apel de la taxe & de l'executoire par l'avis d'un ancien, en conſequence d'un arrêt de renvoi, & conformément à l'arrêt de la Cour du 17. Janvier 1691.

Il eſt tenu de coter de ſa main au bas de la declaration de dépens le jour qu'elle lui aura été délivrée avec les pieces.

Cela étant fait, le Procureur du demandeur en taxe, le fera ſignifier par un acte au Procureur du défendeur, avec ſomation de prendre comunication de ladite declaration & pieces juſtificatives, par les mains du tiers ſans deplacer.

Trois jours aprés la premiere ſomation, il en ſera fait une ſeconde, par laquelle le demandeur en taxe ſomera celui du défendeur de ſe trouver en l'étude du Procureur tiers à certain jour & heure préciſe pour voir arêter les dépens contenus en la declaration, & l'aſſigner, autrement il y ſera procedé tant en preſence qu'abſence.

Sur quoi il faut obſerver ici en paſſant, que ſi on ôtoit le droit d'aſiſtance au Procureur du défendeur en taxe, on ne negligeroit pas tant de faire des ofres, au lieu qu'il y a comme une eſpece de pact entre la plûpart des Procureurs pour n'en jamais faire.

Si le Procureur du défendeur compare, les dépens ſeront arêtés par le tiers en ſa preſence, mais s'il ne compare point, le tiers ſera tenu d'arêter les dépens, & les arêtés par lui mis ſur la declaration conformément à ſon memoire, qui y demeurera ataché.

Ce que le tiers eſt obligé de faire dans huitaine pour les dépens qui ne contiendront que deux cens articles & au deſſous, & dans quinzaine pour ceux qui contiendront plus grand nombre d'articles.

Le Procureur du défendeur en taxe ne poura prendre aucun droit d'affiftance, s'il n'a écrit de fa main fur la declaration les diminutions, à peine de faux & d'interdiction.

S'il y a plufieurs Procureurs du défendeur en taxe, condamnés par même jugement, ils ne prendront afiftance que pour les articles qui les concerneront.

A l'égard des frais ordinaires & extraordinaires de criées, redition de compte de tuteurs, heritiers beneficiers, curateurs aux biens vaquans, Comiffaires & autres, les parties qui auront un interêt commun y afifteront par le plus ancien Procureur, pourront neanmoins les autres Procureurs y être prefentés fans prendre aucuns droits d'afiftance & fans le pouvoir emploïer dans leur memoire de frais & falaires, fi ce n'eft qu'ils aïent pouvoir par écrit pour y afifter.

Aprés que la declaration aura été arêtée par le tiers, il fera denoncé au Procureur du défendeur par un troifiéme acte que les dépens ont été arêtés & fera fommé de les figner avec proteftation qu'à faute de le faire, le calcul en fera figné par le Comiffaire par défaut, ce qui fera executé en cas de refus & paffé outre, en faifant mention de cette fomation dans l'arêté & calcul.

Le Comiffaire met au bas de la declaration l'arêté des dépens, par lequel il declare que les dépens ont été par lui arêtés en prefence du Procureur du demandeur, & en l'abfence du Procureur du défendeur & en confequence de la fomation à lui faite de les figner & du refus qu'il en auroit fait, à la fomation de &c. fauf erreur de calcul, de laquelle executoire fera delivré à tel, contre tel &c.

Le tiers doit metre fur chaques pieces qui entreront en taxe ce mot *Taxé* avec fon paraph, & les Comiffaires figner les declarations, fans prendre aucuns droits, leurs clercs prendront feulement le droit de calcul lorfqu'ils l'auront fait, écrit & figné de leur main, neanmoins il y a des Jurifdictions où les Comiffaires prennent un droit de vacation, comme aux eaux & forêts, auquel cas ce droit entre en taxe, & il en faut faire un article dans la declaration de dépens.

Quand les dépens font adjugés à l'audiance, ils font fignés par les Confeillers tour à tour, mais à l'égard des procés par écrit ils font fignés par le raporteur.

Le calcul aïant été figné par le Comiffaire, l'executoire de dépens fera delivré au Procureur du défendeur, dans lequel fera compris & emploïé les frais faits pour le lever avec ceux du premier exploit & de la fignification qui fera faite, tant de l'executoire, que de l'exploit, & la fomme à laquelle fe trouvera monter ledit executoire, fera exprimée par deniers, fols & livres, & non par tournois ou parifis, l'ufage de compter de cette maniere dans les condamnations, taxes, falaires, redevances, & autres droits a été abrogé par l'article 18. du titre 27. de l'ordonnance de 1667.

Executoire de dépens.

Louïs &c...... au premier nôtre Huiffier &c,...à la requête de nôtre amé tel .... nous te mandons contraindre par toutes voïes duës & raifonnables, tel .... à païer audit tel ....la fomme de.... à laquelle ont été taxés & arêtés en prefence de tel .... Procureur dudit tel .... les dépens aufquels par arrêt de nôtre Cour de .... ou fentence du ....tel .....a été condamné envers ledit tel ..... de ce faire te donnons pouvoir. Donné &c........

Par le Confeil.
Tel ....

Si la fentence ou arrêt qui condamne aux dépens eft par défaut & qu'il n'y ait pas de Procureur en caufe, il faut affigner la partie condamnée pour les voir taxer & obferver les mêmes délais fur l'affignation, que fur celle des autres inftances, obtenir un défaut faute de comparoir & le faire juger en la forme prefcrite au chapitre des congés & défauts, & enfuite faire taxer les dépens & lever l'executoire en confequence de la fentence ou arrêt.

Les executoires des dépens adjugés par fentence des Prevôts, Châtelains, Baillifs & Senechaux font intitulés des noms de ces Juges; Mais fi les dépens font adjugés par arrêt des Cours fouveraines, les executoires en font intitulés, *Loüis par la grace de Dieu, Roi de France & de Navarre, au premier nôtre Huiffier ou fergent fur ce requis, à la requéte de &c....*

Les loïaux couts s'entendent de ce qu'il a coûté pour paffer, faire expedier, lever & fceller des contracts.

Le rembourfement des loïaux couts eft ordonné en beaucoup d'ocafions, & on dit loïaux couts parce que l'on ne rembourfe que ce qui a été païé fuivant la loi, de forte que fi celui à qui on doit rembourfer, a trop païé au Notaire, comme il arive prefque toûjours, la taxe ne doit être faite que fur le pied du reglement qui eft la loi.

Les loïaux couts s'entendent aussi d'autres choses que des frais, par exemple, les reparations necessaires que le retraïant païe à l'aquereur entrent dans les loïaux couts.

Les frais & mises d'execution s'entendent de ce qu'il a coûté & de ce que l'on a mis & emploïé pour faire executer un jugement & contraindre le condamné ou obligé.

Les frais préjudiciaux sont ceux que l'on a avancés pour obtenir un congé ou un défaut, ce sont en un mot tous les frais que l'on est obligé de païer avant le jugement définitif, pour y avoir donné lieu mal à propos pendant l'instruction.

Quand un Procureur veut compter avec sa partie, ou qu'il s'agit de regler à l'amiable les dépens dûs par la partie adverse, le memoire qu'il donne des frais, salaires, vacations, debourfés, s'apele memoire de frais, mais lorsque les dépens doivent être taxés à la rigueur pour parvenir à un executoire, le memoire se fait par une declaration.

La taxe des dépens se fait au Conseil par un de Messieurs les Maîtres des requêtes, & l'apel que l'on interjete de l'executoire est porté aux Requêtes de l'Hôtel.

Le Roi avoit créé par un Edit du mois de Mars 1694. vingt charges de Contrôleurs des declarations de dépens pour les Jurisdictions de l'enclos du Palais du Parlement de Paris, avec atribution de 6. deniers pour livres, du montant de tous les dépens, salaires, frais & mises, frais ordinaires & extraordinaires de criées, d'ordre & direction de creanciers, domages & interêts, & generalement de tous autres frais exigibles & ajugés par arrêt tant en matiere civile que criminele, soit que les executoires soient levés ou non, & soit que la taxe s'en fasse à l'amiable ou autrement, ou qu'elle soit empêchée par des ofres, & soit aussi que les dépens, domages & interêts soient liquidés par les sentences, jugemens & arrêts qui les auront ajugés ou autrement.

Sa Majesté par une declaration du 11. Mai ensuivant, a reüni à la Comunauté des Procureurs du Parlement de Paris, les fonctions & les droits de ces vingt charges, & a fait défenses aux Gréfiers & aux Commis des Grefs d'expedier aucun executoire, aucun arrêt, ni aucune liquidation de frais, que le droit n'ait été paié.

CHAPI-

CHAPITRE III.

Des droits qui doivent entrer en taxe, & de la taxe d'iceux.

IL y a trois chofes dont la conoiffance eft neceffaire aux Juges pour bien & legitimement taxer les dépens.

La premiere, fçavoir quels font les frais, procedures & voïages qui doivent entrer en taxe.

La deuxiéme, à quelle fomme ils doivent être taxés.

La troifiéme quelle procedure doit être faite pour les bien & legitimement taxer.

Par l'article 13. du titre 31. de l'ordonnance de 1667. il eft dit, que pour faciliter les taxes des dépens & empêcher qu'il ne foit employé dans les declarations autres droits que ceux qui font legitimement dûs & qui doivent entrer en taxe, il fera dreffé à la diligence de Monfieur le Procureur general, & de fes fubftitus fur les lieux, un tableau ou regiftre contenant tous les droits qui doivent entrer en taxe, même ceux des declarations & afiftance des Procureurs, & que le tableau ou regiftre fera mis au grefe de toutes les Jurifdictions.

Mais cela n'a pas encore été executé, ce qui feroit neanmoins tres-neceffaire, principalement pour le Parlement de Paris où les droits fe taxent prefque toûjours diverfement.

Cependant tous les dépens confiftant dans les actes & exploits faits par les huiffiers ou fergens, dans les voïages & journées de la partie & des falaires de fon Procureur, dans les actes Judiciaires, comme des enquêtes & autres, dans les écritures des Avocats, pour lever les jugemens & arrêts, & pour les épices s'il y en a.

Les droits font diférens fuivant la diverfité des Parlemens & des autres Jurifdictions, & pour cela il faut fuivre l'ufage de la Jurifdiction.

C'eft pourquoi je n'obferverai ici que les regles prefcrites par les titres 31. & autres du titre des dépens de l'ordonnance de 1667. touchant les droits qui ne peuvent être repetés & ceux qui entrent en taxe.

Premierement par l'article 6. du titre 2. fi le demandeur ne baille copie des pieces juftificatives de fa demandé conjointement & dans la même feuille ou caïer avec son exploit, les copies qu'il donne dans le cours de l'instance ne doivent pas entrer en taxe, au contraire les réponses qui y sont faites doivent être à ses dépens & sans repetition, encore qu'il gagne sa cause.

En second lieu par l'article 10. du tit. 10. les interrogatoires, surfaits & articles, doivent être faits aux frais & dépens de ceux qui les auront requis, sans qu'ils puissent en demander aucune repetition, ni les faire entrer en taxe, en cas que les dépens leur soient ajugés.

En troisiéme lieu, par l'article 3. du titre 14. l'usage des dupliques, tripliques, aditions premiere & seconde, & autres écritures semblables, est abrogé, avec défenses de les passer en taxe des dépens, mais les Procureurs ne laissent pas que de les faire passer nonobstant cet article.

En quatriéme lieu, il faut retrancher des memoires dressés pour la taxe desdits dépens tous les frais & procedures qui se faisoient avant ladite ordonnance de 1667. pour obtenir congé contre les demandeurs ou anticipans, pour les deboutés de défenses, défauts & reajournemens avenir & autres semblables procedures, parce que les demandeurs & anticipans sont obligés de nomer leur procureur par leur exploit & qu'à leur égard l'usage des presentations est abrogé, comme aussi l'usage desdits défauts & reajournemens, deboutés de défenses & avenir.

Il en faut pareillement retrancher les frais des apointemens qui se prenoient ci-devant en matiere beneficiale à communiquer titre, & à écrire par memoire, & des défauts qui s'obtenoient faute d'y satisfaire, parce que l'usage de ces apointemens est abrogé par l'article 5. du titre 15. de ladite Ordonnance.

Il ne se taxe plus rien pour la liquidation ou calcul des interêts, ou arerages des rentes adjugés par sentence ou par arrêt, parce que les mêmes sentences, ou arrêts qui les adjugent, en doivent contenir la liquidation & le calcul, suivant l'article 6. du titre 26.

Par l'article suivant du même titre, les formalités des prononciations des jugemens, & les significations qui se faisoient pour raison de ce, sont encore abrogés, & ordonnés qu'elles ne pouront entrer en la taxe des dépens.

Par l'article 6. du titre 29. il est expressement ordonné que les prefaces des comptes ne pourront exceder six rôles, & que s'il y en a davantage, le surplus ne passera pas en taxe, & qu'on

ne pourra tranfcrire dans les comptes, autres pieces, que la co-
mifion du rendant, l'acte de tutelle & extrait de la fentence,
ou arrêt, en execution duquel le compte fera rendu.

Par l'article 14. du même titre, défenfes font faites à tous
Juges & Comiffaires examinateurs, de faire à l'avenir aucuns
procés verbaux d'examen de compte, dont l'ufage eft abrogé,
& partant les frais de ces procés verbaux ne peuvent plus entrer
en taxe, comme ils faifoient autrefois.

Par l'article fuivant défenfes font faites aux Procureurs de
s'affembler en la maifon du Juge ou Comiffaire pour mettre
par forme d'apoftille à côté de chacun article du compte, le
confentement, debats & foutenemens des parties, par confequent
les vacations qui fe prenoient pour ces affemblées ne peuvent
plus entrer en taxe.

Neanmoins par le même article, le Roy declare qu'il n'entend point deroger à l'ufage obfervé par les Comiffaires du
Chaftelet de Paris.

Par l'article 17. du même titre, il eft ordonné que les comptes
feront écrits en grand papier, à raifon de vingt-deux lignes
pour page, & quinze fillabes pour lignes, à peine de radition
en la taxe des rôles où il fe trouvera moins.

Par l'article 9. du titre 30. défenfes font faites aux Grefiers
de prendre plus de cinq fols, pour l'expedition des extraits des
raports des quatre faifons de chacune année pour les gros
fruits, & partant on ne peut faire entrer en taxe une plus grande fomme pour ces extraits.

Par l'article 7. du titre 31. défenfes font faites aux Procureurs
en dreffant leur declaration de dépens, de compofer plufieurs
articles d'une feule piece, comme ils faifoient autrefois, & il
leur eft enjoint de la comprendre toute entiere dans un feul &
même article, tant pour l'avoir dreffée, que pour expedition,
copie, fignification & autres droits qui la concernent.

Par l'article 8. du même titre, il eft dit, que dans les declarations de dépens, il ne fera fait aucune taxe aux Procureurs,
que pour un feul droit de Confeil, pour toutes les demandes,
tant principales qu'incidentes, faites par les parties, pour lefquelles ils ocuperont & un autre droit de Confeil, au cas qu'il
foit fait aucune demande principale, ou incidente, par les parties adverfes.

Par l'article 9. qu'il n'entrera en taxe aucun droit de confultation, encore qu'elle fût raportée & fignée d'Avocats.

D ij

Par l'article 10; que toutes écritures feront rejetées des taxes de dépens, fi elles n'ont été faites & fignées par un Avocat-plaidant, du nombre de ceux qui font apelés au ferment qui fe fait aux ouvertures du Parlement.

Par l'article 11. que les préambules des Inventaires faits par les Procureurs en feront diftraits & n'entreront en taxe, lors qu'au procés il y aura des écritures & des avertiffemens.

Par l'article 12. qu'il ne fera*taxé aux Procureurs pour droit de revifion des écritures, que la deuxiéme partie de ce qui entre en taxe pour les Avocats, ce qui revient au Parlement à deux fols pour rôle', au lieu de dix fols pour rôle qui leur étoient taxés avant l'Ordonnance.

Par l'article 14. les voiages & fejours qui doivent entrer en taxe, ne doivent point être taxés s'ils n'ont été veritablement faits ou dû être faits, & qu'ils n'aient été afirmés aux Grefes des afirmations qui ont été creés pour cet éfet, & l'acte d'afirmation fignifié au Procureur de partie adverfe, en forte que le fejour n'eft compté que du jour de cette fignification.

Neanmoins on ne laiffe pas de taxer des voiages à un heritier éloigné qui a pourfuivi une inftance au lieu où demeuroit le défunt, & obtenu des dépens, ainfi qu'il a été jugé au Parlement d'Aix, le 28. Janvier 1670.

Ce qui me paroît trop rigoureux & principalement quand il eft Demandeur, parce que l'heritier reprefente la perfonne du défunt.

Enfin, par l'article 17. on doit emploier dans les executoires de dépens les frais, pour les lever, avec ceux du premier exploit & de la fignification qui en a été faite, tant des executoires, que de l'exploit.

Dans les lieux où les Avocats & Procureurs ne peuvent s'abfenter de l'Audiance fans fujet, on ne paffe en taxe aux Procureurs que deux ou trois avenir dans la même afaire.

Les Procureurs ne peuvent rien prendre pour le reçû qu'eux ou leurs Clercs ont mis au bas des actes & pieces qu'il leur eft permis de s'entre-comuniquer fans le miniftére des Huiffiers, ainfi qu'il a été jugé au Confeil du Roy le 18. Avril 1671. contre les Procureurs du Parlement d'Aix.

Les oficiers des Seigneurs qui ne refident par fur les lieux, ne peuvent pas augmenter leurs droits, à caufe des inftructions qu'ils y vont faire.

Les Juges Royaux ne peuvent rien prendre pour les certifications des criées, quoique les biens foient fitués fous diferentes coûtumes.

Il en eft de même de l'ordonance au bas des requêtes, encore que certains Praticiens exceptent celles qui portent défenfes, fous pretexte qu'il y a quelquefois des pieces à voir.

On ne prend rien auffi des adjudications par decret ou par licitation, ni pour les baux judiciaires, & autres actes faits à l'Audiance.

Quelques-uns neanmoins ne laiffent pas de prendre pour les encheres au nombre de trois, trente fols de chacune, & pour la nomination de commande, quarante fols, à caufe du Reglement du Parlement de 1665. qui le permet, mais ces droits femblent être abrogés par les reglemens pofterieurs.

On ne doit pas faire entrer en taxe ces procedures monftrueufes, non plus que ces écritures qui ne font que des repetitions continuelles dès mêmes moiens.

A la verité celui qui gagne fa caufe s'eft fié à fon Confeil, qui lui a fait entendre qu'elles étoient neceffaires, mais auffi doit-il être garant de la fidelité de ceux qu'il emploie, & il n'eft pas jufte que celui qui plaide foit ruiné par la cupidité de ceux qui travaillent pour fon adverfaire.

On ne peut comprendre dans la taxe que les frais que l'on a dû faire raifonnablement au fujet du procés & non pas les dommages qui font arrivés par des accidens étrangers.

Le tranfport ni la fignification ne font pas aux dépens du debiteur, non plus que les procedures faites pour faire remetre entre les mains du ceffionnaire les pieces juftificatives des credits.

Autre chofe dès dépens faits contre le cedant pour lui faire reprendre par retroceffion le tranfport, fi le debiteur excipe mal à propos qu'il ne doit rien, fupofé que le ceffionnaire ne foit tenu d'aucune diligence.

On ne doit pas auffi taxer aux Procureurs aucuns falaires des procedures par eux faites, pour revenir contre les jugemens qu'ils ont laiffé obtenir par défaut contre leurs parties, afin qu'ils ne profitent pas de leur malice ou de leur negligence.

Ainfi, fi les tableaux ou regiftres mentionnés en l'article 13. dudit titre 31. de l'Ordonnance de 1667. avoient été faits & mis au Grefe de chacune Jurifdiction, il faudroit fuivre ponctuellement les taxes qui y feroient mifes.

Mais comme cela n'a pas encore été fait il s'en faut tenir

aux reglemens qui ont été faits avant cette Ordonnance , & suivre les taxes portées par les memoires qui ont été dreffés fur iceux , que l'on trouvera à la fin du fecond Tome de ce Livre , à l'exception feulement des articles qui ont été reformés par ladite Ordonnance que j'ai cottés à la marge afin de les diftinguer.

Par une Déclaration du 16. May 1693. fa Majefté a rétabli les droits de revifion & de confeil qui avoient été abrogés par l'Ordonnance de 1667.

Le droit de Confeil eft de 15. fols, & le droit de revifion 10. fols par rôle, conformement au Reglement du mois d'Aouft 1665. Il eft vrai que ce Reglement ne raporte que 16. fols par chacun rôle pour l'Avocat, la moitié pour le Procureur, qui n'eft que 8. fols , & 4. fols pour le Clerc de l'Avocat qui a fait la groffe.

Mais on comptoit lors de ce reglement par *Parifis* qui eft le quart en feus , de forte que c'étoit toûjours 20. fols pour l'Avocat & 10. fols pour le Procureur pour fon droit de revifion , & 5. fols pour le Clerc, & que chaque rôle de groffe revenoit comme à prefent à la partie à 35. fols.

Il en eft de même du droit de Confeil, qui n'eft que de 12. fols dans le reglement & 15. fols dans l'arrêté , à caufe que le *Parifis* eft compris dans l'arrêté.

CHAPITRE IV.

Des apelations de taxe de dépens.

CElui qui eft condamné aux dépens peut interjetter apel de la taxe.

Si l'apel eft de dépens adjugés par Arrêt de Cours Souveraines , il reffortit de la même Cour.

Il en faut dire de même de l'apel des dépens adjugés par fentence prefidiale renduë en dernier reffort , ainfi qu'il eft porté par l'Edit des Prefidiaux , qui veut qu'en ce cas l'apel foit vuidé par les autres Juges qui n'ont pas rendu la Sentence.

Pour ce qui eft de l'apel d'une taxe de dépens adjugés par arrêt ou fentence Prefidiale rendu en dernier reffort , il fufit de faire fignifier un acte d'apel, qui doit être dreffé comme celui qui fuit.

Acte d'apel de la taxe de dépens.

A la requête de X. . . . .

   Soit fignifié à S. . . . .

qu'il eft apelant de la taxe & executoire de dépens contre lui obtenu par S. . . . . le . . . . pour les griefs qu'il deduira en tems & lieu, dont acte.

Si l'apel eft d'une taxe de dépens ajugés par fentence des autres Juges, il faut obtenir un relief d'apel en la Cour où il reffortit, & en vertu d'icelui faire afigner l'intimé en la forme exprimée au chapitre des ajournemens.

Que fi l'apelant ne releve pas fon apel, l'intimé peut l'anticiper & obtenir letres, en vertu defquelles il faut auffi afigner l'apelant, & fi les parties afignées ne comparent pas, on peut obtenir un défaut & le faire juger, comme il eft dit au chapitre des congés & défauts.

L'intimé doit metre au grefe du lieu où l'apel reffortit, la declaration des dépens qu'il doit retirer du Grefier de la Jurifdiction dont eft apel avec les pieces juftificatives, fur le récépicé de fon Procureur.

Ce qui ne s'entend que pour ce qui regarde l'apel d'une taxe de dépens qui refortit par devant un autre Juge, car lorfque l'apel eft d'une taxe de dépens ajugés par arrêt ou fentence prefidiale renduë en dernier reffort, outre que comme je viens de dire il ne faut point obtenir de relief d'apel, c'eft que pour lors il faut feulement, l'acte d'apel étant fignifié, metre par l'intimé les pieces juftificatives des dépens au Grefe de la Cour, & enfuite y faire joindre par le Grefier la declaration de dépens.

Si le Grefier du Juge dont eft apel, refufe de donner la declaration fur le récépicé du Procureur, ou de l'envoïer au Grefe de la Jurifdiction où l'apel refortit, il faut le faire contraindre & pour y parvenir prefenter requête, laquelle doit être dreffée ainfi qu'il enfuit.

A Nofſeigneurs de &c. . . . . . .

Suplie humblement S. . . . .

Difant que X. . . . . . a interjeté apel d'un executoire de dépens decerné contre lui au profit du fupliant en la Sénéchauffée de . . . . en confequence dequoi ledig. fupliant a mis au Grefe de la Cour les pieces juftificatives de la declaration d'iceux, mais parce que le Grefier de ladite Sénéchaussée refuse d'aporter au Grefe de la Cour la declaration, il requiert, lui être sur ce pourvû.

Ce consideré, Nosseigneurs, il vous plaise ordonner commandement être fait audit Gréfier, d'aporter ou d'envoïer au Grefe de la Cour la declaration de dépens, & à son refus qu'il y sera contraint par corps, & vous ferés bien.

Cette requête étant signée du Procureur de l'intimé, il faut ensuite la donner au Grefier de la Cour où l'apel resortit, lequel expediera un arrêt, par lequel il est ordonné, *Commandement être fait au Grefier de la Sénéchaussée de &c. d'aporter ou envoïer au Grefe de la Cour dans . . . . . jours la declaration de dépens sur laquelle ledit executoire a été obtenu, sinon & à faute de ce faire dans ledit tems, & icelui passé, il y sera contraint par corps en vertu du present arrêt, sans qu'il en soit besoin d'autre.*

Il faut que cet arrêt soit en forme & le faire sceller ou obtenir une comission, qui y sera atachée, si c'est pour envoïer à la campagne.

Si un Huissier de la Cour est porteur de l'arrêt, il le peut executer sur l'extrait sans qu'il soit necessaire de le faire sceller.

La declaration de dépens étant portée au Gref du Juge d'apel, & les pieces justificatives y étant mises, l'intimé le doit faire signifier à l'apelant avec somation de vouloir croiser dans trois jours sur ladite declaration & les articles dont il est apelant, & à faute de le faire sur la premiere requête du demandeur, il sera declaré non recevable en son apel.

Requête faute de croiser.

A Nosseigneurs de &c. . . . . . .

Suplie humblement S. . . . .

Disant qu'aïant fait taxer les dépens à lui adjugés par sentence ou arrêt du . . . . contre X. . . . . & obtenu executoire de la somme de . . . . . à quoi ils ont été moderés, X. . . . . . a interjeté apel de la taxe & n'a point croisé les articles dont il est apelant, quoique les trois jours prescrits par l'ordonnance soient expirés depuis la signification à lui faite, que la declaration desdits dépens, & pieces justificatives d'icelles ont été mises au Grefe.

Ce consideré, Nosseigneurs, à faute par X. . . . . d'avoir croisé les articles de la declaration de dépens dont il est apelant, il vous plaise le declarer non recevable en son apel, & le condamner en l'amande, & aux dépens, & vous ferés bien.

Sur cette requête l'un de Messieurs met, *Viennent les parties,* après quoi il la faut faire signifier, & trois jours après un avenir

pour

pour plaider un tel jour , & à faute par l'apelant d'avoir croifé , la Cour le declare non recevable en fon apel , & le condamne en l'amande & aux dépens , qu'elle liquide par le même jugement.

Si cet arrêt avoit été rendu faute de plaider , le défaillant peut donner requête d'opofition dans la huitaine , comme celle qui eſt au chapitre des opofitions à l'execution de jugemens & arrêts.

Que fi l'apelant veut croifer les articles avant qu'il y ait arrêt fur l'apel , le Grefier doit communiquer à fon Procureur la declaration & les pieces juftificatives des dépens.

Aprés que le Procureur de l'apelant aura croifé fur la declaration de dépens, les articles dont il eſt apelant , l'intimé fe peut faire délivrer un executoire du contenu aux articles non croifés , & dont il n'y aura point d'apel , & enfuite pourfuivre fur l'apelation des articles croifés.

Les apelations des articles croifés fous deux croix feulement , doivent être portés à l'audiance , & s'il y en a plus grand nombre , il fera pris fur l'apel apointement de conclufion au Grefe , comme en procés par écrit.

Pour entendre cette matiere , il faut obferver ici , que le Procureur de l'apelant fait une croix fur des articles contenus dans la declaration, dont il prétend fe porter pour apelant , pour n'être pas legitimement dûs au demandeur en taxe , mais il en comprend plufieurs foûs une même croix.

Comme fi , par exemple , on a ajugé des voïages au demandeur en qualité de Gentil-homme , & que l'apelant foutienne qu'il eſt roturier, en ce cas tous les articles qui concerneront fes voïages, feront mis fous une même croix , parce que c'eſt un même chef & un même moïen d'apel.

Pareillement s'il y a plufieurs autres articles que l'apelant conteſte par un même moïen & par une même caufe , il les met fous une autre croix & c'eſt un autre chef d'apel.

Comme fi plufieurs voïages font mis fous plufieurs articles , & que l'apelant foutienne qu'il n'en foit dû aucun , parce que l'intimé auroit cedé fes droits à un autre , avant que de faire les voïages, & que le procés auroit été pourfuivi fous le nom du cedant.

Requête de l'apelant à ce que la taxe des dépens
soit infirmée.

A Noſſeigneurs de &c. . . . . . .

Suplie humblement X. . . . . . .

Diſant qu'aïant interjeté apel de la taxe des dépens & executoire obtenu par
S. . . . il a pris comunication de la declaration deſdits dépens , ſur laquelle il
a croiſé les articles , ſept , huit , neuf & dix ſous deux croix & chef d'apel &c.
. . . . *exprimer les raiſons que l'on a de ſe plaindre de la taxe de chacuns articles en*
particulier.

Ce conſideré , Noſſeigneurs , il vous plaiſe metre l'apelation & ce dont eſt
apel au neant , & mandant ordoner que leſdits articles ſeront reformés , ſçavoir
l'article ſept ſous la premiere croix taxé à . . . . ſera reduit à . . . . & condaner
l'intimé aux dépens de la cauſe d'apel , & vous ferés bien.

Aprés qu'il aura été mis ſur céte requête , *Viennent les parties,*
il faut la faire ſignifier avec un avenir pour plaider à l'audiance
un tel jour.

Si l'Apelant neglige de faire juger ſon apel , l'intimé poura
doner requête à ce que la taxe ſoit infirmée.

A Noſſeigneurs de &c. . . . . .

Suplie humblement S. . . . . .

Diſant que X. . . . a interjeté apel ſous deux croix des articles , ſept , huit ,
neuf & dix , de la declaration de dépens contre lui ajugés , ſans autre raiſon que
celle d'empêcher l'éfet de l'executoire contre lui decerné , c'eſt pourquoi le ſupliant eſt obligé d'avoir recours à vous.

Ce conſideré , Noſſeigneurs , il vous plaiſe metre l'apelation au neant , ordoner que ce dont eſt apel ſortira éfet & condaner l'apelant en deux amandes de
douze livres chacune , & aux dépens de la cauſe d'apel , & vous ferés bien.

Quant aux procedures qui ſe doivent obſerver , ſoit que les
apelations ſoient des articles ſous deux croix, ou ſous plus de deux
croix, elles doivent être obſervées telles que celles des autres apelations, leſquelles ont été expliquées dans le 1. Tome de ce Livre.

Si l'apelant ſucombe en ſon apel , il doit être condané en autant d'amandes qu'il y aura de croix & chefs d'apel ſur leſquels il
a été condané , en ſorte que s'il étoit apelant de pluſieurs articles
croiſés par un moïen general & commun , il ne ſeroit condané
qu'en une ſeule amande , ainſi qu'il a été dit ci-deſſus & ſuivant
les exemples qui y ſont raportés.

Lorſque la taxe de dépens eſt confirmée ſans diſtinction , *La*

Cour met l'apelation au neant , ordone que ce dont eſt apel ſortira ſon éfet & condane l'apelant en autant d'amande de douze livres qu'il y a de croix ou de chefs d'apel & aux dépens de la cauſe, qu'elle liquide par le même jugement à une certaine ſomme.

Si elle infirme la taxe pour tous les chefs , *elle met l'apelation & ce dont eſt apelé au neant , émandant ordone , que tels articles croiſés par l'apelant ſous tant de croix , ſeront reformés , ſçavoir l'article ..... ſera reduit à .... ainſi des autres , & condane l'intimé aux dépens de la cauſe d'apel, liquidés à &c.*

Que ſi elle confirmée une partie des articles , & qu'elle infirme l'autre , elle dit , entant que touche les articles &c. ſous la premiere croix , *met l'apelation au neant , ordone que ce dont a été apelé , ſortira ſon éfet , condane l'apelant en l'amande de douze livres & aux dépens de la cauſe d'apel liquidés à .... mais qu'à l'égard de l'apel des articles &c...contenus ſous la ſeconde croix , elle met l'apelation & ce dont eſt apelé au neant , émandant quant à ce , ordone que l'article ....ſera reduit à..... & condane l'intimé aux dépens de la cauſe d'apel, liquidés à &c.....* leſquels ſont compenſés juſqu'à la concurence de ceux qui lui ſont ajugés.

Il eſt tres-juſte que le Procureur qui a fait ſucomber ſa partie en des dépens ; par une declaration de dépens exceſive qu'il a dreſſée , ſoit condané à indemniſer ſa partie , ſi les articles qui concernent ſa procedure ſont reduits , d'autant que la partie ne ſoutient la taxe que pour le Procureur qui l'a demandée.

Mais je crois que l'intimé a dû en ce cas déſavouer la taxe faite ou pour les droits du Juge , ou pour ceux du Procureur , ſauf ſon recours contre eux , au lieu que lorſqu'il veut inſiſter il en fait ſon afaire , & en ce cas *factum judices factum partes.*

Il y auroit encore plus de juſtice de permetre aux parties de ſe plaindre des taxes ſans le miniſtere des Procureurs à cauſe de la liaiſon d'interêt qu'ils ont les uns avec les autres.

Juſqu'à ce qu'il y ait un tarif general , les Oficiers des Preſidiaux , Baillages & autres Juriſdictions Roïales , bien intentionés doivent obſerver le reglement fait pour le Châtelet de Paris , toutes proportions gardées , & à l'égard des Juſtices des Seigneurs , on doit ſuivre le reglement du 3. Juillet 1676. pour le Duché Mazarin , & il n'y a pas de coutume qui puiſſe autoriſer de prendre les droits qui y ſont défendus ni au de-là de ce qui eſt taxé.

Apel d'une taxe & executoire de
dépens du Conseil.

Loüis &c.... au premier &c.... à la requête de nôtre amé tel ... nous te mandons afigner à certain & competant jour par devant nos amés & feaux Confeillers les maîtres des Requêtes ordinaires de nôtre Hôtel, Juges fouverains en céte partie tel, ... pour proceder fur l'apel par l'expofant interjeté, & qu'il interjete d'abondant par ces prefentes, de la taxe & executoire de dépens contre lui decerné en execution de l'arrêt de nôtre Conseil du ... & en outre comme de raifon, declarant que maître tel .... Avocat en nos Confeils ocupera pour ledit expofant de ce faire te donnons pouvoir, car tel eft nôtre plaifir, Doné à &c.....

Anticipation fur ledit apel.

Nous te mandons ajoutner & anticiper à certain & competant jour, par devant nos amés & feaux Confeillers les maîtres des requêtes ordinaires de nôtre Hôtel, Juges fouverains en céte partie, tel .... pour proceder fur l'apel par lui interjeté de la taxe & executoire de dépens de nôtre Conseil du .... & procede en outre comme de raifon declarant que maître tel .... Avocat en nos Confeils, ocupera pour ledit expofant &c.

Par le Conseil
tel ....

CHAPITRE V.

Des faifies & executions.

IL y a de deux fortes d'executions, l'une qui fe fait avec conoiffance de caufe par le miniftere du Juge, & l'autre qui fe fait fans conoiffance de caufe, par le miniftere d'un fergent.

Celle qui fe fait par le miniftere du Juge, comprend les liquidations des fruits, des domages & interêts, & la taxe des dépens, dont il a été parlé ci-deffus.

Celle qui fe fait par le fergent, comprend les faifies & ventes de meuble, l'emprifonement des perfones obligées ou condanées & la faifie reele des immeubles, que j'expliquerai par diferents chapitres, après avoir parlé des faifies & executions, à l'égard defquelles trois chofes font à examiner.

Primò. En vertu de quoi on peut faifir.

Secundò. Sur quelle perfone on peut faifir.

Tertiò. Quelles fortes de meubles peuvent être faifies.

On peut faifir en vertu de contrats, obligations, ou fentences de condanation fcellées & en bonne forme.

L'ordonance de 1559. porte, que les contracts & obligations paffés fous fceaux autentiques autres que roïaux, font executoires contre les obligés ou leurs heritiers en tous lieux, où ils feront trouvés demeurans lors de l'execution, & fur tous leurs biens, en quelque part qu'ils foient affis ou trouvés, pourveu qu'au tems de l'obligation ils aïent été demeurans dans le détroit ou Jurifdiction où lefdits fceaux font autentiques.

L'article 195. de la Coutume de Paris qui a été reformée depuis cette ordonance, porte la même chofe.

D'où il s'enfuit par argument à fens contraire, que fi au tems de la paffation du contrat, ou de l'obligation, les parties n'étoient point demeurans dans la Jurifdiction du Seigneur du lieu où ils ont été paffés, ils ne feront pas executoires fur leurs biens.

Une faifie & execution de meubles faite en vertu d'un contrat ou obligation, non fcellée eft nulle, ainfi qu'il a été jugé par deux arrêts raportés par Tournet fur ledit article 195. de la Coutume de Paris, l'un donné aux grands jours tenus à Moulins en 1550, l'autre au Parlement le 1. Decembre 1551.

Ainfi la raifon eft, que c'eft le fceau qui donne la force & l'autorité aux contrats & obligations pour ce qui eft de l'execution.

On peut auffi faifir & executer en vertu d'une Sentence, pourveu qu'elle foit en forme & fcelée, parce que fi elle n'étoit que par extrait, on ne pouroit pas en vertu d'icele faire une faifie & execution de meubles.

Le Prefident Fabert en fon code *de diftract. pignor. definit.* 4. tient que le debiteur ne peut pas arguer la faifie de nullité en la forme.

Par l'article 166. de la Coutume de Paris nul n'eft recevable à proceder par voïe d'arrêt, faifie & execution, en vertu d'obligation ou de fentence, fi la chofe, ou la fomme pour laquelle il veut faifir n'eft certaine & liquide en fomme ou en efpéce.

L'article 2. du titre 33. de l'ordonance de 1667. porte la même chofe.

Le même article de ladite Coutume de Paris porte, que fi

l'obligation ou la condanation étoit de païer ou lever certaine quantité de grain, vin, ou autre espéce, qu'en ce cas on peut executer & ajourner, afin d'aprecier, mais l'ordonance audit titre 2. du titre 33. ajoûte qu'il doit être surcis à la vente des choses saisies, jusqu'à ce que l'apreciation ait été faite.

Quoique le creancier ait fait saisir & executer pour plus qu'il ne lui seroit dû, neanmoins la saisie & execution ne seroit pas nulle pour cela, excepté que le debiteur n'ait ofert de païer ce qu'il devoit veritablement, & que le creancier eût persisté à maintenir la saisie pour plus grande somme que celle qui lui est dûë.

Le proprietaire d'une maison par lui baillée à loïer peut, selon l'article 161. & 162. de la Coutume de Paris, faire proceder par voie de gagerie sur les meubles de ses locataires & souslocataires, pour les loïers qui lui sont dûs, encore qu'il n'ait point de bail par écrit.

Le Juge permet aussi quelquefois de saisir & arrêter, encore qu'il n'y ait pas d'écrit sous-seing privé, lorsqu'il y a peril de la demeure, mais les frais ne doivent pas être reputés contre le debiteur, & le creancier doit être condané aux domages & interêt, s'il a fait injure au debiteur sans sujet, mais si le debiteur a refusé de païer depuis la saisie il en doit les dépens, encore que le creancier n'ait pas eu de piece & executoire.

Neanmoins on ne permet pas en ce cas d'enlever les éfets, si ce n'est dans le cas de fuite ou de transport qu'en fait le debiteur, & si le debiteur ne donne pas de gardien le creancier en doit mettre un à ses dépens dans la maison, mais si le creancier exposoit qu'il a piece & executoire, qui pour lors ne sont pas en sa possession, le Juge peut permettre l'execution à ses risques s'il n'a pas dit la verité.

La Coutume de Paris en l'article 186. dit, que simple gagerie est une saisie de meubles qui se fait sans transport, c'est-à-dire, sans les deplacer & transporter hors de la maison sans ordonance du Juge, mais seulement en vertu du privilege acordé aux bourgeois & proprietaires.

Les meubles saisis par simples gageries, doivent être baillés en garde au locataire à qui ils apartiennent pourveu qu'il s'en veüille charger, comme depositaire de bien de justice, ou bailler un autre gardien & s'il ne veut faire l'un ou l'autre, le Sergent peut deplacer & transporter lesdits meubles chés le Commissaire aux saisies mobiliaires établi par Edit du mois de Septembre 1674. qui doit avoir fes bureaux en des lieux comodes pour recevoir les chofes faifies.

Avant cet Edit, tous particuliers, pourveu qu'ils fuffent domiciliés & aparament folvables, pouvoient être établis commiffaires à une faifie de meubles, ce qui fe pratique encore aujourd'hui dans les lieux éloignés defdits bureaux, & où il n'y en a point d'établis.

La Coutume de Paris n'acorde pas le même privilege au principal locataire fur le fouslocataire qu'au proprietaire fur fon principal locataire, mais fur une fimple requête le Juge lui permet de faifir & arrêter encore qu'il n'y ait pas de fousbaux par écrit.

Il y a encore trois autres cas, où on peut faifir, & arrêter fans obligations paffée, fous fcel autentique, & fans condanation.

1°. L'article 173. porte, que par privilege acordé aux bourgeois de Paris, ils peuvent proceder par voie d'arrêt fur les biens de leurs debiteurs forains trouvés en ladite ville, pofé même qu'ils n'euffent cedule ou obligation par écrit.

2°. Et en l'article 175. par lequel il eft permis aux hôteliers d'arêter & retenir les ardes & chevaux des hôtes & paffagers pour la dépenfe par eux faite en leur hôtelerie, jufqu'à ce qu'ils foient païés.

3°. Et aux articles 176. & 177. qui donne aux vendeurs d'une chofe mobiliaire, qui a vendu fans jours & fans terme, efperant d'être païé promtement, la faculté de pourfuivre la chofe par lui venduë, en quelque lieu qu'elle foit tranfportée pour être païé du prix qui lui en eft dû, & même encore qu'il ait donné terme, fi la chofe par lui venduë fe trouve faifie fur l'acheteur, par un autre creancier dudit acheteur.

On peut faifir & executer fur toutes les perfones obligées fous fcel autentique ou condané par fentence, & proceder par voie de gagerie fur les perfonnes dont il eft fait mention aux articles de la Coutume de Paris qui vienent d'être cités.

Neanmoins fi le debiteur obligé ou condané étoit decedé, il faut faire declarer executoire contre eux l'obligation du défunt ou la fentence obtenuë contre lui, avant que de pouvoir proceder par voie de faifie ou execution fur les biens de fa veuve ou de fes heritiers, & pour cela les faire apeller en juftice.

Sur quoi, il faut obferver ici, que les creanciers du défunt, peuvent cependant pour la confervation de leur dû, faire faifir

& arêter les biens delaiffés par le défunt & ceux de fa communauté, mais non les biens propres de fa femme, fi elle n'eft obligée avec lui, ni ceux de fes heritiers.

On ne doit pas autorifer qu'un creancier faffe apofer le fcellé dans la maifon de fon debiteur decedé, fauf à faire faifir pour fureté de fon dû, fi ce n'eft pour credits confiderables & qu'il y ait peril éminent ou bien en cas de faillite.

Si le creancier étoit decedé, fes heritiers peuvent mettre à execution l'obligation de fon debiteur ou la condanation contre lui obtenuë, car fuivant l'anciene regle du droit François le mort execute le vif & le vif ne peut pas executer le mort, c'eft-à-dire, que la condanation obtenuë par un creancier mort, fe peut executer par fes heritiers, contre le debiteur vivant, & que le creancier vivant ne peut executer fon obligation, contre la veuve & les heritiers de fon debiteur mort avant que d'avoir fait déclarer executoire contr'eux, ou fon obligation, ou la fentence de condamnation.

On peut executer contre un mineur les condanations obtenuës contre fon tuteur, pendant fa majorité, fans qu'il foit befoin de faire declarer executoire contre lui la fentence obtenuë contre ledit tuteur, bien que plufieurs ne laiffent pas de le faire.

Les proprietaires des maifons ne peuvent pas faire proceder par voie de gagerie fur tous les meubles de leurs locataires, mais feulement fur ceux qui fe trouvent actuelement dans la maifon qu'ils leur ont loüée, ou qui en ont été divertis & tranfportés en fraude de leur dû.

Cependant ils peuvent par les mêmes voies arêter tous les meubles de leurs fouslocataires, mais ces fouslocataires doivent avoir main levée, en païant les loïers qu'ils peuvent devoir pour les lieux par eux ocupés.

En fait de gagerie fi le proprietaire d'une maifon ou le locataire tient hôtelerie, on ne peut pas comprendre en faifant faifir les meubles des fouslocataires, les males, cofres & hardes apartenans aux pafagers en l'exploit de faifie, ni pareillement les cofres & hardes des ferviteurs & fervantes de ladite hôtelerie, ni les chofes qui auroient été données en gage ou en dépôt au maître de ladite hôtelerie.

Mais fi un Marchand ou Tapifier avoit prêté ou loüé des meubles à un locataire, ces meubles peuvent être faifis pour

les

les loiers, & le proprietaire de la maison preferé pour ses loiers au proprietaire desdits meubles.

Dans les cas de saisie & execution, qui se font en vertu d'obligation ou sentence, on peut saisir generalement tous les meubles du debiteur en quelque lieu qu'ils soient trouvés, à l'exception seulement de ceux qui sont specifiés dans les articles 14. 15. & 16. du titre 33. de l'ordonance de 1667.

Primò, Si la saisie & execution est faite sur personnes demeurantes à la campagne, l'article 14. porte qu'il leur faut laisser une vache, trois brebis, ou deux chevres pour aider à soutenir leur vie, & à l'égard de toutes autres personnes qu'il leur faut laisser un lit avec l'habit dont ils sont vêtus & couverts.

Neanmoins si la saisie étoit faite pour le prix de la vente desdits bestiaux ou pour argent prêté pour l'achat d'iceux, en ce cas, ils pouroient être saisis & vendus, à cause du privilege de la dete qui feroit cesser la grace que l'ordonance fait aux saisies.

Secundò, Les meubles des Eclesiastiques destinés au service divin, ou servant à leur usage necessaire, de quelque valeur qu'ils puissent être, ne peuvent pas aussi être saisis, ni leurs livres, jusqu'à la valeur de cent cinquante livres, par l'article 15.

Tertiò, Les chevaux, les bœufs, les charuës, charetes, & autres ustanciles servans à labourer & cultiver les terres, vignes & prés ne peuvent être saisis, sinon pour le prix dû aux vendeurs ou pour l'argent prêté pour l'achat desdits bestiaux ou ustanciles, ou pour le fermage des terres où se trouveront ces bestiaux & ustanciles, par l'article 16.

Il semble que ce privilege n'apartient pas aux creanciers des sur-cens & rentes foncieres qui ont leur assurance sur les fonds, outre leur privilege sur les fruits, à moins qu'il n'y ait assignation sur le fermier.

On juge neanmoins le contraire & on permet aussi au proprietaire de saisir les chevaux & les bestiaux pour dépens, donnant à l'acessoire le même privilege qu'au principal, à cause de la temerité du fermier, on donne même en certain cas, plus de privilege aux dépens qu'au principal, comme pour la contrainte par corps.

Par declaration du Roi verifiée en la Cour des Aides, cette grace faite en faveur du labourage a été revoquée, & ordonné que les chevaux, bœufs & ustanciles, pourront être saisis pour deniers roïaux, tout ainsi qu'ils pouvoient l'être avant l'ordonance.

Ainſi, dans les cas où on peut ſaiſir les chevaux & les beſtiaux, il ſemble que ce ne devroit être qu'aprés un procés verbal d'autres éfets non trouvés, ſuivant l'opinion de la Gloſe ſur la loi 40. ff. de re judicata; & la Loi 4. lig. de execut. rei judic.

Le ſergent porteur d'obligation ou de ſentence en vertu de laquelle la ſaiſie doit être faite, avant que d'entrer en la maiſon du debiteur, doit apeler deux voiſins au moins pour y être preſens.

Enſuite il dreſſe ſon exploit ou procés verbal de ſaiſie contenant en détail & par le menu tous les meubles qui ſeront par lui ſaiſis & pris par execution.

Par ſon exploit, il doit marquer le tems auquel il aura été fait, ſi c'eſt avant ou aprés midi, qu'il ſoit ſigné des deux voiſins qu'il aura apelés, & au cas qu'ils ne le ſçachent ou ne le veulent ſigner en faire mention, & s'il n'y a pas de voiſins, il faut qu'il le declare par ſon exploit & le faire parapher par le plus prochain Juge incontinent aprés ſon execution, & en laiſſer ſur le champ copie à la partie ſaiſie, ſignée des mêmes perſones qui auront ſigné l'original.

Ce qui ſe doit entendre quand la ſaiſie eſt faite dans une maiſon qui ſe trouve ſeule dans la campagne, autrement le paraph du Juge n'eſt pas neceſſaire.

Par l'Edit du Roi du mois de Mars 1668. portant reglement pour les procedures touchant les afaires de Sa Majeſté, article 3. il eſt porté que lorſque l'huiſſier ou ſergent qui doit ſaiſir pour les deniers du Roi, ne trouvera aucun voiſin pour l'acompagner dans la maiſon où il veut faire la ſaiſie, il fera incontinent aprés l'execution parapher l'exploit par un Oficier de l'Election, grenier à ſel, ou autres qui doit conoître de la ſaiſie & execution.

Si les portes de la maiſon ſont fermées & qu'il n'y ait perſone pour les ouvrir, ou que ceux qui y ſont ne les veuillent pas ouvrir, le ſergent doit dreſſer ſon procés verbal & enſuite ſe retirer par devers le Juge du lieu, lequel au bas de l'exploit ou procés verbal doit nomer deux perſones en preſence deſquelles l'ouverture des portes & la ſaiſie & execution ſeront faites, & ſigneront l'exploit ou procés verbal de ſaiſie avec les recors.

Mais cela n'eſt pas obſervé, d'autant que le Juge pouroit nomer des perſones qui refuſeroient d'y aſiſter & être preſens à l'ouverture des portes de celui qu'on voudroit executer, c'eſt pourquoi quand cela arive Monſieur le Lieutenant Civil du Châtelet de Paris ordone qu'un tel Comiſſaire ſe tranſportera en la maiſon pour en faire l'ouverture.

Quand c'eſt en vertu d'un arrêt de Cour ſouveraine, comme du Parlement, l'Huiſſier dreſſe ſon procés verbal, comme quoi il a trouvé la porte fermée, & en conſequence ſe retire par devers la Cour & lui demande permiſſion de faire ouvrir les portes, ce qu'elle lui acorde, & en conſequence il les peut faire ouvrir, mais il doit le faire en preſence de deux perſones & faire auſſi en leur preſence ſon exploit de ſaiſie, & execution, & leur faire ſigner, afin qu'on ne l'acuſe pas de violence, ou d'avoir pris quelque choſe, car il ſe pouroit faire qu'il n'y auroit perſone dans la maiſon dont on auroit fait ouvrir les portes, c'eſt pourquoi pour faire toutes choſes avec pleine ſureté, il ne le doit pas faire ſans témoins.

Les exploits de ſaiſies & executions de meubles & choſes mo-biliaires doivent auſſi contenir l'élection du domicile du ſaiſiſſant dans la ville où la ſaiſie & execution ſera faite, & ſi elle n'eſt pas faite dans une ville, bourg ou vilage, le domicile ſera élu dans le vilage ou la ville qui eſt le plus proche.

S'il s'agit de deniers de Sa Majeſté, les receveurs, Fermiers & autres perſones emploïées au recouvrement d'iceux, peuvent fai-re élection de domicile en leurs bureaux & ne ſont point obligés d'en élire dans la ville, bourg ou vilage le plus proche du lieu où la ſaiſie & execution ſera faite.

Quoique par l'édit d'établiſſement du contrôle des exploits qui eſt ſurvenu depuis l'ordonance de 1667. les huiſſiers & ſergens ſoient diſpenſés de ſe faire aſiſter & ſigner leur exploit par deux recors, neanmoins cela ne s'entend que des ſimples actes judi-ciaires, comme ſont les ajournemens, ſignifications, ſomations & autres actes ſemblables, mais à l'égard des ſaiſies & executions, ſaiſies de fruits, gageries, ſaiſies reeles, criées, exploit en retrait lignager, vente de meubles, grains, chevaux & beſtiaux, ils doivent être aſiſtés de deux témoins ou recors, qui ſignent avec eux l'original & copie de leurs procés verbaux, à peine de nulité & d'amande.

La ſaiſie & execution étant faite, le ſergent doit bailler en garde les meubles & éfets par lui ſaiſis à un gardien ou Comiſſai-re, dont le nom & le domicile doit être declaré & ſignifié à la partie par le même procés verbal.

Si le gardien n'eſt pas ſolvable, il faut le refuſer & aſigner le ſaiſi par devant le Juge dés à une certaine heure du même jour pour voir ordoner qu'il preſentera un autre gardien, ſinon que

les meubles feront tranfportés au bureau des faifies mobiliaires &
jufqu'à ce qu'il ait été ftatué fur ladite afignation , le fergent fe
peut établir en garnifon dans la maifon pour la confervation des
chofes faifies.

Le Juge fur les raifons aleguées de part & d'autre , eu égard à la
qualité du gardien, à la valeur des chofes faifies & à la dête , declare le gardien folvable ou infolvable & en confequence ordone
que le faifi en prefentera un autre , & qu'à faute de ce faire
les meubles feront tranfportés au bureau des faifies mobiliaires.

Ce que le Sergent ne peut pas faire de fon autorité , ainfi
il doit fe tranfporter à l'heure de l'afignation à l'hôtel du Juge
& cependant il faut qu'il laiffe un de fes recors en garnifon de
peur que le faifi ne detourne fes meubles.

Le Roy par fon Edit d'établiffement des bureaux pour le depôt de tous les éfets mobiliers ne prejudicie aucunement à la
liberté que doivent avoir les parties faifies , de donner bon &
folvable gardien, fans deporter, ni deplacer, ainfi qu'il eft declaré dans cet Edit , au contraire il veut & ordone que les chofes faifies ne puiffent être enlevées ni tranfportées au bureau que
faute de gardien folvable.

Les Huiffiers ou Sergens ne peuvent prendre, ni établir pour
gardien aucuns de leurs parens ou alliés, ni le faifi, fa femme,
fes enfans ou petits enfans à peine de tous dépens domages &
interêts envers les creanciers faififfans, ainfi qu'il eft dit par l'article 13. du titre 19. de l'ordonance de 1667.

Il en doit être de même des parens ou aliés du faififfant.

Quelques-uns veulent que les parens ou aliés , aux degrés
marqués par cet article, qui ont accepté la garde, & ont été
mis en poffeffion des chofes faifies, demeurent chargés de la
reprefentation, jufqu'à ce qu'ils aïent obtenu leur decharge,
mais l'efprit de l'ordonance eft contraire.

Les mêmes perfonnes ne peuvent pas auffi fe rendre caution
par l'exploit de faifie, d'autant qu'il eft défendu aux huiffiers de
recevoir aucun acte, de peur de furprife.

Il eft auffi du devoir du Sergent de s'informer de la qualité
de celui qu'il acepte pour gardien, neanmoins il femble qu'un
gendre feroit valablement obligé s'il n'avoit declaré n'être parent
ni allié au faifi, aux degrés de l'ordonance, pourveu qu'il n'y
ait pas d'aparence de furprife , ce qui arive fouvent.

On peut ici ajouter qu'encore qu'il n'y ait aucune ordonance, ni reglement qui défendent aux huiſſiers ou ſergens d'exploiter ou ſaiſir pour leurs parens, neanmoins on ne doit pas ſoufrir qu'ils le faſſent au moins juſqu'au degré de couſins germains, il peut y avoir trop de paſſion & ſouvent on chargeroit un procés verbal d'un plus grand nombre d'éfets, & de meilleure qualité qu'il y en a dans la maiſon.

En éfet l'ordonance de 1667. défendant aux huiſſiers de prendre leurs parens pour recors, doit s'entendre, à plus forte raiſon des parens à l'égard des huiſſiers.

On tient que les laboureurs ne peuvent pas être établis Comiſſaires aux ſaiſies faites ſur leurs Seigneurs,, mais on n'excepte point ceux qui n'ont aucunes terres & tenuës de lui.

Les freres, oncles & neveux du ſaiſi ne peuvent pas auſſi être établis gardiens ou Comiſſaires aux meubles & fruits, ſous pareille peine, ſi ce n'eſt qu'ils y aïent expreſſement conſenti par le procés verbal de ſaiſie & execution & qu'ils l'aïent ſigné ou declaré ne pouvoir ſigner.

Le gardien ou Comiſſaire doit être mis en poſſeſſion des choſes ſaiſies, s'ils le requierent.

Le devoir des gardiens eſt de garder & conſerver les choſes ſaiſies juſqu'à ce qu'il ſoit pourſuivi pour les repreſenter & être venduës, ou qu'il ſoit ordoné par juſtice qu'elles ſeront rendues aux parties ſaiſies, mais il ne peut pas être empriſoné ſans condanation, par arrêt rendu en la troiſiéme des enquêtes du 28. Août 1676. raporté au troiſiéme tome du Journal des audiances, livre 10. chapitre 13. mais étant condané on le peut empriſoner nonobſtant l'apel.

Il n'eſt pas permis au gardien de ſe ſervir des choſes ſaiſies, ni de les bailler à loüage, à peine d'être privé des frais de gardes & de nouritures, domages & interêts des parties.

De ſorte que ſi entre les choſes ſaiſies il y a des beſtiaux qui produiſent d'eux-mêmes quelques profits ou revenus, le gardien en doit tenir compte au ſaiſi ou à ſes creanciers ſaiſiſſans.

L'édit des ſaiſies mobiliaires eſt encore en ce cas plus favorable aux parties ſaiſies, que l'ordonance de 1667. il enjoint aux Commis établis dans les bureaux, de ſoufrir qu'elles prennent, ſi bon leur ſemble, le lait de leurs beſtiaux ſaiſis, ſinon qu'ils en tiennent compte ſur leur droit de garde.

Permet auſſi auſdites parties ſaiſies de nourir elles-mêmes leurs chevaux & beſtiaux ſi elles le deſirent, & en font leur declaration dés le jour que la faifie a été faite.

Celui qui par violence empêche l'établiffement des gardiens & Comiffaires aux meubles ou fruits faifis, ou qui les enlevera, doit être condamné envers l'autre partie au double de la valeur des meubles & fruits faifis & en cent livres d'amande envers le Roi, fans prejudice des pourfuites extraordinaires.

La forme des exploits de faifie de meubles, gajeries & faifies de fruits, font au chapitre des faifies & executions de mon ftile general des huiffiers & fergens.

CHAPITRE VI.

Des ventes de meubles, grains, beftiaux & chofes mobiliaires.

LEs chofes faifies ne peuvent être venduës qu'il n'y ait au moins huit jours francs, entre l'execution & la vente.

Ce tems eft acordé pour l'interêt du faifi & celui des autres creanciers, afin que le faifi puiffe dans ce tems fatisfaire aux caufes de la faifie & empêcher par ce moïen la vente de fes meubles qui reduit ordinairement le faifi dans la derniere extremité, & pour doner lieu à fes creanciers de faire opofition à la faifie, afin de venir à contribution avec le faififfant au cas d'infolvabilité, à moins que le faififfant ne fût privilegié.

Si la faifie eft faite pour chofes confiftantes en efpeces, il faut furfeoir à la vente, jufqu'à ce que l'apretiation en ait été faite.

La raifon eft, que jufqu'à ce que les chofes foient apretiées, on ne peut pas dire la fomme qui eft duë au faififfant, & comme la vente des chofes faifies ne fe fait ordinairement que pour païer & fatisfaire le faififfant, & non pour plus, il feroit injufte de vendre pour mille écus de meubles, pour une fomme de mille livres.

C'eft pourquoi l'ordonance a voulu, que les efpeces fuffent apretiées auparavant que de vendre les meubles faifis du debiteur.

La vente des chofes faifies fe fait fans ordonance du Juge, quand elle fe fait en vertu d'une obligation fcelée, ou d'un jugement qui foit fcelé & qui ait force de chofe jugée, pourveu qu'il

n'y ait pas d'opofition , car s'il y a des opofitions il faut auparavant, que proceder à la vente, faire vuider les opofitions.

Cependant quelquefois le Juge ordone , que les meubles feront
vendus à la diligence du faififfant , & que jufqu'à ce que les opofitions foient vuidées le fergent demeurera depofitaire des deniers
de la vente d'iceux.

La vente des chofes faifies doit être faite au plus prochain
marché public , aux jours , & heures ordinaires des marchés.

Le fergent doit fignifier à la perfone ou au domicile du faifi le
jour & l'heure de la vente , à ce qu'il ait à s'y trouver ou à y faire
trouver des encheriffeurs , fi bon lui femble , finon & à faute de
fe faire , lui declarer qu'il fera procedé , tant en abfence qu'en
prefence.

S'il y a des opofans , il faut auffi leur faire fignifier le jour &
l'heure de la vente.

Si le Sergent ne peut pas faire enlever les meubles le jour que
la vente en doit être faite , faute par le gardien de les reprefenter,
il doit lui faire comandement de les reprefenter & à faute de ce
faire , lui doner afignation à comparoir par devant le Juge pour
s'y voir condaner par corps fuivant l'ordonance comme depofitaire de biens de Juftice avec dépens , domages & interêts de l'inftance principale contre le faifi.

Sur céte afignation le Juge doit condaner par corps le gardien,
à reprefenter les meubles qu'il a pris en fa garde.

Quand le gardien a reprefenté les meubles faifis , le fergent
les doit faire tranfporter au marché public pour les vendre.

Il y a des huiffiers ou fergens qui chargent les gardiens de reprefenter les meubles qu'ils ont pris en leur garde , dans le marché , cependant les gardiens n'y font pas obligés , & ils ne doivent figner céte claufe , car il fufit fi le gardien reprefente les meubles dans le lieu où ils étoient lors de l'execution , parce que ce
n'eft pas la charge du gardien , de les faire tranfporter en la place
publique , mais du fergent s'il les veut vendre.

Les chofes faifies doivent être ajugées au plus ofrant & dernier
encheriffeur , en païant par lui fur le champ le prix de la vente ,
dont le fergent eft réponfable en fon nom , comme s'il l'avoit reçu.

Ainfi pour empêcher que les huiffiers ou fergens en faifant des
ventes ne prenent pour eux les chofes faifies , ils font obligés de
declarer dans leurs procés verbaux , le nom & le domicile des

ajudicataires defquels ils ne pouront rien prendre ni recevoir directement ni indirectement, outre le prix de l'ajudication, à peine de concuffion.

Neanmoins quelque précaution que le Roi ait pris pour empêcher que les huiffiers ou fergens ne fe rendent eux-mêmes acheteurs des chofes qu'ils vendent à vil prix, plufieurs trouvent des moïens pour le faire, foit par des perfones interpofées ou autrement, mais c'eft la faute des faifis & des faififfans, lefquels pour leur interêt doivent diferer la vente de certaines chofes à un autre jour, au cas qu'elle ne fût pas venduë à un jufte prix.

Les bagues, joïaux & vaiffele d'argent, de la valeur de trois cent livres ou plus, ne peuvent être vendus qu'aprés trois expofitions, à trois jours de marché diferents, fi ce n'eft que le faififfant & le faifi en convienent par écrit, qui fera mis entre les mains du fergent pour fa décharge.

Incontinent aprés la vente, les deniers en provenant feront delivrés par l'huiffier ou fergent entre les mains du faififfant jufqu'à la concurence de fon dû, le furplus delivré au faifi, & en cas d'opofition à qui par juftice fera ordoné, à peine contre les Huiffiers ou fergens d'interdiction, & de cent livres d'amande aplicable moitié au Roi & moitié à celui qui devoit recevoir les deniers.

Si les huiffiers ou fergens font en demeure de païer les deniers de la vente des meubles, il faut les faire afigner, pour voir declarer la peine mentionée en cet article & encourue contre eux, & en ce cas céte demande doit être jugée fomairement.

Aprés que la vente aura été faite, le fergent doit porter la minute de fon procés verbal de vente au Juge, lequel fans frais taxera de fa main ce qui conviendra au fergent pour fon falaire, à caufe de la faifie & vente de laquelle taxe le fergent fera mention dans toutes les groffes des procés verbaux à peine d'interdiction & de cent livres d'amande envers le Roi.

Il y a deux chofes dans la taxe du procés verbal de vente & faifie à quoi le Juge doit prendre garde pour fe bien aquiter de fon devoir.

primò. Que les journées que le fergent demande aïent été actuellement emploïées depuis huit heures du matin jufqu'à midi, & depuis deux heures jufqu'à fix heures du foir & les moderer s'il y a de l'abus.

Secundò. Qu'il n'ait pas tranfcrit dans fon procés verbal les pieces en vertu defquelles la vente a été faite ni la faifie des meubles

bles & fignifications pour y parvenir , en cas qu'il s'en trouve, il faut les retrancher de la groffe auffi bien que le difcours inutile fait feulement pour groffir le procés verbal.

Aprés l'arêté en marge de chacun article , l'arêté de la taxe fe fera ainfi qu'il enfuit.

Taxe de falaire de fergent.

Vû par nous N. . . . le prefent procés verbal , avons taxé à O. . . . . la fomme de. . . . . . . pour fes falaires , à caufe de la faifie , execution & vente par lui faite des meubles y mentionés , fait à &c. . . .

Voïés mon ftile general des Huiffiers & fergens , vous y trou-verés le formule de toutes fortes de fignifications & procés ver-baux de ventes.

CHAPITRE VII.

Des opofitions aux faifies & ventes de meubles ; de la décharge des gardiens , & du privilege des creanciers.

L Es creanciers du faifi peuvent s'opofer à la faifie & execu-tion qui a été faite de fes meubles & éfets , à la requête d'un autre de fes creanciers, & la délivrance des deniers provenant de la vente d'iceux.

Céte opofition doit être formée dans la huitaine, entre la fai-fie & la vente des chofes faifies , ou incontinent aprés la vente , entre les mains de l'huiffier ou fergent à la délivrance des deniers provenans de la vente defdits meubles & éfets faifis.

Neanmoins ils font obligés de faire vuider lefdites opofitions dans un an , autrement & à faute de ce faire , les gardiens font déchargés de plein droit aprés l'an , à compter du jour de leur comiffion , ainfi qu'il eft dit par l'article 22. du titre 29. de l'or-donance de 1667.

Si l'opofition étoit jugée avant l'an expiré , le gardien ou Co-miffaire eft déchargé de plein droit , deux mois aprés les opofi-tions jugées fans obtenir aucun jugement de décharge.

Toutesfois ils doivent rendre compte de leur comiffion pour

Tome II. G

le paffé , & pour ce faire ils ont un an , encore qu'il n'y ait pas de conteftation.

De forte que quoiqu'ils aient été mis en poffeffion actuele des chofes faifies, ils font toûjours obligés de les rendre & reftituer & céte décharge de plein droit que leur done l'ordonance ne les peut exemter de céte reftitution qui leur peut être demandée dans les trente ans.

Mais il faut prendre garde fi l'énoncé de l'exploit eft veritable qu'ils ont été mis en poffeffion des chofes faifies & executées , ce qui arive rarement.

Cependant il a été jugé par plufieurs arrêts, qu'ils ne laiffent pas de demeurer chargés & de pouvoir être pourfuivis jufqu'à trente ans , mais il femble qu'en ce cas la nouvelle ordonance les décharge, fuivant l'article 2. & 16. du titre des faifies & executions & ventes de meubles.

La depoffeffion n'eft pas neceffaire & la faifie pofterieure où il y a enlevement , n'eft pas preferée nonobftant la difpofition de plufieurs coutumes, d'autant que les gardiens ne doivent pas être mis en poffeffion s'ils ne le requicrent.

Il femble que le faififfant n'eft pas garand de la folvabilité de fon Comiffaire , le debiteur aïant pû demander l'établiffement d'un autre, ainfi que le remarque Aytault à la fin de fon Inftruction judiciaire,où il raporte un arrêt de 1611. qui l'a ainfi jugé.

On pratique neanmoins le contraire , d'autant que le faififfant a dû conoître fon Comiffaire.

On veut auffi qu'il en foit garand à l'égard des opofans, à moins qu'il ne leur ait fait fignifier peu de tems aprés leurs opofitions, qu'il n'entendoit plus être garand du Comiffaire , & qu'ils aïent à en faire établir un autre, mais le faififfant n'eft pas tenu de fa negligence, s'il n'a pas contraint le Comiffaire de faire fon devoir & s'il a été déchargé aprés un an ou trois ans , d'autant que les opofans ont pû fe faire fubroger.

Autre chofe du gardien dont le faififfant ne peut être garand à l'égard du faifi qui la prefente lui même, ni à l'égard des creanciers, puifqu'ils n'étoient pas encore opofans.

Si le debiteur eft infolvable,& qu'il n'y ait point de creanciers privilegiés , tous les opofans viendront par contribution au fol la livre fur les deniers provenans de la vente des meubles & éfets faifis.

Que fi le debiteur eft folvable, le premier faififfant fera preferé aux autres, mais s'il y avoit des creanciers privilegiés , en ce cas le privilege le plus favorable fera preferé aux autres.

Par exemple, le proprietaire retrouvant la chofe par lui depo-ſée en nature & en efpece, & la revendiquant, fera preferé à tous les creanciers du depofitaire, pourveu qu'elle ne foit pas venduë, & fi fa vente avoit été faite au prejudice de fon opofition, il feroit preferé fur le prix.

Pareillement celui qui l'aura venduë fans terme, ou avec terme, la trouvant encore en la poffeffion de l'acheteur, ou étant faifie fur lui, fera preferé à tous les autres creanciers, mais fi aïant bail-lé terme l'acheteur l'a revenduë à un tiers, & qu'elle fût faifie fur ce tiers, le premier vendeur perdroit fon privilege, car fuivant la regle generale, les meubles n'ont pas de fuite par hipoteque.

Celui qui a vendu une chofe mobiliaire fans jours & fans ter-me efperant être païé promptement, la peut vendiquer même entre les mains d'un tiers aquereur de bonne foi, parce que le vendeur n'a pû transferer la proprieté qu'il n'avoit pas avant le païement, fuivant le §. *venditæ verò res inſtit. de rer. diviſ.* mais fi la chofe a été venduë à credit, ou fi on a fuivi la foi de l'ache-teur, le premier vendeur a privilege fur le prix qui eſt encore entre les mains du fecond aquereur, encore même que le fecond eût vendu la chofe à un troifiéme.

Lapeirere, lettre P. nombre 131. tient que le proprietaire d'u-ne boutique ou magazin où on trouve des marchandifes a privi-lege au prejudice du vendeur des mêmes marchandifes, & qu'il n'en eſt pas de même, fi le debiteur ne tient pas de boutique ni de magazin, mais nous jugeons en faveur du vendeur, encore même qu'il ait vendu à credit, & que les autres meubles qui font dans la maifon, n'étoient pas fufifans.

Il n'y a auffi aucun doute, que celui qui a prêté ou mis des meu-bles en dépôt, les peut repeter au prejudice du privilege du pro-prietaire.

Le même Lapeirere, tient auffi que le vendeur de bled a privi-lege fur la farine qui en provient, parce que la forme & l'efpece font feulement changées & non pas la fubftance, & qu'il n'y a pas de transformation en un autre corps.

Le vendeur d'une maifon a droit de fuite fur les materiaux a-prés la demolition, à la verité l'hipoteque fe perd par la deftruc-tion, mais non pas le privilege fuivant la difpofition de droit, qui permet au maître des materiaux de les retirer aprés que l'édi-fice eſt tombé, à moins qu'il ne les ait doné volontairement, *leg. 2. cod. de rei vindice.*

On demande ſi une meule placée dans un moulin par le meunier y doit demeurer comme gage de celui à qui apartient le moulin au prejudice de celui qui l'a vendu à credit.

On peut dire que ce n'eſt pas une anexe inſeparable du moulin.

Je ne parle pas ici de la meule giſſante qui demeure imobile
étant atachée à fer & à plâtre , mais de celle de deſſus qu'on a-
pele la travaillante , qui ne tient qu'à une clef de fer & à volante,
& qu'on retire quand on veut pour la repaſſer , ſans deteriora-
tion ni fraction.

A la verité c'eſt toûjours une immeuble par deſtination & qui
apartient à l'heritier des propres , mais à l'égard du creancier ,
c'eſt un meuble qui n'a pas de ſuite par hipoteque , étant hors de
la poſſeſſion de l'aquereur dont on a ſuivi la foi , il l'a pû vendre
ou engager.

Cependant la queſtion eſt de ſçavoir ſi au moment qu'elle a
été placée & miſe en état de travailler , elle eſt devenuë le gage
du proprietaire du moulin ou ſi elle eſt demeurée en la poſſeſſion
du fermier ſur qui elle peut être revendiquée par celui qui l'a
venduë.

Il me paroit extremement dur qu'il ſoit privé en même tems de
la choſe , & du prix , mais auſſi on peut répondre que le proprietaire du moulin qui a ſtipulé par le bail que ſon fermier entre-
tiendra ſon moulin de meules , s'eſt repoſé & n'a pas pourſuivi
ſon fermier comme il auroit pû faire s'il n'avoit pas vû travailler
pendant un tems conſiderable, & en ce cas, le vendeur ſe doit imputer s'il a ſuivi la foi du meunier.

Aprés ces deux eſpeces d'opoſans , le proprietaire de la maiſon
occupée par le debiteur , où les meubles ont été ſur lui ſaiſis eſt le
plus favorable,& doit être preferé à tous autres creanciers.

Il en eſt de même du proprietaire d'une ferme , qui eſt preferée
ſur les grains recueillis ſur la terre & ſaiſis ſur ſon fermier , parce qu'il eſt preferé à tous autres creanciers , même au Roi pour la
taille , ce qui ſe doit entendre de l'anée courante ſeulement , mais
à l'égard des autres creanciers il eſt preferé pour les anées precedentes ſur les fruits de ſa ferme qui ſont encore ſur le champ ou
non tranſportés hors de ſa ferme,car s'ils ſe trouvoient ailleurs,le
privilege n'auroit lieu que pour une anée & encore qu'ils ſe trouvent dans la ferme, on ne doit pas étendre le privilege au de-là
de la derniere anée échuë & de la courante pour empêcher les
coluſions.

Dans les coutumes où le privilege a lieu fur les meubles du fermier, on l'acorde pour un an feulement fur les meubles qui font en la ferme, de même que pour loüage de maifon, afin que l'on ne puiffe pas fruftrer fes creanciers colludant avec un proprietaire.

Un artifan qui a fait des reparations dans la maifon, eft preferé au proprietaire.

On veut la même chofe pour celui qui a prêté la femence au fermier, & l'on voudroit étendre le privilege à ceux qui ont labouré pour le fermier, à la verité les terres feroient demeurées incultes fans leurs ouvrages, mais auffi le proprietaire a contracté avec fon fermier pour les faire lui-même, on fçait que c'eft un moïen par lequel on voudroit tous les jours fruftrer les proprietaires de leur fermage.

Autre chofe fi on avoit labouré ou fourni la femence aprés que le fermier a abandonné la ferme, ou que fes éfets & beftiaux font faifis, il feroit jufte qu'ils fuffent preferés ; mais dans le cas où le proprietaire l'emporte à leur prejudice, ce ne doit être que pour une année de fermage, de même que pour les droits du Roy, quoique dans les autres cas il foit preferé fur tous fes fruits.

On ne donne privileges aux Marechaux & Charons que fur leurs ouvrages qui fe trouvent en nature.

Il femble, fuivant mon fentiment, qu'il y ait de l'équité de donner auffi privilege au proprietaire fur ce qui eft dû par les particuliers, qui ont acheté du bois & autres éfets procedant de la ferme, mais l'ufage n'a pas autorifé le privilege fur ce qui eft tranfporté, ni fur les obligations contractées à caufe de la ferme, fi ce n'eft à l'égard des fermiers des aides.

Les ferviteurs & fervantes n'ont pas de privilege au prejudice du proprietaire.

Neanmoins ceux de la campagne qui aident à la moiffon & à referrer & à garder les grains, doivent être preferés pour une année de leurs gages, même fur le prix des fonds.

Si le debiteur étoit decedé, & que fes meubles euffent été faifis aprés fon decés, viendroient enfuite les loïers de fa maifon, les frais de fes obfeques & funerailles, qui feroient preferés à toutes autres dettes, comme auffi les falaires des Medecins & les drogues dés Apoticaires qui l'auroient vifité & medicamenté durant la maladie dont il feroit decedé.

Aprés ceux-là, viennent les Collecteurs des Tailles dûë au Roi.

mais fi le receveur avoit païé le Roi, & pris du particulier tail-
lable une obligation, il perdroit fon privilege.

Cependant les fermiers des Aides, qui ont fait credit, ne laiffent pas d'avoir privilege fur les meubles, pourveu qu'ils aïent
agi avant l'expiration de leur bail & font preferés même à celui
qui a prêté pour acheter les meubles.

Les fermiers ont le même privilege fur les meubles des fous-
fermiers, pourveu qu'ils aïent agis dans les fix mois depuis l'expiration du bail, autre chofe de l'obligation, à moins qu'elles ne
foient contractées à caufe de la ferme.

Celui qui a vendu des laines dont on fait des étofes, femble avoir privilege fur les mêmes étofes, fupofé que la laine foit
reconoiffable.

Il eft vrai que la forme l'emporte fur la matiere §. 27. *inflit.
de rer. divif.* Mais la recompenfe de la matiere eft toûjours
dûë, on juge pourtant le contraire, mais il eft abfurde de refufer le privilege à celui qui a vendu une bale de laine tant
foit peu entamée, laquelle vifiblement ne peut être changée.

Autre chofe d'une piéce d'étofe quand le chef eft coupé, &
qu'elle n'eft plus reconoiffable, mais fi elle avoit été entamée
par l'autre bout, il n'y a aucune raifon de donner le privilege, à
moins que le plomb, ou le billet du vendeur n'y foient encore
§. *Lana definit effe lana, ubi cœpta eft texi* : comme a remarqué Bar-
ri, Tome 2. page 459.

On ne peut pas dire la même chofe de celle qui n'eft pas encore façonée, & qui fe reconoît certainement.

Le proprietaire d'un moulin à drap n'a aucun privilege fur
les foulages dûs à fon meunier, il a privilege fur la chofe & fur
le prix, & non fur des actions qui apartienent à fon meunier, les
privileges ne s'étendent pas.

Le privilege fe perd quand on fe contente d'un écrit après
avoir laiffé emporter les chofes fur lefquelles on avoit fon privilege, comme par exemple les meubles d'un locataire ou les
fruits d'une ferme.

Neanmoins le vendeur d'une chofe mobiliaire ne laiffe pas de
revendiquer la chofe qu'il a trouvée en nature, quoiqu'il ait tiré
une promeffe du debiteur à fon profit.

Le vendeur d'une maifon a droit de fuite fur les materiaux
après la demolition, à la verité l'hipotéque fe perd par la deftru-
ction, mais non pas le privilege, fuivant la depofition de droit,
qui permet au maître des materiaux de les y retirer après que
l'édifice eft tombé, *leg. 2. cod. de rei vindicat.*

CHAPITRE VIII.

Des *saisies* & *Arrêts de deniers.*

QUoique les promeffes & obligations puiffent être faifies & arêtées, neanmoins la vente ne s'en peut pas faire comme des meubles meublans au profit du plus ofrant & dernier encheriffeur.

Ainfi, fi un debiteur a la plûpart de fon bien en éfet de cette qualité, il faut que fon creancier faffe faifir & arêter entre les mains des debiteurs de ces promeffes & obligations, & les faffe apeler en juftice, pour afirmer au vrai ce qu'ils doivent, & en même tems fon debiteur,creancier de fefdites promeffes & obligations,pour voir dire que ces debiteurs vuideront leurs mains à fon profit de ce qu'ils auront afirmé & reconu devoir.

Si les debiteurs affignés ne comparent pas, & qu'ils faffent défaut, ils feront reputés debiteurs & condanés à vuider leurs mains.

Que s'ils comparent & afirment ne rien devoir, & que le creancier qui a faifi entre leurs mains, n'ait dequoi juftifier le contraire, ils feront renvoïés abfous avec dépens.

Si au contraire ils afirment & reconoiffent être debiteurs,ils feront condanés à vuider leurs mains au profit du creancier faififant, fi le debiteur dudit creancier faififant n'alegue pas de moïens valables pour l'empêcher.

Il femble auffi qu'un creancier ait droit de faire faifir & arêter entre les mains d'un depofitaire, les titres & pieces qui apartienent à fon debiteur.

Les moïens que le debiteur pouroit aleguer pour empêcher que fes debiteurs ne vuident leurs mains au profit de fes creanciers, eft de dire que la déte en vertu de laquelle on faifit fur lui, n'eft pas legitimement dûë, ou qu'elle eft prefcrite, ou qu'elle eft aquitée par des païemens ou par des compenfations.

On obferve en plufieurs lieux, que le tranfport eft valable jufqu'à ce que le creancier ait les mains liées, par la fignification de l'arrêt & faifie faite par fon creancier entre les mains de fon debiteur ou du moins que le tranfport eft preferé, pourveu qu'il foit fignifié avant que l'arrêt & faifie foit fignifié au veritable debiteur , d'autant que l'ordonance veut que la faifie foit fignifiée au debiteur.

Mais cet ufage peut doner lieu à beaucoup de fraudes , & on peut dire que l'ordonance ne s'entend que des faifies des chofes corporeles.

La coutume du Bourbonois contient une difpofition affés raifonable fur ce fujet en l'article 108. qui eft d'obliger feulement de faire fignifier l'arrêt au debiteur dans uu mois à peine de nulité.

Cependant fi on donoit éfet indiftinctement aux tranfports faits avant la fignification de l'arrêt & faifie au debiteur , les arêtans feroient toûjours fruftrés , d'autant que celui entre les mains de qui on fait arrêt , en avertit prefque toûjours le creancier.

Un tranfport fous feing privé ne laiffe pas d'avoir éfet, fi l'acceptant étoit decedé avant la faifie.

Il y a cête diference entre la ceffion ou tranfport & la delegation , que le tranfport peut être fait malgré le debiteur qui peut païer jufqu'à ce qu'il lui ait été fignifié , au lieu que la delegation fe fait par la promeffe que fait un autre d'aquiter la déte , ce qui lui lie les mains , c'eft pourquoi il faut outre le confentement de celui qui fe rend debiteur que le creancier l'accepte pour debiteur , autrement le delegué peut encore païer à fon creancier, *quia actio invito , & ignoranti non acquiritur.* On peut toûjours refilier jufqu'à ce que le creancier l'ait agreé & fi on païe à fon prejudice il fe le doit imputer.

Quoique celui qui delegue pour s'aquiter foit libre , neanmoins le contraire a lieu à l'égard du tireur d'une létre de change , qui demeure obligé à fon creancier jufqu'à ce qu'elle foit païée , ce qui eft tres-folidement établi par la feconde des decifions de la rote de Genes.

Lorfque la delegation eft parfaite & acceptée par le debiteur , il eft tenu de païer , nonobftant tous arrêts & faifies qui peuvent furvenir , fauf fon recours.

On a toûjours tenu qu'un tranfport fignifié ou accepté des fermages échus & à écheoir a tout fon éfet au prejudice des arrêts & faifies pofterieures , même pour caufe privilegiée , à moins qu'il n'y ait faifie récle du fonds , à la diference des arrêts & faifies qui n'ont éfet que pour les fermages échus & vienent concurremment fur eux à écheoir avec les arêtans pofterieurs , du jour de leur arrêt & faifie.

Neanmoins l'arrêt & faifie fur les fermages pour détes privilegiées, comme pour rente de bail d'heritage , eſt preferé au ceſſionaire ſur les fermages échus depuis , mais aujourd'hui on tient que les tranſports même les delegations n'aïent pas plus d'éfets que les arrêts & ſaiſies pour ce qui eſt à écheoir, atendu qu'il ſe fait ſouvent des tranſports pour métre ſes éfets à couvert.

Auſſi on peut dire au contraire , que donant le peu d'éfet aux tranſports , c'eſt ôter aux debiteurs preſſés , le moïen de s'aquiter par des tranſports dont les creanciers ne voudront pas ſi facilement ſe charger.

Il y a encore céte raiſon deciſive , que par la delegation on transfere volontairement les fruits de la choſe dont on a la diſpoſition , au lieu que par l'arrêt & ſaiſie on rend les fermages , le gage de la juſtice.

Cependant il faut obſerver ici , que la delegation ne peut être acceptée des fermages ou arerages de rentes non échus au prejudice d'un creancier privilegié & que le tiers arêtant vient concurement ſur les arerages & fermages échus depuis ſon arrêt & ſaiſie.

Il n'en eſt pas de même de la delegation ou tranſport d'une déte pour une fois païer qui a tout ſon éfet, pourveuqu'il ſoit ſignifié ou que la delegation ſoit acceptée par devant Notaires auparavant l'arrêt & ſaiſie.

Titius arête entre les mains d'un principal locataire & Mævius en cele du ſouslocataire, Titius doit toucher par preference ce qui eſt échu au jour de ſa ſaiſie & depuis juſqu'au jour de la ſeconde *& ceux depuis concurement* , mais comme ſans la ſeconde ſaiſie le ſouslocataire pouvoit païer au principal locataire, le deuxiéme arêtant doit toucher ſes frais par privilege , auſſi bien que ceux qu'il a fait pour faire reputer le ſouslocataire debiteur, aïant travaillé pour l'utilité des creanciers.

L'arrêt & ſaiſie és mains du ſousfermier ne peut être que du fermage dû au debiteur, & non de ce qui eſt païé au premier en conſequence de ſon bail qui eſt à plus haut prix, le creancier ne pouvant en ce cas exercer que les droits de ſon debiteur.

Si on avoit ſaiſi les meubles & les immeubles , il faut reſerver la diſtribution du prix des meubles après l'ordre de celui des immeubles, d'autant que la deconfiture ne peut être que ſur ce qui reſte & eſt inſuſiſant.

CHAPITRE IX.

Des saisies reelles.

IL y a plusieurs formalités requises pour la validité de l'exploit de saisie reele.

La premiere est, que la saisie se fasse en vertu d'actes & pieces qui soient sufisantes, & pour cet éfet il faut que ce soit un acte autentique, & qui porte son execution parée, comme une obligation passée par devant Notaires Roïaux dans leur ressort, & scelée du sceau de la Jurisdiction; ou que si c'est une obligation passée par devant un Notaire subalterne, elle soit passée dans son ressort, & entre persones y demeurantes & domiciliées.

Les contracts & actes passés en païs étrangers, ou par devant des Notaires Eclesiastiques, & les simples promesses non reconuës par devant Notaires, ou en jugement par devant un Juge seculier, ne peuvent point être mises à execution sur les biens du debiteur.

Les sentences & jugemens portant condanation de païer quelque somme, pourveu qu'elles soient scelées, sont aussi des actes en vertu desquels on peut saisir reelement & sans permission du Juge.

Il ne sufit pas neanmoins que la somme soit dûë en vertu d'un acte portant son execution parée, il faut encore qu'elle ne soit pas moindre que de cent livres, autrement la saisie seroit nule, atendu les frais considerables qui se font dans une poursuite de criées, c'est pourquoi pour une somme moindre de cent livres on ne se peut pourvoir que par saisie & execution de choses mobiliaires & arêt des fruits, loïers & arerages de l'heritage ou de la terre.

Il faut aussi, que non seulement la somme soit dûë par une cause legitime, mais qu'elle ne puisse pas être cassée ou revoquée, comme celle qui seroit dûë en vertu d'une sentence de provision, laquelle seroit par aprés infirmée, ou si une somme étoit dûë en vertu d'une obligation passée par un mineur, laquelle seroit cassée, & que sur cête obligation les biens du mineur eussent été saisis & mis en criées, il est sans doute que cête obligation étant cassée par le moïen du benefice de la restitution, la saisie & les criées

feroient caſſées & anulées, & le ſaiſiſſant feroit condané aux dépens.

Il n'eſt pas neceſſaire que la déte ſoit d'une ſomme de deniers,
il ſufit qu'elle ſoit d'une certaine eſpece ſujete à apretiation,
quoiqu'elle n'ait point encore été apretiée, l'apretiation pouvant
être faite avant la ſaiſie ſuivant l'ordonance de 1539. article 76.
& la nouvele ordonance, titre 33. article 2. mais par cet article
il eſt ordoné qu'il doit être ſurcis à la vente juſques à ce que l'a-
pretiation en ait été faite.

Si la condanation portée par le jugement, eſt indefinie & generale, comme de reſtituer les fruits par ceux d'un heritage ou de
domages & interêts non liquidés, il ne ſeroit pas permis de ſe
pourvoir par ſaiſie reele.

La deuxiéme eſt, que la ſaiſie ſoit faite ſur le debiteur, ainſi
qu'il ſera dit ci-aprés touchant les criées.

La troiſiéme eſt, que l'exploit de ſaiſie ſoit precedé d'un comandement de païer, lequel peut être fait à perſone ou domicile,
ſuivant l'article 74. de ladite ordonance de 1539.

Neanmoins il faut obſerver les coutumes qui veulent que le
comandement ſoit fait à perſone, & ſi le debiteur venoit à s'abſenter ou à transferer ailleurs ſon domicile, & qu'il ne ſe trouvât
au lieu où il avoit auparavant ſon domicile, ni femme, ni enfans,
ni domeſtiques, & qu'on ne pût ſçavoir ce qu'il ſeroit devenu,
le comandement ſeroit fait au dernier domicile, ſans qu'il ſoit
beſoin de procés verbal de perquiſition, ni de decerner un curateur, ſelon l'article 8. du titre des ajournemens de l'ordonance de
1667.

Le domicile s'entend de celui qui eſt porté par le contract ou
obligation, ou du veritable lieu de la demeure de l'obligé, & ſi
le comandement étoit fait ailleurs, il ſeroit nul, comme ſi un comandement de païer étoit fait à un Abé au lieu de ſon benefice,
où il n'auroit pas ſon domicile ordinaire, ou s'il étoit fait à un
Oficier au lieu où il feroit l'exercice de ſa charge, où il n'eût pas
établi ſa demeure ordinaire, le comandement ſeroit nul, parce
que tels domiciles ne ſont pas de vrais domiciles, ils ne le ſont que
par fiction de la loi, & pour des cauſes & des éfets bornés & reſ-
traints, pour les aſignations, exploits & ſignifications qui ſe feroient concernans ou les benefices ou l'exercice de la charge de
l'Oficier, pour leſquels le beneficier, & l'Oficier ſont cenſés avoir
leur domicile, l'un au lieu principal de ſon benefice, & l'autre au
lieu principal de l'exercice & fonction de ſa charge.

Le comandement de païer eſt neceſſaire pour la validité de l'exploit de ſaiſie, puiſque l'ordonance le veut.

Ce qui eſt fondé ſur ce qu'il n'eſt pas juſte de ſe pourvoir par une voïe ſi rigoureuſe que celle de la ſaiſie, & de comencer par depoſſeder ſon debiteur de ſes biens, étant incertain avant qu'il a fait refus de païer, s'il ne ſatisfera pas au comandement qui lui en ſera fait.

De ſorte, quoiqu'il y eût nulité au comandement, la ſaiſie ne ſeroit pas nule pour cela, car par l'article 75. de la ſuſdite ordonance, il eſt porté qu'il *ne ſera diſputé de la validité ou invalidité du comandement, quand il y aura terme certain de païer par les obligations ou par les ſentences, jugemens ou condanations düement ſignifiées*, c'eſt à dire, pourveu que la déte portée par l'acte, en vertu de laquelle le comandement ſeroit fait, ſoit certaine & païable à certain jour.

Par exemple, ſi le creancier avoit fait faire comandement, de païer les arerages d'une rente, & qu'il lui en eût demandé plus d'une anée qu'il ne lui en étoit dû, ou qu'il eût demandé des arerages plus forts que ceux qui étoient dûs par le contract, en ce cas le comandement ne ſeroit pas moins valable.

La raiſon eſt, que le debiteur n'a pû ignorer ce dont il étoit debiteur quand le comandement a été fait en vertu d'un contract, dont il eſt fait mention dans le comandement.

Dans le comandement il faut declarer en vertu de quelles pieces on demande le païement de la ſomme, le nom du creancier & ſon domicile, le ſergent doit declarer ſon nom, ſa demeure, ſa Paroiſſe, & qu'à faute par le debiteur de ſatisfaire à la demande du demandeur, le creancier ſe pourvoira par toutes voïes düës & raiſonables, ainſi qu'il aviſera bon être.

Il faut que le comandement ſoit daté du jour & an, & qu'il ſoit contrôlé 3. jours aprés qu'il aura été fait à compter du jour de ſa date, ſuivant l'édit du contrôle.

Si le comandement eſt fait hors le lieu du domicile du creancier, il faut que dans le comandement il ſoit élu domicile pour lui dans le lieu où eſt fait le comandement, afin que ſi le debiteur vouloit ſatisfaire il le pût faire, ainſi qu'il eſt dit par l'ordonance de Blois article 75.

Ordinairement les ſergens qui font des comandemens qui procedent des ſaiſies reelles, les font ſigner par deux recors ou témoins, mais comme pour la validité de cet exploit céte formalité n'eſt plus neceſſaire, & que le comandement n'eſt pas de rigueur, comme l'exploit de faifie reele, parce qu'il ne depoffede pas le debiteur, ce n'eft pas une formalité abfolument requife pour le comandement.

Le Sergent met auffi le jour & declare fi c'eft devant ou aprés midi qu'il a été fait.

Cependant cette declaration de devant ou aprés midi, n'eft pas effentielle au comandement, comme à l'exploit de faifie, car l'Ordonance du Roi Henri III. de 1579. article 173. porte, *que tous exploits de Sergens contenans execution, faifie, ou arrêt, porteront les jours & le tems de devant ou aprés midi qu'ils auront été faits.*

Si le comandement fe faifoit hors la Jurifdiction du fceau de laquelle l'acte en vertu duquel il feroit fait, feroit fcellé, il faudroit une permifion du Juge des lieux au bas d'une requête pour faire le comandement & la faifie enfuite, fuivant l'article 6. du titre de l'execution des jugemens de l'ordonance de 1667.

Ce qui s'entend au cas que ce fût dans l'étenduë du Parlement, car hors le Parlement, il faudroit un *Pareatis* du grand Sceau, comme il a été dit dans le dernier Chapitre du premier Tome de ce Livre, touchant l'execution des jugemens & arrêts.

Le comandement fait à l'un des coobligés ne fufit pas pour faifir les biens d'un autre des coobligés, ainfi qu'a remarqué Rebuffe, *de litter. obligat. article* 1. §. 10. *nombre* 8. encore que l'interruption faite à l'un nuife à l'autre.

La quatriéme, que le Sergent pour faire la faifie réelle, fe tranfporte fur les lieux, car c'eft une formalité requife fur peine de nullité, felon l'article 1. de l'Edit du Roi Henri II. de 1551. & l'article 345. de la coûtume de Paris.

D'où il s'enfuit, que fi un Sergent faifoit une faifie réele fur une precedente faifie faite par un Sergent, lequel fe feroit tranfporté fur les lieux, cette feconde faifie feroit nulle, & les criées qui l'auroient fuivi feroient pareillement nulles, au cas qu'on juftifiât que le Sergent l'auroit fait fur une autre, fans fe tranfporter fur les lieux.

La cinquiéme, que le Sergent qui s'eft tranfporté fur les lieux où font fitués les chofes qu'il veut faifir, les faififfe de la maniere qu'il eft requis par l'ordonance.

Sçavoir quant aux terres nobles, fiefs & feigneuries, que les principaux manoirs de chacuns fiefs, foient faifis avec les apartenances & dependances, fuivant l'article 1. de la même ordonance & ledit article 145. de la Coutume de Paris.

Quant aux terres roturieres, qu'elles foient declarées & fpecifiées par le menu, tenans & aboutiffans.

Ce qui eft fondé fur ce qu'il eft de l'interêt public, que les chofes faifies foient connuës d'un chacun afin que ceux qui pourroient y avoir quelque interêt, puiffent former leur opofition à la faifie, pour ce qu'ils pretendent leur apartenir & qui auroient été compris dans la faifie.

Si c'eft une maifon qui eft faifie, il en faut declarer la confiftance, l'enfeigne s'il y en a une, & les tenans & aboutiffans.

Il faut auffi obferver ici, que quand les heritages font en valeur, & que les fruits font prêts à cueillir, ils doivent auffi être faifis avec les fonds par le Sergent, lequel en doit faire mention dans fon exploit de faifie, & de quels fruits les terres font couvertes, fi ce font grains, & de quelles efpeces, ou des vignes.

La fixiéme, que le Sergent faffe élection de domicile du faififfant dans le lieu où la faifie eft faite, quoi qu'il ait fon domicile où fe pourfuivront les criées & fe fera l'ajudication, ainfi qu'il eft dit par l'article 175. de l'ordonance de Blois.

Ce qui a été renouvelé par letres patentes & declarations en forme d'Edit du Roi Henri I V. du 26. Janvier 1609. & jugé ainfi par trois arrêts remarqués dans la conferance des ordonances par Guenois, Livre 10. titre 2. §. 1. par lefquels les faifies efquelles il n'y avoit pas d'élection de domicile du creancier faififfant, ont été declarées nulles & tout ce qui avoit été fait en confequence d'icelles, même le decret, qui étoit enfuivi, quoique le faifi eût baillé moïens de nullité & qu'il n'eût pas ignoré le domicile du faififfant.

De plus, outre le domicile que le faififfant eft tenu d'élire fur les lieux dans l'acte de la faifie, il faut auffi que lui & fes opofans faffent pareille élection de domicile en la ville & lieu du Siege ou Jurifdiction où elle fe pourfuit, autrement leur opofition ne feroit pas reçûë, en forte que quoi que le Procureur ou autre chez lequel il auroit été élû vint à mourir, le domicile neanmoins ne finit pas, & refte jufqu'à fin de caufe, fuivant l'article 360. de ladite Coutume de Paris.

Ce qui a été ainfi introduit pour empêcher que les procedures ne fuffent interrompuës par quelque caufe que ce foit.

La feptiéme, que dans la faifie il faffe iteratif comandement de païer, pour les caufes mentionées au comandement fait avant la faifie réelle déclarant que faute de ce, il fe pourvoira par criées & fub-haftations par quatre quatorzaines ordinaires & acoutumées.

La huitiéme, que le fergent établiffe au regime & gouvernement des chofes faifies, le Comiffaire aux faifies réeles.

La neuvieme, que l'exploit foit auffi daté d'an & jour, avec declaration du tems de devant ou aprés midi, felon l'article 173. de l'ordonance de Blois.

La dixiéme, qu'il foit figné de deux témoins ou recors, dont le nom, le domicile & la paroiffe foient declarés.

La onziéme, qu'il foit contrôlé auffi-bien que le comandement qui l'a precedé, ainfi qu'il eft ordoné par l'Edit du contrôle.

Cependant ce qui eft à remarquer, il ne fufit pas que la faifie foit contrôlé, mais il faut que ce foit dans le lieu où elle eft faite ou dans le contrôle de l'élection du lieu, fur peine de nullité, fuivant l'arrêt du Confeil d'Etat du 21. Mars 1676.

La faifie réele faite, elle doit être fignifiée au faifi, afin qu'il n'en puiffe pretendre caufe d'ignorance, ni troubler par ce moien le Comiffaire établi à fes biens faifis, & la fignification en peut être faite le même jour ou autre fuivant, dont l'original doit être mis enfuite de la faifie réele.

L'ufage du Châtelet de Paris eft, que quand l'heritage faifi, eft fitué en la ville & banlieuë de Paris, par le même exploit de fignification de la faifie réele, le debiteur doit être ajourné pardevant Monfieur le Lieutenant Civil pour voir declarer l'exploit de comandement, faifie réele & établiffement de Comiffaire bons & valables, & ordoner que faute de païement de la fomme dûë pour laquelle ces exploits font faits, les chofes faifies feront criées & fub-hâtées par quatre quatorzaines en la maniere acoûtumée.

Si le faifi compare par Procureur, ou s'il ne compare pas & qu'il ne propofe pas de moïens valables, le Lieutenant Civil, fur l'afignation, rend une Sentence portant congé de crier.

Mais céte formalité n'eft pas requife, pour les heritages fitués hors la ville & banlieuë de Paris, ni quand les criées fe font en vertu de la fentence ou arrêt, ou quand elles fe font aux Requêtes de l'Hôtel ou du Palais.

Si la partie faifie interjete apel de l'exploit de comandement & de la faifie réele, & que l'apel foit fignifié avant la premiere criée, il faut furfeoir jufqu'à ce que l'apel foit vuidé, par la raifon que l'apel fufpend en ce cas, mais s'il n'eft figni-

fié qu'aprés la premiere criée , on peut paſſer outre nonobſtant l'apel.

Le Comiſaire aux ſaiſies réeles eſt tenu de coter à la marge
de la ſaiſie réele le jour qu'elle lui aura été portée pour être
enregiſtrée, & metre en marge l'acte en regiſtrement, ſuivant
lequel il eſt obligé de faire ſes diligences & empêcher que les
loïers ne ſoient païés qu'à lui , faire faire ſes baux judiciaires
en la maniere qu'il ſera exprimé ci-aprés, ou s'il y a des baux
conventionels les faire convertir en baux judiciaires, pour ce qui
reſte à païer.

S'il ſe trouvoit ſur le regiſtre du Comiſaire general aux ſaiſies réeles une autre ſaiſie des mêmes choſes, le Comiſſaire en
doit auſſi faire mention en marge de la ſeconde ſaiſie, laquelle
il n'enregiſtrera point , & le ſecond ſaiſiſſant n'a que la vöie
d'opoſition , & ſi la premiere ſaiſie réele étoit d'intelligence
avec la partie ſaiſie, il ſeroit bien-aiſé de le reconoître par le
peu de pourſuite du ſaiſiſſant, auquel cas les opoſant peuvent
le pourſuivre & demander contre lui , que faute de faire diligence
pour parvenir à l'ajudication des choſes ſaiſies, ils ſoient ſubro-
gés en ſon lieu.

Ce qui s'acorde ſouvent aprés quelques delais que l'on donne
au pourſuivant criées.

La ſaiſie réele étant enregiſtrée , il faut dreſſer des afiches &
les faire apoſer par le ſergent.

Ces afiches doivent contenir au long la declaration des choſes ſaiſies, à la requête de qui, ſur qui, & les cauſes de la ſaiſie,
avec denonciation à toutes perſones y pretendant droits, ſoit de
proprieté, d'hipotéque ou autre, qu'ils aïent à s'y opoſer ſi bon
leur ſemble, qu'autrement ils en ſeront déchûs.

Elles doivent être miſes & apoſées à la porte principale & entrée de l'Egliſe Paroiſſiale des lieux, & ſi les heritages ſont ſitués
en diverſes paroiſſes, elles doivent être miſes à la porte de chacune d'icele, pour le regard de ce qui y ſera ſitué.

Quant aux ſaiſies des maiſons, il faut de plus apoſer une afiche à l'entrée principale de la maiſon ſaiſie, & ce qui eſt general
pour toutes ſaiſies, c'eſt que ces afiches doivent être apoſées à
la porte de l'auditoire de la Juriſdiction & à la porte principale
de l'Egliſe Paroiſſiale de ladite Juriſdiction où les criées ſe pour-
ſuivent, afin que la ſaiſie & les criées vienent à la conoiſſance
d'un chacun, ainſi qu'il eſt ordoné, par l'article 2. & 3. de l'Edit
des criées.

Si

Si la chofe faifie eft fituée dans l'étenduë d'une Eglife fuc-
curfale, c'eft-à-dire, qui ferve de fecours à une Eglife paroi-
fiale, il faut y apofer lefdites afiches & y faire les criées, parce que felon mon fentiment elle fucede au lieu de l'Eglife Pa-
roifiale.

Lors qu'un heritage mis en criées eft fur les limites de deux
paroiffes, & qu'on ignore en laquelle il eft, fi c'eft une maifon,
elle doit être reputée de la paroiffe vers laquelle elle a fon entrée & porte principale, mais pour plus grande fureté on fait
apofer des afiches aux portes des deux Eglifes.

Si c'eft une terre labourable, il la faut reputer de la paroiffe
en laquelle la dixme a de coutume d'être païée,& s'il n'aparoit pas
du païement d'icele, il faut faire les criées & metre les afiches
à la porte de la paroiffe la plus prochaine, ou pour plus grande
fureté à la porte des deux Eglifes.

Que fi c'eft un fief fitué en plufieurs paroiffes, il fufit de faire les criées dans la paroiffe où eft fitué le principal manoir,
comme il a été jugé par arrêt de 1601. cité par les Comentateurs
de la Coutume de Paris, fur l'article 345.

Ils citent auffi un autre arrêt de 1602. qui a jugé que les criées
fe doivent faire dans toutes les paroiffes, mais on tient comuné-
ment qu'il faut fuivre l'arrêt precedent, vû que l'ordonance & la
coutume n'ordonent que de faifir le principal manoir avec les
apartenances & dependances.

Quoi que la faifie réele ne foit pas enregiftrée on peut declarer par la fignification de la faifie réele qu'il fera procedé à la
premiere criée, fans atendre que le regiftrement foit fait.

Il eft vrai que par l'article 4 de l'ordonance du 3. Septembre
1551. les Comiffaires au gouvernement des chofes faifies doivent être établis avant la premiere criée, mais il n'eft pas
dit qu'il y ait neceffité que la faifie foit regiftrée avant la premiere criée.

L'apofition d'afiche eft abfolument neceffaire, fur peine de
nullité des criées qui fe feroient enfuite, ainfi qu'il a été jugé
par arrêt du dernier mars 1557.

Il n'eft pas neceffaire de faire fignifier au faifi l'apofition d'a-
fiche, neanmoins c'eft l'ufage, cependant cela n'eft requis ni
par l'ordonance, ni par la coutume, & il n'y a aucune neceffité de
le faire, vû que le debiteur ne le peut ignorer, en ce que l'apofition d'afiche eft pour rendre les chofes publiques.

Aprés l'apofition des afiches & la fignification d'iceles faites, il faut faire les quatre criées acoûtumées être faites, & en dreſſer procés verbal, comme il ſera dit ci aprés.

Voïés le ſecond volume de mon Ancien Clerc du Palais, reformé ſuivant les nouvelles ordonances, il contient un traité tres-ample des ſaiſies réeles, criées, baux judiciaires, & ajudication par decret, ordre & diſtribution des deniers entre les creanciers, pour toutes les Coutumes du Roïaume, & un formulaire de tous les actes & procedures qui ſe font dans céte matiere, juſqu'à jugement definitif, ſelon l'uſage de chaque juriſdiction, avec la reſolution des queſtions de droit & de pratique les plus frequentes ſur ce ſujet.

CHAPITRE X.

Du Bail judiciaire.

LE Comiſſaire établi à la choſe ſaiſie doit faire proceder inceſſament au bail judiciaire deſdites choſes ſaiſies au plus ofrant & dernier encheriſſeur en donnant bonne & ſufiſante caution, & pour y parvenir, il doit faire ſaiſir & arêter és mains du principal locataire, s'il y en a un, les deniers qu'il doit, & lui donner aſignation pour voir afirmer ce qu'il doit, & exhiber ſon bail & ſa derniere quitance.

Il peut auſſi dans quinzaine aprés l'enregiſtrement de la ſaiſie réele, à l'égard des maiſons ſizes à Paris, faire ſaiſir & arêter les loïers entre les mains des locataires ſans aſignations pour afirmer, & par le même exploit il les peut ſommer s'ils entendent faire convertir les baux conventionels en judiciaires, & en cas qu'ils aceptent la converſion, doit être paſſé ſentence ou arrêt conforme, & ſi les locataires demeurent dans le ſilence, le Comiſſaire pourſuivra les baux en la maniere acoutumée, & à céte fin fera ſignifier les remiſes auſdits locataires aprés une ſeule apoſition d'afiches aux lieux & endroits acoûtumés.

A l'égard des maiſons, terres & heritages, ſis hors ladite ville de Paris, ſix ſemaines aprés l'enregiſtrement de ladite ſaiſie réele, ſeront les afiches apoſées ſur les lieux, & procedé aux baux judiciaires deſdites terres, ſauf aux fermiers conventionels d'intervenir ſi bon leur ſemble en la procedure du bail, & requerir la converſion de leurs baux dont ils ſont tenus bailler copie audit Comiſſaire, autrement n'y ſeront plus reçûs aprés l'ajudication.

Il est défendu par l'article 4. de l'Edit des criées, de troubler le Comissaire établi dans la joüissance de sa comission, mais quoique cet Edit le defende expressement à tous proprietaires des choses saisies, neanmoins elle ne se doit entendre qu'au cas que les debiteurs saisis soient proprietaires desdites choses, car autrement ceux à qui elles apartiendroient, auroient droit d'expulser & chasser les Comissaires établis dans leurs biens.

Aussi la Cour en verifiant céte Ordonance, fit declaration que les défenses y portées de ne troubler ni empêcher le Comissaire établi n'auroient pas lieu contre les tiers oposans, afin de distraire, lesquels lors de la saisie seroient possesseurs, & actuelement joüissans des choses pour la distractions desquelles ils se seroient rendus oposans.

D'où il s'ensuit, que si lors de la saisie le debiteur n'étoit plus possesseur de la chose dont il étoit auparavant proprietaire, le possesseur s'oposant à la saisie & à l'établissement de Comissaire, le sergent ne peut pas passer outre, & doit recevoir oposant & tiers possesseur, & lui donner assignation pour en dire les causes & moïens, sans neanmoins diferer d'établir Comissaire, parce que ce n'est pas à lui de prendre conoissance du droit des parties, mais la comission est bornée & limitée au droit du debiteur.

C'est-à-dire, que le Comissaire n'a pas plus de droit que le debiteur sur la chose saisie, en sorte que le tiers oposant qui n'est ni obligé ni condané, & qui pretend être le proprietaire d'icele, & en étant possesseur lors de la saisie, il doit être maintenu dans la possession, sans pouvoir être depossedé jusqu'à ce qu'autrement sur son oposition il en ait été ordoné par le Juge avec conoissance de cause, & en ce cas le Comissaire doit denoncer au saisissant le trouble qui lui est fait pour y pourvoir.

Le locataire qui a bail, ou le fermier ne peut pas être contraint de faire convertir son bail conventionel en judiciaire.

La raison est, que par la comission le proprietaire est depossedé, & le Comissaire entre par ce moïen en possession, & comme la condition du locataire ou du fermier est renduë pire en ce qu'ils sont comme depositaires de bien de justice, c'est à eux à abandoner leurs baux, ou à les faire convertir en judiciaires, autrement ils pouroient pretendre des domages contre le proprietaire, ainsi qu'il a été jugé par arrêt du 4. Decembre 1559. remarqué par Charondas.

Neanmoins si le bail étoit fait par fraude & par collusion, le

I ij

Comiffaire pouroit proceder à un nouveau bail, nonobftant celui qui auroit été fait.

S'il y avoit un fermier és terres faifies qui les eût labourées & enfemencées, les fruits étant levés il feroit en droit de les recüeillir en païant au Comiffaire la ferme qu'il devoit païer au proprietaire des terres faifies, ou fi les fruits n'étoient pas levés, le bail feroit ajugé à la charge de rembourfer par l'ajudicataire les labours & femences à celui qui les auroit cultivées & enfemencées.

Si la maifon n'eft faifie qu'en partie, il faut que le Comiffaire aux faifies réeles faffe affigner les coproprietaires, pour voir ordoner que le loïer fera licité au cas qu'elle ne foit pas loüée.

Il doit faire dreffer & metre afiches, mais il n'eft pas befoin de metre un panonceau, comme pour la vente.

Elles doivent feulement contenir, qu'un tel jour fera procedé au bail à loïer de telles chofes faifies, qui feront declarées par le menu, fors les heritages tenus en fiefs, comme deffus, au plus ofrant & dernier encheriffeur, pardevant tel Juge, en la maniere acoutumée aux charges, claufes & conditions portée spar l'enchere, qui fera ledit jour mife au grefe, lûë & publiée en jugement audit Châtelet, & feront toutes perfones reçûës à y metre enchere.

Les afiches mifes & apofées, il faut en faire fignifier l'apofition au faifi & au pourfuivant, & leur doner afignation à comparoir au parc de la Jurifdiction où il fera procedé au bail judiciaire au jour marqué dans l'afiche, & à y faire trouver des encheriffeurs, fi bon leur femble, ce qu'il faut recidiver & fignifier jufqu'à trois remifes feulement audit faififfant & faifi pour fervir audit Comiffaire de diligence fufifante & de decharge valable du prix des fermes & loïers des terres & maifons faifies, fauf aux faifis & faififfans, ou opofans, de provoquer ledit Comiffaire à faire nouvelle diligence pour parvenir aufdits baux, par acte que les faififfans ou creanciers opofans doivent faire fignifier, & aprés telle fignification il eft tenu de renouveller la procedure pour parvenir au bail jufqu'à trois remifes inclufivement, & en cas d'ajudication du bail les frais d'icelui font païés par l'ajudicataire au Comiffaire.

S'il ne fe prefente point d'encheriffeurs, il faut que le Comiffaire aux faifies réeles faffe fignifier au faifi, & pourfuivant criées, que l'enchere du loïer aïant été lûë & publiée par plusieurs fois, elle est remise à tel jour ensuivant &c.

Aprés la seconde remise , la troisiéme sera signifiée & publiée sans aucune remise , mais l'ajudication n'en doit être faite qu'aprés la troisiéme remise , & si aprés lesdites trois remises , il ne se trouve pas d'encherisseurs , le Comissaire demandera au Juge acte de ses diligences , & qu'il lui soit permis de jouir des choses saisies à la charge d'en rendre compte & aprés l'an il en fera telle diligence que dessus , afin qu'on ne lui impute rien.

Si l'ajudication étoit diferée pour quelques opositions formées à la saisie & établissement de Comissaires ou autres empêchemens , ledit Comissaire en seroit déchargé , suivant l'édit du mois de Mars 1626. ensemble des fruits des choses saisies , jusqu'à ce que le saisissant , qui seroit sommé à persone ou domicile , ait fait lever les empêchemens , & que le Comissaire soit en possession actuele.

Le Procureur qui se rend ajudicataire des baux judiciaires , est tenu de nomer dans trois jours pour tous délais , ceux pour qui ils se sont rendus ajudicataires , & coter leurs noms , surnoms , qualités & domiciles , & s'ils ne sont pas sufisans & solvables , les encheres doivent être continuées , & le bail ajugé à un autre encherisseur qui soit solvable.

Ensuite les ajudicataires sont obligés de doner bonne & sufisante caution du prix de leur bail dans la huitaine aprés la declaration faite par le Procureur ajudicataire , à la diligence du Comissaire aux saisies reeles , & si lesdits ajudicataires manquent de fournir dans ledit tems ladite caution sufisante , le Comissaire doit continuer l'ajudication dudit bail à la folle enchere de l'ajudicataire.

Neanmoins il faut observer ici , que les locataires qui font convertir leurs baux conventionels en judiciaires , ne sont pas tenus de bailler caution.

Les cautions ne doivent point être reçues qu'en faisant declaration des heritages qu'ils possedent.

Les fermiers judiciaires , leurs cautions & certificateurs sont obligés trois jours aprés le premier comandement , de païer au Comissaire le prix échu de leur bail , en deniers ou quitances valables , sinon lesdits fermiers , leurs cautions & certificateurs sont tenus solidairement des frais qui auront été faits contre eux , ou l'un d'eux pour le recouvrement des loïers , en sorte que le Comissaire ne les peut pas emploïer dans son compte.

L'enchere mise par le dernier encherisseur , qui est insolvable decharge le Prefident, de même que quand l'ajudicataire de la chofe faifie eft infolvable, en ce cas la chofe eft revenduë à la folle enchere, & on n'oblige pas celui qui a mis enchere avant lui, de prendre la chofe, parce qu'il n'y a que la derniere enchere qui foit confiderée, la derniere rendant nule & fans éfet les precedentes, car l'ajudication devant être faite au plus ofrant, celui qui a moins ofert, ne peut pas être ajudicataire, & c'eft comme s'il n'avoit rien ofert.

Le bail judiciaire fe fait par devant le Juge du decret, quand les chofes font dans le lieu de la Jurifdiction, finon il fe doit faire par devant celui qui eft le plus prochain.

Ce bail, auffi bien que le conventionel, converti en judiciaire, fe fait ordinairement pour trois ans, afin d'éviter aux frais qui fuivent trop frequemment le renouvelement des baux, mais il ne fe fait jamais pour plus de trois anées, & quand elles font expirées il faut proceder comme deffus à un nouveau bail, en y obfervant les mêmes formalités.

Quand le bail conventionel eft converti en judiciaire, il dure autant qu'il reftoit d'anées à expirer dudit bail conventionel, fi tant dure la comiffion, de même que le bail judiciaire pour trois ans lequel finit avec la comiffion, parce qu'il n'eft cenfé fait qu'à céte charge.

Les locataires dont les baux ont été convertis en judiciaires, font tenus de païer au Comiffaire les loïers par eux dûs du jour de la faifie reele, nonobftant toute faifie & empêchemens.

Les baux judiciaires peuvent auffi être faits pour un, deux ou trois ans, fi tant la comiffion dure, & feront renouvelés à l'égard des maifons de Paris fix mois avant l'expiration, & des maifons & heritages des champs un an auparavant; & en cas d'éviction du bail par main levée on ajudication du fond des chofes faifies, jouïra le fermier judiciaire des loïers de la maifon faifie & des revenus des terres qu'il aura labourées & enfemencées, en païant le prix du bail au proprietaire ou ajudicataire du fond de la chofe faifie, dont le pourfuivant criées eft tenu de faire mention dans l'enchere & afiche de quarantaine.

Toutesfois fi le bail étoit fait fous céte condition, *fi tant dure la comiffion*, en ce cas dés que le proprietaire a obtenu main levée, il peut expulfer le fermier judiciaire, ainfi qu'il a été jugé par arrêt du 7. Fevrier 1567.

Le bail judiciaire ne peut pas être fait en grain, ni autres efpeces, il faut qu'il foit fait pour une fomme d'argent, en forte que le bail conventionel fait pour efpeces ne pouroit pas être converti en judiciaire à la même charge.

S'il ne fe prefentoit perfone aprés trois remifes & les publications ordinaires , le Comiffaire doit demander au Juge acte de fes diligences , & qu'il lui foit permis de jouir des chofes faifies à la charge d'en rendre compte , & aprés l'an il feroit d'autres diligences telles que deffus & le bail fait au dernier encherifeur.

Le locataire judiciaire des chofes faifies , quand il y a des reparations à faire , doit prefenter requête au Juge, tendante à ce qu'il foit nomé des experts pour voir & vifiter les lieux , & conoître l'état auquel ils font, afin de n'être pas obligé de les rendre en fin du bail meilleures qu'ils n'étoient au tems de la prife , & qu'on ne lui opofe point qu'il les a degradés & laiffé perir.

Sur quoi les parties noment des experts ou le Juge en nome d'ofice , lefquels aprés ferment prêté en la maniere acoutumée , fe tranfportent fur les lieux & dreffent leur procés verbal de vifitation , & de l'état d'iceux & des reparations qu'il y a à faire, & ils afirment enfuite par devant le même Juge que ce procés verbal contient verité.

Le fermier judiciaire prefente une requête tendante , *A ce qu'il lui foit permis de faire faire les reparations que les experts ont declaré être neceffaires & fans lefquelles les lieux ne peuvent pas être ocupés , avancer les deniers , & que le Comiffaire des faifies reeles fera tenu de prendre les quitances des ouvriers pour deniers comptans , en paiement & déduction du prix du bail judiciaire & de les lui paffer en compte.*

L'ajudicataire du bail doit donner copie du raport de la vifite qui aura été faite & afirmée veritable par devant le Juge des lieux.

Enfuite , il doit être procedé au bail au rabais des reparations mentionées au raport , par devant le Juge qui fera comis pour cet éfet par devant lequel les ouvriers qui feront emploiés à faire les reparations , afirmeront leurs quitances veritables , lefquelles doivent être paffées par devant Notaires , & en ce faifant lefdites quitances font prifes & reçues pour argent comptant & aloüées aux comptes qui font rendus par le Comiffaire fans aucuns débats , fauf aux aïans compte de débatre les quitances des reparations contre les ajudicataires qui les ont fournies au Comiffaire.

Elles doivent être reçues, fçavoir , à l'égard des baux judi-

ciaires de trois cens livres & au deſſous , pour les deux tiers du
prix du bail & pour ceux au deſſus de trois cens livres juſqu'à
mille livres, pour moitié du prix dudit bail , pour ceux au deſſus
de mille livres, juſqu'à deux mille livres, pour le tiers, & ceux
au deſſus pour le quart, le tout par chacune anée, avec défenſes
aux ajudicataires d'emploïer , ni faire plus grandes reparations ,
ni pour plus grande ſomme de deniers, que pour celles ci-deſſus
à peine de pure perte du ſurplus.

Lorſque par ſentence ou arrêt il eſt fait défenſes au Comiſſaire
aux ſaiſies reeles de contraindre les debiteurs des baux judiciaires,il doit denoncer ladite ſentence ou arrêt au pourſuivant criées
& telles denonciations lui ſervent de diligences valables juſqu'au
jour , que par ſentence ou arrêt rendu avec parties capables ,
les défenſes ont été levées , & la main levée d'icelle baillée &
ſignifiée au Comiſſaire.

Les Comiſſaires aux ſaiſies reeles ne ſont tenus , ſi bon ne leur
ſemble , ſe charger des fruits pendans par les racines , s'il n'y a
un mois entier d'intervale avant la maturité d'iceux , ſelon la
condition & la diſpoſition naturelle des lieux & climats , afin
qu'ils aïent le tems requis pour faire les proclamations & procedures de la vente des fruits ſelon la coutume & l'uſage des lieux,
ſauf au ſaiſiſſant en cas que les Comiſſaires ne demeurent chargés des fruits , à ſe pourvoir pour la conſervation de ſes droits ,
ainſi qu'il aviſera bon être.

Ils peuvent faire faire la vente des fruits par devant les Juges des lieux , par leurs Comis ou autres perſones aïant pouvoir d'eux.

L'article 153. de la Coutume de Paris, porte qu'en *toute choſe
ſaiſie & miſe en criées , faut établir Comiſſaires & oſices où il y a gages , ſera établi Comiſſaire pour recevoir les fruits.*

Par cet article les Comiſſaires aux ſaiſies reeles établis aux
oſices ſaiſis pour la validité des criées , reçoivent les gages ,
droits & émolumens d'iceux, mais ils ne les peuvent pas exercer ni en faire la fonction, parce qu'ils ne ſont pas pourvûs.

D'où il s'enſuit , que les oſiciers ne ſont pas veritablement de-
poſſedés de leur état.

Quant aux charges de judicature, quoiqu'il y ait des gages,
parce qu'elles ne ſont pas ſujetes aux ſaiſies reeles, on ne peut pas
y établir de Comiſſaires pour la perception des gages.

Toutes ſortes de perſones ne peuvent pas être ajudicataires des
baux des choſes ſaiſies.

Primò.

Primò. Les Comiſſaires aux ſaiſies reeles ſoit en perſone, ou par perſones interpoſées.

Secundò. Le ſaiſi, ni ſa femme, ni ſes enfans, ou petits enfans, ſuivant l'article treize du titre des ſequeſtres de l'ordonance de 1667.

Tertiò. Les parens & alliés de l'huiſſier ou ſergent qui a fait la ſaiſie, ſelon le même article.

Quartò. Les Oficiers de judicature, Avocats, Procureurs, Sergens, Grefiers, ni leurs clercs, ainſi qu'il a été jugé par pluſieurs Arrêts, & conformement à un reglement de la Cour de 1665.

Il ſe trouve neanmoins quelques arrêts, tant anciens que modernes, qui ont jugé le contraire, mais pour la conciliation de ces arrêts, il faut dire, que les ajudications n'ont été caſſées pour avoir été faites aux Juges & autres Oficiers, que quand on a reconu qu'elles avoient été faites en fraude des creanciers.

CHAPITRE XI.

Des criées, & certifications d'icelles.

Es ſaiſies & criées de rentes foncieres doivent être faites en la même forme que les heritages ſujets auſdites rentes.

Les ſaiſies & criées de bail d'heritage, il faut que le ſergent ſe tranſporte ſur les heritages, & qu'il faſſe mention par ſon procés verbal qu'il a ſaiſi telles rentes à prendre ſur tels heritages, qu'il declare par le menu, ſituation, tenans & aboutiſſans, & doivent les criées être faites en la Paroiſſe de la ſituation deſdits heritages.

Les rentes conſtituées ſur l'Hôtel de Ville de Paris, il faut que la ſaiſie ſoit faite és mains des receveurs & païeurs d'icelles, & par ladite ſaiſie coter par le menu les rentes, la nature & la date de la conſtitution, & les criées & proclamations faites devant la porte & principale entrée de l'Egliſe de ſaint Jean en Greve, & metre afiches & panonceaux, tant contre la porte de ladite Egliſe, que dudit Hôtel de Ville, & le tout ſignifié au ſaiſi.

Mais le decret n'eſt plus neceſſaire pour purger les hipoteques ſur ces rentes, il ſufit de prendre des letres de ratification au sceau, aprés lesquelles les creanciers qui ne se font pas oposés chés le Grefier confervateur, ne peuvent plus venir que fur le prix.

Neanmoins on les peut toûjours decreter à l'ordinaire, les letres de ratification ne purgent pas auffi les doüaires, ni les fubftitutions avant que le droit foit échû.

Les criées de rentes conftituées fur particuliers, la faifie doit être faite és mains du debiteur, avec défenfes de racheter ni vuider fes mains du principal & arerages d'icelles, au prejudice des faififfans, & même il eft befoin de coter le jour de la conftitution, & les criées doivent être faites devant la principale porte de l'Eglife Paroiffiale du faifi, & métre afiches & panonceaux, tant contre la maifon dudit faifi, que contre la principale porte de l'Eglife où font faites les criées

A l'égard des ofices Roïaux comptables à la Chambre des Comptes à Paris, la faifie doit être faite fur le faifi & fignifiée à Monfieur le Chancelier, à ce qu'il lui plaife n'admetre aucunes letres de refignation, ni provifion de l'ofice, & outre fignifiée au païeur des gages dudit ofice, à ce qu'il n'en prétende caufe d'ignorance, & à lui fait défenfes de païer les gages à autres qu'au Comiffaire établi, & doivent les criées être faites devant la principale porte de l'Eglife de faint Barthelemi, Paroiffe de la Chambre des Comptes, & les afiches & panonceaux mis, tant contre la principale porte de ladite Eglife, que contre la maifon où eft demeurant le debiteur, en cas qu'il foit demeurant dans la Ville, ou Fauxbourg de Paris, & à la Chambre des Comptes.

Si le debiteur eft demeurant hors la Ville & Fauxbourgs de Paris, il faut outre la folemnité fufdite faire les faifies & quatre quatorzaines en la Paroiffe du domicile du faifi, afichés & panonceaux, tant contre la principale porte de l'Eglife Paroiffiale, que contre la maifon du faifi.

Mais à l'égard des ofices qui ne font pas de la condition fufdite, il faut que la faifie foit faite fur le debiteur & fignifiée à celui qui en pourvoit, à ce qu'il n'en prétende caufe d'ignorance, & qu'il n'ait à admetre aucune refignation ni provifion, au prejudice de ladite faifie, & fi c'eft lui qui païe les gages, de ne les plus païer.

Pour les criées, elles doivent être faites en la Paroiffe du fiege dont il dépend, & où fe fait le principal exercice dudit ofice.

Sur quoi il faut ici obferver, que les ofices de judicature ne font reputés pour venaux & conféquemment ne peuvent être vendus ni ajugés par decret , du nombre defquels eft l'ofice de Prevôt des Marechaux.

Toutes lefquelles faifies & criées doivent être faites & pour-fuivies fur perfones capables , fçavoir fur perfones majeu-res & faines d'entendement , & qui foient les vrais proprietai-res de la chofe faifie.

Suivant la nouvelle declaration du Roi, on doit enregiftrer la faifie reele d'un ofice au grefe du lieu d'où il dépend , & où fe fait la principale fonction de la charge , quand même la faifie feroit pourfuivie en une autre Jurifdiction , & fix mois aprés le-dit enregiftrement fignifié à la perfone ou au domicile de l'Ofi-cier , lorfqu'il eft d'une compagnie fuperieure , & trois mois s'il eft d'une fubalterne , on fait ordoner qu'il fera tenu de paffer procuration , *ad refignandum* , finon que le jugement vaudra pro-curation ; pour être ledit ofice ajugé aprés trois publications de quinzaine en quinzaine aux lieux acoutumés , & même en ce-lui où la faifie reele aura été enregiftrée , aprés lefquelles on doit encore doner deux remifes de mois en mois dans le cas où il n'eft pas befoin d'ajudication.

On expedie les lètres de provifion fur la fentence qui tient lieu de procuration , pourveu qu'elle foit confirmée par arrêt s'il y en a apel.

Quelques-uns voudroient perfuader que le fceau ne purge pas le doüaire ni les fubftitus à l'égard des ofices , mais l'ufage a été contraire jufqu'à prefent , encore qu'ils foient d'une nature plus imobiliàire, depuis l'édit de 1683.

A l'égard des criées fur femme en puiffance de mari , fi les heritages apartienent à la femme de fon propre , & qu'elle foit mariée & obligée à la fomme, il faut faire la faifie fur le mari & fur elle, pofé que ladite fomme foit düe par elle feule, par-ce que le mari eft le maître des actions de fa femme , & lui apartienent les fruits & revenus de fes imeubles pendant la comunauté.

Il faut fignifier le congé d'ajuger à l'un & à l'autre , & fi le mari refufe d'autorifer fa femme , on la fait autorifer par juftice à fon refus.

Il eft vrai , que fi par le contract de mariage il eft ftipulé qu'ils ne feront tenus des détes l'un de l'autre , & qu'inventai-re fera fait au defir de la coutume , à l'éfet dudit contract , &

qu'un creancier de la femme pourſuivît le mari pour le païement de la ſomme dûë par la femme , le mari ſeroit déchargé de ladite pourſuite , en repreſentant l'inventaire , & les
biens y contenus ou la valeur , leſquels biens étant repreſen-
tés , le creancier pouroit faire ſaiſir & vendre , & à cête fin
agir contre la femme ſeule , qui devroit en ce cas être autoriſée
par juſtice au refus de ſon mari.

Et ſur ladite femme ſeule , en ladite qualité d'autoriſée par
Juſtice , faire ſaiſir , crier , vendre , & ajuger par decret les
biens immeubles à elle propres , & pour cet éfet , eſt requis qu'-
elle ſoit majeure de vingt-cinq ans , car autrement , il faudroit
faire les pourſuites contre ſon tuteur , & ſi elle n'en avoit point,
preſenter requête au Juge par le creancier , & expoſer ce qui
enſuit.

Requête pour faire élire un tuteur à une femme mineure aux fins de faire vendre ,
crier & ajuger par decret les biens immeubles à elle propres.

A Monſieur le Prevôt ou Bailli de ....

Suplie humblement D......

    Diſant qu'il lui eſt dû par la ſucceſſion des défunts pere & mere de telle ....
femme de tel.... deſquels elle eſt heritiere , la ſomme de ..... pour raiſon
dequoi le ſupliant auroit pourſuivi ladite telle...... autoriſée par Juſtice au
refus dudit tel..... ſon mari , & contre elle obtenu ſentence par laquelle ſes
contracts ont été declarés executoires ſur elle , comme ils étoient ſur leſdits défunts , & elle condanée à lui païer ladite ſomme de ..... & en vertu de ladite
ſentence après comandement fait à ladite telle....... portant refus de païer ,
auroit fait proceder par voïe de ſaiſie reele & établiſſement de Comiſſaire ſur
une maiſon ou heritages ſiſe à ..... & le tout fait ſignifier à ladite telle ....
& voulant faire paſſer outre aux criées & quatre quatorzaines deſdites choſes
ſaiſies , pour icelle faire vendre & ajuger par decret , ledit ſupliant auroit apris
que ladite telle .... étoit mineure , par le moïen dequoi il auroit fait ceſſer ſes
pourſuites , doutant de la validité d'icelles ſur ladite telle ..... à cauſe de ſa
minorité , juſques à ce qu'il lui ſoit pourvû d'un tuteur par l'avis de ſes parens
& amis , ce que le ſupliant deſireroit faire lui étant par vous permis.

    Ce conſideré , Monſieur , il vous plaiſe permétre audit ſupliant ; faire aſig-
ner par devant vous les parens & amis de ladite telle .... pour doner leurs avis
ſur l'élection d'un tuteur à ladite femme mineure , pour dorénavant regler &
gouverner ſes biens , & être les actions & pourſuites du ſupliant valables , pour
la vente & ajudication de ladite maiſon ou heritages ſaiſis , à elle apartenans en
atendant ſa majorité , faites & pourſuivies contre lui , afin qu'il puiſſe obtenir
le païement de ſon dû , & vous ferés bien.

    Ce qu'étant permis , & l'aſſemblée des parens & élection de
tuteur faite , il faut faire ajourner le tuteur & contre lui faire le tout declarer executoire , & lui condané à païer & à faute de païement , qu'il ſera procedé & paſſé outre aux criées &

ajudication par decret des chofes faifies fur ladite femme, qui
fera declarée bone & valable, ou bien fimplement faire declarer executoire & condané à païer fans parler de la faifie, & de
nouveau faire comandement audit tuteur, & pour fon refus faifir en confertant ladite premiere faifie.

Cependant cela feroit douteux par la raifon ordinaire que l'on
dit (que ce qui eft du comencement nul, ne peut pas aprés fubfifter) toutesfois cela eft indiferent, étant le tout declaré valable
fur le tuteur, & partant fi les criées étoient bien avancées, il ne
feroit pas befoin de le recomencer.

Si pendant les criées, vente & ajudication par decret le tuteur vient à deceder, les pourfuites peuvent être continuées
fur le fubrogé tuteur, lequel à cete fin fera ajourné en ces
termes.

Ajournement au fubrogé tuteur pour continuation de pourfuite, & criées d'heritages
faifis reelement, & mis en decret.

A la requête de D............

Soit ajourné à huitaine pardevant vous Monfieur le Prevôt, ou Bailly
de....... tel........

Pour repondre fur ce que D.... pourfuivant criées, dit, qu'à faute de païement
de la fomme de..... il a ci-devant fait faifir & metre en criées une maifon ou
heritage feize à..... fur défunt tel..... tuteur de telle.... & contre lui continué fes pourfuites jufqu'à un tel jour..... qu'il auroit été réajourné pour bailler
fes moïens de nullités contre lefdites criées, & voir ordoner que les chofes
faifies feront vendnës & ajugées par decret, laquelle pourfuite feroit demeurée
furcife, au moïen du decés dudit tuteur avenu peu aprés ledit ajournement, depuis lequel decés, ledit tel..... fubrogé a dû faire diligence pour pourvoir d'un
autre tuteur à ladite mineure.

A cete caufe ledit pourfuivant conclut à l'encontre dudit tel..... defendeur
audit nom, à ce qu'il foit tenu de lui nomer le nom & domicile du tuteur de
ladite mineure, fi aucun eft élû & à faute de ce faire, qu'il foit dit, que ledit
procés de criées fera repris avec lui audit nom, & qu'il fera procedé & paffé outre avec lui, comme fubrogé tuteur de ladite mineure, & en ce faifant qu'il
fera tenu de bailler fes moïens de nullité fi bon lui femble, contre lefdites
criées, lefquelles à cete fin ledit demandeur ofre de lui comuniquer & à faute
de ce faire, qu'il en foit debouté, & ordoné que ladite maifon ou heritage faifi
feront vendnës & ajugées par decret au parc civil du Châtelet de Paris, ou par
devant &c... au plus ofrant & dernier encheriffeur, en la maniere acoûtumée,
fans plus convoquer ni apeler ledit defendeur audit nom, & à cete fin feront
mifes afiches fuivant l'ordonance.

Ladite afignation donée en la forme ci-deffus, il intervint fur
icelle jugement, & en confequence paffé outre à l'ajudication,
fur quoi il faut ici remarquer l'état auquel feront pour lors les
criées, car pour obtenir tel jugement fur ladite afignation, il

faut qu'elles foient certifiées & le congé d'ajuger prêt à obtenir, fi le decret fe pourfuit au Châtelet de Paris.

Tellement que fi elles n'étoient pas fi avancées la dificulté feroit plus grande, & il vaudroit mieux pour la validité faire creer un tuteur.

A l'égard des biens propres & aquêts du mari, il fufit de faire la faifie, criées, vente & ajudication par decret fur lui pour detes par lui dûës, & quant aux biens & conquêts, qui font ceux apartenans au mari, & à la femme par le moïen des donations & aquifitions pendant la comunauté, s'ils font obligés à la déte, il fera bon de faire la faifie & criées contre eux conjointement, mais s'il n'y a que le mari, il fufira de les faire faifir fur lui feul.

Quant aux biens qui apartienent aux mineurs, il faut que la faifie & criées foient faites fur le tuteur, en vertu des contrats & obligations, fentences ou autres pieces juftificatives, qui doivent auparavant être declarées executoires fur ledit tuteur, lequel tuteur doit rendre conte avant la certification des criées, parce que les immeubles des mineurs ne doivent pas être vendus qu'auparavant la difcution de leurs meubles ne foit faite, ce qui eft fait par le moïen de la redition de compte.

Il a neanmoins été jugé qu'on ne pouvoit pas vendre les biens des mineurs pour des arerages de charges réeles fur leur pere mais feulement fur eux.

Sur quoi il faut obferver ici, que s'il n'y a pas eu difcuffion des meubles des mineurs en la forme ci-deffus, & qu'il aparoiffe qu'il y en avoit, le decret fera infirmé fans reftitution des fruits contre l'ajudicataire, qui eft poffeffeur de bonne foi, à la charge de païer dans certains tems par les mineurs, lequel paffé, le decret fortira fon éfet.

L'arrêt de la Chaife l'a ainfi jugé, neanmoins il faut que les mineurs juftifient par inventaire & autres pieces valables qu'ils avoient des meubles.

Les biens meubles apartenans à une heridité par benefice d'inventaire, les faifies & criées doivent être faites contre les heritiers aprés que le dû fera reconu & ajugé contre-eux, qui doivent auffi rendre compte aprés la certification, au cas qu'il y ait mineur, & non autrement.

Les faifies & criées d'heritages apartenant à une fucceffion vacante, doivent être pourfuivies fur le curateur créé à icelle, qui doit pareillement rendre compte avant la certification defdites criées.

Les heritages deguerpis, feront les faifies & criées pourfuivies contre le curateur creé à iceux, qui doit auffi rendre compte avant la certification.

Quand un tiers detenteur d'un heritage ou autres immeubles, l'a acquis fans la charge d'aucune rente ou fomme de deniers, & eft pourfuivi, & que la chofe par lui acquife eft declarée afeétée & hipotequée au dû du pourfuivant, difcution prealablement faite, & que par aprés il eft dit à faute d'indiquer par ledit tiers detenteur, permis faifir la chofe par lui detenuë, il faut avant que de faire la faifie, faire comandement au vrai debiteur de la fomme ou rente, & pour fon refus, declarer que la partie fe pourvoira, & en continuant, declarer audit tiers de tenteur qu'à faute de païement fait par ledit debiteur, & d'avoir indiqué par ledit tiers de tenteur, biens immeubles apartenans audit debiteur, pour iceux executer, fuivant la fentence qu'on faifira les chofes hipotequées, à laquelle il faut établir Comiffaire, ainfi qu'il eft dit ci deffus.

La faifie & établiffement de comiffion faite, il faut la fignifier au debiteur & tiers detenteur, & les ajourner tous deux pour obtenir le congé de crier, fi ce font heritages affis dans la banlieuë de Paris, & autrement non, & puis le congé de crier obtenu, faire les criées & par icelles faire toûjours mention, que c'eft faute de païement fait par le debiteur & d'avoir indiqué par le tiers detenteur, & après doivent être tous les deux ajournés, pour voir donner le congé d'ajuger & l'obtenir avec tous deux.

Et enfin, il faut que toutes les pourfuites foit faites conjointement avec les deux, parce qu'il femble que tous deux enfemble font vrais proprietaires & Seigneurs incomutables de la chofe & non un feul, à fçavoir le debiteur pour ce qu'il a vendu & le tiers detenteur pour ce qu'il n'a rien en icelle, que les hipotéques ne foient païées.

Pour faire criée & ajuger par decret les biens & heritages avenus au Roi par desherances, aubaines, batardifes, ou confifcations, foit que le Procureur du Roi pourfuive les criées, ou bien les creanciers du defunt, il faut obferver les folemnités qui enfuivent.

Quand aucun eft decedé, & que fes biens font ajugés au Roi par desherances, aubaines, batardifes ou confifcations, ou bien au haut-jufticier, & qu'il eft befoin de faire crier & ajuger par decret tels biens, il faut diftinguer quatre points.

Primò. Si les biens apartienent entierement au Roi, & qu'il n'y ait aucun donataire dudit Seigneur, ni aucuns creanciers qui veüillent pourfuivre les criées.

En ce cas, le Procureur du Roi voulant faire ajuger par decret les heritages avenus à fa Majefté par desherances, aubaines, batardifes, ou confifcations, doit faire créer par juftice un curateur aux biens confifqués de tel, ou aux biens demeurés aprés le decés de tel &c.

Ce fait, prefenter requête par laquelle il donne à entendre, que pour fubvenir aux urgentes afaires du Roi, même pour le fait des guerres, il eft befoin de vendre tels biens ou heritages avenus à fa Majefté par aubaine ou confifcation, demande avec le curateur creé à tels biens qu'il foit ordoné qu'ils feront vendus, & afin d'ôter toutes hipotéques, & que les acheteurs foient affurés fans craindre aucune éviction, ils foient criés, vendus & ajugés par decret, au plus ofrant & dernier encherifleur, pour les deniers provenans de la vente d'iceux, être mis és mains du Procureur ordinaire du lieu, pour être par lui baillés au tréforier de l'épargne & emploïés au fait des guerres.

Ce qu'étant ordoné, le Procureur du Roi fait faifir les heritages fur le curateur, pour être criés, vendus & ajugés, fuivant la fentence, fait établir Comiffaire, & parfaire les criées, & l'ajudication par decret fur le curateur en la maniere acoûtumée, & y obferver toutes les formalités requifes par l'ordonance.

Secundò. Eft, quand par fentence ou arrêt il y a partie des biens confifqués, & partie non confifqués, d'autant qu'aucuns d'iceux font fitués au dedans des coûtumes éfquelles il n'y a confifcation, comme par exemple en Berry, & à Tours, où on a acoutumé d'ajuger amande au Roi, ainfi qu'il fut fait par Arrêt de la Chefnaie, donné le 13. Juillet 1569. lequel portoit confifcation de tous biens fujets à confifcation, & encore de quatre vingt mille livres Parifis d'amande, tant fur les biens confifqués, qu'autres non fujets à confifcations.

Alors il eft pareillement befoin que le Procureur du Roi fafle créer un curateur par juftice aux biens du defunt, ce fait, condaner à païer l'amende ajugée au Roi, & à faute de ce faire, que les biens de la curation foient faifis, criés, vendus & ajugés, lefquelles faifies, criées & ajudication par decret le Procureur du Roi fera faire felon qu'il a été deduit ci-deffus.

Tertiò. Eft, quand le defunt a laiffé des creanciers l'un defquels

quels pour le païement de son dû, veut faire crier les heritages demeurés par le decés.

Et alors le creancier doit avoir jugement avec le Procureur du Roi, par lequel il soit ordoné qu'il sera païé de son dû, sur les biens demeurés par le trepas du defunt, ce fait, presenter requête, par laquelle il requiert que pour la validité desdites saisies, criées, vente & ajudication par decret, qu'il pretend faire faire pour le païement de son dû, il y ait curateur creé avec le Procureur du Roi aux biens du défunt, lequel étant creé, le creancier le fait ajourner, & contre lui requiert que la sentence par lui obtenuë avec le Procureur du Roi, soit declarée executoire sur ledit curateur, & en ce faisant se voir condaner à païer telle somme, & à faute de païement, qu'il soit ordoné que les biens de la curation, seront saisis, criés, vendus & ajugés, & les deniers provenans de la vente d'iceux à lui baillés jusqu'à la concurence de son dû.

Ce qu'étant ordoné, le creancier aprés comandement dûëment fait, fera saisir sur le curateur, & sur lui crier & ajuger les heritages du défunt & y observera toutes les solemnités requises par l'ordonance, & même il est bon de faire signifier au Procureur du Roi, tant la saisie & jour de la premiere criée, que le jour de l'ajudication par decret, à ce qu'il n'en prétende cause d'ignorance.

Quartò, est, quand les biens sont avenus au haut justicier par déherance, batardises ou confiscation, & que le haut justicier les veut faire ajuger par decret, pour les deniers procedans de la vente lui être baillés ou quand un creancier du défunt les veut faire vendre.

Lorsque le Procureur fiscal du haut justicier a fait creer un curateur aux biens confisqués de tel, ou aux biens demeurés par le decés de tel, il doit aussi presenter requête par laquelle il done à entendre que tels heritages sont avenus à tel Seigneur haut-justicier, que les terres sont desertes & non cultivées, ni labourées, que pour le profit du Seigneur il est besoin de les faire vendre, & pour obvier à toutes évictions les faire decreter, à cête cause requiert que lesdits heritages soient vendus & les deniers baillés au Seigneur haut-Justicier, ou bien à son receveur; & que pour la validité de la saisie, criées, ventes & ajudications par decret, soit créé un curateur aux susdits heritages.

Cela fait, & ordoné, le Procureur fiscal se conduira selon qu'il est dit du Procureur du Roi au premier article ci-dessus.

Si c'eft un creancier du défunt qui veut vendre les heritages, il obtient fentence avec le Procureur fifcal, par laquelle il eft ordoné qu'il fera païé de fon dû fur les biens du défunt, ce fait, il prefente requête par laquelle il requiert avec le Procureur fifcal que pour la validité des faifies, criées, ventes & ajudication par decret qu'il entend faire faire des biens confifqués ou des heritages demeurés par le decés de tel, pour le païement de fon dû, il y ait un curateur créé aufdits biens ou aufdits heritages.

Ce qu'étant ordoné, il fait ajourner le curateur & requiert que la fentence par lui obtenuë contre le Procureur fifcal, foit declarée executoire contre le curateur, en ce faifant qu'il foit condané à lui païer telle fomme & à faute de païement, il foit ordoné que lefdits biens foient faifis, criés, vendus & ajugés par decret, & doit proceder en outre felon qu'il a été dit au troifiéme cas ci-devant recité.

Or, il s'enfuit, que par ce qui a été dit ci-deffus on peut conoître, que quand on veut faifir, crier, vendre & ajuger un heritage apartenant au Roi & avenu à Sa Majefté par déherance, aubaine, batardife, ou confifcation, il eft neceffaire de creer un curateur, & de faifir, crier & ajuger fur lui, parce que l'on ne peut pas crier ni ajuger par decret fur le Roi, ni fur un Procureur du Roi.

Ainfi le meilleur eft que le femblable foit fait, quand on veut faire ajuger par decret les heritages avenus au haut-Jufticier par déherance, confifcation ou autrement, car le Roi, ni le haut-Jufticier n'étant pas vrais heritiers, auffi ne font-ils pas tenus au païement des détes du défunt que jufqu'à la concurence des biens, comme l'heritier par benefice d'inventaire, c'eft pourquoi on fe doit feulement adreffer aux biens, & non pas les faire faifir, crier & ajuger fur le Roi ou fur le haut Jufticier, atendu qu'ils ne font vrais détenteurs, & que tel bien eft comme une heredité vacante à laquelle on a acoutumé de creer un curateur, & contre lui faire toutes pourfuites, concernant le fait & déte du défunt, bien que le plus fouvent aux Jurifdictions Roïales & fubalternes, on fait faifir, crier & ajuger, tant fur le Procureur du Roi, que fur les hauts-Jufticiers des biens qui leur apartienent par confifcation, déherance, ou autrement, ce qui ne fe doit pas tolerer.

A quoi, il faut ici ajouter, que le creancier qui veut faire ajuger par decret les heritages d'un défunt apartenans au Roi par confifcation , ou autrement, ne doit pas fe faire fubroger au lieu du Procureur du Roi qui a fait faifir les biens du défunt, comme avenus à Sa Majefté par aubaine , déherance ou autrement , mais il doit faire une nouvelle faifie , parce que la faifie du Procureur du Roi n'a pas été faite pour vendre & ajuger , mais elle a été faite à autres fins , à fçavoir pour conferver l'heritage & les fruits d'icelle au Roi ; partant telle faifie ne feroit pas fufifante ni valable pour faire ajuger & le Prevôt de Paris ne certifieroit pas les faifies & criées fur cête faifie.

Il faut dire auffi , qu'auparavant que le Prevôt de Paris , ou autre Juge Roïal , certifie les criées faites fur un curateur des biens confifqués , ou de biens avenus au Roi par déherance , aubaine , ou batardife , il eft befoin qu'il y ait compte rendu par le curateur , tout ainfi que par le tuteur d'un mineur , ou par le curateur créé à une heredité ou biens vacans , & fans redition de compte préalable , il ne procedera pas à la certification des criées, fuivant la difpofition du droit.

Les quatre criées & quatorzaines étant faites , & parfaites en la forme ci deffus , elles doivent être certifiées , fçavoir de ce qui eft affis dans la Ville, Prevôté & Vicomté de Paris, par devant lefdits Prevôts dudit lieu , au raport de deux certificateurs d'icelles , qui font erigés en titre d'ofice , & ailleurs par devant le plus prochain Juge Roïal de la fituation des chofes faifies , lefquels certificateurs du Châtelet métent leur certification au pied du procés verbal defdites criées , fur laquelle eft expedié par le Grefier de l'audiance , l'acte de ladite certification , par lequel fur le raport fait par lefdits certificateurs en jugement, l'audiance tenant , des faifies , criées dont eft queftion , aprés avoir eu l'avis des anciens Avocats & Procureurs afiftant en nombre fufifant , font par le Juge lefdites criées declarées bonnes & valables , bien & dûëment faites fuivant l'ordonance , coutumes, commune obfervance de la Ville, Prevôté & Vicomté de Paris.

Et encore que par les actes des raports defdites criées , il foit dit qu'ils ont été raportés en jugement , l'audiance tenant , & aprés avoir eu l'avis des Avocats & Procureurs , fi eft-ce pourtant que cela n'eft point obfervé , mais lefdits certificateurs voïent lefdites criées en leur maifon & métent au bas d'icelles leurs actes de certification qui eft figné d'eux , puis le délivrent au Procureur du pourfuivant criées , qui les baille au Grefier, qui lui en expedie l'acte tel qu'il eft dit ci-deffus.

L ij

Il eſt vrai, que s'ils trouvent dificulté éſdites criées, l'un d'eux fait ſon raport en jugement, l'audiance tenant, en la preſence du Procureur du pourſuivant criées, & ſur ce le Juge fait aſſembler les anciens Avocats & Procureurs deſquels il prend l'avis publiquement, & ſuivant icelui, il declare leſdites criées valables ou nulles

Les criées ſe peuvent auſſi certifier en l'abſence du ſaiſi qui n'eſt recevable à l'empêcher, mais il peut remontrer au Juge & Praticiens les nullités s'il y en a, cependant il n'eſt pas recevable à interjeter apel de ladite certification, ainſi qu'il a été jugé par arrêt de l'an 1551.

Toutesfois, ſi en procedant aux criées, ledit ſaiſi s'étoit opoſé és mains du ſergent, il ſeroit bon de le faire apeler à ladite certification, ce qui n'eſt pas neanmoins neceſſaire, puiſqu'il n'a aucun grief en ladite certification, étant par après apelé pour bailler ſes moïens de nullité contre les ſaiſies & criées, & voir interpoſer le decret, & afin qu'il ne puiſſe ignorer l'ajournement, il doit être fait parlant à ſa perſone, ou à faute de le trouver, il doit être fait à ſon domicile, & au Prône de l'Egliſe du lieu où les heritages ſont aſſis, avec afiches contre la porte de ladite Egliſe.

Après leſdites criées certifiées, la ſaiſie reele doit être enregiſtrée au regiſtre du Comiſſaire general aux ſaiſies reeles & au Grefe pour y recevoir les opoſans.

Neanmoins on a acoutumé d'enregiſtrer plûtôt chés le Comiſſaire aux ſaiſies reeles, afin de n'être pas evincé de la pourſuite par une autre ſaiſie poſterieure, & il a même été jugé par arrêt du 24. Janvier 1674. en la grand'Chambre à l'audiance de relevée, en faveur des privilegiés, que les ſaiſies reeles doivent êue enregiſtrées un mois avant le congé d'ajuger, ſinon qu'on poura toûjours faire renvoïer le decret.

Aux requêtes du Palais & au Parlement, on fait la même procedure qu'au Châtelet, aux matieres de criées, ſinon qu'on n'obtient pas de congé de crier, & on garde le decret vingt-quatre heures à la ſignature & au ſceau, pour encore recevoir les opoſitions, afin de conſerver s'il en reſte quelqu'unes à faire, car quand le delivré du decret eſt ſur le regiſtre du grefe on ne reçoit plus aucune opoſition.

Sur quoi voïés le Chapitre des criées du ſecond Volume de mon ancien Clerc du Palais, où j'ai raporté tous les Edits & Declarations du Roi, tant anciennes que nouvelles, & un formu-

faire de toutes fortes d'actes & procedures, fur le fait defdites
criées, ainfi j'ai crû qu'il étoit inutile de les raporter ici une feconde fois, puifque l'ancien Clerc du Palais traite de céte matiere pour toutes les Coutumes de France, & fuivant l'ufage de
chaque Jurifdiction.

CHAPITRE XII.

De la fubrogation des criées.

POur entendre ce que c'eft que fubrogation de criées, il faut
fçavoir que quelquefois les debiteurs, font faifir réelement
leurs biens à la requête d'un creancier fupofé, lequel ne pourfuit les criées qu'autant qu'il plaît au debiteur, & en ce cas
un autre creancier qui a interêt que les biens foient ajugés
par decret fans retardement, peut demander la fubrogation
aux criées, au lieu du pourfuivant, en lui rembourfant les frais,
& pourfuites par lui legitimement faits, jufqu'au jour de la fubrogation.

Elle fe peut encore demander quand celui qui pourfuit les
criées, eft fatisfait de ce qui lui eft dû par le debiteur, mais un
Procureur ne peut pas demander la fubrogation fans un pouvoir
fpecial de la partie, ainfi qu'il a été jugé par arrêt de la Grand-
Chambre de 1675. contre defunt maître Gobereau Procureur en
la Cour, autrement il eft fujet à defaveux.

De forte, que pour parvenir à cete fubrogation, il faut prefenter requête au Juge pardevant lequel le decret fe pourfuit,
portant que tel, en qualité de legitime creancier de tel, de telle
fomme portée par contrat du tel jour, s'eft opofé aux criées de
telles chofes faifies réelement fur tel, à la requête de tel, qui
eft negligent de parachever les criées encomencées, & en confequence de ce, il demande que dans deux mois ledit tel faififfant foit tenu de faire metre à fin lefdites criées, finon que ledit
tems paffé, ledit tel fera fubrogé à la pourfuite d'icelle fous
les ofres qu'il fait de le rembourfer de fes frais, & qu'en confequence le Procureur dudit pourfuivant fera tenu de rendre &
metre les pièces, pourfuites & procedures faites pour lefdites
criées entre les mains dudit tel, & qu'à faute de ce faire, ledit

tel , Procureur du pourſuivant ſera contraint par corps , & en ce faiſant decharge , &c.

Sur cete requête ſignée du Procureur de celui qui demande la ſubrogation, le Juge , ou un Conſeiller , ou le grefier , ſi c'eſt au Parlement, met *viennent les parties au premier jour en la cham-bre* , & aprés qu'elle eſt ſignifiée on va plaider en la Chambre, & la Cour ordone , que dans deux au trois mois , ou autre delai, ſelon qu'elle trouve à propos , le pourſuivant metra à fin les criées, ſinon ledit tems paſſé ſera fait droit ſur la demande de ſubrogation des criées.

Quelquefois la Cour acorde pluſieurs délais, les uns après les autres , & enfin ſi elle voit qu'il y ait de la colluſion , & de l'intelligence, elle acorde la ſubrogation à celui qui la demande.

Céte ſubrogation ne peut être demandée que par un des creanciers opoſans , parce que pour être pourſuivant criées, il faut être ſaiſiſſant , & tous opoſans & ſaiſiſſans.

Cependant on ne peut pas obliger un pourſuivant criées, ni ſon Procureur à demeurer garand de leurs procedures , ſinon pour doner action lorſqu'on argüe des nullités dans les procedures, après l'interpoſition du decret, mais lorſque la procedure eſt coupée par une ſubrogation, le ſubrogé ne peut pas demander la garantie deſdites procedures, dont il rembourſe les frais au pourſuivant , d'autant qu'il n'eſt obligé qu'à rembourſer les procedures, bien & valablement faites, & que le pourſuivant auroit pû reformer ſa procedure s'il étoit demeuré maître de la pourſuite, ainſi qu'il a été jugé par arrêt du 6. Juillet 1678. raporté au ſixiéme volume du Journal du Palais.

La ſubrogation étant acordée par jugement ou arrêt, il faut que celui qui eſt ſubrogé faſſe ſignifier ledit jugement ou arrêt au Procureur du pourſuivant criées ſur lequel il eſt obtenu , & à celui du debiteur, & au plus ancien des opoſans , & enſuite le faire enregiſtrer par le grefier des opoſitions, afin qu'on ſache qu'il eſt pourſuivant criées.

Je ne crois pas, neanmoins, qu'il ſoit juſte de rembourſer les frais au pourſuivant qui laiſſe ſubroger un autre en ſa place, d'autant qu'il profiteroit de ſa negligence & qu'il ſeroit païé de ſes frais & ſalaires, qu'il n'eût eu qu'à la fin du decret s'il avoit continué les pourſuites.

Quand il y a des heritages ſaiſis réellement en diferentes Juriſdictions du reſſort du même Parlement,alors pour éviter à frais on fe pourvoit en la petite Chancelerie, pour y obtenir des letres qui porte atribution au Juge, dans le reffort duquel la plus grande partie des heritages faifis eft fituée de proceder à la vente & ajudication d'iceux, ce qui s'entend aprés que les criées ont été bien & dûëment verifiées par le Juge des lieux, ainfi qu'il en eft fait menion dans les letres.

La claufe principale à laquelle on s'atache au fceau eft, que la plus grande partie des biens faifis foit fituée dans le reffort où on fait le renvoi.

Anciennement on fe contentoit d'exprimer dans ces lettres la claufe, *que les biens feroient mieux encheris & plus facilement vendus dans l'une des jurifdiʃtions que dans l'autre*, comme il fe lit dans les anciennes formules qui ont été ci-devant imprimées, mais à prefent ce ftile eft abrogé, & on s'expoferoit à faire refufer ces letres au fceau, fi on les dreffoit fuivant cet ancien ufage.

Dans la coutume de Vitri, Château-Tierri, & dans plufieurs autres, lors qu'il eft queftion de certifier des criées, on prend foigneufement garde fi toutes les fignifications en ont été faites parlant à la partie faifie, & cete formalité eft tellement de rigueur, qu'il faut pour encouvrir le defaut, avoir indifpenfablement recours à des letres de Chancelerie, qu'on nomme de validation ou d'autorifation de criées, aufquelles un pourfuivant eft affujeti pour la validité de fa procedure.

Atribution de jurifdiʃtion pour criées.

Louïs &c. . . . . à nôtre Bailli de &c. . . . . . Salut de la partie de nôtre amé tel . . . . nous a été expofé que pour avoir païement des fommes de deniers à lui dûës par tel . . . . il eft contraint de faire & vendre par decret les imeubles apartenans audit tel . . . . la plus grande partie defquels font fitués dans vôtre reffort & les autres dans celui du Bailliage d'un tel lieu, aufquels lieux s'ils étoient obligés de pourfuivre l'ajudication, ordre & diftribution des deniers feparement, les frais confumeroient le prix des ajudications au prejudice dudit expofant, & autres legitimes creanciers qui par ce moïen feroient privés de leur dû, s'il n'étoit fur ce par nous pourvû; *A ces caufes*, voulant fubvenir à nos fujets, felon l'exigence des cas, nous vous mandons & cometons par ces prefentes, que s'il vous apert que la plus grande partie defdits biens & heritages foient fitués dans l'étenduë de vôtre Jurifdiʃtion, & que les criées aïent été bien & dûëment faites, fuivant les ufages & coutumes, & certifiées par les Juges des lieux, vous en ce cas, aïés à proceder à la vente & ajudication defdits biens & heritages, au plus ofrant & dernier encheriffeur, ordre & diftribution des deniers, en la maniere acoutumée, vous en atribuant à cète fin toutes cours, jurifdiʃtions & co-

noiſſances , icelles interdiſons à tous autres Juges & aux parties de faire pourſuites ailleurs que pardevant vous à peine de nullité , ſauf l'apel ſi aucun eſt interjeté , mandons au premier nôtre huiſſier ou ſergent ſur ce requis faire pour
l'execution des preſentes tous exploits requis & neceſſaires , car tel eſt nôtre
plaiſir. Donné à &c......

Par le Conſeil.
Tel....

Validation de criées.

Loüis &c.... à nôtre Bailli de &c.... Salut , de la partie de nôtre amé tel.
nous a été expoſé qu'étant creancier de tel.... il a fait ſaiſir reelement les biens
imeubles , maiſons & heritages apartenans audit tel..... & enſuite a fait proceder aux criées deſdits biens qui ont été certifiés à la charge d'obtenir nos létres
d'autoriſation d'icelles à cauſe que les ſignifications n'ont été faites parlant à la
perſone dudit tel.... ainſi qu'il eſt requis par la coutume de Vitri & pratique
dudit Siege de.... leſquelles létres , l'expoſant requiert humblement lui être
octroïées; *A ces cauſes* , voulant ſubvenir à nos ſujets , ſelon l'exigence de ce
cas , nous vous mandons que s'il vous apert de ce que deſſus , notament que les
criées aïent été bien & duëment faites & certifiées ſelon la coutume & ſiege des
lieux , & qu'il n'y ait dans les exploits que le défaut d'avoir parlé à la perſone
du ſaiſi , qu'elles aïent été certifiées à la charge d'obtenir nos létres d'autoriſation , vous, audit cas , ſans vous arrêter ni avoir égard au défaut de formalité en
parlant à la perſone de la partie ſaiſie , & ce nonobſtant , leſquelles procedures
en tant que beſoin eſt , ou ſeroit nous avons autoriſé & autoriſons par ces preſentes , paſſés outre à la vente & ajudication des choſes ſaiſies , & faites au ſur
plus aux parties bonne & bréve juſtice , car tel eſt nôtre plaiſir &c....

CHAPITRE XIII.

Des opoſitions aux criées.

IL y a quatre ſortes d'opoſitions, ſçavoir opoſition afin d'anuler,
opoſition afin de diſtraire , opoſition afin de charge , & opoſition afin de conſerver.

L'opoſition afin d'anuler eſt celle qui ſe forme par le proprietaire ſur lequel la ſaiſie & les criées ſont faites , & telles opoſitions ne ſe forment ordinairement que pour diferer la vente &
ajudication par decret.

Le debiteur ſur lequel la ſaiſie & les criées ſont faites , doit
être aſigné en parlant à ſa perſone comme il a été dit ci-deſſus ,
pardevant le Juge où les criées ſont pourſuivies , pour bailler
moïen de nullité , & voir interpoſer le decret , que s'il conſtituë

Procureur

Procureur fur l'afignation , il faut lui bailler copie du procés verbal des criées, & s'il baille moïen de nulité, le pourfuivant criées doit y repondre, & fur ces conteftations, ils doivent être apointés à produire.

Si le debiteur juftifie les criées avoir été mal faites, elles font declarées nulles & le faififfant eft condané aux dépens, & il faut recomencer les criées, mais fi elles font jugées bien & dûëment faites, il intervient fentence portant congé d'ajuger comme ci-devant.

Les opofitions afin d'anuler font fondées ou en la forme, ou en la matiere, en la forme quand on pretend que les criées n'ont pas été dûëment faites, & continuées felon l'ufage de la coûtume de la Province, ou qu'elles n'ont pas été precedées d'un comandement fait au debiteur, à perfone ou domicile, ou qu'il n'y a pas eu d'établiffement de Comiffaire, ni élection de domicile, ou qu'il y a quelque defaut de folemnité requife pour la validité des criées, en confequence dequoi on en peut pretendre la nullité.

Les opofitions afin d'anuler font fondées en la matiere, quand le faifi pretend que la faifie & les criées ont été faites *pro non debito*, car il eft fans doute que telles faifies & criées feroient nulles, étant deftituées de leur principal fondement, ce qui eft fi vrai, que s'il furvenoit un legitime creancier opofant pour une veritable dette & non conteftée, il ne pouroit pas fe faire fubroger à la pourfuite d'iceles, parce qu'étant nules dans leur comencement, elles ne pouroient pas reprendre leurs forces par une caufe furvenante, de forte que ce creancier feroit obligé de comencer par une nouvele faifie, & faire des nouveles criées, car les opofitions fupofant une faifie laquelle étant nulle, caufe auffi la nullité des opofitions.

Cête opofition peut auffi être formée par le Curé d'une Paroiffe, au cas que les criées n'euffent pas été faites dans fa Paroiffe pour des heritages qui y feroient fitués, car aïant interêt de conferver fes droits, il pouroit pourfuivre la nullité des criées, lefquelles faute d'avoir été faites dans la Paroiffe de la fituation des heritages faifis & criés font nulles, fuivant l'ordonance & la coutume de Paris.

L'opofition afin de diftraire, eft celle qui fe forme par celui qui pretend que la chofe faifie, ou partie d'icelle lui apartient, & qu'elle n'apartient pas à celui fur lequel elle a été faifie, & en confequence il demande diftraction & main-levée lui en

être faite, avec reftitution de fruits, depens, domages & inerêts.

L'acte d'opofition fe fait au grefe, & étant levé il faut le faire
fignifier au Procureur pourfuivant criées, & fournir conjointement fes caufes d'opofition, fi l'on veut, & fi l'opofant ne baille
pas fes caufes & moïens d'opofitions le pourfuivant doit le fommer de le faire, proteftant à faute de ce, que nonobftant fon
opofition dont il le fera debouter, il fera paffé outre à l'ajudication par decret.

Les caufes & moïens d'opofitions doivent auffi être fignifiés
au Procureur du faififfant & pourfuivant criées, lequel doit enfuite les fignifier au faifi & aux autres opofans, & fi le faifi ne
contefte point la diftraction demandée par l'opofant, le Juge ordonne la diftraction, mais s'il y a conteftation, il faut que les
parties foient reglées à produire en cete maniere.

Apointement de production fur une opofition à des criées.

Extrait des Regiftres de . . . . . .

Entre tel . . . demandeur & pourfuivant criées de telle . . . maifon faifie fur tel . . .
d'une part & tel . . . . defendeur & opofant, afin de diftraire la moitié de ladite
maifon, d'autre, aprésque ledit defendeur a declaré avoir fourni de caufe d'o-
pofition, la Cour a apointé & apointe les parties à produire &c.

S'il y a conteftation, le pourfuivant eft condané aux dépens,
domages & interêts de l'opofant, qu'il poura neanmoins emploïer en frais extraordinaires de criées, mais s'il n'y a pas de
conteftation, il n'y a point de condanation contre lui, parce qu'a-
vant la conteftation il eft prefumé avoir eu une jufte caufe d'i-
gnorer le droit de l'opofant.

Si l'opofant au contraire eft debouté de fon opofition, il doit
être condané aux dépens, domages & interêts du faifi & en l'a-
mende envers le Roi.

Neanmoins on ne pert pas toûjours le droit de proprieté, faute de former l'opofition afin de diftraire, car quoi que des terres des domaines du Roi foient decretées & ajugées fur celui
qui les tient par engagement, & qu'il n'y ait pas eu d'opofition formée par le Procureur du Roi, elles ne font pas cependant moins fujetes à reverfion au domaine à perpetuité, en
rembourfant la finance païée pour l'alienation qui en auroit
été faite.

La raifon eft, que le domaine, & les biens qui y font une fois
incorporés font inalienables, quelques formalités qui interviennent
fans être fujets à reverfion, & à rachat perpetuel, & le Roi ne
peut pas renoncer au droit, parce que ce privilege eft anexé à la

courone qui dure toûjours, & les Rois ne font proprement qu'u-
fufruitiers des biens du domaine.

C'eſt auſſi pour cela que les biens domaniaux ne font pas fujets à la preſcription.

Il faudroit dire de même des autres choſes qui font hors le
comerce des hommes, comme font les Egliſes, les Temples, les
Hôpitaux & tous les autres lieux publics & ſacrés, leſquels étans
inalienables, ne font pas couverts par un decret, quoique ſo-
lemnelement fait.

Sur ce, il ſe preſenta autrefois cete dificulté qui fut jugée
par la Cour, ſçavoir qu'une maiſon ſize dans le faux-bourg
ſaint Germain de Paris, où a été depuis bâti l'hôpital de la charité, avoit été ſaiſi réelement & miſe en criées, & ajugée par
decret ſur le proprietaire à la pourſuite de ſes creanciers, à un
nomé Meurier, lequel ſans en avoir païé ni conſigné le prix,
l'avoit auſſi tôt revenduë à Monſieur le Preſident Leſcalopier,
& ce Preſident l'avoit enſuite venduë à la Reine Marguerite qui
l'avoit donnée en échange aux Religieux de l'Ordre ſaint Jean
de Dieu, autrement de l'hôpital de la charité, les Religieux
aïant bâti depuis, & fondé leur hôpital, les creanciers ne laiſ-
ſerent pas neanmoins de prendre droit d'hipotéque ſur icelle,
le Prevôt de Paris les condana à deguerpir la maiſon, ſi mieux
n'aimoient païer auſdits creanciers le prix de l'ajudication qui
en avoit été faite à Meurier.

Les Religieux étoient fondés ſur ce qu'ils l'avoient aquiſe de
bone foy, & y avoient bâti un lieu ſaint & conſacré à Dieu,
lequel par conſequent ne pouvoit plus retomber dans le comerce, à quoi les creanciers repondoient que céte maiſon n'avoit
pû à leurs prejudices être conſacrée à Dieu, ſans être païé du
prix qu'ils l'avoient venduë, *la Cour* ſur l'apel au rôle de Paris
le 3. Avril 1612. ordona à la requête du Procureur general, que
la Reine Marguerite ſeroit tenuë garantir, & faire amortir à
ſes dépens la maiſon qu'elle avoit donée en échange auſdits
Religieux.

L'opoſition à fin de charge, eſt celle qui eſt faite par celui
qui pretend droit de ſervitude ou autres droits réels, comme
rente foncieres, droits d'uſufruits, ou autres ſemblables, ſur la
choſe ſaiſie.

Dans céte opoſition on conclut, à ce que la choſe ſaiſie ne
ſoit venduë & ajugée par le decret, qu'à la charge du droit pretendu en icelle.

M ij

On peut auſſi former céte opoſition à la charge d'une garantie, en cas d'éviction des heritages que l'opoſant auroit acquis du debiteur, d'autant que les biens d'un vendeur ſont obligés & hipotequés à la garantie de ceux qu'il vend.

L'opoſition à fin de charge ne peut être formée qu'au cas que la charge ait été impoſée avant le droit du ſaiſiſſant, car ſi le proprietaire d'un heritage, aprés l'avoir obligé à pluſieurs détes, le chargeoit d'un uſufruit, & qu'il vint à être ſaiſi ſur lui par ſes creanciers, en ce cas l'opoſition de l'uſufruitier n'empêcheroit pas que l'heritage ne fût ajugé ſans la charge de l'uſufruit, d'autant que les creanciers hipotequaires anterieurs à cet uſufruitier ; lui ſeroient preferés pour être païé de leur dû, au cas que l'heritage ne fût pas ſufiſant pour païer leſdits creanciers, & l'ajuger à la charge de l'uſufruit.

En ce cas on fait une eſtimation de l'uſufruit, ou d'un doüaire, ou d'une rente fonciere poſterieure aux hipotéques des autres creanciers, qu'on a évalué à prix d'argent, pour être l'uſufruitier mis en ordre ſur le prix du decret avec les creanciers hipotequaires, chacun ſelon la proprieté de leur creance.

Que ſi l'heritage pouvoit être vendu à la charge de l'uſufruit ou de tel autre droit réel dont il ſeroit chargé, un prix ſuffiſant pour païer les creanciers anterieurs, en ce cas l'opoſant à fin de charge pouroit obliger le pourſuivant criées de faire vendre l'heritage à la charge du droit qu'il auroit dans ledit heritage.

On peut auſſi par céte opoſition s'opoſer afin de conſerver pour être païé des arérages échus de la rente pour laquelle on s'opoſe à fin de charge ſur le prix qui proviendra de la vente des biens ſaiſis, ou d'autres redevances pourvû que ce ſoit des redevances échuës de la choſe, pour laquelle on s'opoſe à fin de charge, non pour d'autre, autrement il faut une opoſition particuliere afin de conſerver, auſſi bien que pour d'autres ſommes qui pouroient être dûës à l'opoſant.

Les arrêts ont fait céte diference, ſçavoir que les ſervitudes aparentes & continuës ne ſont point purgées par le decret, en ſorte que quoi qu'on ne ſe fût pas opoſé pour la conſervation d'icelles, neanmoins elles ſont conſervées & maintenuës dans l'heritage qui en eſt chargé.

La raiſon eſt, que quand on vend une choſe, on eſt cenſé la vendre dans l'état & dans la forme qu'elle eſt au tems de la vente, & l'acquereur ne peut pas pretendre cauſe d'ignorance que telle fervitude, qui eſt aparente, ne fût dûe par la choſe qui lui a été ajugée, parce que telles fervitudes ſubſiſtent & ſe conſervent d'elles-mêmes par l'état de la choſe, & ſans le fait ou le miniſtere de l'homme.

Ainſi par arrêt du 7. Novembre 1607. le proprietaire d'une maiſon qui avoit une cave ſous la maiſon voiſine, laquelle avoit été ſaiſie, decretée, & ajugée ſans opoſition de la part dudit proprietaire, a été maintenuë & conſervée dans le droit de ladite cave, la Cour ſe fondant ſur ce que c'étoit une ſervitude viſible & aparente, de laquelle l'ajudicataire qui avoit vû ou dû voir ladite maiſon, ne pouvoit pas pretendre cauſe d'ignorance.

Neanmoins j'eſtime qu'il eſt tres à-propos de s'opoſer pour telles fervitudes, pour éviter aux procés & chicanes qui pouroient être faites.

Mais pour les fervitudes cachées & diſcontinuées, il faut s'opoſer, autrement elles ſeroient purgées par le decret.

Ces fervitudes ſont celles dont le droit ne peut s'exercer ſans le fait & le miniſtere de l'homme, comme ſont les fervitudes d'aler & paſſer par le fond d'autrui, de puiſer de l'eau dans la maiſon voiſine & autres ſemblables expliquées dans le premier Tome de ce Livre, au Chapitre des ſervitudes.

Les opoſitions à fin de charge ne ſont introduites que pour empêcher que les ajudicataires ne ſoient obligés de reconoître des charges dont ſeroient chargées les choſes qui leur ſeroient ajugées, qui pouroient diminuër la valeur d'icelles, & pour leſquelles charges ils n'auroient peut être pas voulu encherir ſur leſdites choſes, ou metre de ſi hautes encheres, ce qui ſeroit cauſe que les choſes ſe vendroient ſouvent à tres-vil prix, dans la crainte de ſemblable charge.

D'où il s'enſuit, que le decret ne purge pas les charges réeles dont l'ajudicataire doit avoir une entiere conoiſſance, comme par exemple, des fervitudes viſibles & continuës, comme je viens de dire.

Et d'autant que dans la Coutume de Paris, la plus grande partie des terres ſont tenuës en fiefs ou en cenſives, & qu'il n'y a preſque point de terres ſans Seigneur, il s'enſuit auſſi, que tout heritage eſt preſumé être tenu de quelque Seigneur, ou à foy & homage, ou être dans ſa cenſive, en ſorte que l'ajudicataire ne peut s'exempter de lui païer les droits qui lui ſont dûs pour ſon acquiſition, qui ſont le quint pour les fiefs &

les lots & ventes pour les heritages tenus en cenfive, & il eft obligé en confequence de lui païer à l'avenir les autres droits ordinaires aufquels l'heritage qui lui eft ajugé eft fujet, comme le leur.

Mais à l'égard des profits feodaux dûs avant fon acquifition par le debiteur & autres fes predeceffeurs dans l'heritage, l'ajudicataire n'en eft pas tenu, & le Seigneur doit s'opofer au decret pour la confervation d'iceux.

La raifon eft, que l'ajudicataire ignoroit qu'ils fuffent dûs, & s'il avoit fçû être tenu de les païer, il n'auroit pas encheri fi haut.

C'eft la diftinction portée par l'article 355. de ladite Coutume de Paris, qui dit, que le Seigneur feodal ou cenfier n'eft tenu s'opofer aux criées pour fon droit de fief ou cenfive, fors & excepté pour le regard des arerages ou profits feodaux precedans l'ajudication, pour lefquels lefdits Seigneurs font tenus de s'opofer, autrement font exclus.

Et l'article 357. de la même Coutume porte, qu'où lefdites redevances feroient de chef cens, il n'eft pas befoin de s'opofer.

Pareillement fuivant l'article 358. les Seigneurs font tenus s'opofer pour droits de quints, reliefs, ventes, & amandes, & autres droits Seigneuriaux qu'ils veulent prendre fur l'heritage mis en criées.

Il faut dire auffi par confequent, que le Seigneur n'eft pas obligé de s'opofer pour la confervation du droit de champarts quand il eft Seigneurial, & tenant lieu de cens, dans les coutumes qui l'admetent expreffement, & qu'il n'y a point de plus ancienne ni premiere charge.

De ce que je viens de dire, il s'enfuit que ceux qui prétendent autres charges reeles & foncieres, que les droits de fiefs & de cenfives, font obligés de s'opofer, quand même ce feroit les Seigneurs mêmes, defquels releveroient lefdits heritages.

Il en faut dire de même, au cas que les Seigneurs prétendiffent des droits extraordinaires fur les heritages decretés, car faute par eux de s'y opofer, les ajudicataires ne feroient fujets qu'aux droits ordinaires des autres heritages, fuivant la coutume du lieu où ils feroient fitués, parce qu'il y auroit fujet d'en prendre caufe d'ignorance, en forte que tout ce que je viens de dire, eft un droit general, étant établi & fondé fur l'édit des criées article 12. & 13.

L'article 11. porte, que tous heritages criés seront ajugés à
la charge des droits & devoirs feigneuriaux, frais & mises defdites criées & decharges reeles & foncieres qui feront contenues és jugemens de difcution, & l'article 13. porte, que tous
pretendans droits feigneuriaux ou cenfuels fur les chofes criées
foit foncieres ou autres, font tenus s'opofer pour lefdits droits
& pour les arerages d'iceux, s'ils prétendent aucuns être
dûs.

Il n'eft pas neceffaire de 's'opofer pour le droit de dixme,
parceque ce droit eft la premiere charge du fond, laquelle
par confequent eft toûjours entendue & fupléée, quoiqu'il
n'en fût pas fait mention dans l'enchere, ce qui neanmoins
ne fe doit entendre que du droit de dixme ordinaire & acoutumé, comme de la dixme de bleds, ou vins, efquels les E-
clefiaftiques font fondés de droit commun, mais non pas pour
les mêmes dixmes d'autres fruits & pour d'autres qui foient extraordinaires.

Le decret fait dans les formes du vivant du pere fur les biens
fujets au doüaire, ne l'éteint pas, quoique les enfans ne s'y foient
pas opofés.

La raifon eft, que les enfans ne peuvent pas s'opofer au decret fait du vivant de leur pere, pour la confervation du doüaire porté par le contract de mariage de leurs pere & mere,
d'autant que le doüaire n'étant aquis aux enfans qu'aprés la
mort de leur pere, leur droit demeure en fufpend, & ils n'ont
qu'une fimple efperance du doüaire, fous deux conditions,
fçavoir, s'ils furvivent leur pere, & s'ils renoncent à fa fucceffion, lefquelles conditions ne peuvent avoir lieu qu'aprés le decés de leur pere.

Mais au cas que les biens fujets au doüaire, aïent été vendus par decret du vivant de leur pere, & qu'aprés fa mort ils
renoncent à fa fucceffion, & fe tiennent au doüaire dont ils
font en ce cas proprietaires par la difpofition de la coutume,
ils peuvent interjeter apel du decret qui auroit été fait fur lefdits biens contre l'aquereur d'iceux, ainfi qu'il a été jugé par
plufieurs arrêts, tant du Parlement de Paris, que des autres,
remarqués par Baquet.

Il faut dire auffi que la femme n'eft pas obligée de s'opofer
au decret fait du vivant de fon mari fur les biens fujets au
doüaire, la raifon eft, qu'il y a lieu de prefumer que la crainte
maritale l'empêche de s'y opofer.

Ce que je viens de dire , tant à l'égard de la femme , que des enfans , se doit entendre lorsque le decret est fait à la pour-suite d'un creancier posterieur au contract de mariage , car si le poursuivant criées avoit une hipoteque sur les biens du ma-ri obligés au doüaire , anterieure au contract de mariage , le decret seroit valable , & il ne pouroit pas être cassé par les enfans pour leur doüaire , pour lequel ils n'ont hipoteque sur les biens de leur pere ou droit de proprieté dans une partie d'iceux , que du jour du contract de mariage.

Si le decret étoit fait des heritages sujets au doüaire aprés le decés du pere , mais du vivant de la mere , les enfans se-roient obligés de s'y oposer s'ils étoient majeurs , comme il a été jugé par arrêt du 5. Mars 1653. mais si les enfans étoient mineurs lors du decés , étans devenus majeurs , ils pouroient apeler du decret principalement si leur tuteur n'étoit pas solva-ble , & qu'ils ne pussent avoir qu'un recours inutile & sans éfet contre lui , d'autant que le poursuivant criées & l'ajudica-taire doivent s'enquerir de la nature de l'heritage decreté.

L'Edit des criées, article 14. veut que les oposans afin de dis-traire ou afin de charge reele , qui ne peuvent pas faire apa-roir de leurs droits par létres ou instrumens autentiques , mais qui se veulent fonder en preuve testimoniale , soient tenus au jour qui leur sera asigné pour bailler leurs moïens d'opositions, articuler faits recevables , sur lesquels ils entendent faire preu-ve & dedans le delai qui leur sera préfix pour informer & faire leur enquête , & à faute de ce faire dans ledit délai, soit passé outre à l'ajudication par decret des choses saisies & criées, nonobstant leurs opositions , en sorte toutefois que les-dits oposans en verifiant par aprés les droits par eux prétendus, le proprietaire & oposans apelés , sont mis en leur ordre à la distribution des deniers de l'enchere , pour l'estimation qui sera faite des droits de proprieté & charge reele par eux respective-ment prétendus.

La raison de cet article est, qu'il s'agit d'un fait qui est la possession , laquelle se peut prouver par témoins & par enquê-te , car il se peut faire que le possesseur & proprietaire d'une partie des choses saisies , n'ait aucun titre pour justifier ses droits , ou parce qu'ils auroient été perdus , soit par le feu, ou autrement , & en ce cas sa possession lui tient lieu de titre contre tout autre qui ne justifiera pas de titres , au contrai-re.

Ce

Ce qui est contre la disposition de l'édit de Moulins, qui défend la preuve testimoniale, quand il s'agit d'une chose excedant la somme ou valeur de cent livres, à quoi est aussi conforme l'ordonance de 1667. titre 20. article 2.

L'oposition étant faite, il faut que le pourfuivant criées poursuive l'oposant pour bailler ses moïens d'oposition, lesquels il doit signifier aux parties saifies & aux oposans, afin qu'ils fournissent memoires & pieces s'ils en ont pour défendre, & s'ils ne le font, le pourfuivant n'est pas responsable des condanations qui interviennent dans telles instances, & s'il y avoit condanation de dépens, il les coucheroit en frais extraordinaires de criées.

Il faut ensuite prendre l'apointement à produire & faire juger l'instance, suivant ce qui a été dit ci-devant, & si l'oposant est bien fondé en son oposition, il intervient sentence, contenant que la maison saifie sera venduë à la charge, ce faisant qu'il en sera fait mention dans l'enchere, & le pourfuivant est condané aux dépens, sinon, l'oposant est debouté de son oposition & condané aux dépens.

L'oposition afin de conserver est aussi apelée afin d'hipoteque & de païement de ce qui est dû, & elle se forme par celui qui est creancier d'une somme de deniers, par contract, sentence, jugement, ou autrement, concluant à ce que sur le prix qui proviendra de la vente & ajudication, par decret de la chose saifie & criée, il soit païé par preference à tous creanciers, ou au moins qu'il soit mis en son ordre d'hipoteque pour le païement de . . . . . . pour le tachat, sort principal & amortissement de . . . . livres de rentes constituées à sonprofit par ledit . . . . . par contract &c; pour la fureté de laquelle ladite chose a été obligée, afectée & hipotequée &c; & pour . . . . anée d'arerages de ladite rente & en outre pour la conservation de tous droits & hipoteque noms, raisons & actions.

Toutes opositions afin de distraire, ou autres, font nulles & de nul éfet & valeur, si elles ne font faites par acte au grefe, regiftrées au regiftre, ou receues par le fergent procedant aufdites criées.

Cet acte étant levé, il le faut signifier au Procureur du saifi & à celui du pourfuivant criées, ensuite il faut fournir de caufe d'oposition, & en faire doner copie au Procureur des parties, quand l'ajudication fera faite, & quand l'oposant afin de conserver en fera requis, ainfi qu'il fera dit ci aprés.

Neanmoins il y a certain cas où cête opofition n'eft pas toûjours neceffaire pour la confervation des droits d'hipoteque, comme par exemple à l'égard d'un doüaire prefix, d'une fomme de deniers, fuivant la diftinction remarquée ci-deffus, & quand le debiteur a fait abandonement de fes biens à fes creanciers par contract homologué en juftice; car en ce cas les pourfuites faites par les directeurs & findics només par les creanciers, confervent également le droit de tous ceux qui ont figné au contract d'abandonement, fans qu'ils foient obligés de fournir opofition pour la confervation de leurs droits particuliers.

Le debit ou reliquat de compte qui feroit dû par un oficier comptable, ne feroit pas purgé par le decret faute d'opofition pour les droits du Roi, à l'exception du refignataire de l'ofice, atendu que Sa Majefté n'eft pas obligée de faire former opofition pour cête caufe, veu qu'il eft privilegié, & qu'il peut en vertu du privilege du fifc repeter ce qui auroit été païé à un creancier qui ne feroit pas fondé fur un privilege plus fort, au cas que le debiteur fe trouvât infolvable, *l. 5. c. de privil. fifci;* outre que le refignataire doit s'imputer de n'avoir pas pris fes precautions & de ne s'être pas informé, fi cet oficier duquel il auroit aquis l'ofice, avoit épuré fes comptes.

L'article 5. de l'édit des criées porte qu'aprés que le proprietaire aura été ajourné pour voir ajuger le decret, les opofitions afin de détruire ou anuller, feront prealablement vuidées & terminées, & pareillement les opofitions pour les charges foncieres, la coutume de Paris, article 354. porte que fi on veut s'opofer afin de détruire ou anuller, ou afin de faire ajuger à quelque charge, telle opofition fe doit former auparavant l'ajudication & non aprés.

L'ufage du Parlement, des Requêtes & du Châtelet eft, que pour les opofitions afin d'anuller, elles doivent être formées avant le congé d'ajuger, mais pour les opofitions afin de diftraire & afin de charge, le ftile du Parlement & des Requêtes du Palais, eft qu'elles doivent être formées avant le congé d'ajuger, fuivant l'arrêt du reglement de la Cour du 23 Novembre 1598. article 3. qui porte que les opofitions afin de diftraire feront reçues jufqu'à l'arrêt, par lequel la vente des heritages fera ordoné au quarantiéme jour, aprés lequel les opofitions afin de diftraire ne feront plus recevables ni enregiftrées, sauf aux opofans à fe pourvoir fur les deniers provenans de l'a-judication.

Le tout fans deroger pour ce qui fe decrete par devant les Juges ordinaires, à ce qu'ils ont acoutumés de garder, fuivant la coutume des lieux, mais au Châtelet conformement au fuf-dit article 354. de la coutume de Paris, ces opofitions font re-çues jufqu'à l'ajudication, ainfi qu'il a été jugé par arrêt du 29. Mars 1662. en l'audiance de la grand'Chambre par lequel la Cour a jugé, que l'opofition afin de charge pouvoit être reçuë aprés le congé d'ajuger, & cet arrêt eft raporté dans le fecond Tome du Journal des audiances.

Cependant l'Eglife eft reçue opofante afin de diftraire, ou afin de charge, jufqu'à l'ajudication, comme il a été jugé par plufieurs arrêts, & Tronfon fur ledit article de la coutume de Paris en remarque un du 3. Mai 1605. par lequel la Cour a-jugea fuivant les conclufions de défunt Monfieur l'Avocat ge-neral Servin, que les Prieurs, Chanoines & Chapitre de faint Laurent de Vataut, étoient bien fondés dans l'apel par eux interjeté d'une fentence des Requêtes du Palais, par laquelle ils avoient été deboutés de leurs opofitions pour rentes foncieres à eux dûes, parce qu'ils ne s'étoient opofés qu'aprés le congé d'ajuger.

Céte même queftion a été depuis jugée par arrêt du 23. Mai 1641. raporté par Dufrefne dans fon Journal, que pour rentes foncieres ou autres charges apartenantes à l'Eglife, on eft reçu à s'opofer afin de faire ajuger à la charge d'icelles, aprés le con-gé d'ajuger.

Mais la Cour a paffé outre en faveur des biens d'Eglife, lef-quels font inalienables, car par arrêt doné en la Chambre de l'édit le 28. Mars 1637. raporté par le même Auteur, la Cour ordona, que le Curé de faint Martin de Bruffil, en feroit païé par l'ajudicataire de la redevance de foixante & quatre boif-feaux de bled froment &c. que ledit Curé en céte qualité avoit droit de prendre pour fon gros fur ladite terre, lui en païer fix anées d'arerages qui étoient dues & échues, & continuer le païement de ladite rente à l'avenir, tant & fi longuement qu'il feroit détenteur & poffeffeur de ladite terre, à la charge que ledit ajudicataire reprendroit par preference fur le prix d'icelle par lui configné le principal & arerages de ladite rente à raifon du denier vingt, fuivant l'eftimation qui en feroit faite par devant le raporteur de l'arrêt fur l'extrait du marché de la Ville de &c.

N ij

Il eſt vrai qu'il y a eu depuis dans la même année le 18. Août un autre arrêt qui a jugé le contraire, mais il a ſans doute été rendu ſur quelques raiſons particulieres, & cet arrêt eſt raporté par le même Auteur.

La même forme preſcrite ci deſſus pour le Parlement, eſt obſervée en la Cour pour les criées pendantes en icelle, par évocation des autres Parlemens ou des Sieges inferieurs.

Quoique l'ordonance, comme j'ai remarqué ci-deſſus, veut que le decret ne puiſſe pas être ajugé avant que de diſcuter les opoſitions afin d'anuller, de diſtraire & décharge, neanmoins cela reçoit les exceptions portées par l'article 6. de l'édit des-criées, qui veut que, *s'il y a opoſition formée à l'évenement d'un procés petitoire, intenté pour raiſon des choſes criées, ou aucun droit reel pretendu ſur icelles, puiſſe prendre long trait, ou bien pour re-cours de garantie, ou autre ſemblable droit, dont il n'y auroit procés encomencé, au moïen deſquelles opoſitions eſt empêchée l'ajudication par decret & diſtribution de deniers, ſera prefix tems certain à l'arbitra-ge de juſtice, pour faire vuider leſdits procés comencés & pendans, & à faute de ce faire dedans ledit tems, ſeront leſdits procés petitoi-res intentés auparavant la ſaiſie, evoqués & aportés devant le Juge, par devers lequel ſeront pendantes leſdites criées, & leſquelles nous avons dés à preſent comme pour lors evoqués & evoquons en l'état qu'i-ceux procés ſeront lors trouvés, pour faire droit par mêmes moïens ſur ladite demande petitoire, comme ſur une opoſition afin de diſtraire par les pieces & ſur l'inſtruction & état auquel ſera trouvé icelui pro-cés, après le delai deſſus dit paſſé, ſera auſſi paſſé outre pour le re-gard des opoſitions de garantie, à la charge que leſdits opoſans poſte-rieurs ſeront tenus obliger & hipotequer tous & chacuns leurs biens & bailler caution bonne & ſuffiſante, de rendre & reſtituer les deniers qui par lui ſeront reçus à l'opoſant ou opoſans pour ladite garantie, qui ſeroient trouvés être precedans en hipoteque leſdits opoſans, auſquels la diſtribution avoit été faite.*

Il y avoit eu avant cête ordonance un arrêt de la Cour de 1536. par lequel il fut jugé qu'il ſeroit paſſé outre à l'ajudication par decret, à la charge d'un procés petitoire.

La vente & ajudication des biens ſujets au doüaire, ne peut être faite qu'à la charge du doüaire, mais ſi la doüairiere n'eſt pas premiere creanciere, les creanciers hipotequaires ante-rieurs au contract de mariage, peuvent empêcher l'opoſition formée par ladite doüairiere, afin de diſtraire & demander que les biens ſoient vendus pour le tout, ſauf à elle à ſe pourvoir.

fûr le prix , pour l'eſtimation de ſon doüaire.

Monſieur Loüet letre F. Chapitre 24. raporte un arrêt qui a jugé la queſtion dans l'eſpece ſuivante.

Le ſieur de Vernancour avoit été condané aux grands jours de Troïes en de groſſes amendes , le receveur des amendes pour en avoir le païement , fait decreter la principale terre , ſa veuve s'opoſe aux criées pour ſon doüaire contumier , pour en joüir à part & par divis , le receveur des amendes ſoutient qu'elle eſt mal fondée , parce que le fiſc aïant une part dans le fond par un privilége ſpecial , il avoit droit de contraindre celui qui avoit une part de ladite terre , atendu que la terre ſeroit venduë un plus grand prix étant venduë entierement , que ſi elle n'étoit venduë qu'à la charge de doüaire , & qu'elle étoit ſans interêt , vû qu'on lui ofroit la juſte valeur du doüaire qui étoit porté par ſon contrat de mariage , à prendre ſur les deniers de l'ajudication.

Elle ſoutient au contraire , que la vente ne ſe pouvoit point faire au prejudice de ſes droits , & de la part qu'elle avoit dans la terre , d'autant que ſon droit étoit anterieur à celui du fiſc , puiſqu'il étoit du jour de ſon contrat de mariage.

Sur céte conteſtation intervint arrêt le 22. Decembre 1601. prononcé en robes rouges ſur un apointement au Conſeil , par lequel il fut ordoné que la terre ſeroit venduë à la charge du doüaire , pour en joüir par la veuve , tant que le doüaire auroit lieu , à part & par divis.

Il a auſſi été jugé par pluſieurs arrêts remarqués par Brodéau ſur Monſieur Louet , *loco citato* , que quand il y a des creanciers hipotequaires , anterieurs au doüaire , l'opoſition afin de diſtraire formée par la doüairiere , n'empêche pas l'ajudication par decret des biens du mary ſujets au doüaire.

Et même au cas que l'ajudication eût été faite à la requête d'un ou de pluſieurs creanciers du mari precedans le doüaire , l'ajudicataire ne pouroit pas être pourſuivi ni inquieté pour le doüaire de la veuve ou des enfans , dans les coûtumes où il eſt propre , quoi que le prix entier du decret n'eût point été abſorbé , ni conſomé par les creanciers precedans le doüaire , parce que la vente qui a été faite , ne procede pas de ſon fait , & que c'eſt par l'autorité de la juſtice , que l'ordre & la diſtribution du prix de ſon ajudication par lui conſignée , ont été faites , ſauf à la veuve ou aux enfans à ſe pourvoir contre les creanciers poſtericurs au contrat de mariage, & à leur faire raporter les fommes qu'ils auroient touchées.

Quand les creanciers ne font pas perfonels & chirographaires, quoiqu'ils precedent le doüaire, neanmoins ils ne peuvent pas faire vendre les biens qu'à la charge du doüaire, d'autant que les creanciers hipotequaires font preferés aux creanciers chirographaires, quoique leur creance foit anterieure au doüaire.

C'eſt ce qui fut jugé par arrêt du 25. Janvier 1601. par lequel la Cour infirmant la fentence du Bailly de Senlis, du 1. Aouſt 1609. ordona qu'il feroit paſſé outre au decret de la terre de Mainville, à la charge du doüaire de quinze cens livres de rente en affiete, propre aux enfans, fans que l'arrêt pût prejudicier aux creanciers hipotequaires, enfaifinés auparavant le contrat de mariage.

Or il s'enfuit, que les heritiers du mari feroient mal fondés de demander la licitation de la maifon en laquelle la veuve auroit fon doüaire coutumier, car étant heritiers du mari qui a conſtitué le doüaire, ils font tenus de fes faits & promeſſes, & partant obligés à l'execution des claufes, portées par fon contrat de mariage, ainfi la Cour par arrêt du 3. Fevrier 1609. & infirmant la fentence du Bailly de Senlis, qui avoit ordoné que la maifon feroit licitée, & la moitié baillée à la veuve ordona que ladite maifon ne pouroit être venduë qu'à la charge du doüire fauf à faire liciter les loïers feulement.

Il en eſt de même du doüaire prefix en rente, qui eſt cenfé propre aux enfans, & reputé de même nature qu'un heritage, lequel par confequent eſt non rachetable, & l'ajudication de l'heritage qui en eſt chargé doit être fait à la charge d'icelui, fans qu'on puiſſe referver aux enfans à fe pourvoir fur le prix, ni les contraindre de recevoir le rachat, comme il a été jugé par arrêt du 14. Mars 1614,

Celui qui ne s'eſt pas opofé afin de diftraire ou à charge fonciere avant l'ajudication peut s'opofer fur le prix avant le decret levé & fcellé & non aprés, & doit ledit decret être vingtquatre heures és mains du fceleur avant que de le fceler, & par le moïen de cete opofition, ils vienent à la diftribution des deniers pour l'eftimation de leurs droits réels & fonciers, ou de proprieté par eux pretendus preferablement à tous autres creanciers.

La raifon eſt, que telle opofition ne caufe aucun prejudice

à l'ajudicataire, auquel il importe peu à qui ces deniers soient distribués, mais après le decret levé & scelé, ils n'y sont plus revenables, & ils n'y peuvent venir qu'aprés les creanciers saississans & oposans païés de leurs dûs.

Les oposans afin de distraire, d'anuler, ou pour charges foncieres, doivent être condanés à trente-six livres parisis d'amende envers le Roi, & en pareille amende envers le pourfuivant criées, si par le moïen de leur opofition l'ajudication est retardée, & qu'ils en soient deboutés, & de plus ils sont aussi tenus des arerages des rentes qui auront cependant couru par le moïen de leur opofition, aïant comme dit est retardé l'interpofition du decret, & si lefdites amandes & arerages liquidés, ils n'ont pas dequoi païer, ils tienent prisons, à moins que le Juge pour quelques considerations, à ce mouvantes, trouve qu'ils en dûssent être excufés.

Aprés l'ajudication, les opofitions pour dettes perfonelles, ou hipotequaires, si aucune y a, seront difcutées fuivant l'article 6. de l'édit des criées.

L'article 4. du Reglement de la Cour, mentioné ci-deffus porte, que quand aux opofitions afin d'hipoteque au païement des dettes seront reçûës, jufqu'à ce que le decret soit delivré, & non aprés, fauf à fe pourvoir pour le furplus des deniers si aucun y a, les premiers opofans fatisfaits felon l'ordre.

Par l'article 354. de la coutume de Paris l'opofition afin de conferver droit pour être mis en ordre fur le prix, est reçûë jufqu'à ce que le decret soit levé & scellé, & par confequent aprés que le decret est levé & scellé, telles opofitions ne font plus reçûës au prejudice des creanciers opofans, fuivant ledit article 4. du Reglement de la Cour, qui veut, que les premiers opofans foient fatisfaits fuivant l'ordre, fauf à ceux qui ne fe feroient pas opofés avant le decret levé & scellé à fe pourvoir fur le furplus des deniers.

Quoique les creanciers fous conditions, n'aïent pas droit de faire faifir ni faire vendre les biens de celui qui ne leur est debiteur que fous condition, neanmoins si ces biens font faifis & mis en criées par un autre, ils fe peuvent opofer pour la confervation de leur dû, autrement ils demeureroient privés de leurs droits d'hipoteques qu'ils peuvent avoir par l'évenement de la condition.

Les opofans aux criées, font tenus de faire élection de domicile dans la ville ou lieu où les criées font pourfuivies, & declar rer par leur acte ou exploit la ruë & enseigne où ils font leur élection de domicile, pour être apelés à la distribution des deniers & prix provenans des choses saisies, lequel domicile ainsi constitué ne finit que par la mort du Procureur, ou autre, en la maison duquel il a été élû, & tous exploits de significations, & autres faits audit domicile sur l'execution du decret, valent, tant pour l'ordre, que pour la distribution.

Baquet en son Traité des droits de Justice, Chapitre 8. nombre 45. dit qu'un privilegié étant oposant à des criées pendantes pardevant un autre Juge que celui de son privilege, peut faire renvoïer aux requêtes du Palais l'instance des criées, l'ajudication par decret, & toutes les opositions formées auidites criées, aprés que l'instance d'oposition a été retenuë aux Requêtes, & que ce renvoi peut être fait, quoique les criées aïent été certifiées, & qu'il ait été ordoné que l'heritage saisi ; seroit ajugé, parce que l'oposition aux criées & au decret est un acte personel.

Mais aprés la sentence de congé d'ajuger, il n'y a plus lieu à l'évocation, & c'est ainsi qu'il faut entendre l'ordonance de l'an 1669. article 17. qui porte qu'on ne peut point évoquer les decrets ni les ordres, mais d'autant que les saisies réeles & criées ne s'enregistroient ordinairement autrefois qu'aprés la sentence de congé d'ajuger, & que quand un privilegié vouloit faire évoquer aux requêtes des saisies & criées, les Procureurs pour empêcher l'évocation passoient entre-eux une sentence de congé d'ajuger qu'ils datoient avant l'évocation signifiée, la Cour par un arrêt servant de reglement du 24. Janvier 1674. raporté dans le Journal du Palais, Partie 3. page 205. suivant les conclusions du defunt Monsieur l'Avocat general Talon, a ordoné que les saisies réeles & criées seront enregistrées un mois auparavant le congé d'ajuger.

La raison de ce reglement est, afin que les saisies réeles & les criées soient renduës publiques, & qu'elles puissent venir plûtôt à la conoissance des creanciers afin qu'ils puissent former oposition, s'ils veulent, & que l'enregistrement aïant été fait un mois auparavant la sentence de congé d'ajuger, ils ne puissent s'en prendre qu'à leurs negligences s'ils ne se sont pas oposés.

Les interêts d'une somme portée par obligation, sont du jour de l'oposition faite à la saisie réele & criées des biens du debiteur, sur tout lors que ladite oposition est faite, tant pour

la

la fomme dûë par l'obligation , que pour les interêts , quoiqu'ils n'aïent pas été demandés auparavant , par la raifon que telle opofition a la même force , & produit le même éfet qu'une demande judiciaire.

C'eſt l'uſage qui s'obſerve inconteſtablement à preſent dans les ordres.

C H A P I T R E   XIV.

Des ajudications par decret.

POur parvenir à une ajudication par decret aprés la ſentence de certification des criées , le pourſuivant doit faire aſigner le ſaiſi de la maniere qu'il a été dit ci deſſus pour voir interpoſer le decret.

Mais avant que d'obtenir un jugement portant congé d'ajuger au quaraâtiéme jour , il faut faire vuider & terminer les opoſitions à fin de charge & de diſtraire, ainſi qu'il a été dit , mais auparavant il faut que les ſaiſies réeles & criées ſoient enregiſtrées un mois auparavant le congé d'ajuger , comme il a été dit ci-deſſus.

Si le ſaiſi ne compare pas à l'aſignation , le pourſuivant obtient une ſentence qui declare les ſaiſies réeles & criées bones & valables, & ordone qu'au quarantieme jour il ſera procedé à la vente & ajudication des biens ſaiſis en la maniere acoûtumée, & condane le ſaiſi aux depens.

En execution de cete ſentence , & aprés qu'elle a été ſignifiée il faut dreſſer une enchere de quarantaine , & enſuite elle doit être miſe entre les mains du grefier de l'audience qui la paraphe, & la fait publier par un huiſſier , aprés quoi elle doit être atachée à la porte de l'auditoire du lieu où les criées ſont pourſuivies, au marché public , & à l'Egliſe Paroiſſiale des lieux où les choſes ſaiſies ſont ſituées, pour y demeurer quarante jours, qui ne comencent à courir que du jour que les afiches de l'enchere ont été miſes.

La premiere enchere doit contenir au long les heritages ſaiſis, le nom des ſaiſiſſans & proprietaires, les charges & icelle publiée en jugement, copie baillée aux Procureurs des ſaiſiſſans & proprietaires, ſi aucune y a , afichées à la barre de la

Cour, portes du Palais & autres lieux & endroits acoûtumés, avec declaration qu'au quarantiéme jour il fera procedé à l'ajudication toutes encheres reçûës au grefe, fans aucune autre publication fur les lieux, pour être procedé à ladite ajudication fuivant l'ordonance.

Quand c'eft au Parlement, la Cour fe referve, pour faciliter les encheres, de cometre aux Juges des lieux éloignés, la reception defdites encheres pour les heritages de peu de valeur, felon qu'elle verra être à faire fur les requêtes, fi aucunes font prefentées, pour ce fait & le tout raporté, être par ladite Cour procedé à l'ajudication, demeurans les formes obfervées par le Juge ordinaire pour réïterer les publications de ce qui fe vend pardevant eux & autres folemnités acoûtumées & requifes par l'ordonance.

Outre le tems de quarante jours pour faire l'ajudication au plus ofrant & dernier encherifleur, l'édit des criées article 7. acorde encore quinzaine, en forte que l'ajudication fe fafle fauf quinzaine, pendant laquelle toutes encheres font indiferemment reçûës.

L'ordonance de Moulins, article 49. porte, que les delais pour faire encheres, courront durant les quarante jours ordonés pour la vente & ajudication, aprés lefquels finis, il n'y aura autre délai que de huitaine ou quinzaine pour toutes encheres, & icelui paffé, l'ajudication fera faite fans plus recevoir aucune enchere, debat ou empêchement de perfone quelconque, ordonant au grefier de clore & arêter l'ajudication fans tenir les decrets en fufpend, & que par faute du fceau, les ajudications ne feront plus fufpenduës à l'avenir, mais qu'elles feront tenuës pour parfaites aprés lefdits délais expirés.

L'article 8. de l'édit des criées eft auffi conforme à cété ordonance.

Il y a plufieurs arrêts, tant du Parlement de Paris que des autres qui ont jugé, que les encheres ne doivent plus être reçûës aprés ledit délai de quinzaine, & que les chofes demeureroient audit encherifleur pendant ladite quinzaine, conformement aux fufdites ordonances.

Mais depuis la Cour par arrêt du 14. Août 1585. ordona, qu'à l'avenir fur les dernieres encheres des heritages faifis, & mis en criées pardevant Meffieurs des Requêtes du Palais, les quarante jours preferits par l'ordonance paffés l'ajudication feroit faite au dernier encherifleur, fauf quinzaine, laquelle aju-

dication feroit publiée en jugement l'audience tenant pendant
laquelle feroient tous encherilleurs reçûs au grefe, à la charge
de faire fignifier leur enchere au precedent encherilleur ou à
fon Procureur devant ledit jour de quinzaine échû & expiré,
feroient tous ceux qui voudroient encherir & metre à plus haut
prix, tenus de comparoir au prochain jour de Mecredi ou Samedi enfuivant ladite quinzaine à l'audience, pardevant l'un des
Conseillers qui feront à l'audience, pardevant lequel tous encherilleurs feroient reçûs à encherir, jufques à l'heure de onze heures, laquelle fomme & raportée, lefdits heritages feront ajugés au dernier encherilleur, s'il n'y avoit jufte caufe de remetre l'ajudication à la huitiéme enfuivant, & feroit le decret delivré au dernier encherilleur, qui doit configner le prix de l'a-
judication dans huitaine après ladite ajudication, & icelle paffée contraint par emprifonement de fa perfone, & feroient les
Procureurs des pourfuivans criées tenus par la même contrainte, metre au grefe dans les vingt-quatre heures après ladite ajudication, tous & chacuns les procés verbaux, & pieces con-
cernantes le fait des criées, qui leur feroient rendus ledit decret
expedié.

Suivant cet arrêt les quarante jours prefix par l'ordonance
étant paffés & expirés, l'ajudication eft faite au dernier encherilleur, fauf quinzaine, qui doit auffi être publiée en jugement,
l'audiance tenant, & pendant céte quinzaine, ceux qui voudront
encherir & metre à plus haut prix, feront tenus de comparoir
au premier jour de Mecredi ou Samedi enfuivant ladite quinzaine, à l'audiance ou pardevant l'un des Conseillers commis
pour cet éfet, pardevant lequel tous encherilleurs font reçûs &
le grefier dreffe un acte defdites encheres.

Si l'enchere n'eft pas fufifante, le pourfuivant, le faifi, & les
opofans demandent la remife de l'ajudication à quinzaine, laquelle en ce cas eft acordée par le Conseiller commis, après laquelle il peut ajuger.

Céte remife doit être fignifiée au Procureur du faifi & opofans, & au dernier encherilleur.

L'ufage du Châtelet de Paris eft, que les ajudications par decret ne fe font qu'aprés trois remifes pour le moins de quinzaine
en quinzaine, ainfi qu'il fe pratique auffi en plufieurs autres Jurifdictions du Roïaume, à l'inftar dudit Châtelet.

Le jour que l'afiche eft mife, ni le jour que la quinzaine
échet, ne font pas comptés, n'étant pas jufte que ce tems où

il s'agit de dépoüiller un proprietaire de fes biens foit comptés *de momento ad momentum*, comme il eft dit en d'autres cas fur plu-fieurs articles de ladite coûtume de Paris , c'eft auffi le fenti-ment de Charondas fur cet article.

L'ajudication fauf quinzaine fe prend les jours ordinaires de criées en la Jurifdiction où le decret fe pourfuit , au Parlement, en la Cour des Aides, aux Requêtes du Palais, & au Châtelet, ce font les Mecredis & Samedis, & le grefier tenant le plumitif de l'audiance enregiftre l'ajujudication.

Au Parlement elles fe font au grefe , & en la Cour des Aides au grefe de la premiere chambre à cinq heures de relevée par le commis de l'audience, qui reçoit & écrit les encheres des Procureurs jufqu'à fix heures du foir dans le grefe, tous les Me-credis & Samedis, & qui prononce les ajudications.

Aux Requêtes de l'Hôtel & au Châtelet les ajudications fe font à l'audience après la plaidoirie finie, au Baillage du Pa-lais elles fe font auffi à l'audiance & aux requêtes du Palais, au Parquet par le Confeiller qui tient l'audiance.

Les ajudications fe font à la pourfuite & diligence des Pro-cureurs pourfuivans criées, à la diference des baux judiciaires qui fe font à la requête du Comiffaire aux faifies réeles, par un Confeiller commis.

Il y a trois formalités requifes pour les encheres.

La premiere , tous encheriffeurs font tenus de nomer leur Procureur en faifant leur enchere, & élire domicile en la mai-fon dudit Procureur, autrement l'enchere ne feroit pas reçuë.

La deuxiéme, que tout encheriffeur faffe fignifier fon enche-re au dernier precedent encheriffeur, autrement l'enchere feroit nule, excepté à l'égard de la derniere enchere , par laquelle l'a-judication eft faite dans la derniere remife , laquelle ne doit pas être fignifiée.

La troifiéme eft fuivant l'article 11. de l'édit des criées, qui défend à tous Procureurs de n'encherir en vertu des procurations qui leur feront baillées ou envoiées, finon qu'ils conoiffent les parties aïant paffés lefdites procurations, ou bien celui ou ceux qui les voudront charger d'encherir.

Ainfi aucuns Procureurs ne doivent être reçûs à encherir fans procuration fpeciale , ni les parties fans conftituer Procureur, afin qu'on ne reçoive pas les encheres de gens de neant & fupo-fées, & qu'ainfi le decret ne fût retardé, ce n'eft pas qu'un Procu-reur foit obligé de conoître la faculté de ceux qui s'adreffent à lui pour faire les encheres, il fufit qu'il y ait lieu de prefumer qu'il y ait dequoi païer le prix de l'ajudication, fuivant l'enchere qu'il y faut metre, & en ce cas il fufit qu'il n'y ait pas de fraude ni de dol de la part du Procureur.

Il ne peut point encherir au deffus de la fomme contenuë dans la procuration, autrement il pouroit être defavoüé, & en ce cas il feroit refponfable de l'enchere en fon propre & privé nom; & fi les chofes étoient ajugées en confequence de l'enchere, la chofe feroit revenduë à fa folle enchere, devant s'imputer de n'avoir pas pris les furetés qu'il devoit prendre pour fon interêt & celui des creanciers & du debiteur.

Les Juges pardevant lefquels fe font les criées & fe pourfuivent les ajudications, & les Confeillers du Juge, les Avocats & Procureurs du Roi, les grefiers & leurs commis, ne font pas reçûs à encherir.

Les anciennes ordonances & les arrêts ont fait défenfes aux Juges & aux Magiftrats des Provinces, de fe rendre ajudicataires des biens dont le decret eft pourfuivi en leur fiege.

Ce qui eft auffi conforme au droit Romain, qui ne permetoit pas aux magiftrats & gouverneurs des Provinces, de faire dans l'étenduë de leurs gouvernemens aucunes aquifitions, foit en public ou en particulier, voulant que ceux qui en auroient fait, fuffent punis de la perte de leur aquifition, *non licet. l. qui officii. ff. de contrah. empt. & l. 1. cod. Theodofia. de his, quæ adminiftr.* ce qui étoit pareillement défendu aux gens de guerre au lieu de l'établiffement de leur milice, *l. milites. ff. de re militari.*

Mais il y a eu plus de dificulté, fçavoir fi les fufdites ordonances & les arrêts des Cours fouveraines devoient être étendus aux Miniftres de la juftice, au grefier en chef ou à leurs clercs, la queftion a été jugée contre maître François Agard grefier de Boifgency, par arrêt du 7. May 1609. & depuis contre un clerc du grefier du Châtelet, nommé Brotin, ainfi que raporte Tronfon fur l'article 359. de la coutume de Paris.

La même prohibition faite aux Juges a été étenduë à leurs enfans, par arrêt donné en la chambre de l'édit, le 6. Septembre 1614. par lequel l'ajudication faite au fils du Lieutenant general de Boulogne, en fon fiege, fut caffée.

Neanmoins un Juge ou un Magiftrat peut fe rendre ajudicataire en vertu d'un contrat de vente conventionele à la charge du decret, & en ce cas il ne peut pas être caffé aïant relation au contract, parce que comme il est permis aux Juges d'aquerir par contract volontaire des biens qui sont dans l'étendue de leur ressort, il doit aussi leur être permis de se faire ajuger les biens qu'ils ont ainsi aquis, par les decrets volontaires à la charge desquels les contracts de ventes ont été faits.

Par arrêt de la grand'Chambre, du 12. Janvier 1610. l'ajudication faite à un tuteur a été declarée bonne & valable.

Ce qui se doit entendre au cas qu'il n'y ait point de dol ni de fraude de la part du tuteur pour parvenir à l'ajudication des biens de son mineur, car autrement le mineur pourroit faire casser l'ajudication, s'il prouvoit que par le fait de son tuteur ses biens lui eussent été ajugés à vil prix.

Cependant si un tuteur qui auroit des deniers pupillaires oisifs, s'étoit rendu ajudicataire de quelques biens, & qu'il les ait achetés en son nom, son mineur ne peut pas prétendre qu'ils lui doivent apartenir, quoiqu'il les ait achetés des deniers apartenans audit mineur, conformement à la loi *si patronus. C. commun. utrius. judic.* & la loi *res qua ff. de jure dot.* mais le mineur peut seulement demander à son tuteur les interêts de ses deniers pendant le tems qu'il avoit pû les faire profiter ou en faire emploi.

Aprés que l'ajudication est faite, le Procureur du poursuivant criées, est tenu de métre entre les mains du Grefier, toutes les pieces des poursuites & procedures necessaires des criées, pour dresser le decret & aprés qu'il est expedié en parchemain, le Procureur du poursuivant reprend ses pieces du Grefier pour les garder & s'en servir en cas de besoin, parce qu'il est garand des nullités de la procedure envers l'ajudicataire, au cas qu'il y en ait.

La grosse du decret se met entre les mains du garde scel, où elle reste vingt-quatre heures & au bas du decret il met ces môts, *Scellé le . . . . . jour . . . . aprés avoir resté vingt-quatre heures en mes mains, suivant l'ordonance, & la coutume.*

L'ajudicataire est tenu de fournir au poursuivant l'ordre, copie signée du decret pour produire, suivant l'arrêt de la Cour, du 7. Septembre 1639. publié à la Comunauté des Avocats & Procureurs, le 5. Decembre ensuivant, par lequel il a été ordoné que les ajudications par decret se feront à cête charge.

L'ajudicataire est encore obligé de consigner le prix de l'ajudication dans la huitaine, selon l'article 11. du susdit arrêt de reglement, qui veut qu'aprés la huitaine passée il y soit contraint

par corps , & qu'à céte fin foit delivré contre lui contrainte au
pourfuivant criées ou opofans , fans que le receveur des confignations puiffe faire les contraintes.

Outre le prix de l'enchere , l'ajudicataire eft auffi tenu des
frais ordinaires des criées , lefquels il doit païer au Procureur
du pourfuivant criées , fuivant fon memoire , & fes frais font
toûjours fousentendus , quoique dans l'enchere il n'en fût pas
fait mention , en forte que fi l'ajudication étoit faite à plufieurs
de diferentes chofes faifies fur un même proprietaire , & par un
même decret, & à divers prix , ils feroient tous tenus entre eux
de rembourfer les frais de criées , chacun par contribution ,
à proportion du prix des chofes qui leur feroient refpectivement
ajugées.

Ce qui s'entend des frais de la faifie & établiffement du Comiffaire des criées, afiches, fignifications, afignations & delivrance d'exploits aux proprietaires , certification de criées , fentence
de congé d'ajuger &c.

Quant aux frais extraordinaires qui ne fe rembourfent point,
par l'ajudication, comme pour inftruire & juger les opofitions &
les procedures qui fe pouroient faire pour l'interêt particulier
du pourfuivant, ou des opofans , ou du debiteur faifi , ils doivent être fuportés par chacun de ceux qui en recevront du profit,
ou par ceux qui ont contefté temerairement & qui ont fucombé
dans la conteftation, ils font mis & emploïés en frais extraordinaires de criées , pour lefquels le pourfuivant eft preferé à
tous autres creanciers , quoiqu'il ne vienne pas en ordre pour
fon dû , car il ne feroit pas raifonable que les frais faits pour
l'établiffement des droits des premiess creanciers , ne fuffent pas
portés par les biens faifis & decretés.

Il faut ici excepter les droits dûs au Seigneur , lefquels par
l'article 358. de ladite Coutume de Paris font preferés à fes
frais.

Il y a un cas auquel l'ajudicataire n'eft pas obligé de configner dans la huitaine , qui eft lorfqu'il y a apel de la fentence
du decret, car par le moïen de l'apel l'execution de la fentence
étant tenue en fufpend, l'ajudicataire ne peut pas être contraint
de configner, que la fentence n'ait fon éfet par le jugement de
l'apel.

Plufieurs Praticiens du fiecle eftiment , que fi pendant la
pourfuite de l'apel, l'heritage decreté deperit, ou foufre un notable domage , ou même que la maifon fût entierement ruï-

née, la perte n'en doit pas retomber fur l'ajudicataire, atendu, difent-ils, que telle perte n'étant pas arivée par fa faute, & l'ajudication n'étant pas prefumée parfaite au moïen de l'apel interjeté de la fentence de l'ajudication, elle ne doit pas retomber fur lui.

Neanmoins je foutiens le contraire, car quoique par la fentence il ne foit pas rendu maître de la chofe, d'autant que la tradition ne lui en a pas été faite & qu'il n'en avoit pas encore pris poffeffion au tems de la perte, toutefois, d'autant que la perte des chofes arrivent quelquefois non pas au proprietaire des chofes, mais à ceux aufquels elles font dues, comme dans cête efpece, on doit dire que la perte le regarde, de même que quand la perte de la chofe venduë arive aprés le contract parfait, mais avant la tradition de la chofe & la prife de poffeffion, elle tombe fur l'acheteur, quoiqu'il n'en foit pas encore le proprietaire, *tot. tit. ff. & cod. de peric. & commodo rei vend.*

Si les deniers confignés au Grefe étoient perdus, il femble que la perte en doit tomber fur le faifi, & non fur les creanciers, d'autant que le debiteur n'eft pas delivré de fa déte, ni de l'obligation qu'il a contractée, que par le païement de ce qu'il doit, en forte que les deniers confignés par l'ajudicataire étant perdus fans le fait & la faute des creanciers, on ne peut pas leur imputer fi les deniers ont été confignés ou non, & le debiteur ne peut pas valablement pretendre être déchargé envers eux jufqu'à la concurence defdits deniers, d'autant qu'ils n'en ont rien touché, & que quoique la confignation ait été faite à leur requête, neanmoins on la doit confiderer plûtôt comme étant faite par la nature de la vente par decret, même que c'eft par le fait & la faute du debiteur, car s'il avoit fatisfait à fes creanciers ainfi qu'il devoit, il n'auroit pas été befoin de confignation, & par confequent la perte des deniers confignés ne feroit pas arivée.

Et pour faire voir, que le debiteur n'eft pas dechargé des obligations des creanciers faififfans & opofans par la perte des deniers confignés, c'eft que nonobftant la confignation, les interêts ne laiffent pas de courir à leur profit jufques à ce que l'ordre foit fait & qu'on ne peut rien imputer aux creanciers qui ne peuvent tirer leur dû jufques à ce que l'ordre foit fait.

Neanmoins il a été jugé, que cête perte tomboit fur les creanciers & non pas fur le debiteur, parce que par l'ajudication de

fes

ſes biens ſaiſis & decretés , il en perd la proprieté & la poſſeſſion ſans qu'il y puiſſe rien pretendre, puiſque la proprieté en eſt
transferée en la perſone de l'ajudicataire , lequel en eſt devenu
le proprietaire incomutable par le moïen de l'ajudication qui lui
en a été faite , & d'autant qu'ordinairement la perte des choſes
tombent ſur ceux qui en ſont les proprietaires , il s'enſuit que le
ſaiſi ne doit pas ſoufrir de la perte des deniers qui apartienent à
ſes creanciers.

Il eſt vrai qu'il n'y a pas de la faute des creanciers , mais il n'y
en a point auſſi de la part du debiteur , ainſi il faut en cela ſuivre
les regles ordinaires , & Monſieur Loüet létre C. chapitre 50.
raporte deux arrêts qui l'ont jugé ainſi , le premier du 3. Decembre 1594. doné ſur un procés par écrit , entre les Maîtres &
Gouverneurs des Confreries de la Conception du ſaint Eſprit &
du ſaint Sacrement , fondée en l'Egliſe de ſaint Severin à Paris,
de Mandueres , contre François Chopart ; l'autre eſt rendu à
l'audiance le 20. Juillet 1598.

Céte queſtion done lieu à une autre , ſçavoir ſi la perte des
deniers conſignés , tombe ſur tous les creanciers , ou ſeulement
ſur ceux qui vienent en ordre.

Au premier cas , il ſemble que céte perte ne puiſſe tomber que
ſur les creanciers qui vienent en ordre , & non ſur les creanciers
au ſol la livre , parce qu'ils n'ont aucun interêt dans la part de
ſes deniers , & qu'ainſi il n'eſt pas juſte que la perte des deniers
qui ne leur peuvent pas apartenir , puiſſe tomber ſur eux , que
les anciens creanciers ſont vrais proprietaires des biens du debiteur , que les deniers conſignés leur doivent apartenir , & qu'ainſi la perte d'iceux les regarde , en ſorte que quoique l'ordre ne
fût pas fait , les droits n'étoient pas moins acquis aux anciens
creanciers.

Les creanciers colloqués utilement en l'ordre , diſoient au contraire , qu'auparavant l'ordre fait des deniers conſignés , la perte
d'iceux venoit au ſol la livre ſur tous les opoſans , parce que c'é-
toit une perte qui regardoit generalement tous les creanciers,
qu'auparavant l'ordre aucun des creanciers ne peut dire pour
quelle ſomme il viendra en ordre , parce que le premier creancier peut être ôté par un creancier privilegié , que les deniers
conſignés étant deſtinés pour tous les creanciers , ſans qu'aucun d'eux puiſſe dire auparavant l'ordre fait , ce qui lui en doit
apartenir , à la verité la perte qui arive des deniers conſignés a-
prés l'ordre fait , regarde ſeulement les creanciers qui ſont uti-

lement colloqués , d'autant que dés que l'ordre eſt fait , les de
niers leur apartienent à chacun pour telle ſomme pour laquelle
ils ſont mis dans l'ordre.

Céte queſtion ſoufre quelque dificulté , neanmoins il y a lieu
de dire , que la perte eſt comune entre tous les creanciers , en
ſorte qu'elle tombe ſur les derniers creanciers , & que les creanciers qui auroient été utilement colloqués ſur les biens ajugés ,
conſervent leurs droits d'anciens creanciers ſur les autres biens
du debiteur.

Le pourſuivant criées n'eſt garand envers l'ajudicataire , que
des ſolemnités du decret , pour leſquelles il peut être pourſuivi
pour les dépens domages & interêts du debiteur & des creanciers opoſans , il y en a même un titre dans le code *credi tor. evi-
tion. pignor. non deb.*

La raiſon eſt , que les creanciers qui vendent les biens de leur
debiteur , les vendent par les droits qu'ils ont en la qualité de
creanciers , & non comme proprietaires , en ſorte que quoique
l'ajudicataire fût par aprés pourſuivi , pour un doüaire qui n'auroit pas été couvert par le decret , il n'auroit eu recours que contre le debiteur , & s'il étoit inſolvable , il n'auroit aucun recours,
devant s'imputer de n'avoir pas pris toutes les ſuretés & les precautions qu'il devoit prendre.

La lezion d'outre moitié de juſte prix a lieu dans les decrets
volontaires qui ſe font du conſentement des parties pour purger
les hipoteques & tous droits reels qui pouroient être prétendus
ſur les choſes vendues , parce que le droit de l'aquereur ne
vient pas de l'ajudication par decret qui lui eſt faite , mais en
vertu du contract de vente qui a été paſſé entre lui & ſon vendeur, en ſorte que ſi le vendeur prétend qu'il y ait lezion d'outre
moitié de juſte prix , il peut ſe pourvoir , ainſi que j'ai dit ci-devant en parlant de la lezion d'outre moitié du juſte prix.

Mais quand le decret eſt forcé & fait à la pourſuite des creanciers , le ſaiſi ne peut pas prétendre le faire caſſer ſous pretexte
d'une lezion enorme, pourveu qu'il n'y ait aucune nullité ; ainſi
qu'il a été jugé par arrêt du 5. Janvier 1606. en la grand'Chambre , par lequel la Cour confirma une ajudication par decret
d'une rente de huit cens écus ſur le ſel , & cinq anées d'arerages
pour la ſomme de deux mille cinq cens écus ſeulement.

Cet arrêt eſt remarqué par Maître Julien Brodeau , ſur Monſieur Loüet létre D. chapitre 32. où il en cite un autre doné en la
grand'Chambre au raport de Monſieur Chevalier , le 5. Mai

1640. au profit de Monseigneur le Prince de Condé , contre les creanciers de defunt le Comte de Sancerre , par lequel la Cour confirma l'ajudication par decret dudit Comte de Sancerre , faite aux requêtes du Palais , pour trois cens vingt-deux mille livres , sans avoir égard à l'ofre & enchere en cause d'apel , faite par un creancier , de huit cens mille livres , avec bonne & sufisante caution,

Ce qui est fonde sur l'autorité des decrets qui se font avec tant de solemnités & de precautions , qu'il y a lieu de croire que la chose ainsi vendue , a été vendue son juste prix , les encheres aïant été reçues pendant le tems requis par les ordonances , en forte qu'on ne doit pas être recevable à prouver le contraire , les saisis & les creanciers devant s'imputer de n'avoir pas fait leur condition meilleure dans le tems qu'ils le pouvoient.

Celui qui a mis enchere n'est pas tenu du peril , ni de la perte de la chose arivée avant l'ajudication , d'autant qu'avant icelle il n'étoit pas proprietaire , ainsi la perte ne doit pas tomber sur lui , mais sur le saisi , lequel conserve la proprieté des choses jusques à ce qu'elles soient ajugées , comme si au tems de l'enchere la terre saisie & mise en criées , étoit couverte de fruits prêts à cueillir , & qu'aprés l'enchere par quelque malheur tous les fruits fussent perdus , comme par une grêle ou autrement, en ce cas si l'ajudication étoit faite en consequence de cête enchere , l'encherisseur pouroit demander avec justice que l'on rabatît sur le prix de son enchere , la valeur desdits fruits, suivant l'estimation qui en feroit faite par experts.

Quoique le dernier encherisseur se trouve insolvable, le precedent immediatement n'est pas tenu de son enchere , parce que l'enchere étant couverte par une suivante & plus ample , il en est dechargé , sans qu'il puisse en être tenu pour quelque cause que ce soit.

C'est aussi la disposition de la coutume de Berri , & en cas qu'il veuille prendre la chose saisie pour le prix de son enchere , le dernier encherisseur est tenu pour sa folle enchere à tenir prison, jusqu'à ce qu'il ait satisfait au surplus.

Autrefois les ajudications se faisoient à l'extinction d'une chandele alumée , ou même elles se faisoient dans la chambre du Conseil, quelquefois au troisiéme coup & frapement d'une baguete , mais toutes ces formalités ont été abrogées.

La Cour aïant ordoné que les ajudications par decret se feroient publiquement en l'audiance de la Jurifdiction & de vive voix , & aux jours & heures pour ce afignées , avec défenfes à tous Juges d'ajuger ni en la chambre du Confeil, ni au frapement de baguete, ni à l'extinction de la chandele , par arrêt fervant de reglement du 27. Mai 1606.

Les creanciers qui ne fe font pas opofés afin de conferver pendant les vingt-quatre heures que le decret refte entre les mains du fceleur , peuvent proceder par voïe de faifie fur les deniers revenans bons és mains du receveur des confignations.

Enfuite le pourfuivant criées prend un extrait des opofans au Grefe des opofitions , fuivant l'article 12. du reglement de la Cour de 1598. portant, comme il a été dit ci-deffus, que le pourfuivant criées, ou autre qui fera pourfuite de l'ordre & diftribution des deniers , fera tenu comprendre tous les opofans en l'apointement à produire , ou apointement d'ordre , fi aucun eft fait entre eux , à peine de répondre en fon nom de la déte du creancier qui auroit été obmis , ainfi que je dirai ci-aprés , aprés avoir expliqué dans le Chapitre fuivant quelques queftions , concernans auffi les ajudications , & decrets volontaires.

***

CHAPITRE XV.

Des decrets volontaires.

LE decret volontaire fe fait quand un heritage eft vendu par contract volontaire entre le vendeur & l'acheteur , à la charge qu'il fera ajugé par decret à l'acheteur pour purger les hipoteques qui pouroient être conftituées fur l'heritage à l'infçu de l'aquereur.

Et pour cet éfet, l'acheteur aprés avoir fait faifir reelement fur lui l'heritage qu'il a acheté à la requête d'un creancier fupofé , il fait faire les criées & les mêmes procedures qu'on fait en un decret forcé jufqu'à l'ajudication , & dans la faifie recle, procés verbal de criées, afiches, & fentences de certification , congé d'ajuger, enchere , ajudication fauf quinzaine , avec remifes & decret.

Il faut métre dans les afiches que la faifie recle eft faite fur un

tel , qui eſt l'aquereur de telle choſe , laquelle il a aquiſe d'un
tel , par contrat d'un tel jour , car autrement les creanciers du
vendeur pouroient objeter qu'ils n'ont pû avoir conoiſſance de
la ſaiſie , ni du decret , & en conſequence pouroient nonobſtant
le decret faire declarer l'heritage afecté & hipotequé à leurs detes & hipoteques , ou obliger l'aquereur à deguerpir.

Le principal éfet de l'ajudication par decret , eſt la tranſla-
dtion de tous droits de proprieté en la perſone de l'ajudicataire ,
pourveu qu'il ait conſigné réelement & aduelement le prix de
ſon ajudication , ſans qu'il puiſſe être inquieté par des creanciers
hipotequaires qui n'auroient pas fait leur opoſition ou autres
pretendans droits de proprieté dans quelques parties des choſes
ſaiſies , criées & ajugées , parce que le decret purge tous droits
de proprietés & hipoteques , & charges réeles & foncieres , faute d'opoſition.

Neanmoins il faut ici excepter les heritages ſitués dans les
coutumes , où on ne peut pas aquerir droit de proprieté & poſſeſſion , ſinon par démiſſion & inveſtiture és choſes feodales , *veſt*
& *deveſt* , ſaiſine & de ſaiſine és choſes cenſueles , comme par
exemple ſont les Coutumes de Vermandois , de Rheims , Ribe-
mont , Chauny , & autres.

Il faut auſſi excepter les fiefs qu'on apele de danger , dans leſquels par les coutumes de Barleduc & de Chaumont , le nouvel
aquereur ne peut pas entrer , ni en prendre poſſeſſion qu'il n'ait
été auparavant inveſti & fait les fois & homages au Seigneur ,
dont ils ſont mouvans , & au Seigneur ſouverain , à peine
de comiſe , car en ce cas il faut que l'ajudicataire avant que ſe
metre en poſſeſſion , en prene l'inveſtiture & faſſe les ſoûmiſſions
ordinaires envers les Seigneurs.

Par arrêt du 9. Juin 1667. rendu en la troiſiéme chambre
des Requêtes , il a été jugé que le decret d'un immeuble purge les hipoteques des anciens vendeurs , quoiqu'il ne ſoit fait
mention que du dernier dans la ſaiſie réele , ou que le decret
ſoit volontairement fait , pour purger ſeulement les hipoteques
du vendeur.

La raiſon de cet arrêt eſt , qu'il n'y a aucune coutume , loy ,
ordonance , ni reglement qui ordone de faire mention dans la
ſaiſie des anciens vendeurs , & qu'ainſi il n'y avoit pas de nullité dans le decret , & que cela ne s'obſervoit point dans les decrets
forcés , & qu'il n'y avoit pas plus de raiſon de vouloir l'obſerver
dans le decret volontaire.

Cet arrêt est raporté dans le troisiéme troisiéme Tome du Journal des Audiances.

D'où il s'ensuit que le decret volontaire purge les hipoteques & le droit de propriété contre celui qui ne s'est pas oposé, ainsi qu'il a été jugé au profit d'un ajudicataire par arrêt de 1674. au raport de Monsieur Boucher d'Orsay, confirmant la sentence du Châtelet de Paris dont étoit apel, qui avoit jugé que le decret volontaire purgeoit tous droits de propriété contre ceux qui ne s'y étoient pas oposés.

L'apelant disoit pour ses raisons, que le decret volontaire ne transfere pas le droit de propriété des choses ajugées en la persone de l'ajudicataire, mais que c'est le contrat volontaire passé entre les parties, lequel il faut executer, de sorte que si l'aquereur avoit été obligé d'encherir un plus haut prix que celui porté par le contrat, il ne seroit pas pour cela obligé de païer l'excedant, & que le decret ne se fait que pour purger les hipoteques, & comme l'acquereur n'acqueroit rien par le decret, il ne pouvoit pas avoir plus de droit que par le contrat.

Or s'il n'étoit fondé que sur son contrat les proprietaires des choses non apartenantes au vendeur, pouroient les évincer à l'aquereur, & qu'ainsi ils le pouvoient faire nonobstant le decret, qu'il y avoit bien de la diference de ce decret d'avec le decret forcé, d'autant que le decret forcé étoit le titre translatif de propriété qui étoit la cause seule de l'aquisition de l'ajudicataire, & qu'il n'en avoit point d'autres, & que c'étoit la justice qui vendoit, sous l'autorité de laquelle & avec laquelle l'ajudicataire contractoit, c'est pourquoi il n'y avoit pas de dificulté que ce decret ne purgeât tous droits de propriété, quand il étoit fait dans les formes.

Que quoique les decrets volontaires requissent presque les mêmes formalités que les decrets forcés & necessaires, neanmoins on les faisoit ordinairement secretement, & qu'ainsi il arive souvent, que les creanciers sont trompés, & que la cause des proprietaires d'une partie des choses venduës étoit d'autant plus favorable que celles des veritables creanciers, que ces proprietaires ne s'imaginent pas qu'on aille vendre leurs biens, ils ne veillent pas aux decrets qui se font des heritages de ceux qui ne sont pas leurs creanciers.

Nonobstant ces raisons, la Cour jugea contre l'apelant.

Quand l'ajudication est faite, & qu'il n'y a pas d'oposans, l'ajudicataire n'est pas obligé de consigner le prix de son contrat entre les mains du receveur des consignations, il doit en ce cas lever seulement un extrait du grefe des decrets & opositions de la Cour, comme il n'y a pas d'oposans au decret, & atacher à cet extrait une requête, par laquelle il demande à la Cour, qu'en confequence de ce qu'il n'est survenu aucun oposant, comme il apert par le certificat du grefier, qu'il a levé depuis ladite ajudication, il soit ordoné que le decret volontaire lui sera delivré par le grefier de la Cour, sans qu'il soit obligé de païer aucun droit de consignation au receveur d'icele.

Céte requête signée d'un Procureur est baillée à un Confeil-ler avec ledit certificat & extrait d'ajudication, & sur icele est rendu une fentence conforme aux conclusions de la requête, & céte fentence étant levée & signifiée au receveur des consigna-tions, le grefier figne le decret, le fait fceller & le delivre aux parties ou à leurs Procureurs, en païant les droits pour ce dûs, ce qui s'obferve ainfi aux requêtes du Palais.

Si les biens d'un debiteurs ne font pas fufifans pour fuporter les frais d'un decret, la Cour a ordoné par plufieurs arrêts, qu'en ce cas les biens feroient donés aux plus anciens pour la prifée & eftimation faite par experts & gens à ce conoiffans, dont les parties convienent, ou qui font només par le Juge d'ofice.

Et d'autant qu'il est de l'interêt des plus anciens creanciers, que les biens leur foient ajugés fuivant ladite prifée & eftima-tion, c'est à eux à le demander contre les oposans, & conclu-re contre eux à ce que lefdits biens leur foient ajugés fuivant la prifée & eftimation ou à faire ajuger lefdits biens à fi haut prix, que lefdits anciens creanciers foient païés de leur dû, tant en principal qu'interêt, frais & depens, & des faifies & criées.

Ce qui a été jugé par trois arrêts, l'un du 19. Janvier 1647. l'autre du 2. Mars 1648. le troifiéme est du 30. Avril 1649.

Par autre arrêt du 7. Avril 1648. le proprietaire d'un immeu-ble a été condané à deguerpir au profit du creancier hipotequai-re, fuivant l'eftimation d'icelui, fans être obligé de le faire aju-ger par decret pour éviter les frais de juftice.

Par d'autres arrêts, la Cour a ordoné, que les biens des de-biteurs feroient vendus par forme de licitation à la barre de la Cour, après trois publications pour être les deniers diftribués aux creanciers, felon l'ordre de leurs hipoteques, le premier est du 18. Juin 1647. le fecond du 25. Fevrier 1650. le troifiéme, du 7. Septembre 1650.

Mais comme ces ajudications à la barre de la Cour, qui ne purgeoient pas les hipoteques étoient trop frequentes, par le reglement fait en la mercuriale, du 29. Janvier 1658. article 9. l'ufage en a été reftraint aux ventes des ofices & autres biens fujets à contribution, & aux immeubles de peu de valeur, dont l'eftimation qui fera prealablement faite n'excedera la fomme de deux mille livres.

Il y a encore un autre moïen pour éviter les frais d'un decret forcé, qui confome fouvent tous les biens des debiteurs par les frais qui fe font par le pourfuivant & les opofans, eft quand les debiteurs abandonent leurs biens à leurs creanciers par un contrat volontaire paffé pardevant Notaire, & homologué en la Cour à l'éfet de vendre les biens à l'amiable, par les findics & directeurs des creanciers de celui qui fait l'abandonement, lefquels font élûs & només du confentement de tous les creanciers dans le contrat.

Ordinairement on prend les plus confiderables & qualifiés d'entre les creanciers, au nombre de deux ou de trois, felon les biens du debiteur.

Ces findics & directeurs ont pouvoir de vendre les biens du debiteur, & faire l'ordre des creanciers, pour être païés chacun felon l'ordre de leurs creances fur le prix provenant de la vente des biens.

Ils font des affemblées pour deliberer aux moïens de terminer & vuider les afaires qui fe trouvent entre les creanciers, & pour la vente des biens de leur debiteur ; les directeurs font des publications à leur requête, & en céte qualité, que lefdits biens font à vendre aux jours, lieux & heures de leurs affemblées.

On fait des encheres & des ajudications, fauf quinzaine, avec plufieurs remifes, jufqu'à ce que les encheres montent à peu prés à la valeur des biens dont la vente a été publiée, & tout ce qui fe fait eft fignifié au debiteur & on fait des afiches, des encheres & des ajudications fauf quinzaine, & des remifes de même qu'il s'obferve au decret forcé.

Quand les biens font ajugés, les creanciers en paffant des contrats de vente aux ajudicataires pardevant Notaires, aux charges portées par les encheres, mais d'autant que telles ventes ne font pas fufifantes pour purger les hipoteques, les ajudicataires

dicataires peuvent acheter à la charge de les faire decreter
sur eux.

Ordinairement les directions se tiennent chés les Notaires, parce que ce sont les Notaires qui tiennent les registres des delibe-
rations des directeurs sindics des creanciers, ce droit leur a
été atribué par édit du...... par lequel les directions leurs ont
été donés.

Si l'un des creanciers ne veut pas signer le sindicat, il faut le
faire apeler en la Cour pour y être condané, en lui conservant
ses droits de preference, & d'hipoteque.

CHAPITRE XVI.

De l'ordre des creanciers & distribution des deniers entre-eux.

L'Ajudicataire aïant consigné le prix de son enchere, l'usage
est de faire cometre un examinateur pour faire l'ordre &
la distribution des deniers, provenans de l'ajudication des biens
du debiteur.

Ensuite, le Procureur du poursuivant criées, fait dresser la
declaration des frais extraordinaires des criées, & les fait taxer avec les Procureurs du saisi & du plus ancien des creanciers
oposans, & de la somme à laquelle se montent lesdits frais,
l'examinateur commis à faire l'ordre, delivre mandement, au
bas duquel le Procureur fait faire sa quitance par un Notaire
& la porte au receveur des consignations, qui paie la somme
y contenuë.

Cela fait, le Comissaire commis pour l'ordre, doit bailler une
ordonance à un audiancier pour faire comandement aux creanciers oposans, aux domiciles de leurs Procureurs d'aporter &
metre en ses mains leurs titres dans la huitaine, & ils doivent y
satisfaire dans ce temps, à faute dequoi, ledit Comissaire delivre defaut, en vertu duquel est fait iteratif comandement aux
oposans d'aporter leurs titres és mains d'icelui Comissaire dans
un autre délai de huitaine, & s'ils n'y satisfont, il doit proceder
à l'ordre des oposans qui ont fourni leurs titres, sans avoir égard
aux droits, hipotéques & opositions des defaillans, conformement à l'article 361. de la Coutume de Paris, qui porte que,

lefdits opofans aux criées font tenus dans la huitaine aprés la figni-
fication à eux faites aux domiciles par eux élûs ou à leurs perfones, de
porter leurs titres par devers le Comiffaire commis pour fonder leur
opofition ; à tout le moins dans un fecond délai qui fera encore de hui-
taine pour tout delai ; & à faute de ce faire doit le Comiffaire procce-
der à l'ordre des opofans qui auront fourni leurs titres, fans avoir
égard aux hipoteques & opofitions des défaillans, fur lequel ordre
le faifi & opofans mis en ordre, oüis dedans une autre huitaine pour
tous délais, doit être procedé à la diftribution, felon que ledit ordre
eft acordé.

Le pourfuivant l'ordre prefente requête à Monfieur le Lieutenant Civil, afin de proceder fur le renvoi delivré par le Comiffaire contre les opofans défaillans, tendante à ce que faute d'avoir mis leurs titres Juftificatifs de leur opofition, ils en
foient déchûs, & que l'ordre foit executée en la forme qu'il fera
dreffé par le Comiffaire &c.

Sur céte requête Monfieur le Lieutenant Civil ordone, que
les opofans feront tenus de metre dans huitaine pour tout délai,
entre les mains du Comiffaire &c. les titres juftificatifs de leur
creance, autrement qu'ils en feront déchûs, & que l'ordre fera
executé en la forme qu'il fera dreffé par le Comiffaire &c.

Les creanciers aïant produit & mis entre les mains du Comiffaire leurs titres juftificatifs de leurs creances, il dreffe l'ordre &
colloque les creanciers opofans felon leurs droits de preference
& leurs hipoteques.

L'ordre fait, les pourfuivans & opofans en prenent comunication par les mains du Comiffaire, pour fçavoir s'ils font co-
loqués felon l'ordre de leur hipoteque, & voir s'ils y confenti-
ront ou s'ils contefteront.

Quand il y a conteftation à l'ordre le Comiffaire delivre renvoy au pourfuivant ledit ordre qui le fait fignifier aux opofans, lefquels deduifent leurs raifons, & fi leurs conteftations
ne peuvent être terminées, ils feront apointés à écrire & produire.

Mais les opofans ne font pas compris au renvoi, & les deniers
qui leur apartienent leur doivent être delivrés, fi leur diftribution n'eft pas conteftée, & les deniers des opofans renvoïés leur
font refervés pour leur être diftribués fuivant le jugement qui
fera rendu fur le renvoi, conformement à l'article 362. de la
Coutume de Paris, qui porte, que *s'il y a diferens entre aucuns*
opofans pour raifon dudit ordre, fera fait renvoi entre tels opofans

feulement, fans comprendre au renvoi qui fera delivré, les opofi-tions, dires, & remontrances, & ce qui auroit été fait avec les au-tres opofans, & neanmoins on procede à la diftribution entre les au-tres opofans, refervant les deniers apartenans aux opofans renvoïés venans en ordre.

Aux requêtes du Palais lorfque l'ajudication eft faite, il faut que le pourfuivant l'ordre prene un extrait des opofans au grefe des opofitions figné du grefier, pour les comprendre tous dans l'apointement d'ordre, autrement il en feroit refponfable en-vers ceux qui n'y feroient pas compris, fuivant l'article 12. du reglement de la Cour, du mois de Novembre 1598. qui porte, *que, le pourfuivant criées ou autre qui fera pourfuites de l'ordre & diftribution des deniers, fera tenu comprendre tous les opofans en l'ap-poizrement à produire ou apointement d'ordre, fi aucun eft fait entre-eux, à peine de repondre en leur nom de la dete du creancier qui auroit été obmis.*

Il doit enfuite prendre au grefe un apointement, lequel le Procureur pourfuivant fera fignifier aux Procureurs du faifi & des opofans avec fomation aux Procureurs defdits opofans de fournir des caufes d'opofitions & pieces juftificatives de leur creance, fuivant le reglement,

Huitaine aprés la fignification le Procureur du pourfuivant dreffe fa production & produit au grefe & fait fignifier l'acte de produit aux Procureurs du faifi & des opofans, avec fomation de produire de leur part, fi bon leur femble dans la huitaine portée par le reglement, laquelle étant expirée à compter du jour de la fignification de l'acte, le pourfuivant fait une der-niere fomation aufdits Procureurs de contredire fuivant ledit reglement, finon qu'il fera procedé au jugement de l'ordre entre ceux qui auroient produit & juftifié leurs titres juftificatifs de leurs creances.

Les creanciers opofans aïant produit, le pourfuivant obtient un jugement qui ordone que dans huitaine ou quinzaine, les opofans prendront comunication de l'inftance fans deplacer par les mains du plus ancien Procureurs des opofans, pour y four-nir de contredits fi bon leur femble.

Ce Procureur fournit de contredits, contre les productions qui lui font comuniquées, enfuite, il remet l'inftance chés le rapor-teur, & il en fignifie un acte à tous les Procureurs du faifi & des opofans.

Aprés toutes fes procedures faites, comme il eft marqué ci-deſſus, la Cour donne une ſentence de diſcuſſion & ordre de priorité & poſteriorité des opoſans, par laquelle elle ordone, *que ſur la ſomme de.......provenant de la vente de telle choſe, il en ſera pris celle de...... pour les épices & frais de la preſente ſentences & après ſera le pourſuivant païé par preference à tous creanciers des frais extraordinaires par lui faits à la pourſuite des criées & preſent ordre, qui ſera tenu faire taxer dans tel tems, pardevant le raporteur avec les Procureurs, & le plus ancien Procureur des opoſans, après ſera tel Seigneur païé de......années d'arerages de cens dûs à cauſe deſdits heritages qui ſont en ſa cenſive, & icelui païé ſera ledit tel, pourſuivant criées païé de la ſomme de......à lui dûë par obligation, &c.*

Céte ſentence étant levée, il la faut metre entre les mains du receveur des conſignations pour païer tous les opoſans ſuivant l'ordre d'iccle.

Il n'eſt pas neceſſaire que le pourſuivant criées forme ſon opoſition pour le païement de ſon dû, ni de ſes frais, car puiſque la ſaiſie du ſaiſiſſant & pourſuivant criées conſerve le droit de tous les creanciers, il feroit injuſte qu'elle ne conſervât pas auſſi celui dudit ſaiſiſſant, ainſi qu'il a été jugé pluſieurs fois par Meſſieurs des Requêtes du Palais, neanmoins l'uſage eſt, que le pourſuivant criées forme ſon opoſition au grefe pour être païé par preference à tous autres creanciers des frais ordinaires & extraordinaires qui lui feront dûs.

A l'égard des droits dûs au receveur des conſignations, voïés le ſecond volume de mon ancien Clerc du Palais, ſur l'éfet des ſaiſies réeles, criées, baux judiciaires, ajudication par decret, ordre & diſtribution des deniers entre les creanciers pour toutes les Coutumes de France, ſuivant l'uſage de chaque Juriſdiction, il y a un Chapitre concernant leurs fonctions, avec les édits & declarations, arrêts & reglemens ſur le fait de leur charge, droits & privilegés.

CHAPITRE XVII.

De la preference des creanciers hipotequaires.

SI les contrats ou obligations ſont du même jour entre creanciers hipotequaires & non privilegiés, ſans declaration de

l'heure ou du tems, de devant ou d'aprés midi, aufquels ils auroient été faites, ils viendront en concurence.

Lorfque les creanciers font fondés fur un même titre, en ce cas
les plus anciens ne font pas preferés aux autres, comme par
exemple, font les legataires d'un même teftament, le premier
nommé n'étant pas preferé aux derniers nommés, parce qu'ils
font tous fondés fur une même caufe de leur dete, qui eft
le teftament, l'ordre de l'écriture n'étant en ce cas d'aucune
confideration.

La priorité du tems a lieu auffi pour la preference contre le
fifc, comme contre les particuliers, foit pour les contrats faits
avec le fifc, ou pour les amendes ajugées au fifc, fur les biens
du condané, comme il a été jugé par plufieurs arrêts, tant du
Parlement de Paris, que des autres.

Le Roi eft preferé aux creanciers anterieurs, dans les biens
acquis par un traitant depuis qu'il a traité avec le fifc, parce
que les aquifitions font prefumées faites par celui qui a manié
les deniers de fa Majefté, ainfi qu'il a été jugé par plufieurs arrêts de la Cour des Aides, raportés par Brodeau fur l'article 179.
de la Coutume de Paris.

Il y a une ordonance du mois d'Octobre 1548. par laquelle
les biens des financiers, même ceux donés à leurs enfans &
gendres, font fujets aux detes du Roi, ce qui a été jugé ainfi
conformement à cet édit, par arrêt de la Cour, du 13. Juin 1658.
en l'audiance de la grand-chambre, qui declare une maifon
donée par le nommé Tabouret au fieur de Chamerant, fujete au
Roi, quoique ledit Tabouret n'eût traité avec le Roi qu'aprés
avoir marié fa fille.

Par une declaration du 22. Decembre 1665. Il eft porté que
les fommes aufquelles feront taxés les financiers, traitant & gens
d'afaires feront païées à fa Majefté par preference à tous autres, à
la referve des detes privilegiées fur les immeubles.

Ce qui a auffi été depuis confirmé par une autre declaration
du Roi du 7. Janvier 1694.

Lorsque diferens creanciers font fondés fur un même contrat,
il y a de la dificulté pour la preference, ainfi la dot & le douaire
font fondés fur le contrat de mariage, & ce font des detes diferentes apartenantes à divers creanciers.

Par les derniers arrêts la dot a été preferée au douaire,
mais les arerages du douaire ont le même hipoteque que le
douaire.

La proprieté du tems donc la preference entre les creanciers hipotequaires & non privilegiés, car les privilegiés vienent en ordre non pas suivant le tems de leurs creances, mais par la cause de leurs privileges, de sorte qu'ils sont païés les premiers, & sont preferés les uns aux autres, selon que leur privilege sont plus forts les uns, que les autres.

Les frais de justice sont preferés à tous autres detes, sur quelque privilege qu'elles soient fondées.

Celui qui a prêté pour l'aquisition d'une maison ou d'un heritage, d'une ofice, ou d'une vente, avec stipulation d'hipoteque privilegiée sur la chose, est preferé sur icele à tous autres creanciers de l'aquereur.

Pareillement celui qui a vendu son heritage ou autres immeubles, est preferé sur icelui pour le prix qui lui est dû, soit qu'il ait stipulé une hipoteque privilegiée ou non.

Les arrêts ont jugé que pour aquerir un privilege par celui qui a prêté de l'argent pour bâtir une maison, le devis n'est pas necessaire, & la subrogation de l'entrepreneur sufit pour cet éfet.

Le droit du Seigneur censier pour le cens & celui du creancier de la rente fonciere, est plus fort, que celui du creancier qui a prêté ses deniers pour bâtir la maison.

Celui des deniers duquel une maison a été reparée, est preferé à celui qui avoit baillé la maison à rente.

CHAPITRE XVIII.

Des contraintes par corps.

L'Usage des contraintes par corps aprés les quatre mois établis par l'article 48. de l'Ordonance de Moulins, pour detes purement civiles, a été abrogé par l'article 1. du titre 34. de l'ordonance du mois d'Avril 1667. avec defenses aux cours & à tous autres Juges de les ordoner à peine de nulité.

Sa Majesté fait aussi défense par l'article 6. du même titre, à tous grefiers & notaires de passer à l'avenir aucuns jugemens ou obligations, portant contraintes par corps, à peine de tous depens, domages & interêts, & à tous huissiers ou sergens de les metre à execution, encore que les actes soient volontaires, ou passés hors du Roïaume.

Toutesfois il y a certains cas refervés par ledit titre 34. efquels la contrainte par corps a lieu aprés les quatre mois.

Le premier eft, que les fermiers des terres & heritages fituès à la campagne, fuivant l'article 7. du même titre, peuvent être contraints par corps au païement des penfions de leurs fermes, quand par leurs baux ils y font volontairement obligés.

On comence auffi d'étendre la même chofe aux baux à cens & rentes proprietaires où on l'a ftipulé, mais c'eft contre l'efprit de l'ordonance, le creancier étant prefumé avoir pris affurance fufifante fur le fond, quoique ce foit une maxime de droit que *hæres Coloni*, Colonius eft neanmoins l'heritier de l'obligé par corps dans un bail femble libré, parce que les actions penales ne paffent pas contre les heritiers.

Mais fi on avoit fait reconoitre le bail à l'heritier, en ce cas, il feroit fujet aux mêmes charges, plûtôt en qualité d'obligé, que d'heritier, & à faute de vouloir s'obliger de la même maniere que le défunt, le proprietaire le peut expulfer.

On ne peut pas obliger par corps pour les fermages échus lorfque l'on n'eft pas originairement obligé, mais feulement pour les jouiffances futures.

Neanmoins je crois, que s'il n'y avoit qu'un bail verbal, ou promeffe de paffer bail, celui fait depuis auroit un éfet retroactif au tems où il avoit dû être fait & le fermier doit s'imputer s'il a bien voulu s'engager à une loi auffi dure, mais aprés l'écheance des fermages, l'obligation par corps inferée dans un compte ne feroit pas fufifante.

Le deuxiéme eft, quand il s'agit de dépens ajugés s'ils montent à deux cens livres & au deffus.

Les obligations paffées ou les jugemens rendus avant l'ordonance, portant condanation par corps, peuvent auffi aujourd'hui être executés de même qu'avant l'ordonance, laquelle ne le défend que pour l'avenir.

Le troifiéme, pour la reftitution des fruits au deffus de deux cens livres.

Le quatriéme, pour les domages & interêts au deffus de deux cens livres.

Toutefois un enfant de douze ans, qui avoit crevé l'œil à un autre enfant, & avoit été condané en deux cens livres d'interêts, a été déchargé de la contrainte par corps, par arrêt du Parle-

ment de Roüen du 18. Mai 1675. parce qu'on diminue toûjours
la peine des impuberes à caufe de la foibleffe de l'âge.

Mais un beneficier mineur peut être contraint par corps aprés
les quatre mois, pour reftitution des fruits, étant reputé majeur
pour tout ce qui concerne les charges de fon benefice, cependant un beneficier mineur a été dechargé de la contrainte par
corps pour dépens, fauf aprés fa majorité à fe pourvoir contre
lui pour ce fujet, l'arrêt eft du 21. Mars 1676. raporté dans la
cinquiéme Partie du Journal du Palais, page 116.

Le cinquiéme eft, que les tuteurs & curateurs peuvent pareillement être contrains par corps aprés les quatre mois, pour
les fommes par eux dûes, à caufe de leur adminiftration, pourveu qu'elles foient certaines & liquides & qu'ils aïent été condanés à les païer par fentence ou par arrêt definitif, car fi c'étoit
par un jugement provifoire, ils ne pouroient pas y être contraints.

Les filles, ni les femmes ne fe peuvent pas auffi obliger ni être
contraintes par corps, fi elles ne font marchandes publiques,
pour caufe de leurs marchandifes, ou quand elles ne font marchandes publiques, pour ftélionat, procedant de leur fait, &
le ftélionat n'eft pas prefumé proceder de leur fait, quand elles
ont vendu, ou fe font obligées conjointement & folidairement
avec leurs maris dans les contracts, par lefquels le ftélionat eft
comis, ainfi qu'il a été jugé par deux arrêts raportés par Brodeau
fur Monfieur Loüet, létre F. nombre 11. l'un, du 10. Mai 1579, &
l'autre du 23. Mai 1618.

Neanmoins la contrainte par corps a lieu contre une femme
alliée de mari, pour domages & interêts contre elle ajugés, pour
excés par elle comis, comme il a été jugé par arrêt du 5. Juin
1671. raporté dans la deuxiéme Partie du Journal du Palais,
page 461.

Il en eft de même pour dépens criminels au deffus de deux
cens livres, étant cenfés dûs à caufe du crime.

Aliud, des dépens en matiere civile, quoiqu'une femme ait été
autorifée par juftice à refus de fon mari, elle n'eft pas contraignable pour ce fujet, comme il a été jugé par arrêt du Confeil
d'Etat du Roi du 26. Janvier 1671. que les femmes & les filles
ne font pas fujetes à la contrainte par corps, aprés les quatre
mois pour dépens, les veuves des Marchands, ne peuvent pas auffi
être contraintes par corps pour moitié de ce qui eft dû, pour
marchandifes prêtées à leur mari, encore qu'elles acceptent la
comunauté.   On

'On peut dire même que celle qui étoit obligée par corps a-
vant son mariage, en est déchargée, d'autant qu'elle n'est plus
en état de païer, son nouveau mari étant maître de tous les éfets
& tenu de l'aquiter de toutes les détes personeles & mobiliaires,
& s'étant lui-même assujeti aux mêmes contraintes dont sa femme pouroit être tenue.

Par l'article 6. dudit titre 34. les septuagenaires ne peuvent
être emprisonés pour détes purement civiles, sinon pour stélionat, recelé & pour dépens en matieres criminelles, quand la condanation est expressement par corps.

Il y a encore plusieurs autres cas par l'ordonance de 1667. où
la condanation par corps a lieu, sans atendre les quatre
mois.

Le premier est, lorsque quelqu'un s'est emparé par force &
violence d'une maison ou heritage, auquel cas il peut être contraint par corps d'en delaisser la possession.

Le deuxième est, celui de stélionat, quand quelqu'un a
vendu ou hipotequé des heritages qui ne lui apartienent pas,
ou qu'en empruntant, ou vendant une rente, il a declaré francs
les heritages qui étoient déja hipotequés à d'autres creanciers,
il peut aussi être condané par corps à racheter la rente, ou à
rendre & restituer les deniers qui lui ont été prêtés, ou le prix
qu'il a touché de l'heritage d'autrui qui l'a vendu.

Le troisième est, le dépôt necessaire, lorsque dans un tems
de guerre, de trouble, ou de sedition populaire, ou dans les
malheurs d'un debordement d'eaux ou d'incendie, on a doné
quelque chose en dépôt à quelqu'un, ou quand on a confié ses
hardes, son argent à un messager, ou à l'hôte chés lequel on est
logé, dans tous ces cas les depositaires sont contraignables par
corps à la restitution des choses deposées.

Il y a un arrêt dans le troisième Tome du Journal des audiances du 8. Août 1673. qui a condané par corps un executeur tes-
tamentaire à païer les legs, quoique ce soit un dépôt volontaire,
à cause du dol personel.

Le quatrième, les consignations faites par ordonance de justice entre les mains de persones publiques, ainsi les receveurs des
consignations & tous autres consignataires par ordre de justice,
sont contraignables par corps à la délivrance des deniers qui
ont été consignés entre leurs mains.

Je crois aussi que la veuve d'un huissier qui seroit chargée par
inventaire, ou convaincue d'avoir des pieces dont son mari a

été chargé , peut être contrainte par corps.

Le cinquiéme , la repreſentation des biens ſaiſis , ainſi tous ſequeſtres , Comiſſaires , ou gardiens de meubles ſaiſis peuvent pareillement être contraints par corps à repreſenter leſdits meubles pour être vendus & les deniers en provenans être delivrés aux creanciers ſaiſiſſans.

Le ſixiéme , létres de changes , les tireurs & accepteurs de létres de change , de quelque qualité & condition qu'ils ſoient, quand il y a remiſe de place en place , ſont auſſi contraignables par corps , ſçavoir les accepteurs au païement de la ſomme portée par la létre de change qu'ils ont acceptée , & les tireurs, en cas de proteſt , au païement de la ſomme qu'ils ont touchée du change & rechange , & domages & interêts du porteur, ſuivant l'article 4.

En interpretation de cet article , par arrêt du Conſeil d'Etat du 17. Juin 1669. a été ordoné à toutes Cours & Juges de condaner par corps ceux qui auront ſigné les billets portans promeſſe de fournir létres de change avec remiſe de place en place , à fournir leſdites létres de change ou leur valeur.

Par l'article 1. du titre des contraintes par corps de l'ordonance du mois de Mars 1673. la contrainte par corps a lieu contre les Marchands ou negocians qui ont ſigné des létres ou billets de change , ou qui ont mis leur aval , ou qui ont promis de fournir des létres de change de place en place , ou qui ont fait des promeſſes pour létres de changes à eux fournies , ou qui leur devront être fournies , ou qui ont ſigné des billets pour valeur reçue comptant ou en marchandiſes , ſoit qu'ils doivent être aquités à un particulier y denomé ou à ſon ordre ou au porteur.

Les condanations par corps dans ces cas peuvent être ordonées ſans atendre les quatre mois de l'ordonance , parce qu'il eſt de l'interêt public & pour l'utilité du comerce , que telles détats ſoient aquitées ponctuellement & ſans délai, excepté quant aux marchandiſes achetées par les Marchands negocians dans les Villes de leur reſidence hors des foires & marchés , & des billets païables à ordre, ou au porteur, conçus pour argent prêté, car les contraintes ne doivent être ordonées qu'aprés les quatre mois.

Mais la contrainte par corps, pour létres de changes, n'a lieu qu'à l'égard des marchands & Banquiers, parce qu'à proprement parler il n'y a qu'eux qui doivent faire comerce de létres de change & il n'eſt pas permis à un creancier de faire faire à ſon debiteur une létre de change au lieu d'une ſimple promeſſe ou obligation, ainſi qu'il a été Jugé par arrêt du 29. Janvier 1681. conformement aux concluſions de défunt Monſieur l'Avocat general Talon.

Il y a auſſi deux arrêts dans la ſeptiéme partie du Journal du Palais, qui ont dechargé de la contrainte par corps deux particuliers, qui n'étoient ni Marchands ni banquiers, dont l'un avoit promis de fournir dans un mois une létre de change ſur une autre place, & l'autre s'étoit obligé lui.même par la létre de change païable au même lieu.

Le ſeptiéme, détes entre Marchands pour fait de la marchandiſe dont ils ſe mêlent.

Et de fait toutes les ſentences qui ſe rendent par les Juges & Conſuls, entre Marchands, s'executent par corps ; ce qui a lieu encore qu'elles aïent été rendues par un Juge ordinaire, mais s'il y avoit des Juges Conſuls dans le lieu, le Juge ordinaire ne pouroit pas condaner aux dépens, ſinon pour la même ſomme qu'il auroit couté au Conſulat.

On peut auſſi contraindre par corps pour les interêts, lorſque le principal eſt par corps, comme il a été jugé par arrêt du 18. Mars 1678. raporté dans le huitiéme Tome du Journal du Palais.

Il n'en eſt pas de même des interêts ajugés pour arerages de fermages, ces interêts n'étant pas fondés dans le bail & ne pouvant être conſiderés comme domages & interêts pour l'inexecution.

La contrainte par corps a encore moins lieu pour dépens ajugés contre le fermier, ſi ce n'eſt au deſſus de deux cens livres aprés les quatre mois.

Le huitiéme eſt, pour deniers Roïaux, tous receveurs & autres perſones qui manient les deniers Roïaux ſont ſujets à la même rigueur.

Le neuviéme, foires, ports, étapes & marchés, il a été jugé par une infinité d'arrêts, que ceux qui achetent du bien ſur les étapes, des grains dans les marchés, & des beſtiaux, d'ancres & marchandiſes dans les foires, peuvent être contraints par corps à en païer le prix.

Le dixiéme, Villes d'arrêts, il y a certaines Villes dans le Roïaume dont les Bourgeois peuvent faire arêter leurs debiteurs forains & les retenir priſoniers, juſques à ce qu'ils leur aïent païé

ce qui leur doivent , quoique ces debiteurs ne puiſſent être conɟ
traignables par corps pour telles déters ailleurs , & ne peuvent
avoir main levée de leurs perſones qu'en païant reelement & acɟ
tuelement , ou en cas de conteſtation de la déte , en donant bonɟ
ne & ſuſiſante caution par devant le Juge , par l'autorité duquel
ils ont été arêtés , de ſubir juriſdiction par devant lui , & païer
le Juge , tant en principal , que dépens , telle eſt la Ville de
Rheims.

Le onziéme eſt , pour l'execution des contrêts maritimes, groſɟ
ſes avantures, chartres parties, ventes & achats de vaiſſeaux , &
pour le fret & naulage.

Groſſes avantures , c'eſt quand on prête à gros interêts , comɟ
me au denier quatre , cinq , ſix ou autre , l'argent qui eſt ainſi
prêté eſt apelé par les Juriſconſultes *trajecta pecunia*, c'eſt à dire,
de l'argent prêté pour porter par de là la mer , & ces interêts ſont
permis , parce que ſi le vaiſſeau venoit à perir , l'argent ſeroit
perdu pour le creancier , & le debiteur ſeroit dechargé de ſa déɟ
te , mais s'il vient à bon port , l'interêt eſt dû , ainſi qu'il a été
ſtipulé , parce que celui qui l'a emprunté , peut faire des gains
conſiderables ſur les marchandiſes qu'il a acheté par ce moïen ,
c'eſt pourquoi il eſt juſte que le creancier tire un profit conſideɟ
rable, veu le riſque qu'il court de ſon argent.

Chartes parties , c'eſt à dire , paſſé acte entre le maître d'un
navire & le marchand concernant les conventions pour porter &
raporter les marchandiſes.

Le fret ou naulage , c'eſt le loïer du vaiſſeau.

Un Procureur eſt auſſi reſponſable par corps d'une piece d'un
procés ſur ſon recépicé , ainſi qu'il a été jugé par arrêt du 31.
Août 1682. qui a jugé qu'un Procureur eſt reſponſable par corps
d'une obligation qui avoit été perduë & tirée d'un ſac du procés
dont il étoit chargé par ſon récépicé.

Il y a un arrêt du 9. Juin 1673. rendu en la troiſiéme Chambre
des Enquêtes raporté au troiſiéme Tome du Journal des audianɟ
ces , livre 6. chapitre 26. qui donne auſſi aux Procureurs la conɟ
trainte par corps pour leurs ſalaires aprés les quatre mois , mais
il ſemble que ce privilege ne doit pas avoir lieu contre ſa partie
à qui il a pû faire païer à meſure , mais ſeulement aux droits de
ſa partie contre celui qui ſucombe.

Neanmoins ſi la partie les avoit reçuës , il ſeroit juſte qu'il pût
la faire contraindre par corps pour la reſtitution.

Ainſi pour obtenir , & executer la contrainte par corps aprés les quatre mois, pour depens ajugés, s'ils montent à deux cens livres & au deſſus, ou pour reſtitution de fruits, ou pour domages & interêts au deſſus de deux cens livres, ou pour autre cas exprimés par l'ordonance, il faut que le creancier faſſe ſignifier à ſon debiteur en parlant à ſa perſone, ou à ſon domicile, le jugement qui le condane, avec comandement de païer, & declaration à ſon refus qu'il y ſera contraint par corps, aprés les quatre mois.

Leſquels étant expirés, à compter du jour de la ſignification & comandement, il faut qu'il leve au grefe une ſentence, jugement, ou arrêt portant que dans quinzaine ledit debiteur ſera contraint par corps.

Sentence portant que dans quinzaine le debiteur ſera contraint par corps.

Extrait des Regiſtres de &c......

Veu l'exploit de comandement fait à la requête de A...... à B. ..... le tel jour...... de païer à A. ..... la ſomme de..... pour les depens à lui ajugés par nôtre Sentence du..... taxés par executoire du..... & pour le refus par lui fait, lui a été declaré qu'il y ſera contraint par corps aprés les quatre mois, ſuivant l'ordonance, vû auſſi la ſentence & executoire ſuſdatés & tout conſideré, Nous ordonons que dans quinzaine du jour de la ſignification de la preſente ſentence B..... ſera contraint par corps à païer à A..... la ſomme de...... pour les depens taxés par ledit executoire.

Il faut faire ſignifier céte ſentence, à la partie condanée, aprés quoi, la quinzaine expirée, la contrainte ſera executée ſans autres procedures, & toutes les ſignifications faites avec toutes les formalités ordonées pour les ajournemens.

Si la partie apele de la ſentence, ou s'opoſe à l'execution de l'arrêt ou jugement portant condanation par corps, avant qu'il ſoit arêté par le ſergent porteur de piece, il faut ſurſeoir juſqu'à ce que l'apel ou l'opoſition ſoit terminées.

Mais ſi avant l'apel, l'huiſſier ou ſergent s'étoient ſaiſis de ſa perſone avant que ſon apel ou ſon opoſition ait été ſignifié, il ſera paſſé outre à l'execution de la contrainte.

Il ſemble même que l'on pouroit paſſer par deſſus céte regle, ſi c'étoit un ſergent, ou autre depoſitaire qui voulût éluder les condanations, à la faveur d'un apel frivole, pour ne pas rendre à une partie des pieces dont il a un preſſant beſoin, ne pouvant diſconvenir qu'il ne les ait entre ſes mains.

On obſerve auſſi tous les jours, que l'obligé par corps peut

être emprifoné , nonobftant l'apel de la fentence qui le condane , puifqu'on le peut contraindre au corps même fans jugement , aprés un fimple comandement fait à fa perfone ou à fon
domicile , portant refus de païement de la fomme contenuë en
l'obligation.

A l'égard des Comiffaires, on veut à la verité qu'ils ne puiffent être emprifonés fans condanations , mais étant condanés ,
il femble que la fentence doive être executée par corps nonobftant l'apel , parce qu'ils font obligés par corps, en forte que dans
les cas où l'on difere l'apel on peut contraindre par d'autres voïes,
car la contrainte par corps n'empêche pas les faifies , executions
& ventes des biens de ceux qui y font condanés.

On peut auffi executer la contrainte par corps un jour de Fête , ou de Dimanche, en confequence d'un procés verbal , que
le fergent qui en fera porteur dreffera , qui atefte que le debiteur fe cache les autres jours, *propter periculum fuga cenfetur ordi-
naté fieri quod fine ordine fit , leg. extat. ff. quod metus cauf. leg. fi
ferialis ff. de feriis cap. fin. extr. de feriis & ibi gloff.*

Boniface , Tome 1. Livre 1. Titre 17. raporte un arrêt du Parlement d'Aix du 16. Avril 1663. qui a confirmé un femblable
emprifonement.

Il faut porter ce procés verbal au Juge du lieu avec une requête pour avoir permiffion de faire l'emprifonement le jour de
Fête ou Dimanche , ce que le Juge peut acorder , excepté la
quinzaine de Pâques , & les jours des autres Fêtes folemneles,
s'il n'a quelque raifon pour le refufer , foit par la confideration
des perfones diftinguées qu'on voudroit emprifoner , ou à caufe
de la modicité de la fomme dont il feroit queftion.

Requête pour avoir permiffion d'emprifoner Fête & Dimanche.

A Monfieur le Prevôt ou Bailly &c......
Suplie humblement A.........

Difant , qu'en execution de vôtre fentence du P...... huiffier ou fergent
s'eft transporté aux environs de la maifon de B...... pour l'emprifoner , ce
qu'il n'a pû faire à caufe que B...... ne fort de fa maifon que les jours de
Fêtes & Dimanches , ainfi qu'il paroît par le procés verbal de P...... joint à
la prefente Requête.

Ce confideré Monfieur , il vous plaife permetre au fupliant de faire executer ladite fentence, les jours de Fêtes & Dimanches , & vous ferés bien.

Le Juge met au bas de céte requête fon ordonance , ainfi
qu'il enfuit.

Vû la prefente Requête & le procés verbal du.... nous avons permis de faire executer ladite fentence, ou ledit arrêt les jours de Fêtes & Dimanches, fans fcandale hors l'entrée & fortie de l'Eglife ; fait ce &c.

Il faut qu'il y ait au moins vingt livres pour pouvoir contraindre par corps fuivant l'ufage de plufieurs Juges.

On doit auffi condaner le creancier aux domages & interêts, fi le debiteur juftifioit qu'il y avoit dans fa maifon des éfets fufifans, lors de l'emprifonement, qui n'a pas dû être fait fans neceffité.

A foixante & dix ans on eft decharge des contraintes & condanations par corps, quand il s'agit de detes purement civiles, excepté le ftelionat, le recelé, & les depens en matieres criminelles, au cas que les condanations foient par corps.

Non feulement les feptuagenaires ne peuvent pas être emprifonés, mais auffi ceux qui font parvenus à cet âge dans la prifon, en doivent être mis dehors, pourveu qu'ils ne foient pas detenus en prifon pour les cas exceptés par l'ordonance.

Les exploits de fignifications, comandemens, procés verbaux, emprifonement & écroüe, font au chapitre des contraintes par corps de mon ftile general des huiffiers & fergens, ou je renvoïe le lecteur pour le formule de fes actes.

CHAPITRE XIX.

Des reditions de compte.

CEux qui ont adminiftré les biens d'autrui, comme les tuteurs, Procureurs, curateurs, fermiers judiciaires, fequeftres, gardiens, heritiers par benefice d'inventaire, executeurs teftamentaires, ceux qui ont aprehendé des biens communs, ou qui les ont manié & autres adminiftrateurs, font tenus de rendre compte dés que leur geftion eft finie.

Le comptable doit être pourfuivi pardevant le Juge qui l'a commis, ainfi le tuteur doit être afigné pardevant le Juge qui lui a deferé la tutele, pour rendre compte de fon adminiftration, & s'il n'a pas été nommé par autorité de juftice, il fera pourfuivi pardevant le Juge de fon domicile, fans que fous pretexte de faifie ou intervention de creanciers privilegiés de l'une ou de l'autre des parties le compte puisse être évoqué, ni renvoïé en une autre Jurisdiction.

Le défendeur à la demande en redition de compte, est tenu de comparoir à la premiere asignation, sinon sera doné défaut contre lui, & pour le profit condamné à rendre compte.

Si le défendeur compare & qu'au jour qui lui a été signifié par un simple acte de venir plaider, il ne se presente ni Avocat, ni Procureur pour défendre, il est condané sur le champ à rendre compte, sans autres delais, ni procedures.

Si la cause est plaidée & qu'elle ne puisse se juger difinitivement en l'audiance, le Juge doit apointer les parties à metre dans trois jours, sans autres procedures.

Le jugement portant condanation de rendre compte, doit contenir que le défendeur presentera son compte, & l'afirmera veritable, & que tel Conseiller sera commis pour recevoir la presentation & l'afirmation d'icelui.

Jugement portant condanation de rendre compte.

Extrait des registres de........

Entre &c...... nous avons condané le défendeur à rendre compte de la tuition & administration qu'il a euë de la persone & biens du demandeur, & ordoné que dans tel temps...... le défendeur presentera ledit compte & afirmera icelui veritable pardevant Maître tel....... Conseiller, que nous avons commis à cet éfet.

Si le jugement est rendu sur un apointement à metre, ou sur un procès par écrit, le raporteur ne peut pas être commis pour le compte, le president en doit cometre un autre, ainsi qu'il a été jugé par deux arrêts du Conseil du 23. Septembre 1668. à peine de nulité des arrêts & jugemens & des domages & interêts des parties, contre les Juges & raporteurs.

Il faut observer ici, que les presentations & afirmations de comptes apartienent aux Lieutenans generaux és lieux où ils sont pourvûs des charges de Comissaires examinateurs, & qu'au Châtelet de Paris, c'est un droit qui apartient aux Comissaires enquêteurs & examinateurs, suivant la creation de leur ofice.

Quand un compte est ordoné par arrêt, le plus souvent la Cour commet un Notaire.

Les letres d'état obtenuës par ceux qui sont obligés, ou condanés de rendre compte doivent être declarées subreptices suivant

vant l'article 19. du titre des redition de compte de l'ordonance de 1667. avec défenses aux Juges d'y avoir égard, si ce n'est qu'il y soit derogé par une clause speciale, & qu'il soit fait mention dans les letres de l'instance de compte, en forte que si cête clause n'y est pas inserée, ladite instance peut être poursuivie & jugée.

Le rendant compte, doit presenter & afirmer son compte en persone ou par Procureur fondé de procuration speciale dans le delai qui lui aura été prescrit par le jugement de condanation sans aucune prorogation & le delai passé, il y sera contraint par saisie & vente de ses biens mêmes par emprisonement de sa persone, si la matiere y est disposée, & qu'il soit ainsi ordoné.

La requête du demandeur contre le rendant compte sera dressée ainsi qu'il ensuit.

Requête à ce que le comptable soit contraint à presenter son compte.

A Monsieur &c.

Suplie humblement C..........

Disant, que toutes les procedures qu'il a faites contre B..... pour l'obliger à rendre compte en qualité de son tuteur, ont été jusqu'à present fort inutiles, il sçait qu'il sera debiteur du supliant, lors que son compte sera examiné, ce qui est en éfet la veritable raison qu'il eut de ne le pas presenter, quoique le delai qui lui a été doné par vôtre sentence du....... soit expiré, c'est pourquoi il a recours à vous.

Ce consideré, Monsieur, il vous plaise ordoner que B...... sera contraint par saisie & vente de ses biens, même par emprisonement de sa persone à presenter & afirmer en persone le compte en question, & le condaner aux domages & interêts du supliant, & aux depens, & vous ferés bien.

L'ordonance sur cête requête sera, *vienent les parties*, il la faut faire signifier au Procureur du rendant compte, & s'il n'a pas un bon moïen pour obtenir un autre délai, le jugement sera ainsi.

Jugement portant que le comptable sera contraint de presenter le compte.

Extrait des Registres de.......

Entre, &c..........

Nous faute d'avoir par le défendeur satisfait à nôtre sentence du tel jour...... & suivant icele presenté le compte dont il s'agit, & afirmé icelui veritable dans le delai porté ladite sentence, ordonons que le défendeur y sera contraint par faifie & vente de fes biens , même par emprifonement de fa perfone.

Si le défendeur eft en état de prefenter & afirmer fon compte , il faut prendre une ordonance du Comiffaire , & en vertu d'icele faire afigner la partie qui doit oüir le compte , à comparoir à une heure certaine, en l'hôtel dudit Comiffaire, pour voir prefenter & afirmer ledit compte, & fur l'afignation le Comiffaire fait un procés verbal, & done acte aux parties de leurs comparutions, prefentations & afirmations d'icelui fait par ledit défendeur en la maniere acoutumée.

La prefentation & afirmation étant faite, le Comiffaire met au haut du compte l'acte qui enfuit.

Prefenté & afirmé le prefent compte veritable , par B........ en perfone le..... & a figné.

Si c'eft un Procureur qui fait la prefentation & afirmation du compte, l'acte doit être ainfi.

Prefenté & afirmé le prefent compte veritable par T...... au nom & comme Procureur fondé de procuration fpeciale de B..... le &c.....

La preface du compte ne doit exceder que fix rôles, & le furplus ne paffe point en taxe, il ne doit être tranfcrit dans icelui, autre piece que la comiffion du rendant, l'acte de tutelle & l'extrait de la fentence ou arrêt qui condane à rendre compte.

Il doit être écrit en grand papier, à raifon de vingt-deux lignes pour page, & quinze filabes pour ligne, à peine de radition dans la taxe des rôles où il fe trouvera de la contravention.

Compte de tutelle.

Compte que rend B..... défendeur, à C...... demandeur, de la tuition & adminiftration qu'il a en de la perfone & bien de C.....

Enfuite on met un petit préambule fervant de preface, qui eft un narré fommaire qui concerne la nomination du tuteur & la geftion, en ces termes.

Aprés le decés de D..... pere de C..... fes parens, tant paternels que maternels s'affemblerent devant..... juge de..... pour élire un tuteur qui eût l'administration de sa persone & biens, à laquelle charge B...... fut élû par acte, dont la teneur ensuit.

A tous ceux, &c...........

En execution duquel acte B...... a fait toutes les diligences possibles pour l'utilité & la conservation des biens de C.... jusqu'au jour de..... que s'é-tant fait émanciper, il a demandé par exploit du.... que B..... fût tenu de lui rendre compte, & sur cête demande est intervenu sentence le..... qui con-dane B..... de rendre le present compte.

Premier Chapitre de recepte, à cause de la vente des meubles demeurés aprés le decés de défunt D.....

Fait ledit rendant recepte de la somme de...... provenant de la vente des meubles qui se sont trouvés aprés le decés dudit défunt, comme apert par le procés verbal de vente, qui en a été fait par tel....... sergent, le....... cy............

Item, fait ledit rendant recepte de la somme de..... par le prix de.....

Deuxième Chapitre de recepte, à cause des loïers des mai-sons & arerages de rente.

Fait ledit rendant recepte de la somme de..... pour les loïers de......
Item, fait recepte à la charge de reprise de la somme de...... pour...... années d'arerages de.....

Premier Chapitre de dépense, à cause des frais funeraires du défunt.

Fait le rendant dépense de la somme de...... païée à tel..... suivant son memoire & quitance du.....
De la somme de..... par lui païée à..... juré crieur, suivant le memoire de frais dudit...... & sa quitance du.....
De la somme de...... par lui païée à...... marchand cierger, pour le lu-minaire qui a servi au convoi & enterrement dudit defunt D..... suivant la quitance cy raportée.......

Deuxième Chapitre de dépense, à cause des fraits faits pen-dant la maladie du defunt.

Il faut metre par ordre ce qui a été païé aux Medecins, Chirurgiens & Apo-ticaires, & faire mention de leurs quitances.

Troisième Chapitre de depense, à cause de la penssion & entretenement de l'oïant.

Fait le rendant depenfe de la fomme de. .'. . . par lui païée à. . . . pour. . . . ,
années de la penfion de l'oïant, fuivant l'avis de fes parens du. . . . . comme il a
été juftifié par quitance dudit. . . . . en date du. . . . . de la fomme de. . . . .

Chapitre de reprife à caufe des deniers comptés , & non reçûs.

Fait le rendant reprife de la fomme de. . . . . . contennë au fecond article du
deuxiéme Chapitre de recepte pour. . . . . .
Et ainfi des autres. . . . . .

Le rendant ne poura emploïer dans la dépenfe du compte les.
frais de la fentence ou de l'arrêt par lequel il eft condané de le
rendre , fi ce n'eft qu'il eût confenti avant la condanation , mais
pour toutes depenfes comunes il emploïera fon voïage , s'il en
échet, les affignations pour voir prefenter & afirmer le compte , la vacation du Procureur qui aura mis les pieces du compte
par ordre , celle du Comiffaire, pour recevoir la prefentation &
afirmation & des Procureurs s'ils y ont affiftés, enfemble les groffes & copies du compte.

Chapitre de depenfe commune du prefent compte,

Fait le rendant depenfe de la fomme dé. . . . .par lui païée à fon Procureur ,
pour avoir mis par ordre les pieces pour dreffer le prefent compte. . . . .
Pour la groffe dudit compte contenant. . . . . . rôles à raifon de cinq fols
chacun rôle en grand papier , revient à. . . . .
Pour les affignations données à l'oïant à la Requête du rendant à compa-
roir à l'hôtel de Monfieur le Comiffaire , pour voir prefenter & afirmer le
compte. . . . .
Pour la vacation dudit fieur Comiffaire , qui a reçû la prefentation & afir-
mation du compte. . . . . .
Pour celle du Procureur du rendant. . . . .
Pour la vacation du Procureur de l'oyant. . . . .
Pour la groffe du procés verbal , contenant acte de la prefentation du comp-
te , & afirmation du rendant. . . . .
Pour la copie du compte & fignification au Procureur de l'oyant. . . . . . .

Le rendant compte eft tenu d'inferer dans le dernier article ,
la fomme à quoi fe monte la recepte, celle de la depenfe & reprife, diftinctement l'une de l'autre.

Calcul de la recepte, de la depenfe & de la reprife.

Somme de la recepte du prefent compte contenuë en tant de Chapitres. . . . . ;

La dépenfe contenue en . . . . chapitres revient à . . . . . :

La reprife fe monte à . . . .

Et la dépenfe comune du prefent compte à . . . . . .

Partant la recepte eft plus forte que la dépenfe & reprife , de la fomme de . . . . .

Si la recepte fe trouve plus forte que la dépenfe & reprife , l'oïant peut prendre executoire de l'excedant , lequel lui fera delivré fur l'extrait du dernier article du compte , fans prejudice des debats formés ou à former contre la recepte , depenfe & reprife & des foutenemens au contraire.

L'ufage de faire des procés verbaux d'examen de compte a été abrogé en tous Sieges , méme aux Cours des Parlemens & autres Cours.

Par l'ancienne pratique on s'affembloit en la maifon du Juge ou Comiffaire de la redition du compte pour métre , par forme d'apoftille , à côté de chaque article , les confentemens, debats & foutenemens des parties, mais aujourd'hui , cela ne fe pratique plus, fuivant l'article 15. du titre 29 de l'ordonance de 1667. fans neamoins deroger à l'ufage obfervé par les Comiffaires du Châtelet de Paris , chés lefquels les parties s'affemblent pour métre leurs confentemens, debats & foutenemens à côté des articles du compte.

Aprés la prefentation & afirmation , le rendant doit donner copie du compte au Procureur de l'oïant , lequel il doit lui comuniquer fous fon récépicé , enfemble les pieces juftificatives de la recepte , dépenfe & reprife , pour les voir & examiner pendant quinze jours, aprés lefquels il eft tenu de les rendre à peine de prifons, de foixante livres d'amande , & du fejour, dépens, domages & interefts des parties, en fon nom , fans qu'aucune de ces peines foient reputées cominatoires, remifes , ou moderées, fous quelque pretexte que ce foit.

Requête aux fins d'obtenir contrainte contre un Procureur , pour rendre les pieces juftificatives de compte.

A Monfieur le Prevôt ou Bailli de &c. . . . .

Suplie humblement B. . . . .

Difant , qu'aïant donné à F. . . . . Procureur de D . . . . copie du compte prefenté & afirmé veritable par le fupliant , il lui a enfuite comuniqué fous fon récépicé les pieces juftificatives dudit compte , & comme il ne les a point rendues , quoique le delai porté par l'ordonance foit expiré , le fupliant requiert qu'il lui foit pourvû.

Ce confideré, Monfieur, il vous plaife ordoner que F. ... fera contraint par corps de rendre lefdites pieces, & cependant qu'executoire fera delivré au fupliant contre lui de la fomme de .... par chacun jour, au païement de laquelle il fera contraint par toutes voies dûes & raifonables, & à faute d'avoir rendu lefdites pieces dans le delai porté par l'ordonance, declarer l'amande de foixante livres encourue, & le condaner en fon nom aux domages & interêts du fupliant, fuivant la liquidation qui en fera faite, & aux dépens, & vous ferés bien.

Neanmoins le Juge peut en conoiffance de caufe & pour des raifons ou confiderations importantes, proroger le delai d'une autre quinzaine pour une fois feulement.

Pour obtenir ce delai, il faut que le Procureur qui a les pieces en comunication, prefente requête contenant les raifons qui l'ont empêché d'examiner le compte & fournir de debats, pour lefquelles il demande un autre delai.

Le juge met fur céte requête, *Viennent les parties*, aprés quoi il la faut faire fignifier avec un avenir pour plaider, & fi le Juge à l'audiance conoit que le delai puiffe être prorogé, il acorde le delai de quinzaine, ou deboute le demandeur de fa requête, & le condane aux dépens.

Si les oïants compte, ont même interêt, ils doivent nomer qu'un feul & méme Procureur, & s'ils n'en veulent pas convenir, ils en peuvent métre un chacun à leurs frais, auquel cas l'oïant ne fera tenu de doner qu'une feule copie du compte & une feule comunication des pieces au plus ancien.

Mais fi les oïans ont des interefts diferents, chacun doit prendre un Procureur, & le rendant doit leur fignifier à chacun copie du compte, & leur comuniquer les pieces juftificatives.

Et s'il y a des creanciers intervenans, ils n'auront tous enfemble qu'une feule comunication, tant du compte que des pieces juftificatives par les mains du plus ancien des Procureurs qu'ils auront chargé.

Aprés le delai de comuniquer expiré, il faut prendre apointement au grefe, portant que l'oïant fournira les confentemens ou debats dans la huitaine, & le rendant fournira les foutenemens huitaine aprés, & que les parties écriront & produiront dans une autre huitaine, & fourniront de contredits.

Apointement à fournir de debats , & soutenemens , écrire & produire.

Extrait des Regiftres de .....

Entre &c. . . . .
Aprés que H.... pour le rendant a dit avoir comuniqué le compte en queftion au Procureur de l'oïant , & que le delai de quinzaine depuis la comunication eft expiré , & que M.... pour l'oïant a été oüi , Nous ordonons que dans huitaine l'oïant fournira de confentement , ou debats , & le rendant fes foutenemens huitaine aprés , écriront & produiront les parties dans une autre huitaine , & contredi:ront leurs productions dans la huitaine fuivante.

Cet apointement étant expedié , il doit être fignifié à la partie & en confequence l'oïant doit fournir de debats.

Debats de compte.

Debats de compte que met par devant vous Monfieur le Prevôt ou Bailli de.. .. C. ... oïant
 Contre B . . ... rendant ledit compte.
Dit premierement , que la préface du compte doit être reduite à fix roles , fans aprouver le recit , le furplus raïé.
 En fecond lieu , que le premier article du chapitre premier doit être augmenté de la fomme de .... à caufe que &c....
 La recepte contenue au deuxiéme article doit être auffi augmentée de ... .
 Le rendant a obmis de faire recepte de la fomme de ..... par lui reçu̇e de ......
 Troifiémement fur le deuxiéme chapitre de recepte , le rendant doit faire recepte purement & fimplement de la fomme contenue au premier article dudit chapitre , & en ce cas confent que l'article foit paffé.....
 En fecond lieu , fur le premier chapitre de depenfe empêche, que la contenue audit premier article foit aloüée à caufe de &c.... .
 Le deuxiéme article doit être raïé.
 A l'égard du troifiéme article le rendant a été rembourfé de la fomme par lui emploïée , dont il a donné quitance le .... & partant l'article doit être raïé ...
 Quatriemement , la reprife contenue au chapitre de reprife , doit être raïée , le rendant aïant reçu ou pû recevoir la fomme de .. ... que s'il n'en a pas été païé , c'eft faute d'avoir fait les diligences neceffaires contre les debiteurs .. ....

Les débats étans fournis , le rendant compte doit fournir de foutenemens , ainfi qu'il a été dit ci-deffus , & faire voir que les débats font mal fondés , & fes foutenemens doivent être dreffés ainfi qu'il enfuit.

Soûtenemens.

Soûtenemens que met par devant vous Monfieur le Prevôt ou Bailli de ....
B. ..... rendant compte.

Contre C.... oïant

Dit qu'à l'égard du premier article du premier chapître de recepte que le debat eft inutilement formé , atendu &c. .... ainfi l'article doit être paffé en l'état qu'il eft.

Quant au fecond article dudit chapître de recepte , il ne doit être augmenté , par la raifon que le rendant n'a pas reçu plus grande fomme , les maifons dont il s'agit n'aïant été loüées que ....

Il en eft de même du troifiéme article.

Pour l'article unique , dont le deuxiéme chapître de recepte eft compofé , il doit être paffé n'étant que pour l'ordre du compte , & il eft certain que la fomme que le rendant emploïe , n'a point été païée à caufe de l'infolvabilité des debiteurs & céte verité eft juftifiée par les diligences que le rendant raporte fur l'article de reprife de ladite fomme ....

A l'égard du premier article du premier chapître de depenfe , il doit être aloüé , le rendant aïant païé la fomme y contenue en confequence d'un avis de parens de l'oïant, que le rendant a comuniqué , & qui doit faire ceffer le debat.

Si l'oïant compte ne fournit fes confentemens ou fes debats dans la huitaine portée par le reglement, le rendant compte peut après la huitaine paffée produire au grefe fon compte avec les pieces juftificatives , pour être diftribuées en la maniere acoutumée fans que pour métre l'inftance en état , il foit befoin que d'un fimple acte de fomation , de fatisfaire au reglement, & en confequence , il fera paffé outre au jugement.

Mais fi l'oïant a fourni fes debats, il peut en même tems fournir auffi fa production.

Le jugement qui interviendra fur l'inftance de compte , doit contenir le calcul de la recepte & depenfe & former le reliquat, s'il y en a aucun, en forte que ce jugement regle toutes les conteftations des parties fur tous les articles de compte où il y a eu des debats propofés , & en ce cas voïés le chapitre des jugemens & arrêts fur redition de compte de mon premier Volume de mon ancien Clerc du Palais, vous y trouverés la formule de ce jugement.

Il faut enfuite clore le compte conformément à la fentence.

On ne procede plus à la revifion d'aucun compte, cet ufage a été abrogé par l'ordonance de 1667. mais s'il y a des erreurs

la

a partie en peut former fa demande ou interjeter apel de la clô-
ure dudit compte , & plaidera fes prétendus griefs à l'audiance.

Si les parties font majeures , elles peuvent compter par devant des arbitres, quoique celui qui doit rendre compte ait été
comis par ordonance du Juge, comme fi c'eft un fequeftre ou un
tuteur , car quoique le fequeftre ou la tutelle aïent été donnés
par le Juge , neanmoins lorfque toutes les parties font majeures,
elles peuvent compter entre elles fans qu'il foit befoin de l'autorité du Juge.

Que fi ceux à qui le compte doit être rendu , font abfens hors
e Roïaume , d'une abfence longue & notoire, il faut que le rendant faffe donner l'afignation au dernier domicile de celui à qui
e compte doit être rendu , & fi aprés l'afignation , il ne fe prefente aucun Procureur pour l'abfent , fondé de procuration, le
rendant aprés avoir prefenté & afirmé fon compte veritable, levera un défaut au grefe qu'il donera à juger , & pour le profit les
articles feront aloüés s'ils font bien juftifiés.

Et fi par le calcul le rendant fe trouve debiteur , il en demeure
depofitaire fans païer aucun interêt en donnant caution , mais fi
c'eft un tuteur il eft dechargé de le bailler.

Ceux qui ont adminiftré le bien d'autrui , font toûjours reputés comptables , quoique leurs comptes foient clos jufqu'à ce
qu'ils aïent païé le reliquat , s'il en eft dû, & remis toutes les
pieces juftificatives, en forte que l'action en redition de compte
ne fe prefcrit que par trente ans , à compter du jour que la partie
a pû agir & du jour de fa majorité , auparavant non.

CHAPITRE XX.

Des evocations du principal.

LOrfqu'il furvient quelque incident dans la pourfuite d'un
principal , par devant un Juge inferieur , lequel eft jugé a-
vant le principal , fi une des parties apele au Parlement de la fentence rendue fur cet incident, l'une des parties peut demander en
la Cour l'évocation du principal , pour être jugé par un même jugement, & en ce cas elle peut evoquer , de même que pour connexité de caufe.

Mais la Cour ne peut pas juger feparement l'apel & le principal evoqué, car par l'article 2. du tit. 6. de la nouvele ordonance de 1667. il eft défendu à tous Juges fur peine de nulité des jugemens & arrêts, d'evoquer les caufes, inftances & procés pendans aux Sieges inferieurs ou autres Jurifdictions, fous pretexte d'apel ou autre connexité, fi ce n'eft pour juger définitivement en l'audiance & fur le champ par un feul & même
jugement.

Cependant quoique cet article dife feulement, *pour juger défi-*
nitivement en l'audiance, il faut neanmoins entendre que l'evocation fe peut faire du principal, quoique l'apel foit interjeté d'une
fentence rendue fur le procés par écrit.

L'évocation du principal fe pourfuit par une requête prefentée
à la Cour, par laquelle aprés avoir enoncé ce dont il s'agit, on
demande l'évocation du principal pour être jugé conjointement
avec l'apel, & fur la requéte en la grand'Chambre un de Meffieurs met, *en plaidant*, enfuite dequoi cête requête doit être
fignifiée à la partie, afin que l'Avocat plaide fur l'apel & fur le
principal, quand la caufe fera apelée, au cas que l'inftance foit
au role.

Si la caufe d'apel eft apointée, on prefente requefte à la Cour
telle que deffus, fur laquelle le raporteur met *Viennent les parties*,
& en confequence cête requefte étant fignifiée, elle fe plaide fur
avenir, & fi la caufe fe peut juger par un même jugement, la
Cour joint la requête afin d'évocation au principal, finon elle deboute le demandeur de fa requête.

Aux Chambres des Enquêtes fur la requefte on met, *Viennent*
les parties, & fi la Cour évoque, elle apointe à produire fur le
principal & joint au procés.

CHAPITRE XXI.

Des apelations incidentes.

SI dürant le cours d'un procés, en une caufe d'apel on eft obligé d'interjeter des apelations incidemment des jugemens &
apointemens qui auroient été produis dans l'inftance ou procés,
qui peuvent faire quelque prejudice, telles apelations doivent
être interjetées par requête, laquelle en doit contenir les moïens,

& emploïer pour caufe d'apel , ecritures & productions, fa requête , létres & fes pieces qui feront jointes, pour fur le tout y
être fait droit définitivement ou autrement , & à céte fin les parties font tenues fe comuniquer les requeftes & pieces dont ils entendent fe fervir.

Celui qui prefente telles requeftes , dit , qu'aïant pris comunication de l'inftance d'entre lui & tel , il a reconu qu'il produit
une fentence rendue par le Prevôt ou Bailli de tel lieu , par laquelle il dit que &c. . . . d'où ledit tel veut induire que &c. . . . ce
qui eft un moïen fort inutile par la raifon . . . . (*il faut exprimer les
moïens contraires*)

En confequence de quoi il fuplie la Cour , en tant que befoin
eft ou feroit , le recevoir incidemment apelant de ladite fentence du tel jour, le tenir pour bien relevé , lui doner acte de ce que
pour caufe d'apel , ecritures & productions , il emploïe le contenu en fa requefte, les pieces jointes à icelle & ce qu'il a écrit &
produit au procés , & en confequence métre l'apelation & ce dont
eft apelé au neant emendant dire qu'il a été mal jugé , ce faifant
le decharger de la demande & prétention dudit tel , & le condaner aux dépens tant de la caufe principale , que d'apel, ordoner que ledit tel fera tenu de fournir de réponfes, écrire & produire de fa part dans trois jours &c.

Le raporteur du procés met fur céte requefte , *le fupliant eft
reçu apelant , tenu pour bien relevé & acte de l'emploi , ordone que
l'intimé fera tenu de fournir de réponfes , écrire & produire de fa part ,
dans trois jours & joint au procés , fait ce &c.*

Neanmoins le delai peut être plus bref que trois jours , felon
la matiere & qualité des incidens qui feront joints au procés principal.

Il faut joindre à céte requefte les pieces juftificatives de l'apel
incident , & faire fignifier le tout à la partie, & lui en donner
copie , & le fommer de fournir de réponfes à caufe d'apel , écrire & produire fuivant l'ordonance apofée au bas de la requefte de
l'apelant, en date du tel jour , autrement il en demeurera forr
clos.

Le défendeur ou intimé doit auffi dans le méme delai de trois
jours , faire bailler au Procureur du demandeur & apelant , copie de l'inventaire de fa production & des pieces y contenues.

On ne peut pas donner de contredits fur les incidens , mais
l'on y peut répondre par requefte, par laquelle l'intimé dit, qu'au

procés d'entre lui & tel , pour raifon de &c... ledit tel a interjeté apel incidemment d'une fentence du &c... par fa requeſte
du tel jour, & a fait donner copie au fupliant de tantde pieces ,
la premiere defquelles eſt &c.... ce qui ne juſtifie en aucune
maniere la prétention dudit tel , parce que.... (*il faut deduire
les moïens que l'on a contre l'apelant & contre les pieces comuniquées.*

Enfuite dequoi , on conclut à ce qu'il plaife à la Cour , donner
acte au fupliant , de ce que pour réponfe à la requête dudit tel ,
il emploïe pour caufe d'apel le contenu en fa requête & en confequence métre ladite apelation au neant , ordoner que ce dont
a été apel fortira éfet & condaner l'apelant en l'amande & aux
dépens de la caufe d'apel &c.

Le Raporteur met fur céte requête , *acte de l'emploi & foit fignifié , fait ce &c...*

Si la caufe n'avoit pas été apointée, on met , *Viennent les parties.*

Il la faut faire fignifier , avec un avenir à comparoir le tel
jour , à la Chambre , pour plaider l'apelation enoncée en la requête du &c....

Les incidens doivent être reglés fomairement & fans épices par
la Chambre où le procés eſt pendant fur la fimple requête
qui fera prefentée à céte fin par l'apelant , ou demandeur.

Par arrêt du Parlement de Paris , fur les remontrances de Mr. le
Procureur general, il a été ordoné que tous les incidens des procés
& inſtances portés par les articles 23. & 24. du titre 11. de l'ordonance du mois d'Avril 1667. feront reglés par les Chambres où
ils feront pendans fur les requeſtes que l'on métra à céte fin entre
les mains des Confeillers raporteurs des procés , défenfes aux
Procureurs de pourfuivre le reglement des requeſtes à l'audiance , ni autrement & aux Grefiers de delivrer aucun apointement.

Quoique par l'article 23. ci-deffus cité , il foit défendu de
donner aucuns contredits fur les incidens, neanmoins l'ufage eſt
contraire audit article , car à prefent il eſt permis contre fa difpofition , de fournir des contredits & falvations , fur l'apel incident, lorfque l'afaire le merite.

CHAPITRE XXII.

Des faits nouveaux.

AUtrefois, on ne recevoit aucune partie à propoſer faits nouveaux ſoit en premiere inſtance ou en cauſe d'apel, ſans létres Roïaux, comme quand il s'agit de reciſion, ou de reſtitution.

Maïs par l'article 26. du titre 1. de la nouvele ordonance de 1667. il eſt défendu d'expedier à l'avenir aucunes deſdites létres pour articuler faits nouveaux, voulant que les faits ſoient poſés par une ſimple requeſte qui ſoit ſignifiée & jointe au procés ſauf d'y répondre par une autre requête.

Et afin que les faits propoſés ſoient admiſibles, il faut qu'ils ſoient deciſifs de la conteſtation qui eſt entre les parties & que la partie les ait deniées.

Par la requeſte contenant faits nouveaux le demandeur dit, qu'il y a procés pendant en la Cour entre lui & tel &c. où il s'agit de &c, & parceque ledit tel a ſoutenu que &c. le ſupliant ſe trouve obligé de poſer en fait que &c. .... (*Il faut dire ici les faits nouveaux*) deſquels faits deciſifs le ſupliant ofre la preuve.

Aprés quoi, il conclut à ce qu'il plaiſe à la Cour de lui donner acte de ce qu'il ofre de faire preuve des faits ci-deſſus articulés, tant par titres, que par témoins, dans tel tems qu'il plaira à la Cour &c.

Céte requeſte étant ſignifiée & jointe au procés, le défendeur y peut répondre par une autre requeſte, ſuivant le ſuſdit article 26. par laquelle contre les faits alegués par la partie adverſe, on opoſe ce que l'on juge le plus à propos pour les détruire, & on conclut à ce qu'il plaiſe à la Cour donner acte au ſupliant de ce que pour réponſe à la requeſte d'un tel, ſignifiée le tel jour, on emploïe le contenu en la preſente requeſte & en conſequence ordoner que &c.

Si les faits ſont niés par le défendeur, la Cour peut ordoner que les parties en informeront, & en ce cas voïés au chapitre des enqueſtes du premier Tome de ce Livre, les procedures qui ſe font en execution d'un apointement à informer.

T iij

CHAPITRE XXIII.

Des demandes incidentes.

LA demande incidente doit être faite par requête presentée à la Cour , contenant les moïens sur lesquels elle est fondée, mais il faut qu'elle concerne la question sur laquelle la Cour doit juger , en sorte qu'il soit juste de faire droit au prealable sur cête demande , ou en même tems que sur la demande principale

Par exemple , j'achete d'un particulier une maison laquelle est chargée d'un doüaire prefix d'une somme de mille livres dont je n'avois point conoiſſance au tems du contract , à la charge de païer le prix convenu dans un an , & par le vendeur d'acomplir certaines clauses contenuës dans le contract , ſi faute de païer dans ce tems je ſuis pourſuivi par mon vendeur , aléguant pour exception dilatoire que le vendeur n'a pas executé les clauses du contract , ofrant de païer le prix comun quand il les aura exe-cutées , ſi neanmoins le premier Juge me condane à païer le prix & que je ſois apelant de la ſentence par lui renduë , & que pen-dant l'apel j'aïe conoiſſance que la maiſon que j'ai achetée ſoit chargée d'un doüaire d'une somme de mille livres , je peux for-mer une demande incidente par une requête qui peut être dref-ſée comme celle qui enſuit.

Requête pour demande incidente.

A Noſſeigneurs de Parlement.

Suplie humblement P. . . . . . .

Diſant qu'il est pourſuivi en la Cour à la requête de G. . . . . . pour le païe-ment de la ſomme de . . . . contenue en l'acte fait entre les parties le . . . . . & par le même acte , ledit G . . . est obligé d'aporter quitance & décharge au ſu-pliant de . . . & comme il n'y a pas ſatisfait , il a recours à vous , pour y être pourvû.

Ce conſideré , Noſſeigneurs , il vous plaiſe ordoner que G. . . . ſera tenu d'aporter inceſſament au ſupliant la décharge mentionée en l'acte fait entre les parties , & que juſques à ce , ladite ſomme demeurera en ſes mains , auſquels fins ledit ſupliant ſe conſtitue incidemment demandeur , & en cas de conteſta-tion , que G . . . ſera condané aux dépens , requerant acte de ce que pour tou-tes écritures & productions , il emploie le contenu en la preſente requête avec lès pieces jóintes à iceles, & en conſequence ordoner que ledit G...... ſera tenu de fournir de reponſe, écrire & produire dans trois jours, & vous ſerés bien.

Sur céte requête le raporteur met, aĉte de l'emploi, *ſera tenu le défendeur de fournir de reponſes, écrire & produire de ſa part dans trois jours, & joint au procés, fait ce &c.*

Céte requête avec les pieces juſtificatives qui y ſont jointes, doivent être ſignifiées au defendeur en requêtes, lequel doit produire & écrire dans trois jours, & s'il veut, il peut repondre à céte requête par un autre requête, comme il a été dit ci-deſſus.

Lorſque le procés eſt ſur le bureau, on fait metre par le raporteur au bas de la requête, *Aĉte de l'emploi, ſera tenu le defendeur fournir dans huy de defenſes à la demande, atendu l'état de l'inſtance &c.*

Si la cauſe principale n'eſt pas apointée, & qu'elle doit être plaidée à l'audiance, pour lors on preſente une requête, comme celle ci-deſſus, contenant la demande incidente, & les moïens, mais dans les concluſions on ne demande pas aĉte d'emploi d'écriture, comme dans la requête dont il vient de parler.

Il faut obſerver ici, que céte requête étant ſignifiée on ne peut point donner d'avenir pour plaider ſur la demande incidente, qu'après trois jours francs, mais ſi elle n'eſt pas une aceſſoire de la cauſe principale, comme par exemple, une demandé en compenſation, elle ne peut pas être portée à l'audiance, & doit être inſtruite à l'ordinaire, comme la demande principale.

CHAPITRE XXIV.

Des interventions.

QUand quelqu'un a interêts dans un procés, ou inſtance formée entre le demandeur & le defendeur, ſoit pour ſoûtenir la demande faite par le demandeur, ou pour défendre le defendeur, comme s'il eſt obligé à la garantie, en ce cas, il peut intervenir dans l'inſtance pour conſerver & maintenir ſes droits.

Ce qui fe fait par requête préfentée au juge, pardevant lequel eft le procés ou l'inftance pendante, foit en premiere inftance ou en caufe d'apel.

La requête doit contenir les moïens d'intervention en ces termes, dit que par contrat du..... il a vendu à tel, une maifon fcize à...... moïenant la fomme de.....à la charge que le fupliant pouroit rentrer en la propriété d'icele dans trois ans, en rendant ladite fomme, frais & loïaux coutes, & quoique lefdites années n'étoient pas encore expirées ledit tel, veut changer l'état des lieux, & a comencé de faire abatre le mur qui fepare ladite maifon & celle de tel, pour raifon dequoi il y a inftance entre-eux pendante en la Cour.

Enfuite on conclut, à ce qu'il plaife à la Cour recevoir le fupliant partie intervenante en ladite inftance, faifant droit fur fon intervention, condaner tel, à faire retablir ledit mur, ordoner qu'il ne poura changer l'état de ladite maifon, qu'aprés les trois années expirées, & doner acte audit fupliant, de ce que pour moiens d'interventions il emploïe le contenu en la prefente requête, & le contrat de vente qu'il a fait audit tel, &c.

On met fûr cête requête, *vienent les parties.*

Il faut doner copie de la requête & des pieces juftificatives pour en venir à l'audiance des fieges & cours où le procés principal eft pendant, pour être plaidée & jugée contradictoirement ou par defaut, fur la premiere afignation, même és chambres des enquêtes des Cours de Parlement, à peine de nullité, & caffation des arrêts & jugemens qui pouront intervenir, & repetition de tous depens, domages, & interêts folidairement, tant contre la partie, que contre les Procureurs en leur nom.

Aprés la fignification de la requête & un avenir pour plaider contenant fomation de fournir de reponfe aux moïens d'interventions, on peut pourfuivre l'audiance.

Arrêt par lequel l'intervenant eft reçû partie.

Extrait des Regiftres de &c......

Entre P......... demandeur en Requête &c........
la Cour a reçû & reçoit le demandeur partie intervenante en l'inftance dont eft queftion & lui a doné acte de l'emploi, &c.

Si

Si l'intervenant n'étoit pas bien fondé en sa requête il doit en être debouté & condané aux depens.

Si l'afaire en laquelle on veut intervenir étoit apointée à metre ou en droit, il faut ajoûter dans les conclusions de la requête ci-deſſus ce qui enfuit.

Et doner acte au ſupliant de ce que pour moïens d'intervention, écritures & productions, il emploïe le contenu en la preſente requête & le contrat de vente &c.

L'arrêt qui reçoit partie intervenante, doit être ainſi.

La Cour a reçû & reçoit le demandeur partie intervenante en l'inſtance dont eſt queſtion, ordone ſur l'intervention, les parties écriront, & produiront dans trois jours & joint à l'inſtance, a doné acte au demandeur de ce que pour moïens d'interventions, écritures & productions, il emploie ſa requête & les pieces y jointes.

L'arrêt étant expedié, il faut produire, & ſignifier un acte, contenant ſomation au defendeur, d'écrire & produire, même de fournir de contredits, ſi l'apointement eſt en droit.

CHAPITRE XXV.

Des productions nouvelles.

SI l'apelant ou l'intimé ont obmis de produire quelques tîtres, pieces, actes, ou jugemens qui peuvent ſervir à la decifion de la conteſtation qui eſt entre eux, ou de quelque chef d'iceles, on peut faire une production nouvele deſdits tîtres ou actes, & pour cela, il faut preſenter requête au Juge, où le procés eſt pendant.

Par céte requête, le ſupliant dit, que quoi qu'il ait ſufiſament juſtifié que les conclufions par lui priſe contre tel, ſont équitables, neanmoins pour en faire conoître davantage la juſtice, il deſireroit produire une tranfaction, ou une ſentence du tel jou, paſſée, ou renduë, entre les parties, portant &c. . . . .

En confequence dequoi il ſuplie la Cour de vouloir lui permetre de produire leſdites pieces par productions nouveles, ordoner qu'elles ſeront comuniquées aux parties pour y fournir de contredits dans le temps de l'ordonance, & faiſant ajuger au ſupliant, ſur ce qui a été écrit & produit, ſes conclufions &c. . . . . .

Le Juge ou le raporteur met au bas de la requête, *ſoit la requête & pieces comuniquées à parties, pour y fournir de contredits dans trois jours , fauf en jugeant ,ordoner ce que de raifon, fait ce &c.....*

Il faut doner copie de céte requête & des pieces qui y font énoncées & fommer le Procureur de la partie averfe de fournir contredits dans le temps de l'ordonance.

Neanmoins l'ufage eft, qu'on ne reçoit point de production nouvele, quand le procés eft parti, par la raifon, que le partage eft un arrêt, c'eft pourquoi il a été jugé , que le partage fait ceffer le litige & empêche l'ouverture de la regale.

CHAPITRE XXVI.

Des matieres , fomaires , & des procedures qui s'y obfervent.

QUoique j'aïe ci-devant parlé des matieres fomaires en divers endroits du 1. Tome de ce Livre,neanmoins comme je ne me fuis étendu, qu'autant que les articles fur lefquels j'en ai parlé, me le permétoient, j'ai crû que pour doner une plus ample conoiffance defdites matieres fomaires aux jeunes gens du Palais, il étoit à propos d'en faire dans ce 2. Tome un Chapitre feparé afin de ne rien oublier de ce qui concerne l'Art de proceder en Juftice.

Il y a plufieurs fortes de matieres fomaires, dont l'ordonance de 1667. fait mention.

Primò. Les caufes pures & perfoneles qui n'excedent pas la fomme ou valeur de quatre cens livres, dans les cours de Parlement, grand confeil, cours des aides, & autres cours fouveraines, aux requêtes de l'hôtel, ou du Palais, font reputées matieres fomaires, fuivant l'article 1. du titre des matieres fomaires de la nouvele ordonance de 1667.

Ce qui foufre une exception contenuë en l'article 2.du même titre, qui veut que les demandes excedentes la fomme de deux cens livres , qui ont été apointées és jurifdictions & juftices inferieures, & portées par apel aux cours fouveraines, y foient jugées , comme procés par écrit, & par confequent contre la regle des matieres fomaires contenuë en l'article 7. du même titre, qui veut que les matieres fomaires foient jugées à l'audiance.

Ces termes de l'article 1. *excedantes la fomme de deux cens livres*, fe doivent entendre des caufes qui excedent deux cens li-

vres , jufqu'à quatre cens , car celles qus excedent quatre cens
livres, ne font pas fomaires dans lefdites cours fouveraines, felon ledit article 1. & aux Bailliages & Senechauffés , & autres
Jurifdiciòns roïales inferieures , & aux juftices des Seigneurs &
aux oficialités , celles qui n'excedent pas la fomme ou valeur
de deux cens livres , font auffi reputées fomaires par l'article
1. dudit titre des matieres fomaires de ladite ordonance de
1667.

Secundò. Les chofes concernant la police , à quelque fomme ou
valeur qu'elles puiffent monter , en toutes les Cours , Jurifdictions & juftice , par l'article 3.

Tertiò. Les achats , ventes , delivrances & païemens pour provifions & fournitures de maifons , en grains , farines , pain , vin ,
viande , foin , bois, & autres dénrées , pourveu que ce qui eft
demandé n'excede pas la fomme ou valeur de mille livres , de
même que toutes les autres chofes qui fuivent , contenus audit
article 3.

Quartò. Les fommes dües pour ventes faites és ports , étapes ,
foires & marchés.

Quintò. Loïers des maifons , fermes , & actions pour les ocuper ou exploiter , ou aux fins de vuider , tant de la part des proprietaires , que des locataires ou fermiers , non joüiffans , diminutions de loïers , fermages & reparations , foit qu'il y ait bail
ou non , les impenfes utiles & neceffaires , les ameliorations ,
deteriorations , labours & femences.

Sextò. Les prifes de chevaux & beftiaux en délit , les faifies
qui s'en font , les nouritures , depenfes , ou loüages.

Septimò. Les gages des ferviteurs , peines d'ouvriers , journées
de gens de travail , parties d'Apoticaires & Chirurgiens , vacations de Medecins , frais & falaires de Procureurs , Huiffiers &
Sergens , & autres droits d'oficiers , apointemens & recom-
penfes.

Octavò. Les apofitions & levée de fcelés , les confections &
cloture d'inventaires , les opofitions à la levée des fcelés , aux
inventaires & clotures , en ce qui concerne la procedure feulement , fuivant l'article 4.

Nonò. Les opofitions faites aux faifies , executions & ventes
de meubles , les preferences fur le prix en provenant , pourveu
qu'il n'y ait que trois opofans , & que leurs pretentions n'excedent
la fomme de mille livres , fans y comprendre les cas de contribution au marc la livre , felon ledit article 4.

Decimò. Les demandes afin d'élargiſſement & proviſion de perſones empriſonées, par l'article 5.

Undecimò. Les établiſſemens ou decharges de gardiens, Comiſſaires, depoſitaires, ou ſequêtres.

Duodecimò. Les demandes en fait de main-levée des éfets mobiliers ſaiſis ou executés.

Decimò 3°. Les reintegrandes.

Decimò 4°. Les proviſions requiſes pour nouritures & alimens, & tout ce qui requiert celerité & où il peut y avoir du
peril en la demeure, eſt pareillement reputée matiere ſomaire,
pourveu qu'il n'excede pas la ſomme de mille livres, par le
même article 5.

A quoi il faut auſſi ajouter les dations de tutelles & curateles,
& les émancipations des enfans.

En toutes les Cours & Juriſdictions Roïales & Seigneuriales,
les matieres ſomaires doivent être jugées à l'audiance, incontinent aprés les délais échûs, ſur un ſimple acte pour venir plaider, ſans autres procedures ni formalités, ſuivant l'article 7.
qui veut que pour cet éfet ſoient établis des audiances particulieres.

Neanmoins il faut remarquer ici une diference, que les demandes en matieres ſomaires ſe font ordinairement aux cours
inferieures par exploit & aſſignations, & que dans les cours ſouveraines, elles ſe font par requête, ſur laquelle un des Meſſieurs
ou le grefier met, *vienent les parties*, ou *ſoit partie apelée*, quand
il n'y a point de Procureur en cauſe.

Dans ces ſortes de matieres, les parties peuvent plaider ſans
aſſiſtance d'Avocats ni de Procureurs, ſi ce n'eſt dans les cours
de Parlement, grand Conſeil, cours des Aides & autres cours
ſouveraines, aux requêtes de l'Hôtel & du Palais, & aux ſieges
preſidiaux, ſelon l'article 6.

Si le diferent peut être jugé ſur le champ, les pieces ſont
miſes ſur le bureau ſans inventaires de production, écritures, ni
memoires, pour y être deliberé, & le jugement doit être prononcé au premier jour à l'audiance, ſans épices ni vacations, à peine de reſtitution du quadruple, contre celui qui a preſidé, ſuivant l'article 10.

Que ſi les parties ſe trouvent contraires en faits, le Juge peut
ordoner la preuve par témoins pour être les témoins oüis en la
prochaine audiance, en la preſence des parties, ſi elles y comparent ſinon en l'abſence des défaillans.

Neanmoins quand aux cours souveraines , aux requêtes de l'hôtel & du Palais & aux presidiaux , les témoins peuvent être oüis au grefe pardevant un des Conseillers , somairement, sans frais & sans que le delai puisse être prorogé , selon l'article 8.

Si une partie veut proposer des reproches contre les témoins amenés par sa partie averse , elle les doit reprocher en l'audiance , avant qu'ils soient entendus , si la partie est presente , & en cas d'absence , il doit être passé outre à l'audition , & doit être fait mention sur le plumitif, ou par le procés verbal, si c'est au grefe, des reproches & de la deposition des temoins , suivant l'article 9.

En fait de police , les jugemens definitifs ou provisoires , à quelque somme qu'ils puissent monter sont executés nonobstant oposition ou apellation, & sans y prejudicier, en baillant caution, ainsi qu'il a été dit au second Tome de ce Livre , au Chapitre de l'execution des jugemens & arrêts.

Ce qui est fondé sur ce qu'il est de l'interêt public, que ce qui a été jugé & ordoné pour fait de police , soit executé sans retardement.

Les jugemens difinitifs donés és matieres somaires , sont executoires par provision , en donnant caution, nonobstant opositions ou apelations , & sans y prejudicier , quoiqu'il n'y ait ni contrats, ni obligations, ni promesses reconuës, ou condanations precedentes, selon l'article 13.

Sçavoir , à l'égard des justices des Duchés & Pairies , & autres qui ressortissent sans moïen au Parlement , de quarante livres.

A l'égard des autres Justices, & même des Duchés & Pairies qui ne ressortissent nuement aux cours de Parlement , de vingt-cinq livres.

A l'égard des Prevôtés & Châtelenies Roïales & autres sieges inferieurs, maîtrises particulieres des eaux & forêts, sieges particuliers des amirautés, élections, & greniers à sel, de soixante livres.

A l'égard des baillages & senechaussées , sieges des grands maîtres des eaux & forêts , conétablies & sieges generaux des amirautés, de cent livres.

A l'égard des requêtes de l'hôtel & du Palais , de trois cens livres & au dessous.

Or, il s'ensuit , qu'en toutes matieres somaires , qui ne cedent

V iij

point la fomme de mille livres, les fentences de provifions font executées, nonobftant & fans prejudice de l'apel, en baillant caution, quoi qu'il n'y ait contract, obligation, promeffe reconuë, ou condanation precedente, felon l'article 14.

Que s'il y a contrats, obligations, promeffes reconuës, ou condanations precedentes par fentence, dont il n'y ait pas d'apel, les fentences de provifions, font executées, à quelques fommes qu'elles puiffent monter, en donant caution, fuivant l'article 15.

Neanmoins la provifion feroit empêchée au cas qu'on produifit des quitances & autres pieces, qui pouroient faire douter, fi le païement n'auroit pas été fait.

Par l'article 16. il eft défendu à toutes les cours fouveraines de doner aucunes défenfes, ni furfeances à l'execution des fentences, dans les cas marqués ci-deffus, à peine de nullité, Sa Majefté voulant que fans y avoir égard, & fans qu'il foit befoin d'en demander main levée, les fentences foient executées nonobftant tous jugemens, ordonances ou arrêts contraires, & que les parties qui ont prefenté les requêtes afin de défenfes ou de furféances, & les Procureurs qui les ont fignées, ou qui en ont fait demande en l'audiance, ou autrement, foient condanés chacun en cent livres d'amande, aplicable moitié à la partie, & l'autre moitié aux pauvres, fans que telles amendes puiffent être remifes ni moderées.

Un arrêt du Parlement de Paris, qui avoit furfis l'execution des fentences du Châtelet, pour la refolution du bail d'une maifon, a été caffé, par arrêt du Confeil d'Etat du 6. Aouft 1668. raporté dans le recueil des arrêts donés en interpretation des nouveles ordonances, & la partie & le Procureur condané en la peine portée par cet article.

Si les inftances fur la provifion & fur la diffinitive font en même temps en état, les Juges y doivent prononcer par un même jugement, & peuvent ordoner qu'en cas d'apel leur jugement fera executé par maniere de provifion, en baillant bone & fufifante caution, lorfqu'il échet de juger par provifion, & en ce cas ils ne peuvent pas doner feparement la fentence de provifion & definition, felon l'article 17.

CHAPITRE XXVII.

Des apofitions, & levées de fcelé.

LE fcelé peut être apofé , à la requête de plufieurs fortes de perfones , fur les biens & éfets d'un défunt.

Primò. Le creancier peut faire apofer le fcelé fur les biens de fon debiteur decedé, pourveu qu'il foit fondé en titre valable.

Secundò. La veuve pour la repetition de fes conventions matrimoniales , ou les heritiers d'un défunt qui aprehendent que la veuve ne fouftraïe quelques éfets de la comunauté.

Tertiò. L'executeur teftamentaire pour rendre un compte fidéle & exact, de ce dont il aura été faifi pendant l'an & jour de fon execution.

Quartò. Les creanciers d'un debiteur , quoique vivant, peuvent faire apofer le fcelé fur les biens , en cas d'abfence & de latitation, de crime capital , afin de trouver des chofes fervans à conviction , de faillite , de banqueroute , ou d'emprifonement , car le fcelé ne s'apofe jamais fur les biens d'un homme vivant & refidant dans fa maifon , mais on les peut métre en fequeftre.

Quintò. Le Procureur du Roi peut d'ofice faire apofer le fcelé fur les biens du défunt, pour la confervation des biens & droits des enfans mineurs du decedé , en cas qu'il n'y ait pas de tuteur ou de curateur , & que les pere & mere foient decedés , car quand il y a un tuteur nomé , c'eft à lui à faire faire l'inventaire, fur les peines de droit , & pareillement fi l'un des conjoints eft furvivant, c'eft à lui à faire nomer à la tutelle , fur peine d'être la comunauté continuées entre lui & fes enfans , s'il plait aufdits enfans , fuivant la difpofition du droit coutumier.

Celui de la Chambre du trefor peut auffi apofer le fcellé fur les biens de ceux qui decedent fans heritiers aparens , ou qui n'en ont point , en éfet, felon la difpofition de nos loix , comme font les batars decedés fans enfans & qui ne font pas mariés , ou les aubains qui n'ont que le Roi pour fucceffeurs dans leurs biens.

Les Procureurs fifcaux ont pareillement droit de métre le fcellé fur les biens de ceux qui decedent fans heritiers dans les terres des Seigneurs, & qui ont leur domicile, à l'égard des biens des aubains, lefquels indiftinctement apartienent au Roi.

Le fcellé s'apofe encore fur les biens volés, pris & recelés, & fur ceux qui apartienent à ceux qui font acufés de s'être defaits eux-mêmes ou qui font foupçonés de ce crime, pour être rendus à ceux qu'il apartiendra.

Neanmoins la permiffion de fceler ne fe doit pas donner aux creanciers d'un défunt lorfqu'il y a quelque tems, comme de douze ou quinze jours, que le decés eft arivé, parce que les chofes peuvent avoir changées de nature ou d'état.

Ainfi les heritiers n'ont que l'action pour le partage des biens de la fucceffion, & les creanciers pour faire declarer leurs titres executoires.

C'eft pourquoi, fi tôt que le decés eft arivé, celui qui veut faire apofer le fcelé fur les biens & éfets du défunt, doit prefenter requefte au Juge, par laquelle aprés avoir deduit fes moiens, on demande permiffion de faire faifir & fceler les biens de la fucceffion, ainfi qu'il enfuit.

Requête pour avoir permiffion de faire apofer le fcelé.

A Monfieur le Prevôt ou Bailli de .....

Suplie humblement D......

Difant qu'il eft creancier de la fucceffion de défunt B....de la fomme de... par contract, fentence, ou obligation du tel jour .... & de peur que les biens & éfets de la fucceffion ne foient divertis au prejudice du fupliant, il requiert qu'il lui foit pourvû.

Ce confideré, Monfieur, il vous plaife permétre au fupliant de faire proceder par voie de faifie & fcelé fur tous les biens & éfets de la fucceffion dudit défunt, & vous ferés bien.

Le Juge met au bas de la requefte, *Permis de faire faifir & fceler, & à céte fin comis Maître tel, &c...fait ce &c....*

Le *Committitur*, pour fceler ne fe donne que dans les Jurifdictions fuperieures, & en celles où il y a des Comiffaires en titre qui ont la charge d'apofer leur fcelé dans les maifons des particuliers, comme au Châtelet de Paris, ils ne peuvent fceler fans ordonance de Mr. le Lieutenant Civil qui les commet, excepté fi le corps du défunt eft encore dans la maifon, qui eft le feul cas où ils le puiffent faire fans *Committitur*, fur la requifition des heritiers

ritiers ou des creanciers du défunt, qui ont des titres en bonne
forme.

Dans les autres Jurifdictions, les Prevôts, Baillifs, Lieutenans
generaux & autres Juges peuvent apofer le fcelé eux-mémes,
ainfi on leur prefente requefte, à ce qu'ils aïent à fe tranfporter
dans la maifon de tel , pour faifir & apofer ledit fcelé fur fes
biens.

En vertu de la requefte, le Juge ou le Comiffaire fe tranfporte fur les lieux où il dreffe fon procés verbal d'apofition de fcelé
fur tous les meubles & éfets de la fucceffion duquel il s'a-
git.

Procés verbal d'apofition de fcelé.

L'an .... le .... jour de .... par devant nous N .... eft comparu D.... lequel nous a dit qu'il eft creancier de la fucceffion de défunt B.... par contract ,
fentence , ou obligation du tel jour ... & comme les éfets de céte fucceffion ,
pouroient être divertis , il nous a fuplié de nous tranfporter en la maifon où ledit
défunt eft decedé , pour apofer le fcelé fur les biens & éfets du défunt à la confervation de fes droits, & a figné.

Sur quoi nous ordonons qu'il fera par nous apofé fcelé fur les biens & éfets
de la fucceffion dudit défunt pour la confervation des droits de D. ... & à céte
fin nous nous tranfporterons inceffament en la maifon où ledit défunt eft decedé.

Et ledit jour , Nous étant tranfporté en la maifon où eft decedé ledit défunt
tel .... fcize ruë .... avons procedé à l'apofition de nos fcelés fur les chofes
trouvées fermées à clef à nous indiquées apartenir à la fucceffion dudit défunt .

Premierement nous avons apofé le cachet de nos armes & fcelé fur les trous
& entrées des clefs de deux ferrures d'un cabinet de bois de ..... & fur les deux
bouts d'une bande de papier apliquée fur ledit cabinet , fçavoir un au haut & un
au bas , comme auffi fur les deux bouts d'une bande de papier apliquée à.... &
fur quatre morceaux de cire apliqués aux pantures , icelui cabinet étant en telle
falle ou chambre &c .... (Specifier ainfi exactement les chofes , portes & fené-
tres , fur lefquelles le fcelé eft apofé.)

Aprés laquelle apofition de nofdits fcelés , nous avons procedé à la defcription des meubles en évidence , trouvés en ladite maifon.

Premierement dix pieces de tapifferies de Flandre , en laquelle eft repréfentée
l'hiftoire de &c......

Item un lit &c....... (& ainfi des autres meubles qui fe trouvent en ladite maifon.)

Ce fait nous avons tous nos fcelés & les meubles trouvés en ladite maifon ,
laiffés en la garde de P'.... qui s'en eft volontairement chargé , & promis de les
reprefenter lorfqu'il fera ainfi ordoné comme depofitaire de biens de juftice ,
principalement nofdits fcelés fains & entiers, & afigné.

Les opofitions doivent être formées par devant celui qui apofe le fcelé par ceux qui ont titres valables & caufes legitimes

pour empêcher la levée, comme un creancier, en forte que s'il y a des opofitions au fcelé, il en faut faire mention dans le procés verbal.

Opofition au fcelé.

Et ledit jour, eft comparu par devant nous H..... qui a dit qu'il s'opofe à la levée de nofdits fcelés pour fureté des fommes de deniers à lui dûes par la fucceffion dudit défunt, tant en principal, interêts, que dépens, & pour les autres caufes & moïens qu'il deduira en tems & lieu, élifant domicile en la maifon de F.... fcize ruë &c...

Si l'opofition n'eft pas inferée dans le procés verbal du Juge ou Comiffaire, elle peut lui être fignifiée par un acte.

On ne peut pas faire lever le fcelé, que les intereffés & opofans ne foient apelés, & pour cet éfet il faut prefenter requefte au Juge de l'ordonance duquel le fcelé a été apofé.

Requête pour faire lever le fcelé.

A Monfieur &c.....

Suplie humblement D............

Qu'il vous plaife proceder à la reconoiffance & levée du fcelé, *ou perméttre de faire lever le fcelé*, apofé à fa requête fur les biens & éfets de la fucceffion de B.... les intereffés prefens ou dûcment apelés, & en cas d'abfence, en la prefence de Monfieur le Procureur du Roi, ou l'un de fes fubftituts pour être fait inventaire & defcription de ce qui fe trouvera fous icelui, & vous ferés bien.

Sur cête requête, le Juge ordone que le fcelé fera levé, icelui préalablement reconnu, les intereffés prefens, ou duement apelés, & en cas d'abfence, en prefence du Procureur du Roi ou de l'un de fes fubftituts.

En vertu de la permiffion qu'on aura obtenue au bas de cête requefte, il faut faire afigner les intereffés, & opofans, en parlant à leur perfone ou domicile, à comparoir à tel jour & heures de relevée en la maifon où eft decedé ledit défunt, fcife en telle ruë, pour voir proceder à la reconoiffance & levée dudit fcelé & enfuite à l'inventaire, defcription, & prifées des meubles qui fe trouveront fous icelui, avec declaration qu'il y fera procedé tant en prefence qu'abfence.

Le Juge ou Comiffaire fe tranfporte en la maifon où il a apofé les fcelés, & aprés avoir reconu les fceaux fains & entiers, il procede à la levée d'iceux, dont il dreffe fon procés verbal, & enfuite on fait inventaire de tout ce qui fe trouve fous les fcelés.

Si le fcelé a été apofé à la requéte de la veuve & qu'il foit levé à fa diligence l'intitulé de l'Inventaire fera ainfi.

Inventaire.

L'an .... le .... jour de ... heure de ..... à la requéte de M. ... veuve de défunt B.... en prefence de H ... fubrogé tuteur des enfans mineurs dudit défunt & d'elle, habile à fe porter heritiers dudit défunt, leur pere, comme auffi en la prefence de Maître tel ... Procureur du Roi au Baillage de ... pour l'abfence des creanciers opofans à la levée du fcelé ci-aprés mentioné, & autres parties intereffées, fi aucune y a en la fucceffion dudit défunt, abfens & à la confervation des droits des parties, & aux proteftations faites par ladite veuve de prendre la comunauté d'entre elle & ledit défunt, ou de renoncer à icelle, a été par ... Notaires à .... foufignés procédé à l'inventaire & defcriptions de tous les meubles & éfets trouvés en la maifon où ledit défunt eft decedé, montrés & mis en évidence par ladite veuve aprés ferment par elle fait, qu'elle n'en a caché, ni divertis aucuns.

S'il y a des domeftiques, il faut leur faire faire le ferment feparement, qu'ils n'ont caché, ni diverti aucuns meubles & éfets, & qu'ils n'ont aucune conoiffance qu'il en ait été caché ni diverti.

Le tout aprés que le fcelé qui a été mis & apofé fur lefdits meubles & éfets par N. .... a été par lui reconu, levé & ôté, lefdits meubles pris & eftimés par S. .... fergent à ... ainfi qu'il enfuit, & ont figné.

Premierement, en la falle baffe de ladite Maifon, s'eft trouvé dix pieces de tapifferies de Flandre, reprefentans l'hiftoire de &c .... prifées enfemble à la fomme de ....

Item, douze fauteuils &c .... (*inventorier auffi les meubles, habits, linges, vaiffele d'argent, or & argent monoié, & faire mention de la prifée des meubles.*

Enfuite les titres.

Premierement un contract &c....
Item, une obligation de la fomme de .... (*& auffi inventorier les titres & papiers.*

Lefquels meubles & titres ont été laiffés en garde à Z ... qui s'en eft chargé & promis reprefenter iceux quand il fera ordoné par juftice, le tout à la confervation de qui il apartiendra & a figné *ou* déclaré ne fçavoir écrire ni figner, de ce enquis.

En quelques lieux ce font les Notaires qui font l'inventaire en préfence du Juge ou Comiffaire qui a levé les fcelés, lequel étant achevé, l'heritier ou la veuve le font clore par celui qui l'a fait.

Clôture d'inventaire.

Et le...... jour de...... pardevant nous...... eft comparuë ladite M..... laquelle après ferment par elle fait de dire la verité, a déclaré, qu'elle n'a point de conoiffance d'autres meubles ni éfets de la fucceffion & comunauté d'entre-elle, & ledit defunt, que ceux contenus au préfent inventaire, de laquelle déclaration lui avons doné acte, & en conféquence ledit inventaire tenu pour clos.

Si toutes les parties font préfentes ou fi elles ont conftitué un Procureur pour affifter pour elles à la levée du fcelé, & à l'inventaire, il n'eft pas neceffaire que le Procureur du Roi ni fon fubftitut y foient.

Quand le défunt a laiffé des enfans, la mere étant furvivante, on ne fait pas apofer le fcelé, parce que fi les enfans font mineurs, leur mere doit être nomée leur tutrice, laquelle doit faire inventaire en préfence du tuteur fubrogé.

Mais fi les enfans n'ont ni pere, ni mere, le Juge doit faire apofer le fcelé, & après l'apofition du fcelé, on procede à l'élection d'un tuteur, & en ce cas voïés le Chapitre des tuteurs.

Que fi le défunt n'a laiffé que des heritiers collateraux, ordinairement la veuve ou les heritiers font apofer le fcelé dès le moment de la mort, pour empêcher la fouftraction des éfets de la fucceffion.

Neanmoins fi la veuve & heritiers font en bone intelligence, ils peuvent faire inventaire des biens du defunt comme celui ci-deffus, fans qu'il foit neceffaire d'apofer le fcelé, en forte que fi la veuve ou lefdits heritiers, avoient fait faire inventaire des biens du defunt, le Juge ne peut pas fceler à la requête des creanciers, qui n'ont que l'action pour faire declarer leur titre executoire contre la veuve & heritiers.

Ils peuvent obtenir feulement du Juge la permiffion pour faire faifir & arrêter és mains des debiteurs de la fucceffion, faifir & revendiquer les éfets divertis & recelés, mais il faut qu'ils aïent un titre qui établiffe leur creance, foit en forme pardevant Notaires, ou au moins fous-fignature privée du défunt.

Si les éfets de la fuccefsion ont été recelés, les heritiers ou creanciers peuvent en faire informer, & à céte fin prefenter requête.

Requête pour avoir permifsion de faire informer du recelé des éfets d'une fuccefsion.

A Monfieur le Prevôt ou Bailly de......

Suplie humblement H...... fils & heritier de défunt B.......

Difant, que devant & aprés fon decés, on a diverti plufieurs meubles & éfets confiderables de fa fuccefsion, tant en argent monoïé, que billets, titres, papiers, tapifferies, linges & autres meubles, c'eft pourquoi il a recours à vous.

Ce confideré, Monfieur, il vous plaife permetre au fupliant de faire informer par devant vous du recelé & divertiffement des éfets de la fucefsion dudit défunt, obtenir & faire publier monitoire en forme de droit, faifir & revendiquer les chofes diverties & recelées, & vous ferés bien.

Le Juge met au bas de céte requête, *nous avons permis de faire informer du recelé & divertiffement des éfets pardevant....... obtenir & faire publier monitoire en forme de droit, faifir & revendiquer les chofes diverties & recelées, fait ce &c.....*

La procedure extraordinaire eft au Chapitre des matieres crimineles, laquelle doit être faite par le Juge civil.

CHAPITRE XXVIII.

Du fequeftre.

LE fequeftre fe fait lorfqu'une chofe litigieufe eft mife en main tierce, pour être gardée jufques à la fin du procés ou qu'il en foit autrement ordoné par le Juge, pour être donée à celui qui obtiendra gain de caufe.

Elle fe fait ou par la volonté, & du confentement des parties, auquel cas, c'eft un fequeftre volontaire & conventionel, ou contre la volonté d'une des parties, on l'apelle fequeftre judiciaire & necefsaire.

Le fequeftre peut être demandé par l'une des parties en tout état de caufe, & par ce moïen la pofsefsion & joüifsance de la chofe contentieufe eft ôtée à l'une & à l'autre des parties,

ce qui arive quand il ne paroît pas qui a le droit le plus aparent, car en ce cas les parties, ou comme je viens de dire l'u-
ne d'iceles, peuvent demander le fequeftre, ou le Juge peut
l'ordoner d'ofice s'il eftime qu'il y ait neceffité de le faire,
fuivant l'article 2. du titre des fequeftres de l'ordonance de
1667.

Neanmoins il ne doit le faire que quand la poffeffion ne peut
être ajugée par aucune raifon à celui qui la demande.

Le fequeftre peut auffi avoir lieu, lorfque l'une des parties a
un droit le plus aparent, au cas qu'elle ne puiffe pas doner caution fufifante pour la recreance, en ce cas la partie averfe peut
demander que la chofe foit fequeftrée, faute par fa partie de
prefenter une bone & fufifante caution.

Ordinairement celui qui pourfuit par action poffeffoire, le poffeffeur d'une chofe demande qu'auparavant que de faire droit,
il foit ordoné le fequeftre.

D'où il s'enfuit que fi le demandeur en complainte a été indûëment & par voïe de fait expulfé de fon heritage ou fpolié
de quelque autre chofe dont il étoit en bone poffeffion, le Juge
doit ordoner qu'il fera remis & réintegré en la poffeffion en laquelle il étoit avant céte injufte fpoliation & condane le défendeur à la reftitution des fruits, fi la chofe a été capable d'en
produire, aux domages & interêts & aux depens, & cela s'apele
en terme de pratique, reintegrande.

Si le droit des parties eft douteux, en ce cas le Juge ordone que la chofe contentieufe, comme il a été dit ci-deffus, fera fequeftrée pendant le procés, & par fon jugement definitif, il maintient en la poffeffion de céte même chofe contentieufe, celle des parties qu'il trouvera y être mieux fondée.

La demande en reintegrande peut auffi être intentée civilement ou criminelement au choix du demandeur, mais quand
il a une fois choifi l'une de ces deux voies, il ne peut plus fe
fervir de l'autre, fi ce n'eft qu'en prononçant fur l'inftance criminele on lui ait refervé l'action civile.

Par l'article 6. du titre 18. de ladite ordonance de 1667. ceux
qui fucombent dans l'inftance de reintegrande, doivent auffi
être condanés en l'amende, felon l'exigence des cas.

On peut demander la reintegrande d'une chofe mobiliaire, auffi bien que d'une immeuble, fi par violence, & par
voïe de fait, on a été depoüillé des titres & papiers, des meu-

bles & des éfets mobiliaires , d'une fucceffion dont on étoit en poffeffion.

La raifon eft , que par l'article 1. du titre 18. de la même ordonance on peut intenter complainte quand on eft troublé en la poffeffion d'une univerfalité de meubles.

L'action de reintegrande peut être pareillement intentée par un fermier , ou un depofitaire , fi le fermier a été depoüillé des fruits de la ferme , ou le depofitaire de la chofe qui auroit été dépofée entre fes mains , lui avoit été donée en garde.

Quoique l'ordonance dit , que pour intenter complainte pour raifon d'une chofe , il faut l'avoir poffedée à autres titres que de fermier , neanmoins elle n'entend dire autre chofe , finon , que le fermier d'une terre ou d'un heritage , n'eft pas partie capable pour intenter complainte pour raifon de céte terre , ou de cet heritage qui ne lui apartient pas , & qu'il ne peut pas faire paffer la joüiffance qu'il en a euë durant le tems de fon bail , pour une veritable poffeffion , fur laquelle il puiffe fonder une complainte , qui n'eft acordée qu'à celui qui poffede à titre , & eft proprietaire.

Mais elle ne dit pas que fi le fermier eft violament depoüillé des fruits crûs fur céte terre , ou fur cet heritage , qui lui apartienent en pleine proprieté , il ne puiffe s'en plaindre , & en demander la reintegrande par action civile ou criminele.

Le defendeur en reintegrande qui a des titres pour montrer que l'heritage contentieux lui apartient , ne peut pas les opofer pour défenfes , ni empêcher par ce moïen que la reintegrande ne foit ajugée au demandeur , en forte que toute audiance lui doit être deniée au petitoire , jufqu'à ce que l'inftance de reintegrande ait été jugée , & la fentence entierement executée , car il eft défendu par l'ordonance de cumuler le petitoire avec le poffeffoire , c'eft-à-dire , de les pourfuivre conjointement , ainfi qu'il a été ci-devant dit.

Les actions poffeffoires font plus de droit , que de fait , ou certain melange de droit de proprieté.

C'eft pourquoi , fi un défendeur en complainte raportoit des titres indubitables & non prefcrits , tant de fon droit , que de l'ufurpation fur lui faite , j'eftime qu'il pouroit faire debouter le demandeur de la complainte , afin d'éviter un circuit d'actions & une multiplicité de preuves inutiles qu'il faudroit faire pour ajuger la poffeffion à celui à qui il faudroit l'ôter incontinent après.

Le feul cas auquel le poffeffoire fe doit vuider avant le petitoire, eft lors que le droit du défendeur en complainte touchant la proprieté, eft douteux, que les titres qu'il raporte pour
juftification de fon pretendu droit de proprieté, ne font pas bien
clairs, & que le demandeur en complainte y aporte de bons &
pertinens contredits.

En éfet il femble qu'il y auroit de l'injuftice de favorifer la
mauvaife foi d'un ufurpateur manifefte par une fcrupuleufe formalité de vuider en ce cas le poffeffoire avant le petitoire, en
ajugeant à cet ufurpateur, ce qu'on prevoit par le titre du défendeur en complainte, qu'il feroit indubitablement obligé de
reftituer.

L'article 4. dudit titre 18. de l'ordonance de 1667. porte,
que fi le demandeur ne fait pas taxer & liquider les depens,
domages & interêts, & reftitutions de fruits à lui ajugés par
la fentence de reintegrande, dans le temps qui lui aura été
prefini, le défendeur poura pourfuivre le petitoire en baillant
caution de païer le tout aprés que la taxe & liquidation aura
été faite.

Mais fi le défendeur en reintegrande ne veut pas obéïr à la
fentence, ni quiter au demandeur la poffeffion de la chofe en
laquelle il doit être reintegré, il faut comme j'ai dit au Chapitre de l'execution des jugemens & arrêts, l'en depoffeder par
autorité de juftice, par exemple, fi c'eft une maifon, l'en faire
fortir & metre fes meubles fur le careau, en forte que fi le défendeur fait rebelion, le demandeur en fera informer & lui fera
faire fon procés, fuivant l'article 7. du même titre.

Quand le fequeftre a été ordoné, celui qui eft en poffeffion
de la chofe contentieufe, eft obligé de reftituer les fruits per-
ceus pendant l'année, & c'eft ce qu'on apele fourniffement de
complainte, ainfi les fruits doivent être rendus au fequeftre.

Les maifons, les heritages, & les meubles, peuvent être mifes en fequeftre, car quoi que les chofes mobiliaires fe don-
nent plutôt en garde & en dépôt, qu'en fequeftre, neanmoins
quand la garde eft ordonée par juftice, c'eft un fequeftre, &
non pas un depôt, comme s'il eft ordoné, que la fucceffion mobiliaire d'un défunt fera mife en main tierce, c'eft proprement
un fequeftre.

Toutes demandes en fequeftre doivent être formées par requête, comme celle qui fuit.

Requête

Requête pour faire fequeftrer des chofes contentienfes.

A Monfieur le Prevôt ou Bailly de. . . . .

Suplie humblement S. . . . .

Difant, que fur les conteftations d'entre le fupliant & Q. . . . . pour raifon du poffeffoire de la terre de. . . . . . les parties ont été apointées en droit, à écrire & produire, & comme Q. . . . . joüit des chofes dont il s'agit, il a formé plufieurs incidens pour empêcher le jugement de l'inftance.

Ce confideré, Monfieur, il vous plaife ordoner, que les heritages & fruits en queftion feront fequeftrés, & à iceux établi Comiffaires, dont les parties conviendront en atendant le jugement de l'inftance, & vous ferés bien.

On met au bas de céte requête, *vienent les parties*, enfuite dequoi il faut la faire fignifier au Procureur du défendeur, & aprés avoir été fignifiée, elle doit être portée à l'audiance fur un fimple acte, contenant le jour pour venir plaider, qui fera auffi fignifié au Procureur dudit défendeur.

Le Comiffaire devant lequel les parties devront proceder fera nommé par la même fentence qui ordonera le fequeftre, & y fera prefcrit le tems auquel les parties devront comparoir, pour convenir d'un Comiffaire au regime de la chofe contentieufe, fuivant l'article 3. du titre des fequeftres de l'ordonance de 1667. & au cas que les parties n'en convienent pas, le Confeiller commis en nomme un d'ofice.

Les fentences de fequeftre renduës par les juges roïaux & par ceux des Seigneurs qui ordoneront le fequeftre, doivent être executées par provifion, nonobftant opofitions ou apelations & fans y préjudicier.

En vertu de céte fentence, le demandeur doit prendre une ordonance du Confeiller commis par la Cour, pour faire affigner fa partie à comparoir en l'hôtel dudit Confeiller & Comiffaire à tel jour, & à telle heure, pour nommer & convenir d'un fequeftre, en execution de la fentence renduë entre les parties le tel jour, & à faute de comparoir fera fait droit &c. . . . . .

Si le défendeur ne comparoît point à l'afignation, ou fi étant comparu, il refufe de nommer un fequeftre, le juge, ou Confeiller commis en nommera d'ofice, un fufifant & folvable refidant au proche du lieu où font fitués les chofes qui doivent être fequeftrées.

Les mâles qui ont acompli leur **vingt-cinquiéme** année qui font fufifans & folvables , demeurant proche le lieu où les chofes en queftion font fituées, peuvent être nommés fequeftre par le Juge.

Les femmes & les mineurs ne peuvent pas être contraints d'acepter un fequeftre, fur tout les femmes mariées ne le pouroient pas faire valablement fans être autorifées par leurs maris, ni pourfuivies pour les pertes qu'elles auroient caufées dans les chofes fequeftrées, par quelque maniere que ce fût.

Cependant , fi elles étoient independantes & majeures de vingt-cinq ans, elles pouroient l'acepter , & en confequence être pourfuivies pour rendre compte de leur adminiftration, mais le Juge ne donne pas ordinairement de femblables comiffions à des femmes, neanmoins elles peuvent prendre le bail judiciaire des chofes fequeftrées , fi elles font fufifantes & folvables.

Entre les majeures de vingt-cinq ans, il y en a qu'on ne peut pas nommer pour fequeftre.

Sçavoir le Juge ne peut pas nommer fes parens & alliés jufqu'au degré de coufins germains inclufivement, à peine de nullité, de cent livres d'amende, & de répondre en fon nom des domages & interêts des parties, en cas que le fequeftre foit infolvable.

Il ne peut pas auffi doner le fequeftre à l'une des parties, à caufe que ce feroit la metre par ce moïen en la poffeffion des chofes fequeftrées.

Le Comiffaire doit dreffer fon procés verbal contenant la nomination du fequeftre , ainfi qu'il enfuit.

Procés verbal de nomination d'ofice d'un fequeftre.

L'an &c...... pardevant nous M...... Confeiller du Roy en fa Cour de .... Comiffaire en céte partie en nôtre hôtel feize ruë....... eft comparu P...... lequel nous a dit que par fentence renduë entre lui & D....... il a été ordoné que les heritages & fruits dont eft queftion, feroient fequeftrés, & à iceux établi Comiffaire , dont les parties conviendroient pardevant nous, finon qu'il en feroit par nous nomé d'office, requerant qu'il nous plût ordoner que D.....fera affigné à comparoir pardevant nous, pour nomer un fequeftre en execution de ladite fentence.

Sur quoi nous Confeiller & Comiffaire fufdirs, avons doné à P........de fa comparution & requifition ci-deffus,& ordoné que D..... fera affigné à comparoir demain huit heures du matin, pardevant nous en nôtre hôtel, pour nomer & convenir d'un fequeftre en execution de la fentence renduë entre les parties, & à faute de comparoir, fera pour nous fait droit, ce qui fera executé nonob-

ſtant opoſitions ou apelations quelconques & ſans y prejudicier, fait les jours
& an que deſſus.

Et le. . . . . . . pardevant nous Comiſſaire ſuſdit en nôtre hôtel, eſt comparu
P. . . . . . qui nous a dit qu'en vertu de nôtre ſuſdite ordonance, il a fait aſſigner
à ce jour, lieu & heure D. . . . . pour proceder aux fins d'icele contre lequel non
comparant, il nous a requis défaut & pour le profit d'icelui, qu'il nous plût
nomer d'ofice un ſequeſtre pour toutes les parties, declarent qu'il ſe raporte à
nous, & n'en veut nomer de ſa part.

Sur quoi nous Conſeiller & Comiſſaire ſuſdit, avons doné acte à P. . . . . de
ſa comparution & requiſition, & défaut contre D. . . . . non comparant duëment
apelé, & pour le profit d'icelui avons nomé d'ofice la perſone de F. . . . . . pour
ſequeſtre aux heritages & fruits dont eſt queſtion entre les parties, pour les regir
par F. . . . . . juſques à ce qu'il en ait été autrement ordoné & à la charge d'en
rendre compte, & en conſequence ordonons que F. . . . . ſera aſſiné à comparoir demain deux heures de relevée, pardevant nous en nôtre hôtel, pour faire le ſerment de bien & fidelement exercer ladite Comiſſion, fait les jours &
an que deſſus.

Le Juge doit nomer le ſequeſtre, ſans proroger l'aſſignation,
ſi ce n'eſt qu'en conoiſſance de cauſe, & ſuivant les circonſtances du fait, le Juge done un ſecond delai qui ne peut être plus
long de huitaine, & ſans qu'il puiſſe être prorogé.

Procés verbal portant delai en conoiſſance de cauſe.

L'an &c. . . . . . . (comme celui ci-deſſus)
à laquelle aſſignation eſt comparu D. . . . . qui nous a dit qu'il ne peut preſentement nomer un ſequeſtre, n'en conoiſſant point qui puiſſe faire céte comiſſion,
requerant qu'il nous plût lui doner delai de. . . . . . jours pour en trouver un
qui ſoit ſolvable.

Et par P. . . . a été repliqué que l'aſſignation ne peut pas être prorogé ſuivant
l'ordonance, neanmoins il ſe raporte à nous d'ordoner ce qu'il nous plaira ſur
le requiſitoire de D. . . . .

Sur quoi nous Conſeiller & Comiſſaire ſuſdits avons doné acte aux parties de
leurs comparutions dires & requiſitions ci-deſſus, & continue l'aſſignation au. . . .
jour de. . . . . prochain, auquel jour les parties ſeront tenuës de comparoir pour
proceder aux fins de nôtre ſuſdite ordonance, ſinon ſera par nous fait droit, ce
qui ſera executé nonobſtant opoſitions ou apelations quelconques, & ſans y prejudicier, fait les jours & an que deſſus.

Continuation du procés verbal.

Et le. . . . . . jour de. . . . . . pardevant nous Comiſſaire ſuſdit en nôtre hôtel, eſt
comparu P. . . . . . qui nous a dit qu'il nome de ſa part pour ſequeſtre la perſone
de L. . . . ſomant D. . . . d'en convenir.

Et par D. . . . a été dit qu'il convient de L. . . . pour ſequeſtre.

Sur quoi nous Conſeiller & Comiſſaire ſuſdits, avons doné acte aux parties

de leurs comparutions, & de la convention & nomation par eux faites pour fequeftre de la perfonne de L. . . . & en confequence ordonons qu'il fera affigné
&c. (_comme l'ordonance par défaut._)

Si les parties ne convienent pas d'un fequeftre, le Juge en
doit nomer un d'ofice, comme ci-deffus.

Après que le fequeftre aura été nommé, il fera affigné pour faire le ferment devant le juge, à quoi il poura être contraint par
amande & par faifie de fes biens.

Continuation du procés verbal par défaut contre le fequeftre.

Et le..... jour de..... pardevant nous Confeiller & Comiffaire fufdit, eft comparu P..... qui nous a dit qu'en vertu de nôtre ordonance du...... il a fait
affiner à ce jour, lieu & heure L...... pour acepter ladite charge de fequeftre,
& faire le ferment, & après avoir atendu jufques à...... heures fonées, P....
nous a requis défaut contre L.... non comparent, & pour le profit qu'il nous
plût ordoner qu'il fera contraint par amende & par faifie de fes biens, à comparoir au premier jour pardevant nous, pour faire le ferment fuivant nôtre
precedente ordonance, & a figné.

Sur quoi nous Confeiller & Comiffaire fufdit, avons doné acte à P......
de fa comparution & requifition, & défaut contre L.... non comparent dûement
apelé & pour le profit d'icelui, le condanons en..... livres d'amendes, faute
d'être comparu, au païement de laquelle, il fera contraint par faifie de fes
biens, ordonons qu'il fera reafigné à demain huit heures du matin en nôtre hôtel, pour faire le ferment, fuivant nôtre precedente ordonance, ce qui fera executé, fans prejudice de l'apel, fait les jours & an que deffus.

Si le fequeftre compare, l'acte de preftation de ferment
fera ainfi.

Acte de ferment de fequeftre.

Et le...... jour de...... pardevant nous Confeiller & Comiffaire fufdit, eft
comparu L...... Comiffaire établi à la regie de...... en execution de la fentence du.... qui a fait le ferment de bien & fidelement exercer ladite Comiffion, & rendre compte d'icele, quand il fera par juftice ordoné, dont il nous a
requis acte à lui octroïé les jours & an que deffus.

Après que le fequeftre aura fait le ferment, il doit être mis
poffeffion des chofes comifes à fa garde par un huiffier ou fergent, à la requête de la partie pourfuivante, en vertu de l'ordonance du Juge, & fans que la prefence du Juge foit requife.

Le fergent doit fe tranfporter fur les lieux, & dreffer un pro-

cés verbal, par lequel il declare specialement toutes les choses
sequestrées & mises en la possession du sequestre, & lui faire signer ledit procés verbal, il sçait & veut signer, sinon il en faut
faire mention, aprés avoir été de ce faire interpelé, autrement
il y auroit nullité, & le sergent seroit condané à cinquante livres d'amende, au profit de celui qui poursuit l'etablissement
du sequestre, & de tous dépens, dommages & interêts, suivant l'article 8. dudit titre des sequestres de ladite ordonance de
1667.

Il est encore requis pour la validité du procés verbal, qu'il
soit asisté de deux témoins ou recors qui sachent signer, ausquels il doit faire signer son procés verbal, & qu'il declare par
icelui leurs noms, domicile & vacations, & en ce cas le formule
de ce procés verbal, est au Chapitre des sequestres de mon stile
general des huissiers & sergens, où je renvoie le lecteur.

Si les choses sequestrées consistent en quelque joüissance,
le sequestre doit faire incessament proceder en justice, parties dûëment apelées au bail judiciaire, en cas qu'il n'y eût
point de bail conventionel, ou qu'il eût été fait en fraude, ou
à vil prix.

Quand il y a un bail conventionel, le sequestre le fait convertir en judiciaire, avec défenses à celui qui tient le bail de
païer à autres qu'au sequestre, à peine de païer deux fois, &
d'y êtrecontraint par corps, selon la maniere acoûtumée.

Si l'afaire est en une Cour superieure, ou aux requêtes de
l'hôtel ou du Palais, le President comet l'un des Conseillers pour
proceder au bail judiciaire, sur une requête, qui doit être
dressée ainsi qu'il ensuit.

Requête aux fins de faire cometre un Conseiller pour proceder au bail judiciaire.

À Nosseigneurs de &c.........

Suplie humblement L........ Comissaire établi au regime & gouvernement d'u-
ne maison & heritages, scize à....... sequestrées en execution d'une sentence
renduë entre P...... & D...... le &c.....
Qu'il vous plaise pour proceder au bail judiciaire de ladite maison & heritages, cometre l'un de Messieurs les Conseillers de la Cour, & vous ferés bien.

Le President met au bas de la requête, *commis maître tel, aux
fins de la presente requête, fait ce &c....*
On peut ensuite obtenir du Comissaire une ordonance, par

laquelle il eſt enjoint au premier des huiſſiers de la Cour d'aſi-
ner tel, & tel, à comparoir à tel jour, & à telle heure, au pa-
quet de telle chambre, levée de la Cour, pour voir par ledit Co-
ſeiller comis proceder au bail judiciaire à loïer deſdites choſes ſ
queſtrées, ſinon & à faute d'y comparoir, il y eſt procedé tant e
preſence qu'abſence.

Il faut en vertu de céte ordonance que le demandeur faſſe aſ-
gner les parties averſes, conformement à icelle, enſuite dequoi
il faut auſſi que le ſequeſtre, pour parvenir au bail judiciaire
faſſe proclamer aux Prônes des Paroiſſes les choſes ſequeſtrée
& apoſer afiches aux portes des Egliſes & lieux acoutumés.

Afiche.

DE PAR LE ROY.

A Noſſeigneurs de &c......

On fait à ſçavoir à tous qu'il apartiendra, qu'à la requête de L.... Comiſſaire
établi par juſtice au regime & gouvernement d'une maiſon & herirages ſequeſtré
en execution de la ſentence rendue par Noſſeigneurs de.... entre P. ...& D...
le... il ſera ...le jour de... dix heures du matin, levée de la Cour, par devant
Monſieur...Conſeiller en icelle, Comiſſaire à ce deputé, procedé au bail judiciaire à loïer deſdites choſes ſequeſtrées au plus ofrant & dernier encheriſſeur,
pour un, deux, ou trois ans, ſi tant la comiſſion dure, à la charge par l'ajudi-
caraire de païer les droits ſeigneuriaux, rembourſer les labours & ſemences,
& amandemens, ſi aucuns ſont dûs, le tout ſans diminution du prix du bail,
faire faire toutes les reparations locatives & les terres labourables, vignes, bois
& prés, par ſolles & ſaiſons convenables, coupes & rotures & rendre le tout en
bon état fin du bail, donner bonne & ſufiſante caution & certificateur ſolvable & domicilié à... pour le prix d'icelui & clauſe ſuſdite, dans la huitaine
après la declaration faite à ſon profit, autrement, & à faute de ce faire dans ledit tems, qu'il ſera procedé à nouvele ajudication dudit bail à ſa fole enchere,
& icelui prix païer, ſçavoir, la premiere anée au jour qui ſera ordoné par l'a-
judication dudit bail, & enſuite continuer de ſix mois en ſix mois en la maiſon
dudit L.... ſcize rüe ...ſinon & à faute par les fermiers judiciaires, leurs cautions & certificateurs, de païer dans trois jours après le premier comandement
qui leur ſera fait, le prix échu de leur bail en deniers ou quitances valables, demeureront les fermiers, cautions & certificateurs ſolidairement tenus des frais
qu'il conviendra faire contre eux, ou l'un d'eux, pour le recouvrement des loïers,
declarant que toutes perſones ſeront reçues à enchérir, ſauf aux fermiers conventionels deſdits biens d'intervenir ſi bon leur ſemble en la procedure du bail judiciaire, deſquels ils doneront copie audit L.... ſinon ils n'y ſeront plus reçus a-
près l'ajudication, de laquelle maiſon & heritages la teneur enſuit.

Une maifon feize à …. confiftant en ….
Item …. arpens de terres fcis à …. &c….

Les parties doivent être apelées au bail judiciaire , & pour cet éfet il faut leur faire fignifier , à la requête du fequeftre établi en parlant à leur perfone ou à leur domicile , que ledit tel a fait apofer afiche és lieux acoutumés, contenant qu'un tel jour , & à telle heure , au parquet de &c. il fera procedé au bail judiciaire à loïer defdites chofes fequeftrées , par devant &c… levée de la Cour, au plus ofrant & dernier encherifleur , aux charges & conditions mentionées en ladite afiche , à ce qu'ils n'en ignorent & aïent à y comparoir , & à y faire trouver encherifleurs , fi bon leur femble.

Elles ne peuvent pas prendre directement , ni indirectement le bail des chofes fequeftrées, ni la partie faifie fe rendre ajudicataire des fruits , à peine de nulité du bail ou de la vente , cinquante livres d'amande contre la partie faifie , & pareille amande contre celui qui lui prêtera fon nom , le tout aplicable au faififfant.

Bail judiciaire des chofes fequeftrées.

L'an …. heure de …. en la Cour de …. par devant nous M…. Confeiller du Roi , Comifſaire en céte partie , étant au parquet de ladite Cour , levée d'icelle , eft comparu J…. Procureur de L…. Comifſaire établi aux chofes fequeftrées par fentence du …. rendue entre P…. & D…. lequel nous a dit que pour le dû de fa charge , il a fait apofer afiches és lieux acoutumés , contenant que …. (il faut métre ce que contient l'afiche) & a fait afigner à fejour , lieu & heure P…. & D…. non comparus , ni autre pour eux , L…. nous a requis défaut & pour le profit, atendu que c'eft la premiere afignation ; il nous plût remétre l'ajudication dudit bail à tel jour qu'il nous plaira.

Sur quoi nous avons donné acte à J…. de fa comparution , dire & requifition ci-defſus , & défaut contre P…. & D…. non comparus dûement apelés & pour le profit avons remis & continués l'ajudication dudit bail à tel jour …. au même lieu & heure que defſus , auquel jour les défaillans feront reafignés pour y voir proceder aux fins fufdites , & en outre comme de raifon & foit fignifié.

Si les parties comparent & qu'il n'y ait point d'encherifleurs leur comparution fera ainfi.

Quand il n'y a perfone pour encherir.

A laquelle afignation eft comparu P…. lequel nous a dit , que comme il ne s'eft trouvé perfone pour encherir ledit bail & que c'eſt la premiere publication d'icelui, il feroit neceſſaire d'en remétre l'ajudication à tel jour, qu'il nous plaira, ofrant d'y faire trouver des encheriſſeurs.

Eſt auſſi comparu D…. qui a dit qu'il ne veut empêcher la remiſe qui eſt demandée.

Sur quoi nous Conſeiller & Comiſſaire ſuſdit avons donné acte aux parties de leurs comparutions, dires & requiſitions ci-deſſus, & remis l'ajudication dudit bail au …. jour de …. & cependant ordonons que nouveles afiches ſeront miſes aux lieux & endroits acoutumés.

S'il ſe preſente des encheriſſeurs, il en faut faire mention, mais l'ajudication du bail, ne doit pas être faite qu'il n'y ait trois remiſes au moins.

Continuation du procés verbal ſur la premiere remiſe.

Et le …. jour de … par devant nous Conſeiller & Comiſſaire ſuſdit; au parquet de …. levée de la Cour, eſt comparu J….. audit nom, lequel nous a dit qu'en vertu de nôtre ordonance du … il a fait apoſer nouveles afiches és lieux & endroits acoutumés, contenant qu'à ce jour, lieu & heure de, il ſera par nous procedé audit bail, même fait ſignifier à P… & à D… la remiſe à ce jour, de l'ajudication des choſes ſequeſtrées.

Eſt auſſi comparu P… qui a requis qu'il nous plût proceder audit bail & à céte fin faire publier l'afiche en la maniere acoutumée.

Ce que D… auſſi comparant a conſenti, dont il nous requiert acte.

Sur quoi nous Conſeiller & Comiſſaire ſuſdit, avons donné acte aux parties de leurs comparutions, & requiſitions ci-deſſus, & ordoné qu'il ſera par nous preſentement procedé au bail à loïer des choſes ſequeſtrées au plus ofrant & dernier encheriſſeur, aux charges, clauſes & conditions portées par l'afiche.

Ce fait, avons fait lire publiquement ladite afiche, & fait proclamer à haute voix par H… huiſſier, le bail des choſes y mentionées, au plus ofrant & dernier encheriſſeur, & aprés pluſieurs publications, le loïer des choſes ſequeſtrées a été mis à prix par M…. à la ſomme de ….

     Par F…., à la ſomme de ….

     Par T….. à la ſomme de….

     Par M….. à celle de….

Laquelle enchere nous avons fait publier diverſes fois par H…. & atendu que perfone ne s'eſt preſenté pour encherir ledit loïer à plus haut prix, M… nous a requis lui ajuger le bail deſdites maiſons & heritages purement & ſimplement.

Sur quoi nous Conſeiller & Comiſſaire ſuſdit, avons à M…. comme plus ofrant & dernier encheriſſeur ajugé & ajugeons purement & ſimplement le bail à loïer judiciairement fait des maiſons & terres mentionées en ladite afiche, circonſtance & dependance pour en joüir par l'ajudicataire du …. jour de … pour un, deux, ou trois ans, ſi tant la comiſſion de L…. dure, moïenant la ſomme de, …. de loïer par chacun an, ladite ſomme païable és mains de L…, en ſa maiſon ſcize rüe … ſçavoir la premiere anée à pareil jour …. & aprés continuer de ſix en ſix mois, juſques à fin dudit bail, nonobſtant toutes ſaiſies

& arrêts faites & à faire (qui tiendront entre ses mains , lui donnant copie d'i-
celles) opofitions ou apelations quelconques , païer les frais dudit bail , que
nous avons liquidés à .... lui en delivrant autant en bonne & dûe forme , entretenir tous les lieux , ſçavoir les bâtimens de toutes menues reparations locatives & neceſſaires , & les terres labourables , vignes , bois & prés par folées &
faiſons, coupés & tontures dans le tems convenable , en outre de donner caution
& certificateurs ſolvables & domiciliés à .... & aux autres charges, clauſes &
conditions plus amplement exprimées en l'afiche ci-deſſus tranſcrite.

Et à l'inſtant de l'ajudication dudit bail M.. a declaré que c'eſt pour & au profit de N.... demeurant rue... dont il nous a requis acte & afigné, mandons au
premier huiſſier ou ſergent Roïal requis , métre ces preſentes à execution , de ce
faire lui donnons pouvoir , fait & ajugé par nous Conſeiller & Comiſſaire ſuſdit
les jours & ans que deſſus.

Le ſequeſtre eſt tenu , lors de l'ajudication , de faire arêter les
frais du bail judiciaire ſur le champ par le Juge ou Comiſſaire,
ſans qu'il puiſſe les faire taxer ſeparément , à peine de perte deſdits frais , & de vingt livres d'amande contre ledit ſequeſtre.

Aux Sieges des Baillages , Prevôtés , & autres Juſtices ſubalternes, les baux Judiciaires , tant des choſes ſequeſtrées , que des
choſes ſaiſies , doivent être faits par les Juges à l'audiance.

Les reparations , & autres impenſes neceſſaires aux lieux ſequeſtrés ne doivent être faites que par autorité de Juſtice , les
parties dûëment apelées, autrement elles tomberont en pure perte
à ceux qui les auront fait faire.

Requête pour avoir permiſſion de faire faire les reparations.

A Monſieur le Prevôt ou Bailli de &c.....

Suplie humblement L. &c. ...
Diſant qu'il a été établi ſequeſtre à une maiſon ſcize à ... par ſentence du...
en laquelle maiſon , il faut faire pluſieurs reparations pour la rendre habitable ,
c'eſt pourquoi il a recours à vous.
Ce conſideré, Monſieur , il vous plaiſe permétre au ſupliant de faire faire les
reparations neceſſaires en ladite maiſon , & à cet éfet ordoner que les lieux ſeront vûs & viſités par experts , dont les parties conviendront , & finon qu'il en
ſera par vous, Monſieur, nomé d'ofice & vous ferés bien.

Le ſequeſtre doit obtenir ſentence , portant que les lieux ſeront
vûs & viſités par experts dont les parties conviendront, finon nomé d'ofice, & faire la procedure, comme celle qui eſt au chapitre des diſcurtes ſur les lieux, & raports d'experts, que j'ai amplement expliqués dans le premier Tome de ce Livre.

Tome II. Z

Le raport des experts étant fait, il faut faire faire un bail au rabais des ouvrages, & impenses necessaires en la même forme que les baux judiciaires, excepté que l'ajudication du bail au rabais se font au moins ofrant.

Il est fait défenses aux sequestres de se rendre ajudicataires des reparations, à peine de la perte, vintg livres d'amande & de tous dépens, domages & interêts.

Si aucun empêche par violence l'établissement ou l'administration du sequestre, ou la levée des fruits, il perdra le droit qu'il eût pû pretendre sur les fruits par lui pris & enlevés, lesquels apartiendront incomutablement à l'autre partie, & sera en outre condané en trois cens livres d'amande envers le Roi, dont il ne poura être dechargé, & l'autre partie mise en possession des choses contentieules, sans prejudice des poursuites extraordinaires que Sa Majesté par son ordonance de 1667. veut être faites par les Procureurs generaux, ou ses Procureurs sur les lieux, contre celui qui aura fait la violence.

Le sequestre demeure dechargé de plein droit pour l'avenir, aussi-tôt que les contestations d'entre les parties, auront été définitivement jugée, sans obtenir aucun jugement de décharge en rendant compte de sa comission pour le passé.

Ceux qui auront fait établir un sequestre, sont obligés de faire vuider leurs diferends & les opositions dans trois années à compter du jour de l'établissement du sequestre, autrement il demeurera dechargé de plein droit, sans qu'il soit besoin d'obtenir autre decharge, si ce n'est que le sequestre fût continué par le Juge en conoissance de cause.

CHAPITRE XXIX.

De la qualité & diference des crimes en general.

CRime, est tout ce qui se comet contre la prohibition des Loix, tant natureles, que civiles, & pour raison dequoi les hommes sont sujets à quelque punition.

Crime, delit, & malefice se prenent dans une même signification, sinon que nous nous servons ordinairement du mot *de delit* pour exprimer les moindres crimes, & du mot *de crime* pour exprimer les plus atroces.

Il y a de quatre fortes de crimes ou de delits, fçavoir, ceux qui fe cometent par éfet, d'autres par paroles feulement, d'autres par écrit, & d'autres par le feul confentement, *re, verbis, litteris, & confenfu.*

Ceux qui fe cometent par éfet, font, par exemple, les homicides & affaffinats, les emprifonemens, les facrileges, les vols & larcins, les batures, excés & violence & autres femblables.

Ceux qui fe cometent par paroles, font les canonies & injures verbales.

Ceux qui fe cometent par écrit, font les libeles difamatoires,& les fauffetés.

Ceux qui fe cometent par le feul confentement, eft quand on participe à l'entreprife de quelque crime, ou fi on donne quelque mauvais confeil, ou qu'on fugere les moïens de les executer.

Les crimes privés, fuivant le droit Romain, font ceux qui ne regardent que les particuliers, & dont la pourfuite n'eft permife, qu'à ceux qui y font intereffés, & à qui la reparation en eft dûe.

Les crimes publics font ceux qui regardent le public & dont la pourfuite,par lefdites Loix Romaines, étoit permife à toutes fortes de perfones, bien que non intereffées.

Ces deux fortes de crimes fe fubdivifent en crimes ordinaires & extraordinaires.

Les ordinaires font ceux qui ont une peine certaine & fixée, & dont la pourfuite fe faifoit chés les Romains par la voïe ordinaire des demandes & défenfes.

Les extraordinaires, tant privés que publics, font ceux qui n'ont point de peines certaines par les mêmes Loix Romaines, dont la punition eft arbitraire,lefquels fe pourfuivent par la voïe extraordinaire de la plainte & de l'acufation.

De ces crimes extraordinaires, les uns font capitaux, & les autres ne le font pas.

Ceux qui font apelés capitaux, font ceux qui emportent peine de mort naturele, ou civile.

La mort civile chés les Romains, étoit la condanation aux metaux & la deportation, qui avoit le même éfet, qu'a parmi nous la condanation aux galeres, ou le baniffement hors du Roïaume à perpetuité.

Les non capitaux, font ceux qui font feulement punis d'amande pecuniaire, & de note d'infamie.

Mais céte diference de crimes privés & crimes publics, de
crimes ordinaires & de crimes extraordinaires, font abrogés par
nôtre ufage & nôtre pratique, qui n'a retenu du droit Romain à
cet égard, que la derniere divifion des crimes, en capitaux, &
non capitaux, parce que parmi nous, tous les crimes fe pourfuivent par la voïe extraordinaire de la plainte, de l'acufation & de
l'inftruction du procés criminel, & que prefque toûjours les peines font arbitraires.

Ainfi par céte raifon on apele tous procés criminels, procés
extraordinaires, tellement, que quand par fentence ou arrêt on
civilife un procés qui a été criminelement intenté, pour ne s'y
être pas trouvé déchargé contre l'acufé, la forme de prononcer
eft de métre fur l'extraordinaire, (c'eft à dire fur le criminel) les
parties hors de Cour & de procés, ou de recevoir la partie en procés ordinaire, (c'eft à dire, à proceder à fin civile par les voïes
ordinaires de demandes & défenfes,)

Neanmoins chacune efpece de crimes parmi nous n'a pas une
certaine peine determinée, comme avoit le paricide & quelques
autres crimes chés les Romains, ainfi les Juges peuvent punir plus
ou moins feverement, eu égard aux circonftances du fait, mais
cela n'empêche pas que les crimes atroces ne foient capitaux parmi nous, parce que les Ordonances portent qu'ils feront punis capitalement, c'eft pourquoi les Juges les puniffent toûjours de
mort naturele ou civile, & par confequent ils font diference de
moindres crimes & delits, qui font punis de peines plus legeres,
d'avec ceux qui font punis de mort.

On a foutenu depuis peu, que le confeffeur qui abufoit de
fa penitente, auffi bien que celui qui avoit deux femmes, ne
pouvoit être punis de la peine de mort, à caufe qu'il n'y a aucune loy en ce Roïaume qui ordone céte peine à leur égard.

Il eft certain que celui qui a conçû le deffein de comêtre un
crime, & qui a fait fes éforts pour l'executer, mais qui en a été
empêché, merite prefque les mêmes peines que s'il l'avoit acompli, & c'eft dans ce cas, que j'eftime que la volonté doit être
reputée pour l'éfet, quoiqu'on dife que la volonté n'eft pas permis en France.

Par exemple, fi un homme étoit entré dans une Eglife pour
la voler, & qu'il n'eût pû executer fon deffein, ou parce qu'il
n'auroit pû ouvrir les cofres dans lefquels l'argenterie auroit été

enfermée, ou parce qu'il seroit entré du monde, soit pour l'administration des Sacremens, ou autrement, en ce cas, il doit être condané selon la rigueur des loix, comme si en éfet il avoit pris & emporté les vases sacrés.

Toutefois, si aïant comencé le crime & pouvant l'achever, par un veritable repentir & un remort de conscience, il se desiste de son entreprise, non seulement il ne merite aucune punition, mais même céte action est meritoire devant Dieu, come si quelqu'un aïant conçû le dessein avec d'autres d'assassiner un particulier, & l'aïant déja ataqué une fois pour cet éfet, par un changement de volonté va le trouver & le prie de lui pardoner céte injure, lui decouvre ses complices, & lui donne ainsi le moïen de les arêter & d'assurer sa vie, il ne peut pas être poursuivi en consequence de la volonté qu'il a eu de cometre un assassin.

Que si un homme est surpris dans le dessein de cometre un crime atroce, il est punissable, comme s'il avoit en éfet été commis, c'est la disposition de la loy 14. *ff. ad leg. Cornel. Sicar.* qui porte, que, *in maleficiis voluntas spectatur, non factum*, & come dit Quintilian, *declamat. 81. nec ei proderit dicere non feci, nunquam mens exitu æstimanda est, satis est probare animum parricidæ*, & dans sa declamation 274. il dit, *insidiatus ei vi etiamsi non fecerit scelus pœnas tamen legibus solvit.*

L'ordonance de Blois est aussi conforme à céte loy touchant l'homicide, qui a été confirmée depuis par un arrêt de la Cour, ainsi qu'il sera expliqué au Chapitre de l'homicide.

Les peines dont on punit les crimes, sont ou réeles, ou personeles.

La peine réele, est la perte des biens.

La peine personele, est capitale ou incapitale.

La capitale, est celle, comme j'ai dit ci-dessus, qui fait perdre la vie ou la liberté, ou le droit de bourgeoisie.

La peine non capitale, est celle qui punit un delit sans la perte de la vie, de la liberté, ou du droit de bourgeoisie, mais elle diminuë l'estime & la reputation de celui qui est condané à cause de la punition corporele, ou autre avec infamie, comme sont l'amande honorable, le foüet, la fleur de lys, l'aplication au carcan ou au pilory, la condanation d'asister, comme criminel au suplice du condané.

L'infamie suit necessairement la condanation, quoique le jugement n'en porte point, lorsque le crime est de soi infamant, comme le larcin, fupofé même que celui qui l'a commis ne fût condané qu'à une amende pecuniaire, ou qu'il eût compofé pour de l'argent, car celui qui tranfige avec la partie civile, femble, fuivant mon fentiment, confentir le crime, & fe condaner foi-même.

La perte des biens eft une fuite de la perte de la vie naturele ou civile, c'eft-à-dire, que la confifcation des biens fuit celle du corps, foit que la condanation foit à mort naturele ou civile, au moins dans les coutumes de confifcation, telle qu'eft celle de Paris, laquelle porte en l'article 183. *qui confifque le corps, il confifque les biens.*

Dans quelques coutumes la confifcation n'a lieu que pour les meubles, & non pour les immeubles, finon pour les crimes de leze Majefté, ou de fauffe monoïe, comme par exemple, celle d'Anjou.

Lorfque le condané eft domicilié dans une coutume où la confifcation n'a pas de lieu, fes meubles qui fe trouvent dans les juftices où la confifcation à lieu, ne font pas confifqués, parce que *mobilia fequentur perfonam.*

Dans les coutumes qui n'admettent pas la confifcation des biens les Juges doivent ajuger une amende au Roi, ou au Seigneur haut-jufticier, à prendre fur les biens du condané, laquelle doit être moderée, & ne doit pas abforber la plus grande partie des biens, & au cas qu'elle foit exceffive, les heritiers peuvent apeler de la fentence, comme il a été jugé par arrêt du 13. Fevrier 1588. doné en la coutume d'Anjou, par lequel l'amende ajugée au Roy d'une fomme exceffive fut moderée.

Les amendes & les interêts civiles ont un même principe & font dûs pour une même caufe.

Le fifc n'eft point preferé, pour l'amende aux creanciers du condané, pour detes contractées avant le crime commis, ou au moins avant la condanation, mais quand il s'agit de dettes qui n'ont pas plus de privilege les uns que les autres, le fifc doit être preferé.

Ainfi la partie civile fe trouvant en concurence avec le fifc, il femble que le fifc doit être preferé, neanmoins quoique le criminel ait engagé & obligé fes biens par le crime qu'il a commis pour le paiement de l'amende & des interêts civiles, il y a lieu de doner la preference aux creanciers.

La raifon eft, que les interêts font ajugés pour reparation de l'injure faite au particulier, & le domage qu'il en a reçû, & que

l'amende n'est dûë au fisc que pour la vengeance publique, outre que le fisc *certa de lucro captando*, au lieu que celui à qui les
interêts sont ajugés *certat de damno vitando*.

Monsieur le Prestre remarque un arrêt de la Grand-Chambre, du 22. May 1599. par lequel il a été jugé, que lorsqu'on
est prevenu de quelques crimes, & qu'il s'ensuit sentence de
mort, les alienations faites pendant la poursuite, sont nulles, &
ne seront point à ceux au profit desquels elles ont été faites, *l. 15.
de donatio. l. 45. ff. de jure fisci.*

Henri en ses arrêts, Tome 2. Livre 4. question 36. fait mention d'un arrêt qui a cassé des alienations faites, *medio tempore.*

Monsieur Lebret Livre 6. decision 4. en remarque un autre
du 25. Juin 1619. qui a jugé la même chose.

Par autre arrêt du 11. Fevrier 1669. doné en l'audiance de
la Grand-Chambre, sur la question si la vente faite par un acusé d'un crime capital, & depuis condané à mort, est valable,
les parties ont été apointées au Conseil, & la Cour a jugé pour
l'afirmative, sur quoi voïés l'article 183. de la coutume de Paris,
comentée par Ferriere, nombre 103. où il a raporté cet arrêt
tout au long.

Dufresne Livre 1. Chapitre 82. dit avoir été jugé par arrêt,
qu'il ne datte point, que la confiscation n'a pas lieu en France pour les biens qui se trouvent, apartenans aux condanés à
mort en païs étrangers, & qu'ils apartienent à ses heritiers regnicoles, atendu que les sentences & arrêts rendus en païs étrangers n'ont aucune force en France.

Il raporte encore un arrêt du 10. Janvier 1630. Livre 2. Chapitre 49. par lequel la Cour a jugé qu'un condané à mort par
sentence, depuis confirmée par arrêt, est incapable de recüeillir
une sucession échûë, *medio tempore*, pendant l'apel.

La raison est, que l'arrêt confirmatif d'une sentence à un
éfet retroactif au temps de la sentence, selon la loi *chirographis.
§. 1. sup. de administr. tut. qui sententia Præsidis relegatus erat, appel-
laverat appellatione ejus injusta pronunciata, priori sententia est*, dit
cête Loi.

De sorte que dés lors que la condanation est confirmée, son incapacité pour tous les éfets civils, l'est aussi dés le tems de la sentence de condanation, car l'arrêt ne fait que confirmer ce qui a été
jugé par la sentence, & partant elle doit avoir son éfet du jour
qu'elle a été rendue.

Cête queſtion ſuivant mon ſentiment, ſemble ſoufrir quelque dificulté, en ce que l'apel ſuſpend non ſeulement la condanation portée par la ſentence, mais auſſi elle l'éteint entierement, en ſorte que le condané mourant *interim*, ſa condanation eſt ſans éfet, *appellatio extinguit judicatum, provocationis remedio condemnationis extinguitur pronuntiatio*, *l. 1. in f. ad Se. Turpill. & l. 2. §. ult. de pœn.* en ſorte même que le teſtament fait par le condané pendant l'apel, decedé avant l'apel jugé, eſt valable, *l. qui latronibus §. ſi quis ſup. qui teſtam. fac. poſſ.*

Mais on répond que l'apel ſuſpendant la condanation on doute favorablement pour lui, ſi la ſentence avoit été confirmée, & dans le doute on ne trouve pas équitable que la ſentence ait ſon éfet, car on voit ſouvent, tant en matiere civile que criminele, les ſentences des premiers Juges infirmées par les arrêts & les jugemens ſouverains.

Il arive auſſi quelque fois qu'un homme a été acuſé injuſtement de quelque crime, & convaincu de l'avoir comis par le témoignage de quelques faux témoins, ce qui fait que les ſentences de condanations devienent nules & de nul éfet par la mort du condané arivé pendant l'apel.

Ainſi il eſt de la prudence d'un Juge d'augmenter ou d'adoucir la rigueur des peines établies par les Loix pour la punition des crimes, ſuivant les circonſtances du fait, c'eſt pourquoi avant que de condaner un criminel, il doit conſiderer tout ce qui peut augmenter ou diminuer la peine dûë à ſon crime.

Ces conſiderations ſont.

Premierement, ſi le criminel a comis le crime de deſſein premedité, ou par un emportement auquel il auroit été dificile de reſiſter, comme celui qui eſt cauſé par un injuſte reſentiment en la perſone d'un mari qui tue ſa femme ſurpriſe en adultere, il eſt certain qu'au premier cas, le coupable eſt bien plus criminel, & par conſequent doit être puni plus ſeverement, qu'en l'autre.

En ſecond lieu, ſi le crime a été comis par dol, ou par la faute ſeulement du coupable, car en ce dernier cas la peine doit être legere.

En troiſiéme lieu, ſi le crime a été comencé, mais qu'il n'ait pas été achevé.

En quatriéme lieu, ſi le criminel a comis un crime, plûtôt pour obéir aveuglément à celui qui avoit pouvoir ſur lui, que de ſon bon gré, comme ſi un ſoldat avoit tué un particulier par l'ordre

dre exprés de fon Capitaine, le fils par celui de fon pere, & le valet ou domeftique, par celui de fon maître, il ne faut pas douter que le criminel en ce cas, doit être puni d'une peine un peu plus moins rigoureufe.

En cinquiéme lieu, fi le criminel a commis le crime lui feul, ou s'il s'eft fervi de fecours, & de quelles perfones, fi ce font gens acoûtumés à comettre des meurtres, ou connus pour être de mauvaife vie.

En fixiéme lieu, le Juge doit confiderer de quelle maniere le crime a été commis, car celui qui auroit tué quelqu'un avec un poignard fera plus criminel, que fi c'étoit avec une épée, *idem*, s'il l'avoit affomé avec un marteau, avec une ache, ou autres chofes femblables, en dormant, ou l'aïant pris par derriere, lorfqu'il n'y penfoit pas.

En feptiéme lieu, il doit auffi confiderer le lieu où le crime a été commis, car les crimes qui font commis dans les maifons roïales, ou dans les Eglifes font beaucoup plus atroces, le refpect qu'on doit à ces lieux augmente confiderablement la grieveté des crimes qui s'y cometent.

En huitiéme lieu, le tems auquel le crime a été comis, comme fi c'eft de nuit, à l'égard du vol ou du meurtre.

En neuviéme lieu, il doit confiderer la perfone ofenfée, car l'ofenfe qui feroit faite à un Pere par fon fils, ou à un maître par fon valet, feroit bien plus criminele que celle qui fe feroit à un étranger, pareillement l'ofenfe qui feroit faite à une perfone de condition, feroit plus grieve, que celle qui feroit faite à un valet.

En dixiéme lieu, le Juge doit confiderer la perfonne du criminel, à l'égard de laquelle, il doit examiner trois circonftances.

La premiere eft le fexe, car le Juge doit moderer la rigueur des peines à l'égard des femmes, d'autant qu'elles font de leur nature foibles & fragiles, ainfi elles font puniffables de peines moins legeres.

La deuxiéme eft l'âge, car il eft certain, que le Juge doit diminuer les peines en confideration de l'âge, c'eft ce que dit fort judiciairement le Jurifconfulte, *miferatio ætatis judicem movet ad mitiorem pœnam*, car quoique les mineurs ne foient toutesfois plus exempts des fuplices pour les crimes qu'ils ont comis, toutefois ils doivent être punis des peines moins rigoureufes, & il en faut dire de même de ceux qui font fort avancés en âge.

La troifiéme, eft la qualité du criminel, car les perfones de baffe condition font ordinairement punis plus feverement, que ceux qui font d'une condition honête & relevée.

Quoique l'ufage ne foit pas ordinaire dans les juftices reglées de faire tirer au fort, neanmoins, fuivant mon fentiment, il y a raifon de le faire, fur tout entre plufieurs foldats qui auroient fait des exactions dans une ville, entre lefquels on ne pourroit pas diftinguer les plus coupables, afin que le danger puiffe fervir à intimider les autres.

Il y en a plufieurs exemples dans l'ancien & nouveau Teftament, dans Efdras 3. v. 7.

Jonas ne fut jeté dans la mer que par le malheur du fort. Jon. 1. verf. 7.

En éfet fi Saül a été creé Roi par le fort, & faint Mathias choifi par céte voïe pour Apôtre, de forte qu'il n'y a pas moins de fujet de la metre en ufage pour la diftribution des peines.

CHAPITRE XXX.

Des injures.

L'Injure eft tout ce qui fe fait au mépris du prochain, & pour l'ofenfer, foit en fa perfone, ou en celle de fa femme, de fes enfans, ou de fes domeftiques.

Ce qui fe fait en trois manieres, fçavoir par paroles, par écrit & par éfet.

Par parole, en proferant des paroles infamantes en fa prefence ou en fon abfence, par lefquelles fon honeur & fa reputation font bleffés & ofenfés.

Par écrit, en publiant ou femant des libeles difamatoires.

Par éfet, en deux manieres, la premiere par gefte, ou autres actions, fans fraper ni toucher à la perfone qu'on veut ofenfer.

La feconde en frapant de fouflets, de coups de points, ou autrement.

Par exemple fi un roturier menaçant un gentilhomme avoit levé le bâton fur lui pour le fraper, il lui auroit fait une injure fenfible, encore qu'il ne l'eût pas frapé.

Si un particulier avoit montré à un autre un gibet, ou une roüe, pour faire entendre aux affiftans qu'il auroit merité d'y être ataché, s'il lui avoit fait les cornes ou fait quelques autres geftes en derifion de lui, c'eft une injure dont on peut demander la reparation.

Il a été defendu aux comediens, & à toutes autres perfonnes dans les bals de fe fervir d'habit de religieux, parce que cela tournoit au mépris & à la derifion des perfonnes religieufes.

Monfieur le Bret en fes notables queftions Livre 6. Chapitre 6. raporte une efpece finguliere de ces fortes d'injures, dont la reparation fut auffi finguliere.

Un homme aïant été condané par contumace pour crime de faux par le Lieutenant Criminel de Poitiers, à être pendu par éfigie, la potence fut dreffée, & le tableau ataché, mais le lendemain matin elle fe trouva abatuë & couchée par terre, la partie demanda permiffion au Lieutenant Criminel de la faire redreffer, ce qui lui fut octroïé, mais au lieu de ce faire, il fit porter par un fergent, acompagné de quelques autres perfones, la potence & le tableau en la maifon d'un oncle du condané, & lui fit fignifier qu'il l'en faifoit gardien & depofitaire comme de bien de juftice.

Cet oncle s'étant plaint devant le même Lieutenant Criminel, fur ce que la partie declarât en jugement, qu'il n'avoit pas eu intention de l'ofenfer, ils furent mis hors de cours & de procés, on interjete apel de céte fentence en la Cour, qui fut infirmée par arrêt du 1. Juillet 1606. par lequel conformement aux conclufions du fieur le Bret, il fut ordoné qu'en un jour de marché le fergent & la partie iroient avec l'executeur de la haute-juftice, reprendre la potence au lieu où elle avoit été par eux mife en dépôt, avec défenfes de plus commettre à l'avenir de femblables fautes, à peine de punition corporele.

Or il s'enfuit, que toutes les injures ne font pas punies de la même maniere, ni de même peine, ni la reparation ne s'en pourfuit pas auffi par mêmes voïes, ni par mêmes procedures.

La reparation des injures atroces qui fe cometent par écrit ou par éfet, fe pourfuivent par la voïe extraordinaire de la plainte ou de l'information, mais pour les fimples injures verbales, il eft défendu aux Juges d'en informer, ni pour raifon d'icele inftruire des procés criminels, au contraire, il leur eft enjoint tres-expreffement de vuider ces fortes de diferents fomairement & à l'audience, en forte qu'on y doit proceder feulement par aveu & défaveu.

Par arrêt doné en la chambre de l'édit le 28. Novembre 1608. fur les conclufions de Monfieur le Procureur general, la Cour fit défenfes au Bailli du Fort l'évêque de faire des longues procedures par recolement & confrontation, pour raifon d'injures verbales, & lui enjoignit de faire comparoir à l'audiance, & oüis fomairement les témoins au cas qu'il fût befoin d'en oüir, à peine de reftitution de ce qu'il auroit pris, & de tous depens, domages & interêts des parties.

Par autre arrêt du 18. Fevrier 1609. rendu en la même chambre de l'édit, ces défenfes furent réïterées, & ces deux arrêts font raportés par Bouchel en fa Bibliothéque fur le mot *injures.*

Il y en a un troifiéme du 6. juillet 1615. rendu entre François Michon, apelant d'une fentence renduë par le Bailly de la temporalité de l'Evêché de Paris, infirmatif d'un jugement du Bailly de faint Marcel, d'une part, & Touffaint Goffet intimé d'autre, par lequel la Cour, aprés avoir prononcée fur l'apel, enjoint aux Juges de faint Marcel & de la temporalité de l'Evêché de Paris de traiter fomairement les diferents mûs entre les parties pour injures verbales, & les a condanés à rendre aux parties tout ce qu'ils avoient touchés pour leurs inftructions & pour leurs épices.

Il y a encore un quatriéme du 23. Janvier 1623. rendu fur un apel du Bailly de faint Eloy à Paris, qui avoit informé, decreté & inftruit un procés de toutes fes formes, pour des injures verbales, par lequel il eft dit, qu'il a été mal, nullement procedé & emprifoné, avec défenfe audit Bailly de faint Eloy, de plus decreter des decrets de prife de corps en telles matieres, & à lui enjoint d'y proceder fomairement, à peine de tous depens, domages & interêts des parties, en fon propre & privé nom, & de repetition des fommes de deniers par lui reçûës.

Ces deux derniers arrêts font raportés par le même Bouchel, en fon recüeil d'arrêts, Livre 2. Chapitre 22.

Si la partie apelée en reparation d'injures verbales, s'en dedit, & declare qu'il tient le demandeur pour homme de bien & d'honneur, cela fufit pour reparation, en forte que le Juge ne doit pas admetre le demandeur à faire preuve, que les injures dont

il se plaint ont été proferées, il doit seulement en ce cas condaner le défendeur aux dépens de l'instance, lui faire défenses de
plus proferer de semblables injures, & permétre au demandeur
pour reparation de faire publier le jugement, au lieu où l'injure
a été proferée, sans admétre les parties à informer, ni faire de
plus longues procedures, ainsi qu'il a été jugé par plusieurs arrêts raportés par le même Bouchel en sa Biblioteque.

Charondas en ses memorables Observations sur le mot *injure*,
dit que la reparation ordinaire des injures verbales est de bailler
acte, qu'on ne sçait que bien & honeur en la persone qui se prétend injuriée, ou qu'on le tient pour persone de bien & d'honeur,
& même que quelque fois on passe outre, & qu'on declare qu'on
ne veut soutenir les paroles qui ont été proferées, & que si elles
étoient à dire, on ne les voudroit pas proferer.

Il remarque toutesfois au même endroit que les qualités des
persones font varier les formes de prononcer & rendre les injures
verbales atroces quand elles font proferées contre aucune persone,
& pour exemple il raporte un arrêt du 25. Juin 1557. par lequel
un Procureur d'une certaine Jurisdiction, qui avoit injurié son
Juge faisant sa fonction & séant en son Siege, fut condané de declarer en jugement, que temerairement & indiscretement il
avoit dit & proferé lesdites injures, dont il se repentoit, & en demandoit pardon, en l'amande vers le Roi & envers la partie, &
interdi pour toûjours de postuler en ladite Jurisdiction.

L'action d'injure, par la disposition du droit Romain, ne dure
qu'un an, aprés lequel celui qui a été injurié, n'est plus recevable à demander la reparation, voire même elle s'éteint avant l'an
s'il y a eu aparence de reconciliation entre les parties.

Charondas au lieu ci-devant cité, raporte un arrêt rendu en
la Tournelle, le 24. Mai 1561. par lequel sur une action d'injures, les parties furent mises hors de Cour & de procés, parce
qu'il étoit justifié que depuis les injures dites & proferées, lesdites parties étant en compagnie, avoient bû à la santé l'un de l'autre, ce qui étoit une espece de reconciliation.

Si ce qui est dit pour reproches contre le témoin produit, soit
en matiere civile, ou criminele, est pertinent, servant à la défense de celui, contre lequel il est produit, & ensuite verifié, il n'é-
chet aucune reparation.

Mais si ce qui est dit par reproches, est avancé temerairement
& sans preuve, à dessein seulement de calomnier le témoin, comme de dire qu'il est un voleur, un faussaire, un homicide, ou

quelques autres femblables injures , la reparation en doit être a-
jugée , conformement à l'article 41. de l'ordonance de l'an 1539.
qui porte , que ceux qui propoferont des moïens de reproches calomnieux , feront punis à l'arbitrage du Juge , eu égard à la grandeur de la calomnie.

Et par l'article 2. du titre 23. de l'ordonance de l'anée 1667.
s'il eft avancé pour reproches contre un témoin , qui a été emprifoné , mis en decret , condané ou repris de Juftice , ces faits font
reputés calomnieux , s'ils ne font juftifiés par écrit , & par l'article 20. du titre 15. de l'ordonance criminele de 1670. il eft bien
dit qu'un acufé poura en tout état de caufe propofer fes reproches
contre les témoins qui ont depofé contre lui , mais c'eft feulement au cas que fes reproches foient juftifiés par écrit , & non
autrement, comme l'article le porte en termes exprés.

CHAPITRE XXXI.

Des injures par écrit & libelle difamatoire.

LEs Ordonances ont marqué quelles font les perfones qui
peuvent être tenues de crime , & quelle punition en doit
être faite.

L'article 77. de l'ordonance de Moulins eft conçu en ces termes, *défendons tres-expreffement à tous nos fujets d'écrire , imprimer,*
& expofer en vente aucuns livres , libelles , ou écrits difamatoires con-
tré l'honeur & la renomée des perfones , fous quel pretexte & ocafion
que ce foit , declarons ceux qui les auront écrit , les Imprimeurs & ven-
deurs , perturbateurs du repos public , & comme tel voulons être punis
des peines portées par nos Edits, enjoignons à nos fujets qui ont tels li-
vres ou écrits de les brûler , fous pareille peine.

Par l'article 10. de l'édit du Roi Charles IX. de l'anée 1571.
fait fur les plaintes & remontrances du Clergé , il eft défendu ,
à peine de punition corporele de faire aucuns libeles , livres , placars & portraits difamatoires , & ordoné qu'il fera procedé extraordinairement, tant contre les Auteurs , Compofiteurs & Imprimeurs , que contre ceux qui les publieront à la difamation
d'autrui.

Il refulte des termes de cet édit que non feulement les compofiteurs de libeles difamatoires font coupables de crime , mais

auſſi ceux qui font les portraits , & les expoſent en deriſion d'autrui.

La peinture en ce cas étant auſſi criminele que la letre , elle
merite la même peine , parce que la peinture eſt une parole mue-
te auſſi bien que l'écriture.

Pline raporte que le peintre Elexides aïant été peu favorablement reçu de la Reine Stratonice , pour ſe vanger d'elle en partant de ſa Cour , y laiſſa un tableau dans lequel il la peignoit au
vif couchée avec un peſcheur , qu'elle s'étoit ſoupçonée d'aimer
& céte injure étoit beaucoup plus ſenſible & ofenſante qu'un li-
bele difamatoire qu'il avoit écrit contre elle.

Bouchel en ſa Biblioteque ſous le mot *injure* , raporte un arrêt
du 27. Janvier 1606. par lequel un ſerrurier qui avoit fait peindre
un tableau en deriſion d'aucun maître de ſon mêtier , & l'avoit
montré à pluſieurs perſones , a été condané en ſoixante quinze
livres pariſis , de domages & interêts , ordoné que le tableau ſeroit ſuprimé , & que la ſentence ſeroit publiée en la Chambre criminele du Châtelet l'audiance tenant.

Par autre édit du même Roi Charles IX. donné à ſaint Germain en Laye en Janvier 1561. article 13. il eſt ordoné que tous
Imprimeurs , ſemeurs & vendeurs de placars & libeles difamatoires , ſeront punis pour la premiere fois du foüet , & pour la ſeconde de la vie.

Les chanſons compoſées contre l'honneur & la reputation
d'autrui , paſſent auſſi pour libeles difamatoires , & ceux qui les
compoſent & publient, doivent être punis de même peine que les
auteurs des libeles difamatoires , auſſi bien que ceux qui les chan-
tent publiquement en compagnie , ainſi qu'il a été jugé par pluſieurs arrêts , tant du Parlement de Paris que des autres , *homici-
dii genus eſt famam hominis impetere* , dit Eraſme en une de ſes epî-
tres, *famæ & fidei damna majora ſunt quam & poſſint æſtimari, liv.
decad. t. lib. 3.*

Des injures écrites & inſerées en un plaidoïé , ou autres ecritures fournies en un procés , ne paſſent pas pour libeles difamatoires,
ni punis de même peine , ſi ce n'étoit que le plaidoïé ou les ecritures euſſent été imprimées , publiées , ou divulguées pour difamer la perſone injuriée.

Neanmoins ſi la perſone injuriée en demande la reparation ,
on doit ordoner que les paroles injurieuſes ſeront raïées ou bifées
& ſi toute la piece étoit injurieuſe , qu'elle ſera ſuprimée , voire
même la reparation pouroit être ajugée plus grande , ſi les inju-

res étoient atroces, & contre une perfone qualifiée.

Par exemple, l'injuriant feroit condané à dire & declarer que temerairement, calomnieufement & malicieufement, il a écrit ou fait ecrire des injures dont il fe repent &c. & ordoné que l'é-crit injurieux fera rompu & laceré en fa prefence.

CHAPITRE XXXII.

Des injures apelées reelles (&) qui fe cometent par voïe de fait.

CEs fortes d'injures font le fujet de la plus grande partie des procés criminels.

Elles fe cometent en frapant, batant, & excedant autrui par fouflets, coups de poings, coups de pieds, ou avec bâtons, pier-res, armes, & tous autres inftrumens qui peuvent ofenfer & faire bleffures.

La reparation de ces injures fe pourfuit par plainte & informa-tion, comme tous les autres crimes, mais la preuve ne s'en fait pas par la feule depofition des témoins, cependant ils peuvent bien depofer des coups qu'ils ont vûs donner, mais la qualité de la bleffure fe prouve par des raports de Chirurgiens.

Les perfones bleffées fe peuvent faire vifiter par Medecins & Chirurgiens, qui afirmeront feulement leurs raports veritables, fans qu'il foit neceffaire d'aucune ordonance du Juge du lieu où le delit a été comis.

Neanmoins le Juge par devant lequel fera pourfuivi la repara-tion du delit, poura ordoner une feconde vifite par Medecins & Chirurgiens, par lui només d'ofice, qui prêteront le ferment par devant lui, dont fera dreffé acte au grefe, & joint au procés, fans qu'il foit fait aucun procés verbal de ladite vifite, à peine de cent livres d'amande contre le Juge, ainfi qu'il eft dit par l'arti-cle 1. & 2. du titre 5. de l'ordonance criminele de 1670.

Si les coups ont été donnés & les bleffures faites dans la cha-leur d'une rixe, ou quereles, & que la mort du bleffé ne s'enfui-ve pas, ces bleffures & violences comifes en la perfone d'autrui, ne font ordinairement punies que d'une peine pecuniaire, qu'on ajuge au bleffé ou ofenfé, par forme de domages & interêts, que

le

le Juge doit proportioner à la qualité de l'ofenfe ou de la bleffure pour la reparation de laquelle elle eft ajugée.

Mais fi elle avoit été faite de guet à pens & de fang froid, par maniere d'affaffinat, ou fi le bleffé étoit mort de fa bleffure, elles feroient punies de mort, du baniffement, de la condanation aux galeres, ou amande honorable, fuivant les circonftances du fait, ou la qualité de la perfone bleffée ou ofenfée, avec une amande pecuniaire, tant envers le Roi, ou le Seigneur du lieu, qu'envers la partie, pour fes domages & interêts.

Le pere peut fe plaindre pour fon enfant qui a été batu & excedé, le mari pour fa femme, le maître pour fon ferviteur, principalement fi le ferviteur a été batu & excedé pour faire injure au maître, l'Abé pour fon Religieux, & même l'Evêque pour le Prêtre de fon Diocefe, fi le Prêtre a été excedé & ofenfé avec méptis de l'Ordre Eclefiaftique, & pour lui faire injure.

Toutesfois, fi un homme en avoit bleffé un autre, ou lui avoit fait quelque tort par imprudence, ou par imperitie, fans avoir eu deffein de le bleffer ou de lui faire tort, il ne pouroit pas être pourfuivi extraordinairement, ni puni comme criminel, il feroit feulement pourfuivi civilement & condané aux domages & interêts foufers par celui qui auroit été bleffé ou à qui le tort auroit été fait.

Par exemple, fi un paffant avoit été bleffé, fes habits gâtés, ou des chofes qu'il portoit, ou conduifoit, rompues & brifées par ce qui auroit été jeté, verfé, ou répandu imprudemment par la fenêtre d'une maifon, le maître de céte maifon, ne pouroit être condané qu'aux domages & interêts foufers par le paffant, en une amande envers le Roi ou le Seigneur du lieu, pour avoir contrevenu aux reglemens de police, fi ce n'étoit que la chofe qui a fait le domage eût été jetée malicieufement pour nuire aux paffans ou pour les bleffer, parce qu'en ce cas, celui qui auroit comis le delit, & celui qui auroit foufert qu'il fût comis en fa maifon pouroient être pourfuivis & punis extraordinairement.

Il en eft de même, fi un Chirurgien par imperitie avoit bleffé ou eftropié une perfone, ou un marechal fait mourir un cheval, fi ce n'étoit, à l'égard du Chirurgien, que la faute par lui faite par imperitie ou par ignorance en fon art, fût fi groffiere qu'elle pût paffer pour un delit étant une efpece de crime de faire mourir ou eftropier un homme par l'ignorance d'un art que l'on profeffe, & que l'on ne fçait pas.

Tome II.   B b

Il faut dire auffi , que fi un cocher , ou un charetier par imprudence , ou pour ne fçavoir pas bien conduire fes chevaux , avoit bleffé quelqu'un par la rue , il feroit tenu des domages & interêts du bleffé, & même le maître des chevaux du caroffe , ou de la charete , & fi le cocher ou charetier avoit été averti de s'arêter , ou de prendre garde à fes chevaux , & qu'il eût méprifé de le faire , il pouroit être traité criminelement , fi la mort du bleffé s'en étoit enfuivie.

Pareillement fi un paffant avoit été bleffé dans la rue par un cheval vicieux , le maître du cheval eft tenu de fes domages & interêts.

Comme auffi s'il avoit été mordu par un chien , ou bleffé par quelque bête échapée, le maître du chien ou de la bête échapée, en feroit auffi tenu , car quiconque a des bêtes ou animaux qui puiffent nuire, il les doit garder , en forte qu'ils ne puiffent ofenfer , ni faire domage à perfone , & en ce cas le maître n'en doit pas être quite en abandonant l'animal , qu'il a dû retenir conoiffant fon vice.

Ainfi , par la même raifon le maître n'en doit pas être quite en abandonant les chevaux, caroffes ou charetes, s'il avoit gardé un cocher violent ou ivrogne , dont on lui avoit déja fait plufieurs plaintes.

J'ai même vû un arrêt du grand Confeil , qui a condané un maître de caroffes de loüage à des domages & interêts confiderables, à caufe de l'infolence d'un de fes cochers qui avoit caffé la jambe au Sieur Quentin , intereff dans lées domaines, en lui faifant faire une pirouete.

Mais fi le maître du chien l'avoit pouffé & excité contre un paffant qui en eût été mordu & grievement bleffé , ou qu'il eût lâché contre le paffant quelque bête feroce , en ce cas ce feroit une injure, dont la reparation peut être pourfuivie criminelement.

La queftion, fçavoir, fi un enfant impubere en jouant , ou autrement , avoit bleffé quelqu'un , fi le pere feroit tenu des domages & interêts , a été jugée diverfement par les arrêts.

Il y en a qui ont renvoïé les peres abfous , quand la bleffure faite par leurs enfans eft arivée par un pur accident qu'ils n'ont pû prevoir ni empêcher, & qui ne peut être imputée à leur faute.

D'autres qui les ont condanés en quelques domages & interêts , quand l'accident eft arivé par la malice de leurs enfans ,

pour avoir été mal nouris & elevés , comme en jetant des pier-
res , frapant de couteaux , & faifant autres chofes femblables, principalement quand les enfans font proche de la puberté.

CHAPITRE XXXIII.

Des meurtres & homicides.

HOmicide, à proprement parler, eft toute action qui caufe
la mort d'autrui , fur tout lorfqu'on tue quelqu'un à deffein
& volontairement , car fi on tue un homme par malheur & fans
y penfer, ce n'eft pas un homicide , ni un crime , puifque tout
crime fupofe un fait qui foit volontaire.

Il fe comet par quatre manieres, fçavoir , volontairement, par
imprudence , par neceffité & par cas fortuit.

L'homicide volontaire , eft celui qu'on peut apeler le vrai
meurtre, lequel fe comet par malice, emportement, ou de deffein
premedité.

Cet Homicide peut être fait par deux manieres.

Primò. Par la main, foit par armes, poifon, ou autrement.

Secundò. Par la langue , foit par faux témoignage contre un
acufé de quelque crime , par confeil lorfqu'on a incité quelqu'un
à faire l'homicide, ou qu'on y a donné fon confentement ou aprobation, par comandement forcé de le faire , ou enfin par une injufte condanation à la mort.

L'homicide volontaire eft un des plus grands crimes & le plus
enorme de tous ceux qui fe cometent parmi les hommes , ce qui
fe prouve par quatre raifons.

La premiere eft , que Dieu y eft tres-grievement ofenfé, ce crime étant expreffement prohibé par la Loi Divine, mais il eft inutile de m'arêter davantage fur cela , le Lecteur poura voir dans
la Sainte Ecriture les punitions rigoureufes, dont Dieu a châ-
tié les meurtriers & affaffins, principalement les reproches qu'il
fit à Caïn pour avoir tué fon frere , & la punition dont il le punit.

Ce qui marque affés combien Dieu fe trouve ofenfé par ce crime , & combien il le detefte.

La deuxiéme eft , que le Prince & la Republique y font auffi ofenfés, d'autant que par le moïen de l'homicide, ils font privés d'un fujet & d'un citoïen.

La troifiéme eft, que les parens de celui qui eft tué y reçoivent un tort & une injure iréparable, fes peres & meres & autres proches parens étant ainfi privés d'un legitime fuceffeur & de fa race future, & à l'égard des autres parens, comme l'injure faite à l'un de la race, retombe fur tous les autres, il eft vrai de dire, que les parens de celui qui eft tué, reçoivent par fa mort un tort & une injure qui ne fe peut reparer.

La quatriéme & derniere eft, l'injure qui eft faite à celui qui eft tué, ce qui eft contre la loy naturele, qui nous défend de faire à autrui, ce que nous n'en voulons pas foufrir.

De forte que ce crime étant fi horible devant Dieu, fi prejudiciable au public & aux particuliers, il n'y a pas lieu de s'étoner, que les loix l'aïent puni de tout temps tres-griévement & même de la mort, ceux qui ont eu deffein de comettre un homicide, quoiqu'il n'ait pas eu fon éfet, mais feulement pour avoir cherché les moïens de le comettre, quoique l'execution ne s'en foit pas enfuivie, comme auffi ceux qui fe loüent pour tuër, batre, ou outrager, moïenant une fomme d'argent ou autre recompenfe qui leur eft promife, quoiqu'ils n'aïent pas executé leur deffein.

C'eft auffi la difpofition expreffe de l'ordonance de Blois, article 195. qui porte ; *Et pour le regard des affaffins qui pour prix d'argent ou autrement fe loüent pour tuer, outrager, & exceder quelqu'un, ou pour recourre prifonier pour crime, des mains de la juftice, enfemble ceux qui les auront loüés, ou induits pour ce faire, nous voulons que la feule machination & atentat foit puni de peine de mort, encore que l'éfet ne s'en foit pas enfuivi, dont auffi n'entendone doner aucune grace ou remiffion.*

Touchant la peine dont l'homicide eft puni, j'obferverai ici qu'elle eft diferente, fuivant les diferentes manieres dont le crime eft commis.

L'homicide même quoique volontaire eft quelquefois remifible, & c'eft ce qu'on apele l'homicide volontaire & licite.

Premierement, le Pere peut impunement tuër fa fille trouvée en adultere.

En fecond lieu, le mari peut auffi tuër impunement fa femme trouvée en adultere, comme je dirai ci-aprés en parlant de l'adultere.

En troifiéme lieu, le Capitaine n'eft pas puni pour avoir tué fon foldat, qu'il a furpris en trahifon, ou trouvé endormi en fentinele, ou lorfqu'il eft rebele & refufe d'obéïr aux comandemens de fon Capitaine.

En quatriéme lieu, l'homicide volontaire qui fe comet dans la chaleur d'une querelle, & dans le premier moment de la colere, lorfque le tort & l'agreffion fe trouve du côté de celui qui a été tué.

A l'égard du meurtre de guet-à-pens & de deffein premedité, il n'eft point remifible, & c'eft cet homicide qui eft apelé homicide illicite, parce qu'il eft défendu fur peine de la vie, laquelle ne peut être remife que par grace du Prince.

Par un Edit du Roi Henri II. fait à faint Germain en Laie, au mois de Juillet de l'année 1557. Il eft ordoné que les meurtres & homicides de guet-à-pens feront punis de la peine de mort fur la roüe, fans que céte peine puiffe être commune.

Ce qui eft auffi confirmé par la fufdite ordonance de Blois, article 194. en ces termes, *nous voulons que les Edits & Ordonances des Rois nos predeceffeurs touchant les meurtres de guet-à-pens, foient gardés & obfervés, tant contre les principaux autres que contre ceux qui les acompagneront pour quelque ocafion que ce foit, foit pour vanger, querelle, ou autrement, dont nous n'entendons expedier letres de grace ou remiffion, & ou aucunes par importunité auroient été octroyées, defendons à nos Juges d'y avoir aucun égard, encore qu'elles fuffent fignées de nôtre main & contre-fignées par un de nos Secretaire d'Etat.*

Neanmoins la peine de la roüe n'eft pas ordonée nonobftant ces ordonances pour meurtre de guet-à-pens, à moins qu'il n'y ait d'autres circonftances qui agravent le crime, comme lorfqu'un mari tuë fa femme, ou que le meurtre eft commis par un domeftique ou par des voleurs fur les grands chemins, ou par un particulier dans la maifon de celui qui eft tué.

L'homicide eft toûjours prefumé fait par dol, & de deffein premedité, c'eft pourquoi celui qui l'a commis, & qui alegue qu'il l'a fait par mal heur & fans y penfer, doit le prouver, *l. 1. princip. ff. ad leg. Cornel. deficar.* Ce qui fe juftifie par les circonftances du fait, comme s'il avoit frapé avec une clef ou un bâton, ou quelque autre inftrument qui ne fût pas deftiné pour tüer.

On n'excuferoit pas celui qui auroit tué Titius, voulant tüer Menius, la raifon eft, qu'il y auroit toûjours eu deffein

de tüer, ce qui eſt ſufiſant pour être condané comme homicide.

C'eſt une autre queſtion, ſçavoir ſi celui qui auroit ſeulement
voulu bleſſer ſon ennemi, l'auroit tué contre ſa volonté, ſeroit
condané comme homicide, j'eſtime qu'il n'y a aucun doute,
d'autant qu'en ce cas celui qui auroit tué ſon ennemi, ne le
voulant que bleſſer, n'eſt pas moins homicide volontaire, car la
volonté de celui qui frape, tend à tout ce qui en arive immediatement, & on ne pouroit pas dire que ç'a été par acident, que
celui qui a voulu fraper, aïant bien voulu s'expoſer à ce qui en
pouroit ariver, ne pouvoit pas ignorer que la bleſſure qu'il feroit
pouroit être mortele.

A l'égard de l'homicide qui a été commis par pluſieurs perſones, il y a trois cas à diſtinguer, pour la reſolution de céte queſtion, au ſujet de la vengeance de l'homicide.

Le premier eſt, lorſque pluſieurs ont de deſſein premedité comis un homicide, étant incertain qui d'entre eux a donné le
coup, ils en ſont tous coupables.

Le deuxiéme eſt, quand pluſieurs cometent un homicide dans
une baterie ou querele, s'il eſt incertain qui d'entre-eux a doné
le coup, ils doivent tous être punis, mais de quelque peine
moins rigoureuſe.

Le troiſiéme eſt, lorſque quelqu'un a été bleſſé de pluſieurs
coups donés par pluſieurs dans une querele qui ſe feroit meuë,
en ſorte neanmoins qu'il y a un coup mortel, & que l'on conoit celui qui l'a doné, en ce cas, celui-là ſeul doit être tenu de l'homicide, & tous les autres tenus que des bleſſures qu'ils
ont faites, ainſi nous voïons ſouvent, que pour un homicide
cauſé par pluſieurs, l'un eſt condané à mort, & les autres à d'autres peines.

On tient comunement, & c'eſt un uſage qui s'eſt introduit
dans toutes les Juriſdictions du Roïaume, qu'aprés quarante
jours, la mort du bleſſé n'eſt pas imputée à ſes bleſſures, à l'éfet
de faire condaner à mort celui qui les a faites, cependant les
parens du mort peuvent aprés ce tems de quarante jours, pretendre que la mort a été cauſée par les bleſſures, & faire ordoner pour cet éfet une viſite & raport d'experts, & ſi par le raport il eſt porté, que la mort ait été cauſée par les bleſſures, l'a-
cuſé doit être condané à des domages & interêts, comme d'un
veritable homicide, autrement les domages & intterêts ſeroient
moins conſiderables.

L'homicide par imprudence eſt celui qui ſe comet ſans deſſein
de procurer la mort d'autrui, comme ſi en jetant quelque choſe
dans la ruë on avoit tué quelque paſſant, ou ſi en s'exerçant à
tirer de l'arquebuſe, ou de quelque autre arme, on avoit tué
quelqu'un par mégard.

La peine de cet homicide eſt arbitraire, mais elle doit être
proportionée à l'excés de la negligence ou faute, & comme ceux
qui cometent ces ſortes d'homicides, les cometent ſans en avoir la
volonté, auſſi ne doivent-ils pas être punis de mort, la verité eſt,
que ſi l'excés de la negligence eſt ſi groſſiere qu'elle puiſſe paſſer
pour dol, elle peut être punie criminelement.

L'homicide par cas fortuit, eſt celui qui ſe comet par acident,
ſans aucune faute, ou imprudence de celui qui en eſt cauſe, &
comme en cet homicide il n'y a pas de crime, il s'enſuit auſſi qu'il
n'y échet aucune punition.

Un exemple de cet homicide, feroit ſi un homme qui ébran-
che des arbres, tue un paſſant par malheur, & aprés avoir crié
qu'il prît garde à lui, il n'en eſt point tenu, & c'eſt un homicide
involontaire, & qui eſt commis ſans qu'il puiſſe être aucunement
imputé à la faute de celui qui la fait.

L'homicide neceſſaire, eſt celui qui ſe comet par neceſſité,
mais il faut que céte neceſſité ſoit preſſante, comme dans les deux
cas ſuivans.

Le premier eſt lorſqu'il s'agit de nôtre propre vie, car ſi la
défenſe de nôtre vie eſt reduite à telle extremité, que nous ne la
puiſſions ſauver que par la mort de l'agreſſeur, il eſt certain qu'on
de peut imputer aucune faute à celui qui tue, la raiſon eſt tirée
de l'orateur qui dit, *generi omni animantium eſt à natura tributum,*
ut ſe, vitam corpuſque tueatur.

L'Empereur Gordian dit, *defenſor propriæ ſalutis in nullo pec-*
caſſe videtur, mais cela ſe doit entendre lorſqu'on eſt reduit à
telle extremité, que ſi on ne tuë l'agreſſeur, nôtre propre vie
eſt en danger, & on ne peut recourir à l'autorité des loix & des
Juges pour la défendre; *ſilent enim leges inter arma, nec ſe expe-*
ĉtari jubent, cum ei qui velit expeĉtare, antè injuſta pœna luenda ſit
quàm juſta repetenda, dit Ciceron dans l'oraiſon *pro Milone.*

Non ſeulement nous meritons le pardon dans ce cas, mais
auſſi ceux qui ſont tenus de nous défendre, feroient exemts de
la peine de mort dûë aux homicides, qui auroient tué celui
qui étoit prêt de nous ôter la vie, au cas qu'il n'y eût pas moïen
de la ſauver autrement.

Le vaffal eft obligé de prendre les armes ponr la défenfe de fon Seigneur, felon la nature & la qualité de l'heritage qu'il tient de lui qui l'oblige à céte reconoiffance, fuivant l'ancien ufage des fiefs, & quoiqu'à prefent les vaffaux ne foient pas obligés de prendre les armes pour défendre leurs Seigneurs, neanmoins étant encore obligés à faire la foy & homage à leurs Seigneurs, le vaffal qui auroit fauvé la vie à fon Seigneur, en tuant fon averfaire, ne le pouvant métre en fureté autrement, meriteroit le pardon de fon crime, & même ce feroit une ac-tion loüable, car fi le vaffal eft puni par la comife de fon fief pour avoir fait outrage, & une injure atroce à fon Seigneur, ainfi qu'il a été jugé par plufieurs arrêts, tant du Parlement de Paris, que des autres, fuivant la depofition de nos coutu-mes, ce n'eft que parce qu'il eft obligé de le fecourir dans les ocafions.

Ainfi le fils éviteroit la peine de ce crime pour avoir tué ce-lui qui étoit prêt d'ôter la vie à fon Pere, car puifque les ar-rêts ont declaré les enfans indignés de la fuceffion de leur Pe-re pour avoir refufé de pourfuivre la vengeance de fa mort contre l'homicide, c'eft un prejugé que les enfans font tenus de défendre leur Pere, lorfqu'il fe trouve en danger de perdre la vie.

Il en faut dire de même du mari & de la femme & des pro-ches parens, que la loy naturele femble engager à prendre la défenfe les uns des autres.

Le deuxiéme cas auquel on peut dire que l'homicide eft ne-ceffaire, eft lorfqu il s'agit de nos biens, comme quand un voleur eft entré dans une maifon par force & violence pour voler, principalement pendant la nuit.

Plufieurs de nos Docteurs tienent pour l'afirmative, qu'on peut tuer impunement celui qui veut nous ôter l'honeur, pourveu que l'homicide fe faffe *incontinenti*, la raifon eft que l'honeur n'eft pas moins chere aux honêtes gens que les biens & la vie.

Par exemple, fi une fille ou femme avoit tué fur le champ celui qui lui auroit voulu ravir l'honeur, elle ne feroit pas cou-pable, & cet homicide feroit reputé neceffaire, d'autant que céte injure ne foufre pas de retardement, ne pouvant être re-parée par le Juge, mais on ne pouroit pas tuer celui dont on avoit reçû un fouflet, d'autant que céte injure eft reparable par le Juge auquel il faut en ce cas avoir recours.

Il

Il ne faut point de létres de remiſſion du Prince, pour ſe faire decharger d'un homicide non volontaire, atendu que dans
l'eſpece d'un tel homicide, il n'y a aucun crime de la part de celui qui tue, & par conſequent il n'a pas beſoin de létres du Prince, pour ſe faire abſoudre.

Celui qui eſt yvre n'eſt pas pour cela excuſé du crime d'homicide, ni dechargé de la peine dont il eſt puni, à la verité
il eſt privé de ſens & de conoiſſance, mais il en eſt privé par
ſa faute, & par conſequent il n'eſt pas excuſable pour cela, cependant le Juge le pouroit en ce cas condaner à une peine moins
rigoureuſe.

CHAPITRE XXXIV.

Du duel.

LE duel eſt une eſpece d'homicide encore plus criminel que
les precedens, parce que c'eſt un ſacrifice volontaire que
les duëliſtes font à la vengence, ou à la vanité d'un point d'honneur le plus ſouvent imaginaire, qui emporte la perte de leur
vie, de leurs ames, de leurs honeurs & de leurs biens.

Il étoit autrefois permis & en uſage, non ſeulement dans ce
Roïaume, mais auſſi dans tous les autres de la Chrétienté par
un abus & une coruption que l'uſage avoit autoriſé contre les
principes & les regles de la religion, comme il ſe voit par les
exemples d'une infinité de duels raportés dans l'hiſtoire.

Toutefois il faloit en obtenir la permiſſion du Roi, ou du
Prince du païs, qui aſſignoit le champ clos dans lequel le combat
devoit être fait.

Saint Loüis de ſon temps les a défendus, & enſuite à ſon
exemple le Roy Philipe le Bel ſon petit fils, mais depuis ce
même Roi Philipe le Bel fut obligé de les permetre par une ordonance de 1306. regiſtrée au Parlement, & raportée dans l'ancien ſtile du Parlement, non pas indefiniment, mais en certain
cas ſeulement, ſçavoir au défaut de preuve d'un crime digne de
mort comis en trahiſon, dont il y avoit de grands indices & de
fortes preſomptions.

De ſorte, que maître Charles du Moulin, parlant de céte ordonance en ſes notes ſur cet ancien ſtile du Parlement, dit qu'el-

le n'a pas été faite pour aprouver les duels, mais seulement pour les reprimer autant que le pouvoit permétre les mœurs & la coruption du siecle auquel elle a été faite.

Suivant céte ordonance qui a été pratiquée jusqu'au tems du Roi François I. aucun ne se pouvoit batre en düeil, sans la permission du Roi, qui assignoit le lieu où le combat se devoit faire, cela s'apeloit se batre en champ clos, mais le Roi François I. en l'année 1547. aïant permis au sieur de la Chastaigneraye, & de Jarnac, de se batre à saint Germain en Laye, en sa presence, pour un dementi doné par Jarnac à la Chastaigneraye, & ledit de la Chastaigneraye qui étoit un des favoris du Roi, aïant été vaincu & tué sur la place, le Roi Henri II. son successeur se repentit d'avoir permis ce duel, & en eut tant de regret, qu'il fit un serment solemnel de ne plus jamais doner de semblables permissions.

Or il s'ensuit, qu'on a crû que ce serment avoit ouvert la licence éfrenée des duels, qui a tant fait perir d'hommes en ce Roïaume, chacun s'étant dispensé de se batre à sa volonté, au lieu qu'avant ce serment, c'étoit en quelque façon un crime de leze-Majesté de se doner champ & jour pour se batre, d'apeler en duel ou d'user de cartels, sans le congé & la permission du Roy.

Tellement qu'une bone cause a produit un mechant éfet, car on tient, que ce ne fut pas le seul regret de la mort de la Chastaigneraye qui fit faire ce serment au Roi Henri II. mais l'avis qui lui fut doné par quelques Theologiens, que Dieu étoit ofensé en ces combats entre des Chrétiens, & partant que la permission n'en devoit être donée par lui qui portoit le titre de Roi Tres Chrétien.

En éfet peu de temps aprés, ces combats ont été étroitement prohibés & défendus par le Concile de Trente, nonobstant lequel les sieurs de *Quelus* de *Maugiron*, & autres favoris du Roi Henry III. s'étant batus en duel au parc de Tourneles clandestinement, & à l'inçû du Roi, & s'étant presque tous entretués, le Roy en conçût tant de deplaisir qu'il défendit les duels, & neanmoins fit inhumer en l'Eglise de saint Paul les corps desdits *Quelus*, *Maugiron*, & autres, avec un superbe épitaphe.

Depuis, le Roi Henri IV. par un Edit de 1609. à fait les mêmes défenses, que le Roi Loüis XIII. son successeur a aussi renouvelées par ses édits & declarations des années 1611. 1614.

& 1617. & par autre édit du mois d'Aouſt 1623. & autre declaration du 26. Juin 1624.

Néanmoins tous ces édits & declarations, & les punitions rigoureuſes & exemplaires qui ont été faites en execution d'iceles, n'aïant encore pû arêter la fureur des duels, le Roi Loüis XIV. preſentement regnant, a fait un édit au mois de Juin de l'année 1643. verifié au Parlement le 11. Août de la même année, dont la teneur enſuit.

Primò. Pour retrancher toutes les ocaſions des duels, il ordone, que ceux qui s'eſtimeront ofenſés en leur reputation, ſeront tenus d'en porter leurs plaintes à ſa perſone, ou à Meſſieurs les Maréchaux de France, afin que l'injure qu'ils auront reçüë, ſoit reparée de telle ſorte, qu'ils en ſoient pleinement ſatisfaits en leur honeur.

Secundò. Que ceux qui ſeront demeurans dans les Provinces s'adreſſeront aux Gouverneurs & Lieutenans Generaux de ſa Majeſté, qui décideront auſſi-tôt les diferents, ſi faire ſe peut, ſinon en avertiront ſa Majeſté, pour enſuite faire executer ſes ordres, & comandemens ſur ce ſujet.

Tertiò. Que celui qui aura ofenſé, ſera tenu de comparoir lorſqu'il lui aura été ordoné, & à faute de ce faire aprés que le comandement lui en aura été ſignifié par deux fois à ſa perſone ou à ſon domicile, avec la plainte de l'ofenſé, il ſera ajourné à briefs jours, & ne paroiſſant point il ſera ſuſpendu de ſon honneur, déclaré incapable de porter les armes & renvoïé aux Cours de Parlement pour être puni comme refractaire aux ordonances.

Quartò. Il eſt enjoint aux Maréchaux de France, que ſur l'avis qu'ils auront des diferents ſurvenus entre perſones qui font profeſſion des armes, ils mandent aux parties de comparoir devant eux, leur faſſent défenſes d'en venir au combat, & enſuite en conoiſſance de cauſe, ils ordonent une ſatisfaction ſi avantageuſe à l'ofenſé, qu'il ait ſujet d'en demeurer content & ſatisfait.

Quintò. Que ſi l'injure eſt jugée par leſdits ſieurs Maréchaux toucher à l'honeur de l'ofenſé, l'ofenſant ſera privé pour ſix ans de ſes charges, ofices & penſions, ſans y pouvoir être rétabli qu'aprés ce temps, & aprés avoir ſatisfait à la partie, en la maniere qu'il a été ordoné.

Sextò. Que ſi l'ofenſant n'a ni charge, ni penſion, il ſoit privé pour ſix ans du tiers de ſon revenu, & ce tiers apliqué à l'hôpital roïal , & s'il n'a point de revenus , il tiene prifon deux ans entiers.

Septimò. Qu'en cas que les ofenfans refufent de fubir le jugement defdits fieurs Maréchaux de France , aufquels eft atribué l'autorité de juger , & decider abfolument tous diferents concernans le point d'honneur , ils faffent arêter par leurs Prevôts & retenir en prifons les refractaires jufqu'à ce qu'ils aïent fatisfait & obéï , & outre ces peines pouront encore être condanés en des amendes , declarés déchus des privileges de nobleffe , & impofés à la taille comme roturiers.

Octavò. Que les ofenfés ou pretendus l'être , qui ne voudront s'adreffer aufdits fieurs Maréchaux de France , ou aux Gouverneurs des Provinces , & apeleront au combat ceux par qui ils croïent avoir été ofenfés , feront dechus de plus jamais pouvoir obtenir la reparation de l'ofenfe qu'ils pretendent avoir reçûë , feront privés de toutes les charges , ofices , penfions & autres graces qu'ils tiendront du Roy , fans efperance de les pouvoir jamais recouvrer , feront bannis pour trois ans hors le Roïaume , avec confifcation de la moitié de leur bien , que les châteaux & les maifons feigneuriales par eux poffedées feront rafées , & les foffés comblés.

Nonò. Il eft enjoint à ceux qui feront apelés en duel d'en doner avis au Roi , aufdits fieurs Maréchaux de France , ou aux Gouverneurs des Provinces , quoi faifant , toutes les charges , ofices & penfions des apelans leur font ajugés , declarant fa Majefté qu'elle tient & tiendra toûjours les refus de fe batre , pour preuve certaine d'une valeur bien conduite , & digne d'être emploïée dans les guerres , aux plus honorables & importantes charges.

Decimò. Que fi au contraire ceux qui feront apelés font fi foibles & fi lâches d'acepter le combat , ils font declarés privés & dechus de toutes les charges , ofices & penfions , & autres graces qu'ils tiendront du Roi , feront bannis pour trois ans , avec confifcation du tier de leurs revenus , & fujets aux mêmes peines que les apelans , & fi l'apelant ou l'apelé s'étant batus , l'un d'eux , ou tous deux font tués , le procés fera fait à la memoire des morts , comme criminels de leze-Majefté divine & humaine , & leurs corps trainés à la voirie , avec défenfes aux curés , vicaires & tous autres éclefiaftiques de les enterrer , ni foufrir être enterrés en terre fainte.

Undecimò. Que ceux qui ferviront de fecond & de tiers dans les duels, feront fujets aux mêmes peines que les apelans.

Duodecimò. Que ceux qui porteront des billets pour faire apel, ou qui conduiront aux combats, foit laquais ou autres de quelque condition qu'ils puiffent être, feront punis de mort, nonobſtant toutes létres de grace ou remiſſion, qui pouroient être obtenuës pour eux, pourveu neanmoins que ceux du miniſtére deſquels on s'eſt fervi, aïent eu conoiffance du deſſein.

Decimò-Tertiò. Que ceux qui auront été ſpectateurs d'un duel s'ils s'y font rendus exprés pour ce fujet, feront degradés des armes, & privés pour toûjours des charges, dignités, & penſions qu'ils poffederont.

Decimò-Quartò. Que ſi ceux qui auront auparavant eu diferent ou querele, vienent à ſe rencontrer, ou à ſe batre feuls, ou en pareil état & nombre de part & d'autre, à pied on à cheval, feront fujets aux mêmes peines que ſi c'étoit au duel, ſauf ſi en d'autres rencontres il arivoit combat de nombre inégal & ſans aigreur precedente, à procéder contre les feuls agreffeurs & coupables, & à les punir par les voïes ordinaires.

Decimò-Quintò. Que ceux qui ſe doneront rendés-vous pour ſe batre hors du Roïaume, ou ſur la frontiere, feront punis de même peine que ceux qui ſe feront donés rendés-vous, ou ſe feroient batus dans le Roïaume.

Decimò-Sextò. Il eſt enjoint aux huiffiers, Comiffaires, Lieutenans de robe-courte, Prevôts des Marechaux & autres, que ſur le bruit d'un combat arivé, ils ſe tranſportent à l'inſtant ſur les lieux, arêtent les coupables & les conſtituent priſoniers, & pour chacune capture leur eſt ajugé une fomme de quinze cens livres, à prendre ſur les biens des coupables.

Decimò-Septimò. Defenſes font faites aux Princes, aux Oficiers de la Courone, & aux Gouveneurs des Provinces, de doner retraite aux coupables dans leurs maiſons & châteaux, à eux enjoint de les livrer entre les mains des oficiers de Juſtice, & en cas de refus feront tenus de s'abſenter pour un an.

Decimò-Octavò. Pareilles défenſes font auffi faites à tous autres fujets du Roi, & au cas que les coupables foient trouvés dans leurs maiſons ou châteaux, ordone que leurs maiſons ou châteaux feront raſés & eux bannis pour deux ans.

Decimò-Nonò. Que ſur les procés verbaux, de perquiſition, même ſur la ſimple notorieté, il ſera decreté priſe de corps.

contre les coupables abfens, qui ne pourront faire anteriner
létres de remiffion par eux obtenuës, qu'ils ne foient actuelleme
prifoniers.

Vigefimò. Que s'il arive que nonobftant les défenfes porté
par cet édit il y ait eu apel, duel, ou combat, en ce cas la c
noiffance n'en apartiendra point aux Maréchaux de France,
Gouverneurs des Provinces, mais aux Cours de Parlement, po
ce qui arivera aux environs des villes, où elles ont leur féanc
& plus loin entre perfones de grande qualité, & hors ces ca
aux Juges roïaux ordinaires, à la charge de l'apel, avec défenf
au grand Prevôt de l'hôtel, fes Lieutenans, tous autres Prevô
& Lieutenans d'en conoître, à peine de nullité.

Vigefimò Primò. Toutes dépofitions faites en fraude évident
de cet édit, fix mois avant le crime commis, ou depuis l
crime commis, en quelque maniere que ce foit, font declaréc
nulles.

Enfin le Roi declare avoir fait jurer aux Secretaires d'état, d
ne jamais figner aucunes létres contraires au prefent édit & a
Monfieur le Chancelier de n'en jamais fceler.

Quoique le fufdit édit de 1643. devoit fufir pour empêche
entierement les duels, plufieurs perfones neanmoins n'ont pa
laiffé d'être affés temeraires de contrevenir à cet édit, & on
par ce moïen experimenté que les peines y portées, n'étoient pa
cominatoires, cela a doné lieu à fa Majefté de renouveler de
temps en temps fes défenfes contre les duels, ce qu'elle a fait par
un autre édit, verifié en Parlement le 7. Septembre 1651. & par
un troifiéme, au mois d'Août 1679. verifié au Parlement le 1.
Septembre enfuivant.

Mais comme dans ces deux derniers édits, la plûpart des articles de celui de 1643. font repetés, & que exceptés quelques
articles de l'édit de 1679. Il n'y avoit rien de nouveau, & de
remarquable dans ces deux derniers édits contre les duels, j'ai
crû qu'il étoit feulement à propos de raporter ici les articles,
23. 26. 27. 34. & 35. du fufdit édit de 1679. qui ont une nouvele depofition.

L'article 23. porte, que les Procureurs generaux aux cours
de Parlement, & leurs fubftituts, fur l'avis qu'ils auront des combats qui auront été faits, feront leurs requifitions contre ceux
qui par notorieté en feront eftimés coupables, & que conformement à ces requifitions, lefdites Cours fans autres preuves,
ordoneront que dans certains délais, les prevenus feront tenus

de fe rendre dans les prifons pour fe juftifier , & à faute de ce faire , il foit procedé contre eux par défauts & contumaces , par vertu duquel , ils foient declarés ateints & convaincus des cas à eux impofés , & comme tels condanés aux peines portées par les édits , leurs biens aquis & confifqués au Roi , fans atendre que les anées des défauts & contumaces foient expirées.

Que toutes leurs maifons foient rafées , & leurs bois de haute fuftaïe coupés jufques à certaine hauteur , eux declarés infames & degradés de nobleffe , fans qu'ils puiffent à l'avenir entrer en aucunes charges , avec défenfes aux Parlemens , & autres Juges, de les recevoir en leur juftification après les arrêts de leur conda- nation , même pendant les anées de leur contumace , qu'auparavant ils n'aïent obtenu létres de Sa Majefté , portant permiffion de fe prefenter & qu'ils n'aïent païé les amandes aufquelles ils feront condanés , nonobftant l'article 18. du titre 7. de l'ordonance cri- minele , auquel il eft derogé pour ce regard.

Par l'article 26. il eft derogé à l'égard du crime de duel à l'ar- ticle 3. du titre 15. de ladite ordonance , qui porte qu'il ne poura être procedé au recolement des témoins , qu'il n'ait été ordoné par le jugement, ce faifant ajoint à tous Juges de proceder au re- colèment dans les vingt quatre heures , & le plûtôt qu'il fe pou- ra , après que les témoins auront été ouïs dans les informations , fans toutesfois que les recolemens puiffent valoir confrontation , qu'après qu'il aura été ainfi ordoné par le jugement des défauts & contumaces.

Par l'article 27. les condanés par contumaces font declarés in- dignes & incapables de toutes fucceffions qui leur pouroient e- cheoir depuis la condanation , encore qu'ils foient dans les cinq anées, & qu'ils fuffent enfuite reftitués contre la contumace , & fi les fucceffions font échues aux condanés avant la reftitution , la Seigneurie & la Juftice des terres qui leur feront échues , fera exercée au nom du Roi , & les fruits atribués aux Hôpitaux , fans efperance de reftitution , à compter du jour de la condanation par contumace.

Par l'article 34. il eft dit , que lorfque dans les combats il y au- ra quelqu'un de tué ; il fera permis aux parens du mort de fe rendre partie dans trois mois contre celui qui aura tué , & en cas qu'il foit convaincu du crime , condané & executé , la confifca- tion du mort apartiendra à celui qui aura pourfuivi, fans qu'il foit obligé d'obtenir autres létres de dont , que le prefent article , & pour faire la pourfuite ; le plus proche parent fera preferé au plus eloigné, pourveu qu'il fe foit rendu partie dans les trois mois.

L'article fuivant ordone, que lorfqu'il y aura eu execution, condanation ou plainte contre les coupables du crime de duel, il ne poura être éteint par mort, ni par aucune prefcription de vingt & trente ans, ni par aucune autre.

CHAPITRE XXXV.

Des filles & femmes qui celent leur groffeffe & acouchement.

LEs filles ou femmes qui celent leur groffeffe & acouchement, cometent un homicide volontaire en la perfone de leurs enfans, foit en les faifant perir pendant leurs groffeffes par des avortemens, ou aprés leurs acouchemens en les faifant mourir par le fer, le poifon ou autrement.

Celles qui les font mourir aprés l'acouchement, font indubitablement puniffables de mort, mais la dificulté eft de fçavoir, fi celles qui font perir leurs fruits durant leur groffeffe par des brevages, & autres mauvais moïens, doivent être punies de la même peine.

La Jurifprudence Romaine a fait diference entre celles qui cometoient ce crime étant corompues par argent, & celles qui le cometoient par haine & averfion contre leurs maris, ou par le motif de quelque autre paffion.

Au premier cas elle les condanoit à la mort, & de fait Ciceron en l'Oraifon *pro Cluentio*, fait mention d'une femme Milefiene, qui fut punie du dernier fuplice, pour avoir aprés le decés de fon mari, fait perir l'enfant dont elle étoit enceinte, moïenant une fomme d'argent qui lui avoit été donneé par les heritiers que fon mari avoit fubftitués à ce pofthume.

Mais au fecond cas, elle ne les puniffoit que du baniffement pour un certain tems, fuivant les recrits des Empereurs, comme l'a remarqué le Jurifconfulte en la loi 39. *ff. de pœnis*, & en la loi 8. *ff. ad ad leg. Cornel. de ficar.*

La Loi de Moïfe y aportoit une autre diftinction, fi l'enfant dont

dont la femme se faisoit avorter, étoit formé, ou vivant & animé, elle étoit punie de mort, mais s'il n'étoit pas encore animé, il n'y avoit point de peine établie contre elle.

La Religion Chrêtiene plus pure que la Juive & la Romaine, condane ce crime en l'un & en l'autre cas, & tient pour homicide l'action par laquelle une femme empêche un homme d'être formé & animé, aussi bien que celle par laquelle elle le détruit après qu'il est vivant & animé.

Les Medecins ne convienent pas quel tems est necessaire pour faire reputer le part animé & parfait, les uns se contentans de trente cinq ou quarante jours, d'autres aïant voulu qu'il eût deux cens dix jours, & d'autres trois cens jours, afin qu'il fût parfait.

Neanmoins, je soutiens que celle qui détruit son fruit après qu'il est animé, comet un bien plus grand crime, que d'empêcher un homme d'être formé & animé, parce qu'elle prive un homme du Sacrement de Baptême, qui est necessaire à son salut, & sans lequel il ne peut être sauvé, il est vrai que l'avortement ne doit pas demeurer impuni, par la raison, comme dit Tertulien, que c'est un meurtre avancé, que d'empêcher de naître.

Le Roi Henri II. par son Edit de 1556. ordone que les filles & femmes qui ont celé leur grossesse, soient punies du dernier suplice.

Céte ordonance est conçue en ces termes, *parce que plusieurs femmes aiant conçu enfant par moïens deshonétes, ou autrement, persuadées par mauvais vouloir & conseil, deguisent & cachent leur grossesse, sans en rien découvrir ni declarer, & avenant le tems de leur part & delivrance de leur fruit, ocultement s'en délivrent, puis le sufoquent, meurtrissent, ou autrement le supriment, sans avoir fait impartir à leursdits enfans le saint Sacrement de Bâteme, ce fait les jetent en lieux secrets & imondes, ou les enfouissent en terre profane, Ordonons, que toutes femmes qui se trouveront dûement ateintes & convaincues d'avoir celé & caché, tant leur grossesse, que leur enfantement, sans avoir declaré ni l'un, ni l'autre, & sans avoir pris de l'un ou l'autre témoignage sufisant, même de la mort & de la vie de leur enfant lors de l'issue de leur ventre, & après se trouve l'enfant avoir été privé tant du Sacrement de Bâteme, que de la sepulture publique & acoutumée, soient teles femmes tenues pour avoir homicidé leurs enfans, & pour reparation publique, punies de mort & du dernier suplice, de tele rigueur que la qualité particuliere du cas le meritera.*

Tome II.   D d

Le Roi Henri III. par un autre Edit de l'anée 1585. afin que ladite ordonance ne pût être ignorée d'aucune fille ou femme, enjoint aux Curés de la publier aux Prônes de leurs Meſſes Paroiſſiales de trois mois en trois mois, & aux Procureurs de Sa Majeſté & à ceux des Seigneurs Hauts juſticiers de tenir la main à ce que ladite publication ſoit faite.

Par arrêt du 22. Decembre 1480. une femme aïant ſufoqué ou autrement tué ſon enfant, a été condanée à être brulée vive, & en Septembre 1584. une ſervante fut pendue pour avoir fait mourir deux de ſes enfans.

Depuis ce tems ſont intervenus pluſieurs ſemblables arrêts, cependant il y a eu depuis peu quelques arrêts qui ont ſauvé la peine de mort à des filles convaincues de ce crime, à cauſe que céte ordonance n'avoit pas été publiée au Prône, mais il faut faire céte diference de celles que l'on ſçait avoir ſufoqué ou etranglé leurs enfans, & ce qui a été jugé pour Marie Serand de Beauvais, ne doit pas eſtre tiré à conſequence, mais on n'a pas laiſſé de prononcer contre elle *omnia citra mortem.*

Le même arreſt confirme un reglement de Police fait à Beauvais, qui défend aux Chirurgiens de ſeigner les filles à l'inſçu des peres & meres, ou autres qui ont autorité ſur elles, & ſi elles ſont ſeules, ſans avis de Medecin.

Il en doit eſtre de même des femmes dont les maris ſont abſens, depuis long tems, principalement lorſqu'on a ſujet de ſoupçoner leur conduite.

Il ſemble auſſi que celles qui expoſent leurs enfans & les abandonent en des lieux où ils peuvent mourir, ou eſtre dechirés par les beſtes, devroient eſtre punies du même ſuplice ; *quid illi quos falſa pietas cogit exponere ? non poſſunt innocentes exiſtimari, qui viſcera ſua in prædam canibus objiciunt, & quantum in ipſis eſt crudelius necant, quàm ſi ſtrangulaſſent ; tam igitur nefarium eſt exponere quam necare. Lactantius lib. 6. divin. inſtit. c. 20. necare videtur non tantum is qui partum perfocat, ſed & is qui abjicit, & qui alimenta denegat, & is qui publicis locis exponit miſericordiæ cauſa, quam ipſe non habet ; leg. 4. dig. de liber. agnoſc.*

La loi derniere au code *de infant. expoſit.*, veut qu'on puniſſe avec ſeverité une action ſi cruele, *quia tantò quovis homicidio pejor eſt, quantò miſerioribus eam inferunt*, neanmoins les peines n'ont pas été ſi rigoureuſes à l'égard de ceux qui les ont expoſés pour les conſerver, *alia conditio eorum quibus obvium patrem quærit exponentium paupertas, Quintil. declam. 206.*

Avant Conftantin les peres ne perdoient pas pour ce fujet le droit de puiffance paternele, & ils en étoient quites à rendre les alimens, mais cet Empereur leur ôta le pouvoir de revendiquer leurs enfans, *omni repetitione fubmovenda eorum qui liberos propria voluntate domo recens natos abjecerunt, l. 1. cod. de infant. expo-fit.*

Ce qui a été confirmé par le Concile d'Arles, *Can.*32. & par celui de Vaifon *C.* 9. qui ne permétent plus aux peres de les reclamer, s'ils ne l'ont fait dans dix jours après que celui qui s'en veut rendre maître l'a fait publier dans l'Eglife.

L'Empereur Juftinien en la loi derniere au code *de infant. expo-fit. & en fa novelle* 153. excepte auffi les enfans expofés de la puif-fance de leurs peres qui en ont abufé, & veut qu'ils demeurent libres encore qu'ils foient nés efclaves, afin que celui qui les éleve ne tire pas de profit de fa pieté.

Mais on ne doit pas, fuivant mon fentiment, fermer les yeux à l'égard de celles qui les ont abandonés, pour les faire perir, comme jadis en avoit ufé le pere d'Oepide, qui l'avoit fait ata-cher aux branches d'un arbre dans une foreft, & la confidente de la Princeffe Elifene à l'égard d'Amadis, qui l'avoit expofé dans un cofre au gré des flots de la mer.

Il eft vrai qu'il s'agiffoit de la confervation de l'honeur, dont la perte qui a été reputée égale à celle de la vie, eft capable d'é-branler la plus grande conftance, mais il n'eft pas permis de le conferver par un crime, *Ælian. lib.*2. *c.* 7.*variæ biftor.* affure qu'à Thebes il y avoit une peine capitale contre ceux qui expofoient leurs enfans dans un lieu écarté.

L'enfant abandoné dans la maifon de fa mere, n'eft pas à la charge du Seigneur, n'étant pas une épave, & à caufe que fon état étant certain les parens lui fuccedent.

Cependant fi l'enfant abandoné étoit batar, il femble que le Seigneur Haut jufticier feroit obligé de le faire nourir aïant ef-perance de lui fucceder, en cas que les trois conditions requifes dont j'ai parlé fe rencontrent en même tems.

Neanmoins, je crois qu'en ce cas le batar doit être nouri à la charge de l'Hôpital s'il y en a un dans le lieu.

D d ij

CHAPITRE XXXVI.

Du crime de paricide.

LA paricide eſt une eſpece d'homicide volontaire qui ſe co-met en la perſone des peres & meres, aïeuls ou aïeules, des enfans ou petits enfans.

La loi comprend pareillement ſous ce mot de *Paricide* ceux qui procurent ou atentent à la vie de leurs freres & ſœurs, on-cles & tantes, de leurs maris, ou de leurs femmes, de leurs beaux peres & belles-meres, de leurs gendres, & de leurs brus, & autres perſones qui ſont jointes par alliance, *loco parentum & liberorum.*

Les Perſes au raport de Herodote, Solon parmi les Atheniens, & Romulus parmi les Romains avoient établi des peines contre tous les crimes, excepté contre le paricide, ce qui fit dire à Ciceron que les grands hommes avoient mieux aimé ſe taire pour le rendre incroïable, que de le faire croire en établiſſant des peines contre un tel crime.

Neanmoins comme de tout temps, on a eu de trop frequens exemple de ce crime, cela fit que Pompée établit une loi chés les Romains, raporté par Juſtinian, qui puniſſoit le paricide d'une maniere trés-rigoureuſe, *attamen* dit Ciceron, dans l'orai-ſon, *pro Roſcio Amerivo, quia nihil tam ſanctum eſt, quod non ali-quando violet audacia, excogitatum fuit in paricidas ſingulare ſupli-cium, ut illi quos natura honeſtas in oficio retinere non poſſet, pœna magnitudo à maleficio ſummoveret.*

Céte peine étoit, que celui qui étoit convaincu de ce cri-me, étoit foüeté juſqu'à éfuſion de ſang, & aprés enfermé tout vif dans un ſac de cuir, avec un chien, un ſinge, un cocq, & une vipere, il étoit jeté dans la mer ou dans le plus prochain fleuve.

La raiſon de céte peine eſt renduë en la Loy du Code, au titre *de his qui parentes*, en ces termes, *ut omni elementorum uſu vivus carere incipiat, & ei cœlum ſuperſit ſuperſtiti, terra mortuo auferatur.*

Quintilien en parle ainſi dans ſa declaration 299. *cui lex lu-cem vivo, fluctuanti mare, naufrago portum, morienti terram defun-cto ſepulchrum nega.*

Quelques hiftoriens raportent, que ce genre de fuplice contre les paricides avoit été en ufage chés les Romains fix cens ans aprés le regne de Romulus, & qu'il avoit été inventé par les Egiptiens, mais comme depuis il s'étoit paflé un temps confiderable pendant lequel il n'avoit pas été executé, Pompée, comme je viens de dire le renouvela & l'ordona par une loi qui fut dite de fon nom *Pompeia.*

Le paricide fe punit en France du dernier fuplice, il y a même plufieurs anciens jugemens qui ont condanés les coupables de ce crime à des peines tres-rigoureufes, mais je me contenterai d'en raporter un ici, par lequel un jeune homme debauché, de Châtillon fur Yonne, qui étoit revenu un foir fort tard de faire la debauche, fur les remontrances à lui faites par fon pere, l'aïant tué d'un coup d'épée, fut condané à avoir le point coupé, divers morceaux de fa chair être levés avec tenailles ardentes, de plufieurs endroits de fon corps & aprés être pendu par les pieds, & à fon col une pierre atachée de la pefanteur de fix vingt livres, pour l'étrangler, dont il ne voulut apeler, reconoiffant l'énormité de fon crime.

Ces arrêts font raportés par Papon au titre du paricide, voïés auffi fur ce fujet l'arrêt du 26. Juillet 1676. rendu contre la dame Marquife de Brinvilliers raporté au troifiéme Tome du Journal des Audiances, Livre 10. Chapitre 10.

Toutefois la feverité de fes peines eft adoucie aujourd'hui parmi nous, & celui qui eft coupable du paricide n'eft à prefent condané qu'à être rompu & à expirer fur la roüe.

Ceux qui ont tenté d'executer ce crime, font puniffables de mort, comme s'ils l'avoient executé, & j'ai même vû, il y a dix ou douze ans, un pere avoir fait condaner fon fils par arrêt de la Cour, à mourir fur la roüe, pour avoir tiré un piftolet fur lui qui avoit manqué.

Neanmoins fi un fils dans la fureur & demence avoit tué fon pere ou fa mere, il ne doit pas pour cela être puni du dernier fuplice, car fuivant la loi, il eft affés puni par fa fureur, en forte qu'en ce cas, j'eftime qu'il n'échet aucune punition, finon de le lier & de le renfermer.

CHAPITRE XXXVII.

Du crime de leze-Majesté divine.

LE crime de leze Majesté divine est le plus grand & le plus atroce de tous les crimes.

La Majesté de Dieu est ofensée en trois manieres, la premiere, par la perfidie de ceux qui se revoltent contre lui & le renoncent pour leur Dieu & leur Seigneur, pour se doner au diable, son ennemi, par des passions abominables, la seconde, par la profanation des lieux ou des choses qui lui sont consacrées, & la troisiéme par les paroles d'impieté, les juremens & blasphemes.

Ceux qui sont coupables de la premiere espece de ce crime, sont apelés sorciers & magiciens.

Ceux qui sont coupables de la seconde, sont apelés sacrileges.

Ceux qui sont coupables de la troisiéme, sont apelés blasphemateurs, & impies.

Les auteurs qui ont écrit des sorciers & necromatiens, disent que par le moïen des pactions qu'ils font avec le diable, & de l'art magique, ils ont pouvoir de nuire aux hommes, aux animaux, aux plantes & aux fruits de la terre.

Ce qui semble fondé sur la loi sixiéme au Code *de maleficiis*, qui est de l'Empereur Constantin, *multi*, dit céte loi, *magicis, artibus usi elementa turbare, vitas insontium labefactare non dubitant & manes accitos audent ventilare, ut quisque suos malis artibus conficiat inimicos*, pour raison de quoi en droit, ils sont apelés *maleficis*, & le titre du Code qui traite de leur punition, est conçû *de maleficiis*, & en la loy cinquiéme de ce titre, il est dit, *magi & cæteri quos maleficos ob facinorum magnitudinem vulgus appellat*.

Les sorciers se vantent aussi de pouvoir decouvrir & reveler les choses secretes & cachées, & de prédire les futures, mais tout cela le plus souvent n'est que fourbe & imposture, c'est pourquoi ils sont apelés magiciens & devins.

Une des principales preuves touchant les sorciers, est ce qui est dit dans l'écriture, qui la pithonisse évoqua l'ame de Samuël,

mais on pretend que cête aparition eſt arivée par une permiſſion expreſſe.

On tient auſſi que les demons peuvent troubler l'imagination, & faſciner les yeux pour faire penſer ou voir autre choſe
que ce qui eſt.

De même, dit on, qu'Apollonius Thianeus, a voulu faire
croire qu'il reſſuſciteroit un mort en faiſant paroître du mouvement aux yeux des ſpectateurs, & que Circé a fait voir les compagnons d'Uliſſe ſous la figure des bêtes.

Saint Auguſtin, *de civit. Dei. c.* 18. parle encore de certains
ſorciers d'Italie qui changeoient les paſſans en chevaux & leur
faiſoient porter leurs fardeaux.

Ce qui a autrefois paru des oracles n'a été auſſi qu'une pure
illuſion, à la verité Cedrenus ateſte qu'Euſebe dit, ſans qu'il
paroiſſe en quelque endroit, que l'oracle de Delphes dit à Au-
guſte, que l'enfant Hebreu le faiſoit taire du temps de Julien
l'apoſtat.

On dit auſſi qu'Apollon Daphnéen dans les fauxbourgs d'An-
tioche, répondit qu'il ſe tairoit juſqu'à ce que l'on eût retiré
des corps des martires qui étoient enterrés proche, mais ſouvent il n'y a que de l'illuſion humaine. *Joan. Vvierus de præſtig.
dæmon.*

Il y en a encore qui aſſurent que l'on peut en voûter par images de cire, ſuivant ce que dit Virgile, *devovet abſentes ſimula-
chaque cerea fingit.*

La peine de ce crime eſt le feu, quand la preuve en eſt certaine & évidente, mais il eſt défendu par les arrêts de faire
cête preuve par le bain, en plongeant ceux qui ſont acuſés dans
les rivieres, où le vulgaire croit, que s'ils ſont ſorciers, ils ſur-
nagent toûjours, ſans pouvoir enfoncer, parce qu'il s'eſt trouvé que ſous pretexte de cête épreuve, des Gentils-hommes, &
des petits Juges dans les Provinces éloignées & lieux de fron-
tieres, ont fait perir beaucoup d'inocens, ou pour ſe vanger,
croïans qu'ils ont fait mourir leurs beſtiaux, ou pour envahir
leurs biens.

Les défenſes portées par ces arrêts, ſont fondées ſur la loi 9.
audit titre *de maleficiis*, qui enjoint de déferer en juſtice des ſorciers & magiciens, mais défend à peine de la vie de les faire
mourir *clandeſtinis ſupliciis*, c'eſt-à-dire, ſans leur avoir fait
leurs procés dans les formes, & pardevant des Juges competens
d'en conoître, & de les juger en dernier reſſort, encore que les

acufés fuffent tenus vulgairement dans le païs pour magiciens & forciers.

Au Parlement de Paris, on ne punit pas les forciers à caufe de leur pretendu fortilege, mais pour le mal qu'ils ont commis, ou par des moïens humains, ou par des moïens furnaturels, partant il faut que la caufe & l'éfet concourent en même temps, & on laiffe à Dieu la punition du fortilege, qui n'eft pas évident par les lumieres natureles.

Non feulement ceux qui font profeffion de cet art danable de magie, ou necromantie, doivent être feverement punis, mais auffi ceux qui les confultent, contre la prohibition de la loi, *nemo*, au même titre, *nemo arufpicem, nemo ariolum confulat, augurum & vatum prava confeffio conticefcat, fileat perpetuo divinandi curiofitas, & etenim fuplicium capitis feret, gladio ultore proftratus, quicumque noftris juffis obfequium denegaverit.*

Le Roi Charles VIII. en l'année 1490. a fait une ordonance conforme à céte loi, par laquelle il eft enjoint à tous Juges, non feulement de faire aprehender & punir, *omnes carminatores, divinatores malignorum fpirituum invocatores, necromanticos, & omnes, malis artibus, & fcientiis atque fectis, à fancta matre Ecclefia reprobatis, & prohibitis utentes,* mais auffi tous ceux qui les confultent & ont recours à eux, *fed etiam omnis cujufcumque ftatus, & conditionis fint qui fe juvabunt, vel petent confilium aut juvamen à prædictis carminatoribus, divinatoribus, & invocatoribus malignorum fpirituum, &c.*

Par l'article 26. de l'ordonance d'Orleans, & par l'article 36. de celle de Blois, *il eft ordoné que tous devins & faifeurs de pronoftications & almanacs excedans les termes de l'aftrologie licite, feront punis extraordinairement & corporelement.*

Par ces deux ordonances pofterieures à celles de Charles VIII. il n'eft rien ftatué contre ceux qui ont recours & vont confulter les devins & devinereffes, ce qui eft caufe que quantité de gens à la moindre ocafion, foit par curiofité, ou pour peu de chofe qu'ils aïent perdu, vont confulter lefdits devins & devinereffes, & en ce faifant tombent dans le crime d'idolatrie, parce que c'eft idolatrie, d'avoir recours & efperance à autre qu'à Dieu.

Neanmoins les Juges & les Magiftrats ne puniffent pas ces fautes & n'execute point l'ordonance du Roi Charles VIII. au fecond chef, laquelle, felon mon fentiment, il feroit bon de renouveler, fi ce n'eft que l'on confidere ceux qui confultent

les

les devins & devinereffes, comme gens imprudens & mal-avi-
fés, qui fe laiffent tromper & feduire par des impofteurs, &
qui par confequent, s'il n'y a autre crime mêlé (en ces confultations) ne meritent d'être punis & corigés qu'au for de
confcience , pour l'ofenfe qu'ils ont commife à l'honeur de
Dieu.

Quant au facrilege que j'ai mis pour la feconde efpece de
crime de leze-Majefté divine , les Jurifconfultes ne le font con-
fifter dans le titre du digefte, *ad leg. Juliam peculatus , & de fa-
crilegitis* , qu'aux vols & larcins des chofes facrées.

Le Jurifconfulte Marcien en la loi 4. de ce titre, dit que *lege
Julia tenetur, qui pecuniam facramento religiofam abftulerit, vel in-
terceperit , fed & qui donatum Deo immortali abftulerit* , & le Jurifconfulte Paulus en la loi 9. dit, que *facrilegi capite puniuntur, funt
autem facrilegi, qui publica facra compilaverint.*

Tellement que celui qui avoit derobé dans un Temple des
chofes apartenantes à des particuliers , qui y étoient depofées,
n'étoit pas reputé, ni puni comme facrilege , mais fimplement
comme larron ou voleur , *divus feverus , & Antonius refcripferunt ,
res privatorum in ædem facram depofita, fi fubrepta fuerint, furti actionem effe, non facrilegii* , porte la loy 5. du même titre.

Mais les Empereurs Gratien & Valentinien en la loy 1. code
de crimine facrilegii, lui donent une plus grande étenduë, parce qu'ils font paffer au facrilege tout ce qui fe commet contre
la loi de Dieu, ou par ignorance, ou par mépris, *qui divinæ legis
fanctitatem aut nefciendo omitunt, aut negligendo violant, & offendunt
facrilegium committunt.*

La definition des Empereurs, felon mon fentiment, femble
trop generale, parce qu'il n'y a pas d'aparence de rendre coupables de ce crime, tous ceux qui par ignorance ometent de faire quelque chofe qui eft prefcrit par la loi divine , qui *nefciendo
omittunt*, mais auffi n'eft il pas jufte de reftraindre ce crime, au
feul vol & larcin des chofes facrées, il faut donc dire fuivant
nos mœurs & nôtre ufage, que le facrilege eft toutes prophana-
tions des lieux & des chofes facrées, qui fe peut cométre fans
faire aucun larcin.

Tous les crimes qui fe cométent dans les Eglifes & lieux facrés, font agravés, & changent de nom par la circonftance de
lieu , les homicides, les paillardifes, & les larcins commis dans
les Eglifes, ou dans les cimetieres, font des facrileges, en forte
que fi dans une Eglife ou dans un cimetiere, il fe comet quelque

paillardife, ou quelque homicide, ou même quelque baterie jufques à éfufion de fang, ces lieux font profanés, & on n'y peut plus faire aucune fonction éclefiaftique jufqu'à ce qu'ils foient reconciliés par l'Evêque.

On peut dire auffi que les infolences & les ireverences comifes en un lieu facré, font une efpece de facrilege, & par confequent doivent être punis plus feverement, que fi elles avoient été comifes en un lieu profane.

Si les crimes, même les ireverences notables comifes en des lieux confacrés à Dieu, font des facrileges, à plus forte raifon la ruine & éverfion de ces mêmes lieux, quand elle fe fait au mépris de Dieu & de la religion.

Par les arrêts & reglemens, il eft fait défenfe de tenir des foires ou marchés dans les cimetieres, & nous lifons dans l'hiftoire du Roi Philipe augufte, écrite en vers par Guillaume le Breton, que l'un des principaux motifs qu'il eut pour clore de murailles le cimitiere des Saints Innocens, fut pour empêcher les paillardifes, & les vilains comerces qui s'y faifoient avant qu'il fût fermé, *quia meretricabatur in illo*, dit cet auteur.

C'eft même une irreverence, & par confequent une efpece de facrilege de fe promener dans les Eglifes, & difcourir la tabatiere à la main, dont ces fortes d'impofteurs font part à un chacun, tant de l'un que de l'autre fexe, principalement durant le fervice divin, c'eft pourquoi le Roi Tres-Chrétien, Loüis XIV. à prefent regnant a fait fur ce fujet à l'imitation de fes Predecefleurs une nouvele declaration dont la teneur enfuit.

Sa Majefté étant informée que fes Ordonances & celles dès Rois fes precefleurs touchant le refpect dû aux Eglifes ne font pas executées, que l'indécence & le fcandale augmentant tous les jours, & que la plûpart des perfones de l'un & de l'autre fexe, & de toutes conditions, paroiffent avoir oublié un devoir fi important, Sa Majefté a ordoné & ordone que lefdites Ordonances, Arrêts & Reglements rendus fur ce fujet, feront executés de point en point, à peine de defobeïffance, & fous les autres peines y contenuës, enjoint au ficur d'Argenfon Confeiller du Roi en fes Confeils, Maître dès Requêtes ordinaires de fon Aufel, Lieutenant general de Police de la Ville, Prevôté & Vicomté de Paris, de tenir la main à l'execution de la prefente Ordonance, même d'informer Sa Majefté des contraventions. Fait à Verfailles, le

dixiéme jour de Mars mil-sept-cens. Signé LOUIS : *& plus bas,*
PHELYPEAUX.

Ainsi céte Ordonance doit être non seulement executée
dans la Ville de Paris, mais suivant les termes d'iceles, sa Majesté entend qu'elle soit aussi afichée & executée dans toute l'é-
tenduë de son Roïaume, & que les autres Lieutenans de Police
criées dans chaque ville, à l'instard de celui de Paris, tienent la
main chacun en leur departement à l'execution de ladite Ordonance, & informe sa dite Majesté des contraventions qui seront
faites à l'execution d'icele.

L'article 39. de l'ordonance de Blois, porte, *defendons à tou-*
tes persones, de quelque qualité & condition qu'elles soient, de se
promener ni caqueter dans les Eglises durant la celebration du servi-
ce divin, ni autrement, enjoignons aux huissiers ou sergens, sur peine
de privation de leurs états, de métre & constituer prisoniers ceux qui se
trouveront contrevenans à la presente ordonance.

Les jours de Fêtes & Dimanches étant dediés & consacrés
au service de Dieu, c'est encore une espece de sacrilege que de
les violer par des actions profanes, c'est pourquoi par l'article
23. de l'ordonance d'Orleans, *défenses sont faites à tous Juges de*
permetre qu'és jours de dimanches & fêtes annuelles & solenneles, au-
cunes foires & marchés soient tenus, ni dances publiques faites, &
leur enjoignons de punir ceux qui contreviendront.

Par l'article 24. de la même ordonance, *défenses sont faites à*
tous joüeurs de farces, bâteleurs & autres semblables, de joüer esdits
jours de dimanches & fêtes aux heures du service divin, se vêtir
d'habits Eclesiastiques, joüer choses dissoluës & de mauvais exemple,
à peine de prison & de punition corporelle & à tous juges de leur bailler
permission de joüer durant lesdites heures.

Par l'article 38. de l'ordonance de Blois, *est enjoint à tous Juges*
de faire garder & observer étroitement les défenses portées par l'or-
donance d'Orleans, tant pour le regard des foires, marchés & dan-
ces publiques, que contre les joüeurs de farce, bâteleurs, cabaretiers,
maîtres de jeux de paume, & d'escrime, sur les peines contenuës esdi-
tes ordonances.

Quant aux choses sacrées, elles ne consistent pas seulement
aux vaisseaux, croix & ornemens, servans à la celebration du
service divin, qui ne sont reputés choses sacrées qu'à cause
qu'ils servent à la confection & administration des Sacremens,
& autres misteres & ceremonies de la religion, étant de leur

nature chofes profanes qui fe peuvent fondre, changer & remétre dans le comerce, quand elles font ufées & ne peuvent
plus être emploïées à ces ufages facrés, mais elles confiftent
principalement aux Sacremens, & aux myfteres de la Religion.

C'eft pourquoi les facrileges les plus execrables, font ceux
qui fe cometent par l'abus & profanation de ces facrés mifteres.

Par exemple, ceux qui ont atenté fur les Prêtres, celebrant
la fainte Meffe, ceux qui ont profané la fainte Euchariftie, ou
en ont abufé en quelque maniere que ce foit, ceux qui ont profané les fonts baptifmaux, ceux qui en mépris de la Religion
ont verfé à terre les faintes hofties, ou les ont emploïées à des
ufages vils & profanes, ceux qui en dérifion de nos facrés mifteres les ont contrefaits dans des débauches, & enfin tous ceux qui
ont commis d'autres femblables impietés, qui tous peuvent être
dits criminels de leze-Majefté divine.

Au premier chef, parce qu'ils s'ataquent immediatement à
Dieu, & ne font ces actions à autre deffein que de l'ofenfer, c'eft pourquoi leur crime ne peut être expié que par le
feu.

Ceux qui derobent dans les Eglifes des calices, des lampes,
& autres chofes femblables, ofenfent fans doute la Majefté divine, en derobant ce qui lui eft confacré, mais leur deffein n'eft
que derober, & ils ne cometent un facrilege, qu'à caufe que ce
qu'ils derobent eft confacré à Dieu, neanmoins ils font punis de
la peine de feu, fi par quelque circonftance de l'âge, de la
qualite, ou du peu de valeur de la chofe derobée, les Juges
ne font pas portés à moderer céte peine, & à en infliger une
moindre.

D'où il s'enfuit, que le larcin des chofes mobiliaires confacrées à Dieu, eft un facrilege, auffi-bien que l'ufurpation des
imeubles apartenans à l'Eglife, & qui ont auffi été confacrées à
Dieu par les fondateurs, quand elles font faites par force & violence & fans aucuns titres qui leur puiffe doner la couleur & l'a-
parence d'une poffeffion de bonne foi.

En éfet les ordonances de Charles IX. faites en 1571. & de
Henri III. aux états de Blois, article 47. défendent à toutes
perfones, de quelque qualité & condition qu'elles foient, fur
peine de confifcation de corps & de biens, d'ufurper, ou faire
ufurper, par force & par violence ou autrement, les benefices

& les maifons , juftices , cenfives , terres , dixmes , champarts , ou autres membres en dependans , à peine d'être procedé contre-eux extraordinairement.

Et par le même article , les fiefs de fes ufurpateurs font declarés reunis au domaine du Roi , & leurs biens confifqués , nonobftant que par la coutume des lieux , confifcation n'ait lieu , mais cela n'eft que cominatoire & ne s'execute point.

Si l'ufurpation des biens Eclefiaftiques eft une efpece de facrilege , la vente des chofes facrées , ou des benefices n'eft pas moins criminele & en ce cas , ce crime s'apele fimonie , & fe comet par ceux qui exigent de l'argent , ou autre recompenfe , tant pour la colation des ordres facrés , l'adminiftration des Sacremens , & autres graces fpiritueles , que pour les nominations , prefentations , & provifions des benefices.

Par l'ordonance de Blois, article 24. il eft enjoint aux Archevêques & Evêques de proceder foigneufement & feverement , fans difimulation ni exception de perfone , contre les Eclefiaftiques qui auront comis ce crime de fimonie , par les peines portées par les faints Decrets & Conftitutions Canoniques.

Et par le même article , il eft enjoint pareillement aux Baillifs & Senechaux de proceder contre les perfones laïques coupables & participantes du même crime.

Suivant la teneur de cet article , il femble que les Juges Roïaux ne peuvent conoître du crime de fimonie , qu'entre perfones laïques , neanmoins le contraire eft veritable , parce que les Juges Roïaux peuvent conoître du crime de fimonie entre perfones Eclefiaftiques , quand il eft objecté par des défenfes , ou que l'acufation en eft intentée incidement , en une complainte beneficiale , c'eft à dire , quand l'une des parties qui conteftent un benefice , objecte à l'autre qu'il a baillé de l'argent pour en avoir les provifions , foit aux colateurs en cas de vacance par mort , ou au precedent titulaire , pour acheter de lui fa refignation.

Tellement qu'il faut diftinguer , & dire que fi la fimonie eft comife par vente de grace purement fpirituele , la plainte & l'acufation n'en peut être portée que par devant le Juge Eclefiaftique , qui eft feul competant de conoître des matieres purement. fpiritueles , mais fi la fimonie a été comife par vente d'un benefice , il faut foûdiftinguer , car fi l'acufation eft directement & principalement intentée pour faire punir l'Eclefiaftique qui en eft coupable des peines Eclefiaftiques & Canoniques , c'eft l'Evêque ou fon Oficial qui en doit conoître , mais fi l'acufation de fimonie eft feulement incidente à une complainte beneficiale , comme il vient d'être dit , le Juge Roïal qui eft faifi de la complainte , peut conoître incidemment de la fimonie , & punir celui qui s'en trouve convaincu , par la privation de fon benefice & par condanation d'amande.

A l'égard des blafphemes contre l'honneur de Dieu , & des Saints , ils fe cometent ou par écrit , ou par paroles.

Par écrit dans les livres qui enfeignent l'atheifme , ou qui font faits contre l'honeur de Dieu & des Saints , ou contre la Foi & le Miftere de la Religion Catholique , & ces livres-là doivent être brulés , comme il eft ordoné , tant par les Conftitutions canoniques,que par les Ordonances de nos Rois, en forte que fi les livres de ceux de la Religion Prétendue Reformée font exemts decéte rigueur par les édits de pacification neanmoins il n'eft pas permis de les imprimer , vendre & debiter qu'aux lieux où il y a exercice de la Religion Prétendue Reformée.

Les blafphemes qui fe cometent par paroles , font les juremens , renimens , & paroles impies , proferées contre l'honeur de Dieu & des Saints , pour la punition defquels faint Loüis , & la plûpart des Rois fes fucceffeurs ont fait des ordonances tresfeveres.

Les dernieres font celles d'Orleans , article 23. de Moulins , article 86. & de Blois , article 35.

Par l'article 23. de l'ordonance d'Orleans, il eft enjoint à tous Juges Roïaux , *de faire executer contre les blafphemateurs du faint Nom de Dieu & autres ufans de blafphemes execrables , les ordonances du Roi faint Loüis & de fes fucceffeurs.*

Par l'article 86. de l'ordonance de Moulins , *tous blafphemes & juremens du Nom de Dieu , & autres execrables , font défendus à tous les fujets du Roi , & ordoné que les jureurs & blafphemateurs , foient punis extraordinairement , non feulement d'amandes pecuniaires , mais auffi de punition corporele , fi elle y echet , dont le Roi charge l'honeur des Juges qui en conoîtront.*

Et par l'article 35. de celle de Blois , *il eft enjoint à tous Juges fous peines de privation de leur charge , de proceder par punition exemplaire contre les blafphemateurs de nom de Dieu & des Saints , & de faire obferver les precedentes ordonances.*

Par Edit du Roi Henri IV. de l'année 1594. il eft ordoné que les blafphemateurs feront condanés en dix écus d'amande pour la premiere fois , de vingt écus pour la feconde , aplicables aux pauvres, & en cas de recidive pour la troifiéme fois, qu'ils foient punis corporelement.

Le Roi à prefent regnant a fait auffi plufieurs édits & declarations en confirmant les anciennes ordonances des Rois fes Predeceffeurs contre les blafphemateurs.

Il y a eu plufieurs arrêts rendus en execution, de ces édits & declarations.

Par arrêt de la Cour du 26. Janvier 1599. fur les remontrances de Monfieur le Procureur general, furent faites défenfes à toutes perfones de jurer & blafphemer le faint Nom de Dieu, de la Glorieufe Vierge, & des Saints fur les peines portées par les anciennes ordonances, édits & declarations du Roi, & de la vie s'il y échet, enjoignent à tous huiffiers ou fergens de prendre & métre prifoniers ceux qu'ils trouveront blafphemans, pour en être fait prompte & exemplaire juftice.

En confequence de ce reglement intervint un arrêt le lendemain 27. dudit mois de Janvier, contre un blafphemateur nomé Nicolas Lemefle, par lequel il a été condané à faire amande honorable devant la principale porte de l'Eglife de Nôtre Dame de Paris, tête, pieds nus & en chemife, aïant la corde au col, tenant en fa main une torche de cire ardente, du poids de deux livres, & étant à genoux au devant de ladite porte, declarer que méchament & malicieufement il avoit dit & proferé des blafphemes execrables, contre le faint Nom de Dieu & de la Vierge Marie, dont il fe repentoit & en demandoit pardon à Dieu, au Roi & à Juftice, qu'enfuite la langue lui feroit percée d'un fer chaud & les deux levres fendues, & bani à perpetuité du Roïaume, avec injonction de garder fon ban, à peine où il feroit trouvé quinzaine après l'execution de l'arrêt d'être pendu & etranglé, fans autre forme ni figure de procés, fes biens aquis & confifqués au Roi, fur iceux prealablement pris cent écus fol d'amande, aplicable au pain des prifoniers de la conciergerie du Palais.

Ce qui eft conforme à la rigueur des anciennes ordonances, car nous aprenons de l'Hiftoire que faint Loüis faifoit marquer au front les blafphemateurs avec un fer chaud, ou leur faifoit couper la langue, & par les Ordonances des Rois Philipe VI. & Charles VII. en cas de plufieurs recidives ils doivent être mis au pillori ou au carcan, ou avoir les levres fendues, ou enfin s'ils ne peuvent être corigés par toutes ces peines, & en

cas de plufieurs recidives , avoir la langue entierement coupée.

Mais aujourd'hui toutes ces ordonances font affés mal obfervées , parce qu'encore qu'on ne voïe que trop de blafphemateurs,
neanmoins on voit peu de femblables punitions , & fouvent on
n'ataque pour ce fujet que des gens qu'on veut perdre d'ailleurs ,
lorfqu'on n'a pas d'autres prifes fur eux , fous pretexte qu'ils ont
autrefois juré , quoique l'intention de nôtre Roi Tres-Chrêtien ,
par fes édits & Declarations, n'excepte perfone de quelque qualité & condition qu'ils foient , des peines portées par les ancienes
Ordonances des Rois fes Predeceffeurs , s'ils font ateints & convaincus de juremens & blafphemes.

Toutesfois , fi un particulier aïant été infulté fans raifon , s'é-
toit abandoné au tranfport d'une jufte colere qui avoit troublé fa
raifon , j'eftime en ce cas , qu'il meriteroit d'être excufé.

Il n'en eft pas de même de la rufticité qui n'excufe plus dans
les chofes qui regardent l'honeur de Dieu , de la Glorieufe Vierge & des Saints.

Ceux qui ont oüi les blafphemes , font tenus de les reveler aux
Juges des lieux , vingt-quatre heures aprés qu'ils auront été pro-
ferés , à peine de foixante & quinze livres d'amande , fuivant la
declaration du Roi, du 30. Juillet 1666.

Il y a encore plufieurs autres arrêts qui ont jugé diverfement ,
felon les circonftances du crime , qu'il feroit trop long de raporter en ce lieu , & dont la condanation contre les blafphemateurs a été jugée jufqu'à prefent conformement aux ancienes ordonances , édits & declarations de Sa Majefté donés en interpretation d'iceles.

CHAPITRE XXXIII.

Du crime de leze-Majefté humaine.

LE crime de leze-Majefté humaine eft le plus grand de tous
les crimes , aprés celui de leze-Majefté Divine , d'autant
que c'eft une ofenfe qui fe comet contre les Rois & les Princes
fouverains qui font les images vivantes de Dieu en terre , pour
gouverner les peuples qui font fous leur domination.

D'ailleurs , c'eft que le crime de leze Majefté humaine , regarde

garde le repos public & l'aſſurance de tous les ſujets du Prince.

Le crime de leze-Majeſté humaine, eſt tout ce qui bleſſe &
ofenſe la Majeſté du Souverain ou ſon Etat, ce qui ſe fait lorſqu'on atente directement à la perſone ſacrée du Prince ou contre
les perſones de ſon ſang, ou les principaux Miniſtres & Oficiers,
ou lorſqu'on entreprend quelque choſe contre & au prejudice
de ſon Etat.

On peut dire pareillement que la mediſance contre les Souverains, eſt un crime de leze-Majeſté.

Selon les Canoniſtes ſur le Canon 84. des Apôtres, qui exco-
munie ceux qui ſont coupables de ce crime, on doit apeler impieté à l'égard du Prince, ce qu'on apele injures à l'égard des
particuliers.

Le droit divin défend de parler mal du Prince, neanmoins ce
crime n'eſt pas puni de mort, ſuivant la loi unique au code *ſi
quis Imperatori maledixerit*

Les Empereurs Theodoſe, Arcadius & Honorius, Auteurs
de cête loi, en rendent cête raiſon, *ſi illud ex levitate proceſſit, con-
temnendum eſt, ſi ex inſaniâ, miſeratione digniſſimum, ſi ab injuriâ
remittendum.*

En France celui qui a mal parlé du Prince, eſt pourſuivi, ſuivant les circonſtances.

Le crime de leze-Majeſté humaine comprend pluſieurs
chefs.

Le premier eſt la conſpiration ou conjuration qui ſe fait
contre l'Etat ou la perſone du Prince pour le faire mourir, ſoit par force & violence d'armes, poiſons, ou autrement.

Le deuxiéme, eſt la conſpiration contre ceux qui aſiſtent
le Prince en ſon Conſeil privé, en choſes neanmoins qui concernent le ſervice du Prince, par la raiſon que le Conſeil eſt partie du Prince.

Le troiſiéme, eſt la conjuration qui eſt faite contre un Lieutenant General du Roi en tout ſon Roïaume, un Chef d'armée, le Gouverneur d'une Province, ou autres aïant charge
du Prince, en ce qui concerne ſa Charge, c'eſt à dire, quand
on met les mains aux armes en intention de l'ofenſer dans la fonction de ſa Charge.

Le quatriéme, eſt l'infraction du ſauf conduit acordé par le
Prince à l'ennemi, à ſes Ambaſſadeurs ou ôtages.

Le cinquiéme, eſt le traité qui ſe fait par le ſujet d'un Prince

avec fes ennemis pour trahir fa facrée Perfone , & fon État , fon
armée ou fes Villes.

Le fixiéme eft la fedition.

Le feptiéme eft la fabrication de monoïe fans permiffion du
Prince , dont il fera traité dans un Chapitre feparé.

En huitiéme lieu, eft le duel duquel j'ai ci-devant parlé au Chapitre 34.

La peine de ce crime , eft le fuplice le plus rigoureux que l'on
puiffe inventer , parce que , comme il a été dit ci-deffus , c'eft le
plus atroce & le plus deteftable de tous les crimes , aprés celui
de leze-Majefté Divine , auffi pour fa punition y a-t'il des regles
toutes particulieres & extraordinaires , qui n'ont pas lieu en la
punition des autres crimes.

La premiere eft , qu'aux autres crimes , on ne punit ordinairement , que les éfets , mais en ce crime on punit la feule volonté
& le deffein.

La deuxiéme eft , qu'aux autres crimes on ne punit que les auteurs & les complices , & en celui ci on punit tous ceux qui en
ont eu conoiffance , même du feul deffein qui en a été pris & qui
ne l'ont pas revelé.

La troifiéme eft , qu'aux autres crimes , la punition fe termine
en la perfone des coupables , ici elle paffe aux enfans , bien qu'ils
foient inocens , non pas pour être punis de mort , mais de baniffement hors du Roïaume.

La quatriéme , que ce crime ne s'éteint pas , comme les autres
crimes par la mort des coupables , parce qu'ils peuvent être acufés & condanés aprés leur mort , & la punition executée fur
leur cadavre & contre leur memoire par la fupreffion & nean-
tiffement de leur nom & de leurs armes , confifcation de leurs
biens , rafement de leurs maifons & châteaux & coupes de leurs
bois de haute fuftaïe , jufqu'à une certaine hauteur.

La cinquiéme & derniere eft , qu'en ce crime la delation &
acufation de toutes fortes de perfones eft reçue , même des perfones infames , qui en tous autres crimes font incapables d'acufer.

L'Hiftoire nous aprent , qu'un Gentil-homme étant malade
à l'extrémité , fe confeffa d'avoir eu la penfée de tuer le Roi
(qui étoit Henri II.) le Prêtre en donna avis au Procureur general , ce Gentil-homme étant revenu de céte maladie , fut fur
céte confeffion condané à être decapité aux Hâles à Paris , ce
qui fut executé.

A quoi on peut apliquer ici cète fameuse Loi d'Arcadius & Honorius de l'anée 803. touchant le crime de leze-Majesté, sur laquelle, sur laquelle ce jugement a été rendu, où il est dit, que les pensées ou projets contre les Princes, leurs Etats & leurs Ministres sont punissables.

Les denonciateurs qui sucombent faute de preuve, ne doivent pas être condanés aux domages & interêts, à moins qu'ils ne soient convaincus de calomnie, de peur qu'une autre fois on ne demeure dans une reticence prejudiciable au bien de l'Etat.

Celui qui reçoit des lètres ou messagers de la part d'un Prince étranger, ou autres ennemis du Roi, ou lui faisant la guerre, tombe aussi dans le crime de leze-Majesté humaine, s'il ne donne avis au Roi, ou à ses Oficiers, desdites lètres ou Messagers, ainsi qu'il est enjoint par l'Edit du Roi François I. donné à saint Germain en Laye en Juillet 1534.

La confiscation des biens de ceux qui sont condanés pour ce crime, apartient au Roi privativement à tous Seigneurs hauts-Justiciers, en la Justice desquels ces biens pouroient être situés & assis, même dans les Coutumes qui n'amètent point la confiscation, à cause de l'atrocité de ce crime, en sorte que dans toute la France, il emporte confiscation sans jugement qui l'ordone, comme il a été jugé par un arrêt de 1597., encore que les biens des coupables eussent été substitués au profit de leurs enfans, ou persones étrangeres, ainsi qu'il a été decidé par édit du Roi François I. fait à Villiers Costerets au mois d'Août 1539.

Il n'en est pas de même des autres crimes, à l'égard desquels les alienations sont valables, quand la mort du coupable est arivée avant sa condanation, c'est pourquoi les donations qu'il auroit faites seroient valables.

Ce qui se doit entendre des donations entre vifs, car les donations à cause de mort seroient nules, parce qu'elles ne sont confirmées que par la mort du donateur, auquel tems ses biens sont confisqués, *l.* 7. *ff. de mort. cav. donatio.*

Les biens confisqués pour crimes de leze-Majesté humaine, apartienent au Roi, sans être tenus d'aucune dète, chargés ni hipotequés.

Il n'y a que les Parlemens où les Comissaires deputés par le Roi, qui peuvent conoître souverainement de ce crime, principalement, quand il s'agit d'atentat sur la persone du Roi, ou de trahison contre l'Etat.

CHAPITRE XXXIX.

Des empoisonemens.

L'Empoisonement est une espece d'homicide, plus criminele & punissable plus severement, que celui qui se comet par le fer, parce qu'on se peut défier de celui-là & se precautioner, mais non pas de l'empoisonement, qui souvent est comis par ceux de qui on se défie le moins.

Aussi la loi *Cornelia*, qui fut faite chés les Romains pour la punition des homicides, comprend ceux qui tuent par poison, aussi bien que ceux qui tuent avec le fer, ou autres armes ofensives.

Ce crime se comet plus ordinairement par les femmes, que par les hommes, parce que n'aïant pas assés de force ou de courage, pour executer leur vangeance ouvertement & par les armes, elles ont recours au poison qui tue les hommes, sans qu'on puisse facilement conoître les auteurs du meurtre.

Il y en a une exemple remarquable dans le livre 8. de la premiere decade de Tite-Live.

Céte histoire raporte que sous le Consulat de Marcus Claudius Marcellus & de Caius Valerius, il se fit quantité d'empoisonemens dans la ville de Rome par les dames Romaines, que la mort subite de plusieurs persones de toutes sortes de qualités aïant doné de l'étonement & de la crainte à toute la ville, la cause de ce mal public fut revelée par une esclave, qui en avertit le Magistrat, & lui découvrit ce que l'on avoit crû jusque alors être une peste causée par l'intemperie de l'air, n'étoit autre chose qu'un éfet de la malice des femmes, que les dames Romaines preparoient tous les jours des poisons, & que si on la vouloit faire suivre, elle en feroit conoître la verité.

Sur cet avis on fit suivre céte esclave, & on surprit plusieurs dames qui composoient des poisons & quantité de drogues cachées qu'on aporta dans la place publique, on y fit aussi amener vingt dames Romaines, chés qui on les avoit trouvées, il y en eut deux qui voulurent soutenir que ces medicamens étoient des remedes pour la santé, mais parce que l'esclave qui les avoit acusées, leur soutenoit le contraire, on leur ordona de boire les breuvages qu'elles avoient composés, ce qu'elles firent toutes, & moururent en même temps par leur propre crime.

Cela obligea le Magistrat de se saisir de leurs complices, qui en decouvrirent encore d'autres, en sorte qu'outre les vingt dont je viens de parler, il en fut encore puni jusqu'au nombre de cent septante.

Juvenal dans sa premiere satyre nous marque pareillement qu'il y avoit jadis à Rome, une femme nomée Locusta, laquelle étoit trés-savante en l'art de composer du poison, qu'elle fournissoit aux Dames Romaines pour se défaire de leurs maris.

Il ne faut pas douter qu'il n'ait aussi toûjours été en usage en France, mais comme il n'est pas facile de le decouvrir, une infinité de persones en sont mortes, de la mort desquelles on a ignoré la cause & on ne l'a decouvert que depuis quelques années par la mort du Chevalier de sainte Croix, c'est pourquoi le Roi pour la sureté publique a été obligé d'établir une chambre souveraine, composée de plusieurs Comissaires, apelée la chambre ardente, pour la recherche de ceux qui étoient coupables de ce crime & pour leur punition.

Il n'y a persones dans le Roïaume qui ne sache que plusieurs de l'un & de l'autre sexe ont été condanés à être jetés vifs au feu, d'autres à d'autre suplice, pour avoir commis ce crime, suivant les circonstances des persones.

Ainsi il n'est pas necessaire de renouveler ici la douleur publique, qui est encore recente pour la perte de plusieurs persones considerables qui sont peries par le poison.

Non seulement ceux qui empoisonent en mêlant le poison dans les viandes, ou dans les breuvages, ou par quelques autres voïes que ce soit, sont coupables de ce crime, mais aussi ceux qui vendent les drogues pour composer les poisons, ceux qui les composent, & aprêtent, ceux qui les achetent & les gardent pour empoisoner autrui, & enfin tous ceux qui prêtent leur conseil, leur aide & leur ministere pour comêtre ce crime, qui est puni comme paricide en la persone du fils qui empoisone son pere, ou des peres & meres qui empoiso-

nent leurs enfans, comme auſſi des femmes qui empoiſonent leurs maris, ou des maris qui empoiſonent leurs femmes.

Quand je dis qu'il n'eſt pas permis de garder, ni de vendre
des drogues qui peuvent ſervir à la compoſition des poiſons, il
faut excepter ici les épiciers, apoticaires, chirurgiens & maréchaux, qui peuvent avoir de ces drogues, parce qu'il y en a
pluſieurs qui peuvent entrer en la compoſition des medicamens,
tant pour les hommes, que pour les chevaux, mais ils n'en doivent pas abuſer ni les vendre, ou en doner à des perſones qui en
puiſſent abuſer, à peine de punition.

Il a été fait ſur ce ſujet un reglement celebre, par arrêt de la
Cour du 27. Fevrier 1677. raporté au troiſiéme volume du Journal des Audiances, Livre 11. Chapitre 9.

Par lequel il eſt ordoné que les apoticaires & épiciers enfer-
meront en lieu ſur, dont ils auront ſeuls la clefs, toutes drogues, comme arſenic, ſublimé, reagal & autres, dont on peut
faire un mauvais uſage, pour la diſtribution du corps humain,
leſquels ils ne pourront vendre ni debiter qu'aux perſones domiciliées, & notoirement conuës, ſans qu'ils ſoufrent que leurs
femmes & enfans, garçons, aprentifs, ou aucuns de leurs domeſtiques en puiſſent vendre, debiter ou diſtribuer à qui que ce
ſoit, ſous quelque pretexte que ce puiſſe être, & feront leſdits
apoticaires & épiciers obligés de tenir fidele regiſtre, qui ſera
parafé par l'ancien Comiſſaire du quartier, des noms de ceux
à qui ils auront vendu ou doné deſdites drogues, la qualité, la
quantité, & le jour, & pour quel uſage, laquelle declaration
ils feront ſigner par ceux à qui ils les auront donés, & ſans pareillement qu'ils en puiſſent vendre ou doner a aucuns valets,
ſerviteurs ou domeſtiques, ſinon ſur certificat de leur maître
ſignés d'eux, dont il ſera fait mention ſur leſdits regiſtres, &
leſquels ils garderont, le tout à peine de cinq cens livres d'a-
mende & de tenir leurs boutiques fermées pendant un an, ou
plus grande peine s'il y échet.

Il ſeroit même ſuivant mon ſentiment, à propos de défendre
abſolument l'uſage de ces drogues en cas qu'elles ne ſe trouvent
pas abſolument neceſſaires, car ſupoſé qu'elles entrent dans quelques compoſitions, on n'en vivroit pas moins quand on ſuprime-
roit la moitié des remedes qui detruiſe le corps humain, étant
donés à contre-temps ou mal à propos.

Ceux qui auront conoiſſance qu'il aura été travaillé à faire du poifon, qu'il en aura été demandé ou doné, font tenus de denoncer inceffament ce qu'ils en fauront, aux Procureurs generaux du Roi ou à leurs fubftituts, & en cas d'abfence au premier oficier public des lieux, à peine d'être extraordinairement procedé contre-eux & punis felon les circonftances & l'exigence des cas, comme fauteurs & complices defdits crimes, fans que les denonciateurs foient fujets à aucunes peines, ni même aux interêts civiles, lorfqu'ils auront declaré & articulé des faits ou des indices confiderables qui feront trouvés veritables & conformes à leur denonciation.

Ainfi qu'il eft dit, par l'article 4. de la declaration de fa Majefté du mois de Juillet 1682. touchant la punition du poifon, & enregiftrée en Parlement le 31. Aouft enfuivant; quoique dans la fuite les perfones comprifes dans lefdites denonciations foient dechargées des acufations, derogeant à cet éfet à l'article 73. de l'ordonance d'Orleans pour l'éfet du venefice & du poifon feulement, fauf à punir les calomniateurs felon la rigueur de ladite ordonance.

Il faut dire auffi que ceux qui feront convaincus d'avoir atenté à la vie de quelques-uns par venefice & poifon, en forte qu'il n'ait pas tenu à eux que ce crime n'ait été confomé, doivent être punis de mort.

L'article 6. de ladite declaration du Roi, repute encore au nombre des poifons, non feulement ceux qui peuvent caufer une mort promte & violente, mais auffi ceux qui alterant peu à peu la fanté caufent des maladies, foit que lefdits poifons foient fimples, naturels ou compofés, & fait de main d'artifte, & en confequence le même article défend à toutes perfones à peine de la vie, même aux medecins, apoticaires & chirurgiens, à peine de puniffion corporele, d'avoir & garder de tels poifons, fimples ou preparés, qui retenant toûjours leur qualité de venin, & n'entrant en aucune compofition ordinaire, ne peuvent fervir qu'à nuire, & font de leur nature pernicieux & mortels.

L'article 11. fait tres-expreffe défenfes à toutes perfones de quelque profeffion & condition que ce foit, excepté aux medecins aprouvés, & dans le lieu de leur refidence, aux profeffeurs de chimie & aux maîtres apotiquaires d'avoir aucuns laboratoires & d'y travailler à aucunes preparations de drogues ou diftilations, fous pretexte de remedes chimiques, experiences, fecrets particuliers &c. fans en avoir obtenu la permiffion par létre du grand fceau, prefenté iceles, & fait declaration en confequence aux Juges & oficiers de Police des lieux.

Par le même article il eft auffi fait défenfes à tous diftilateurs, vendeurs d'eau de vie, de faire aucune diftilation que celle de l'eau de vie & d'efprit de vin, fauf à être choifi d'entre-eux le nombre qui fera jugé neceffaire pour la confection des eaux fortes, dont l'ufage eft permis, lefquels ne pouront neanmoins y travailler, qu'en vertu de létres de fa Majefté, au grand fceau, & aprés avoir fait leurs declarations, à peine de punition exemplaire.

CHAPITRE XL.

De l'homicide de foy-même, & du curateur creé aux cadavres.

CElui qui fe tue foi-même volontairement n'eft pas moins reputé homicide, que celui qui procure la mort à un autre, & par confequent puniffable de quelque peine.

On en peut tirer la raifon de Ciceron dans l'oraifon, *pro Milone*, qui dit que nôtre vie ne nous apartient point, *partem fibi vindicat patria*, *partem parentes*, *partem amici*. le tort que nous faifons à la patrie, à nos parens & à nos amis, en nous procurant une mort violente, par le fer, par le poifon, ou en fe precipitant, ou autrement, merite la vengeance publique, puifque la republique y a interêt.

Neanmoins les Romains ne puniffoient pas ce crime indiftinctement, car ceux qui le cométoient par l'ennui d'une maladie incurable, par impatience, caufée par quelques grandes douleurs, ou par generofité pour faire voir le mépris qu'ils faifoient de céte vie, n'étoient pas fujets à la peine de ce crime, en forte qu'il n'y avoit que ceux, qui pour prevenir la punition des crimes dont ils étoient acufés, s'étoient doné la mort, qui fuffent condanés.

La peine de ce crime dans ce dernier cas, étoit la confifcation des biens, fuivant les loix, *ff. & cod. de bon. cor. qui mortem fibi confciv.*

Les Hebreux leur refufoient la fepulture, ne croïant pas que ceux qui avoient ofé fortir de ce monde contre l'ordre de

Dieu

Dieu dûſſent être reçûs dans le ſein de la terre, & honorés de la ſepulture, qui eſt dûë aux hommes aprés leur mort, & que les anciens conſideroient comme le dernier honeur qu'on pouvoit recevoir.

Les Chrétiens éclairés des lumieres du Chriſtianiſme, condanent de foibleſſe & d'impieté, ceux qui oſent atenter à leur propre vie, par la raiſon que ceux qui ſe tuent eux-mêmes, tuent le corps & l'ame.

Les Conciles & les Canons que nous ſuivons en ce Roïaume défendent de doner la ſepulture Chrétienne à ceux qui ſe ſont fait mourir eux-mêmes, en quelque maniere, ou pour quelque cauſe que ce ſoit, *placuit* (diſent les Peres au Concile de Prague, Canon 12.) *ut qui ſibi ipſis voluntariè aut per ferrum aut per venenum, aut per præcipitium, aut per ſuſpendium, vel quolibet modo violentam inferunt mortem, nulla prorſus pro illis in ablatione commemoratio fiat, neque cum pſalmis ad ſepulturam cadavera deducantur.*

Il y a une diſpoſition preſque pareille dans les capitulaires des Empereurs Charlemagne, & Loüis le Debonaire, Livre 6. Chapitre 70. *de eo qui ſemet-ipſum occidit aut laqueo ſuſpendit, conſideratum eſt : ut ſi quis compatiens, velit eleemoſinam dare, tribuat, & orationis in pſalmis faciat oblationibus & miſſis tamen ipſi careant.*

L'article 586. de l'anciene Coutume de Bretagne & l'article 361. de la nouvele porte, *que ſi aucun ſe tuë à ſon eſcient, il doit être pendu, & trainé comme meurtrier,* ce qui eſt pratiqué par tout le Roïaume, & même preſque en toute la Chretienté, n'étant pas permis à un homme Chrétien de ſe faire mourir, parce qu'en le faiſant il pêche plus grievement, ſuivant le ſentiment des Saints Peres & l'opinion des Theologiens, que quand il a tué un autre, parce qu'en tuant un autre, il ne fait perir que le corps de celui qu'il tuë, mais ſe tuant ſoi-même, il fait perir ſon corps & ſon ame.

Ainſi, quand tel homicide arive, celui qui le commet eſt attaché au derriere d'une charete, & trainés ſur une claïe la tête en bas, & la face contre terre par les ruës de la ville où l'execution ſe fait, juſqu'à la place publique où il eſt enſuite pendu par les pieds à une potence, & il y demeure pendant vingt-quatre heures, & d'autant que la condanation du corps emporte auſſi celle des biens, ſuivant l'article 183. de la Coutume de Paris, tous ſes biens ſont confiſqués au profit du Roi, & des Seigneurs hauts Jufticiers, au moins pour les biens qui se trouvent dans les Coutumes de confifcation, & pour augmenter l'infamie, le jugement ordone que leur memoire demeure condanée.

Ce que j'ai vû executer fort fouvent, & même j'ai trouvé dans nos auteurs des anciens arrêts qui ont condané ce crime aux mêmes peines.

Céte condanation ceffe, étant juftifié que le défunt étoit malade d'une fievre chaude, ou qu'il étoit furieux & infenfé, lorsqu'il s'eft procuré la mort, laquelle en ce cas n'eft pas volontaire, fouvent les Juges font faciles fur ce fujet, & on les ébloüit pour leur cacher la verité, & empêcher par ce moïen l'ignominie & la confifcation des biens du défunt, mais il en coûte aux heritiers, & ils en perdent une partie pour fauver l'autre.

Si un homme s'eft precipité, de fait, ou homicidé, la connoiffance du delit n'apartient pas au Juge Roïal, ni la confifcation au Roy, mais elle apartient au Juge du haut-jufticier, au territoire duquel le delit a été commis, lequel pour faire le procés, doit dreffer procés verbal du lieu, auquel le défunt aura été trouvé pendu & étranglé, ou autrement homicidé.

Fera vifiter le corps mort par Chirurgiens, & informera à la requête du Procureur fifcal de la vie & mœurs du défunt, & comme il s'eft homicidé ou pendu, s'il étoit furieux ou malade & de la caufe pourquoi il s'eft défait.

Ce fait le Juge par l'avis des parens du défunt (*fi aucun il a*) ou d'ofice, doit créer un curateur au corps mort, pour le défendre, dire & aleguer pour fa juftification, tout ce que bon lui femblera, interrogera le curateur fur les charges & informations, recolera les temoins & les confrontera au curateur, lui demandant s'il y a quelques reproches à propofer contre les témoins.

Enfuite, le Procureur fifcal baillera fes conclufions, & le curateur fes défenfes par atenuation, & ce fait le Juge donera fa fentence contenant la peine ci-deffus declarée ou à telle autre peine qu'il avifera.

Dans le vû de la fentence il faut faire mention du procés verbal de l'état où s'eft trouvé le corps mort, des informations faites à la requête de Monfieur le Procureur du Roi, ou Procureur fifcal, de l'acte contenant creation du curateur au corps mort, recolement des temoins, confrontation au curateur, du raport des Chirurgiens, qui ont visité le corps mort, des défenses du curateur, & des conclusions de Monsieur le Procureur du Roi, ou du Procureur fiscal.

Pour créer un curateur à un cadavre, le Juge n'a pas besoin de l'avis des parens du défunt, parce qu'il le peut nommer d'office, suivant l'article 2. du titre 22. de l'ordonance criminele de 1670. mais s'il se trouve quelqu'un des parens du défunt, qui en veüille faire la fonction & défendre sa memoire, il doit être preferé à un étranger, ainsi qu'il est porté par le même article.

Ledit curateur doit sçavoir lire & écrire, & prêter le serment de bien & fidelement défendre la memoire du défunt, autant qu'il lui sera possible.

Quoique le procés soit instruit, contre ce curateur en la maniere ordinaire, & comme contre un criminel, neanmoins il ne doit pas prêter le dernier interrogatoire sur la selete, mais seulement debout.

Encore que le nom de curateur soit emploïé en toute la procedure, cependant la condanation doit être rendue contre le cadavre, ou contre la memoire du défunt, & non contre le curateur, suivant l'article 3. du titre 22. de ladite ordonance criminele.

Le curateur peut interjeter apel de la sentence rendue contre le cadavre, ou contre la memoire du défunt, même il peut y être contraint par l'un des parens dudit défunt, lequel en ce cas est tenu d'avancer les frais.

Les Cours souveraines en cause d'apel, ne peuvent point creer d'autre curateur, que celui qui a été créé par les premiers Juges.

De sorte que cète formalité de creer un curateur au cadavre, ou à la memoire d'un défunt, auquel on veut faire le procés aprés sa mort, est tellement necessaire & essentiele, que si elle avoit été omise, la sentence rendue contre ledit défunt seroit nule.

Guenois en ses Anotations sur la pratique civile & criminele de Maître Jean Imbert, livre troisiéme chapitre 22. raporte qu'un Elu d'un certain lieu qu'il ne nome point étant entre les mains du Prevôt des Marechaux, se trouva frapé au cœur d'un poinçon d'un cordonier qui lui avoit chaussé des botes le matin, dont il étoit mort sur le champ, que pour cela son procés lui fut fait par ce Prevôt des Marechaux sans lui creer un cura-

teur, & qu'enfuite il fut condané à être pendu par les pieds &
executé , qu'il y eut apel interjeté de la fentence dudit Prevôt
par les parens dudit défunt , qui fut infirmée à caufe du défaut
de céte formalité, le Prevôt condané à fe défaire de fa charge &
en de groffes amandes.

Au même lieu ledit Guenois raporte auffi les exemples de plu-
ficurs jugemens & arrêts rendus contre des perfones qui s'étoient
tuées elles-mêmes.

Le premier eft du mois de Janvier de l'anée 1586. contre un
Medecin qui étoit prifonier en la Conciergerie du Palais, ce Medecin aïant pris querele dans la Conciergerie contre un Capitaine, qui y étoit auffi prifonier , le tua d'un couteau qu'il prit
fur la table du Geolier , à caufe dequoi aïant été refferré & mis
dans un cachot, il s'étrangla avec fa chemife, pour eviter la punition de fon crime , pourquoi il fut condané à être traîné fur la
claïe & jeté à la voirie.

Le deuxiéme, du 15. Avril de la même anée 1586. contre un
nomé Charles de Hangrave , cet homme s'étoit pendu & étranglé dans le Colege de Boncourt, pourquoi il fut condané à être
pendu à une potence la tête en bas.

Le troifiéme, du 9. Fevrier 1587. rendu contre un autre prifonier en la conciergerie du Palais, qui aïant apris qu'il avoit
été condané à être pendu, fe coupa la gorge, pour quoi il fut
dit que fon corps feroit traîné de ladite conciergerie à la voirie prés Mont-focon, aïant les pieds atachés à une charete, le
vifage contre terre , & pendu à une potence qui feroit dreffée en
céte voirie.

Il faut toutefois obferver ici , que fi un homme en demence ,
comme il a été dit ci-deffus, ou dans une fiévre chaude, s'étoit tué
ou precipité, il ne feroit pas fujet à céte punition, tant par la
dépofition du droit, que par nos mœurs.

En l'année 1550. un fol qui avoit neanmoins quelquefois de
bons intervales, s'étant pendu & étranglé, fut condané par
le Juge du lieu à être pendu & ataché au gibet, ce qui fut executé, dont la veuve & les heritiers fe porterent pour apelant,
& par arrêt du 18. mars de la même année, fut la fentence infirmée , en émandant, permis à la veuve & aux heritiers de
faire dependre le corps, & le faire enterrer en terre fainte, &
fur la reparation par eux requife, ordoner qu'ils feroient recoler les témoins, pour le recolement fait être ordoné ce que de
raifon , & faifant droit fur les conclufions des gens du Roi , le

Seigneur condané à rendre les cent cinquante livres qu'il avoit prifes, comme auffi ces oficiers à rendre ce qu'ils avoient reçû, & aux dépens, permis à la veuve & aux heritiers du défunt de faire publier l'arrêt.

Il faut remarquer encore ici, que quand on voit qu'une pauvre femme par neceffité, indigence & pauvreté, s'eft penduë, on ne doit pas ufer contre elle, toute la rigueur portée par les arrêts ci-devant cités, mais on doit ordoner feulement que fon corps fera privé de fepulture en terre-fainte.

Ainfi, il eft fouvent trés-dificile de juger fi un homme s'eft fait mourir lui-même lorfqu'il n'aparoît aucunes indices ni conjectures, comme lorfqu'il eft trouvé mort dans la riviere, dans une fontaine ou dans un puits, où il a pû être tombé naturelement, ou bien s'il eft tombé dans un lieu élevé, ou lorfqu'il fe trouve fufoqué fans qu'il y ait aucune marque que ce foit par la violence d'autrui.

Il y a certains auteurs qui veulent qu'on ne prefume pas qu'un homme qui naturelement faint lui-même, & qui abore le non être, ait confenti à fe detruire, & que comme la chofe a pû ariver par diferens acidens, on ne doit pas prefumer de delit dans un cas qui peut-être criminel & ne l'être pas.

Neanmoins j'eftime qu'on doit faire diference de celui qui fe trouve étranglé & fufpendu, parce qu'il eft tres-rare que celui qui veut fe défaire de fon ennemi, choififfe céte voïe, qui eft tres dificile. ainfi qu'à remarqué Farinacius, *de inquifitione, lib. 1. tit. 1. quaft. 29.* où il conclut qu'en ces matieres, où il eft impoffible de prouver le corps du delit, le jugement dépend des indices & circonftances, & d'une grande prudence de Juge.

Il y a dix Coutumes en ce Roïaume, comme j'ai dit ci-deffus, où la confifcation n'a lieu qu'en crime de leze-Majefté, & en certains autres cas.

Un particulier natif du païs d'Anjou, où fon bien étoit fitué, s'étant pendu & étranglé dans le Faux-bourg faint Germain à Paris où il étoit logé, fut condané & executé comme homicide de lui-même, mais la queftion fut de fçavoir fi fon bien feroit confifqué, parce qu'il étoit fitué en la Coutume d'Anjou, où la confifcation n'a lieu qu'en crime de leze-Majefté.

Pour foutenir la fentence du Bailli de faint Germain, qui avoit declaré fes biens aquis & confifqués, on difoit que l'homicide de foi-même eft une efpece de crime de leze Majefté divine & partant qu'il y avoit lieu à la confifcation.

G g iij

Cependant par arrêt rendu en la Tournelle le 13. Fevri
1588. raporté par Maître Anne Robert , livre 1. chapitre 12.
Cour a debouté de sa demande le donataire de la confiscation,
a ajugé les biens du défunt à ses heritiers.

CHAPITRE XLI.

Du vol & larcin.

VOl ou larcin, est l'enlevement , ou la détention du bie
d'autrui, pour se l'aproprier frauduleusement , & malgr
celui à qui il apartient , ou en son absence ou à son insçu, mai
si la chose est faite par surprise , elle s'apele larcin, & quand
elle est faite par force & violence , par rupture & fraction de
mur , de portes , ou de fenêtres , elle s'apele vol.

Par le droit Romain le larcin étoit divisé en manifeste, & non
manifeste.

Le larcin manifeste étoit celui dont le larron étoit découvert
& surpris sur le fait.

Le non manifeste est celui dont le larron n'avoit pas été surpris sur le fait.

La peine du premier étoit du quatruple de la valeur de la chose derobée, outre la restitution de céte même chose , & la peine du second étoit seulement du double , outre la restitution de
la chose.

Mais céte division est inutile parmi nous, à l'égard des peines
du double , du quatruple , parce que les peines pour la plûpart
sont arbitraires en ce Roïaume , & si elle peut servir à quelque
chose , ce ne peut être qu'à faire conoître que la condanation de
larcin manifeste doit être plus propre , parce que la conviction
d'un laron qui est découvert & pris sur le fait , est plus facile.

Ce que nous observons en France, est que le larcin est plus ou
moins severement puni , suivant les circonstances dont il est a-
compagné.

Le simple larcin n'est ordinairement puni que du fouet , de la
fleur de lis , & du banissement pour un tems , mais quand il se
comet dans une Eglise , c'est une espece de sacrilege qui merite
une plus severe punition , mais quand non seulement le larcin se

comet dans un lieu faint , mais encore quand la chofe derobée
eft une chofe facrée , comme un calice ou autre chofe femblable,
la peine eft la mort indubitablement.

La circonftance du lieu agrave fans doute le crime , & le rend
plus puniffable , & même j'ai vû fouvent des coupeurs de bourfe
furpris dans des chambres du Parlement durant la plaidoirie, être
interrogés , leur procés fait & parfait , convaincus & condanés
fur le champ.

Quand un ferviteur derobe fon maître , c'eft un larcin domeftique , & ce crime eft puni de mort, fi le vol eft tant foit peu confiderable , à caufe que les maîtres font obligés de fe repofer fur la
fidelité de leurs ferviteurs.

La Coutume de Bourdeaux , article 107. porte en termes exprés , que le ferviteur qui aura derobé à fon maître cinquante
francs bordelois , fera pendu , & fi la fomme eft moindre , qu'il
fera foueté deux fois par la Ville.

Les charues , harnois & autres chofes que les laboureurs font
obligés de laiffer aux champs , & hors de leur maifon , font en la
garde de la Juftice , comme porte expreffement la Coutume de
Lodunois, titre 39. article 14. & partant quiconque les derobe ,
doit être puni corporelement, fuivant le même article.

L'article 627. de la Coutume de Bretagne porte la même chofe.

La Coutume de Labourt, titre 19. article 3. eft plus fevere, &
condane à mort tous ceux qui derobent en l'Eglife, maifon, caba-
ne , moulin , ou en chemin public.

Il y a des Coutumes qui ont reglé les punitions de larcins par la valeur des chofes derobées , & par les recidives.

Celles de Nivernois, chapitre 1. article 8. eft conçue en ces
termes , *fi aucun commet fimple larcin non excedant foixante fols pour*
la premiere fois il fera puni felon la difcretion & arbitrage du Juge ,
jufqu'à la mutilation de membres exclufivement , & pour la feconde fois
jufques à la mutilation de membres inclufivement , & pour la troifiéme
fois il fera condané à mort , & s'entend quant à chacune defdites fois ,
s'il a été aprehendé & ateint par Juftice , & fi le larcin eft qualifié ,
ou agravé de quelque qualité , le delinquant fera puni fuivant l'exigen-
ce du cas de la peine ordonée de droit.

Celle du Duché de Bourgogne, chapitre 1. des *Juftices* article
5. veut que la chofe derobée excede dix livres pour pouvoir punir corporelement.

Si aucun , (*dit cet article*) commet fimple larcin qui n'excede dix livres tournois , pour la premiere fois il fera puni felon l'arbitrage du Juge , fans mort naturele , ou mutilation de membres, & s'il comet plus grand larcin que de dix livres pour ladite premiere fois , il fera puni corporelement felon l'exigence & la qualité du cas , & l'arbitrage du Juge , & s'il rechet & comet autre larcin, il en perdra la vie.

La Coutume de Bretagne aux articles 636. & 638. fait diftinction , comme celle de Nivernois & de Bourgogne , entre lefdits larcins qualifiés ou non qualifiés.

A l'égard des qualifiés , elle veut que les coupables foient punis de mort , & à l'égard des non qualifiés qu'ils ne foient pas punis de mort , fi le larcin n'excede la valeur de dix livres.

Par ces mots de crimes qualifiés , elle entend comme les autres coutumes , les larcins domeftiques , ceux qui fe cometent dans les Eglifes , dans les auditoires de Juftice , fur les grands chemins de jour & de nuit , ou par rupture & fraction des murs , portes & fenêtres , ou par quelqu'autre violence.

Une circonftance qui peut quelquefois doner lieu à moderer la peine , eft celle de la neceffité qui femble difpenfer la loi, fupofant que le maître de la chofe fe feroit de lui-même porté à affifter fon prochain s'il eut conu fes befoins , c'eft dans ce fens, que le fage , Proverbe chapitre 6. excufe la faute de celui qui à derobé pour raffafier fa faim , & au chapitre 30. il prie Dieu de ne le pas reduire à la derniere indigence , de peur qu'il ne foit obligé de voler.

Neanmoins la mauvaife conduite eft caufe qu'on fe doit fouvent imputer à foi même la neceffité où on eft reduit, mais Thiraqueau *de pæn. tempor.* convient , auffi bien que moi , que la peine en ce cas doit être diminuée , fuivant les circonftances, ce qui doit avoir lieu à plus forte raifon , fi on n'avoit pris que des chofes que la nature femble avoir laiffées pour l'ufage de tous les hommes.

Par la difpofition du droit Romain le mari n'a aucune action criminele contre fa femme, ni la femme contre lui , pour raifon de ce que l'un ou l'autre pouroit avoir détourné des biens de la comunauté , mais feulement une action civile apelée *rerum amotarum* , que les Preteurs avoient introduite , *propter honorem matrimonii* , n'aïant pas eftimé raifonable de donner aux conjoints par mariage , ni à leurs heritiers des actions crimineles & infamantes l'un contre l'autre.

On

On a en France suivi céte Jurisprudence Romaine, car il a été jugé par plusieurs arrêts raportés par Mr. Loüet & son Comentateur letre C. nombre 36. que non seulement les heritiers du mari, mais les creanciers dudit mari ne sont pas recevables à poursuivre criminelement la veuve pour prétendu recelé & divertissement de meubles, & qu'en ce cas les procedures crimineles doivent être cassées, sauf aux heritiers ou creanciers du défunt mari à se pourvoir par action civile.

La peine parmi nous de la femme qui a soustrait & recelé, aprés la mort de son mari, est qu'aprés la soustraction & recelé, elle n'est plus recevable à renoncer à la comunauté, & que quand elle l'a acceptée, elle est privée de la moitié en proprieté, qu'elle pouvoit avoir aux choses recelées en qualité de comune, & même de l'usufruit de l'autre moitié quand elle est donataire mutuele.

Il n'en est pas de même de l'associé que de la femme, car s'il soustrait frauduleusement les éfets de la societé, il comet un larcin, & peut être poursuivi criminelement, suivant la disposition de droit en la loi *si socius* 45. *ff. de furtis.*

Les voleurs de nuit qui volent dans les rues ou dans les maisons, & ceux qui crochetent les maisons pour y voler, sont condanés à la potence, & ceux qui volent sur les grands chemins sont condanés à être rompus vifs & expirer sur la roue.

L'ordonance du Roi François I. faite à Paris au mois de Janvier 1534. porte, *Voulons & ordonons que tous ceux qui seront dûement ateints & convaincus par Justice, d'avoir par insidiation ou agression conspiré & machiné, pillé & detroussé de nuit les alans & venans és Villes & vilages, & lieux de nôtre Roïaume, eux métant pour ce faire en embuscade pour les gueter & épier aux entrées & issues desdites Villes & les detrousser & piller, comme aussi ceux qui font le semblable au dedans des Villes, guetant & épiant de nuit les passans, alans & venans par les rues, ceux qui entreront au dedans des maisons, les crocheteront & forceront, prendront & emporteront les biens qu'ils y trouveront, seront punis en la maniere qui ensuit, sçavoir les bras leur seront brisés & rompus en deux endroits, tant haut que bas, avec les reins, jambes & cuisses, & mis sur une roue haute, plantée & elevée, le visage contre le Ciel où ils demeureront vivans pour y faire penitence, tant & si longuement qu'il plaira à Dieu les y laisser, & morts, tant qu'il sera ordoné par Justice.*

Céte ordonance n'est pas executée à la rigueur, car à l'égard de ceux qui volent dans les maisons, de jour ou de nuit, ils ne font condanés qu'à la potence & ceux qui volent fur les grands chemins, n'étant point acufés & convaincus d'avoir tué, ne font condanés à être rompus qu'aprés avoir été étranglé, quelquefois ils font auffi condanés à avoir quelques coups vifs, fuivant la qualité de leurs crimes, & des circonftances.

Ceux qui recelent les chofes derobées, ceux qui prêtent aide, fecours, ou inftrumens pour ce faire, comme les ferruriers qui auroient fabriqué ou fourni aux voleurs des fauffes clefs, doivent pareillement être punis des mêmes peines.

Il en faut dire de même de ceux qui retirent & recelent les voleurs chés eux, conformement à ce qui eft dit dans la loi premiere au digefte *de receptatoribus*.

Il y a encore plufieurs autres efpeces de vols & larcins dont il eft parlé dans le droit & dans nos Coutumes.

Primò. Quand le feu eft dans une maifon, ou qu'elle tombe en ruine, & que le proprietaire eft bien empêché à fauver fes biens, ceux qui voulant profiter de fon malheur, en prenent, détournent & divertiffent quelque chofe, cometent un larcin, comme auffi ceux qui pillent les marchandifes & autres chofes étant dans un vaiffeau qui a fait naufrage, & les Loix Romaines condanent au quatruple celui qui eft coupable de ce crime.

Mais parmi nous il feroit puni comme laron plus ou moins feverement, fuivant les circonftances du fait.

Il en feroit autrement de celui qui mechament & malicieufement auroit mis le feu en la maifon d'autrui, parce que les incendiaires & boute-feux doivent être punis de mort, fuivant la loi, *Capitalium §. 12. ff. de pœnis incendiarii*, dit céte loi, *capite puniuntur, qui ob inimicitias, vel prada caufa incenderunt intra oppidum & plerumque vivi exuruntur*.

A quoi eft auffi conforme la loi derniere *ff. de incendio, ruina, &c. qui datâ operâ in civitate incendium fecerint, capite puniuntur*, il eft dit la même chofe en la loi 10. *ad leg. Corn. de ficariis : fi quis dolo infulam meam exufferit, capitis pœnâ plectetur quafi incendiarius*, & en la loi 11. au code, *qui accufare non poffunt, data opera partis adverfa res veftras incendio exarfa effe adverfantes, crimen legis Cornelia de ficariis exequi poteftis*.

Mais fi l'incendie étoit arivée par la feule imprudence ou negligence de celui qui en eft acufé, il ne peut pas être pourfuivi criminelement, mais feulement par voïe civile, pour les domages & interêts, fuivant la decifion du même *§. incendiarii*, en ces termes : *fortuita incendia, fi cum vitari poffent, per negligentiam*

eorum apud quos orta funt, vicinis damno fuerint, civiliter exercen-
tur.

Par la difpofition de la loi 11. *ff. locati*, les locataires font auffi
réponfables des incendies qui arivent par la faute de leur domeftique, ou de ceux qu'ils ont introduits dans les maifons qu'ils
tiennent à loüage.

Neanmoins il fe trouve un arrêt contraire de l'an 1387. raporté par Joannes Galli queftion 123. & aprés lui par Papon livre 2. titre 11.

Par cet arrêt il fe voit que Monfieur de Folleville, Confeiller
en la Cour, tenoit des Docteurs de Sorbone une maifon à loïer
en la Ville de Paris qui fut brulée par la faute d'un coufin dudit
fieur de Folleville qui demeuroit avec lui, les Docteurs de Sorbone pourfuivirent ledit fieur de Folleville pour le retabliffement
de leur maifon, & par cet arrêt il fut renvoïé abfous de leur
pourfuite.

Cependant il ne faut pas s'arefter à cet arreft, parce que Maître Charles du Molin le tient pour fufpect en la note qu'il a faite
fur icelui, comme étant contraire à la difpofition de droit, & de
fait tous les arrefts qui font furvenus depuis en céte matiere, ont
condanés les locataires.

Il femble, fuivant mon fentiment, que le proprietaire ne feroit pas bien fondé, fi l'incendie étoit arivée par la faute des
foldats logés en la maifon, d'autant que ce font des hôtes qu'on
a malgré foi, & que le proprietaire a fçu qu'il loüoit fa maifon à
un homme de condition à en loger, mais je crois, que le locataire feroit tenu du fait des foldats, s'il avoit pris à bail une autre
maifon que la fienne pour les loger, afin de s'exempter de l'em-
baras & du peril.

On tient auffi qu'en ce cas le locataire ne peut pas prétendre
que les parties doivent eftre apointées contraires, & à faire preuve fur les faits par lui mis en avant, comme par exemple, que
le feu a comencé par la maifon voifine, il eft obligé d'en informer & de nomer témoin, ce que le Juge ordone fans prejudice
aux droits & moïens des parties, fauf au proprietaire à contefter
le fait, fi bon lui femble, d'autant que la prefomption de droit,
qui a lieu contre celui qui habite l'oblige à prouver, *prefumptio-*
nes onus probandi transferunt in adverfarium.

Par l'article 12. de l'ordonance du Roi François I. faite à Fon-
tainebleau au mois de Fevrier 1543. touchant l'Amirauté, il eft
dit que, toutes marchandifes & autres chofes peries en mer &

H h ij

péchées à flot, & generalement de tout ce qui feroit alé à fond
de mer & qui par engins ou par force fe poura pécher & tirer
hors, un tiers apartiendra à celui ou à ceux qui l'auront tiré
& fauvé des navires, un autre tiers à l'Amiral, & l'autre au
Roi.

Mais la Cour n'a verifié cet article, qu'à l'égard du premier
tiers acordé à ceux qui ont fauvé lefdites marchandifes, & à l'é-
gard des deux autres tiers elle a ordoné qu'ils feront mis & depofés entre les mains d'un notable Marchand ou bourgeois, qui
fe chargera de la garde jufques à deux mois aprés, pendant lefquels les maîtres des navires, & ceux à qui apartiendront lefdits
biens & marchandifes, ou leurs heritiers, pouront reclamer lefdits deux tiers feulement, & venant à faire la reclamation dans
deux mois, ils leur feront rendus & reftitués, & où ils ne le re-
clameront dans ledit tems, lefdits deux tiers apartiendront au
Roi, & l'autre à l'Amiral.

Secundò. Ceux qui clandeftinement coupent les arbres d'autrui,
font punis du double comme larons par la difpofition du droit
Romain, au titre *arborum furtim cæfarum*, encore qu'ils n'aïent
fait que les couper fans les avoir emportés, foit que ces arbres
foient fruitiers ou non fruitiers, mais les ordonances de nos Rois
touchant les eaux & forêts, particulierement la derniere du
mois d'Août 1669. à laquelle il fe faut arêter, en ont reglé les
peines & les amandes d'une autre maniere; & en ce cas voïés
mon Traité univerfel des eaux & forêts de France, pêches &
chaffes, où céte matiere eft expliquée & decidée.

Il faut obferver ici, que par l'article 2. du dernier titre de céte
ordonance, intitulé *des peines & amandes*, il eft dit, que ceux qui
auront écoupé, ébranché, & deshonoré des arbres, païeront la
même amende que s'ils les avoient abatus par le pied.

Ce qui fe raporte auffi à la loi 5. ff. *arborum furtim cæfarum*, qui
porte, que *cædere eft non folum fuccidere, fed etiam ferire cadendâ
caufa, cingere eft deglabrare, fubfecare eft fubfecuiffe, non enim po-
terat cæcidiffe intelligi, qui ferra fecuiffet.*

Les Interpretes difent, qu'en cet endroit ce mot *cingere*, fignifie peler & ôter l'écorce des arbres, ce qui les fait mourir, &
eft défendu par les ordonances.

Tertiò. Les Maîtres de vaiffeaux & les hôteliers, par les loix
Romaines, au titre *furti adverfus nautas, caupones, &c.* font réponfables des vols & larcins qui fe font faits aux paffagers par
leurs ferviteurs & domeftiques dans leurs vaiffeaux, ou dans

leurs hôteleries, & font punis du double encore que le vol foit fait à leur infçu & fans leur participation.

Suivant la doctrine des arrêts, ils ne font tenus que de la reftitution de la chofe derobée ou de la valeur d'icele, il y en a même plufieurs arrêts raportés par le Veft, arrêt 182. par Montholon, Chapitre 15. par Charondas en fes pandectes, Livre 2. Chapitre 27. & en fes reponfes, livre 6. Chapitre 81. & par Monfieur le Prêtre, *Centurie* 1. Chapitre 19. par Dufrefne en fon Journal des Andiences, livre 8.

Il y en a encore un tout nouveau du 22. Janvier 1675. raporté au fixiéme Tome du Journal du Palais, page 140. & il fe juge de la même maniere au Parlement de Touloufe, comme il fe voit par un arrêt raporté par la Rocheflavin ; Livre 6. titre 57. fous le mot *hôtelier.*

Il y a auffi une autre efpece de larcin, qui dans le droit Romain eft apelé *abigeat*, & qui n'a point de nom propre parmi nous.

Ce crime fe commet par ceux qui detournent & enmenent les troupeaux des paturages, pour fe les aproprier, enforte que celui qui ne derobe qu'un bœuf ou un cheval, ou quelque autre animal trouvé à l'écart, n'eft pas coupable de ce crime, mais du fimple larcin, fuivant la difpofition du droit au titre, *de Abigeis*, mais céte diference n'eft pas reçûë parmi nous, parce que celui qui a derobé un ou plufieurs animaux, foit dans les paturages ou ailleurs, eft fuivant nôtre ufage, puni comme larron, eu égard aux circonftances du fait qui peuvent agraver la punition ou la diminuer.

Il eft parlé d'une efpece fingulire de larcin en la loi 19. §. 5. *de furtis*, en laquelle un homme peut être coupable de ce crime, en derobant ce qui lui apartient, fçavoir quand il a donné en gage de la vaiffele d'argent, ou quelque autre chofe mobiliaire, & qu'aprés il la reprend & la fouftrait à fon creancier, *qui rem pignori dat, eamque fubripit, furti actione tenetur.*

Le depofitaire eft coupable de ce crime, non feulement quand il denie le depoft pour fe l'aproprier, mais auffi quand il fe fert de la chofe depofée, & l'emploïe à fon ufage, comme il eft porté par l'Edit du mois de Septembre 1674. fait pour les faifies mobiliaires par lequel, *défenfes tres-expreffes font faites aux commis prepofés pour la garde des depôts des chofes mobiliaires faifies, de fe fervir des chevaux, & meubles meublans, les loüer, ou prêter, ou foufrir qu'ils fortent hors de leurs bureaux , fi ce n'eft pour être vendus ou rendus aux parties faifies.*

Par l'ordonance du Roi François I. de 1540. article 37. défenfes font faites à tous oficiers de juftice , à tous gentils-hommes, & à toutes autres perfones de quelque qualité qu'ils puiffent être , de retirer avec eux aucuns bannis , ou autres contre lefquels ils fauront avoir été decerné prife de corps par autorité de Juftice , & de les foufrir avec eux , leurs gens & ferviteurs , & leur eft enjoint de prêter aide & main forte à juftice , à ce que tels gens pernicieux & dedomageables au public, puiffent être pris, aprehendés & punis.

Par autre ordonance du Roi François I. faite à Chambort en 1559. Il eft ordoné , que quand aucuns auront été condanés , foit par défaut ou coutumace , ou autrement , au fuplice de mort ou autres grande peine corporele , ou bannis du Roïaume & leurs biens confifqués , aucuns des fujets du Roi , foit parens ou alliés des criminels ou autres , ne pourra les recevoir , cacher, & l'atirer en fa maifon , mais feront tenus ceux par devers lefquels ils fe retireront , de s'en faifir & les prefenter à juftice , autrement & à faute de ce faire , feront tenus pour coupables des mêmes crimes , & punis comme complice des mêmes peines que lefdits criminels.

L'article 193. de l'ordonance de Blois porte , *Et d'autant que plufieurs de nos fujets donent confort , aide , & recelent les coupables contre lefquels il y a decret pour crime & delit , même qu'aucuns defdits coupables fe retirent à la fuite d'aucuns Seigneurs , qui font prés de nôtre perfone , ou parmi nos gardes où les fergens n'ofent les aprehender ni executer contre-eux les decrets de juftice , défendons à tous nofdits fujets , de quelque état & qualité qu'ils foient , de recevoir ni receler aucuns acufés & pourfuivi en juftice pour crime & delit , mais leur enjoignons de les metre entre les mains de la juftice , fur peine d'être punis des mêmes peines que feroient les coupables.*

A l'égard de ceux qui recelent les chofes volées , il femble qu'ils foient moins coupables que les voleurs , car tel achete chés lui qui jamais n'auroit l'hardieffe d'entreprendre de voler , & plufieurs par un efprit de cupidité , croïent pouvoir impunement profiter d'un bon marché.

Neanmoins on égale fouvent l'un & l'autre pour la peine , lorfqu'on reconnoît que le receleur induit l'autre à voler , ou à receler fciemment une chofe furtive , ou qu'il fait profeffion d'acheter des chofes volées , ainfi on excufe que les gens fim-

ples , qui achetent d'un paſſant ſans prevoir les conſequen-
ces , & on ne les condane pour la premiere fois qu'à une a-
mande.

Ceux qui par force ou par violence depoüillent un homme
de ſon heritage , ne ſont pas moins coupables que ceux qui
lui volent ſes meubles ou ſon argent , & doivent être égale-
mens punis , quand la ſpoliation ſe fait par force & à main
armée.

Le Juriſconſulte en la loi 5. §. 1. *de vi publica* , dit que celui
qui a fait la violence & a ſpolié , dit pour défenſes , que l'heritage dont il s'eſt violament emparé lui apartient , il faut conoître
& prononcer ſur le delit , avant que d'entrer en conoiſſance du
droit des parties en la proprieté de l'heritage.

Une autre eſpece de larcin eſt , quand quelqu'un pour envahir
une partie de l'heritage de ſon voiſin , arache les bornes d'enrte
lui & ſondit voiſin & les tranſporte ailleurs.

Il eſt parlé de ce crime au titre du digeſte , *de termino moto* ,
non ſeulement ceux là en ſont coupables qui arachent & tranſportent les bornes , mais auſſi ceux qui pour aporter de l'obſcurité & de la dificulté aux jugemens des procés intentés pour les
limites & confins des heritages , changent la face & l'état des
lieux.

A quoi ſe raportent auſſi les ordonances des eaux & forêts , à l'égard de ceux qui coupent & abatent les pieds corniers.

Par celle de François I. de l'année 1518. article 27. il eſt dit,
que les pieds corniers & coins de vente , qui ſont les limites &
enſeignes des extremités d'iceles ventes , doivent être martelés
ou marqués du marteau des gruiers & verdiers & du marteau
des meſureurs.

Et parce que les marchands pour augmenter ou changer leur
vente & ôter la conoiſſance des limites d'iceles , font ſouvent
abatre leſdits pieds corniers , ce qui eſt un larcin & une fauſſeté , d'icele à juſtifier , d'où avienent pluſieurs entrepriſes ſur les
forêts , c'eſt pourquoi par la même ordonance , il a été ordoné
que les marchands ou compagnons des ventes auſquels les pieds
corniers ainſi marqués auront été abatus , ſeront condanés par
chacun pied cornier à trente livres pariſis d'amande pour la premiere fois , pour la ſeconde au double & bannis à toûjours des
forêts du Roi , & à l'égard des autres perſones qui ne ſeront
marchands deſdites forêts , ils ſeront condanés pour la premie-

re fois en foixante livres parifis d'amande pour chacun pied cornier, & pour la feconde fois, outre la confifcation du bois, punis de punition corporele & bannis à perpetuité defdites forêts.

Cependant l'ordonance du mois d'Août 1669. au titre des peines & amendes, article 4. a reglé l'amende des pieds corniers abatus & deplacés à la fomme de deux cens livres.

Celui qui a trahit fa patrie ou fon client, commet un crime qui aproche du larcin, parce qu'il fouftrait à fon client le fecours & la fidelité qu'il lui doit, & ce crime s'apele, _prevarication_.

En la loi 1. §. dernier, & en la loi 3. digeft. _de prævaricatione_, la peine de ce crime, eft l'infamie par la difpofition de droit, & parmi nous une peine pecuniaire, ou corporele à l'arbitrage du Juge, fuivant la grieveté ou legereté du fait.

Il y a encore une infinité de fourbes, dans lefquelles il n'y en a pas qui réüffiffent avec plus de fucés, que ceux qui prenent la figure des gens de bien, & aufquels on ne peut rien reprocher, fans paroître ennemis de la vertu.

Le ftellionat eft un veritable larcin, parce que celui qui le commet, vole & derobe l'argent de celui qu'il trompe.

Ce mot de _ftellionnat_ chés les Romains s'apliquoit à toutes fortes de crimes qui n'avoient point de nom propre.

Parmi nous, à proprement parler, c'eft une friponerie & un artifice malicieux pour atraper l'argent d'autrui.

Les principaux cas, & qui ocupent le plus fouvent les tribunaux, font quand quelqu'un vent deux fois & à deux diferentes perfones un même heritage, ou qu'il vend ce qui ne lui apartient pas, foit meubles ou immeubles, ou quand pour trouver de l'argent avec plus de facilité, il declare à ceux de qui il emprunte par les contrats qu'il paffe avec eux, que les heritages qu'il afecte & qu'il hipoteque au païement de leur dû, font francs & quites, en leur diffimulant les hipoteques anterieurs, qu'il a contractées fur iceux, en forte que ceux qui fe trouvent coupables de ce crime, doivent être contraints par corps à la reftitution des fommes qu'ils ont touchées.

Et bien que par l'ordonance de 1667. les contraintes par corps foient abrogées, neanmoins par l'article 4. du titre 34. les ftellionataires, font exclus de céte grace, fi ce n'étoit qu'il eût été commis par des femmes mariées contractante conjointement avec leurs maris, parce qu'en ce cas ce crime ne leur eft point imputé,

mais

mais à la furprife ou à la violence qui leur a été faite par leurs maris, fuivant l'article 8. du titre 34.

Cet article a été interpreté par Edit du mois de Juillet 1680. par lequel il eft ordoné, *que les femmes & les filles ne pourront s'obliger ni être contraintes par corps, fi elles ne font marchandes publiques, ou pour caufe de ftellionat qu'elles auront commis, procedant de leur fait, fçavoir lorfqu'elles feront libres & hors de la puiffance de leurs maris, ou que lorfqu'elles feront mariées elles fe feront refervé par leur contrat de mariage l'adminiftration de leurs biens, ou feront feparées de biens d'avec leurfdits maris, avec lefquels elles feront en communauté de biens, puiffent être perfonelement reputées ftellionataires, mais feront folidairement fujetes au païement des dettes pour lefquelles elles feront obligées avec leurfdits maris, par faifie & vente de leurs biens, ou aquêts & conquêts, mais non pour être contraintes par corps.*

Les banqueroutiers font auffi une autre efpece de voleurs, qui peuvent être pourfuivis criminelement, & punis corporelement.

Ce qu'il faut entendre toutefois de ceux-là feulement qui malicieufement ont diverti & detourné leurs biens, leurs papiers Journaux & éfets, en fraude de leurs creanciers, & non pas de ceux qui par acident de fortune, & par des pertes arivées en leurs biens, font tombés en pauvreté, ont été contraints de faire faillite, & de recourir au benefice de ceffion ou d'obtenir des létres de repit.

C'eft pourquoi il faut diftinguer céte premiere forte de banqueroutiers, qui peuvent être pourfuivis criminelement, d'avec les autres qui font plus malheureux que coupables, on les apele ordinairement *banqueroutiers frauduleux*, & c'eft contre ceux-là qu'ont été faites les ordonance de nos Rois.

Par celle du Roi Loüis XII. à Lyon en Juin 1510. article 69. il eft porté, parce que ci-devant plufieurs marchands par cautele ou malice, ont pris aux foires de Lyon, & ailleurs, grande quantité de marchandifes, ou de partie d'iceles, & pour métre leur malice à execution, cachent iceles marchandifes en divers lieux, & puis fe font abfentés, ou mis en franchife, à caufe de quoi leurs creanciers pour ne perdre le tout, ont été contraints de venir à compofition, & de quiter une partie de leurs detes & du furplus doner longs termes de païement à leur grande perte & domage; nous pour obvier aufdits abus, enjoignons aux confervateurs de nos foires & autres à qui la conoiffance en apartient de proceder fomairement & de plein droit, à toutes les diligences contre lefdits marchands, & à la punition d'iceux, & de ceux qui s'entremettront, receleront ou aideront à receler les marchandifes, tellement que ce foit exemple à tous autres.

François I. à Lyon en Octobre 1536. article 4. Voulons & ordonons qu'il foit procédé extraordinairement contre les banqueroutiers, par informations, ajournemens, confrontations de témoins fur les fraudes & abus par eux commis, leurs facteurs & entremeteurs, fur leur maniere de vivre & actes precedens & fubfequens, le temps qu'ils auront défailli & fait banqueroute, & des pertes & domages qu'ils ont donés aux perfones avec lefquelles ils ont eu à befogner, & proceder à la punition & reparation par amande honorable, punition corporele & apofition au carcan & pilori & autres, à l'arbitrage de juftice, & les detes civiles, domages & interêts liquidés, voulons que les debiteurs qui auront défailli & fait banqueroute tienent prifons jufqu'à plein & entier païement des amandes, tant envers nous, qu'envers les parties, & des ajudications du principal, domages & interêts, &c.

Charles IX. Etats d'Orleans, article 142. Tous banqueroutiers qui feront faillite en fraude, feront punis extraordinairement & capitalement.

Henri III. Etats de Blois, article 205. Voulons que les ordonances faites contre les banqueroutiers, qui frauduleufement font faillite, ou ceffion de biens, foient gardées & obfervées, & que telle tromperie publique foit extrardinairement & exemplairement punie.

En l'année 1608. Guillaume Pingrés marchand bourgeois de Paris aïant fait une banqueroute frauduleufe, les fieurs Zamet & de Lanci fes principaux creanciers lui firent faire fon procés aux Requêtes de l'Hôtel, en vertu d'une comiffion extraordinaire par letres patentes du Roï, & par arrêt du 4. May 1609. ledit Pingrés fut declaré fufifament ateint & convaincu d'avoir frauduleufement fait faillite & banqueroute à fes creanciers, & pour raifon de ce condané à faire amande honorable nud en chemife, la corde au col, avec un écriteau contenant ces mots, *Banqueroutiers frauduleux*, & après ladite amande honorable être conduit aux hâles, & tourné trois tours dans le pilory & enfuite être mené aux galeres pour y fervir le Roy à perpetuité, fes biens aquis & confifqués à fa Majefté, fes creanciers prealablement païés &c.

Cet exemple obligea le Roi Henri I V. à faire un Edit en Mai 1609. contre les banqueroutiers, *Voulons que conformement à l'Ordonance des Etats d'Orleans, il soit extraordinairement procedé contre les banqueroutiers & debiteurs & faisans faillite & cession de biens en fraude de leurs creanciers, leurs commis, facteurs & entremeteurs, de quelque état, qualité, condition qu'ils soient, & que la fraude étant prouvée ils soient exemplairement punis de peine de mort, comme voleurs & afronteurs publics, & neanmoins, parce que le plus souvent lesdits banqueroutiers font faillite en intention d'enrichir leurs enfans & heritiers, pour couvrir plus aisément leur dessein malicieux font transports & cessions de leurs biens à leursdits enfans, heritiers, ou autres leurs amis, afin de leur conserver, nous avons par même moïen declaré & declarons tels transports, cessions, venditions & donations de biens, meubles ou immeubles, fait en fraude des creanciers, directement, ou indirectement, nuls & de nul éfet & valeur, faisant défenses à tous nos Juges d'y avoir égard, au contraire s'il apert que lesdits transports, cessions, donations & ventes soient faites & achetées en fraude desdits creanciers, voulons les cessionaires, donataires & acquereurs être punis comme complices desdites fraudes & banqueroutes, voulons aussi que ceux qui se diront contre verité creanciers desdits banqueroutiers, comme ils avient souvent par monopole & intelligence, afin d'induire les vrais creanciers à composition ou acord, soient aussi exemplairement punis comme complices desdites fraudes & banqueroutes, faisant tres-expresses inhibitions & défenses à toutes persones de retirer lesdits banqueroutiers, leurs cautions, facteurs, ou commis, biens, meubles, & papiers, ni leur doner aucun confort ni assistance en aucune sorte & maniere, à peine d'être punis comme complices, ainsi que dit est, défendons aussi à ceux qui sont veritablement creanciers, à peine d'être déchûs de leurs dettes & actions, & autres plus grandes s'il y échet, de faire aucuns acords, contrats, ni atermoyemens ausdits banqueroutiers, & leurs entremeteurs, mais les poursuivre par les voies de justice, suivant nôtre intention, permetant à un chacun de nos sujets, même sans decret ni permission d'aréter les banqueroutiers fugitifs, & les representer à justice, nonobstant tous jugemens, arréts, usances, coutumes au contraire.*

Par l'ordonance du Roi presentement regnant, du mois de Mars 1663. touchant le comerce des marchands & negotians, titre 11. article 12. *les banqueroutiers frauduleux seront poursuivis extraordinairement & punis de mort.*

Par l'article 10. ceux qui auront diverti leurs éfets, suposé des

I i ij

creanciers, ou declaré plus qu'il n'étoit dû aux veritables creanciers, font declarés banqueroutiers frauduleux.

Par l'article 11. font pareillement reputés banqueroutiers
frauduleux, les negocians & marchands, tant en gros qu'en détail, & les banquiers qui lors de leur faillite ne representeront pas leurs regiftres & journaux fignés & paraphés, comme
il eft ordoné au 1. 2. 4. 5. 6. & 7. articles du titre 3. de ladite
ordonance.

Et par l'article 13. *Ceux qui auront aidé ou favorifé les banque-*
routes frauduleufes, en divertiffant les éfets, aceptant des tranfports,
ventes ou donations fimulées, & qu'ils fçauront être des creanciers, en
fe declarant creanciers, & ne l'étant pas, ou pour plus grande fom-
me que celle qui leur eft dûë, feront condanés en quinze cens li-
vres d'amande, & au double de ce qu'ils auront diverti ou trop de-
mandé.

Deux mois aprés la publication de céte ordonance, fçavoir
le 30. Mai de la même année 1673. fut rendu au Parlement de
Paris un arrêt celebre, raporté au fecond Tome du Journal du
Palais contre un fameux banqueroutier, nommé François le
Mercier, & contre Jean Defves, Procureur au Châtelet, qui lui
avoit fervi de confeil pour l'execution de fa banqueroute, par
lequel pour reparation des cas mentionés au procés, lefdits le
Mercier & Defves, font cendanés à faire amandes honorables
au pied des grands degrés du Palais, nuds en chemifes, la corde au col, tenant chacun en la main une torche ardente, du poix
de deux livres, aïant écriteaux devant & derriere, portant ces
mots, fçavoir ledit le Mercier, *Banqueroutier frauduleux*, & ledit Defves, *fauteur, confeil & adherant de la banqueroute, & re-*
celeur des éfets dudit le Mercier, & là étant à genoux, ledit le Mercier dire & declarer, que malicieufement & frauduleufement il
a fait faillite & banqueroute à fes creanciers, recelé & detourné
fes éfets, mis des noms fupofés dans fes regiftres, & ledit Defves,
qu'il a favorifé & confeillé ladite banqueroute, & recelé les éfets
dudit le Mercier, dont ils fe repentent & demandent pardon à
Dieu, au Roi, & à Juftice, de là conduits par l'executeur le long
des ruës faint Denis & faint Honoré à la Croix du tiroir pour y
faire pareille amande honorable, & enfuite conduits par la ruë
des Prouveres dans les hales, au bas du pilori y faire aufli amande honorable & aprés mis & atachés audit pilori par trois jours
de marchés & y demeurer pendant deux heures de chacun jour
& faire quatre tours dudit pilori pendant ledit temps d'un jour,

ce fait être menés & conduits aux galeres du Roi pour y servir, comme forçats l'espace de neuf ans, condanés en outre ledit le Mercier & Desves à païer &c.

A l'égard de ceux dont la faillite causée par perte ou autre accident de mauvaises fortunes, se trouvera inocente & sans fraude, ils ne pouront être traités criminelement, mais pour justifier leur inocence, ils sont obligés incontinent aprés leur faillite ou banqueroute ouverte de doner à leurs creanciers un état certifié d'eux de tout ce qu'ils doivent & de tout ce qu'ils possedent, & est la faillite ou banqueroute reputée ouverte, suivant l'ordonance, du jour que le debiteur s'est absenté, ou que le scelé a été aposé sur ses biens, en sorte qu'on ne peut plus acheter de celui qui a fait faillite, du moment qu'il passe pour tel dans le public, suivant l'article 114. de la Coutume de Rome.

Et si ceux qui font faillite sont negocians, Marchands, ou Banquiers, outre cet état certifié d'eux qu'ils sont obligés de bailler, ils sont encore tenus de representer leurs livres & regis-tres cotés & parafés en la maniere prescrite par ladite ordonance, & si par l'examen de l'état qui sera baillé & representation des livres & regiftres, ceux qui auront fait faillite ne se trouvent coupables d'aucune fraude, ils ne seront pas exclus du benefice de cession, ni d'obtenir des létres de repy, ni même de compo-fer avec leurs creanciers, pour obtenir d'eux du tems & des remises.

Neanmoins, pour y parvenir quelques-uns veulent qu'ils jus-tifient que leurs pertes soient arivées depuis l'emprunt, ainsi qu'il est marqué en l'article 161. de la Coutume de Rome, re-formée par ordre du Pape Gregoire XIII. & elle exclut les joüeurs, les dissipateurs, ceux qui ont comis quelque fraude, ou qui font trouvés en mensonge, mais souvent les nouveaux em-prunts ont été faits pour apaiser d'anciennes détes dont ils étoient pressés, c'est pourquoi, je soutiens qu'il sufit, qu'il paroisse que la mauvaise fortune est la cause de leur malheur, mais il est juste qu'ils expient par leur confusion l'impuissance de païer leurs détes, lorsqu'ils y font reduits par leurs fautes.

Toutefois on doit aider tant que l'on peut ceux qui font rui-nés par le vice de la fortune, ou par le malheur des tems, ou qui font oprimés par la violence & l'injustice, c'est ce qui arive or-dinairement aux plus honêtes gens, qui ne font pas d'humeur à se maintenir par les rapineries & par les fraudes, ou qui font trop faciles à s'engager pour autrui, mais quoique souvent la plus grande prudence ne peut pas parer la mauvaise destinée, leur honeur & leur reputation ne doivent pas soufrir de diminution, & ils sont toûjours exclus des honneurs populaires.

Les resolutions qui sont prises dans l'assemblée des creanciers, à la pluralité des voix, pour le recouvrement des éfets, ou pour l'aquit des détes, doivent être executées par provision, nonobstant opositions ou apelations quelconques.

Et les voix des creanciers prévaudront non par le nombre des persones, mais par la qualité de leurs détes, en sorte que si le plus grand nombre des creanciers, dont toutefois les Creanciers n'excederoient pas le quart du total des détes, vouloient s'oposer aux resolutions prises dans lesdites assemblées, ou étoient refusant de les signer, leurs opositions ou leur refus ne pouroient pas empêcher qu'elles ne fussent pas homologuées en Justice, tout ainsi que si elles avoient été signées de tous les creanciers.

Ce qui toutefois ne se doit entendre, suivant l'ordonance, que des creanciers chirographaires non privilegiés, car à l'égard des creanciers hipotequaires ou chirographaires qui ont privilege sur les meubles, ils ne peuvent être contraints d'entrer en aucune composition, remises ou atermoïemens, à cause des sommes pour lesquelles ils auront privileges ou hipoteques.

On peut ajouter aussi le crime d'usure à toutes les especes de larcin, dont il est parlé ci-dessus, parce que par le moïen de l'usure, on exige du prochain ce qu'il ne doit pas legitimement, ce qui est sans doute une espece de larcin.

L'usure prise en general & en tant qu'elle comprend celle qui est licite, aussi bien que celle qui est illicite, est le gain, le fruit, le profit, qui se tire de l'argent, bien que l'argent soit naturelement sterile & incapable de produire aucun fruit.

Il y a de deux sortes d'usure, l'une apelée conventionele, parce qu'elle s'exige par le creancier en vertu de la convention qu'il a faite avec le debiteur en lui prêtant son argent, & c'est celle-là qui s'apele l'usure veritable & formele.

L'autre apelée compensatoire, parce qu'elle ne s'exige pas par le creancier en vertu d'une convention, mais qu'elle lui est ajugée par l'ofice du Juge par forme de recompense & de domages & interêts de la perte qu'il soufre , quand le debiteur eſt en demeure de païer.

Le crime d'uſure ne peut tomber ſur céte ſeconde eſpece , quand la déte pour laquelle le debiteur eſt condané au païement des interêts à compter du jour de la demande , eſt juſte & legitime , parce que le Juge ne condane jamais un debiteur au païement des interêts , ſinon à raiſon de l'ordonance , & ſuivant le tau fixé par icelle.

Mais ils tombent ſur la premiere eſpece , quand le creancier prêtant ſes deniers, ſtipule cet interêt au tau de l'ordonance, ou à un tau plus bas ou plus haut , parce que par les conſtitutions Canoniques que nous obſervons , toutes ſtipulations d'interêts ſont défendues en matiere de prêt.

Par l'ancien droit Romain , il étoit permis de ſtipuler l'interêt de ſon argent , en le prêtant , à raiſon d'un pour cent , par chacun mois , & de douze pour cent par chacun an , ce qui revenoit à peu prés au denier huit , & quand le creancier ſtipuloit de plus grands interêts qu'à céte raiſon de douze pour cent par an , l'excedant lui étoit retranché , & quand il avoit été païé il étoit imputé au principal.

Par le même droit les interêts d'interêts étoient défendus , & quand les intereſts de pluſieurs anées égaloient le ſort principal, ils ceſſoient de courir , parce que les interêts ne pouvoient jamais exceder le principal.

Les uſures ou intereſts ilicites , c'eſt à dire , qui excedoient douze pour cent par an , non ſeulement étoient imputés au principal, mais ceux qui les exigeoient , encouroient la note d'infamie , comme il eſt dit expreſſement en la loi 20. au code *quibus cauſis infamia irrogatur , improbum fœnus exercentibus & uſuras uſurarum illicitè exigentibus infamiæ macula irroganda eſt* , & longtems avant céte loi , Caron le Cenſeur en ſon livre *de re ruſtica* , dit que les anciens puniſſoient les uſuriers de la peine du quatruple , bien que les larons ne fuſſent punis que de la peine du double , comme étant les uſuriers plus odieux & plus criminels que les larons.

Tite-live decade 4. livre 2. parlant du même Caron le Cenſeur , dit , qu'étant Gouverneur de l'Iſle de Sardaigne , il en chaſſa tous les uſuriers.

Mais bien que par la Loi de Dieu, tant en l'ancien qu'au nouveau Teſtament , il ſoit défendu de tirer aucun profit de l'argent que l'on prête , neanmoins l'uſure centiéme , *centeſima* , c'eſt à dire , à raison d'un pour cent par mois , & de douze pour cent par an , a été tolerée par les Empereurs Chrétiens , jusques à l'Empire de Justinien , qui en a moderé la rigueur.

Par la loi *cos* 26. au code *de usuris* , cet Empereur avoit reglé le taux & la quotité des usures & interêts par la qualité des creanciers.

Aux Banquiers, Marchands & negocians , *qui aliquam licitam negotiationem gerunt* , il avoit permis de stipuler les deux tiers de la centiéme , c'est à dire, l'interest à raison de huit pour cent par an.

Aux persones illustres seulement le tiers de la centiéme , c'est à dire, l'interêt à raison de quatre pour cent par an.

A toutes autres persones, la moitié de la centiéme seulement, c'est à dire, l'interest à raison de six pour cent par an.

Mais depuis par la disposition du droit Canonique, toute sorte d'usure a été absolument défendue , & les Ordonances de nos Rois ont suivi la disposition Canonique, en sorte que parmi nous il n'est plus permis de stipuler aucun interest de l'argent qu'on prête par promesse ou obligation , mais seulement par contract de constitution de rente en alienant le sort principal , que le debiteur ne peut être contraint de racheter , sinon quand il lui plait , & si quelqu'un avoit stipulé l'interest de son argent par une promesse ou obligation , bien qu'au taux , à raison de l'ordonance, céte stipulation seroit declarée nule & usuraire , & si en vertu de céte promesse ou obligation , les interests avoient été païés , ils seroient imputés au principal, mais si ces interests païés étoient excesifs , & que celui qui les auroit exigés , eût coutume de prester à usure , il seroit puni comme usuraire , selon la rigueur des ordonances.

Nos Rois ont même decerné plusieurs fois des Comissions generales pour la recherche, & la punition de ce crime, neanmoins on peut dire , que ni par les anciens Conciles , ni par les Constitutions des Empereurs , trois ou quatre cens ans depuis Constantin , il ne paroit pas qu'il ait été défendu de prester à interest aux deniers fixés par les ordonances, pour la facilité du comerce , afin que les Marchands qui ne trouvent pas ordinairement d'argent à rente n'aïant pas de fonds , puissent trouver credit pour un tems.

Toutesfois les Casuistes, suivant mon sentiment , ne doivent pas autoriser ces sortes de comerces , à cause des prohibitions ausquelles on doit obeïr en conscience , atendu que les biens de
la

campagne , auſſi bien que le comerce feroient abandonés , ſi on autoriſoit ces ſortes de trafic d'argent.

On peut vendre une rente fonciere à un plus haut prix de deniers de celui de l'ordonance , à cauſe de l'afection qui la rend ineſtimable , & l'intereſt fait partie du prix , neanmoins je ne crois pas qu'il y ait uſure dans la ceſſion d'une rente au denier douze , moïenant une autre que le ceſſionaire conſtitue à pareil denier , parce que c'eſt plûtôt une eſpece de change , qu'une nouvele conſtitution , le ceſſionaire n'y gagne rien , car ſi on peut rembourſer la rente cedée , le cedant peut de même racheter celle qu'il a conſtituée.

Il en feroit autrement , s'il paroiſſoit qu'il a eu intention de fraude en cedant à un debiteur alteré une rente dont l'on prévoïoit le rachat , afin d'en faire conſtituer une à ſon profit à un plus haut denier que celui de l'ordonance.

On peut auſſi en pluſieurs cas ſtipuler l'intereſt par une tranſaction , ſans qu'il y ait eu concluſion judiciaire , l'intereſt faiſant pour lors partie de la convention , mais on ne doit pas autoriſer les couleurs qu'on cherche pour tirer des intereſts du preſt d'argent , à moins que les deniers ne demeurent entre les mains du debiteur au de-là de ſon intention.

Les Canoniſtes veulent qu'une convention de païer un intereſt exceſif avec ſerment , eſt obligatoire , *Can. debitores* , *& ibi gloſſ. extr. de jurejur.* Et Bertole ſur la loi derniere *de non numer. pecun.* Neanmoins ils convienent que celui qui en a profité eſt ſujet à reſtitution , mais le ſerment ne doit doner aucune force à une convention ilicite.

Ainſi , le crime d'uſure parmi nous conſiſte en l'exercice de ces gains ilicites , qui ſe pratique , ou directement en prêtant ſon argent à intereſt , principalement quand cet intereſt eſt exceſif , & plus grand que celui qui eſt permis par l'ordonance , ou indirectement , en vendant cherement à celui qui emprunte & a beſoin d'argent , des marchandiſes , des meubles , des nipes à un prix exceſif , qu'on fait aprés racheter de lui par des perſones interpoſées à vil prix & à perte de finance.

Theveneau ſur l'ordonance , remarque , que ce mauvais comerce , qu'il apele volerie & déprediation , s'exerce non ſeulement dans les Villes par les Marchands & autres perſones en vendant leur marchandiſe ou leurs nipes plus cheres qu'elles ne valent à cauſe du terme , & la rachetant par aprés , ou la faiſant racheter par perſone interpoſée à bon marché , à cauſe de la

Tome II. Kk

neceſſité en laquelle eſt l'acheteur de trouver de l'argent , mais auſſi à la campagne par certains uſuriers des petites villes & bourgades , qui n'aſiſtent jamais les laboureurs & autres gens du plat païs en deniers comptans , mais leur vendent cherement des bœufs , des vaches, des chevaux, des grains & autres choſes , & aprés les rachetent d'eux par perſones ſupoſées & à vil prix, pour leur bailler argent comptant.

Ce que les Caſuiſtes apelent *le contract mohatra* , lorſqu'on vend au prix le plus cher , & qu'on rachete au meilleur marché que les choſes ont été vendues dans l'anée , afin de doner quelque pretexte à un comerce ilicite.

C'eſt pourquoi les ordonances ont pourvû à la recherche & à la punition de toutes ces ſortes d'uſures.

Charles IX. Etats d'Orleans , article 141. *Défendons à tous Marchands & autres de quelque qualité qu'ils ſoient , de ſupoſer aucuns preſts de marchandiſe , apelée perte de finance , laquelle ſe fait par revente de la même marchandiſe à perſones ſupoſées , & ce à peine contre ceux qui en uſeront en quelque ſorte qu'elles ſoient deguiſées , de punition corporele & confiſcation des biens , ſans que nos Juges en puiſſent moderer la peine.*

Henri III. Etats de Blois, article 202. *Faiſons inhibitions & défenſes à toutes perſones de quelque état , ſexe & condition qu'elles ſoient d'exercer aucune uſure , ou prêter deniers à profit & interet , ou bailler marchandiſes à perte de finance par eux ou par autre , encore que ce fût ſous pretexte de comerce , & ſur peine pour la premiere fois d'amande honorable , baniſſement , & condanation de groſſes amandes , dont le quart ſera ajugé aux denonciateurs , & pour la ſeconde fois , de confiſcation de corps & de biens , ce que ſemblablement nous voulons être obſervé les proxenetes , mediateurs , & entremeteurs de tels trafics & contracts ilicites & reprouvés , ſinon au cas qu'ils vinſſent volontairement à revelation , auquel cas ils ſeront exemptés deladite peine.*

Ibidem. article 362. *Enjoignons à tous Juges de garder & faire garder tres-étroitement l'ordonance faite ſur la revente des marchandiſes , qu'on apele perte de finance , & non ſeulement dénier action à tels vendeurs & ſupoſeurs de preſts , mais auſſi proceder rigoureuſement contre eux , & contre leurs courtiers & racheteurs , qui ſe trouveront ſciemment être participans de tels trafics , marchandiſes ilicites par mulctes, confiſcation de biens , amandes honorables & autres peines corporeles , ſelon les circonſtances.*

On a égard en céte matiere aux témoignages ſinguliers , lorſ

qu'il y a plus de dix témoins qui depofent de faits diferents, concernant le même crime.

Bouthelier en fa fomme Rurale, livre 2. titre 1. dit, que le
Juge Roïal doit conoître du crime d'ufure, même celui des
Pairies & Baronie.

CHAPITRE XLII.

Du crime de peculat.

LE peculat eft un larcin qui fe fait des deniers du Roi ou du
public, par les receveurs ou autres Oficiers qui en ont le
maniment, ou par les Magiftrats ou autres Oficiers qui en font
les ordonateurs.

Ce crime fe comet par autant de manieres que les financiers
ont pû inventer & inventent tous les jours de rufes & d'artifices,
pour s'enrichir au depend du Roi & du Public.

Premierement les principaux moïens qu'ils pratiquent pour ce
faire, & qui ont été remarqués par les Auteurs, font les omif-
fions de recepte que les receveurs & autres financiers comptables font en la recepte des comptes qu'ils rendent de leur
maniment, & les faux doubles emplois qu'ils font dans la dépenfe.

En fecond lieu, les levées & exactions de deniers qu'ils font
outre & par deffus les fommes contenues aux Comiffions du
Roi.

En troifiéme lieu, la délivrance de doubles contraintes pour
une même fomme, dont ils fe font païer doublement, fans en
païer aquit.

En quatriéme lieu, le vol qu'ils font au pauvre peuple,
quand ils celent & difimulent les remifes generales faites par
Sa Majefté pendant un certain tems, durant lequel ils exigent des cedules & des obligations antidatées des fommes qui
font remifes.

En cinquiéme lieu, en prenant des promeffes & des obligations des taillables ou autres debiteurs du Roi, exigeant d'eux
de gros interefts pour les termes & delais qu'ils leur acordent.

En fixiéme lieu, en emploïant dans leurs comptes des fauffes

& fupofées pertes de finances, ou de fauffes montres & revûës de gens de guerres, par ceux qui comptent de la depenfe de la guerre.

En feptiéme lieu, en faifant reprifes dans leurs comptes comme deniers comptés, & non reçûs, des fommes qu'ils ont éfectivement reçûës, & dont ils n'ont pas donné de quitances, ou les ont fubtilement retirées & pris des certificats, *de non foluto.*

Ceux qui levent des deniers dans le Roïaume fans letres & comiffion du Roi font auffi coupables du même crime, & pareillement ceux qui par fraude, deguifement, ou intervention, malverfent en l'adminiftration des finances & deniers du Roi par fupofition de nom, de prêt, achats, ouvrages, voïages, ports & voitures de deniers, pertes, conduites de l'artillerie, chevaux d'artillerie, contraintes de receveurs, ou collecteurs, compofitions, afignations, comutations d'efpeces & billonemens, & une infinité de femblables mauvais artifices.

Sont auffi coupables du même crime, ceux qui aprés avoir reçû les deniers de fa Majefté, retardent les païemens autant qu'ils peuvent, & cependant fe joüent des deniers de leurs receptes à gros interêts à des marchands, à des partifans, & quelquefois au Roi fous des noms interpofés, & les ont païés des deniers mêmes de leur recepte.

Sont encore coupables du même crime, ceux qui ont prêté leur nom, leur aide & fecours à ceux qui ont commis ces malverfations.

Quand à la peine de ce crime, elle eft établie par l'ordonance du Roi François I. faite à faint Germain en Laïe au mois de Mars 1545. conçûë en ces termes, *Ordonons que le crime de peculat fera puni par confifcation de corps & de biens, par quelque perfone qu'il ait été commis; & fi le délinquant eft noble, il fera, outre la fufdite peine, privé de nobleffe, & lui & fes decendans declarés vilains & roturiers; & fi aucuns comptables fe latitent & retirent de nôtre Roïaume, & païs de nôtre obeïffance, fans avoir rendu compte, & païé le reliquat par eux dû du fait & adminiftration de leur charge & recepte, ordonons qu'il fera procedé contre-eux par declaration de mêmes peines, que contre ceux qui auront commis ledit crime de peculat.*

Maître Laurent Bouchel en fon Traité de la juftice criminele, titre 25. raporte les exemples de plufieurs perfones qui ont été punies de mort, pour le crime de peculat, avant l'ordonance de François I. mais depuis ladite ordonance il y a eu peu de ces exemples, bien qu'il y ait eu plusieurs recherches contre les financiers par des comissions generales & établissement de chambre de justice.

Sçavoir par le Roi Charles IX. en 1566. par Henri III. és années 1574. & 1578. qui furent ensuite revoqués en 1585. & l'abolition acordée aux financiers, moïenant certaines sommes pour laquelle ils furent taxés & cotisés par le Roi Henri IV. en l'année 1597. lequel peu de temps aprés dona abolition aux financiers, moïenant trois cens mille écus qui furent imposés sur eux & recherché en l'année suivante avec beaucoup de rigueur sur les petits oficiers qui étoient les moins coupables, & en céte abolition n'étoit compris l'erreur du calcul, le simple des omissions des receptes, les parties plusieurs fois prisées, couchées & emploïées aux comptes rendus & à rendre, ni les faussetés qui se trouveroient aux comptes non encore rendus.

En l'année 1601. au mois de Septembre, fut établie par le même Roi Henri IV. une Chambre Roïale pour la recherche des mêmes financiers, laquelle peu de temps aprés fut revoquée & en son lieu en l'année 1607. fut établie une autre chambre apelée, *Chambre de justice*, qui fut encore revoquée dans l'année, & incontinent aprés, moïenant la somme d'un million de livres que les financiers s'obligerent de païer, dont toutesfois ne fut païé à l'épargne que la somme de cinq cens six mille livres, comme il fut remontré en la recherche de l'année 1614.

En céte année 1614. il y eut plusieurs plaintes & remontrances au Roi Loüis XIII. touchant les malversations des financiers, leurs richesses immenses, le luxe de leurs maisons, de leurs trains & de leurs tables, qui étoient de mauvais exemple dans le public & de dangereuse consequence pour l'état, c'est pourquoi, il fut obligé, à l'imitation du Roi Henri IV. son pere, d'établir une chambre de justice, par édit du mois d'Octobre de ladite année 1625. verifié en toutes les Cours souveraines.

Il a été observé par cet édit, que le Roi done grace & abolition à tous les coupables ou complices du crime de peculat, qui avant que d'être acusés & prevenus, viendront à revelation des fautes comises par eux ou leurs complices, restitueront ce qu'ils auront mal pris, & doneront memoires & instructions contre ceux qu'ils auront deferés, mais dés le mois de Novembre ensuivant il y eut létres de declaration du Roi, par lesquelles, il exempte de la recherche les financiers qui ont traité avec lui, pour les traités & pour les interêts des prêts faits à sa Majesté par ceux avec lesquels elle a traité, comme aussi ceux qui ont assisté ces traitans, & leur ont fourni deniers pour faire lesdits prêts & avances, à l'égard desquels est imposé silence au Procureur general de ladite chambre de justice.

Lesquelles létres de declarations furent verifiées & registrées en ladite chambre de justice, avec ces modifications ; sçavoir pour avoir lieu seulement, pour les prêts & avances actuelement faites à sa Majesté & sans fraudes ; que les Tresoriers, Receveurs, ou leurs commis ne seroient compris en céte decharge, qui se trouveroient avoir fait des prêts & avances des deniers de leurs charges ou de leurs fermes, dont les termes seroient échûs, & que ceux qui auroient obtenu des remises de traités, en joüiroient, sans y comprendre les rabais, les domagemens & les diminutions frauduleuses, & les abus & malversations comises en l'éxecution desdits traités.

Neanmoins sous pretexte de céte declaration plusieurs desdits financiers se sont tirés d'afaire, & les autres ensuite, moïenant les sommes qu'ils ont païées, qui ne faisoient qu'une partie de ce qu'ils avoient derobé au public.

Sous le Roi presentement regnant, y aïant eu pareille plainte contre les financiers & les partisans, il y a eu érection d'une chambre de justice, par édit du mois de Novembre 1661. presque en pareille forme que celui de l'année 1624. qui n'a pas eu d'autre éfet que les precedens, n'aïant abouti qu'à tirer de l'argent des financiers & partisans, sans qu'aucuns aïent été punis, suivant la rigueur de l'ordonance du Roi François I. parce que les peines par eux encouruës, suivant ladite ordonance, ont été converties en peines pecuniaires, par deux Edits des mois de Juillet 1665. & Août 1669.

Ce qui montre combien se sont mépris jusqu'à present les commenteurs des ordonances, quand ils ont dit, que pour ce crime de peculat, on ne peut pas obtenir d'abolition, fondés sur la loi troisiéme & derniere au code *de abolitionibus*, en sorte que ce qui a été remarqué ci-dessus, de la fin & évenement de toutes les chambres de justice, montrent assés clairement que céte loi n'est point en usage parmi nous.

Chés les Romains le crime *de Residuis* étoit diferent du crime de peculat, mais parmi nous, ces deux crimes sont compris sous le nom de *malversations*, en l'administration des finances.

Ce qui eſt obſervé, eſt qu'à l'égard des crimes de concuſſion, & de peculat, auſſi-bien qu'à l'égard du crime d'uſure, un témoin ſingulier eſt reçû & fait foy, pourveu qu'il y
ait pluſieurs témoins ſinguliers, qui dépoſent des faits ſemblables.

CHAPITRE XLIII.

Du crime de concuſſion.

LA concuſſion eſt une eſpece de larcin qui ſe fait par celui
qui eſt conſtitué en quelque charge publique, ou qui abuſe
de ſon autorité, en exigeant de l'argent des particuliers qui ne
lui eſt pas dû, ou en faiſant autres choſes ſemblables.

Par la loi *Julia repetundarum*, qui eſt expliquée au titre 48.
du digeſte, il étoit expreſſement defendu à tous Magiſtrats
Romains, d'aquerir aucunes choſes par achat, donation, ou par
quelque autre contrat que ce fût, dans les Provinces où ils
étoient établis, pendant le temps de leur adminiſtration, &
ceux qui contrevenoient à ces défenſes, étoient coupables du
crime de concuſſion, auſſi-bien que ceux qui exigeoient.

Céte prohibition d'aquerir par le Magiſtrat, a auſſi été autrefois en uſage parmi nous, en ſorte qu'il ne leur étoit pas permis d'acquerir dans l'étenduë de leur juriſdiction, ſans la licence & permiſſion du Roi, comme il ſe voit par les ancienes
ordonances des Rois ſaint Loüis, & de Philipe I V.

Mais depuis long-temps cet uſage eſt abolie, comme en étant
l'execution preſque impoſſible, parce qu'en ce Roïaume, les
charges & les magiſtratures étant perpetueles, & non pas annales ou trienales, comme elles étoient chés les Romains, les Juges
& Magiſtrats ſeroient interdits de pouvoir jamais aquerir dans
leurs païs.

Ainſi, tout ce qui reſte parmi nous de la juriſprudence Romaines à cét égard, eſt la prohibition aux Juges de ſe rendre
ajudicataires des biens qui ſe decretent en leur ſiege.

Il y auroit aujourd'hui, ſelon mon ſentiment, vingt fois
plus de ſujet de défendre la même choſe aux Procureurs, qui
gouvernent ordinairement les reſſorts de ces ſortes d'afaires, dans
leſquelles les Juges ne penetrent pas toûjours.

Mais pour ce qui concerne les exactions qui se font par le Magistrats, ou par les moindres oficiers, la recherche & l punition en doit être faite, suivant les ordonances de no Rois.

Chés les Romains quand l'exaction & la concussion étoit fai te par un Magistrat, son crime étoit apellé, *crime public*, & quand elle étoit faite par une persone de moindre qualité, aïan neanmoins pouvoir de se faire craindre, c'étoit un crime privé mais céte diference n'a pas lieu parmi nous, parce qu'en Fran ce la punition de toutes sortes de crimes se poursuit par une mê me forme de procedures, & avec la participation de Mon sieur le Procureur general & de ses substituts, pour l'interé public.

L'ordonance de Blois, article 114. est general pour toutes sor tes d'oficiers en ces termes, *Defendons à tous nos oficiers & au tres aïant charge & comission de nous, de quelque état, qualité & condition qu'ils soient, de prendre ni recevoir de ceux qui auront à faire à eux, aucuns dons & presens, de quelque chose que ce soit, sur peine de concussion.*

Par les articles 19. & 20. de l'ordonance de Moulins, plus an ciene que celle de Blois, défenses avoient déja été faites aux Juges de ne rien prendre des parties, sinon ce qu'il leur est per mis par l'ordonance, & aux Procureurs du Roi de ne rien pren dre du tout, mais depuis il a été permis aux Procureurs du Roi de prendre taxe.

Par l'article 43. du Reglement fait au Conseil privé de sa Ma jesté, du mois de Novembre 1601. pour le Baillage & siege Presidial de Bourg en Bresse, lequel Reglement est raporté en la conference des ordonances, défenses ont été faites aux Juges dudit siege, & à tous autres aïant charges ou comissions du Roi dans le païs, de prendre & recevoir des parties, ou autres persones qui auront afaire à eux, aucuns dons ou presens, ou autres choses que ce soit, directement ou indirectement, par eux ou par persones interposées, sur les peines portées par les ordo nances.

Par l'article 140. de l'ordonance d'Orleans, défenses son fai tes aux oficiers comptables, à peine de privation de leur charge, d'exiger, ou prendre des assignés sur eux, le sol pour livres, ou autre chose quelconque, & declaré qu'ils repondront civile ment des fautes & des actions qui seront faites par leurs clercs, ou leurs commis.

Par

Par l'article 77. de la même ordonance, défenses font faites aux grefiers de ne rien prendre & exiger des parties, que ce qui leur eft taxé, encore qu'il fût volontairement ofert, à peine pour le regard du grefier qui aura permis ou diffimulé lefdites exactions, de privation de fa charge, & quant au clerc qui aura pris ou exigé, à peine de prifon, & de punition exemplaire.

On a befoin d'un tarif general pour les grefiers dans plufieurs Provinces, afin qu'ils ne puiffent pas prendre fans mefures, ou qu'on puiffe fçavoir ce qui leur eft dû.

Par l'article 184. de l'ordonance de 1539. défenfes font faites aux huiffiers & fergens de ne rien exiger des parties, plus que leurs taxes, encore qu'il leur fût volontairement ofert, à peine de privation de leurs charges & de punition corporele.

En l'année 1595. y aïant eu de grandes plaintes des exactions, concuffions & malverfations comifes, par les huiffiers & fergens, par létres patentes du Roi Henri I V. comiffion fut donnée à un Confeiller du grand Confeil pour en informer par tout le Roïaume, & faire & parfaire le procés aux coupables, apeler avec lui fix Confeillers des fieges plus voifins, & en cas d'apel, de leur jugement, la conoiffance en eft atribuée au grand Confeil.

Mais pour la bonne police, j'eftime qu'il devroit être permis aux Juges fuperieurs ou ordinaires, d'arêter ou reformer leur taxe fans aucune affignation, & en cas de refus d'obéïr à leurs mandemens verbaux, de les mulcter.

Plufieurs oficiers ont été punis de mort pour crime de concuffion, d'autres à faire amende honorable, & au baniffement, ainfi qu'il a été jugé par arrêt de la Tournele le 20. Mars 1602. au raport de Monfieur le Prêtre, par lui remarqué centurie 2. chapitre 150. par lequel un fergent nommé de la Vergne qui exigeoit de l'argent des païfans, les menaçans de les établir comiffaires, fut condané à faire amande honorable, fa charge declarée impetrable & banni.

CHAPITRE XLIV.

De la paillardife, ou fornication.

LE crime de paillardife, eft celui qui fe comet avec une fille ou femme libre, ou avec une femme mariée.

S'il fe comet avec une femme mariée, c'eft un adultere, & s'il fe comet avec une fille ou femme libre, céte fille, ou femme libre eft une proftituée, ou elle eft d'honnête condition.

Si c'eft une proftituée, la conoiffance & habitude charnele avec elle eft une debauche, & fi elle eft d'honête condition, ou elle a été ravie & conuë charnelement par force ou violence, & de fon confentement, de forte, que fi c'eft par force, c'eft un rap, & fi c'eft de fon confentement, c'eft une fimple paillardife.

Pourveu toutefois, que céte femme ou fille ne foit pas de la qualité de celles qu'il n'eft pas permis d'époufer, comme par exemple, une proche parente, ou une religieufe, car en ce cas ce feroit un incefte.

Il y a encore une autre efpece de paillardife execrable qui fe punit plus feverement que les autres, qui eft celle qui fe comet contre nature.

A l'égard de la débauche qui fe fait avec les femmes proftituées, elle eft aujourd'hui permife en beaucoup de lieux, & tolerée & diffimulée en beaucoup d'autres, pour éviter de plus grands defordres.

Les bordels étoient défendus chés les Hebreux, par la loy de Moïfe, chapitre 23. *non erit meretrix de filiabus Ifraël, nec fcortator de filiis Ifraël*, mais chés les Païens, & entre-autres chés les Romains, ils étoient permis ou tolerés, par une raifon que raporte Tacite, au troifiéme Livre des annales; *Quia*, dit il, *veteres fatis pænarum adverfus impudicas, in ipfa profeffione flagitii credebant*, à caufe que celles qui fe vouloient proftituer étoient obligées de faire leur declaration publiquement, pardevant les Ediles.

Mais parce que *Veftilia*, qui étoit de famille Pretorienne, s'étoit abandonée à céte infamie, il fut ordoné par arrêt du Senat, que celles dont le pere, l'ayeul, ou le mari auroit été Chevalier Romain, ne feroient plus reçûës à faire céte declaration.

Ainfi, quoique les bordels & lieux de debauche furent fouferts & tolerés chés les Romains, & que même les Empereurs Chrétiens en aïent tiré un certain tribut qu'ils apeloient, *Aurum luftrale*, neanmoins ils puniffoient de mort les maquereaux, & feducteurs des filles & femmes, fuivant la loi 1. *de extraordinariis judiciis*, & depuis, la loy du Chriftianifme, qui a condané toutes fortes d'impudicité, aïant éclairé les efprits & reformé les mauvaifes mœurs, l'Empereur Theodofe abolit cet infame tribut, & défendit toutes fortes de proftitution, même des efclaves, par la loi derniere, *Spectaculis; nequis deinceps lenocinium exerceat & nullus reditus inde largitionibus inferatur, nullus ancillam, ingenuamve proftituat, alioquin humilior qui id fecerit, coërcitus metalli, & exilii pœna damnabitur, honeftior bona, militiam & dignitatem amittit.*

L'Empereur Juftinien a confirmé céte loi par fa Novéle 14. par laquelle il a même declaré coupables de ce crime, ceux qui loüent ou prêtent leur maifon pour le cometre, *Jubemus fceleftos lenones extra hanc feliciffimam civitatem fieri tanquam peftiferos & communes caftitatis vaftatores, &c. & infra. Si quis autem patiatur in fua domo quendam lenonem & hoc cognofcens, eum de domo fua non expulerit, fciat fe decem librarum auri fuftinere pœnam, & circa ipfam periclitari habitationem.*

Et enfuite, afin qu'on ne crût pas que céte loi ne fût que pour la Ville de Conftantinople, il manda aux Magiftrats, qu'ils la fiffent executer, non feulement en la Ville de Conftantinople, *fed etiam in provinciarum locis.*

Le Roi faint Loüis a auffi imité la pieté de ces bons Empereurs, & a fait une ordonance en 1254. par laquelle non feulement il ordone, que les putains foient chaffées des villes & vilages, avec confifcation de leurs biens, mais auffi fi quelqu'un fciemment leur loüe fa maifon, que la maifon foit confifquée, *Expellantur*, porte céte Ordonance, *publicæ meretrices, tam de campis, quam de villis & factis monitionibus & prohibitionibus earum bona per locorum judices capiantur, vel eorum authoritate à quolibet occupentur, etiam ufque ad tunicam vel pelliceum qui verb. domum publicæ meretrici fcienter locaverit, volumus quod ipfa domus incidat in commiffum.*

Par l'article 101. de l'Ordonance d'Orleans, les bordels font défendus , & par létres patentes du Roi Charles IX. données à Touloufe en 1565. pour l'execution de cet article 101. *Défenfes font faites à tous proprietaires de loüer maifons qu'à gens de biens & honneur , & ne foufrir en icelles aucuns mauvais train , ou bordel fecret ou public , fur peine de foixante livres Parifis d'amendes pour la premiere fois , de cent vingt livres pour la feconde , & pour la trofiéme de privation de la proprieté de leurs maifons* , mais toutes ces ordonances font mal obfervées.

Quant à la fimple fornication qui fe comet avec une fille ou une veuve de fon confentement, elle n'eft pareillement prefque pas punie parmi nous, fi ce n'eft que la fille fût mineure & fille de famille , parce que, en ce cas fes pere & mere , ou tuteur s'en pouroient plaindre , & faire paffer fa feduction pour un rapt , comme il fera dit ci-aprés.

Mais fi la fille qui s'eft abandonée volontairement eft majeure , celui qui en a abufé , n'eft ordinairement condané qu'à fe charger de l'enfant pour le faire nourir & élever , & en quelque fomme modique envers la mere, pour les frais de fes couches, fi ce n'étoit qu'il y eût promeffe de mariage par écrit , car en ce cas on ajugeroit à la mere de plus grands domages & interêts.

Sur quoi on demande, fi une fille qui acufe un homme de l'avoir conuë charnelement , doit être cruë à fon ferment.

La reponfe eft , qu'il faut diftinguer , ou céte fille eft enceinte , ou elle ne l'eft pas.

Si elle ne l'eft pas, elle ne fera pas cruë, parce qu'autrement il dependroit d'une fille d'acufer un homme, & de le convaincre par fa feule afirmation, ce qui ne feroit pas jufte, auffi une fille n'eft-elle point favorable aleguant fa propre turpidité, pour fonder une acufation qui ne lui peut produire aucun fruit, car aïant peché volontairement & n'étant pas enceinte, il ne lui doit être jugé aucune reparation , ni aucuns domages & interêts.

Mais fi elle étoit enceinte, elle en feroit cruë à l'éfet feulement de pourvoir à la nouriture de l'enfant, & de condaner par provifion celui qu'elle acufe , à le faire nourir, ce qui toutefois ne fait pas de prejudice à la queftion principale, fçavoir fi l'enfant eft de lui ou non.

Autrefois on condanoit l'homme non marié qui avoit engroffé une fille, à être pendu, fi mieux il n'aimoit l'epoufer , conformement à la dépofition du droit canonique.

Il y a même eu sur ce sujet plusieurs arrêts & entre-autres un singulier de l'année 1594. raporté par *Peleus* en ses questions illustres, question 125.

Un jeune homme de la vile de Seés en Normandie, étudiant en l'Université d'Angers, devint amoureux d'une jeune fille de la même ville, âgée de vingt-ans, qui devint grosse de ses œuvres, sous l'assurance d'une promesse de mariage qu'il lui dona, la grossesse de céte fille aïant été decouverte par ses pere & mere, ils firent ensorte de surprendre les deux amans ensemble, le jeune homme surpris avoüa la promesse de mariage, & sur le champ en passa contrat.

Ensuite, il fait un voïage à Seés pour le faire agréer par son pere, ce que son pere n'aïant voulu faire, il prend l'ordre de soûdiacre, pour s'empêcher d'executer ce contrat de mariage, ce qu'étant venu à la conoissance des pere & mere de la fille, ils acusent ce jeune homme de rap, & lui font faire son procés.

Si bien que par arrêt rendu en la Tournele, il est condané à être pendu, si mieux n'aime épouser la fille, mais le choix de céte alternative lui étoit impossible, parce qu'il étoit *in sacris*, l'arrêt ne pouvoit donc être executé que par sa mort, de fait il est entre les mains de l'executeur, & conduit à la Chapele, ce que voïant la fille, elle entra dans la Chambre, se jete aux pieds de la Cour, remontre que la trop grande liberté qu'elle a doné à ce jeune homme, est la cause de son malheur, & declare que si on le veut faire mourir, il la faut envoïer au gibet avec lui, afin qu'elle soit compagne de la peine, comme elle a été de la faute.

La Cour touchée de ses prieres & de ses remontrances, sursit l'execution de l'arrêt, & lui permit de se retirer vers Monsieur le Legat pour obtenir de lui dispense au condané de se marier, nonobstant qu'il fût soûdiacre, & par consequent *in sacris*, ce que le Legat refusa aux prieres de plusieurs Seigneurs, en haine de ce que le condané avoit abusé du Sacrement de l'ordre pour s'exemter d'executer un contrat de mariage qu'il avoit passé, mais enfin l'aïant acordé aux prieres du Roi qui eut la bonté d'interceder pour céte fille, & par ce moïen l'obstacle au mariage étant levé, les deux amans furent mariés, & la condanation de mort convertie en la joïe & solemnité des nopces.

Ainsi, c'étoit donc la Jurisprudence de ce tems-là, de condaner celui qui avoit abusé une fille à mort , ou à l'époufer quand les parties étoient à peu prés de condition égale.

Mais depuis les Parlemens aïant reconu que les filles à caufe de ce prenoient licence de s'abandoner trop facilement pour fe doner des maris, ils fe font relâchés de céte rigueur & ne condanent plus qu'en des domages & interêts , plus ou moindres, fuivant les qualités des parties & les circonftances du fait, finon qu'il y eût inégalité tres grande entre les parties.

Comme , par exemple , fi un ferviteur ou domeftique avoit abufé de la fille de fon maître , ou un païfan de la fille de fon Seigneur , car en ce cas le ferviteur , ou le païfan feroit puni capitalement.

CHAPITRE XLV.

Du concubinage , & du rapt.

LE concubinage étoit permis par le droit Romain aux hommes non mariés , même depuis le Chriftianifme , comme il fe voit par la loi unique au code *de concubinibus* , qui eft de l'Empereur Conftantin , par laquelle il ne défend d'avoir des concubines qu'aux hommes mariés , *nemini*, dit céte loi, *licentia concedatur conftante matrimonio concubinam penes fe habere.*

Le concubinage dont il eft parlé en céte loi , avoit en quelque façon la figure & l'ombre d'un mariage , parce qu'un homme ne pouvoit avoir qu'une concubine , comme il ne pouvoit avoir qu'une femme , & que la concubine étoit obligée à la chafteté, comme une veritable femme , en forte qu'elle ne diferoit pas de la femme par l'afection , mais feulement par la dignité.

Ce qui eft fi vrai , que par le Canon 4. dift. 25. qui eft tiré d'un Concile de Tolede , & par les deux fuivans il eft expreffement permis aux hommes qui n'ont pas de femmes , d'avoir des concubines , & decidé que ceux qui ont des concubines , ne doivent pas être exclus de la Comunion , *Is qui non habet uxorem, & pro uxore concubinam habet , à Communione non repellatur , modò unius mulieris , aut uxoris , aut concubinæ fit conjunctione contentus.*

Il eft vrai que le Canon 6. de la même diftinction, qui eft ti-

rée de faint Auguftin, declare que céte permiffion ne fe doit pas
entendre des concubines prifes pour un tems, mais feulement de
celles qui font prifes avec promeffe & obligation de paffer
toute la vie avec elles, *concubinas*, dit ce faint Pere, *vobis habere
non licet. Et fi non habetis uxores, tamen non licet vobis habere concubinas, quas poftea dimittatis.*

Tellement que le concubinage qui étoit en ce tems-là permis
en l'Eglife, n'étoit autre chofe que ce que nous apelons aujour-
d'hui mariage fecret & de confcience, *Et concubina erat uxor fine
dotalibus inftrumentis, & minus folemniter ducta, fed foluta à foluto,
& cum præpofito in ea conjunctione manendi ufque ad mortem*, comme le remarque Gratien à la fin du Canon 4. ci-devant raporté.

Mais depuis le concubinage a été défendu, tant par les loix
Civiles que Canoniques, & voici les termes du Concile de Bâle
tranfcrit en la pragmatique fanction, *Cùm omne fornicationis crimen lege divina prohibitum fit, & pœna peccati mortalis neceffariò
evitandum; monet fancta Synodus, omnes laïcos tam uxoratos, quàm
folutos, ut à concubinatu abftineant; nimis enim reprehenfibilis eft,
qui uxorem habet, & ad aliam muliérem accedit, qui verò folutus eft fi
continere nolit, juxta Apoftoli confilium uxorem ducat.*

En forte que nous ne conoiffons aujourd'hui aucune conjonction legitime, que celle qui fe fait par un mariage public &
folemnel, car non feulement le concubinage qui dure & perfe-
vere jufqu'à la mort, eft reprouvé par nos mœurs, & ne devient
pas legitime par la perfeverance en une afection mutuele, mais
bien davantage, les enfans nés d'une tele conjonction, ne peuvent être legitimes par un fubfequent mariage, fi leur pere difere
à époufer leur mere, jufques à l'extrémité de la vie, ainfi qu'il
a été décidé par l'article 6. de l'ordonance de l'anée 1639.

Par l'article 5. de la même ordonance, les mariages que les
conjoints ont tenus fecrets pendant toute leur vie, ne font pas
traités plus favorablement que le concubinage, bien qu'ils
aïent été contractés par écrit, & celebrés en l'Eglife, parce que
les enfans qui naiffent de ces mariages, font declarés incapables
de fucceder à leurs pere & mere & de toutes autres fucceffions.

Et comme ces deux articles introduifent en quelque façon
une nouvelle jurifprudence, il a été jugé à propos de les tranfcrire ici.

Defirant pourvoir à l'abus qui comence à s'introduire dans nôtre

Roiaume par ceux qui tienent leurs mariages secrets & cachés pend.
leur vie , contre le respect qui est dû à un si grand Sacrement , nous
donons que les majeurs contractent leur mariage publiquement ; &
face d'Eglise , avec les solemnités prescrites par l'ordonance de Blo
& declarons les enfans qui naîtront de ces mariages , que les part
ont tenu jusques-ici , ou tiendront à l'avenir cachés pendant leur vi
qui ressent plûtôt la honte d'un concubinage , que la dignité d'un m.
riage , incapables de toutes successions , aussi bien que leur posterité.

Nous voulons que la même peine ait lieu contre les enfans qui sont n.
de femmes que les peres ont entretenues , & qu'ils épousent lorsqu'
sont à l'extremité de leur vie.

On dit que cête ordonance a en quelque façon introdu
une jurisprudence nouvelle , parce qu'auparavant on jugeoit au
trement.

Par arrest du 30. Decembre 1632. raporté par Dufresne , li
vre 21. chapitre 100. un mariage celebré par un homme mala
de , de la maladie dont il étoit decedé cinq jours aprés , ave
une concubine dont il avoit eu plusieurs enfans , avoit été de
claré bon & valable.

Autre pareil arrest du 4. Mars 1636. raporté par le même Au
teur , au livre 5. chapitre 11. par lequel un autre mariage fait &
celebré *in extremis* par un homme blessé à mort , avec une concubine , dont il avoit eu deux enfans , avoit été confirmé.

Mais depuis par l'ordonance de 1639. la jurisprudence a changé & on a jugé conformement à sa disposition.

Par arrest du 7. Avril 1650. raporté par le même Dufresne , le
mariage contracté & celebré par le sieur de Rames , Maître des
Comptes à Roüen , avec sa concubine , dont il avoit eu plusieurs
enfans , dix-huit jours seulement avant sa mort , a été declaré nul
quant aux éfets civils.

Si bien que sur l'apel comme d'abus interjeté de la celebration d'icelui , les parties ont été mises hors de Cour & de procés.

Sur quoi il faut observer ici , qu'encore que par cet arrêt la
Cour ait jugé les enfans du défunt incapables de succeder , &
maintenu les parens collateraux du défunt en la possession des
biens par lui delaissés , neanmoins elle a ordoné que sur iceux
distraction seroit faite au profit desdits enfans , qui étoient au
nombre de quatre , de la somme de six vingts mille livres , qui
étoit trente mille livres pour chacun d'eux , & dix mille livres de
rente pour leur mere durant sa vie.

Par

Par autre arreſt du mois d'Août 1662. rendu en la quatriéme Chambre des Enquêtes, raporté en la continuation du Journal des audiances livre 4. chapitre 46. le mariage de René Tardif, & Françoiſe Mereau a été declaré bon & valable, & les enfans qui en étoient iſſus, legitimes, neanmoins parce que ce mariage avoit été tenu ſecret durant trente ans, les enfans ont été exclus de la ſucceſſion collaterale de leur oncle, conformement à la diſpoſition de ladite ordonance, & aux concluſions de défunt Monſieur l'Avocat General Bignon.

Par autre arreſt du 23. Fevrier 1677. raporté au 3. Volume du Journal des Audiances, la même choſe a été jugée contre les enfans de Charles Allou, qui ont été privés de la ſucceſſion de leur pere, parce qu'il n'avoit épouſé leur mere, que cinquante jours avant ſa mort, cauſée par une bleſſure qu'il avoit reçu, bien qu'il l'eût entretenue en concubinage durant pluſieurs années, & eut d'elle juſques au nombre de ſix enfans.

Il y avoit apel comme d'abus de la celebration de ſon mariage, comme fait *in extremis* & ſans publication de bans, & apel ſimple de la ſentence qui ordonoit par proviſion l'execution de ſon contract de mariage.

Sur l'apel comme d'abus, les parties ſont miſes hors de Cour & de procés & à l'égard de l'apel ſimple, l'apelation & ce dont étoit apelé eſt mis au neant, le principal évoqué & y faiſant droit, ſans s'arêter au contrat de mariage, ordoné que les biens delaiſſés par ledit Allou, ſeroient partagés *ab inteſtat*, entre ſes heritiers, & que délivrance ſera faite du leg univerſel porté par ſon teſtament, & que neanmoins il ſera prealablement pris ſur leſdits biens une penſion de trois cens livres par an, au profit de la veuve dudit défunt, & pareille ſomme de trois cens livres pour chacun de ſes enfans, & que ces penſions ſeroient priſes premierement ſur le leg univerſel, & le ſurplus ſur les biens libres & non ſubſtitués.

Autre arreſt du 22. Decembre 1672. raporté au même Tome du Journal des Audiances, par lequel le mariage d'un maître avec ſa ſervante, avec diſpenſe de bans, a été declaré nul & abuſif, bien que le maître eût ſurvêcu 65. jours, les parens maintenus en la poſſeſſion des biens, ſur leſquels la Cour ajuge à la ſervante une penſion de trois cens livres.

Il ſe voit par ces arreſts que le concubinage continue juſques à l'extremité de la vie, & les mariages ſecrets & clandeſtins ne ſont gueres punis, qu'en la perſone des enfans.

Neanmoins dans le même tems , fçavoir le 6. Fevrier 1673. il
eſt intervenu un arreſt qui ſemble contraire , en ce qu'il fait défenſes à des majeurs qui avoient été mariés clandeſtinement ,
de ſe hanter & frequenter enſemble juſques à ce qu'ils euſſent
reiteré la celebration de leur mariage , par la forme preſcrite par
les Conſtitutions de l'Egliſe.

Joſeph Engaigne originaire de Poitiers , & majeur de trente
ans , avoit épouſé Marie Foiſſeau , native du même Dioceſe
contre la volonté & ſans le conſentement de la mere dudit Engaigne , mais aprés le contract paſſé , le mariage avoit été celebré dans le Dioceſe de Sainctes par un Prêtre ſans pouvoir , &
qui n'avoit autre qualité que de Chapelain ou Aumônier dans
un vaiſſeau.

Enſuite , il étoit venu demeurer à la Rochelle , où le Promoteur prétendant que leur mariage n'étoit pas legitime , les avoit
d'ofice fait apeler à l'Oficialité , & y avoit obtenu contre eux une
ſentence définitive , par laquelle leur mariage étoit declaré nul
& clandeſtin , avec défenſes d'habiter enſemble , à peine d'être
procedé contre eux par les Cenſures Ecleſiaſtiques.

De céte ſentence il y avoit eu apel comme d'abus interjeté par
ledit Engaigne & ſa femme , par l'arret la procedure de l'Oficial
de la Rochelle eſt à la verité declarée nule & abuſive , & neanmoins faiſant droit ſur les concluſions de Meſſieurs les Gens du
Roi , les apelans ont été condanés à aumôner cent livres au pain
des priſoniers de la Conciergerie du Palais , & à ſe retirer par
devers Monſieur l'Evêque de la Rochelle , pour aprés avoir reçu de lui l'impoſition d'une penitence ſalutaire , être de nouveau procedé à la celebration de leur mariage , ſuivant les formes preſcrites par les ſaints Canons & juſques à ce défenſes leur
furent faites de ſe hanter & frequenter.

Il y a deux choſes à remarquer ici ſur cet arreſt , la premiere ,
que la Cour n'a pas aprouvé la procedure du Promoteur , fondée
peut-être ſur un arreſt de 1665. par lequel la procedure d'un
Oficial a été declarée nule & abuſive , pour avoir fait défenſes
à des perſones qui avoient contracté mariage en un degré prohibé , de ſe hanter & frequenter , la Cour aïant jugé que l'Evêque ni ſon Oficial n'avoit pû s'ingerer de troubler l'état d'un mariage paiſible & concordant.

La ſeconde , qu'encore que la procedure de l'Oficial de la Rochelle ait été declarée abuſive , neanmoins la Cour en enjoignant
aux parties de reiterer leur mariage , cependant leur faiſant dé-

fenfes de fe hanter & frequenter, même leur impofant une peine de cent livres d'aumônes, femble avoir doné pouvoir au Juge
feculier de prohiber & de punir le concubinage, atendu que
ceux qui vivent dans le concubinage font plus coupables que
ceux qui ont contracté un mariage clandeftin, qui a toujours
l'ombre & la figure de mariage.

Neanmoins ou ne voit pas dans l'ufage, que cela s'eft pratiqué, principalement dans le Diocefe de Paris, car il n'y a qu'à
l'égard des Prêtres & autres perfones Eclefiaftiques, que le concubinage foit un crime, qui fe pourfuive extraordinairement
& pour lequel le procés puiffe être fait à celui qui en eft coupable.

Par la pragmatique fanction au titre *de publicis concubinariis*,
tranfcrit du Concile de Bâle, par le concordat au même titre,
les concubinaires notoires & publics, pour la première fois font
punis par la privation des fruits de leur benefice pendant trois
mois, & pour la feconde fois, en cas de contumace, ils doivent
être privés de leur benefice, & pour la troifiéme fois, fi aprés
avoir obtenu difpenfe, & rehabilitation, ils retombent dans la
même faute, ils doivent être declarés inhabiles à poffeder aucuns
benefices.

Mais comme céte forte de peine ne peut être apliquée qu'à
ceux qui poffedent des benefices, ou qui efperent d'en être pourvus, le Concile de Trente, qui eft furvenu long-tems aprés la
pragmatique Sanction & le concordat, a pourvû en la Seffion
25. chapitre 14. à la punition de ceux qui n'ont pas de benefice
par d'autres peines établies par les anciens Canons, *Clerici verò
ecclefiaftica beneficia, aut penfionis non habentes juxta delicti & con-
tumaciæ perfeverantiam & qualitatem, ab ipfo Epifcopo carceris pœnæ
fufpenfione ab Ordine ac inhabilitate ad beneficia obtinenda aliùfve
modis juxta facros Canones puniantur.*

Il eft vrai que le Concile en cet endroit, veut que la correc-
tion des Eclefiaftiques qui tombent en céte faute, apartiene à
l'Evêque feul, privativement à tous autres, & qu'elle fe faffe fans
forme ni figure de procés.

Ce qui ne peut être pratiqué en ce Roïaume, s'il s'agit de priver un Eclefiaftique de fon benefice, ou de le declarer incapable d'en poffeder d'autres, ou d'ufer contre lui de quelque punition plus fevere, parce qu'en ce cas, il lui faut faire fon procés
& le convaincre dans les formes, l'Evêque peut bien dans le
cours de fa vifite, conoître fomairement de toutes les fautes qui

lui font denoncés contre les Curés, ou autres Eclefiaftiques, &
fi elles font legeres, les punir fur le champ par des fufpenfions
& interdictions pour un tems, mais fi les fautes font grandes &
meritent une plus grande punition, il en doit renvoïer la conoiffance à fon Oficial, pour faire à l'acufé les procés dans les formes,
& l'inftruire par interrogatoires, recolemens & confrontations.

Si un Prêtre ou autre Eclefiaftique, s'étoit tant oublié, que
de fe marier, en taifant & difimulant fa qualité, fon crime eft
capital, & merite la mort, auffi bien que celui d'un homme qui a
époufé deux femmes ou une femme deux hommes.

Bien davantage, encore qu'en ce Roïaume il y ait liberté de
confcience par les Edits de pacification, neanmoins il n'eft pas
permis à un Prêtre de faire profeffion de la Religion Pretendue
Reformée pour fe pouvoir marier, & s'il le fait, il peut être
pourfuivi criminelement, & fon procés lui être fait & parfait,
ainfi qu'il a été jugé par un arreft celebre du 22. Août 1640. raporté par Dufrefne en fon Journal des Audiances, livre 3. chapitre 34.

Le rapt eft celui qui fe comet par force & violence, ou feduction de l'une ou de l'autre des parties.

Ce crime eft puni de mort, tant en la perfone du principal
coupable, qu'en la perfone de fes complices, qui lui ont prêté
aide & fecours, fuivant la difpofition du droit Civil, en la loi
unique au code *de raptu virginum*, felon laquelle la fille ou la
veuve ravie ne pouvoit être époufée par le ravifleur, ni les parens de la perfone ravie confentir à un tel mariage.

Il refulte de ces termes, que le rapt fe comet en deux manieres, la premiere par force, contre la volonté de la perfone ravie,
la feconde, fans force & du confentement de la perfone ravie,
furpris & extorqué par feduction.

Au premier cas, je dis que le rapt eft fait à la perfone ravie, &
au fecond cas, il eft fait aux pere & mere de la perfone ravie,
ou à fes tuteurs, ou à la famille, en forte qu'en l'un & l'autre
cas ce crime eft capital.

Suivant le droit Civil, il n'étoit pas permis à la perfone ravie
de remétre au ravifleur l'injure qui lui avoit été faite, mais cela
a depuis été changé par les Conftitutions Canoniques.

En France une fille majeure, de la foibleffe de laquelle fon
fiancé a abufé, ne laiffe pas de le pouvoir pourfuivre criminelement, faute d'acomplir le mariage, comme il a été jugé par

arrêt du Parlement de Bourdeaux, du 14. Mai 1671. raporté dans la deuxiéme partie du Journal du Palais.

Nos auteurs tienent auſſi qu'en ce cas la declaration de la fille doit être cruë contre celui qui lui a promis mariage, à moins que l'acordé ne juſtifie qu'elle s'eſt abandonée à d'autre s.

Céte declaration doit être faite en trois manieres, 1°. pendant le temps de la groſſeſſe, 2°. dans le temps des douleurs de l'acouchement, & 3°. au baptême, mais elle ne ſufit que pour la nouriture proviſoire de l'enfant, & non pour la preuve, ni pour les domages & interêts.

Le droit civil & canonique n'ont parlé que du rapt des filles & femmes, qui ſe comet par les hommes, mais l'ordonance de Blois, article 42. a étendu le crime de rapt à la ſeduction des fils de famille, & comme céte ordonance eſt une loi que nous devons ſuivre, il eſt neceſſaire de tranſcrire ici ledit article, *Ceux qui ſe trouveront avoir ſuborné fils ou filles mineures de 25. ans, ſous pretexte de mariage ou autre couleur, ſans le gré, ſû, vouloir & conſentement exprés des peres & meres, & tuteurs, ſeront punis de mort, ſans eſperance de grace & pardon, nonobſtant tous conſentements que leſdits mineurs pourroient alleguer par aprés, avoir donné audit rapt lors d'icelui, & auparavant, & pareillement ſeront punis extraordinairement tous ceux qui auront participé au rapt, & qui auront prêté conſeil, confort, & aide, en quelque maniere que ce ſoit.*

Il paroît par les termes de céte ordonance que le conſentement des mineurs ravis ne peut pas couvrir le crime de rapt, ni empêcher les peres & les meres & tuteurs d'en faire la pourſuite contre les raviſſeurs, mais depuis céte ordonance, il a été permis aux peres & meres de remêtre leur injure, & conſentir au mariage du raviſſeur avec la perſone ravie, nonobſtant la diſpoſition du droit civile, en la loi ci devant citée, atendu que par l'ordonance le conſentement des peres & meres donent aprés le rapt commis n'eſt pas exclus, mais ſeulement celui des mineurs ravis, en ſe reconciliant toutefois avec le raviſſeur, & l'accepter pour gendre ſans dot, ainſi qu'il a été jugé, par arrêt raporté par Papon, Livre 22. titre 6. article 7. & 11.

Neanmoins a été depuis faite, l'ordonance de 1639. qui rapele & retablit la diſpoſition du droit civil, en l'article 2. en ces termes, *Ordonons que la peine de rapt demeurera encouruë, nonobſtant*

les consentemens qui pouroient intervenir par après de la part des pe-
res & meres, tuteurs & curateurs, dérogeant expressement aux coûtu-
mes qui permetent aux enfans de se marier après l'âge de 25. ans,
sans le consentement de leurs peres & meres, declarons les fils, filles
& veuves, mineurs de 25. ans, qui auront contracté mariage contre la
teneur des ordonances & leurs enfans indiqués & incapables à jamais
de toutes successions, tant directe que collaterale, comme aussi de tous les
droits & avantages qui leur pouroient être aquis par contrats de ma-
riage, testamens, ou par la disposition des coûtumes même du droit
legitime, voulons que les choses qui leur seront donées, leguées, ou
transportées, soient aquises irrevocablement à nôtre fisc, sans que nous
ne puissions disposer qu'en faveur des hôpitaux, & autres œuvres pies,
enjoignons aux fils qui excedent l'âge de 30. ans, & aux filles celui de
25. ans, de requerir par écrit l'avis & conseil de leurs peres & meres
pour se marier sous peine d'être par eux exhedercés.

Et en l'article 3. declarons conformement aux saints decrets
& aux constitutions canoniques & civiles, les mariages faits avec
ceux qui auront ravi & enlevé des veuves, des fils & filles, de
quelque âge & condition qu'ils soient, non valablement contracter, sans que par le temps, ni par le consentement des persones ravies, & de leurs peres & meres & tuteurs, ils puissent être
confirmés, tandis que la persone ravie demeurera en la puissance
du ravisseur, & au cas qu'après leur majorité, étant en liberté
elles donent un nouveau consentement pour se marier avec le
ravisseur, les enfans sont declarés incapables de toutes successions
échûës & à écheoir &c.

Il faut dire aussi, que si un tuteur avoit abusé de sa pupille,
ou un geolier de sa prisoniere, il seroit coupable du crime de
rapt, parce que, tant par le droit Romain, que par le droit François, l'un & l'autre doit être puni capitalement, ou au moins
être condané aux galeres, ou bani à perpetuité du Roïaume,
soit que le crime ait été commis par force, ou sans force & du
consentement de la personne violée.

CHAPITRE XLVI.

De l'adultere , de l'incefte , & de la paillardife contre nature.

L'Adultere , eſt la paillardiſe comiſe avec une femme mariée, & bien que ſuivant le droit canon , l'adultere ſe comete , tant de la part de l'homme marié , que de la femme mariée, neanmoins par le droit Romain , & par nôtre uſage , les femmes ne ſont pas reçûës à acuſer leurs maris d'adultere.

De ſorte, que quoi que par le droit Romain l'adultere fût un crime public, dont l'acuſation étoit permiſe à tout le monde , en cas de negligence , ou de conivence de la part du mari , toutefois en ce Roïaume céte acuſation n'eſt permiſe qu'au mari ſeul, & ſi le mari ne ſe plaint point , nul autre que lui n'eſt pas recevable à ſe plaindre , ni à acuſer ſa femme d'adultere, non pas même aux gens du Roi , ni aux Procureurs fiſcaux des Seigneurs , ſi ce n'étoit que la debauche de la femme fût ſi notoire , & ſi ſcandaleuſe , que la conivence & la lacheté du mari fût inexcuſable.

Les heritiers du mari ne ſont pas recevables à intenter céte action aprés ſa mort quand il ne l'a pas intentée & ne s'eſt plaint de ſon vivant, mais s'il a commencé de ſon vivant ſes heritiers en peuvent continuer la pourſuite aprés ſa mort , mais ſi aprés la mort du mari & l'an de deüil la femme a vêcu impudiquement , ſes heritiers ſont reçûs à s'en plaindre , & en objeçter le crime à la femme , pour la faire priver de ſes conventions matrimoniale , ainſi qu'il a été jugé , par pluſieurs arrêts raportés par Brodeau ſur Monſieur Loüet, Letre I. nombre 4.

Par le droit Romain , il étoit permis au pere ſurprenant ſa fille en adultere , de la tüer, pourvû qu'à même temps il tuât l'adultere , ce qui n'étoit pas permis au mari en pareil cas, mais comme ſa douleur eſt juſte quand il tombe dans ce malheur, s'il tüë ſa femme & ſon adultere ſurpris dans le delit, il en obtient facilement la remiſſion.

La punition ordinaire de la femme adultere, en ce Roïaume, quand elle ſe fait par la voïe de la juſtice, eſt la condanation au fouet, fi c'eft une perfone de baffe condition, & fi elle eft de condition plus relevée, la reclufion dans un Monaftere pour y demeurer pendant deux ans, durant lefquels le mari la peut retirer & la reprendre fi bon lui femble, mais s'il ne le fait, après que ces deux années font expirées, elle eft tonduë & recluse dans ledit Monaftere, pour y paffer le refte de fa vie, & outre cela elle eft privée de fa dot qui demeure à fon mari, & de fon douaire, après la mort de fondit mari, ainfi qu'il a été jugé par arreft raporté par Brodeau fur Monfieur Loüet au lieu ci deffus cité, & par plufieurs autres.

Ceux qui cometent adultere avec la femme mariée, ne font pas punis de mort, Faber fur la loi 2. *num.* 19. *c. que fit longa confuet.* dit que *adulter in Regno Franciæ non punitur pœná capitali, ubi non eft confuetudo eos puniendi*, quoique Chopin prétende le contraire fur la Coutume d'Anjou, livre 1. article 24. nombre 9.

Terrin raporte un arreft du Parlement de Roüen du mois de Mai 1551. par lequel un garçon de cabaret trouvé couché avec fa maîtreffe fût condané d'être pendu.

A prefent ce crime n'eft plus capital, un nommé Jean Rolet, fils du fieur Rolet, ci-devant Procureur en la Cour n'a été condané qu'au baniffement par arrêt du 9. Mai 1680. pour avoir recidivé, au préjudice d'un arrêt de la Cour, qui lui faifoit défenfes fur peine de la vie, devoir ni frequenter une certaine femme mariée.

On demande fi la femme qui a été corompuë par des Philtres ou potions amoureufes, doit être exempte de la peine de ce crime.

Riolant fur le Livre de Fernel, *de abditis rerum caufis, tit. de Philtris & poculis amatoriis*, tient que ce n'eft qu'une pure illufion, & que les Philtres les plus furs, font les richeffes, la beauté, l'humeur douce, & l'éloquence, à la verité les brevages peuvent troubler l'imagination & exciter la paffion, mais ils ne peuvent faire aimer un tel objet.

Il eft auffi des principes de la morale que la volonté ne peut être contrainte, *quo ad aftus elicitos, fed tantum quo ad imperatoris*, & la partie fuperieure doit toûjours dominer fur l'inferieure, autrement ce feroit une excufe dont les femmes ne manqueroient jamais de fe fervir.

Il femble neanmoins que fi on avoit reconu des marques de fureur & d'extravagances caufées par ces fortes de potions, où la a magie auroit eu quelque part, fi cela eft poffible, la peine pouroit être moderée, mais la magie même n'auroit pas plus d'éfet que les aftres, qui par leurs influences, *alliciunt inclinant , fed non neceffitant , fapiens dominabitur aftris.*

La queftion ; fçavoir fi une femme condanée pour adultere, & qui a été renfermée dans un monaftere pour le refte de fes jours, peut aprés la mort de fon mari demander fa liberté pour fe marier à un autre ; s'eft prefentée, & par arrêt du 29. Janvier 1684. il a été jugé pour l'afirmative, & par autre arrêt du 21. Janvier enfuivant, fur l'opofition des enfans de céte femme, il a été ordoné que l'arrêt precedant feroit executé, fans neanmoins qu'elle pût fe pourvoir contre l'arrêt du 9. Mars 1673. qui l'avoit condanée comme adultere & l'avoit privée de fa dot & de fes conventions matrimoniales.

L'incefte eft la conjonction illicite avec une perfone que les loix ne permetent pas d'époufer, & de ces perfones il y en a de deux fortes, les unes font celles qui font parentes en degrés prohibés, les autres font celles qui font confacrées à Dieu par des vœux publics & folemnels.

L'incefte commis entre perfones conjointes de parenté en ligne direfte, en quelque degré que ce foit comme font les peres, meres, enfans ou petits enfans, ou en ligne collaterale au premier degré, qui font les freres & fœurs, eft toûjours puni de mort, comme pareillement la paillardife inceftueufe comife avec une Religieufe, ou fi un Prêtre taifant & diffimulant fa qualité, s'étoit marié, mais fi la conjonction n'étoit qu'entre parens en ligne colaterale en degré plus éloigné, comme entre coufins germains ou coufins iffûs de germains, la peine ne feroit pas capitale, principalement s'ils étoient libres, & non mariés, ils feroient feulement condanés en la juftice feculiere au baniffement pour un temps, & en quelques amandes pecuniaires, & en la juftice éclefiaftique à quelque penitence & aumônes aplicables aux œuvres pies, & à fe pourvoir en Cour de Rome pour obtenir difpenfe de fe marier.

La paillardife contre nature eft un crime execrable, qui eft ordinairement puni de la peine du feu, & on punit les bêtes mêmes, fuivant les canons, *firmiffime* 3. *& mulier quæ ad omne pelus* 4. cauf. 15. q. 1. non qu'on les croïe capables de crime, mais afin d'éfacer la memoire d'une action qui fait horreur.

Il y a encore un autre crime qui eft puni de l'excommunication par le droit canonique, & de la peine de l'adultere p[ar] le droit Romain, fçavoir quand un Chrétien époufe, ou a c[o]pulation charnelle avec une femme Juive ou Mahometane, [&] quand un Juif époufe une femme Chrétiene, ou a copulati[on] charnele avec elle, comme il fe voit au Canon 17. caufe 28. qu[e]ftion 1. & en la loy 6. au code *de Judæis & cælicolis.*

CHAPITRE XLVII.

Du crime de faux, & du parjure.

L E crime de faux, ou la falſification, eſt tout ce qui fe dit, [&] qui fe fait, pour détruire, pour alterer, ou pour obfcurcir [la] verité au prejudice d'autrui.

Charondas en fes pendectes, livre 4. chapitre 2. reduit à tro[is] principaux chefs les diverfes efpeces du crime de faux, fçavoi[r] à l'interêt du Roi, à celui du public & aux actes & contrats de[s] particuliers.

Pour entendre ces efpeces de fauffetés, il faut fçavoir que l[e] crime de faux fe comet par parole, par trois fortes de perfone[s] 1°. par les parjures qui font de faux fermens en Juſtice, 2°. pa[r] les témoins qui depofent contre la verité, 3°. par les calom[n]iateurs, qui expofent faux dans les Requêtes qu'ils prefen[t]tent aux Juges, ou dans les Lettres qu'ils obtiennent du Prince.

L'expofition des faits faux, ou la reticence des faits verita[b]les dans les letres, eſt ce qu'on apele en terme de pratique *obreption & fubreption*, neanmoins on excepte cête derniere ef[pe]ce de fauffeté entre celles qui fe cometent par parole, bien que les requêtes & les létres du Prince foient des écritures, parce que ces requêtes ou ces létres ne font pas fauffes, mais bien les paroles qui y font écrites, tout ainfi qu'une enquête n'eſt pas fauffe en laquele des faux témoins ont depofé, mais les depofitions qui y font contenuës.

Ainfi on feroit mal fondé à s'infcrire en faux contre l'enquête qui a été veritablement faite, mais en cas qu'il y ait des témoins qui aïent depofé contre la verité, & qu'on en puiffe avoir la preuve, il fe faut feulement infcrire contre leurs depofitions.

Le crime de faux se comet par l'écriture, premierement par eux qui fabriquent de faux contrats, testamens, obligations, promesses, quitances & autres pieces, soit autentiques ou foussings privés, en contrefaisant les écritures & signatures des grefiers, des notaires, des témoins, & des particuliers.

En second lieu, par ceux qui supriment les testamens des défunts ou autres actes, pour en ôter la conoissance, soit que ceux qui ont ces supressions soient persones privées ou persones publiques, tant certain qu'un notaire ou grefier, qui suprimeroit la minute d'un testament ou contrat par lui passé seroit coupable du crime de faux.

En troisiéme lieu, par ceux qui alterent une piece veritable, soit en y ajoûtant par l'adition de quelques mots, ou de quelques clauses, ou en diminuant par la nature de quelques mots, ou de quelques lignes, ou en y changeant quelque chose, soit dans le corps de la piece, ou en sa date seulement.

En quatriéme lieu, par ceux qui passent des actes veritables, comme des obligations ou des quitances, les antidatent seulement au prejudice d'un tiers.

Le crime de faux se comet par fait, suivant la deposition du droit Romain, premierement par ceux qui vendent ou achetent à faux poids ou fausse mesure, ou autrement.

En second lieu, par ceux qui alterent & diminuent la valeur de l'or & de l'argent, par le melange d'autres metaux.

En troisiéme lieu, par ceux qui font la fausse monnoie, dont il sera parlé dans le Chapitre suivant.

En quatriéme lieu, par ceux qui par divers contrats vendent une même chose à deux persones, mais le crime parmi nous est puni comme stellionat, & non comme fausseté.

En cinquiéme lieu, par les femmes ou autres persones, qui suposent des enfans, & céte espece de fausseté est un crime capital, mais comme il ne se poursuit pas par la voie de l'inscription en faux, dont mon intention est de traiter dans ce chapitre, il n'en sera pas parlé davantage.

Je ne laisserai pas de remarquer ici, que le crime de suposition de part, se prouve par les seules conjectures, lorsque l'on agit civilement.

Il ne sera pareillement rien dit davantage de ceux qui vendent à fausse mesure, comme aunes, minots, boisseaux, muids, les marchandises de graine, sel, huile, &c. ni de ceux qui vendent à faux poids les marchandises en détail, parce que contre ceux qui font coupables de ces crimes ; le procés ne fe fait pas dans les formes, mais fommairement à la police, fur le raport des Comiffaires ou autres oficiers, ou des Jurés du métier qui fe font faifis des faux poids, & des fauffes mefures, qui font feuls fufifans pour la conviction de ceux qui s'en font trouvés faifis.

La punition de ce crime, eft ordinairement une peine pecuniaire pour la premiere fois, mais en cas de plufieurs recidives, elle pourroit être corporele, & du baniffement ou de l'interdiction du comerce à l'arbitrage des Juges de police qui en conoiffent.

Il y a une autre efpece de falfification, qui eft plus dangereufe que celle des faux poids & des fauffes mefures, & qui eft auffi plus feverement punie, c'eft celle qui fe comet par les feruriers, en fabriquant de fauffes clefs, car Monfieur le Prêtre centurie 2. chapitre 52. raporte un arrêt, par lequel un ferrurier a été condané à mort, pour avoir fait une fauffe clef fur une empreinte de cire à lui aportée, par un valet, qui avec céte fauffe clef avoit volé fon maître.

Quoique le parjure dont j'ai parlé ci-deffus, foit une efpece de fauffeté, neanmoins elle n'eft pas de la qualité de eelles dont il eft parlé au titre 9. de l'ordonance criminelle de 1670. parce qu'on n'eft pas reçû à en pourfuivre la punition par la voie de l'infcription en faux,

Il eft même dificile de decider par les textes de droit, fi le parjure eft puniffable, car fi d'un côté par la loi derniere, *digeft. de ftelliontu*, il eft dit, que le parjure doit être puni du baniffement, par la loi 13. *digeft. de jurejurando*, il doit être condané au foüet, par la loi 41. au code, *de tranfactionibus*, qu'il eft infame, & par la loi 17. au code, *de dignitatibus*, il doit être privé de fes dignités, d'autre côté, il eft dit en la loi 2. au code *de rebus creditis*, que le parjure ne doit pas être puni par le Prince, parce que c'eft affés qu'il ait Dieu pour vengeur de fon crime.

Neanmoins, comme Dieu eft grievement ofenfé par le parjure, & qu'il eft du devoir du Prince de punir les ofenfes qui font faites à Dieu, quand elles font jointes au domage du prochain, nos Rois n'ont pû foufrir que ce crime demeurant fans chatiment, d'autant plus qu'il eft puniffable en plufieurs lieux de l'écriture, *deuter. c. 19. n. 16. Zachar. 5. 3. 4. Proverb. 9.*

Par l'article 23. du livre 4. des Capitulaires des Empereurs

Charlemagne & Loüis le Debonaire, la peine du parjure est d'avoir la main coupée : *propter perjurium quod commisit, dextera manus amputetur.*

Par l'ordonance du Roi saint Loüis de l'an 1254. raportée en l'ancien stile du Parlement de Paris, le benefice de l'apel est denié à celui qui a été condané pour crime de parjure, mais elle ne statue point la peine à laquelle il doit être condané.

Par l'ordonance du Roi Charles VII. sur le fait des aides, article 14. si le parjurement se prouve, celui qui se sera parjuré, sera condané en amande arbitraire envers le Roi & envers le fermier, & aux depens, domages & interests dudit fermier.

Par l'article 593. de l'anciene Coutume de Bretagne, qui est le 638. de la nouvelle, tout homme qui est condané & déclaré parjure, pert tous ses meubles & les confisque au profit du Seigneur en la Justice duquel il est condané, & par l'article 40. de ladite anciene Coutume de Bretagne, qui est l'article 37. de la nouvele, tout Oficier de Justice qui est convaincu de parjure est infame & incapable d'être jugé & tenir aucun autre ofice public.

Par l'article 361. de la Coutume de Bourbonois, si aucun afirme frauduleusement qu'il mene aucune chose par Paris pour gens privilegiés, & qu'il soit convaincu du contraire, il est puni comme parjure à l'arbitrage du Juge.

Ainsi, par le texte de ces ordonances & de ces coutumes il se voit que le parjure est puni en ce Roïaume, & que la peine en est arbitraire, mais la recherche en est rare, parce que sous pretexte de parjure on ne peut pas faire retracter le jugement qui a été rendu sur le serment deferé à l'une ou à l'autre des parties.

Aucuns de nos Docteurs sont d'avis, qu'il faut faire diference entre le serment decisoire, deferé par l'une des parties, & le serment deferé d'ofice par le Juge en une afaire obscure & douteuse.

Qu'à l'égard du serment deferé par la partie, on n'est pas recevable aprés qu'il a été prêté, à verifier le contraire, parce que celui qui l'a deferé se doit imputer de s'être raporté à la conscience de son adversaire, céte declaration de serment & la prestation qui s'en fait en consequence, aïant même force qu'une transaction, contre laquelle on ne peut plus revenir, mais qu'à l'égard du serment deferé par le Juge, il n'en est pas de mê-

N n iij

me , parce qu'on ne peut rien imputer à la partie qui ne s'eſt point raportée au ferment , qui d'ofice a été deferé par le Juge.

D'autres, entre leſquels eſt Monſieur d'Argentré , ſur l'article 593. de l'anciene Coutume de Bretagne , tienent qu'aprés la preſtation du ferment deciſoire deferé même par la partie averſe , la preuve du parjure doit eſtre reçue & le jugement intervenu ſur icelui retracté , ſi la preuve du parjure eſt prompte & évidente, comme , par exemple , ſi un debiteur avoit denié par ferment le preſt qui lui auroit été fait, dans la croïance que la promeſſe fût perdue , ou ſi dans la même croïance un creancier de mauvaiſe foi avoit denié le païement qui lui auroit été fait , & l'un ou l'autre fût convaincu de parjure , par la repreſentation de la promeſſe ou de la quitance qui auroit été recouvrée.

Le crime de faux , dont il eſt parlé au titre 9. de l'ordonance de 1670. conſiſte en la fabrication des pieces fauſſes , ou en la ſupreſſion des pieces veritables , ou en l'alteration deſdites pieces veritables.

A l'égard de la ſupreſſion des pieces veritables , il ne peut y écheoir d'inſcription de faux , car on ne peut pas declarer fauſſe une piece qui ne paroit point , tellement qu'encore que les coupables de ces crimes par la diſpoſition du droit Romain , ſoient punis comme fauſſaires , neanmoins parmi nous la pourſuite s'en fait comme d'un vol, ou d'un larcin.

Les pieces fauſſes que l'on fabrique , ſont écritures privées, ou ecritures autentiques.

Les ecritures privées ſe fabriquent plus facilement , parce qu'il ne s'agit que de contrefaire l'ecriture d'un ſeul homme , & quelquesfois ſa ſignature ſeulement , car il ſufit qu'une promeſſe ſous ecriture privée , ſoit ſignée de la main du debiteur , bien que le corps ſoit écrit d'une autre main.

Il ſufit pareillement qu'une quitance ſoit ſignée de la main du creancier , en ſorte que pour fabriquer une fauſſe promeſſe ou une fauſſe quitance , il ne faut que contrefaire une ſeule ſignature, ce qui eſt aſſés facile , principalement à l'égard des ſignatures qui ne conſiſtent qu'au nom de la perſone , ſans aucun paraphe.

On peut même faire une piece fauſſe ſans contrefaire cête ſignature , en écrivant une promeſſe ou une quitance ſur un

blanc signé qu'on auroit surpris , ou qui auroit été pour un autre usage.

Il y a même des faussaires qui ont le secret d'enlever l'ecriture , sans endomager le papier , & par ce moïen aïant une quitance ou autre piece signée, ils enlevent l'écriture , & ne laissent en
tout que la signature , & au dessus ils écrivent une promesse ou
tout ce que bon leur semble en la place de l'ecriture qu'ils ont enlevée.

Et cela se peut faire aux actes autentiques , aussi bien qu'aux
ecritures privées.

On peut aussi enlever l'ecriture des clauses essentieles, ou la
date d'un contrat ou d'une sentence , sans toucher aux signatures des Notaires ou des Grefiers , mais les faussetés font plus aisées
à découvrir & à convaincre , parce que ces pieces ont des minutes ausquelles on peut avoir recours & par leur confrontation verifier la fausseté de l'expedition qu'on produit.

Et supposé même que ce fût une obligation, ou un brevet , ou
quelque autre piece dont les Notaires ne retienent pas de minute,
il est toûjours plus mal aisé de les fabriquer , les falsifier, que les
pieces qui se font sous seing privé , parce qu'il faut contrefaire les signatures de plusieurs persones , sçavoir de la partie qui s'oblige & de deux Notaires ou d'un Notaire & de deux
témoins.

La falsification qui se comet en des pieces qui font veritables,
dans leur substance , se fait en trois manieres , ou par antidate ,
ou par adition , ou par rature.

Un homme prête de l'argent à titre de constitution de rente,
l'argent est compté , & delivré à celui qui emprunte & le contrat
est passé & signé des parties & des Notaires, en tout cela il n'y a rien
qui ne soit veritable , mais pour avantager le creancier qui prête en fraude , & au prejudice des creanciers anterieurs d'icelui
qui emprunte, ou antidate ce contrat d'un jour , d'un mois , d'une
anée ou de plusieurs.

Céte antidate est une fausseté, dont les parties & les Notaires
font coupables, mais qui est punissable plus rigoureusement en
la persone des Notaires , qu'en celle des parties à cause qu'ils
violent la sureté publique qui leur est confiée , & qui consiste en
la verité des dates, des actes & contrats qui se passent par devant
eux.

Les aditions par apostilles qui font écrites à la marge , des minutes des contrats ou autres actes doivent être aprouvés & para-

fés des parties, fi elles fçavent figner & des Notaires & témoins par devant lefquels l'acte eft paffé, autrement & fi ces aditions, n'étant point aprouvées, ni parafées comme deffus, le Notaire les infere dans la groffe, ou dans les expeditions qu'il delivre, c'eft une fauffeté dont le Notaire doit être puni dans la rigueur des ordonances, fi céte adition contient une date ou quelque autre claufe importante.

Au contraire, fi dans une minute d'un contrat, il fe trouve des ratures qui ne foient pas aprouvées par les parties à la marge d'icelle, ou à la fin de la minute, & que ces ratures tombent fur quelques claufes importantes, c'eft encore une autre efpece de fauffeté dont le Notaire eft réponfable, parce qu'il eft prefumé avoir fait ces ratures à la priere de l'une des parties, & à l'inçu & au prejudice de l'autre.

Mais fi la minute étoit en bonne forme, & qu'en la groffe ou expedition délivrée par le Notaire, ou même en quelque fentence ou arreft, on eût raturé ou efacé quelque claufe importante, pour fe prevaloir de céte rature, la fauffeté feroit aifée à juftifier par la reprefentation de la minute, & il n'y auroit de coupable que celui qui auroit fait faire la rature.

Il y a plufieurs marques de céte efpece de faux.

Primò. S'il paroit qu'on ait laiffé un blanc.

Secundò. Si on avoit ferré l'ecriture dans les dernieres lignes d'une page, ou de l'acte.

Tertiò. S'il y avoit de la contrarieté & varieté dans les ecritures.

Quartò. Si les aditions étoient d'ancre & de caractere diferens.

Quintò. Si on voïoit trop d'étude & d'afection pour deguifer la verité de l'acte.

Sextò. Si la conduite de la perfone eft fufpecte.

Septimò. Si on avoit chargé la rature de trop d'ancre.

Ainfi il dépend de la prudence des experts de juger, s'il faut que plufieurs de ces conjectures fe rencontrent en même tems.

Cependant fi par erreur, ou vice de Clerc, quelques mots avoient été omis ou changés dans l'explication d'un contrat, céte omiffion ou changement ne doit pas paffer pour une fauffeté, fuivant la loi 10. au code, *de leg. Cornel. de falfis*, qui decide que, *error fcribentis vel fcribentis non involvit eum in crimine falfi, & quod non eft falfum, ubi non eft dolus.*

II

Il n'est pas toûjours vrai que le faux ne puisse être comis sans dol, on voit souvent des ratures & aditions qu'un Notaire ne-glige de faire aprouver, & cependant qui n'ont été faites que pour rétablir la verité, comme si aprés avoir exprimé une som-me, l'on en retiroit une partie pour des justes considerations, & qu'on eût obmis par imprudence de faire faire une aprobation valable de la rature & adition, si la verité se trouvoit justifiée par des preuves évidentes, le Notaire ne pouroit être puni de peine infamante, *falsitatis nomen non meretur quod primordio veri-tatis juvatur.*

Même quelquefois des conjectures sufisent pour excuser le Notaire, quoiqu'il ne puisse être condané que sur des preuves, & en ce cas, le faux qui se juge selon la lètre ne nuisant à per-sone, *nec consilio*, *nec eventu*, ne doit pas être puni extraordi-nairement, la lètre tue, mais l'intention qui fait juger de la bon-té ou malice des actions des hommes, fait excuser, ce qui n'est vicieux que selon les aparences, mais l'imprudence ne laisse pas de faire tomber sur le Notaire tout le domage qu'elle peut cau-ser aux parties, à moins qu'ils ne veuillent s'en prevaloir par ma-lice pour en profiter.

Lapeirere, lètre F. nombre 6. témoigne avoir vû juger au Parlement de Bourdeaux, que la deposition des témoins instru-mentaires, doit prévaloir sur le jugement des experts, en con-sequence des pieces de comparaison, d'autant qu'à l'extremité on signe tres-souvent de maniere tres-inégale & extraordinaire, & que les non vraisemblances sur lesquelles jugent les experts, sont détruites par des preuves positives, mais il faut examiner quels sont les témoins dont on se veut servir, ces sortes de témoins baneaux étant souvent fort suspects.

Il y a des actes publics qui peuvent aussi être argués de faux, bien que ceux qui les ont faits soient inocens & sans fau-te.

Ces actes sont les informations & les enquestes, car quoique des informations & des enquêtes aïent été faites par un Juge, ou par un Comissaire dans les formes prescrites par les ordonances, & qu'il ait fait ce qu'il a pû pour tirer la verité de la bouche des témoins, neanmoins si les témoins ont deposé faussement & con-tre verité, on se peut inscrire en faux contre leur deposition.

Ainsi tant s'en faut, qu'en ce cas on puisse rien imputer au Juge qui a fait l'enquête ou l'information, au contraire il peut lui-même faire le procés à ces faux témoins, qui ont depofé devant lui.

C'eft pourquoi on ne s'infcrit pas en faux contre l'enquête ou l'information, mais contre les depofitions de tels & tels témoins.

Pour fe pouvoir infcrire en faux contre une information ou une enquête, il faudroit qu'il y eût fauffeté ou malverfation de la part du Juge ou de fon Grefier, comme fi le Juge avoit fait ecrire ce que les témoins n'ont pas dit, ou retrancher une partie de ce qu'ils ont dit à la charge ou décharge des parties, ou fi le Grefier dans fa groffe avoit ajouté ou diminué quelque chofe de ce qui eft dans la minute, changé ou altéré le fens de quelque depofition.

Mais pour fe pouvoir infcrire en faux contre les depofitions des témoins, il faut juftifier le contraire de ce qu'ils ont depofé.

Par exemple, s'ils ont dit avoir été prefens à l'action dont ils depofent, & qu'on puiffe juftifier qu'en ce même tems ils étoient ailleurs, & en lieux éloignés, ou fi celui duquel ils ont parlé, étoit abfent au tems auquel ils difent lui avoir vû faire l'action, enfin fi leurs depofitions fe contrarient dans les circonftances du lieu, du tems, en la defination de la taille, des habits, des armes de celui dont ils ont parlé, ou de fes complices ou des perfones qu'ils difent avoir été prefens à l'action, ou autres chofes femblables.

Si des faux témoins font convaincus, ils font punis capitalement, principalement s'ils ont depofé faux en matiere criminele, comme auffi ceux qu'ils ont corompus, gagnés ou fubornés, en forte que non feulement les faux témoins qui ont depofé afirmativement, doivent être punis, mais auffi ceux qui ont dit la verité dans leurs depofitions, fuivant la loi 27. ff. cod. eos qui diverfa inter fe teftimonia præbuerunt, quafi falfum fecerint, lege Cornelia tenetur.

Par l'ordonance criminele de 1670. titre 13. article 11. les témoins qui depuis le recolement retracteront leurs depofitions, ou les changeront dans les circonftances effentieles, doivent être punis comme faux témoins, & par l'article 21. du même titre, défenfes font faites aux Juges d'avoir aucun égard aux declarations faites par les témoins depuis l'information, lefquelles font declarées nules, ordoné qu'elles foient rejetées du procés, & de plus le témoin qui l'aura faite, & la partie qui l'aura produit condanés chacun en 400. livres d'amande envers le Roi , & autre plus grande peine s'il y echet.

Dans les afaires qualifiées où la preuve manque , & où le Procureur du Roi eft la feule partie qui n'eft pas prefumé avoir excité les témoins à parler contre la verité , il femble qu'on dòit avoir égard aux premieres declarations du témoin qui a varié , d'autant que nous voïons tous les jours qu'un acufé élude les principales preuves , lorfqu'il a le tems de fe reconoître avec de l'argent & des amis , & qu'il fe trouve des confeils qui en facilitent les moïens.

Un témoin qui en un procés , étant produit par le demandeur & par le défendeur , a depofé d'une maniere en l'enquefte du demandeur , & d'une autre maniere en l'enquefte du défendeur, foi ne doit être ajoutée , ni à l'une , ni à l'autre de ces depofitions, & de plus il doit être puni comme faux témoin.

Si les experts ou les arpenteurs raportent faux dans leurs raports qu'ils font en Juftice , on fe peut infcrire en faux contre les raports , & les punir comme fauffaires.

Le droit Romain au titre *Si menfor falfum modum dixerit* , diftingue entre les fautes par eux faites par ignorance & imperitie, & celles qui font par eux faites de mauvaife foi , & par fraude.

A l'égard des premieres , il les décharge & impute aux parties de s'être fervi d'eux , & n'en avoir pas choifi de plus habiles , & à l'égard des fecondes , il ne done contre eux que l'action *de dolo* , mais maître Guy Coquille Auteur tres-judicieux , en fon Comentaire fur la Coutume de Nivernois , titre 10. article 17. eft d'avis que céte difpofition du droit Romain ne doit pas être pratiquée parmi nous.

Bernard Automne , raporte un arrêt du Parlement de Paris du 17. Fevrier 1566. par lequel un mefureur & arpenteur , dans le raport duquel s'eft trouvé de grandes fautes a été condané en l'amande envers le Roi , & les parties renvoïées par devers le Maître des eaux & forêts pour parfourniffement de la mefure de la vente qui leur avoit été faite.

Neanmoins pour détruire un raport qui n'eft pas conforme à la verité , il n'eft pas toûjours neceffaire de s'infcrire en faux , comme le tient Charondas fur l'article 184. de la Coutume de Paris , fondé fur un arreft du 16. Septembre 1539. parce que ce même article de la Coutume , permet aux Juges d'ordoner une feconde vifitation , s'ils ne croïent pas être fufifament éclairés par le raport des premiers experts, & que cête feconde vifitation fera faite aux depens de la partie qui fe plaint du premier raport, mais cête feconde vifitation ne reforme que le méconte & les erreurs de la premiere, & ne punit pas les premiers experts.

C'eft pourquoi il faut tenir que la feconde vifitation fe doit demander, quand des experts mefureurs ou arpenteurs n'ont peché que par ignorance ou imperitie, ou par inadvertance, mais quand mechament & de mauvaife foi ils ont fait un raport contre la verité vifible & aparente, en ce cas, on fe peut infcrire en faux contre leurs raports, & les faire punir comme a été cet arpenteur, dont j'ai parlé ci-deffus.

Celui qui prend la qualité, & des armes, ou armoiries qui ne lui apartienent pas, comet auffi le crime de faux, la loi 7. *ad leg. corn. de falfis*, decide pour l'afirmative en ces termes, *qui fe pro milite geffit, vel illicitis infignibus ufus eft, falfo diplomate vias commeavit pro miffi qualitate graviffimè puniendus eft.*

La glofe marginale met l'exemple de la fauffe qualité en un homme, qui n'étant pas notoire, auroit paffé des contrats en cête qualité, & dit, que s'il n'a jamais été pourvû de l'ofice de Notaire, la fauffeté par lui commife doit être punie de mort, mais que s'il a été Notaire, & fi depuis fa privation ou deftitution, il a encore paffé des contrats, il doit être puni moins feverement.

Par les ordonances de nos Rois, il eft défendu aux roturiers de prendre la qualité d'Ecuïer, ni les armes qui n'apartienent qu'à la Nobleffe.

L'article 110. de l'ordonance d'Orleans porte, *que fi aucun ufurpent fauffement, & contre verité, le nom & le titre de Nobleffe, prenent ou portent armoiries timbrées, ils feront par nos juges mulctés d'amendes arbitraires, & païement d'icelles contraints par toute voie.*

Et l'article 27. de l'ordonance de Blois, *que celle faite à Orleans contre ceux qui ufurpent fauffement & contre verité, le nom & titre de Nobleffe, prendront le nom d'Ecuyer, ou porteront armoiries timbrées, foient mulctés d'amende arbitraire par nos Juges, à la diligence & pourfuite de nos Procureurs, chacun en fon fiege.*

A l'égard du faux principal ou incident, & la procedure qu'il faut faire pour pourfuivre la punition de toutes les efpeces de faux dont j'ai parlé ci-deffus, & en avoir la reparation en juſtice, il en ſera traité ci-aprés dans un chapitre ſeparé, où je renvoie le lecteur.

CHAPITRE XLVIII.

De la fauſſe monoie.

CE crime eſt une eſpece de fauſſeté la plus pernicieuſe, & qui eſt la plus rigoureuſement punie, parce qu'il ofenſe la majeſté du Prince, & eſt conſideré en quelque façon comme crime de leze majeſté.

Elle eſt compriſe comme eſpece de fauſſeté dans le titre du digeſte, *ad leg. Corn. de falſis*, aux loix 8. & 19. mais elle a ſon titre particulier dans le 9. livre du code *de falſa moneta.*

Par toutes ces loix, tant du code, que du digeſte, ce crime eſt declaré capital, mais par la loi 2. au code *de falſa moneta*, il eſt declaré crime de leze-Majeſté, & puni de la peine du feu.

Sont coupables de ce crime, non ſeulement ceux qui fabriquent la fauſſe monoie, mais auſſi ceux qui alterent la bonne en la rognant ou alterant avec des eaux fortes, comme auſſi ceux qui expoſent la fauſſe monoie, par l'ordre des faux monoïeurs.

Les ordonances du Roi François I. des années 1536. & 1540. & celle du Roi Henri II. de l'année 1549. ſont expreſſes contre les rogneurs de piece d'or ou d'argent.

Voici comme parle celle de François I. *parce que les rogneurs d'écus & autres eſpeces d'or & d'argent aïant cours en nôtre Roïaume, & ceux qui les rendent en fonte du fort au foible, cometent un larcin public, participant de la fauſſe monnoie, dont la fauſſeté ne peut conſiſter qu'au poids & en la loy, ordonons que ceux qui ſe trouveront chargés du rognement des écus, teſtons, douzains, & autres eſpeces d'or & d'argent ou qui les auront diformées, alterées, ou renduës du fort au foible ſoient punis tout ainſi, & de même punition que les faux monoïeurs.*

Celle de Henri II. eſt conçüe en ces termes, *Ceux qui ſeront trouvés ſaiſis de rognures, ou de billons, precedans de rognures de mo-*

noie, ou convaincus d'avoir acheté lesdites rognures de monoie, ou d'a-
voir sciemment participé avec les rogneurs & faux monoieurs, & acheté
d'eux de la fausse monoie, ou billons procedans de rognures, seront pu-
nis de semblable punition.

Sur quoi, il faut observer ici, qu'on participe aussi avec les faux monoïeurs, en leur prêtant sa maison pour la fabrication de la fausse monoïe, en leur fournissant de la matiere, ou des instrumens, & en debitant pour eux ladite fausse monoïe.

Or il s'ensuit, que ce crime étant capital, & confisquant le corps, il emporte indubitablement la confiscation des biens dans les Provinces où a confiscation lieu, & en celle où confiscation n'a pas de lieu, le crime de fausse monoie est excepté de la regle, comme étant une espece de crime de leze-Majesté.

Par l'article 378. de la Coutume de Tours, il est dit, *que con-* *fiscation n'y a lieu, sinon en deux cas; sçavoir de crime de leze-maje-* *sté & de fausse monoie.*

Plusieurs autres Coutumes des païs ausquels confiscation n'a pas de lieu, ont de semblables dispositions, où comprenent le crime de fausse monoie sous celui de leze majesté.

Celle de Calais, en l'article 150. porte, *qui confisque le corps,* *ne confisque pas les biens, si ce n'est pour crime de leze-majesté divine* *ou humaine, ou de fausse monoie.*

Bien davantage, la maison où a été fabriquée la fausse monoie est confisquée sur le proprietaire à qui elle apartient, encore qu'il ne soit point coupable ni complice du crime, si seulement il l'a sçû & ne l'a pas empêché, ni denoncé à justice.

Il y en a un article expresse en la coutume de Lodunois, qui est l'article 1. du Chapitre 39. conçû en ces termes, *Qui fait ou* *forge fausse monoie, doit être trainé, boüilli & pendu, & la maison* *où elle a été faite & forgée, au sçû du Seigneur d'icele maison confis-* *quée au Roi.*

Ce qui est aussi conforme à la disposition du droit en la loi 1. code de falsa moneta. *Domus vel fundus, in quo hæc sunt perpetra-* *ta, fisco vindicetur, si Dominus in proximo constitutus sit; ejus enim* *incuria, vel negligentia punienda est, etiam si ignorat, sed si Domi-* *nus ante ignorans ut primum reperit scelus, prodiderit perpetratum,* *tunc possessio vel domus ipsius proscriptionis injuria minimè sub-* *jacebit.*

Si la femme fait ou aide à son mari à faire la fausse monoie, elle sera punie comme lui, sans qu'elle puisse aleguer qu'elle y a été contrainte, d'autant que la puissance maritale ne peut pas obliger une femme à faire ce qui est contraire aux loix & ce qui est puni par des peines publiques.

Mais si elle n'y a point travaillé conjointement avec son mari, elle est excusable de ne l'avoir pas découvert à justice, la raison est, que les femmes ne sont pas obligées d'exposer leurs maris au peril de la mort, si ce n'est pour le crime de leze-majesté divine.

CHAPITRE XLIX.

Des procedures en matieres criminelles.

LEs procedures en matieres criminelles sont diferentes de celles qui se font en matiere civile.

Les procedures en matiere civile comencent par asignation, ou ajournement, & les procedures en matieres criminelles, par plainte, acusation ou denonciation, excepté quand il s'agit de simples injures pour lesquelles on se sert de l'action, & le demandeur conclut à ce que le défendeur soit condané à telle reparation, amende honorable ou pecuniaire, qu'il plaira au Juge d'ordoner, pour avoir par le défendeur dit & proferé plusieurs injures scandaleuses contre l'honeur & la reputation du demandeur &c.

Tous Juges ne sont pas competens pour instruire & faire le procés à un criminel, c'est pourquoi il est de consequence de conoitre sur la matiere criminele, la competence, & ce qui concerne les reglemens de Juge.

Les informations sont en matiere criminele, ce que les enquêtes sont en matiere civile, servans à faire conoitre les auteurs du crime dont il s'agit, & à convaincre ceux qui en sont acusés, soit qu'il s'agisse de vol, fausse monoie, ou autre crime.

Quand il s'agit de meurtre, les Juges doivent dresser leur procés verbal de l'état du corps mort, de celui qui est soupçoné de l'avoir tué, & de toutes les autres circonstances.

Si l'acusé d'un crime est pris en flagrant delit, il doit être mené dans les prisons, & s'il s'est évadé, le Juge sur les informations decerne ou un decret d'ajournement personel ou un decret de prise de corps, selon que le cas le requiert.

En cas d'ajournement perfonel s'il comparoit, en cas de decret de prife de corps, s'il eft aprehendé, il eft interrogé, & les témoins lui font recolés & reconfrontés.

L'acufé peut propofer des exceptions, & faits juftificatifs, & les acufateurs peuvent prefenter des requêtes, & y atacher telles pieces que bon leur femble, fans neanmoins prendre des apointemens, forclufions, productions & faire d'autres écritures.

Il peut auffi decliner la Jurifdiction, fi le Juge eft incompetant & fe fervir de cedules évocatoires.

Sur un ajournement perfonel l'acufé doit fe prefenter ou fournir des excufes, ou exonies.

Quand les informations ne font pas fufifantes pour convaincre l'acufé, on peut fe fervir de monitoires de fes propres écritures s'il y en a, & contre les écritures produites, on peut fe fervir de l'infcription de faux, ou de la queftion, fi le cas y échet, & que les indices foient affés fortes pour l'ordonner.

S'il ne s'agit que des bleffures, le Juge doit ajuger des provifions au bleffé, fur le raport des Medecins & Chirurgiens.

Aprés les recolemens & confrontations, où en cas de défaut, les Procureurs du Roi ou des Seigneurs, doivent doner leur conclufion, & fur les conclufions le jugement de condanation, ou l'abfolution eft rendu.

Si c'eft par défaut & contumace, le condané peut purger fa contumace, dans le temps de l'ordonance, & en cas qu'il foit decedé auparavant, fes parens peuvent auffi purger fa memoire dans le même temps.

Il y a des formalités particulieres quand il s'agit de faire le procés aux muets & fourds & à ceux qui ne veulent pas repondre, aux comunautés & aux cadavres.

Les apelations font reçûës en matiere criminele, & les fentences, jugemens & arrêts rendus en céte matiere ont des difpofitions particulieres, mais contre ces jugemens, le Roi acorde des letres.

Les acufateurs, font ou fimples denonciateurs ou parties civiles.

Les denonciateurs ne font que denoncer le crime commis, au Juge ou au Procureur du Roi, ou des Seigneurs, & c'eft au Procureur du Roi d'en faire informer & pourfuivre l'acufé & le faire condaner aux peines dûës à fon crime, s'il en eft convaincu, eu, aux depens du Roi ou du Seigneur haut-justicier, & partant par la mort du denonciateur l'acusation se continuë par le Procureur du Roi ou du Seigneur & ne passe pas aux heritiers du denonciateur.

L'acusateur qui se porte partie civile, est celui qui acuse, fait informer & poursuit l'acusé d'un crime commis, à ses frais & depens, pour son interêt particulier, en se joignant le Procureur du Roi, ou du Seigneur pour exiger la vengeance publique.

Ainsi il s'ensuit, que par la mort de la partie civile l'acusation n'est pas éteinte, mais elle passe aux heritiers de l'acusateur, & au cas que la partie civile n'eût pas d'heritier, ce seroit au Procureur du Roi ou du Seigneur à continuer la poursuite du procés criminel, aux frais & depens du Roi ou du Seigneur haut-justicier.

CHAPITRE L.

De la competance des Iuges.

LA competance des Juges en matiere criminele se regle par le lieu du delit, ou par la qualité du delit, ou par la qualité du delinquant.

La regle generale est, que tous crimes doivent être jugés & punis aux lieux où ils ont été commis.

La qualité du delit & la qualité du delinquant, métent seulement des exceptions à céte regle generale, ce qui est si vrai, que par les articles 7. & 8. du titre 1. de l'ordonance criminele de 1670. les Senechaux & Baillifs Roïaux, n'ont aucune prevention sur les Juges ordinaires, qui sont les Chastelains, ou Prevôts roïaux, bien qu'ils leur soient inferieurs, pourveu que dans les trois jours aprés le crime commis ces Juges ordinaires & inferieurs aïent informé & decreté.

Or par la même raison, les Juges des pairies, & autres Seigneurs qui ressortissent immediatement au Parlement, ne peuvent pas pareillement prevenir les Juges inferieurs des hautes-Justices qui ressortissent par apel pardevant eux, si ces Juges inferieurs ont informé & decreté dans ces trois jours.

De plus par l'article 9. du même titre, les Senechaux & Bail-

lifs Roïaux ne peuvent prevenir les Juges des Seigneurs qui for
dans leur reſſort , & dans le territoire deſquels le crime a ét
commis , ſi ces Juges ſubalternes en ont informé & ont decret
dans les vingt quatre heures aprés le crime commis, ſi ce n'étoi
que par la coutume du lieu la prevention fût atribuée aux Juge
Roïaux.

Le Parlement d'Aix par arrêt du 27. Avril 1675. a permi
aux Juges Roïaux ſuperieurs , de contraindre les Seigneurs pou
les frais des procés criminels qu'ils ont faits , à cauſe de la ne
gligence de leurs oficiers.

C'eſt pourquoi , ſi l'acuſé eſt pris & empriſoné en un autr
lieu , que celui où le crime a été commis il y doit être renvoié
ſi lui ou la partie complaignante le requiert & transferé aux frai
de la partie civile , s'il y en a , ou du Roi , ou du Seigneur d
lieu où le crime a été commis.

Cependant quoique je diſe que le renvoi , & la tranſlation d
l'acuſé peut être demandé par la partie civile , cela ſe doit en
tendre, pourveu que céte partie civile n'ait pas rendu ſa plainte
pardevant le Juge du lieu où le priſonier aura été pris & arêté,
car ſi cela étoit il ne ſeroit pas recevable à demander ce ren
voi & céte tranſlation, au lieu où le delit auroit été commis,
ainſi qu'il eſt dit par l'article 2. dudit titre 1. de l'ordonance cri
minele.

Neanmoins cela n'empêcheroit pas que l'acuſé ne le pût de
mander.

La conoiſſance d'un homicide commis ſur les confins de deux
Juriſdictions , comme ſi le cadavre de l'homicidé étoit trouvé
couché par terre, aïant les pieds ſur le territoire de l'une des
Juriſdictions & le reſte du corps ſur l'autre, apartient au Juge
du territoire ſur lequel ſont les pieds du cadavre, parce qu'il eſt
à preſumer que le mort étoit debout en cét endroit, lorſqu'il
eſt tombé.

Toutefois s'il aparoiſſoit par les traces du ſang ou autrement,
qu'il eût été frapé & aſſaſſiné dans le territoire,où l'habit & le re
ſte du corps s'eſt trouvé giſant, & qu'en foïant il fût venu tom
ber au lieu qu'il auroit été trouvé, la conoiſſance en apartien
droit au premier Juge, parce que le lieu du delit n'eſt pas celui
où meurt la perſone qui a été aſſaſſinée, mais bien le lieu où l'aſ
ſaſſinat a été commis.

Il y a des crimes dont il n'y a que certains Juges Roïaux qui
puiſſent conoître.

Tellement que fi l'acufé étoit arrêté ou pourfuivi pardevant ces Juges à qui la conoiffance en eft atribuée, non feulement il ne feroit pas reçû à demander fon renvoi pardevant le Juge du lieu du delit, ou le Juge de fon domicile, mais bien au contraire, fi l'un ou l'autre avoit comencé d'en conoître (comme s'il avoit informé & decreté), il feroit obligé d'envoïer les informations, & toutes les procedures qui auroit été faite avec l'acufé, s'il étoit prifonier en fes prifons, pardevant le Juge à qui eft atribuée la conoiffance du crime qui auroit été commis, dans trois jours aprés qu'il en auroit été requis, à peine de nullité des procedures faites depuis la requifition, de l'interdition des fonctions de fa charge, & des domages & interêts des parties qui auroient requis le renvoi, fuivant l'article 4. du même titre.

Les crimes dont les premiers Juges, ou Juges ordinaires ne peuvent pas conoître, c'eft-à-dire, les Chaftelains, ou Prevôts Roïaux, & les Juges des Seigneurs, font de deux efpeces, les uns font apelés cas Roïaux, & les autres cas Prevôtaux.

L'article 11. fait le denombrement des cas Roïaux dont la conoiffance eft atribuée aux Baillifs, Senechaux & Juges prefidiaux, privativement aux Juges Roïaux, & à ceux des Seigneurs.

Ces crimes font, 1°. celui de leze-majefté en tous fes chefs, 2°. Le facrilege avec éfraction, 3°. La rebellion aux mandemens émanés du Roi ou de fes oficiers, 4°. La police pour le port des armes, 5°. Les affemblées illicites, 6°. Les feditions & émotions populaires, 7°. La force public, 8°. La fabrication, l'alteration & expofition de la fauffe monoie, 9°. Les malverfations comifes par les Oficiers Roïaux, en l'exercice de leurs charges, 10°. Le crime d'herefie, 11°. Le trouble public fait au fervice divin, 12°. Le rapt & enlevement des perfones par force & violence.

Il faut auffi remarquer ici que l'ordonance atribuë aux Baillifs & Senechaux, la conoiffance du crime de leze-majefté en tous fes chefs, & neanmoins l'opinion commune, & l'ufage eft, que la conoiffance du crime de leze-majefté au premier chef, apartient au Parlement, privativement à tous autres Juges.

A l'égard des crimes apelés Prevôtaux, dont la conoiffance eft atribuée aux Prevôts des Marechaux de France, aux Lieu-

P p ij

tenans criminels de robe-courte, & aux Vice-Baillifs, & Vice-Senechaux, ils font expliqués en l'article 12. du même titre, où il eft dit, que ce font les crimes commis par vagabons, gens fans aveu, & fans domicile, ou qui auront auparavant été con-danés à peine corporele, baniffement, ou amende honorable, les opreffions du peuple, ou autres crimes & excés commis par gens de guerres, tant dans leur marche, lieux d'étapes, que dans les lieux de fejour, pendant leur marche, la punition des deferteurs d'armes, les affemblées illicites avec port d'armes, les levées de gens de guerre fans comiffion du Roi, les vols faits fur les grands chemins.

Mais quant aux vols faits avec éfraction, ports d'armes & violence publique, facrilege avec éfraction, affaffinats preme-dités, feditions, émotions populaires, fabrication, alteration ou expofition de fauffe monoie, ils n'en peuvent pas conoître, ex-cepté que ces crimes aïent été commis hors du lieu de leur refi-dence, ainfi qu'il eft dit à la fin dudit article 12. car s'ils avoient été commis dans le lieu de leur refidence, la conoiffance en a par-tiendroit aux Baillifs & Senechaux.

Il faut encore obferver ici, que les Prevôts des Maréchaux, les Lieutenans de robe-courte, les Vice Baillifs, & Vice-Sene-chaux, font tous oficiers de même pouvoir & de même fon-ction, qui ne diferent que de nom, comme il refulte de l'article 28. du titre 2. de l'ordonance de 1670. qui enjoint aux Vice-Baillifs, Vice-Senechaux & aux Lieutenans criminels de robe-courte, d'obferver ce qui eft prefcrit pour les Prevôts des Ma-rechaux.

Sur quoi il faut auffi remarquer, que ces mots, *cas Roïaux*, font de plus grande étenduë que ceux de *cas Prevôtaux*, parce que tous ces cas Prevôtaux, font cas Roïaux, c'eft-à-dire que la conoiffance en eft interdite aux Juges non Roïaux, mais tous cas Roïaux ne font pas Prevôtaux.

Tous les cas Roïaux font expliqués en l'article 11. du titre 1. de l'ordonance, & les cas Prevôtaux, en l'article 12. du titre 1. c'eft pourquoi par l'article 1. du titre 2. il eft dit que les Prevôts des Maréchaux ne conoîtront d'autres cas que de ceux énoncés dans l'article 12. dudit titre 1. à peine d'interdition, & de trois cens livres d'amende.

Ce qui fe doit pareillement entendre des Vice-Baillifs, Vice-Senechaux, & Lieutenans de robe-courte, auffi bien que defdits Prevôts des Marechaux, & de là il s'enfuit, que tous ces Juges

Prevôtaux ne peuvent pas conoître des crimes énoncés dans ledit article 11. du titre 1, qui ne font point repris & repetés dans l'article 12.

Par exemple du crime de leze-majefté, des malverfations comifes par les oficiers Roïaux en l'exercice de leur charge, du crime d'herefie, du trouble public, fait au fervice divin, & du rapt & enlevement des perfones.

Les cas Prevôtaux doivent être jugés prevotablement, c'eft-à dire, en dernier reffort, & fans apel, comme il eft porté par l'article 14. dudit titre 1. mais les cas Roïaux qui ne font pas Prevôtaux, doivent être jugés par les Baillifs & Senechaux ou leurs Lieutenans à la charge de l'apel.

Lorfqu'il s'agit de cas provotal les juges inferieurs doivent renvoïer le procés, & l'acufé, encore qu'ils aïent inftruit le procés par recolement & confrontation pour un cas ordinaire porté devant eux avant qu'il fût furvenu aucun cas Prevôtal; d'autant que l'ordonance, ne fait à cét égard aucune diftinction.

Ce qui doit auffi avoir lieu lorfque le procés a été inftruit à l'ordinaire dans le même Prefidial, fauf à recomencer les procedures neceffaires.

Les Juges Prefidiaux conoiffent & jugent en dernier reffort, de tous les cas Prevôtaux, preferablement aux Prevôts des Marechaux, quand ils ont decreté avant eux ou le même jour.

Mais avant que les Prevôts des Marechaux, ou Juges Prefidiaux en cas de prevention, ou de preference aufdits Prevôts des Marechaux, puiffent proceder à l'inftruction du procés prevotablement & en dernier reffort, il faut qu'ils faffent prealablement juger leur competence.

Si la conoiffance du crime demeure au Prevôt des Marechaux, pour avoir prevenu les Prefidiaux du reffort dans lequel le crime a été commis, il eft tenu fuivant l'article 15. dudit titre 2. de faire juger fa competence (c'eft à-dire la queftion de fçavoir fi le cas eft prevôtal, ou non), dans trois jours au plûtard, au Prefidial, dans le reffort duquel la capture aura été faite, encore que l'acufé n'ait propofé aucun declinatoire.

Pour juger valablement cête competence, il faut que l'acufé foit oüi en la chambre du Prefidial, en prefence de tous les Juges, qui doivent être pour le moins au nombre de fept, que le jugement foit figné de tous lefdits Juges, qu'il y foit fait mention que l'acufé a été oüi, & du motif fur lequel les Juges fe

feront fondés pour juger la competence, & enfin que ce juge
ment de competence foit prononcé, fignifié, & d'icelui baillé
copie fur le champ à l'acufé, à peine de nullité des procedures,
& de tous depens domages & interêts contre le Prevôt, ou Grefier du fiege où la competence aura été jugée.

Si au contraire les Prevôts des Marechaux ont été prevenus
par les Lieutenans criminels de robe longue des lieux où il y a
Prefidial établi dans les cas énoncés en l'article 12. dudit titre
1. & qui autrement, & ceffant la prevention, font de la competence defdits Prevôts des Marechaux, il faut que le Lieutenant
criminel de robe longue faffe pareillement juger fa competence
par les oficiers du Prefidial, qui doivent être pour le moins
au nombre de fept, & que pour cet éfet il porte les charges & informations en la Chambre du Confeil, qu'ils y faffent conduire l'acufé, pour être oüi en prefence de tous les
Juges & que dans le jugement, il foit fait mention comme l'a-
cufé aura été oüi, & des motifs fur lefquels les Juges fe feront fondés pour juger la competence, felon l'article 17. dudit
titre 1.

Et, fi par le jugement des Prefidiaux le crime eft jugé n'être
point prevôtal, & le Prevôt des Marechaux declaré incompetent, en ce cas l'acufé doit être transferé dans deux jours au plûtard, après le jugement d'incompetence, aux prifons du lieu
où le delit aura été commis & les charges & informations avec
le procés verbal de capture, interrogatoire de l'acufé, & autres
pieces au grefe dudit lieu pour être le procés fait & parfait à
l'acufé par le Juge ordinaire, auquel fuivant la regle generale,
apartient la conoiffance de tous les crimes commis dans l'étenduë de fa Jurifdiction, s'il n'y a exception, ou par la qualité des
crimes ci-deffus mentionés atribués aux Juges Roïaux, ou par la
qualité des perfones privilegiées.

L'ordonance de 1670. titre 1. article 21. & 22. met trois fortes de perfones privilegiées en matiere criminele ; fçavoir les
Eclefiaftiques, les Gentils hommes, & certains oficiers, mais
elle n'explique pas en quoi confifte leur privilege en premiere
inftance.

Elle dit feulement que les Eclefiaftiques, les Gentils-hommes
& les Secretaires du Roi pourront demander en tout état, de
caufe d'être jugés, toute la Grand-Chambre affemblée au Parlement où le procés fera pendant, pourvû que les opinions ne
foient pas comencées, que les oficiers de la Chambre des Comp-

ees de Paris ne pouront être pourfuivis criminelement , ailleurs qu'en la grand'Chambre dudit Parlement de Paris.

C'eft pourquoi il faut examiner ici quels font les privileges de toutes ces fortes de perfones , en premiere inftance , afin de fçavoir à quel Juge il fe faut adreffer , pour rendre plainte contre eux , & les pourfuivre criminelement.

A l'égard des Eclefiaftiques qui font promus aux Ordres facrés , ou qui font pourvûs de benefices , bien qu'ils ne foient que fimples Clercs tonfurés , ils ne peuvent être pourfuivis criminelement pour delits , apelés comuns , que par devant le Juge d'Eglife , c'eft à dire , par devant l'Oficial de l'Evêque , ou s'ils font Beneficiers dans un Chapitre , exempt de la Jurifdiction de l'Evêque , par devant l'Oficial de ce Chapitre.

Tellement que fi pour le delit commun , il étoit pourfuivi par devant les Juges ordinaires & feculiers , ils pouroient demander leur renvoi , & y feroient bien fondés , mais fi avec le delit comun il y avoit du crime privilegié , le renvoi ne pouroit pas être fait par devant le Juge d'Eglife , qu'à la charge du cas privilegié , dont le Juge Roïal doit fe referver la conoiffance en acordant le renvoi.

J'ai expliqué ce qui eft de delit comun & cas privilegié , au Chapitre de la Jurifdiction Eclefiaftique , au premier Tome de ce Livre , comme auffi de quelle maniere le procés doit être inftruit aux Eclefiaftiques , quand le crime dont ils font acufés , participe du delit commun , & du cas privilegié , c'eft pourquoi il n'en fera ici rien repeté.

Il fera feulement obfervé , que quand les Eclefiaftiques font acufés de l'un des crimes apelés cas roïaux , enoncés dans l'article 11. du titre 1. de l'ordonance de 1670. ils ne font pas recevables à demander leur renvoi par devant le Juge d'Eglife , encore que le crime dont ils feroient acufés , ne fût pas capital , & ne meritât pas la mort , comme par exemple , d'une rebelion par eux faite aux ordres de Juftice , ou quelque autre chofe femblable.

Ainfi , à plus forte raifon quand le cas eft Prévôtal , c'eft à dire , du nombre de ceux qui font enoncés dnns l'article 12. dudit titre 1. & qui font jugés en dernier reffort , & fans apel , par les Prevôts des Marechaux ou les Prefidiaux.

En éfet , quand un Prêtre , ou un beneficier eft acufé d'avoir volé , tué , ou affafiné fur les grands chemins , ou d'avoir fait de la fauffe monoïc , on ne le renvoit point par devant le Juge d'Eglife, & fon procés n'étant pas inftruit par le Juge d'Eglife conjointement avec le Juge Roïal , les Prevôts des Marechaux & les Prefidiaux lui font feuls fon procés, & le jugent en dernier reffort, comme fi c'étoit un laïque , parce que par l'énormité de fon crime, il s'eft rendu indigne du privilege de la Clericature.

Il en eft de même de tous crimes atroces, qui doivent être punis de mort, encore qu'ils ne foient ni Roïaux , ni Prevôtaux, comme fi un Prêtre ou un Eclefiaftique étoit acufé d'un meurtre, d'un empoifonement, ou de paillardife contre nature , ou d'autres crimes capitaux, dont les Juges Roïaux & les Juges des Seigneurs conoiffent, à la charge de l'apel, car l'Eglife ne pouvant impofer d'autres peines, que des jeûnes, des prieres, ou la prifon pendant un certain tems, ou à perpetuité, ce feroit inutilement qu'on renvoieroit au Juge d'Eglife un criminel, qui doit être executé à mort, pour recevoir l'impofition de fes penitences & peines Eclefiaftiques, qu'il n'auroit pas le tems d'executer.

Auffi, c'eft par céte confideration, qu'aprés l'énumeration des cas Prevôtaux en l'article 12. de l'ordonance , le Roi declare en l'article 13. qu'il n'entend point deroger aux privileges des Eclefiaftiques , il ajoute ces mots, *dont lefdits Eclefiaftiques ont acoutumé de joüir* , pour marquer que fon intention n'eft pas de laiffer joüir les Eclefiaftiques en matieres criminales, du privilege qui leur eft acordé par le droit Canonique , en toute fon étendue, qui eft de ne pouvoir être jugé que par des Juges Eclefiaftiques, mais feulement de les conferver en la joüiffance de ce privilege en la maniere qu'ils ont acoutumé d'en joüir en ce Roïaume, c'eft à dire, feulement dans les cas du delit comun , & non pas dans les crimes capitaux & privilegiés , principalement quand ils font Prevôtaux , jugeables en dernier reffort par les Prevôts des Marechaux.

Quant aux Gentils-hommes leur privilege en premiere inftance en matieres criminales, confifte, en ce qu'ils ne peuvent être pourfuivis criminelement par devant les Châtelains & Prevôts Roïaux , comme peuvent être les roturiers, mais feulement par devant les Baillifs & Senechaux, ainfi qu'il eft porté par l'article 10. du titre 1. de l'ordonance.

Neanmoins fi un Gentil-homme avoit comis un crime dans le reffort d'une Pairie , ou d'une autre Seigneurie , aïant haute-Juftice, on prétend que le Juge de la Pairie , ou de la Seigneurie

rie lui peut faire fon procès nonobftant fa qualité de Gentil-
homme, fans être tenu de le renvoier par devant le Senechal,
ni Baillif Roïal, dans le reffort duquel la Seigneurie fera fituée,
parce que quand le Roi par l'article 10. atribue la conoiffance
des crimes comis par des Gentils - hommes aux Baillifs &
Senechaux privativement aux Prevôts & Châtelains Roïaux,
il ajoute dans le même article, qu'en ce faifant, il n'entend
rien inover en ce qui regarde la Jurifdiction des Seigneurs.

Ce qui eft auffi conforme à la premiere declaration du
Roi François I. de l'année 1537. fur l'édit de Cremieux.

Toutesfois les Baillifs & Senechaux, fuivant l'ancien ufage
de la France, font les Juges des caufes civiles & crimineles des
Nobles.

Il faut encore obferver ici, que fi un Gentil homme avoit comis un des crimes qu'on apele Prevôtaux, comme par exemple,
s'il avoit volé, ou affafiné fur un grand chemin, il ne pouroit
pas fe prevaloir de fa qualité pour fe tirer de la Jurifdiction des
Prevôts des Marechaux, ainfi il feroit jugé prevôtalement &
fans apel, condané d'être pendu ou rompu, de même qu'un roturier, comme s'étant rendu indigne du privilege de Nobleffe
par la lâcheté de fon crime.

Or il s'enfuit, que quand l'ordonance dit, que les Gentils-
hommes auffi bien que les Ecclefiaftiques, peuvent demander
d'être jugés, la grand'Chambre affemblée, cela fe doit entendre pour autres crimes, que ceux qui font prevôtaux, à
l'égard defquels les Gentils-hommes, auffi bien que ceux qui
font Eclefiaftiques, peuvent être jugés par les Prevôts des
Marechaux, ou par les Prefidiaux en dernier reffort & fans
apel.

Il y a neanmoins des declarations dans les Memoires du
Clergé, qui exemptent les Eclefiaftiques de la Jurifdiction Prevôtale, mais ils peuvent être jugés par les Prefidiaux en dernier reffort, fi le crime eft Prevôtal, principalement, lorfqu'ils ont été trouvés en habit feculier, ce qui les rend indignes de leur privilege.

L'ordonance criminele fait auffi mention de deux fortes d'O-
ficiers privilegiés, fçavoir des fecretaires du Roi & des Prefidens, Maîtres & Oficiers de la Chambre des Comptes.

A l'égard des derniers, elle porte, qu'en matiere criminele,
ils ne peuvent être pourfuivis ailleurs qu'en la grand'Chambre
du Parlement de Paris, mais à l'égard des premiers, qui font

les Secretaires du Roi , elle dit feulement qu'ils pourront de
mander d'être jugés en la grand'Chambre du Parlement
où le procés criminel qui leur aura été fait , fera pendant, &
ne fait pas défenfes de les pourfuivre ailleurs, qu'en un Par
lement.

De cet article il refulte deux chofes qu'il faut obferver ici
en ce qui concerne les Secretaires du Roi.

La premiere eft , qu'ils peuvent être pourfuivis criminelemen
en premiere inftance par devant les Baillifs & Senechaux comme
les Gentils-hommes.

La feconde , qu'ils peuvent être jugés par apel en un autr
Parlement que celui de Paris , l'ordonance ne leur donant pa
pour Juge ceux de la grand'Chambre dudit Parlement de Paris
mais ceux de la grand'Chambre du Parlement où le procés f
trouvera pendant.

Les Secretaires du Roi ne font pas les feuls Oficiers qui on
le privilege de pouvoir demander d'être renvoïé à la grand
Chambre, car quoique l'ordonance ne nome qu'eux en l'article
21. du titre 1. neanmoins elle reconoit fur la fin du même arti
cle, qu'il y a des Oficiers de Juftice qui ont le même privile
ge.

Ces Oficiers de Juftice font , les principaux Magiftrats des
Sieges Roïaux & Prefidiaux, comme les Prefidens , Lieutenans Generaux Civils & Criminels , tant de robe longue que
de robe courte, les Prevôts des Marechaux, les Procureurs du
Roi & autres.

Ce même privilege ne peut pas auffi être denié aux Confeillers de la Cour des Aydes , de la Cour des monoies , aux Treforiers de France, ni aux Maîtres des eaux & forêts & autres
femblables Oficiers, qui en premiere inftance peuvent être pourfuivis par devant les Baillifs & Senechaux.

A l'égard des Oficiers de la Chambre des Comptes , qui ont
ce grand privilege de ne pouvoir être pourfuivis criminelement
qu'en la grand'Chambre du Parlement de Paris , il faut ici obferver deux chofes.

La premiere , que fi le crime dont ils feront acufés a été comis hors la Ville, Prevôté & Vicomté de Paris, les Baillifs &
Senechaux des lieux en pourront informer, fi les crimes font capitaux, decreter contre les Oficiers de ladite Chambre, qui s'en
trouveront chargés, à la charge de renvoïer à la grand'Chambre du Parlement de Paris , les informations & procedures

qu'ils auront faites, pour y être le procés inftruit & jugé.

Le fecond, que fi l'Oficier acufé procede volontairement par devant les Baillifs & Senechaux , par devant lefquels la plainte aura été faite, & l'acufation formée, il ne poura plus aprés demander fon renvoi à la grand'Chambre, ni s'y pourvoir autrement que par apel de la fentence qui fera rendue contre lui par lefdits Baillifs & Senechaux , ainfi qu'il eft dit en l'article 22. dudit titre 1.

Et quoique par cet article 22. il ne foit permis qu'aux Senechaux & Baillifs Roïaux , d'informer des crimes comis par les Oficiers de la Chambre des Comptes de Paris , hors la Ville & Prevôté dudit lieu , toutesfois l'information qui auroit été faite par un Juge Roïal inferieur, & même par le Juge d'un Seigneur, ne feroit pas nule , fi le crime avoit été comis dans un vilage, dans un bourg , ou dans quelque Ville , où il n'y a point de Lieutenant du Baillif, ou Senechal, parce que les actes probatoires doivent toûjours être confervés , autrement la preuve du crime pouroit deperir , & le crime demeurer impuni.

Par exemple , fi un Oficier de la Chambre des Comptes, avoit tué , ou fait tuer un homme par fes ferviteurs & domeftiques dans un vilage, ou à la campagne , le Juge du lieu averti du meurte , & qu'il y avoit un cadavre gifant fur la place , feroit-il obligé de demeurer fpectateur de ce crime , fans rien faire, j'eftime que non , & qu'il feroit obligé en ce cas de dreffer fon procés verbal du lieu & de l'état auquel il auroit trouvé ce cadavre, & de la qualité de fes bleffures, de le faire transporter en la geole, pour être reconu, & s'il n'étoit reconu , ni reclamé de perfone, le faire inhumer en terre fainte , lui étant certifié qu'il eft de la Religion Catholique.

Enfuite dequoi il feroit obligé d'informer du meurtre & de l'homicide, pour empêcher le deperiffement des preuves , & meme decreter contre les ferviteurs & domeftiques , ou autres complices de cet Oficier en la Chambre des Comptes , & de les faire faifir & arêter, fi faire fe pouvoit.

Ainfi, tout ce que pouroit operer le privilege de l'Oficier des Comptes en un cas de céte qualité, ce feroit feulement d'empêcher, que ce Juge du lieu ne pût decreter contre lui , fi fa qualité d'Oficier lui étoit conue , & qu'il fût obligé d'envoïer les procés verbaux, informations & procedures par lui faites, avec les complices qu'il auroit arêtés en la grand'Chambre du Parlement de Paris , pour y être lefdites informations decretées

contre cet Oficier en la Chambre des Comptes, & ses complices.

Ce qui est fondé sur céte maxime, que tous Juges sont competens pour informer en matiere de crime, encore qu'ils ne
soient pas competens pour juger, ainsi qu'il est porté par l'article 4. dudit titre 1. où il est dit, que les premiers Juges sont
tenus de renvoïer dans trois jours les procès & les aculés qui ne
feront pas de leur competence, par devant les Juges qui en doivent conoître.

D'où il s'ensuit, que les Juges qui ne sont pas competens pour
juger les aculés, sont competens pour informer contre eux & les
arester.

Neanmoins, suivant mon sentiment, on devroit reprimer
céte avidité des premiers Juges d'informer d'ofice dans les cas
où ils ne sont pas competens, dans la vûe, que si on obtient quelque remission ou pardon, on levera leur information, n'aïant
rien fait que pour leur interest, ou pour nuire, ou pour favori-
ser.

L'ordonance de 1670. ne parle pas d'un privilege beaucoup
plus grand que celui de la Chambre des Comptes & des Secretaires du Roi, qui est celui des Princes, des Pairs de France,
des principaux Oficiers de la Courone, des Presidens & Conseillers du Parlement & autres Oficiers du corps de ladite Cour,
qui ne peuvent être poursuivis ni jugés en matiere criminele,
qu'au Parlement, toutes les Chambres assemblées.

Quoique j'aie dit au comencement de ce Chapitre, que la
competence des crimes se regle par le lieu du delit, ou par la
qualité du delit, ou par celle du delinquant, cependant il y a un
certain crime dont la competence ne peut pas être reglée par aucune de ces circonstances.

Ce crime est le faux incident, qui se comet par ceux qui fabriquent des pieces fausses, ou qui portent faux témoignage en
un procès civil ou criminel, parce que par l'article 20. du titre
1. la conoissance en apartient, & est atribuée au Juge du procès
principal, auquel la piece fausse a été produite, ou le faux témoignage presté, & que l'aculé contre lequel l'inscription de
faux est formée, ne peut pas demander son renvoi, ni par devant
le Juge de son domicile, ni par devant le Juge de son privilege,
ni par devant celui du lieu où sera prétendu la piece fausse avoir
été fabriquée.

Il est vrai, que si le procès principal étoit pendant en une

Chambre des Enquêtes , & que par l'inftruction de faux, les Juges aïent trouvé , que la fabrication de la piece fauffe , ou le faux témoignage meritât peine de mort , euffent renvoïé le procés à la Tournelle , en ce cas l'Oficier acufé de faux pouroit demander à être renvoïé à la grand'Chambre affemblée.

Plufieurs Praticiens du fiecle , tienent qu'un contumax pour même crime , peut être pourfuivi en diferentes Jurifdictions, fans que les Juges foient tenus de fe renvoier l'un à l'autre , quoique la partie le requiert.

Mais nos Ordonances font contraires à leurs fentimens & obligent les Juges au renvoi , s'ils ne font pas competans de la matiere.

Il y a deux declarations du Roi donées en forme d'Edit , du mois de Decembre 1680. concernant les défenfes d'executer les decrets d'ajournemens perfonels , & les délais des procedures dans les defauts & contumaces , enregiftrées au Parlement au mois de Janvier 1681.

Par la premiere fa Majefté fait défenfe à toutes cours fouveraines, conformement à l'article 4. du titre 16. de l'ordonance de 1670. de doner à l'avenir aucuns arrêts de défenfes d'executer les decrets d'ajournemens perfonels qu'aprés avoir vû les informations ; lorfque lefdits decrets auront été decernés par les Juges Eclefiaftiques , & par les Juges ordinaires Roïaux & des Seigneurs, pour fauffetés , pour malverfations d'oficiers , dans l'exercice de leurs charges , ou lorfqu'il y aura d'autres acufations contre lefquels il aura été decreté prife de corps , voulant pour cét éfet que les acufés qui demanderont ainfi des défenfes, atachent à leur requête la copie du decret qui leur aura été fignifié , & qu'à l'avenir tous les Juges Roïaux & des Seigneurs , expriment dans les ajournemens perfonels qu'ils decerneront le titre de l'acufation pour laquelle ils decreteront à peine contre les Juges ordinaires & des Seigneurs d'interdiction de leurs charges , & que toutes requêtes tendantes ainfi , afin de défenfes d'executer les decrets d'ajournemens perfonels , foient communiquées aux Procureurs generaux defdites Cours , pour veiller au bien de la Juftice , & en cas que lefdits decrets aïent été donés pour autres caufes que celles exprimées ci-deffus , fadite Majefté permet aufdites cours fouveraines de refufer lefdits arrêts de défenfes &c.

Par le fecond , elle ordone en interpretant & ajoutant aux articles 2. 3. 7. & 9. du titre 17. de la même ordonance, que dans trois mois du jour qu'un crime aura été commis, l'acufateur en pourra pourfuivre & faire inftruire la contumace, & que la perquifition de l'acufé pourra auffi être valablement faite dans la maifon où refidoit ledit acufé, dans l'étenduë de la Jurifdiction où ce crime aura été commis, à l'éfet dequoi il fera laiffé copie dudit procés verbal de perquifition.

Qu'il en fera ufé de même pour l'affignation à comparoir à la quinzaine, laquelle fera auffi valablement donée à l'acufé en la maifon où il refidoit, ainfi qu'il eft dit, & copie auffi laiffée de l'exploit d'affignation, & fi ledit acufé n'a pas refidé dans l'étenduë de la Jurifdiction où le crime a été commis, la perquifition fera faite, & les affignations donées fuivant l'article 3. de ladite ordonance, titre 17. fans qu'il foit neceffaire de faire lefdites perquifitions, & doner les affignations au lieu où demeuroit l'acufé avant qu'il eût commis le crime, en forte qu'à faute de comparoir dans ladite quinzaine, l'affignation à huitaine fera donée par un cri public, conformement à l'article 8. du même titre, à fon de trompe, fuivant l'ufage, à la place publique, & à la porte de la Jurifdiction où fe fera l'inftruction du procés.

Si aprés les trois mois échus depuis que le crime aura été commis, l'acufateur veut pourfuivre & faire inftruire la contumace, la perquifition de l'acufé fera faite, & les affignations données au domicile ordinaire de l'acufé, laquelle affignation fera à quinzaine, & outre ce, lui fera doné delai d'un jour pour chaque dix lieuës de diftance de fon domicile, jufques au lieu de la Jurifdiction où il fera affigné, & à faute de comparoir dans les delais ci-deffus, il fera crié à fon de trompe par un cri public à huitaine, dans le lieu de la Jurifdiction où fe fera le procés, & le cri & proclamation afiché à la porte de l'auditoire de la Jurifdiction.

A l'égard de l'acufé qui n'aura point de domicile, foit qu'il foit pourfuivi avant ou depuis les trois mois échûs, à compter du jour que le crime aura été commis, fa Majefté ordone, que la copie du decret, enfemble de l'exploit d'affignation, feront feulement afichés à la porte de l'auditoire de la Jurifdiction.

Les Prevôts des Maréchaux voulant inftruire la contumace des acufés contre lefquels ils auront decreté pour quelque crime que ce foit, font auffi tenus par le même Edit, avant que de comencer aucune procedure pour cet éfet de faire juger leur competence au Siege Presidial, dans le ressort duquel lesdits crimes auront été comis, & en cas que lesdits acusés aient été arêtés avant ou depuis le jugement de contumace, ou qu'ils se representent volontairement pour purger ladite contumace, lesdits Prevôts des Marechaux, sont tenus de faire juger de nouveau leur competence, aprés que lesdits acusés auront été ouis, en la forme portée par l'article 19. du titre 2. de ladite ordonance de 1670.

Ne poura à l'avenir l'adresse d'aucune remission, être faite aux Sieges Presidiaux où la competence aura été jugée, suivant ce qui est porté par l'article 19. de la même ordonance, titre des remissions, que l'acusé n'eût été ouï lors du jugement de la competence & qu'il ne soit actuelement prisonier, & à cet éfet feront les jugemens de competence & l'écroue, atachés sous le contre-scel desdites létres &c.

CHAPITRE LI.

Des acusations, plaintes & denonciations & prescriptions des crimes.

IL y a en chaque crime deux interests diferens, l'un particulier, qui consiste en la reparation düe à celui qui a été ofensé, & à qui le tort a été comis, l'autre public, qui consiste en la punition du criminel, pour l'exemple & pour la terreur des méchans.

C'est pourquoi dans ce Roïaume il y a de deux sortes d'acusateurs, sçavoir les parties civiles & les Procureurs du Roi, ou les Procureurs fiscaux des Seigneurs.

Les parties civiles, sont ceux qui poursuivent la reparation du tort & du domage qu'ils ont soufert à cause du delit comis en leur persone, ou en leurs biens, & non à la vangeance & à la punition du crime, ainsi ils ne peuvent conclure qu'à la reparation civile, requerant pour cet éfet par leur plainte, la jonction du Procureur du Roi, ou du Procureur fiscal, avec cête clause, *sauf à Monsieur le Procureur du Roi, ou à Monsieur le Procureur fiscal à prendre pour la vindicte publique, telles conclusions qu'il avisera bon être.*

Le Procureur du Roi , ou le Procureur fiscal pourfuit la van-geance & punition du crime , par la raifon qu'il n'y a que le Roi qui puiffe en France exiger la punition des crimes , ce qu'il fait executer par fes Juges , à la diligence de fes Procureurs , ou par les Juges des Seigneurs Hauts-jufticiers à la diligence de leurs Procureurs fifcaux.

Or , quiconque a été ofenfé , ou a reçu quelque tort par le crime qui a été comis , en peut rendre fa plainte en Juftice , & intenter fon action contre celui qui en eft coupable , pour avoir reparation du tort qui lui a été fait , mais celui qui n'a pas d'in-terefts , n'eft pas recevable à former cête acufation.

D'où il s'enfuit , que fi quelque chofe a été derobée à un par-ticulier , ou s'il a été batu & excedé , aucun autre que lui n'eft recevable à s'en plaindre en Juftice , parce qu'il n'y a que lui qui en ait foufert le domage , & à qui la reparation en foit duë.

Si un homme avoit été tué , nul autre que fes parens ne font recevables à fe rendre partie civile contre l'homicide , en forte, qu'en ce cas les plus proches parens feroient preferés aux au-tres , comme fi le défunt avoit laiffé des enfans & une veuve, ils feroient preferés à tous les autres parens , & l'amande ou re-paration civile feroit ajugée en partie à la veuve , & en partie aux enfans , encore que lefdits enfans ne fuffent pas heritiers de leur pere , car il n'eft pas neceffaire d'être heritier de l'occis pour obtenir cête reparation.

Que fi le défunt ne laiffe ni veuve , ni enfans , les peres & me-res font preferés à tous les parens colateraux , mais s'ils negli-geoient la pourfuite de l'homicidé , les parens collateraux y fe-roient admis , & au défaut des plus proches parens collateraux, ceux qui feroient en degré plus éloignés.

Neanmoins fi le pere ou la mere de l'occis avoient tranfigé de l'homicide de leur fils , j'eftime que leurs enfans , freres & fœurs de l'occis , ne feroient pas recevables à faire caffer la tranfaction, & nonoftant icele fe rendre partie civile , pour continuer la pourfuite qui auroit été comencée , ainfi qu'il a été jugé au Parlement de Bourdeaux , par arrêt raporté par Papon en fon re-cüeil Livre 24. Titre 2.

Mais fi le défunt n'avoit laiffé ni pere ni mere , en ce cas fes freres & fœurs lui étant également proches , pourroient tous être admis conjointement à l'acufation & la reparation qui leur feroit ajugée , feroit partagée également entre eux.

Quoi

Quoique j'aie dit ci deffus qu'il n'y a que les parens de l'occis qui fe puiffent porter parties civiles, neanmoins fi un Religieux avoit été tué, le Monaftere feroit admis à l'acufation, feul, au défaut des parens de l'occis, ou conjointement avec, & avoir part en la reparation qui feroit ajugée.

Si le frere du Religieux occis avoit feul pourfuivi la vengeance de l'homicidé, il ne feroit pas recevable à repeter contre le Monaftere les frais qu'il auroit faits en céte pourfuite, & qu'il n'auroit pû recouvrer contre le condané pour n'avoir laiffé aucuns biens, comme il a été jugé par arrêt du 22. Novembre 1601. raporté au fecond Tome des plaidoïers de défunt Monfieur Servin.

Un maître n'eft pas recevable en ce Roïaume à pourfuivre l'acufation pour l'homicide de fon domeftique, fuivant le fentiment de Baquet au Traité des droits de juftice, Chapitre 16. nombre 1. il peut feulement fe rendre pour denonciateur, mais un denonciateur ne peut pas être partie principale pour pourfuivre une acufation.

Il ne faut pas douter que les parens de l'occis, ne puiffent tranfiger de l'homicide, parce que par les létres de remiffion que le Roi acorde aux acufés, en leur remetant la peine dûë au public, il met ordinairement céte condition, pourveu que fatisfaction ait été faite à la partie civile, ce qui ne feroit pas, s'il n'étoit pas permis de tranfiger & compofer avec les accufés.

Céte tranfaction & compofition fe peut faire directement avec l'acufé ou avec perfone aïant pouvoir de lui, neanmoins la maniere la plus comune & la plus ordinare de tranfiger en céte matiere, eft que la partie civile cede fes droits & actions à une tierce perfone, ami de l'acufé, qui après n'en fait aucune pourfuite, on fe laiffe forclore de faire venir les témoins pour être recolé & confronté, & par ce moïen done ouverture à l'acufé d'obtenir fon abfolution.

Mais céte tranfaction ou collufion avec l'acufé ne libere pas, parce que la partie civile ne peut remetre que fon interêt, qui n'aboutit qu'à une reparation, ou amande pecuniaire, mais non pas l'interêt public, qui confifte en la punition exemplaire.

C'eft pourquoi pour faire ceffer cet interêt public, fi le cas eft remifible, l'acufé doit obtenir des létres de remiffion & les faire anteriner en la maniere qu'il fera dit ci-après, autrement, nonobftant la tranflation ou collufion des parties civiles, le Procureur du Roi, ou le Procureur fiscal, pourra continuer la pourfuite fur les procedures qui auront été faites avant l'accord & tranfaction, & faire punir l'acufé fuivant la qualité du crime.

De plus, fi les plus proches parens l'occis s'étoient lachement acomodés dans le cas d'un homicide de guet-à-pent, & non remiffible, un parent plus éloigné de l'homibidé fe pourroit porter denonciateur & en céte qualité pourfuivre le jugement du procés contre l'acufé, mais en céte qualité (l'acufé venant à être condané) il ne lui feroit ajugée aucune reparation, ou amende, mais feulement les dépens du procés.

Quoique j'aie dit, qu'aprés la tranfaction faite avec la partie civile, l'acufé doit obtenir des létres de remiffion, cela s'entend pourveu qu'il s'agiffe d'un homicide, car s'il ne s'agiffoit que d'excés & bleffures, dont la mort ne fe feroit pas enfuivi, il ne faudroit pas recourir à des létres de remiffion, parce qu'on n'en done point en Chancelerie pour ce crime, ni pour les vols & larcins, ni pour autre crime que celui d homicide.

Pareillement quand j'ai dit, qu'il n'eft ajugé aucune reparation ou amande au denonciateur, cela fe doit entendre dans le cas de l'homicide, ou des autres crimes, à la denonciation defquels les particuliers ne font pas invités par les ordonances, parce qu'il y a plufieurs crimes pour lefquels une portion de l'amande eft ajugée au denonciateur par les édits, & ordonances.

Il y a de deux fortes de denonciateurs, les uns volontaires, & les autres neceffaires.

Les volontaires, font ceux qui volontairement denoncent les crimes à la juftice, & s'inferivent deffus le regiftre de Monfieur le Procureur general.

Les neceffaires, font les fergens foreftiers & les meffiers qui font établis pour denoncer les delinquans, & qui prêtent le ferment à cet éfet.

Si aprés le crime commis il ne fe trouve aucune partie civile, ni aucun denonciateur, le Procureur du Roi, ou le Procureur fifcal du lieu où le crime aura été commis, eft obligé d'en faire la pourfuite en fon nom & à fa diligence, aux depens du Roi ou du Seigneur haut-jufticier du lieu, comme il eft porté par l'article 8. du titre 3. de l'ordonance de 1670.

La raifon eft, que les confifcations & les amandes apartenans au Roi, & aux Seigneurs hauts jufticiers, en la juftice defquels le crime a été commis, il eſt juſte qu'ils ſuportent les frais des pourſuites des procés criminels, pour empêcher que les crimes ne demeurent impunis par la foibleſſe, ou par la pauvreté des parties civiles.

Tous delinquans peuvent être acuſés & deferés en Juſtice à l'exception de deux ſortes de perſones, qui ſont les furieux & inſenſés & les mineurs au deſſus de l'âge de quatorze ans.

Ainſi, ſi un furieux ou inſenſé avoit tué un homme, ou commis quelque autre crime, il ne pourroit pas être acuſé ni pourſuivi en juſtice, parce que ne ſachant ce qu'il fait, il ne pêche point, & ne peut être puni, ni de peine corporele, ni de peine pecuniaire.

Neanmoins il y a un arrêt du Parlement de Provence du 24. Janvier 1654. raporté par Boniface, partie 3. livre 1. titre 1. chapitre 20. par lequel un inſenſé qui avoit doné un coup d'épée a été condané aux domages & interêts ſouferts par la partie acuſé de ſa bleſſure.

La peine eſt auſſi diminuée à l'égard d'un homme qui a commis un homicide étant yvre, ſuivant la loi 6. §. 7. *dig. de re militari*, d'autant que l'ébrieté eſt défenduë à cauſe des mauvaiſes ſuites, c'eſt pourquoi céte excuſe ne pût empêcher qu'il ne fût puni corporelement, & condané aux domages & interêts de la partie, & même s'il n'avoit pas tout à fait perdu la raiſon, ou bien s'il devoit ſavoir l'état auquel le vin l'expoſe parce qu'il lui étoit déja arrivé, il pourroit être condané à mort.

Quant aux enfans impuberes, ils ſont conſiderés comme les inſenſés, & ne peuvent non plus qu'eux, être acuſés ni punis, ſi ce n'étoit qu'ils fuſſent proche de la puberté, c'eſt-à-dire, de l'âge de quatorze ans, & qu'en cet âge ils euſſent commis quelque crime, comme par exemple, s'ils avoient malicieuſement frapé d'un coûteau à deſſein de tuer, où s'ils y avoient participé, comme s'ils avoient eu intelligence avec des voleurs, leur avoient ouvert les portes ou les feneſtres d'une maiſon pour y entrer, fourni ou porté des écheles pour eſcalader les murs ou autres choſes ſemblables, parce qu'en tous ces cas ils ſeroient punis comme criminels, mais plus legerement que s'ils étoient en un âge plus avancé.

Outre les inſenſés & les impuberes, qui ſont encore éloignés de la puberté, il y a encore une autre ſorte de perſones qui ne peuvent être acuſés pour les crimes par eux commis, bien qu'ils foient veritablement criminels.

Ce font ceux qui ont aquis la prefcription de vingt ans, parce que tous crimes fe prefcrivent par vingt ans, fuivant la loi, *querela cod. ad legem Corneliam de falfis*, même les parricides & les fratricides, ainfi qu'il a été jugé par deux arrêss, l'un du 18. Decembre 1599. l'autre du 29. Mars 1642.

Il n'y a que le crime du duel qui foit excepté, & qui ne peut être prefcrit par la declaration du Roi Loüis XIII. du 14. Mars 1613. & par autre declaration du Roi prefentement regnant du 15. Août 1679. article 35.

Et céte prefcription de vingt ans court contre les mineurs, auffi-bien que contre les majeurs, & même durant les troubles, entre perfones de diferens partis, ainfi qu'il a été jugé par arrêt du 27. Juillet 1566. & 30. Decembre 1606.

Elle n'eft pas interrompuë par une information ni par aucune autre procedure criminele, non pas même par une fentence de condanation à la queftion, qui n'auroit point été executée, parce qu'avant l'execution, l'acufé auroit brifé les prifons, & fe feroit fauvé, comme il a été jugé par arrêt du 20. Decembre 1613.

Mais elle eft interrompuë par une fentence de condanation par contumace, executée par éfigie, parce que l'execution de la fentence dure trente ans, en forte que fi dans les trente ans le condané étoit pris & aprehendé, fon procés lui pourroit être fait & parfait, ainfi qu'il a été jugé par arrêt du 26. Avril 1625. par lequel un condané par contumace, executé par éfigie, aïant été emprifoné vingt-huit ans après la date de la fentence, fut neanmoins debouté de fa requête, à ce que le crime fût declaré prefcrit.

Lorfqu'on dit qu'un crime fe prefcrit par vingt ans, cela fe doit entendre, pourveu que durant ces vingt ans, il y ait eu difcontinuation des pourfuites, car fi les pourfuites avoient été continuées fans interruption, la prefcription ne pourroit pas être opofée par l'acufé, fous pretexte qu'il y auroit vingt ans que le crime auroit été commis.

Toutefois, fi après la fentence de condanation par contumace, executée par éfigie, le condané abfente & change fon nom pour n'être pas reconu, & qu'il demeure en liberté fans être pourfuivi durant trente ans après ladite fentence de contumace, la prefcription lui eft aquife, & il ne peut plus être acufé, ni pourfuivi, comme il a été jugé par arrêt du 11. Avril 1615.

Par les anciens arrêts on a jugé que la prescription ne liberoit le criminel que de la peine corporele, & que la partie civile pouvoit poursuivre civilement la reparation du tort qui lui avoit été fait, ou la restitution de ce qui lui avoit été volé & derobé dans les trente ans.

Mais les derniers arrêts ont jugé au contraire, que la prescription êteint le crime pour la reparation civile, qui ne passe que pour accessoire, aussi-bien que pour la punition corporele.

La raison est, que si après la prescription des vingt-ans aquise on étoit recevable à poursuivre la reparation du domage souffert, ou la restitution des choses volées ou derobées, il faudroit necessairement pour obtenir céte reparation ou restitution, faire la preuve du crime, & en convaincre l'acusé, & qu'il seroit honteux aprés que le crime auroit été verifié de ne le pas punir, c'est pourquoi qu'en ce cas la preuve n'en est pas reçûë aprés les vingt-ans.

Les arrêts tant de l'anciene, que de la nouvele jurisprudence & les autres qui ont été ci-devant cités en ce chapitre, sont raportés par Mr Loüet en son Comentateur, Létre C. nombre 47.

Il faut neanmoins excepter ici, le crime de faux incident, qui se peut intenter tant que dure l'action civile, en laquelle la piece fausse est produite.

Par exemple, si un homme en vertu d'un faux Testament, d'une donation, ou de quelque autre contrat faux, s'étoit emparé des biens d'une succession échûë à un mineur, ou à un absent, il est certain que la punition d'heredité dure trente ans, & que la prescription de céte action civile ne court contre le mineur, que du jour de sa majorité.

Ainsi si cét absent vient dans les trente ans, à compter du jour de la succession échûë, ou le mineur dans les trente ans, à comter du jour de sa majorité, & que l'usurpateur, pour défenses & pour se maintenir dans les biens par lui usurpez, leur opose un testament, ou un contrat faux, ils seront bien recevables de s'inscrire en faux, pour détruire cette piece, nonobstant qu'il y ait plus de vingt-ans qu'elle ait été fabriquée, & que la fausseté ait été comise, & même encore qu'il y ait plus de trente ans à l'égard du mineur, pourveu qu'il ait intenté son action civile en petition d'heredité dans les trente ans à compter du jour de sa majorité, parce qu'en matiere de fausseté la prescription des vingt-ans *à die notitia*, ne court qu'à l'égard du crime & de la persone, & non à l'égard de la piece fausse qui peut être arguée & acusée faux en quelque tems qu'elle foit produite par celui qui veut s'en prevaloir.

Mais fi la petition d'heredité étoit prefcrite, celui qui la voudroit intenter ne feroit pas recevable à s'infcrire en faux contre la piece fauffe, qui auroit fervi de fondement à la poffeffion de l'ufurpateur, parce qu'inutilement prouveroit-il la fauffeté de céte piece, pour détruire le titre de l'ufurpateur de la fucceffion qu'il reclame, cet ufurpateur étant à couvert par une prefcription de trente ans qui fe peut aquerir fans titre.

Il y a cinq fortes de crimes par le droit Romain, qui fe prefcrivent par moindre tems, comme l'adultere, le peculat, ceux qui vienent du Senatufconfulte Syllanien, & les actions d'injures & de dol.

On peut voir fur ce fujet Monfieur Cujas, *obfervat. lib.*4. *c.* 14.

Quoiqu'il ait été dit ci-deffus, que la prefcription de vingt ans eteint le crime, tant pour la peine corporele, que pour la reparation civile, neanmoins, fi par tranfaction faite avec la partie civile, le criminel avoit compofé à une certaine fomme pour la reparation, & s'étoit obligé de la païer dans un certain tems, l'action refultant de céte tranfaction ne pouroit être prefcrite par trente ans, & le criminel aprés les vingt-ans ne pouroit pas prétendre être à couvert par la prefcription, fous pretexte qu'il n'y auroit point eu de pourfuites criminelles faites contre lui.

L'article 1. du titre 3. de l'ordonance de 1670. porte que les plaintes fe peuvent faire au Grefe, & être écrites par le Grefier en prefence du Juge, ou par requefte prefentée au Juge, mais au cas qu'ils fe faffent par requefte, elle n'aura fa date que du jour qu'elle aura été répondue par le Juge, ce qui eft important d'obferver, parce que la date de la plainte regle fouvent la competence, ainfi qu'il a été montré au Chapitre precedent.

Par l'article 2. il eft fait défenfes aux Huiffiers, Sergens, Archers, & Notaires de recevoir les plaintes à peine de nulité, & aux Juges de leur adreffer à peine d'interdiction.

A Paris, les plaintes des crimes qui ne fe pourfuivent pas par devant d'autres Juges que ceux du Châtelet, fe font par devant les Comiffaires qui les reçoivent, & enfuite informent du fait fans avoir befoin de permiffion du Lieutenant Criminel, mais l'article 3. les oblige de remétre au Grefe criminel les plaintes qu'ils auront reçues & les informations qu'ils auront faites, dans les vingt quatre heures, afin qu'elles puiffét être decretées, & leur enjoint d'en faire faire mention par le Grefier au bas de leur expedition, & fi c'eft avant ou aprés midi, à peine de cent livres d'amande envers le Roi, & moitié envers la partie qui s'en plaindroit.

Requête contenant plainte.

A Monfieur le Prevôt ou Bailly de...... ou Lieutenant Criminel de......

Suplie humblement A...........

Difant que le .... jour de .... revenant de la ville de .... en celle de ... étant au village de .... environ l'heure de .... il rencontra B .... qui fortoit de l'hôtelerie où pend pour enfeigne ..... lequel demanda au fupliant s'il vouloit bien aler de cómpagnie avec lui, à quoi il répondit que oüi, & marchant enfemble jufqu'au lieu de .... où le fupliant s'arêta ne voulant pas continuer fon chemin, de peur d'être infulté par ledit B.... qui étoit pris de vin & d'un naturel violent, dont le vifage paroiffoit ému, à l'inftant ledit B.... a dit au fupliant de métre l'épée à la main, ce que n'aïant pas voulu faire, il l'a frapé de coups de bâtons fur les bras & fur la tête avec tant de force, que le fupliant a été renverfé par terre, d'où ne pouvant fe relever, ledit B.... s'eft aproché de lui l'épée à la main, de laquelle il lui a porté deux coups, l'un dans le bras gauche & l'autre fur la tête, en forte que fans le fecours de plufieurs perfonesqui font furvenues, ledit B.... l'auroit tué, quoiqu'il ne lui ait jamais doné fujet d'en venir à une tellle extrémité.

Ce confideré, Monfieur, il vous plaife, doner acte au fupliant de la plainte ci-deffus, & lui permétre de faire informer d'icelle, circonftances & dépendances, pour l'information faite être ordoné ce qu'il apartiendra, & vous ferés bien.

Sur céte requefte le Juge permet de faire informer, pour l'information étant faite & comuniquée au Procureur du Roi, être ordoné ce que de raifon.

La plainte qui fe dreffe par le Grefier en prefence du Juge, comence par la date de l'an & jour, avant ou aprés midi, par devant nous &c.... en nôtre hôtel, eft comparu &c.... *il faut expofer le fait*, declarant le complaignant qu'il fe rend partie civile contre &c.... & en confequence a requis qu'il plût au Juge lui permétre de faire informer des faits contenus en fa plainte, circonftances & dependances, & a figné ou declaré ne fçavoir écrire, ni figner de ce enquis, fuivant l'ordonance.

Et aprés la plainte ainfi dreffée, le Juge declare qu'il a doné acte au complaignant de fa plainte, & lui permet de faire informer des faits y contenus, circonstances & dependances par devant &c.... pour ce fait être ordoné ce que de raison.

Soit que les plaintes soient faites par devant un Juge, ou par devant un Conseiller du Châtelet de Paris, elles doivent être signées au bas de chacun feuillet, tant par le Juge, que par le complaignant, s'il sçait signer ou par son Procureur fondé de procuration speciale, & de céte signature ou du refus de signer, il en doit être fait mention, tant en la grosse, qu'en la minute.

Tout complaignant n'est pas pour cela reputé partie civile, ni par consequent tenu de fournir aux frais du procés, mais au cas qu'il le veuille être il faut qu'il en fasse sa declaration expresse, par sa plainte ou par un acte subsequent, lequel se peut faire en tout état de cause, c'est à dire, avant l'instruction, au milieu de l'instruction, ou aprés l'instruction parfaite du procés criminel, à la requête du Procureur du Roi, ou Procureur fiscal, pourveu que ce soit avant son jugement, mais céte declaration oblige aux frais faits, auparavant, même aux gites, & geolages depuis le commencement de sa prison.

Acte par lequel le plaignant se rend partie civile.

A la requête de T..... demandeur & complaignant,

Soit signifié & declaré à P.... acusé, que ledit T..... se rend partie civile & poursuivra l'instruction & jugement du procés criminel sur la plainte par lui faite contre ledit P.... élisant domicile en la maison & persone de D... Procureur.

Le complaignant aprés avoir fait céte declaration dans sa plainte, ou par un acte subsequent, peut s'en departir dans les vingt-quatre heures & non aprés, en sorte que s'il s'en depart dans les vingt-quatre heures, & en fait signifier l'acte, il ne sera point tenu des frais faits depuis céte signification, ainsi qu'il est porté par l'article 5. du titre 3. de ladite ordonance de 1670.

Cependant si en consequence de ce que le complaignant se seroit porté partie civile, l'acusé avoit été arrêté ou constitué prisonier, ou ses biens saisis & arêtés, ledit complaignant ne seroit pas quite des domages & interêts qu'il auroit fait souffrir à l'acusé, en declarant dans les vingt-quatre heures, qu'il n'entend plus être partie civile, parce que nonobstant son desistement;

ment, il feroit condané aux domages & interéts de l'acufé, fi la plainte par lui faite fe trouvoit injufte & calomnieufe, comme il refulte de ce qui eft dit à la fin dudit article 5.

Quoi qu'aprés les vingt-quatre heures celui qui s'eft declaré partie civile ne foit pas recevable à fe defifter de céte qualité, il peut neanmoins en céte qualité tranfiger avec l'acufé, & par tranfaction fe defifter de la pourfuite.

Et fi le crime ou delit fur lequel la tranfaction aura été faite, n'eft pas de ceux aufquels il échet condanation de peine afflicti-ve, la tranfaction affoupit & éteint entierement le procés, fans que les Procureurs du Roi ou fifcaux en puiffent continuër plus avant la pourfuite, cela leur eft défendu par l'article 19. du titre 25. de ladite ordonance.

Mais fi le crime étoit capital, ou de ceux aufquels il échet peine afflictive, le Procureur du Roi, ou le Procureur fifcal non feulement peut, mais eft tenu & obligé d'en pourfuivre inceffa-ment la punition, nonobftant les tranfactions ou ceffions de droits faites entre les parties, cela leur étant expreffement enjoint par le même article 19.

De plus, fi par la tranfaction la partie civile s'étoit defiftée de la pourfuite, moïenant une fome d'argent qui lui avoit été baillée par l'acufé, le Procureur du Roi, ou fifcal pouroit s'en preva-loir pour la conviction de l'acufé, comme étant céte tranfaction une confeffion tacite de fon crime.

D'où il s'enfuit qu'il n'eft pas permis aux Procureurs du Roi, ni aux Procureurs fifcaux, ni encore moins aux Juges de com-pofer des crimes avec des criminels & delinquans, cela leur étant défendu par les ordonances, à peine de privation de leurs charges.

Il en eft de même à l'égard des Seigneurs hauts-Jufticiers à qui apartienent les amandes & la confifcation des biens des cri-minels, pour ce qui concerne leur interêt, cela leur étant auffi défendu, à peine de privation de leur Juftice & Jurifdiction, par l'article 2. de l'ordonance du Roi Charles V. de 1536. con-firmée par celle de François I. de 1535. article 61.

Quand il n'y a pas de partie civile, mais feulement un denon-ciateur, l'ordonance de 1670. article 6. titre 3. veut que les de-nonciations foient bien circonftanciées, c'eft à dire, qu'elles ne foient point vagues & generales, comme qui acuferoit un hom-me d'être homicide, fans declarer quelle perfone a été tuée, ni le tems, ni le lieu où le meurtre a été comis.

Qu'outre cela elle foit écrite fur le regiftre du Procureur du Roi, ou du Procureur fifcal, & fignée par le denonciateur, s'il fçait figner, ou en cas qu'il ne fçache figner, que la denonciation foit écrite en fa prefence fur ledit regiftre par le Grefier de la Jurifdiction.

La denonciation étant faite, le Procureur du Roi doit prefenter requefte au Juge ou Lieutenant Criminel, pour avoir permiffion d'informer, ainfi qu'il enfuit.

Requête de Monfieur le Procureur du Roi, ou fifcal, pour avoir permiffion du delit comis, enfuite de la denonciation qu'il lui en a fait faire.

A Monfieur &c....

Vous remontre le Procureur du Roi, qu'il a eu avis que le .... jour de ....., F. .... paffant au lieu de ... à cheval, ou autres voitures, &c .... (*infcrire les faits contenus en la denonciation.*)

Ce confideré, Monfieur, il vous plaife, permétre audit Procureur du Roi de faire informer des faits contenus en la prefente requête, circonftances & dépendances, pour ce fait & l'information à lui comuniquée, requerir ce qu'il apartiendra.

Si la denonciation fe trouve mal fondée, le denonciateur doit être condané aux dépens, domages & interêts de l'acufé auffi bien que la partie civile qui fucombera en fon acufation.

Toutefois, fuivant l'avis d'Imbert en fa pratique criminele, chapitre 2. cela peut recevoir quelque exception, comme par exemple en crime de fauffe monoie & autres crimes enormes, s'il n'y a grande prefomption de calomnie contre le denonciateur & inftigateur, comme fi les témoins oüis en l'information, ne perfiftoient pas en leur depofition dans le recolement, mais s'ils perfiftoient, & que le défendeur leur prouvât fon alibi, ou quelque fait contre les témoins, dont vrai femblablement le denonciateur ou inftigateur n'eût aucune conoiffance, il fembleroit qu'en ce cas, auquel le public a grand interêt, le denonciateur ne devroit pas être condané aux domages, interêts & dépens.

Gigas, *de crimin. lafa Majeft.* & autres tienent que l'acufateur qui fucombe faute de preuve, ne doit pas être puni comme calomniateur, en matiere de crime de leze-Majefté, à moins que la calomnie ne foit juftifiée, afin que ceux qui favent quelque chofe qui regarde le falut du Prince, puiffent avoir l'affurance de le declarer.

Mais je crois qu'on en doit fouvent ufer de la même maniere dans les autres crimes , même lorfque le témoin varie dans des circonftances effentieles en fon recolement , d'autant que ce changement arive ordinairement par le fait de l'acufé , qui a fait corompre le témoin.

L'acufateur devroit être auffi excufé , fi des gens dignes de foi affuroient que des témoins avoient vû , & que ces témoins n'euffent voulu declarer la verité , ou bien fi des plus proches parens de l'acufé avoient declaré en Juftice , par un motif de confcience , que l'acufateur n'étoit pas calomniateur , encore qu'ils aïent refufé d'être recolés & confrontés , n'y étant pas obligés à caufe de la proximité du fang.

La precaution qu'a eu l'ordonance d'obliger les denonciateurs à figner leur denonciation fur le regiftre du Procureur du Roi, ou Procureur fifcal , eft afin que ceux qui auront été calomnieufement acufés , puiffent avoir recours pour leurs domages & interêts contre lefdits denonciateurs.

C'eft pourquoi, les Procureurs du Roi & les Procureurs fifcaux, doivent bien prendre garde à ne pas recevoir à s'infcrire fur ledit regiftre , des vagabons, perfones mal famées , & gens de neant, contre lefquels ce recours ne pouroit être exercé.

La recrimination n'a pas lieu en France, jufqu'à ce que le crime foit purgé, afin que l'on ne puiffe pas éluder les pourfuites, fous pretexte de quelque autre crime.

Neanmoins *Julius Clarus* , livre 5. *in præf. crimin.* queftion 14. 11. 12. diftingue fi l'acufé eft prevenu de decret ou non , au dernier il peut acufer fa partie de crime plus atroce , & non de pareil , ou moindre crime , à moins qu'il ne pourfuive l'injure à lui faite , ou aux fiens , & au premier cas qu'il ne peut pas recriminer même pour crime plus énorme , à moins qu'il ne foit comis en fa perfone.

Gail, livre 1. *de pace publ. c.12. n.* 1. affure auffi que par le droit comun , l'acufé peut ufer de recrimination avant qu'on ait decreté contre lui , lorfqu'il pourfuit l'injure faite à lui ou aux fiens.

En ce Roïaume la recrimination n'a pas lieu , à moins que la premiere acufation ne foit fort legere , & que la recrimination ne foit pour fait atroce.

Le Lieutenant Criminel qui a reçu diferentes plaintes ne peut plus ftatuer fur la preference , & il eft tenu de faire fon raport à

la Chambre , pour faire regler fur l'une des charges qui demeurera acufé ou acufateur.

Il femble auffi qu'un étranger peut être pourfuivi en ce Roïaume pour crime comis ailleurs , parce qu'étant fugitif , il peut être
puni par le Juge du lieu où il eft trouvé , aïant perdu par fa faute
le droit de demander fon renvoi par devant fon Juge naturel , fuivant le fentiment de Mornac fur l'autentique *que in Provinciâ
cod. ubi de crimin. agi oport. fervatur inter diverfarum monarchiarum
Reges , ut ubi inventus fit reus ibi judicetur.*

Neanmoins du Molin fur l'article 50. de la Coutume de Paris,
tient que le criminel a pû être arêté , & qu'il ne peut pas opofer
l'incompetence du Juge contre la capture , mais qu'on ne peut
pas le juger pour ce fujet en ce Roïaume.

Cependant le contraire a été pratiqué au Parlement de Paris, le 13. Fevrier 1672. contre deux Siennois , qui furent condanés auxgaleres pendant neuf ans , pour un vol fait à Venife
à un Marchand Armenien.

CHAPITRE LII.

Des procés verbaux des Juges , & de la capture des
criminels.

IL arive fouvent , qu'aprés le crime comis , le criminel eft pris
fur le fait & en flagrant delit , ou il s'eft évadé & s'échape pour
n'avoir pû être arêté , ou bien quelque fois le crime ne vient que
long-tems aprés à la conoiffance de la Juftice , pour avoir été
comis fecretement & clandeftinement.

Si le criminel eft pris fur le fait , ou que fuïant il foit pourfuivi à la clameur publique , les Prevôts des Marechaux , leurs
Lieutenans , ou archers , font tenus de l'arêter.

La capture faite , ils doivent conduire le criminel aux prifons
du lieu s'il y en a, finon aux plus prochaines , dans les vingt-quatre
heures au plus tard , défenfes leur étant faites par l'article 10. du
titre 2. de l'ordonance criminele de 1670. de les tenir en prifon
privée , dans leur maifon , ou ailleurs , à peine de privation de
leur charge.

Ils doivent auffi incontinent aprés ladite capture , faire in-

ventaire de l'argent, des armes, chevaux, papiers & autres choses dont les criminels se trouveront saisis, ou qui se trouveront
leur apartenir, & métre ledit inventaire au grefe du lieu de la
capture dans trois jours, sans en pouvoir rien retenir ni s'en rendre ajudicataires, sous leur nom, ou sous celui d'autres persones, à pnine de privation de leur ofice, de cinq cens livres d'a-
mande & de la restitution du quadruple.

Au même moment de la capture lesdits Prevôts des Marechaux, ou leurs Lieutenans, peuvent seulement interroger les
criminels, sans être asistés de l'assesseur, mais ensuite, & dans
les vingt-quatre heures après la capture, ils sont obligés de les
interroger en presence de l'assesseur, à peine de deux cens livres
d'amande, & de le declarer à l'acusé au comencement de son
interrogatoire qu'ils entendent le juger prevôtablement.

Ensuite, ils doivent faire juger leur competence au plus prochain Siege Presidial, ainsi qu'il a été dit ci-dessus, & si par le
jugement presidial, ils sont declarés competens, ils sont tenus
de proceder incessament à la confection du procés avec l'asses-
feur en la maréchauffée, ou avec un Conseiller du siege, où le
criminel devra être jugé, suivant la distribution qui en sera faite
par le President.

Si au contraire les Prevôts des Marechaux après la capture
reconoissent par l'interrogatoire de l'acusé, que le crime n'est pas
de leur competence, ils en doivent laisser la conoissance dans les
vingt-quatre heures au Juge du lieu du delit, & si aïant entrepris d'en conoître Prevôtablement, ils sont jugés incompetens
par la sentence Presidiale, l'acusé doit être transferé deux jours
après aux prisons du Juge du delit, avec les charges & informations, procés verbal de capture, & interrogatoire de l'accusé.

Il peut ariver aussi, que le criminel pris en flagrant delit, soit
arêté par le Juge ordinaire du lieu où le delit a été commis, ou
par ses oficiers, & en ce cas ce Juge du lieu peut informer, decreter & interroger, bien que le cas soit Roïal & Prevôtal, mais
il est obligé d'en avertir les Juges Roïaux, à qui la conoissance
en doit apartenir, par un acte signifié à leur grefe, après quoi
ils sont tenus d'envoier querir le procés & l'acusé, mais si le cas
n'étoit pas Roïal ou Prevôtal, le Juge du lieu qui a arrêté le delinquant pris en flagrant delit, ou à la clameur publique peut continuer de lui faire son procés.

Ainsi, soit que le crime soit Prevôtal, ou non, le Juge qui arête le criminel en flagrant delit, doit à l'inftant fe tranfporter fur le lieu du delit, en dreffer fon procés verbal de l'état des chofes qu'il y trouve.

Par exemple, fi c'eft un meurtre qui ait été commis, il fe tranfportera fur le lieu où fera giffant le corps de l'occis, le fera fceler au front de fon fceau fur cire verte, par fon grefier, ou par l'un de fes fergens, afin d'en faifir la juftice, & empêcher qu'il ne foit enlevé, puis ordonera qu'il fera transferé à la geole, tant pour être reconu par fes parens & amis & par ceux qui ont connu le défunt de fon vivant, que pour être vû & vifité par les Medecins & Chirurgiens.

Aprés la vifitation des Medecins & Chirurgiens, le Juge doit permetre aux parens & amis du défunt d'enlever le corps pour le faire inhumer.

Que fi le corps ou cadavre n'eft reconu ni reclamé de perfone, il ordonera qu'il foit inhumé dans le cimetiere du lieu où l'homicide a été commis.

Quand c'eft à Paris, il doit être ordoné qu'il fera porté dans l'hôpital de fainte Catherine rüe faint Denis, dont les Religieufes par le titre de leur fondation font obligées d'enfevelir, & faire inhumer dans le cimetiere des faints Innocens, tous les corps morts trouvés dans les rües de Paris qui ne font pas reclamés.

L'article 4. du titre 5. de l'ordonance de 1670. dit que ce procés verbal doit être fait fur le champ, & fans deplacer, qu'il doit contenir l'état auquel a été trouvé le corps mort, le lieu où le meurtre a été comis, & generalement tout ce qui peut fervir à la conviction & à la decharge.

Or, il s'enfuit, que fi l'occis a été tué de coups d'épée, de poignard, ou de bayonete, dont l'acufé fe foit trouvé faifi lors de la capture, non feulement le Juge doit faire métre au grefe les armes dont l'acufé eft trouvé faifi, mais auffi les habits de l'occis, pour conoître fi les trous & perfures qui s'y trouvent ont été faites avec les armes dont l'acufé s'eft trouvé faifi.

Les parens de l'occis perdent fouvent affés, fans qu'on leur puiffe demander de l'argent pour retirer le cadavre.

Procés verbal de l'état d'une perſone bleſſée.

L'an .... le .... heure de .... par devant nous M .... Conſeiller du Roi , Lieutenant Criminel A ... en nôtre Hôtel , eſt comparu N ... femme de A .... laquelle nous a ſuplié de nous tranſporter en ſa maiſon ſcize ruë .... pour recevoir la plainte dudit A ... qui a été bleſſé à mort par B ... ſuivant lequel requiſitoire , nous nous ſommes tranſportés en ladite maiſon , acompagné de nôtre Grefier , où étant , ſommes montés en la chambre du premier étage d'icelle , aïant vûë ſur ladite ruë , en laquelle avons trouvé ledit A ... couché ſur un lit , aiant les mains & les habits couverts de ſang , comme auſſi avons trouvé un corps mort enſanglanté , étendu ſur le plancher de ladite chambre prés la porte , & nous étant aproché du lit où eſt ledit A ... & lui aïant demandé pourquoi il étoit en cet état , il nous a dit que le nomé B ... aïant peut-être eu la penſée que le plaignant avoit ſolicité contre lui l'afaire de la veuve D ... dont ledit B ... a tué le mari , eſt venu ſur le ſoir ſur les neuf heures en la chambre où nous ſommes , avec quatre de ſes domeſtiques , l'un deſquels ſe nome F .... & ne ſçait pas le nom des trois , leſquels étoient armés d'épées & de piſtolers , excepté ledit B ... qui n'avoit qu'une cinne à la main , & étant tous entrés dans la chambre où étoit le plaignant avec N .... ſa femme , une petite fille & une ſervante , ledit B .... lui a dit pluſieurs injures , entr'autres qu'il étoit un faquin & un infame , & à l'inſtant a mis la main dans ſa poche & en a tiré une bayonete , de laquelle il a doné pluſieurs coups au plaignant qui eſt demeuré ſur la place afoibli par la perte de ſon ſang , d'où on l'a porté ſur le lit où nous le voions , cependant au bruit qui ſe faiſoit dans la chambre , pluſieurs voiſins étant ſurvenus , ledit B .... en eſt ſorti aidé de ſes valets qui avoient tous l'épée à la main , trois deſquels ſe ſont auſſi retirés , & ledit F ... leur compagnon voulant ſe ſauver de même , E ... l'un des voiſins lui a doné un coup de bâton ſur la tête , duquel coup ledit F .... eſt tombé mort , requerant acte de ſa plainte , & a declaré qu'il ne ſe veut point rendre partie & ſe raporte à Juſtice d'en ordoner & a ſigné *ou declaré ne ſçavoir écrire , ni ſigner* de ce enquis.

Ce fait avons fait ôter les habits du cadavre étant prés la porte de ladite Chambre , dans leſquels habits s'eſt trouvé ..... (*Il faut faire inventaire des habits , des papiers & autres choſes qui ſeront dans les poches*) , ledit cadavre aïant une ouverture au deſſus de la tête , de la largeur de deux doigts , d'où il paroît que tout le ſang qui s'eſt répandu , tant ſur le corps que ſur les habits , eſt ſorti , & avons apoſé le ſceau de nos armes ſur un morceau de cire apliqué au front dudit cadavre , lequel nous avons enſuite fait aporter prés du lit dudit A .... auquel après ſerment par lui fait de dire verité , avons enjoint de nous dire s'il reconoît ledit cadavre , lequel A .... nous a dit qu'il le reconoît pour être le corps dudit F ..... qui a reçû le coup de bâton ſur la tête , & dont il nous a parlé par ſa plainte , comme auſſi lui avons repreſenté une baïonete enſanglantée , garnie d'ivoire qui s'eſt trouvée en ladite Chambre , laquelle baïonete ledit A ..... a reconu être celle dont ledit B .... l'a bleſſé , après quoi nous avons fait ôter les habits & chemiſe dudit A ..... & reconu qu'il eſt bleſſé en ſix endroits ; ſçavoir trois dans le ventre , un dans le bras droit , un autre dans la cuiſſe & un dans la main gauche , & aïant paſſé ladite baïonete au travers des trous

qui font aux habits dudit A..... il nous a paru que la grandeurs defdits trous
égalent la largeur du fer de ladite baïonete, & que les bleffures dudit A......
peuvent avoir été faites avec icele, dont ledit A.....a requis acte & perfifté
en fa plainte & a figné.

Sur quoi nous avons audit A..... donné acte de fa plainte, & ordoné que
le prefent procés verbal fera comuniqué au Procureur du Roi pour requerir par
lui ce qu'il apartiendra par raifon, & cependant ordonons que ledit corps mort
fera porté en la geole de cête Cour, & que ladite bayonete, une chemife de
toile fine, un haut de chauffe & un juftaucorps de drap couleur de......qui ont
été ôtés audit A.... où font lefdits coups, enfemble une chemife de groffe toile, un haut de chauffe & un juftaucorps de droguet brun, dont ledit cadavre
étoit habillé, feront depofés en nôtre grefe pour fervir au procés, ainfi qu'il
apartiendra, fait les jour & an que deffus.

Il faut comuniquer le procés verbal au Procureur du Roi,
ou Procureur fifcal, lequel peut donner fes conclufions ainfi.

Conclufions de Monfieur le Procureur du Roi.

Vû le prefent procés verbal, je requiers pour le Roi qu'il foit informé à ma
requête des faits y contenus, circonftances & dépendances, pour ce fait & à
moi comuniqué, requerir ce qu'il apartiendra par raifon, fait ce &c......

CHAPITRE LIII.

Des raports de Medecins & Chirurgiens.

L'Article 1. du titre 5. de l'ordonance criminele de 1670. porte que quand une perfone a été batue & bleffée, elle fe peut
faire vifiter par Medecins & Chirurgiens, qui doivent afirmer
leur raport veritable.

Le raport doit contenir le nombre & la qualité des bleffures,
qui fe font trouvé au cadavre, les endroits ou parties du corps
où elles font, & par quelles armes & inftrumens ils paroît qu'elles
ont été faites, afin que fur toutes ces circonftances le Juge puiffe ajuger une provifion, & rendre un jugement definitif avec
équité.

Si le bleffé n'eft pas mort de fes bleffures, le raport defdits
Medecins & Chirurgiens, outre le nombre & la qualité des bleffures, doit contenir fi elles font mortelles ou non, fi le bleffé
en demeurera eftropié, ou mutilé de quelque membre, combien de temps il fera obligé de garder le lit, de quels medicamens,

mens, & de quel regime de vivre il aura befoin pour recouvrer la fanté.

Il eft même quelquefois du devoir du défendeur de requerir, que le demandeur foit vifité, auquel cas il peut le fommer de convenir d'un des deux Chirurgiens, pour proceder à ladite vifitation & nommer l'autre de fa part.

Les vifites & raports des Medecins & Chirurgiens, doivent être faites partie prefente ou dûëment apelée.

L'article 2. dudit titre 4. permet auffi au Juge d'ordoner une feconde vifite fi le cas y échet, voulant que les Medecins & Chirurgiens nommés d'ofice par le Juge, foient tenus de prêter le ferment avant que de vifiter le bleffé, dont il doit être expedié acte.

Aprés la vifite faite, ils doivent dreffer & figner fur le champ leur raport, pour être remis au grefe, & joint au procés, fans que le Juge puiffe dreffer aucun procés verbal de ce raport, à peine de cent livres d'amande contre le Juge, moitié envers le Roi & moitié envers la partie.

Toutefois, fuivant ledit article 2. les Medecins & Chirurgiens ne font pas tenus, d'afirmer leur raport veritable, d'autant qu'il fufit qu'ils aïent prêté le ferment.

Ainfi quand l'article 1. dit, qu'ils afirmeront leur raport veritable, cela fe doit entendre, lorfque les vifitations font faites, fans autorité de juftice, & que les Medecins & Chirurgiens n'ont pas prêté le ferment.

La même ordonance au même titre, veut qu'aux raports qui feront ordonés en juftice, affifte un des Chirurgiens commis par le premier Medecin du Roi, au lieu où il y en a d'établis, à peine de nullité des raports, mais cela ne s'execute pas exactement.

L'ordonance du Juge porte, que vû le procés verbal du tel jour, &c. contenant la plainte de A..... que ledit A..... fera vifité par T..... Medecin & J.... Chirurgien només d'ofice, lefquels pour céte fin feront affignés pardevant lui, pour faire le ferment de proceder en leur confcience à ladite vifite.

Par l'acte de preftation, le Juge dit, que T.... Medecin & J... Chirurgien, en execution de fon ordonance du &c. ont fait le ferment de bien & en confcience vifiter A..... & lui en faire un fidele raport.

Le raport des Medecins & Chirurgiens eft adreffé au Juge, lefquels declarent qu'aprés ferment par eux faits parde-

vant lui, ils fe font tranfportés en une maifon fcize à &c.
& de ce ils ont dreffé leur procés verbal, qu'ils certifient
être veritable, en foy de quoi ils ont fignés icelui, le jour
&c.

Il y a à prefent un Medecin en titre, & des Chirurgiens Jurés
dans toutes les Villes du Roïaume, mais ils ne peuvent pas empêcher que les parties ne convienent d'autres, pour afifter avec
eux à la vifitation, & ces raports ne font pas toûjours d'une autorité irrefragable, lorfque le contraire paroît par des preuves
certaines.

C'eft pourquoi le Juge peut même, comme j'ai dit ci-deffus,
ordoner des fecond & troifiéme raports par d'autres experts,
lorfque les premiers ont voulu parler en des termes équivoques
pour embaraffer l'afaire, & en ce cas, on y a tel égard que de
raifon, par raport aux autres preuves.

Si les experts établiffent le fait & n'en tirent que des confe-
quences douteufes, on peut encore en nommer d'autres pour doner leur jugement fur le premier raport, fans qu'il foit abfolument neceffaire d'y apeler les premiers.

CHAPITRE LIV.

Des informations.

L'Information eft le fondement du procés criminel, puifqu'elle fert à juftifier les faits contenus en la plainte, foit
que l'acufé ait été pris en flagrant delit, ou qu'il foit abfent &
fugitif.

L'information fe fait par le Juge qui reçoit la depofition des
témoins qui lui font produits, foit par la partie civile ou par le
Procureur du Roi, ou Procureur fifcal.

En la confection de l'information, quatre chofes font à obferver, 1°. Le devoir des temoins 2°. Le devoir du Juge, 3°. Le
devoir du grefier. & 4°. La forme en laquelle l'information doit
être faite.

La partie civile doit prendre une ordonance du Juge, à l'éfet
de doner afignation aux témoins qu'il voudra faire oüir, à comparoir le tel jour, telle heure, à fon hôtel, pour depofer en

l'information qui fera par lui faite, & en outre proceder comme de raifon &c.

L'afignation étant donée aux témoins en confequence de céte ordonance, ils doivent comparoir fous les peines portées par les ordonances, en forte que toutes perfones afignées pour être oüies en témoignage, font tenuës de comparoir aux afignations qui leur font donées, non feulement les Laïques, mais auffi les Eclefiaftiques, tant feculiers que reguliers, & à faute de comparoir par les Laïques, ils peuvent être contraints par amende, au païement de laquelle ils feront contraints par faifie de leur temporel.

A l'égard des Reguliers, les Superieurs font obligés de faire comparoir les Religieux, fur la même peine de faifie de leur temporel, & de la fufpenfion des privileges acordés à leur Monaftere.

Il y a auffi des cas où les Confeffeurs même font obligés de dépofer, comme s'il y avoit eu quelque negotiation étrangere à la confeffion, pour laquelle, ils ne fuffent engagés envers le penitent à aucun fecret à caufe de leur miniftere.

Les enfans de l'un & de l'autre fexe, quoique au deffous de l'âge de puberté, peuvent pareillement être apelés en témoignage, & reçûs à depofer, fauf en jugement d'avoir par les Juges tel égard que de raifon, à la neceffité & folidité de leur témoignage.

L'ordonance de 1667. titre 22. article 11. porte que les parens & aliés des parties jufques aux enfans des coufins iffus de germain inclufivement, ne peuvent pas être témoins en matiere civile, pour depofer en faveur, ou contre les parens, & que les depofitions doivent être rejetées.

Mais l'ordonance criminele, ne decide point fi les parens de l'acufé, jufques aux enfans des coufins iffus de germain, peuvent être contraints à depofer contre lui, elle dit feulement en l'article 5. du titre 6. que les témoins doivent être enquis en autre chofe, s'ils font parens ou aliés des parties, & en quel degré, mais elle ne dit pas, que s'ils font parens de la partie civile, ou de l'acufé, leurs depofitions feront rejetées, comme le dit l'ordonance de 1667. faites pour les matieres civiles.

Par la difpofition du droit en la loi 4. *ff, de teftibus*, il y avoit plufieurs perfones qui ne pouvoient être contraintes à depofer en matiere criminele, comme le gendre contre le beau-pere, le beau-pere contre le gendre, le beau-fils contre fon beau-pere,

& le beau-pere contre fon beau-fils, les coufins & coufines les ûnes contre les autres, ni même les enfans des coufins & coufines, à plus fortes raifons les enfans contre leurs peres & meres, & les peres & meres contre leurs enfans, parce que la loi après avoir parlé du beau-pere & du gendre, & des autres perfones en degrés plus éloignés ajoûte, & tous ceux qui font en degrés plus proches.

Suivant céte dépofition de droit, plufieurs de nos Praticiens ont tenu dans leurs écrits, que le pere ne peut pas être contraint à depofer contre fon fils, ni le fils contre fon pere, le frere contre fon frere, ni le mari contre fa femme, ni elle contre fon mari, l'oncle, le coufin germain & remué de germain, fi ce n'eft en crime de leze-majefté.

Neanmoins je foutiens, que dans les degrés plus éloignés, il ne faut pas faire dificulté de les contraindre, d'autant qu'il y a certains bourgs & villages dans le Roïaume, où ils font tous parens, fauf à avoir tel égard que de raifon à leur depofition.

Les artifans, charetiers & autres qui travaillent à journée en diferentes maifons par intervales, doivent être entendus, pour ou contre leurs maîtres, d'autant qu'ils ne font domeftiques, fuivant la doctrine de Farinaccius, *de teftibus*, finon *impropriiffimè*, mais il depend de la prudence du Juge, de juger quel égard il doit avoir à leur depofition.

Les temoins avant que d'être oüis, doivent faire aparoir de l'exploit qui leur a été donné pour depofer, car s'ils fe prefentoient d'eux-mêmes, leur depofition feroit fufpecte; excepté qu'ils ne foient oüis d'ofices par le Juge, fans affignation en cas de flagrant delit.

En depofant ils doivent declarer fincerement tout ce qu'ils favent du fait, tant à la charge qu'à la decharge de l'acufé.

Le Juge, ou Comiffaire qui travaille à l'information doit oüir & examiner les temoins qui lui font prefentés & adminiftrer feparement & fecretement, fans être acompagné d'autres perfones que de fon grefier.

On ne doit pas auffi faire lecture au temoin, des depofitions des autres temoins qui font cités, pour lui avoir oüi dire, quoi qu'il y ait quelque raifon de le faire.

Enfuite, il faut faire prêter le ferment en particulier à chacun defdits temoins de dire la verité fur les faits, fur lefquels ils feront enquis.

A'prés le ferment prêté , le Juge s'enquerera de leurs noms, furnoms , ages, qualités , demeures , & s'ils font ferviteurs ou domeftiques, parens ou aliés des parties , & de tout cela faire mention au comencement de la depofition de chaque temoin , à peine de nullité , & de tous depens, domages & interêts des parties, à recouvrer contre lui.

Il exhortera ledit temoin à depofer la verité, fans aucune diffimulation, haine ou faveur des parties , & à ne rien dire que ce qui fera de fa fcience, ou de fa conoiffance, tant à la charge, qu'à la decharge de l'acufé, de crainte que par fa depofition il ne fe rende coupable envers Dieu de la condanation d'un innocent, ou de la punition d'un criminel.

Il doit faire rediger par écrit la depofition du témoin par fon grefier en fa prefence , tant à la charge qu'à la décharge dudit acufé,& enfuite figner ladite depofition & la faire figner par fon gréfier & par le témoin s'il fçait figner , & au cas qu'il ne le fçache , ou ne veuille figner , en faire mention , fe donant bien de garde de tirer du témoin par force , menace & intimidation , autre chofe que la pure verité telle qu'il la fçait , & la poura maintenir à l'acufé à la confrontation , fans rien deguifer , ni retrancher de ce que ledit témoin dira , tant à la charge, qu'à la décharge de l'acufé.

Si l'information a été faite par un Juge de legue , en vertu d'une comiffion rogatoire , le Comiffaire eft tenu d'envoier la minute clofe & fcelée au Juge par lequel il aura été comis & delegué , fans en rien retenir par devers lui , ni en fon grefe.

A l'égard du gréfier , défénfes lui font faites par l'article 15. du titre 6. de l'ordonance de 1670. de comuniquer les informations , ou autres pieces fecretes du procés criminel , ni de fe defaifir des minutes , finon és mains du Procureur du Roi ou du Procureur des Seigneurs , qui s'en chargeront fur fon regiftre pour les remétre inceffament , ou au plûtard dans trois jours.

Ils peuvent neanmoins métre les minutes entre les mains du Juge , pour s'en fervir à la vifite du procés , mais le Juge eft tenu de les remétre au grefe vingt-quatre heures aprés le Jugement du procés.

La minute de l'information doit être écrite par le grefier en la prefence du Juge, comme il a été dit ci-deffus, n'étant pas au pouvoir des Juges , même de ceux des Cours fouveraines , de cométre leurs clercs , ou autres perfones pour écrire les informa-

T t iij

tions qui feront par eux faites, tant dedans que dehors leurs Sieges & reffort, s'il y a un grefier ou un comis à l'exercice du grefe de leur Jurifdiction, fi ce n'étoit que ce grefier, ou fon comis fuffent abfens, malades, recufés, ou qu'ils euffent quelque autre legitime empêchement.

Neanmoins, ceux qui executent des Comiffions du Roi, peuvent comettre pour grefier qui bon leur femble, en lui faifant prêter ferment.

Chacune difpofition doit être fignée du Juge, du grefier & du témoin, s'il fçait figner.

En chacune depofition, il doit être fait mention que lecture en a été faite au témoin, & qu'aprés en avoir oüi la lecture, il a declaré qu'il y perfifte, & l'a figné ou declaré ne fçavoir figner.

Il ne doit y avoir aucune interligne en la minute de l'information.

S'il y a des ratures ou des renvois, ils doivent être fignés par le témoin & par le Juge.

Chacune page de la minute de l'information doit être cotée & fignée par le Juge.

Ainfi, fuivant ces regles l'information doit être faite en la forme qui fuit.

Information.

Information faite par nous M... Confeiller du Roi, Prevôt ou Bailli de... ou Lieutenant Criminel à... à la requéte de A... demandeur & complaignant, le Procureur de Sa Majefté, ou fifcal joint, contre B... défendeur & acufé, & fes complices.

A laquelle information avons procedé, ainfi qu'il enfuit.

Du...... jour de......

N... demeurant à... ruë... Paroiffe de... âgé de... ans, ou environ, lequel aprés ferment par lui prêté de dire verité, & qu'il nous a dit n'être parent, allié, ferviteur, ni domeftique des parties, *fi au contraire, il faut en faire mention*, & nous a reprefenté l'exploit d'afignation à lui donée pour depofer à la requête de A... le... jour de... par E... huiffier en céte Cour.

Depofe fur les faits mentionés en la plainte dudit A... de laquelle lui avons fait lecture, qu'il y a environ huit jours... qu'étant au lieu de... il vit &c... (*tranfcrire fidelement ce que le témoin dira, fans rien augmenter, ni retrancher à fa depofition, & enfuite dire*) qui eft tout ce qu'il a dit fçavoir, lecture à lui faite de fa depofition, a dit icelle contenir verité, y a perfifté & figné, *ou declaré ne fçavoir écrire ni figner de ce enquis fuivant l'ordonance aprés* qu'il a requis falaire, lui avons fait taxe de la fomme de &c. .. (s'il ne veut pas de falaires en faire mention.)

La taxe fe fait eu égard à la qualité du témoin , & au tems qu'il a emploïé à venir depofer.

P....demeurant à .....ruë ... Paroiffe de ... âgé de &c... (& ainfi des autres témoins.)

Si les témoins étoient éloignés on peut obtenir comiffion rogatoire adreffante au plus prochain Juge Roïal du lieu de leur demeure pour faire l'information , & à cet éfet prefenter requête au Juge , ou Lieutenant Criminel , à ce qu'il lui plaife permétre de faire informer du contenu en la plainte du fupliant, pour raifon de l'affaffinat comis en fa perfone par tel , circonftance & dépendance , par devant le plus prochain Juge Roial de la demeure des témoins , & à cet éfet ordoner que comiffion rogatoire fera expediée &c.

Le juge met au bas de céte requête , *permis au fupliant de faire informer du contenu en fa plainte , circonftances & dépendances , par devant le fieur Lieutenant Criminel de &c... à l'éfet de quoi comiffion rogatoire fera expediée pour l'information faite ; raportée & comuniquée au Procureur du Roi , être ordoné ce qu'il apartiendra par raifon , &c.*

Il faut enfuite, faire expedier une comiffion rogatoire , par le grefier de la Jurifdiction où le procès criminel eft pendant , laquelle doit être dreffée, ainfi qu'il enfuit.

Comiffion rogatoire.

M... Confeiller du Roi , Lieutenant Criminel en la Senechauffée de.....au fieur Lieutenant Criminel de ...Salut , aïant par nôtre ordonance du... étant au bas de la requête à nous prefentée par A... permis à lui de faire informer par devant vous des faits contenus en fa plainte , circonftances & dépendances , contre le nomé B.... & complices , nous vous prions & requerons d'oüir les témoins qui vous feront prefentés par A... & de proceder à l'information defdits faits , comme nous ferions en pareil cas , fi nous en étions requis par vous, fait ce &c.

Si la comiffion eft d'un Juge fuperieur, elle fera ainfi.

Extrait des Regiſtres de . . . .

Vû par la Cour la Requête preſentée par A . . . . tendante à ce qu'il lui fut permis de faire informer des faits contenus en ſa plainte du . . . . . . aculé de l'aſſaſſinat commis en ſa perſone par B . . . . . & complices, pardevant le plus prochain Juge Roïal, de la demeure des témoins : Oüi le raport de Maître tel, ... Conſeiller, & tout conſideré.

La Cour a permis & permet au ſupliant de faire informer des faits contenus en ſa plainte , circonſtances & dependances , pardevant le Lieutenant Criminel de . . . . que la Cour a commis à cet éfet , pour l'information faite , rapportée & communiquée au Procureur general du Roi , être ordoné ce qu'il apartiendra.

Les comiſſions qui s'expedient ſur les arrêts eu ordonances des Cours ſuperieures , & les comiſſions des Chanceleries Preſidiales, s'intitulent , *Loüis par la grace de Dieu &c.*

Il n'eſt pas neceſſaire de faire expedier une comiſſion , ſi ces arrêts portent une adreſſe , comme celui ci-deſſus.

Un Juge comis ne peut ſubdeleguer , ſi l'arrêt ou jugement par lequel il eſt comis , ne porte préciſement pouvoir de ſubdeleguer d'autres Juges.

S'il ſurvient de nouvelles preuves aprés l'information faite , il faut faire informer par adition , & pour l'obtenir il faut preſenter requête au Juge , à ce qu'il lui plaiſe de permétre de faire informer par adition des faits contenus en la plainte rendue par le ſupliant contre tel, & complice.

Sur céte requête , on met , *permis d'informer par adition par devant &c. pour le fait & comuniqué au Procureur du Roi , être ordoné ce qu'il apartiendra &c.*

Le Juge comis pour faire l'information , ne peut informer par adition , qu'il n'ait une nouvelle comiſſion.

Les grefiers garde ſacs des Parlemens , grand Conſeil & Cour des Aides , ſont tenus de tenir un regiſtre particulier , relié & chifré , contenant au premier feuillet le nombre de ceux dont il ſera compoſé.

Ce qui a auſſi lieu aux Sieges Preſidiaux , Baillages , Senechauſſées , Marechauſſées , Prevôtés & dans toutes les autres Juſtices Roïales & Seigneuriales , dont le regiſtre ſera parafé en tous les feuillets par le Juge criminel pour y être par leſdits grefiers enregiſtrées toutes les procedures qni ſeront faites ou aporctées, & leur date , enſemble le nom & la qualité du Juge & de la partie, de ſuite & ſans aucun blanc, pour raiſon de quoi le
grefier

grefier ne poura prendre aucuns droits ni frais, & feront auffi
tenus les Oficiers qui doivent prendre comunication des pieces
de s'en charger & décharger par acte écrit de leur main fur ledit regiftre.

Les grefiers des Prevôtés & Châtelenies Roïales & Seigneuriales, font tenus d'envoïer par chacun an au mois de Juin &
Decembre, au grefe du Bailliage & Senechauffée où reffortiffent
leurs apelations mediatement ou imediatement, un extrait de
leur regiftre criminel, dont leur fera baillé décharge fans
frais.

Ceux des Bailliages, Senechauffées & Marechauffées, font
auffi tenus au comencement de chacune anée, d'envoier au Procureur general, chacun dans fon reffort, un extrait de leur dépôt, même l'état des létres de grace, ou abolition enterinées
en leur Siege, avec les procedures & fentences d'enterinement, & la copie des extraits qui leur auront été remis
par les grefiers des Juftices inferieures de l'année precedente.

CHAPITRE LV.

Des monitoires.

SI la partie civile, le Procureur du Roi, ou le Procureur fifcal
ne peuvent pas trouver de témoins pour depofer du fait contenu en la plainte par eux rendue, foit que ceux qui en ont conoiffance, foient amis des acufés, ou qu'ils craignent de les
ofenfer, à caufe de leur credit & de leur puiffance, ils peuvent
demander au Juge par devant qui la plainte a été faite, & qui
doit conoître du crime, la permiffion d'obtenir & faire publier
monitoire, afin de contraindre par les cenfures Eclefiaftiques,
ceux qui fçavent la verité du fait, de venir à revelation.

Céte permiffion peut être acordée par tous Juges, quoiqu'il
n'y ait encore aucun comencement de preuve, en forte que céte
permiffion donée, les Oficiaux font obligés d'acorder les monitoires, & les Curés de les publier, à peine de faifie de leur temporel.

Les monitoires ne doivent conteair autres faits que ceux qui font compris au jugement , qui a permis de les obtenir , ni dans iceux , les perfones contre lefquelles on veut informer , être nomées ni defignées , le tout à peine de nulité , & pour cet éfet il faut prefenter requête au Juge pour avoir céte permiffion.

Requête afin d'avoir permiffion d'obtenir & faire publier monitoire.

A Monfieur le Prevôt ou Bailly de . . . . . . ou Lieutenant Criminel
de . . . . . .

Suplie humblement G . . . .

Difant que le . . . . jour de . . . . revenant de la campagne , il a trouvé la porte de fon cabinet rompue , & qu'on avoit volé tous fes papiers , or & argent monoié , plufieurs pierreries d'un prix confiderable , & autres chofes qui étoient dans le cabinet , lefquelles il ne peut precifement defigner , c'eft pourquoi il a recours à vous.

Ce confideré , Monfieur , il vous plaife permétre au fupliant d'obtenir & faire publier monitoire en forme de droit , fur les faits contenus en la prefente requête pour avoir revelation d'iceux , & vous ferés bien.

Le Juge met , veu la prefente requefte , nous avons permis au fupliant d'obtenir & faire publier monitoire en forme de droit , fur les faits y contenus , fait ce &c.

Il y a en France quelque Juftice où on obferve d'expedier un jugement fur la requête , au lieu de métre l'ordonance au bas qui eft neanmoins la même chofe.

Si l'Oficial refufe d'acorder les monitoires en confequence de la requefte & ordonance ci-deffus , il faut lui faire faire une fomation , & l'interpeler d'acorder à G . . . . des létres de monitoires en forme de droit fur les faits mentionés au jugement de Monfieur le Prêvôt ou Bailli de . . . . ou Lieutenant Criminel de . . . du tel jour . . . . . ofrant de lui métre entre les mains ledit jugement , & de païer les droits , tant dudit fieur Oficial , que de fon Grefier , fuivant l'ordonance.

Si aprés céte fomation , il refufe encore d'acorder le monitoire , il faut prefenter Requête pour avoir permiffion de faire faifir le temporel de l'Oficial , ainfi qu'il enfuit.

Requéte pour faire faisir le temporel de l'Oficial.

A Monsieur &c.

Suplie humblement G. . . . .

Disant, que par vôtre Sentence du. . . . vous avés permis au supliant d'obtenir
& faire publier monitoire en forme de droits sur les faits y contenus, en execution de laquelle il a requis le sieur Oficial de. . . . . . de lui acorder ledit monitoire, ce qu'il a refusé, ainsi qu'il paroît par la somation qui lui a été faite par
acte du. . . . . . .

Ce considéré, Monsieur, il vous plaise, ordoner que ledit Oficial sera contraint par saisie de son revenu temporel à acorder le monitoire que vous avés
permis d'obtenir par vôtre jugement du tel jour, & vous ferés bien.

Il faut atacher à la requête le jugement portant permission
d'obtenir monitoire, avec la somation faite à l'Oficial de l'acorder, & sur ces pieces le Juge met au bas de la requête son ordonance, laquelle doit être ainsi.

Vû la presente requête, & nôtre jugement du. . . . , portant permission au
supliant d'obtenir & faire publier monitoire, & la somation à sa requête à l'O-
ficial de . . . le. . . . d'acorder ledit monitoire, nous ordonons que ledit Oficial
sera contraint par saisie de son temporel d'acorder ledit monitoire, ce qui sera
executé nonobstant opositions ou apellations quelconques, & sans prejudice d'i-
cele, fait ce &c. . . .

En vertu de cete ordonance, on peut faire saisir & arêter les
revenus des oficiaux és mains de leurs debiteurs & fermiers, même les fruits & établir Comissaire, auquel cas, voïés mon stile
general des huissiers & sergens, où on trouvera le formule de
toutes sortes de saisies & arrêts.

Si aprés la saisie du temporel des oficiaux à eux signifiée ils
refusent d'acorder le monitoire, le Juge peut ordoner que les
fruits & revenus saisis seront distribués aux hôpitaux, ou pauvres
des lieux, & à céte fin, il faut faire rendre compte au Comissaire établi aux fruits saisis, & poursuivre les debiteurs & fermiers
pour representer leurs baux & quitances, & afirmer ce qu'ils
doivent.

Que si l'Oficial au lieu de toutes ses procedures, acorde le
monitoire, il doit être dressé en la forme de celui qui ensuit.

Vû ij

MONITOIRE.

*Oficialis Parifienfis , omnibus parochis nobis fubditis eorumve
Vicariis , falutem in Domino.*

Vû le jugement rendu par le fieur Lieutenant Criminel en la Senechauffée
de..... le...... fur la requête de G...... plaignant à Dieu , & à nôtre Mere
fainte Eglife, Nous vous mandons d'admonefter par trois Dimanches confecutifs és Prônes de vos Eglifes , tous ceux & celles qui ont conoiffance que le jour
de...... certains quidans , ou quidanes ont rompu la porte du cabinet dudit
G...... pris & emporté des papiers , or & argent monoié , plufieurs pierreries
d'un prix confiderable , & autres chofes qui étoient dans le cabinet , *expofer*
ainfi les faits contenus dans le jugement , qui favent & conoiffent les auteurs &
complices , fauteurs & adherans defdits quidans ou quidanes , & où ils fe font
refugiés , & generalement tous ceux & celles qui des faits ci-deffus , circonftances & dependances , en ont vû , fçû , conu , entendu , oüi dire , ou aperçû aucune chofe , ou y ont été prefens , confenti , doné confeil ou aide , en quelque
forte & maniere que ce foit , d'en venir à revelation , & lefdits quidans ou quidanes à fatisfaction par eux ; ou par autrui , dans trois jours après la publication
des prefentes, finon nous uferons contre-eux des cenfures Eclefiaftiques , & felon la forme de droit , nous nous fervirons de la peine d'excommunication ,
datum fub figillo Curiæ noftra , anno Domini mil. fexte..... menfis....

Les oficiaux ne peuvent prendre ni recevoir pour chacun monitoire plus de trente fols , leurs grefiers dix , y compris les droits
de fceau , à peine de reftitution du quadruple , fans neanmoins
qu'és lieux où l'ufage eft de doner moins , les droits puiffent être
augmentés , ainfi qu'il eft dit en l'article 7. du titre 7. de l'ordonance de 1670.

Les Curés & Vicaires font tenus , à peine de faifie de leur temporel à la premiere requifition , de publier le monitoire , & en
cas de refus le juge peut après fomation faite aux Curés ou Vicaires de le publier , nomer d'ofice un autre Prêtre & à cète fin
prefenter requête , difant qu'aïant obtenu des létres de monitoire en forme de droit en l'oficialité de..... en confequence
de tel jugement du..... il a requis Meffire C..... Curé de.....
de publier ledit monitoire , ainfi qu'il apert par acte du tel jour
&c. fupliant le Juge de nomer d'ofice un autre Prêtre pour faire
la publication dudit monitoire.

Sur cète requête il met , vû la prefente requête , nôtre jugement du..... portant permiffion d'obtenir monitoire en forme
de droit , létres de monitoires acordées par l'oficial de..... en

execution dudit jugement, la fomation & requifition faite à Meffire C..... Curé de..... de publier ledit monitoire, contenant fon refus, nous ordonons que la publication defdites létres de monitoire feront faites en la Paroiffe de &c. par Meffire L.... Prêtre que nous avons nomé d'ofice, fait ce.....

Si à la publication du monitoire, il y a des opofitions formées, les opofans font tenus d'élire domicile dans le lieu de la Jurifdiction du Juge qui en a permis l'obtention, à peine de nullité de leur opofition.

L'acte d'opofition qui fera fignifié aux Curés & Vicaires doit être en la, forme qui fuit.

Opofition à la publication d'un Monitoire.

A' la requête de H......

Soit fignifié & declaré à Meffire C..... Prêtre Curé de l'Eglife Paroiffiale de. .... que ledit H..... s'eft opofé & s'opofe à la publication d'un monitoire obtenu par G...... en l'oficialité de....... pour les caufes & moïens qu'il deduira en temps & lieu, élifant domicile en la maifon de P..... feize ruë &c........

Les opofans pourront être affignés au domicile élû, fans comiffion, ni mandement, à comparoir à certain jour & heure, pour deduire les caufes de leurs opofitions dans trois jours au plus tard, fi ce n'eft qu'il y eût apel comme d'abus de l'obtention & publication du monitoire, en forte que fi cela étoit, au lieu de faire affigner les opofans, l'apelant obtiendra un relief d'apel & fera affigner fa partie au Parlement pour y proceder, & s'il negligeoit de relever fon apel, l'intimé peut obtenir des létres d'anticipation, & pourfuivre la chofe en la maniere accoûtumée.

Il faut plaider fur l'opofition au jour de l'affignation, & fi le défendeur a eu raifon de s'opofer, le Juge y doit avoir égard.

Les jugemens qui intervienent fur les opofitions à la publication des monitoires, doivent être executés nonobftant opofitions ou apellations, même comme d'abus, avec défenfes à toutes Cours & à tous Juges de doner des défenfes ou furfeances de les executer, fi ce n'eft aprés avoir vû les informations & le monitoire, & fur les conclufions du Procureur du Roi, à peine de nullité de toutes celles qui pouroient être obtenues, & fans qu'il foit befoin d'en demander main levée, les arrêts, les juge-

mens & fentences doivent être executés, & les parties qui auront prefenté requête, enfemble les Procureurs qui auront
ocupé, condanés chacun en cent livres d'amende, qui ne peut
être remife ni moderée, aplicable moitié au Roi & moitié à la
partie.

L'apel comme d'abus peut être fondé fur le défaut du monitoire en la forme, comme fi on avoit nomé & defigné des perfones, ou inferé d'autres faits que ceux qui feroient contenus
dans le jugement qui en auroit permis l'obtention, ou fur la
qualité de la matiere comme fi le monitoire étoit obtenu pour
avoir revelation d'un fait dont la preuve n'eft pas recevable par
les ordonances, ou fur la qualité de la perfone, comme fi on pretendoit informer de l'adultere commis par une femme du vivant
de fon mari, qui ne fe plaint pas de fa conduite.

Neanmoins le Jugement rendu fur l'opofition, s'execute nonobftant l'apel comme d'abus, fuivant l'article 9. du titre des monitoires de l'ordonance de 1670.

Les revelations qui auront été reçüës par les Curés ou Vicaires, doivent être renvoïées par eux cachetées au grefe de la Jurifdiction où le procés fera pendant, & le Juge doit pourvoir aux
frais du voïage s'il y échet, & pour cét éfet l'oficial prefente requête au Juge contant, & qu'aïant reçû les revelations de plufieurs perfones, il les auroit redigées dans un cahier, qu'il auroit
envoié cacheté en fon grefe par un homme exprés &c.

Le Juge done une ordonance qui taxe les frais du voïage, felon
la diftance des lieuës.

Sur céte ordonance le grefier expedie un executoire, qu'il
faut fignifier à la partie, & lui faire comandement de païer,
& fur le refus on peut métre cet executoire à execution fur les
biens meubles', ou faire faifir & aréter ce qui lui eft dû par fes
debiteurs.

L'ordonance en l'article 11. du titre 7. dit qu'il n'y a que les
Procureurs du Roi ou des Seigneurs qui doivent avoir comunication des revelations, & que les parties civiles ne doivent
avoir comunication que des noms & furnoms de ceux qui ont
revelé, mais cela ne s'obferve pas toûjours à la rigueur, parce
que les parties civiles trouvent moïen d'avoir comunication des
revelations, afin de conoître celles qui peuvent fervir à l'éclaircif-
fement de la verité, & faire repeter ceux qui les ont ordonées
pardevant le Juge du procés criminel, car fans céte repetition on
ajoûteroit aucune foy à ces revelatious, étant certain que la de-

poſition d'un temoin ne peut faire foi, ſi le temoin n'a prêté le ſerment pardevant le Juge qui doit juger le procés, ou pardevant le Comiſſaire par lui delegué.

Le Procureur du Roi ou fiſcal, peut auſſi d'ofice faire repeter d'autres témoins que ceux qui ont été choiſis par la partie ; & ſi la partie publique refuſoit de les faire oüir, l'acuſé ne le peut à moins qu'il ne ſoit admis dans ſes faits juſtificatifs, & encore ne peut-il pour lors les faire aſſigner à ſa requête.

Il n'y a pas d'abus, ſi quelqu'un eſt deſigné dans un monitoire, *ad fides notitia*, & pour inſtruire les temoins, & non pour difamer.

Un Curé ou Vicaire eſt obligé de recevoir les revelations de ceux qui ont oüi dire, pourveu qu'ils expriment de qui, d'autant que le Procureur du Roi en peut tirer des lumieres, ils ne doivent pas auſſi negliger les indices, car quoiqu'ils ne prouvent rien ſeparement, ils ſufiſent ſouvent étant joints à pluſieurs autres ou à des demies preuves, ſi ce n'eſt pour la mort au moins pour d'autres peines, & les ſentimens particuliers de quelques caſuiſtes ne peuvent pas les diſpenſer d'obéïr aux ordonances des Juges.

Pour faire repeter les témoins il faut preſenter requête au Juge, contenant que ſur la publication faite à la requête du ſupliant des létres monitoires obtenuës en l'oficialité de tel lieu, en execution de tel jugement, pluſieurs perſones ſont venuës à revelation, leſquelles ont été reçûës par tel, Curé, & par lui redigées en un cahier qu'il a envoïé au grefe, c'eſt pourquoi on ſuplie le Juge d'ordoner que les témoins oüis en revelation, ſeront repetés pardevant lui par forme d'information &c.

Il met au bas de céte requête, que les témoins oüis en revelation, ſeront repetés par forme d'information, & à cét éfet aſſignés au premier jour deux heures de relevée en ſon hôtel &c.

Suivant céte ordonance, il faut faire aſſigner les témoins pour être repetés, & s'ils ne comparent pas, obſerver les procedures preſcrites par l'ordonance de 1670. contre les temoins, qui doit être pareille contre ceux qui ſont venus à revelation, & qui refuſent de comparoir.

CHAPITRE LVI.

Des decrets & de leurs executions.

L'Information faite, le Juge doit ordoner qu'elle fera comuniquée au Procureur du Roi, ou au Procureur fiscal du Seigneur, dans le territoire duquel le crime a été comis.

Sur céte comunication, le Procureur du Roi, ou le Procureur fiscal done fes conclufions, & fur ces conclufions le Juge decrete.

Il y a trois chofes fur quoi il faut faire reflexion pour decreter juridiquement, la premiere, la qualité du crime, la feconde, la qualité des charges, & la troifiéme, la qualité de la perfone qui eft chargée.

Si le crime eft capital, & qu'il y ait charge par l'information, le Juge doit decreter prife de corps contre celui qui eft chargé.

Si le crime n'eft pas capital ni de la qualité d'iceux aufquels il échet peine afliclive ou infamante, & que l'acufé foit domicilié, il decernera feulement ajournement perfonel, & fi en matieres de ces crimes non capitaux, ou aufquels il n'échet, ni peine afliclive, ni infamante, la charge fe trouve legere, dans les informations, ou que l'acufé foit oficier ou perfone de qualité confiderable, il ordonera feulemenr qu'il fera afligné pour être oüi.

Ainfi il y a trois fortes de decrets, fçavoir, le decret de prife de corps, le decret d'ajournement perfonel, & la fimple afignation pour être oüi.

Si par un même jugement il étoit decerné ajournement perfonel contre aucuns, & prifes de corps contre d'autres, il ne faut pas bailler copie entiere du jugement à celui qui ne feroit afligné qu'à comparoir en perfone, mais feulement un extrait de ce qui a été ordoné à fon égard, afin qu'il ne puiffe pas avertir ceux contre lefquels il y auroit prife de corps.

La diference qu'il y a entre ces trois fortes de decrets, eft que fi l'acufé eft oficier, le decret de prife de corps, & celui d'ajournement perfonel emportent de droit interdiction des fonctions

de

de fa charge, ce que ne fait pas l'affignation pour être oüi fur les charges & informations.

Autrefois il y avoit une quatriéme efpece de decret qui étoit que l'acufé feroit amené fans fcandale, mais par l'article 7. du titre des decrets de prife de corps, de l'ordonance de 1670. il a été abrogé, & défendu à tous Juges de l'ordoner.

Quoique regulierement les Juges ne puiffent decreter fans information prealable, neanmoins la même ordonance au titre 10. article 8. permet de decreter prife de corps fur la feule notorieté pour crime de duel, fur la plainte des Procureurs du Roi, contre les vagabons, & fur celles des maîtres, pour crimes & delits domeftiques.

Elle permet auffi aux articles 5. & 6. de decreter de prife de corps fur les procés verbaux des Confeillers des Cours fouveraines, comme encore fur les procés verbaux des verdiers, gardes & fergens foreftiers.

Mais elle ne permet le decret d'ajournement perfonel fur les procés verbaux de tous autres Juges, qu'aprés que les affiftans defdits Juges auront été repetés.

Elle ne permet pas pareillement de decerner aucun decret d'ajournement perfonel fur les procés verbaux des huiffiers ou fergens, même des cours fouveraines, finon en cas de rebellions à juftice, & aprés qu'eux & leurs records auront été repetés, auquel cas les Juges pourront decerner decret de prife de corps.

Si les criminels & delinquans ne font pas comis par leurs noms, ni només par les témoins oüis en l'information, mais feulement defignés par leur ftature, leur poil, leurs habits, ou quelques autres marques, le Juge doit decreter contre-eux fous ces defignations, ou à l'indication qui en fera faite par les parties civiles, ou denonciateurs.

Ceux contre lefquels il y aura ordonance d'affigné pour être oüis, ou decret d'ajournement perfonel, ne peuvent pas être arêtés prifoniers, s'il ne furvient de nouveles charges, ou que par deliberation de cours fouveraines, il ait été refolu qu'en comparoiffant, ils feront arêtés, mais ce *retentum* ne peut être fait par aucun autre Juge inferieur.

Les decrets de prife de corps, & ceux d'ajournement perfonel s'executent nonobftant toutes apellations, même comme de Juge incompetant, ou de Juge recufé, fans demander permiffion, ni pareatis, toutefois ceux à la requête defquels ils font executés, font tenus d'élire domicile au lieu de l'execution, fans que cela pourtant atribuë aucune Jurifdiction au Juge du domicile élû.

Si l'acufé eft pris ou arêté fans aucun decret precedent, comme par exemple, quand il eft pris en flagrant delit, ou arêté à la clameur publique, le Juge doit ordoner qu'il fera conduit aux prifons de la Jurifdiction, & qu'il y fera écroüé, & l'écroüe à lui fignifié en parlant à fa perfone.

Quoique la partie ne faffe pas transferer le prifonier qui eft arêté dans les prifons empruntées, le Juge du lieu n'a pas droit de l'élargir, mais on peut permétre au prifonier de fe faire transferer à fes dépens, fous la garde qui lui eft donée, pourquoi on lui done un executoire fur fa partie.

Quand le decret d'ajournement perfonel, ou de prife de corps eft émané de la Cour, un arrêt de défenfes ne fufit pas pour lever l'interdiction, il faut pour cet éfet un autre arrêt qui retabliffe l'interdit dans la fonction de fa charge, mais lorfque le decret eft émané d'un Juge inferieur, un arrêt de défenfes fufit pour conferver & maintenir l'oficier dans l'exercice de fa charge, jufqu'à ce qu'il en foit ordonné autrement.

Les huiffiers, fergens, archers, & autres oficiers chargés de l'execution de quelques decrets ou mandemens de juftice, aufquels on aura fait rebellion, excés, ou violence, en doivent dreffer procés verbal figné d'eux & de leurs records, & d'aucuns voifins, ou autres affiftans s'il fe peut, & le metre incontinent és mains du Juge, pour y être pourvû, & en être envoïé une expedition à Monfieur le Procureur general, fans neanmoins que l'inftruction & le jugement en puiffe être retardés.

Par l'article 15. du titre 10. de l'ordonance de 1670. Il eft enjoint aux Gouverneurs, Lieutenans Generaux des Provinces & Villes, Baillifs, Senechaux, Maires & Echevins, de prêter main-forte à l'execution des decrets & de toutes les ordonances de juftice, même aux prevôts des Marechaux, Vice Baillifs, Vice-Senechaux, leurs Lieutenans & archers, à peine de radition de leurs gages en cas de refus, dont il fera dreffé procés verbal par les Juges, huiffiers ou fergens, pour être envoïés aux Procureurs generaux, chacun dans leur reffort, & pour y être pourvû par fa Majefté.

Il y a un arrêt du Confeil d'Etat du Roi du 7. Septembre 1662.

par lequel la prevention n'eſt pas acordée à celui dont le decret
ſera anterieur, parce qu'il ne depend que des Juges de dater leurs
decrets du temps qu'il leur plaît, mais à celui qui a executé le
decret par empriſonement du criminel.

Decret de priſe de corps.

Extrait des Regiſtres de &c.....

Vû l'information faite par nous D. &c.... à la requête de P..... demandeur
& acuſateur, le Procureur du Roi joint, contre A...... acuſé & complice,
le.... concluſions du Procureur du Roi, & tout conſideré ; Nous ordonons que
ledit A..... ſera pris au corps & conduit és priſons de céte Cour, pour être
oüi & interrogé ſur les faits reſultans deſdites charges & informations, & autres
ſur leſquels le Procureur du Roi le voudra faire oüir, ſinon aprés perquiſition
faite de ſa perſone, ſera aſſigné à comparoir à quinzaine, & par un ſeul cry public, à huitaine enſuivant, ſes biens ſaiſis & annotés, & à iceux établis Comiſſaires, ce qui ſera executé nonobſtant opoſitions ou apellations quelconques, &
ſans prejudice d'iceles, fait ce &c....

Autres ſous la deſignation de l'habit.

Nous ordonons que deux quidans, l'un aïant un juſtau-corps d'écarlate, & l'autre vêtu de droguet, ſeront pris & conduits és priſons de &c.....

Autres de priſe de corps à l'indication.

Nous ordonons qu'un quidan vêtu de noir qui ſera indiqué par le complaignant
ſera pris au corps &c......

Decret d'aſſigné pour être oüi.

Vû &c.... Nous ordonons que ledit B..... acuſé ſera aſſigné pour être oüi ſur
les faits reſultans de ladite information, & repondre aux concluſions que le Procureur du Roi voudra contre lui prendre, fait ce &c....

Ajournement perſonel.

Nous ordonons que ledit F..... acuſé de..... *exprimer en cet endroit le titre
de l'acuſation*, ſera ajourné à comparoir en perſone pardevant nous dans.....
pour être oüi & interrogé ſur les faits reſultans deſdites charges & informations
& autres ſur leſquels le Procureur du Roi le voudra faire oüir & repondre à
ſes concluſions, fait ce &c.....

Autre sur procés verbal.

Vû le procés verbal du tel jour &c....

Nous ordonons que ledit.... sergent & ses records, & assistans seront repetés sur ledit procés verbal, & cependant seront les només tel & tel... ajournés à comparoir en persóne &c.........

Mais il est beaucoup mieux de les repeter avant le decret d'ajournement personel qu'aprés.

La repetition s'intitule, *Information & repetition faites par nous &c.*

Les sergens, records & assistans doivent deposer separement, mot à mot de tout le contenu au procés verbal, dont le Juge leur fait faire lecture à chacun separement.

Il doit être fait mention à chacune repetition que lecture leur en a été faite.

Ils peuvent lors de la repetition changer ou augmenter à ce qu'ils ont dit par le procés verbal.

Il faut observer les mêmes formalités que celles pour l'audition des témoins en une information.

CHAPITRE LVII.

Des défauts & coutumaces.

L'Information aïant été decretée, si celui qui aura été assigné pour être oüi ne comparoît point dans le délai qui lui a été doné, & qui doit être reglé suivant la distance des lieux; la partie civile, ou s'il n'y a pas de parties civiles, le Procureur du Roi ou le Procureur fiscal leveront contre lui défaut aux presentations.

Ensuite, il le donera à juger, & pour le profit, l'ordonance d'assigné pour être oüi sera convertie en decret d'ajournement personel.

La même chose est, si celui contre qui il y aura decret d'ajournement personel ne compare pas dans le temps qui lui sera doné par l'assignation, selon la distance des lieux, ainsi qu'aux ajournemens en matieres civiles, le decret d'ajournement personel converti en decret de prise de corps.

Si celui contre lequel il y aura originairement prise de corps, ou celui dont l'ajournement perfonel aura été converti en prife de corps, fe cache ou s'abfente & fe fouftrait à la juftice, le fergent porteur du decret, fera perquifition de fa perfone, & en même temps la faifie & anotation de fes biens, fans que pour ce faire, il ait befoin d'autres jugemens ou ordonances que ledit decret de prife de corps.

A l'égard de la perquifition elle doit être faite au domicile de l'acufé, ou au lieu de fa refidence, & le fergent en doit dreffer procés verbal, & en laiffer copie au domicile dudit acufé.

Mais fi l'acufé n'a pas de domicile, ou ne refide point au lieu de la Jurifdiction où s'inftruit le procés, il fufit d'aficher à la porte de l'auditoire la copie du decret.

Par édit du mois de Decembre 1680. la perquifition de l'acufé poura être valablement faite dans la maifon où il refidoit, dans l'étenduë de la Jurifdiction où le crime aura été commis, dans trois mois, du jour qu'il a commis le crime, fans qu'il foit neceffaire de faire la perquifition au lieu où il demeuroit auparavant, & aprés fes trois mois la perquifition de l'acufé doit être faite en fon domicile ordinaire.

Quant à la faifie & anotation des biens de l'acufé, elle doit être faite, tant des meubles que des immeubles.

A l'égard des meubles la faifie en doit être faite en la maniere prefcrite au titre 33. de l'ordonance de 1667.

C'eft à-dire, que le fergent porteur du decret, avant que d'entrer en la maifon de l'acufé, abfent, & fugitif, pour y faifir des meubles & éfets mobiliaires, doit apeler deux voifins au moins, pour y être prefens, aufquels il doit faire figner fon exploit ou procés verbal, s'ils favent ou veulent figner, finon il en fera mention, & le fera figner par fes records.

S'il n'y avoit pas de voifins, il eft tenu de le declarer par fon exploit, & de le faire parapher par le plus prochain Juge du lieu aprés fon execution.

Que fi les portes de la maifon font fermées, & qu'il n'y ait perfone pour les ouvrir, ou que ceux qui y feroient refufaffent d'en faire l'ouverture, le fergent doit fe retirer par devers le Juge du lieu, qui au bas de l'exploit ou procés verbal nomera deux perfones, en prefence defquelles l'ouverture des portes, & la faifie & execution fera faite.

Les exploits ou procés verbaux de faifie & execution, doivent

X x iij

contenir par le menut, & en détail tous les meubles qui ser[ont]
trouvés en la maison de l'acusé, ou ailleurs, à lui apartenar[s]
sans que les Juges, grefiers, huissiers, archers, ou autres ofici[ers]
de Justice, en puissent prendre ou faire transporter aucun en le[ur]
maison, ni au grefe, cela leur étant defendu par l'article 17. [du]
titre 17. de l'ordonance de 1670.

Si parmi ces meubles il y a des cofres, cabinets, ou' casse[tes]
fermées, dans lesquels on pretend y avoir des pieces ou papi[ers]
servans à la conviction de l'acusé, le Juge y peut faire apos[er]
le scelé, & même établir garnison dans la maison pour la conse[r-]
vation de son scelé, & même des autres meubles qui auront é[té]
saisis, s'il ne se trouve point de gardien qui s'en veuille cha[r-]
ger, ou qui soit capable d'en répondre.

Procés verbal d'aposition de scelé dans la maison de l'acusé.

L'an &c... par devant nous B.. Conseiller du Roi, Lieutenant Criminel
&c... est comparu A...lequel nous a dit, qu'il a fait faire perquisition d[e]
P... en son domicile en vertu du decret de prise de corps par nous decerné con[-]
tre lui, le... & comme on ne l'a pû trouver, & qu'il y a des choses dans [la]
maison qui peuvent servir à la conviction du crime, dont il est acusé, led[it]
A... nous a suplié de nous transporter pour sceler les portes & cabinets fermé[s]
étant en icelle, même d'y établir garnison pour sureté des scelés.

Sur quoi nous avons donné acte audit A.... de sa comparution, dire & requi[-]
sition ci-dessus, & ordoné que nous nous transporterons heures presentes en [la]
maison dudit P... pour y apofer nos scelés sur les biens & éfets, fait les jour[s]
& an que dessus.

En execution de laquelle ordonance, nous nous sommes transportés en la mai[-]
son dudit P... scize rue &c... où étant avons apofé le cachet de nos armes & [.]
scelé sur les trous & entrées des clefs de la porte d'un cabinet en la premiere[.]
chambre de ladite maison, & sur l'un des bouts des deux bandes de papier
apliquées à ladite porte, l'une du côté de la serrure, & l'autre du côté des pen[-]
tures d'icelles & sur ... *Il faut specifier les scelés qui seront apofés sur les cofres,*
cabinets & armoires fermées à clef, & faire la description des meubles qui se trou-
veront en évidence.

Ce fait, nous avons tous nosdits scelés & les meubles & éfets dont la description a été ci-dessus faire, laissés en la garde de F... & G... archers en la
Marechaussée de... qui demeureront à cet éfet en ladite maison jusqu'à ce qu'il
en ait été autrement par nous ordoné, dont ils se sont solidairement chargés &
promis de les representer, même nosdits scelés, sains & entiers, & ont signé,
fait les jours & an que dessus.

Les meubles saisis peuvent être vendus, principalement s'ils
sont sujets à deperir, ou si une longue garde en peut consomer
la valeur, comme si ce sont des meubles qui ocupent une maison

dont il faille païer les loïers , ou fi ce font des chevaux ou autres beftiaux , qui non feulement deperiffent à la fouriere , mais encore fe confument en peu de tems par la depenfe de leur nouriture.

A l'égard des imeubles des acufés , on n'en peut faifir que les fruits & revenus aufquels il faut établir de bons Comiffaires & fequeftres autres que les parens & domeftiques des fermiers & receveurs du domaine du Roi , ou des Seigneurs à qui la fonction peut apartenir , les parens & domeftiques de ces fermiers & receveurs étant exclus en ce cas de le pouvoir être , fuivant l'article 6. du titre 17. de l'ordonance de 1670.

Aprés la perquifition de l'acufé & la faifie & anotation de fes biens, s'il eft domicilié ou refidant dans le lieu de la Jurifdiction où s'inftruit le procés , il doit être afigné à fon domicile ou au lieu de fa refidence , à comparoir dans quinzaine , finon & au cas qu'il n'ait pas de domicile en ce lieu, il fufit d'aficher l'exploit d'afignation à la porte de l'auditoire.

Outre le delai de quinzaine , il faut doner à l'acufé le delai d'un jour pour chaque dix lieuës de diftance de fon domicile , jufques au lieu de la Jurifdiction où il eft pourfuivi , & fi dans la quinzaine , il ne compare pas , il doit être afigné par un feul cri public à fon de trompe , à la place publique , à la porte de la Jurifdiction , & encore au devant de fon domicile , s'il en a , à comparair à la huitaine , felon l'article 8. dudit titre 17.

Ainfi , l'ufage de l'afignation à trois briefs jours , à fon de trompe & cri public , dont parlent tous nos Praticiens , eft entierement abrogé , la proclamation dont il eft parlé dans cet article , tenant lieu de cet ajournement.

La derniere afignation à la huitaine donée à fon de trompe , & cri public étant échue , (*fans comprendre dans cête huitaine le jour de l'afignation , ni celui de l'écheance*) les exploits & procedures faites contre l'acufé contumax , doivent être mis entre les mains du Procureur du Roi, ou du Procureur fifcal , pour doner fes conclufions , & fur le tout (*fi ces procedures fe trouvent avoir été bien & valablement faites*) le Juge rend fa fentence par laquelle il ordone que les témoins oüis en l'information , feront recolés en leurs depofitions , & que le recolement vaudra confrontation.

Le recolement fait , le procés doit être derechef comuniqué au Procureur du Roi , ou au Procureur fifcal , pour y prendre fes conclufions definitives , & enfuite remis entre les mains du

Juge, qui par une même fentence declarera la contumace bien inftruite, & les défauts bien & dûement obtenus, & en ajugeant le profit d'iceux, declarera le contumax bien & dûement ateint & convaincu du crime dont il fera acufé, & pour reparation le condonera à telle peine & amande qae le crime par luî comis poura meriter avec confifcation de fes biens.

Le ftile étoit ci-devant, en condanant un homme à mort par contumace d'ajouter ces mots, *fi pris & aprehendé peut être.*

Mais aujourd'hui ce ftile a été abrogé, par l'article 15. du titre 17. de ladite ordonance de 1670. qui défend, de plus inferer céte claufe dans les fentences de condanations à mort, parce qu'en éfet elle eft inutile, atendu que tant s'en faut qu'un condané par contumace, foit executé à mort quand il eft pris & aprehendé, qu'au contraire, dés le moment qu'il eft aprehendé & conftitué prifonier, tous les défauts & contumaces contre lui obtenus, & la fentence de condanation rendue fur iceux, font mis au neant de droit, fans qu'il foit befoin de le faire ordoner par aucun jugement, ni d'interjeter apel de la fentence de contumace.

Si la fentence de contumace condane l'acufé à mort naturelle, l'execution en doit être faite par éfigie, c'eft à dire, par un tableau ataché à une potence dreffée en la place publique, dans lequel le criminel eft reprefenté foufrant le fuplice auquel il eft condané, mais fi la condanation eft à une moindre peine, comme celles de galeres, du fouet & de la fletriffure, de l'amande honorable, ou du baniffement perpetuel, elle fera feulement écrite dans un tableau, fans aucune éfigie, & le tableau ataché à la potence.

Pour ce qui eft de toutes les autres condanations par contumace, comme par exemple, au baniffement pour un tems, en quelque fatisfaction, ou en des amandes pecuniaires, elles doivent être feulement fignifiées, & d'icelles baillé copie au domicile du condané, s'il en a, finon afiché à la porte de l'auditoire de la Jurifdiction où la fentence a été rendue.

Quoique par la fentence de contumace, tous les biens du condané, tant meubles, qu'imeubles foient confifqués, neanmoins ils ne font pas aquis au Roi, ni aux Seigneurs hauts-Jufticiers, & le condané peut avoir main levée des faifies qui en auront été faites, s'il fe reprefente en Juftice, ou s'il eft conftitué prifonier,

avant

avant que les prescriptions par l'ordonance, soient aquises contre lui.

De sorte, que s'il se represente, ou est constitué prisonier dans l'an de l'execution, de la sentence de contumace contre lui rendue, main levée lui sera donée de ses meubles & de ses imeubles, & si ses meubles ont été vendus, le prix procedant de la vente d'icelle lui doit être rendu, les frais de Justice prealablement deduits, & en consignant par lui l'amande à laquelle il aura été condané, atendu que l'ordonance lui done un an aprés la sentence de contumace, pour pouvoir recouvrer & conserver ses meubles.

S'il se représente, ou est constitué prisonier aprés l'an, mais dans les cinq ans, il perdra ses meubles, & les fruits de ses imeubles, qui auront été levés & perçus jusqu'au jour de sa representation, ou de son emprisonement, mais il ne perdra pas la proprieté de ses imeubles, dont main levée lui sera faite en consignant l'amande.

Que si dans les cinq anées à compter du jour de l'execution de la sentence de contumace, il ne se represente point, ou n'est pas constitué prisonier, toutes les condanations pecuniaires, amandes & confiscations prononcées contre lui, sont reputées contradictoires, & valent comme ordonées par arrêt, & sont aquises à ceux ausquels elles sont ajugées.

Toutesfois, ceux qui ont obtenu les dons de confiscation soit du Roi, ou des Seigneurs hauts-Justiciers, ne peuvent pas se métre en possession des biens confisqués de leur autorité, mais ils sont tenus de se pourvoir en Justice, pour en obtenir la permission, à peine contre les Seigneurs & leurs donataires, d'être déchus de leurs droits, & contre les receveurs du domaine du Roi, de dix mille livres d'amande.

Il est vrai que par l'article 18. du titre 17. quand le contumax se represente, & est constitué prisonier aprés les cinq ans, les défauts & contumaces sont mis au neant de plein droit, & sans qu'il soit besoin de le faire ordoner par aucun jugement.

Mais cela n'a éfet aprés les cinq ans, que pour la peine corporele, & non pas pour les condanations pecuniaires, amandes & confiscations, qui demeurent à ceux ausquels elles ont été ajugées.

C'est pourquoi, comme l'ordonance est en cela rigoureuse, le Roi s'est reservé par l'article 38. dudit titre 17. la faculté de recevoir les condanés à efter à droit , & de leur acorder fes létres pour les purger à cét éfet , & pour purger leur contumace, & au cas que par le jugement qui intervient en execution de ces létres, ils foient envoïés abfous ou condanés en des peines ou amandes qui n'emportent pas confifcation, l'article 28. porte, que les meubles & immeubles fur eux confifqués , leur feront rendus en l'état qu'ils fe trouvent , fans toutefois qu'ils puiffent pretendre la reftitution des amandes & interêts civils , ni des fruits de leurs immeubles.

Si ceux qui ont été condanés à mort ou aux galeres perpetuelles , ou bannis à perpetuité du Roïaume , vienent à deceder aprés les cinq ans , fans s'être reprefentés en juftice , & avoir été conftitués prifoniers , ils font reputés morts civilement du jour de la fentence de contumace, fuivant l'article 29. dudit titre 17. c'eft à dire , comme retranchés de la focieté civile , ils font incapables de recüeillir aucune fuceffion, ni aucun legs, ni aucune donation , ni de profiter d'aucune fubftitution faite à leur profit.

De cet article il s'enfuit ; que fi durant les cinq ans, le condané par contumace vient à deceder, ils ne doit pas être reputés mort civilement, en forte que fes heritiers, ou fes creanciers pourront recüeillir les fucceffions & donations qui lui feront faites & échûës depuis la fentence de contumace , comme n'étant reputé mort civilement qu'aprés les cinq ans.

Neanmoins l'ordonance de 1639. les repute morts civilement du jour de la condanation par contumace , & incapables de contracter mariage quant aux éfets civils, en ce que par l'article 5. & 6. elle declare les enfans nés du mariage par eux contracté aprés leur condanation par contumace, & leur pofterité, incapables de toutes fuceffions , fi avant leurs decés ils n'ont purgé la contumace , & être remis au premier état, fuivant les voïes prefcrites par les ordonances.

Le condané par contumace ne peut auffi pendant les cinq ans aliener au prejudice du Roi , des Seigneurs hauts Jufticiers à qui la confifcation apartient, ni des parties civiles , les biens qu'il poffedoit, & lui étoient acquis avant la condanation, au cas que la condanation foit à mort naturele ou civile , parce que par la difpofition de droit en la loi 15. *ff. de Donat.* les criminels ont les mains liées , pour doner ou aliener leurs biens au prejudice du fifc , non feulement du jour de la condanation , mais du jour que le crime a été commis, pourveu que la condanation s'enfuive , *poft contraƈtum capitale crimen* , *donationes faƈtæ non valent, ſi damnatio ſecuta ſit.*

Si l'apelant decede avant le jugement de l'apel , les diſpoſitions par lui faites de ſes biens & de ſes benefices, ſont valables, parce que l'apel par lui interjeté a éteint la condanation & a rendu le jugement nul & ſans éfet.

Mais ſi l'apelant eſt decedé aprés l'arrêt confirmatif de la ſentence , en ce cas les diſpoſitions par lui faites *medio tempore* , entre la ſentence & l'arrêt ſont nules , par la raiſon que l'arrêt a un éfet retreƈtatif au jour de la ſentence , ainſi qu'il a été jugé par pluſieurs arrêts , raportés par Brodeau ſur Monſieur Loüet , létre E. nombre 25.

Les arrêts confirmatifs des ſentences de mort rendus contradiƈtoirement , ont le même éfet retreƈtatif , à l'égard des ſucceſſions , legs & ſubſtitutions échues aux condanés pendant l'apel , dont ils ſont declarés incapables par d'autres arrêts raportés par le même Commentateur & au même endroit.

Les procés verbaux d'aſignation à quinzaine & à huitaine, par un ſeul cri public , ſont au Chapitre des matieres criminelles de mon Stile general des Huiſſiers & Sergens.

A l'égard de la forme des jugemens par contumace , tant de condanation de mort naturelle , que des peines des galeres , du foüet & de la fletriſſure , de l'amande honorable , & du baniſſement perpetuel , eſt au Chapitre des arrêts en matiere criminelle , du premier Volume de mon ancien Clerc du Palais.

Letres pour eſter à droit aprés les cinq anées de la contumace.

Loüis &c. ... à nos amés & feaux &c... Salut. Nous avons reçu l'humble ſuplication de tel. .. contenant que le tel jour... il a tué tel... dans la neceſſité d'une legitime défenſe de ſa vie , & craignant la rigueur de la Juſtice , il s'eſt refugié à .... d'où il n'a pû repaſſer en France à cauſe de la guerre d'entre les deux Courones , cependant la veuve dudit défunt tel ... a fait une plainte contre l'expoſant , qualifiant cet accident d'aſſaſſinat premedité , & a obtenu arrêt qui l'a condané à mort par défaut & contumace le tel jour.... quoique l'expoſant ſoit fort inocent du crime qu'on lui impoſe , & comme il lui a été impoſſible de ſe repreſenter dans les cinq anées depuis ledit arrêt , il nous a tres-humblement fait ſuplier de lui oƈtroïer nos Létres pour être reçu à eſter à droit, *A ces cauſes* , nous vous mandons que nôtre Procureur general , & autres qu'il apartiendra apelés par devant vous , s'il vous apert que l'expoſant n'ait pû ſe preſenter lors des défauts & contumaces , en ce cas aïés à le recevoir à eſter à droit , & ſe juſtifier des cas à lui impoſés , tout ainſi qu'il eût pû faire avant ledit arrêt , que ne voulons lui prejudicier pour ne s'être preſenté dans les cinq ans portés par nos Ordonances , dont nous l'avons de nôtre grace speciale , pleine puissance & autorité Roïale relevé & relevons par ces presentes à la charge de se métre en état dans vos prisons lors de la presentation d'icelles , de refoudre les dépens de la contumace & de consigner les amandes & sommes si aucunes ont été ajugées aux parties , & que foi sera ajoutée aux depositions des témoins decedés , comme s'ils avoient été confrontés , Mandons au premier nôtre huissier ou sergent sur ce requis de faire pour l'execution des presentes tous exploits , significations , actes de Justice necessaires , Car tel est nôtre plaisir. Donné à &c...... l'an de grace... & de nôtre regne le....

Par le Conseil.

Tel ....

Il faut presenter les letres pour ester à droit dans trois mois du jour de l'obtention , passé lequel tems il est fait defenses aux Juges d'y avoir égard , ni les impetrans n'en peuvent pas obtenir de nouvelles , ni être relevés de laps de tems , selon l'article 16. du titre 16. de l'ordonance de 1670.

CHAPITRE XVIII.

Des rebellions à Justice.

CE n'est pas toûjours l'absence , ou la fuite du criminel qui empêche sa capture , mais quelquefois la resistance & la rebellion ; que lui ou les siens font aux Oficiers de Justice , pour empêcher sa capture , ou la saisie & annotations de ses biens.

C'est pourquoi par l'ordonance du Roi François I. du mois d'Août 1539. défenses sont faites à toutes persones sur peine de punition corporelle , non seulement de receler les criminels & delinquans contre lesquels il y a prise de corps decernée par autorité de Justice , & de leur doner retraite dans leur maison.

Comme aussi d'empêcher les Sergens & ministres de la Justice en leurs fonctions , directement ou indirectement , en donnant des avis au criminel de s'évader , à peine (dit céte ordonance) de s'en prendre à eux , c'est à dire , de les rendre responsables de l'évasion , tant par l'interêt civil de la partie , que pour la peine meritée par le criminel.

La même ordonance article 34. enjoint à toutes persones d'aider aux huiſſiers & ſergens faiſans executions, afin que Juſtice ſoit obéïe, & que les crimes & delits ſoient punis.

Par l'article 26. de l'ordonance de Moulins, il eſt défendu à tous les ſujets du Roi de recevoir ni receler aucuns acuſés apelés à ban, ou cri public pour crime & delits, à peine d'être punis de ſemblable punition que meritoient ces acuſés.

La même ordonance article 29. dit que ceux qui tiendront fort en leurs maiſons & châteaux, contre les decrets de Juſtice, ou qui n'obéïront pas aux comandemens qui leur ſeront faits, confiſqueront leurs places, maiſons & châteaux, au profit de qui il apartiendra, ſoit en païs de confiſcation ou non, ſans prejudice de punition corporelle, & pertes de leurs autres biens s'il y échet.

Les ordonances d'Amboiſe & de Blois repetent auſſi la même choſe.

Par l'article 34. de ladite ordonance de Moulins, défenſes ſont faites ſur peine de la vie à toutes perſones de quelque qualité qu'elles ſoient, d'outrager ou exceder les huiſſiers ou ſergens exploitans actes de Juſtice, & declaré qu'aucunes lêtres de grace & de remiſſion ne ſeront expediées à ceux qui ſont coupables de ce crime.

Les ordonances d'Amboiſe & de Blois repetent encore la même choſe.

C'eſt pourquoi ſi les huiſſiers ou ſergens aïant arêté un priſonier, il étoit recous violament d'entre leurs mains, ou ſauvé en quelque maiſon, ou château, ou qu'ils euſſent été batus & excedés par ceux qui auroient faits la recouſſe, ils en doivent faire leurs procés verbaux, ſignés d'eux, de leurs recors, & d'aucuns voiſins, ou autres aſiſtans s'il ſe peut, & les repreſenter au Juge, qui ſur iceux decernera ajournement perſonel contre tous ceux qui auront comis la rebellion, ſoit en faiſant la recouſe du priſonier, ou en lui donant retraite dans leurs maiſons & châteaux, ou en batant & excedant leſdits huiſſiers ou ſergens, & leurs recors auront été repetés.

Le même Juge peut auſſi decreter priſe de corps, eu égard à la qualité du crime, & des perſones qui auront comis ladite rebellion, ainſi qu'il a été dit ci-deſſus.

Si le priſonier recours étoit coupable de crime atroce, ou déja condané par contumace, ou contradictoirement, le crime ſeroit capital.

Il y a des exemples de gens qui ont été punis de mort , pour avoir fait évader des criminels condanés à mort.

Mais si le prisonier recours n'étoit pas encore vaincu , mais seulement en decret de prise de corps , ou que le crime pour lequel il étoit arêté fût leger , la punition seroit moindre & à l'arbitrage du Juge , outre les domages & interêts qui seroient ajugés à la partie civile.

Le Brun en sa Pratique criminelle , livre 2. dit qu'en l'anée 1582. lui étant écolier à Paris , un nomé Claude Thouard d'Etampes , fut condané à être pendu pour avoir engrossi la fille d'un President duquel il étoit clerc , mais qu'étant conduit à la Gréve pour être executé, il fut recours par un tumulte & émotion populaire , & que quelques jours aprés un nomé Legendre acusé & convaincu d'avoir prêté aide & main forte pour la recousse dudit Thoüard , fut pendu & étranglé en la même place, où il avoit aidé à faire ladite recousse.

Il ne faut pas toûjours ajouter foi aux huissiers ou sergens qui raportent qu'ils ont souferts rebelion executans dans une maison, l'insolence avec laquelle ils y entrent souvent , peut pousser à bout la patience la plus soumise.

Il y a aussi des lieux , comme ceux où il y a plusieurs Jurisdictions où ils en abusent davantage par la conivence des Juges, qui craignent qu'une autrefois ils ne détournent la pratique.

CHAPITRE LX.

Des excuses ou exconies des acusés.

EXconie est l'excuse de celui qui est ajourné à comparoir en persone & qui ne le peut faire , parce qu'il est empeché par maladie ou par autre cause legitime.

L'exconie a lieu aussi à l'égard de ceux contre lesquels il y a decret de prise de corps.

L'Ordonance en l'article 1. de ce titre ne parle que de maladie ou de blessure , cependant il y a d'autres Exconies qui sont aussi reçues, comme par exemple si par un debordement d'eaux, par l'abondance des neiges, par les guerres, ou autres semblables, il ne peut se mettre en chemin.

Ainfi, fi l'acufé ne peut pas comparoir en Juftice à caufe de maladie ou de bleffure, il poura faire prefenter fes excufes par procuration fpeciale paffé pardevant Notaire, laquelle contiendra le nom de la ville, bourg ou village, paroiffe, ruë & maifon où il fera detenu.

La procuration n'eft pas receuë fans raport d'un Medecin de faculté aprouvé, qui declare la qualité & les accidens de la maladie ou bleffures & que l'acufé ne peut fe metre en chemin fans peril de la vie, dont la verité fera atefté par ferment du Medecin pardevant le Juge du lieu, dequoi fera dreffé procés verbal, lequel fera pareillement joint à la procuration.

Procés verbal d'ateftation de la verité d'un rapport de Medecin.

L'an ... par devant nous M. ... Confeiller du Roi, Prevôt ou Bailli de, ... eft comparu D ... Docteur en Medecine de la Faculté de ... lequel aprés ferment par lui fait de dire verité, afirme que le raport par lui fait le ... de l'état de la perfone de B ... contient verité, lequel il nous a reprefenté & à lui rendu aprés avoir été par nous parafé, fait les jours & an que deffus.

Le raport du Medecin, avec le procés verbal du ferment, feront joints à la procuration contenant les excufes de l'acufé, & le tout fera montré au Procureur du Roi, ou à celui du Seigneur, & comuniqué à la partie civile s'il y en a, qui eft tenue fur un fimple acte de fe trouver à l'audiance où l'exconie fera prefentée & reçue, fans que le porteur de pieces foit tenu de declarer qu'il eft envoié exprés pour les prefenter, & qu'il a vû l'acufé ainfi qu'il eft dit par l'article 2. & 3. du titre 11. de l'ordonance de 1670.

Aux termes de cet article il faut faire fignifier à la partie civile l'acte qui fuit.

Somation à la partie civile de fe trouver à l'audiance pour voir dire que l'exconie fera reçue.

A la requête de B ..... acufé.

Soit fommé & interpelé A ... complaignant de comparoir demain, huit heures du matin, en la chambre & par devant Monfieur le Prevôt ou Bailli de ... pour voir dire que l'excufe prefentée par ledit B ... fera reçue, & en confequence qu'il fera furcis à l'execution du decret de prife de corps contre lui decerné, & au jugement de la contumace, jufqu'à ce qu'il fe puiffe metre en état, à l'éfet dequoi fera doné copie, avec le prefent acte audit A ... du raport de vifite de la perfone de B ... par D ... Docteur en Medecine de la Faculté de ... du procés verbal d'ateftation de D .... que ledit raport eft veritable,

& de la procuration de B. . . contenant ces excuses, dont actes.

l'exconie sera presentée & reçuë sur cet acte, sans que le porteur des pieces soit tenu, comme il a été dit ci dessus, de declarer qu'il est envoié exprés & qu'il a vû l'acusé.

Si les causes de l'exconie paroissent legitimes, le Juge ordonnera que le Procureur du Roi, ou celui du Seigneur, informera respectivement dans un bref delai de la verité de l'exconie, & du contraire.

Le Jugement portant permission d'informer de la verité de l'exconie, sera en la forme qui suit.

Extrait des Regiftres de &c. . . . .

Entre B. . . . demandeur aux fins de l'acte du . . . & A. . . défendeur d'autre, Aprés que Z. . . fondé de procuration speciale du demandeur, a presenté son exconie, & que J. . . pour A. . . a été oüi, ensemble P. . . pour le Procureur du Roi, Nous avons permis au demandeur de faire preuve dans . . . jours de la verité de l'exconie par lui presentée, & le défendeur & le Procureur du Roi au contraire par devant le Bailli de . . . pour ce fait & raporté être ordoné ce qu'il apartiendra par raison, fait &c. . .

Le délai pour informer étant expiré il doit être fait droit sur l'incident de l'exconie sur ce qui se trouvera produit, & si par l'information faite à la requête du Procureur du Roi, ou du Procureur fiscal, il se trouve que la cause de l'exconie soit fausse, cête information sera jointe à la contumace, mais s'il est justifié que l'acusé soit indisposé, il faut atendre qu'il soit gueri pour executer le decret & juger la contumace.

Si l'acusé est extrémement malade, & qu'il y ait lieu de craindre qu'il decede de ses blessures, & qu'on croie que son interrogatoire puisse servir de preuve contre d'autres acusés, le Juge peut ordoner qu'il se transportera en la maison où l'acusé est malade, pour être par lui procedé à son interrogatoire sur les faits resultans des charges & informations contre lui faites, pour servir & valoir ce que de raison.

Les saisies & anotations de biens faites en vertu du decret de prise de corps, tiennent pendant le délai de l'exconie, & jusqu'à ce que l'acusé ait subi l'interrogatoire.

Si l'acusé decede de ses blessures ou d'autres maladies, avant que de s'être mis en état, celui qui a fait ses soumissions de le representer, doit se faire décharger, & à cête fin presenter requête, ainsi qu'il ensuit.

Requête

Requête afin de faire visiter le corps de l'acusé.

A Monsieur le Prevôt ou Bailly de....

Suplie humblement H......

Disant que B....à caufe de fes bleffures , a été arêté en vertu de vôtre fentence du....en la maifon du fupliant , où il a demeuré depuis le...jufqu'à ce
jour qu'il eft decedé.

Ce confideré , Monfieur , il vous plaife ordoner que le corps de B... fera ouvert vû & vifité par tels Medecins & Chirurgiens qu'il vous plaira nomer d'ofice,
tant en vôtre prefence, qu'en celle du Chirurgien qui l'a panfé , lefquels en feront leur raport , pour icelui veut être le fupliant dechargé purement & fimplement , & vous ferés bien.

Il faut comuniquer céte requête au Procureur du Roi , ou
fifcal , pour y doner fes conclufions aprés quoi il la faut porter
au Juge, ou Lieutenant Criminel , qui au bas de céte Requête
met fon ordonance en ces termes.

Vû la prefente requête , conclufions du Procureur du Roi.

Nous ordonons que le corps mort de B... fera ouvert, partie prefente ou dûement apelée, en nôtre prefence , & du Chirurgien qui l'a panfé , par N....
Docteur en Medecine , & par O....Maître Chirurgien , que nous avons només
d'ofice pour le raport defdits N... & O... fait & par nous vû , être fait droit
fu rladite requête , ainfi qu'il apartiendra , fait le...

Les procés verbaux & raports qui feront faits en execution de
céte ordonance , doivent être comuniqués au Procureur du Roi,
ou au Procureur fifcal , & aprés qu'il aura doné fes conclufions,
le gardien fera déchargé, fi l'afaire y eft dipofée.

L'ouverture du corps peut auffi être requife en céte maniere ,
par la partie civile , ou par le Procureur du Roi , ou fifcal.

C H A P I T R E   LX.

Des fentences de provifion.

SI le plaignant a été bleffé , il peut demander qu'une fomme
lui foit ajugée par provifion , pour fubvenir à fa nouriture &
medicamens , & le Juge lui peut ajuger céte fomme , fi le cas y

échet, eu égard, & proportionement à la qualité de la persone & de ses blessures.

Pour obtenir céte provision, il faut que le plaignant après l'information faite & decretée, se fasse visiter par un Chirurgien, & qu'il tire de lui un raport de l'état & de la qualité de ses blessures, qu'ensuite il baille requête au Juge, narrative du fait, par laquelle il conclut à ce qu'il lui soit ajugé une certaine somme, ou telle autre somme qu'il plaira au Juge, pour ses nouritures, pansemens & médicamens, ainsi qu'il ensuit.

Requête afin de provision en matiere criminele.

A Monsieur le Lieutenant Criminel de....
Suplie humblement F.........

Disant que J... l'aïant dangereusement blessé à coups d'épées il a fait informer de cet assassinat, obtenu decret de prise de corps contre J...., & s'est fait visiter par M...Medecin, & N...Chirurgien, qui ont fait leur raport de l'état de ses blessures, & comme il a besoin d'alimens, & de se faire médicamenter, il requiert lui être pourvû.

Ce consideré, Monsieur, il vous plaise ajuger au supliant la somme de.... par provision, pour emploïer à ses alimens & médicamens, au païement de laquelle J...sera contraint par toutes voïes dûes & raisonables, même par emprisonement de sa persone, ordoner que la sentence qui interviendra sur la presente requête, sera executée, nonostant oposition ou apelation quelconque, & sans prejudice d'icelles, & vous ferés bien.

Il est aussi necessaire de faire joindre à céte requête l'information faite contre l'acusé avec le raport du Chirurgien, & le Juge après avoir vû & examiné le tout, lui ajugera provision de telle somme qu'il avisera être de justice, sans que pour ce faire il ait besoin de conclusion du Procureur du Roi, ou du Procureur fiscal.

Ci devant, pour rendre ces sentences de provision, les Juges prenoient des épices, & la partie ne pouvoit toucher la somme qui lui étoit ajugée qu'en baillant caution.

Aujourd'hui le contraire se pratique, parce que par l'article 3. du titre 12. de l'ordonance de 1670. défenses sont faites aux Juges de prendre ni recevoir aucuns émolumens pour les sentences de provision, ni de tous les incidens qui peuvent naître en conséquence, & par l'article 6. du même titre, il est dit, que les sentences de provision seront executées contre le condané, tant par saisie de ses biens, que par emprisonement de sa persone, sans que le plaignant soit obligé de bailler caution.

Il fe cometoit auffi autrefois par les Juges , & principalement au Châtelet de Paris , un autre abus en matiere de provifion , qui eft que dans l'une & l'autre des parties qui avoient eu rixe & querele enfemble , fe plaignoient refpectivement d'avoir été bleffés, on ajugeoit à l'un & à l'autre une provifion par diferentes fentences , & puis aprés on les compenfoit pour le tout , fi elles étoient égales , ou jufques à concurence , fi elles étoient inégales.

Mais cet abus eft corigé par l'article 2. dudit titre 12. qui défend à tous Juges d'acorder des provifions à l'une & à l'autre des parties , à peine de fufpenfion de leurs charges , & de tous dépens , domages & interêts , en forte qu'il ne peut plus y avoir lieu à la compenfation des provifions,finon en Cour fouveraine , quand il y a apel de deux fentences de provifion rendue par divers Juges , par devant lefquels les parties fe feront pourvûes.

Le Juge qui a ajugé la provifion n'en peut pas furfeoir l'execution , ni la joindre au procés principal.

Celles qui font rendues par les Baillifs Roïaux & autres Juges reffortiffans nuement aux Cours fouveraines , doivent être exécutées nonobftant l'apel , & fans prejudice , fi elles n'excedent la fomme de deux cens livres.

Celles des autres Juges Roïaux , fi elles n'excedent cent vingt livres , & celles des Juges des Seigneurs , fi elles n'excedent cent livres , & par quelques Juges qu'elles aïent été donées , fuivant l'étendue de fon pouvoir , elles ne peuvent être furcifes par les Cours fouveraines , ni aucunes défenfes donées de les executer , fans avoir préalablement vû les charges & informations , avec les raports des Chirurgiens , & que le tout ait été comuniqué au Procureur du Roi , ou Procureur fifcal.

Quelquefois les Cours fouveraines , aprés avoir vû les charges & informations , reçoivent les acufés apelans des decrets d'ajournement perfonel , ou de prife de corps decerné contre eux , & de toute la procedure qui s'en eft enfuivie , & font défenfes de les métre à execution , fous pretexte dequoi les acufés prétendent s'exempter du païement des provifions.

Mais l'ordonance y a pourvû en l'article dernier dudit titre 12. en declarant que les défenfes & furfeances donées par les arrêts , n'auront aucun éfet à l'égard des provifions , s'il n'eft ainfi expreffement ordoné , & fait mention des provifions.

Si la provifion ajugée par le Juge qui a informé & decreté , ne fe trouve pas fufifante , parce que la bleffure du plaignant eft grieve , & de longue & dificile cure , comme s'il avoit une jambe ou quelque autre membre rompu , il en poura ajuger une feconde fi elle eft jugée neceffaire , pourveu qu'il y ait quinzaine au moins entre la premiere & la feconde , fuivant l'article 3. du même titre 12.

Au refte ces provifions alimentaires font fi favorables , que les deniers n'en peuvent être faifis pour frais de Juftice , ni pour autre caufe que ce foit , ainfi qu'il eft decidé en l'article 5. dudit titre 11. & le condané n'eft pas déchargé en la confignant au grefe ou ailleurs , parce que par le même article ces confignations font declarées nules , avec défenfes au grefier de les recevoir à peine d'interdiction.

Tellement que le condané peut être contraint au païement, nonobftant toute faifie faite entre fes mains & toutes confignations par lui prétendues.

Il femble que la provifion ajugée à un bleffé perde fon privilege après le recouvrement de la fanté , & qu'elle peut être faifie par les creanciers , d'autant que par le droit , le privilege des alimens dûs pour le paffé n'avoit plus de lieu , fuivant les loix 8. au dig. & 8. au code *de tranfact.*

Neanmoins l'ordonance , non plus que l'ufage , n'ont pas aprouvé céte diftinction , & la demeure ne doit pas profiter au debiteur qui fufciteroit des arrêts & faifies entre fes mains.

CHAPITRE LXI.

Des interrogatoires.

L'Interrogatoire en matiere criminelle eft une inquifition que fait le Juge à l'acufé pour découvrir s'il eft inocent , ou coupable , & pour conoître fes circonftances qui agravent ou diminuent fouvent le crime.

Ainfi , il doit fans retardement vaquer à fon interrogatoire dans le lieu où fe rend la Juftice , dans la chambre du Confeil , ou dans la geole , fans le pouvoir faire en fa maifon , cela lui étant expreffement défendu par l'article 4. du titre 14. de la nouvelle ordonance de 1670. fi ce n'eft que l'acufé foit pris en flagrant delit , auquel cas il peut être interrogé au premier lieu qui fera trouvé comode.

A l'égard des acufés qui font prifoniers , leur interrogatoire doit être commencé au plus tard dans les vingt-quatre heures, & si le Juge qui y doit vaquer ne le fait, il y doit être procedé par un autre oficier, suivant l'ordre du tableau.

L'interrogatoire doit être fait par le Juge en persone, & non par le grefier, à peine de nullité, de cinq cens livres d'amandes, & d'interdiction contre le Juge & le grefier.

S'il y a plusieurs acusés, ils doivent être interrogés separément sans assistance d'autres persones que du Juge & du grefier, non pas même du Procureur du Roi, ou du Procureur fiscal, ausquels il est défendu d'être presens.

Il est défendu aux geoliers par l'article 16. du titre 13. de la-dite ordonance, de permetre la comunication de quelque per-sone que ce soit, avec les prisoniers detenus pour crime, avant leur interrogatoire, ils ne doivent pas même laisser aprocher certains Prêtres intrigans, qui s'érigent en conseils de tous les prisoniers, & empêchent qu'on ne puisse reconoître la verité, par la corespondance qu'ils entretienent entre les acusés, souvent au peril de l'innocent.

Si le prisonier presenté devant le Juge pour prêter son inter-rogatoire, est refusant de repondre, & de declarer la cause de son refus, il faut examiner si elle est juste & raisonable ou si elle ne l'est pas.

S'il fonde son refus sur l'incompetence du Juge, pardevant lequel il est acusé, soit pour la qualité du delit, ou du lieu où il a été comis ou sur la qualité de sa persone, comme par exemple, s'il étoit Eclesiastique, Noble, Secretaire du Roi, ou pourvû d'autre ofice qui lui donnât privilege, le Juge ordi-naire reglera les parties avenir à plaider à l'audience sur le decli-natoire, afin de vuider sommairement cet incident, & de ren-voïer l'acusé pardevant le Juge à qui la conoissance du crime apartient, ou le debouter de son renvoi, & ordoner qu'il sera pro-cedé contre lui à l'instruction de son procés en la Jurisdiction qui en est saisie.

Mais si c'étoit un Prevôt des Marechaux qui voulut interro-ger un prisonier, & que le prisonier declinât sa Jurisdiction, le Prevôt des Marechaux seroit obligé de faire juger sa competence au plus prochain siege Presidial, puisqu'il y est obligé par la nou-vele ordonance, titre 2. article 15. quand même l'acusé n'auroit proposé aucun declinatoire.

Ainsi comme la punition des crimes étoit souvent retarder dans le temps des vacations, parce que les oficiers étant à la

Z z iij

campagne, il n'en reſtoit pas aſſés pour juger les competence
ſa Majeſté a voulu par la declaration du 13. Janvier 1682. q
depuis le premier Septembre juſqu'à Noël, il reſide actuelleme
dans les Villes éſquelles les Preſidiaux ſont établis, le nombɾ
de ſept Juges.

Si le refus de répondre eſt fondé ſur des moïens de recuſatiᴄ
que l'acuſé ait contre le Juge qui voudra proceder à l'interrog
toire, ledit acuſé eſt tenu de les propoſer, & ſi ces moïens ſoɾ
juſtes & veritables, le Juge ſera tenu de ſe departir de l'inſtructiᴄ
& de la conoiſſance du procés criminel.

L'ordonance de 1667. au titre des recuſations a marqɾ
qu'elles ſont celles qui doivent être reçûës en matiere crimⅰ
nelles.

Par l'article 2. de ce titre, il eſt dit, que le Juge pourra êtɾ
recuſé s'il eſt parent ou allié de l'acuſateur, ou de l'acuſé, juɾ
qu'au troiſiéme degré incluſivement, & s'il porte le nom & le
armes, & qu'il ſoit de la famille de l'acuſateur ou de l'acuſé, ⅰ
s'abſtiendra en quelque degré de parenté ou aliance qu'il puiſſ
être pourvû, que la parenté ou aliance ſoit conuë par le Juge
ou juſtifiée par l'une des parties, ſans qu'en l'un & en l'autɾ
cas il puiſſe demeurer Juge, encore que toutes les parties le conɾ
ſentiſſent, & même les Procureurs generaux, les Procureurs dᴜ
Roi, ou les Procureurs des Seigneurs.

Par l'article 3. du même titre, il eſt dit, que le contenu eɾ
l'article precedent aura lieu, encore que le Juge ſoit parent oᴜ
ami comun des parties.

Par l'article 4. il eſt ordoné que ce qui eſt dit en l'article 2.
des parens & aliés du Juge des parties, aura pareillement lieᴜ
pour ceux de leurs femmes, ſi elles ſont vivantes, ou ſi le Jugᴇ
ou la partie ont des enfans vivans, & en cas que leſdites femmeſ
ſoient decedées ſans laiſſer aucuns enfans, le beau-pere, le gendre, ni les beau-freres de l'acuſateur ou de l'acuſé, ne pourronɾ
être Juge.

Outre les parentés & aliances, il y a encore pluſieurs autres
moïens de recuſations legitimes qui peuvent être propoſés en
matieres criminelles, auſſi bien qu'en matiere civile, comme ſi
le Juge étoit enemi capital de l'acuſé ou de l'acuſateur, s'il avoit
procés ou diferent avec l'un, ou avec l'autre des parties, s'il étoit
debiteur ou creancier de l'une ou de l'autre, ou autre choſe ſemblable.

Ainſi, ſi l'acuſé a quelqu'un de ces moïens de recuſations

contre le Juge qui fe prefente pour l'interroger, il peut valablement le recufer, & refufer de repondre pardevant lui, en forte
que fi le Juge a conoiffance de la verité de ces moïens, il
doit volontairement fe defifter de l'inftruction du procés, finon l'acufé doit faire juger fes caufes de recufation en la forme prefcrite par ladite ordonance de 1667. & fi au prejudice
de la recufation le Juge paffe outre, l'acufé le peut prendre à
partie.

Mais fi le refus que fait l'acufé de repondre, n'eft fondé fur
aucun moïen d'incompetence ou de recufation qui foit valable, mais fur un peu de caprice & obftination, le Juge lui fera fur le champ trois interpellations de répondre, à chacune
defquelles il lui declarera qu'à faute de repondre, fon procés
lui fera fait comme à un muet volontaire, & qu'aprés il ne
fera plus reçû à repondre fur ce qui aura été fait en fa prefence.

Neanmoins le Juge pourra, s'il le juge à propos, lui doner un
delai pour repondre, qui ne pourra être plus long de vingt quatre heures.

Aprés quoi fi l'acufé perfifte en fon refus, le Juge continuera l'inftruction du procés, & fera mention en chacun article des
interrogatoires & des autres procedures qui feront faites en prefence de l'acufé qu'il n'a voulu repondre, & l'ordonance de
1670. au titre 18. dit que céte formalité doit être obfervé, à peine de nullité des actes, & des domages & interêts de la partie
contre le Juge.

La même ordonance au même titre porte, que fi aprés l'acufé
fe ravife, & declare qu'il veut répondre, tout ce qui aura été
fait jufqu'à céte declaration fubfiftera, même la confrontation des témoins contre lefquels il n'aura pas fourni de reproches, & qu'il ne fera plus reçû à en fournir, fi elles ne font juftifiées par écrit.

Comme auffi que fi aprés avoir commencé à repondre, il ceffe
de vouloir repondre, les interpellations lui feront faites, & l'inftruction du procés continué, tout ainfi que fi d'abord il avoit
refufé de repondre.

Si le prifonier ne propofe aucun declinatoire, ni aucune recufation, & eft prêt de repondre, le Juge doit obferver les formalités requifes par l'ordonance pour la validité de fon interrogatoire.

Primò. Il prendra de lui le ferment de dire verité.

Secundò. Il l'interrogera de son nom, de son âge, de sa qualité, ou de sa vacation, & du lieu de sa demeure, ou de son habitation, & de ce fera le premier article de son interrogatoire.

Tertiò. Il l'interrogera sur tous les faits resultans de l'information, & de toutes leurs circonstances.

Quartò. S'il y a d'autres faits que ceux portés par l'information, qui puissent servir à sa conviction, il le pourra aussi interroger sur iceux, & à cet éfet l'article 3. du titre 14. de l'ordonance de 1670. porte que les Procureurs du Roi, ceux des Seigneurs, & meme les parties civiles, pouront doner des memoires au Juge pour interroger l'acusé, tant sur les faits portés par l'information, qu'autres, pour s'en servir par le Juge, ainsi qu'il avisera bon être.

Mais si d'autres étoient poursuivis civilement pour la même afaire, comme un maître, un pere, ou les heritiers d'un défunt, ils ne seroient pas interrogés sur les pieces secretes du procés, mais seulement sur les faits & articles signifiés par la partie, neanmoins le procés est jugé conjointement.

Quintò. S'il a été mis au grefe des meubles, des hardes, des armes, des écritures, ou autres choses qui puissent servir à la preuve du crime dont le prisonier est acusé, comme l'épée, le poignard ou le pistolet dont il se sera servi pour comètre un homicide, & les habits de l'occis percés de coups, qu'il lui aura doné avec lesdites armes, les hardes, meubles, & autres choses par lui derobées, dont il se sera trouvé saisi, les instrumens dont il se sera servi à faire de la fausse monoïe, les létres & écritures servans à sa conviction, le Juge procedant à son interrogatoire fera representer à l'acusé toutes ces choses, même les papiers & écritures, aprés qu'ils auront été paraphés par ledit Juge, & ensuite il l'interrogera sur les faits & les inductions resultantes de ces hardes, meubles & écritures.

Plusieurs Praticiens du siecle, ont crû jusqu'à present, qu'en faisant passer & repasser par neuf fois l'acusé au tour de l'occis, s'il couloit du sang de ses plaïes, c'étoit une indice, que l'acusé étoit le meurtrier, mais suivant mon sentiment, on ne doit pas ajoûter foy à cet indice, parce qu'il y a des corps qui saignent en presence des parens & amis, aussi bien qu'en presence des enemis de l'occis, & qu'il y a des corps qui ne saignent point du tout.

L'acusé doit repondre sur le champ aux interrogatoires du Juge,

Juge, fans pouvoir demander delai pour deliberer fur fes reponfes.

Il doit repondre par fa bouche, de quelque qualité & condition qu'il foit fans miniftere de confeil, aucun ne lui pouvant
être doné, même aprés la confrontation, nonobftant tous ufages
contraires, qui font abrogés, par l'article 8. dudit titre 14. de
l'ordonance 1670.

Si l'acufé par fes reponfes denie tout, & ne demeure d'acord
d'aucuns des faits portés par l'information, le Juge lui peut remontrer qu'il n'a pas dit verité, & le preffer de la declarer en
lui difant que le contraire de fes reponfes eft juftifié par l'information ou par autres pieces qui font en fes mains, fans toutefois ufer d'aucunes menaces, ou intimidation contre ledit ac-
cufé.

Si fur la remontrance du Juge ou autrement, l'acufé varie ou
change quelque chofe en ce qu'il avoit repondu auparavant, il ne
fera pas pourtant fait aucune rature, ni aucune interligne en la
minute de l'interrogatoire, mais ce que ledit acufé aura dit en
variant, changeant ou expliquant fes precedentes reponfes, fera
écrit dans la fuite de l'interrogatoire.

Aprés que l'interrogatoire fera achevé, il doit être lû à l'acufé, & fi cet interrogatoire fe fait en plufieurs feances, céte lecture lui doit être faite en chacune defdites feances.

Toutes les pages dudit interrogatoire doivent être cotées,
& paraphées, & fignées par le Juge & par l'acufé, s'il veut
ou fçait figner, finon être fait mention de fon refus, à peine de
nullité.

L'interrogatoire de l'acufé peut être reïteré par le Juge autant
de fois que le cas le requiert, & doit chacun interrogatoire être
mis en un cahier feparé.

Les acufés contre lefquels il n'y aura eu originairement qu'un
decret d'ajournement perfonel, converti depuis en prife de corps,
doivent être élargis aprés leurs interrogatoires, s'il n'eft furvenu
quelque nouvele charge contre eux par leur reconoiffance, ou
par la depofition de nouveaux témoins.

Comme auffi fi le crime n'eft point capital, les Juges aprés
l'interrogatoire, peuvent permetre aux acufés de conferer avec
qui bon leur femble.

Il n'y a rien de fi dangereux que les élargiffemens provifoires, qui font des abfolutions precipitées, c'eft pourquoi le pre-

mier Juge ne peut pas élargir feul, fans apeler tous les autres Juges, qui doivent affifter au jugement.

Il femble auffi qu'on ne doit prendre aucunes épices pour ces fortes d'élargiffemens, lorfque le procés eft à la requête du Procureur du Roi, quoique l'acufé ait requis l'affemblée des Juges.

Les Juges peuvent encore aprés l'interrogatoire, ordoner que ceux qui font acufés de peculat, de concuffion de banqueroute frauduleufe, de vol de commis ou d'affociés en afaires de finances ou de banque, de fauffetés de pieces, de fupofition de part, & autres crimes où il s'agira de l'état des perfones, comuniqueront avec leur confeil ou leurs commis, parce qu'en ces fortes de crimes, la défenfe des acufés peut dependre des comptes, regiftres & autres pieces qui ne fe trouvent point en la poffeffion des acufés, lorfqu'ils font interrogés, pour le recouvrement & l'examen defquels ils peuvent avoir befoin de conferer avec leur confeil & leur commis.

L'interrogatoire étant fait, il doit être inceffament comuniqué au Procureur du Roi, ou du Seigneur, & à la partie civile, s'il y en a, en toutes fortes de crimes.

Mais s'il s'agiffoit d'un crime auquel n'echût peine afliĉtive, l'acufé peut prendre droit par les charges, ou le Procureur du Roi & la partie civile, par l'interrogatoire de l'acufé, & en ce cas la partie civile peut doner fa demande & l'acufé fes reponfes dans le delai qui leur fera doné, aprés lequel expiré, il doit être paffé outre au jugement, encore que céte requête & ces raports n'aïent pas été fournis.

Interrogatoire d'un acufé.

L'an ... nous P.... Confeiller du Roi, Lieutenant Criminel à.... nous étant tranfporté en la chambre du Geolier des prifons de ce Siege, avons fait amener en icelle C... prifonier efdites prifons, arêté en vertu du decret de prife de corps par nous decerné contre lui à la requête de G.... demandeur & complaignant, le Procureur du Roi joint, lequel C... aprés ferment per lui prêté de dire verité, a été par nous interrogé, ainfi qu'il enfuit

Interrogé de fon nom, âge, qualité & demeure.

A dit....

Interrogé où il étoit le... jour de....

A dit....

Interrogé s'il ne fut pas ledit jour à....

A dit....

Interrogé s'il n'écrivit pas audit O... qu'il l'atendoit audit lieu à l'heure de . . . & qu'il ne manqueroit pas de s'y rendre ,

A dit . . .

Lui avons remontré qu'il ne dit pas la verité , puisque &c. . .

A dit . . .

Et à l'inftant lui avons reprefenté un billet contenant quatre lignes d'écriture, où font ces mots , *Les marques éfectives que vous m'avés toûjours donées de vôtre amitié , m'en font encore efperer une preuve fenfible , fi vous voulés bien vous trouver à... où je ne manquerai pas de me rendre ,* & lui enjoint de reconnoître fi ce billet n'eft pas écrit de fa main ,

A reconnu avoir écrit ledit billet , lequel a été paraphé par nous & par l'a- cufé.

Interrogé quelles armes il avoit lorfqu'il fut au lieu de ...

A dit . . .

Lui avons reprefenté une bayonete garnie de . . . la lame de laquelle eft enco- re enfanglantée , & à lui enjoint de nous dire fi ce n'eft pas avec ladite bayonete qu'il a frapé ledit O...

A dit. . . & a été ladite bayonete envelopée d'une bande de papier , & cache- tée du cachet de nos armes , laquelle bande de papier a été paraphée par nous , & par ledit acufé.

Il faut ainfi interroger l'acufé fur les faits & inductions refultantes des hardes, meubles & pieces fervant à la preuve.

Maniere d'exprimer les explications ou changemens que l'acufé veut faire à fon in- terrogatoire.

Et en expliquant *ou* changeant par l'acufé ce qu'il a reconu par fa réponfe au troifiéme article du prefent interrogatoire.

A dit . . .

Si ce changement donne quelque lumiere au Juge pour conti- nuer l'interrogatoire fur d'autres faits , que fur ceux des charges & informations , il doit encore interroger l'acufé de la même maniere que ci-deffus.

Aux termes de l'article dix-neuf du titre quatorze de l'ordo- nance de 1670. l'acufé de crime auquel il n'échera peine aflic- tive , poura prendre droit par les charges aprés avoir fubi l'inter- rogatoire.

Et en ce cas aprés l'interrogatoire des faits refultans du procés, le Juge ajoûte l'article qui fuit.

Interrogé s'il veut prendre droit par les charges & informations contre lui faites , & s'en raportant aux témoins qui ont depofé en icelles.

A dit . . .

Lecture à lui faite du prefent Interrogatoire a dit que fes réponfes contienent verité , y a perfifté & a figné , *ou* declaré ne fçavoir écrire ni figner , de ce enquis

fuivant l'ordonance, & a été ledit acufé remis és mains du Geolier pour le remener en fa prifon, fait les jours & an que deffus.

Il n'eft pas neceffaire de tranfcrire les pieces que l'on reprefente à l'acufé pour les conoître, il fufit d'en faire mention en
fubftance, mais lorfqu'elles contienent peu d'écriture, il fera
auffi facile de les tranfcrire, que d'en faire mention.

Autre à l'acufé pour être jugé en dernier reffort.

L'an... nous P... Confeiller du Roi, Lieutenant Criminel à ...étant en
la Chambre du Confeil, y a été amené de nôtre ordonance C... prifonier en
nos prifons, en vertu du decret de prife de corps par nous decerné contre lui à
la requête de O... auquel C... avons declaré que le procés lui fera par nous
fait en dernier reffort, après quoi lui avons fait faire ferment de dire & répondre verité fur les faits dont il fera par nous enquis, & avons procedé à fon interrogatoire, ainfi qu'il enfuit.
Interrogé de fon nom, &c. *comme au precedent interrogatoire.*

Si l'interrogatoire eft fait par un Prevôt des Marechaux, fa
declaration à l'acufé fera ainfi.

Auquel C.... avons declaré que nous entendions le juger prevôtablement,
aprés quoi, &c.

Autre à celui qui n'entend pas la langue françoife.

L'an ...nous P... Confeiller du Roi, Lieutenant Criminel à ...nous étant
tranfporté en la Chambre du Confeil de la Senechauffée de ....avons fait venir
en ladite Chambre G... acufé prifonier és prifons de cête Cour, qui y a été
amené par le geolier defdites prifons, & aïant voulu interroger ledit G... fur
les faits refultans des charges & informations contre lui faites à la requête de
O.... avons reconu que ledit acufé eft étranger, & qu'il n'entend pas la langue
françoife.
Sur quoi nous avons ordoné que les interrogatoires qui feront par nous faits à
l'acufé, lui feront expliqués, & à nous les réponfes de l'acufé par S... interprete des langues étrangeres, que nous avons nomé d'ofice, à l'éfet dequoi ledit
S... fera afigné pour faire le ferment de bien fidelement & en confcience expliquer lefdits interrogatoires & réponfes, & a été l'acufé remis és mains du
geolier, pour le remener efdites prifons, fait les jours & an que deffus.
Et le même jour deux heures de relevée nous étant tranfporté en la Chambre
du Confeil, l'acufé y a été amené, en prefence duquel eft comparu S... interprete par nous nomé d'ofice lequel a fait ferment de bien, fidelement & en fa
confcience expliquer à l'acufé les interrogatoires qui lui feront par nous faits,
& à nous les réponfes de l'acufé, & a figné.
Ce fait, avons en prefence dudit S... interpelé l'acufé de lever la main la-

quelle interpelation ledit S... aïant expliqué à l'acusé en langue... icelui acusé a levé la main.

Aprés quoi lui avons dit ces mots, *vous promerés à Dieu de dire verité*, ce que ledit S... aïant expliqué à l'acusé, il y a répondu, & ledit S... nous a dit que l'acusé prométoit de dire verité.

Et aïant fait baisser la main à l'acusé, l'avons interrogé de quel lieu il est natif de son nom, âge, qualité, & demeure.

Lequel interrogatoire ledit S... a expliqué à l'acusé qui a dit, ainsi que nous a expliqué ledit S... que l'acusé s'apeloit G... âgé de... natif de... banquier, demeurant ordinairement à...

Interrogé l'acusé quel est le motif qui l'a obligé de venir en France...

A dit....

Cet interrogatoire se fera en la forme de celui que l'interprete expliquera, ainsi que le comencement ci-dessus.

Autre aux acusés des cas Prevôtaux.

L'an... nous Q... Conseiller du Roi, Prevôt des Marechaux de... nous sommes transportés dans la chambre du geolier des prisons de... en laquelle aïant fait amener S... acusé prisonier esdites prisons, lui avons declaré que nous entendions juger prevôtablement, & en dernier ressort, & suivant l'injonction que nous avons fait à l'acusé, il a levé la main, & prêté le serment de dire, & répondre verité, sur les faits dont il seroit par nous interrogé.

Interrogé de son nom, âge, qualité, & demeure.

A dit...

Interrogé quel est le lieu de sa naissance.

A dit.... *& il faut suivre au surplus les autres interrogatoires ci-dessus.*

A l'égard des interrogatoires qui se font aux Comunautés, aux muets & sourds, on les trouvera ci-aprés à la fin des Chapitres qui concernent ces sortes de matieres chacun en particulier.

CHAPITRE LXII.

Du bris de prison.

LES prisoniers qui brisent les prisons par conspiration faite entre eux doivent être punis, encore qu'ils soient inocens du crime pour lequel ils ont été emprisonés.

Plusieurs de nos Docteurs ont crû qu'un prisonier par son évasion doit être reputé convaincu du crime dont il est acusé, mais leur opinion comme trop rigoureuse n'est pas suivie, &

parmi nous la peine du bris de prifon eft arbitraire, & reglée par la qualité de l'évafion.

Pour entendre ceci, il faut fçavoir, qu'aprés l'interrogatoire prêté, en cas de crime capital, ou auquel il échet peine afflictive, le prifonier ne peut pas être élargi, mais fi le crime n'eft point de céte qualité, quelquefois le Juge, aprés l'interrogatoire, met l'acufé en liberté, & lui done la ville pour prifon, à la charge de fe reprefenter à toutes affignations, ou fi le procés eft pendant au grand Confeil, ou au Confeil privé, il ordone que l'acufé demeurera à la fuite du Confeil, avec défenfes de s'abfenter.

Le Juge met auffi quelquefois le prifonier en liberté à la caution d'un de fes parens ou amis, ou à la garde d'un huiffier, qui s'oblige de le reprefenter,à toutes affignations.

D'où il s'enfuit, qu'il y a des évafions plus ou moins crimineles, & par confequent puniffables de plus grande ou de moindre peine.

Celui qui s'évade par bris & rupture de prifon, faite par confpiration, doit être puni plus feverement que celui qui aïant la liberté à caution, ou aïant la Ville pour prifon, eft en défaut de fe reprefenter.

Autrefois, la forme de faire le procés au prifonier qui s'étoit évadé, ou qui étoit en défaut de fe reprefenter, pour fubir la confrontation, étoit de le faire apeler à trois briefs jours, à fon de trompe & cry public, mais céte procedure a été abrogée par l'ordonance de 1670. qui porte que fi l'acufé s'évade des prifons aprés fon interrogatoire, il ne fera plus ajourné, ni proclamé à cri public, mais feulement ordoné que les témoins oüis en l'information, feront recolés, & que le recolement vaudra confrontation, & qu'en même temps le procés par contumace fera fait à l'acufé pour le bris de prifon, fur les procés verbaux & informations qui en auront été faits.

Suivant la loi *Reos. Dig. de cuftod. reor.* la peine de ceux qui ont brifé la prifon, ou qui ont confpiré avec les éfracteurs, eft d'être punis du même fuplice que merite le crime dont ils étoient acufés, mais celui qui profite du bris de prifon, fans y avoir contribué, ou qui trouve de la facilité par la faute ou negligence du geolier, ne peut être puni que tres-legerement.

Dans le crime de bris de prifon, le prifonier n'eft pas toûjours feul coupable, car ceux qui lui ont fourni & adminiftré des femmes ou autres inftrumens, font coupables auffi bien que lui & leur procés leur doit être fait, ainfi qu'il eft dit par l'ordonance du Roi François I. de 1535. Chapitre 21. article 15. conçû en ces termes, *S'il advient qu'à quelques prifoniers foit baillé & aporté ferrement par la porte ou autrement, avec lequel il aura fait quelque rupture ou demolition, celui qui aura baillé ledit ferrement fera tenu auffi coupable que s'il avoit rompu les prifons, & ôté le prifonier des mains de juftice.*

Mais fi le prifonier avoit été élargi à caution, & que s'étant évadé, la caution ne pût le reprefenter, il eft certain qu'elle ne doit pas être punie corporelement en fa place, fi par l'évenement le prifonier fe trouvoit convaincu d'un crime, qui dût être puni de peine corporele, quand même la caution fe feroit obligée corps pour corps à le reprefenter, parce que céte obligation corps pour corps, ne peut pas fubfifter, étant contre les bones mœurs.

Ainfi la caution faute de reprefenter le prifonier, ne peut être condanée qu'en l'amende pecuniaire, en la reparation civile & aux depens, encore qu'elle foit obligée à la charge d'une peine corporele.

Quand la caution de reprefenter un prifonier n'y fatisfait pas ponctuellement & au temps qu'elle s'eft obligée de le reprefenter, elle n'eft pas condanée incontinent aprés le temps expiré, à païer l'amande & la reparation civile, mais on ordone que dans un certain delai elle le reprefentera, & à faute de ce faire dans ce delai, on le condane.

Le Juge peut même ordoner pour caufe, que la caution fera tenuë de reprefenter l'acufé avant le jugement.

Si elle l'a une fois reprefenté & remis dans les prifons, elle eft dechargée, quoi qu'aprés il s'évade, & fauve defdites prifons.

Ce qui a lieu, encore que par le cautionement, elle s'étoit obligée de le reprefenter, & païer le Juge, parce qu'en ce cas l'obligation de païer le Juge n'eft que fubfidiaire & au défaut de reprefenter, & par confequent eft éteinte par la reprefentation, encore qu'il y ait apel de la fentence, comme il a été jugé par arrêt du 12. Juin 1671. raporté au troifiéme volume du Journal des audiances, Livre 6. Chapitre 19.

Si le prifonier meurt avant le temps auquel la caution eft obligée de le reprefenter, elle eft dechargée, mais s'il meurt aprés le tems expiré , la caution étant en demeure , elle n'est point dechargée.

Elle est dechargée , encore qu'elle n'ait fait aucune diligence pour le reprefenter , s'il fe trouve emprifoné pour autre crime dans les mêmes prifons où il est obligé de le reprefenter, pourveu qu'il le denonce au Procureur du Roi & à la partie civile & demande avec eux d'être dechargé , en confequence de ce que l'acufé est actuellement prifonier.

Papon , livre 23. titre 2. raporte un cas fingulier touchant le bris de prifon.

Il dit, que le Parlement de Paris aïant permis à un prifonier qui étoit à la conciergerie , de faire venir un Avocat pour lui doner confeil, l'Avocat aprés avoir oüi le recit de fon afaire & l'aïant trouvé fort mauvaife, lui confeilla de fe fauver, s'il trouvoit la porte ouverte , ce que le prifonier fit , comme il lui avoit été confeillé, & aïant depuis été repris , il confeffa en plein Parlement fon évafion par l'avis de l'Avocat, qui étant mandé l'avoua , & fut par la Cour delaiffé fans peine , tant parce qu'il avoit pris confeil de l'autorité d'icelle, que pour n'avoir fait bris ni force pour fortir, ce qui le rendoit ou excufable ou digne de moindre peine.

Ces fortes d'évafions n'arivent le plus fouvent que d'intelligence avec les geoliers , qui prenent les precautions pour éblouir les yeux de la Juftice & en ce cas le geolier est chargé de prouver qu'il n'y a pas de fa faute , & comme il s'agit de l'interêt public, & qu'il en tire du profit, il est tenu même de la faute tres-legere aux termes de la loi , *qui mercedem. dig. locati.*

Neanmoins , il n'est condané que civilement pour les domages, interêts & à quelque amande , à moins qu'il ne paroiffe une faute groffiere apelée *lata culpa*, laquelle en ce cas est comparée au dol.

Cependant nos Docteurs veulent que le geolier foit puni capitalement , ou au moins de la même peine que meritoit le prifonier, fuivant la loi *milites D. de cuft. reor. & Farinaccius de carce. & carceratis lib. 1. titre 4. quæft. 31.*

Ce qui ne s'execute pas à la rigueur, à moins qu'il ne foit convaincu de dol.

CHAPI-

CHAPITRE LXIII.

Des recolemens & confrontations de témoins.

IL y a deux cas, où le Juge doit ordoner que les témoins oüis en l'information seront recolés, & confrontés.

Le premier, quand le crime est capital ou punissable de peine afflictive, nonobstant que l'acusé voulût prendre droit, par les charges, ou la partie civile par l'interrogatoire de l'acusé.

Le second, si l'acusation merite d'être instruite, encore que le crime ne soit pas capital, & ne merite peine afflictive, car en second cas, si le delit étoit leger, ou si l'acusé n'étoit point, ou peu chargé par les informations, il n'y auroit pas lieu d'ordoner le recolement, ni la confrontation des témoins, qui n'auront pas chargé l'acusé, ainsi qu'il est porté par l'article 1. du titre 15. de l'ordonance de 1670.

Le recolement & la confrontation doit necessairement être precedé d'un jugement qui ordone qu'il y sera procedé.

Et cela se doit ainsi ordoner, nonobstant que le recolement doive être fait par devant le même Juge qui a fait l'information, & qu'il semble inutile de repeter par devant lui les témoins qu'il a déja oüis & examinés, mais ce jugement doit être rendu à la Chambre, & non par le Juge seul, qui fait l'instruction, afin qu'il ne dépende pas de lui de faire de grosses procedures pour des afaires legeres.

Ce qui n'est observé à la rigueur que dans les cas Prevôtaux, quoiqu'il y ait moins de necessité, d'autant que le jugement de competence autorise assés pour instruire un procés par recolement & confrontation, ainsi ce jugement sufit pour les recolemens & confrontations des témoins à oüir.

Si le procés avoit été instruit par contumace, le jugement doit ordoner seulement la confrontation des témoins recolés pendant la contumace, & les recolemens & confrontations de ceux oüis depuis, & de ceux à oüir.

Jugement portant que les témoins seront recolés & confrontés.

Extrait des Regiftres de &c.....

Veu les charges & informations par nous faites à la requête de J...de mandeur & complaignant , le Procureur du Roi joint , contre E...défendeur & acufé, l'interrogatoire par lui fubi fur l'information , requête dudit E...à ce que les témoins fuffent recolés & confrontés , conclufions du Procureur du Roi , & tout confideré.

Nous ordonons que les témoins oüis és informations , & autres qui pouroient être oüis de nouveau , feront recolés en leurs depofitions , & fi befoin eft, confrontés à l'acufé , pour ce fait & comuniqué au Procureur du Roi , & par nous vû être fait droit , ainfi qu'il apartiendra , fait &c....

En execution de ce jugement , il faut prendre une ordonance du Juge qui doit proceder au recolement , pour faire afigner les témoins à certain jour & heure par devant lui afin d'être recolés.

Si le demandeur ne fait pas recoler & confronter les témoins, l'acufé doit prefenter la requête qui fuit.

Requête de l'acufé afin d'être relaxé.

A Monfieur &c.....

Suplie humblement E......

Difant qu'aïant été emprifoné en vertu du decret par vous deceiné fur les charges & informations contre lui faites à la requête de J...le fupliant a fubi l'interrogatoire , le tel jour... & comme il eft injuftement acufé , ledit J...ne veut point lui faire confronter les témoins qui ont depofé, de peur de faire conoître fon inocence, c'eft pourquoi il a recours à vous.

Ce confideré , Monfieur , il vous plaife faute par J...d'avoir fait recoler & confronter les témoins au fupliant , ordoner qu'il fera déchargé , & envoié abfous de la calomnieufe acufation de J...que l'écroue de fon emprifonement fera raïé & bifé avec reparation , dépens , domages & interêts , & en confequence qu'il fera relaxé , & mis hors des prifons , à ce faire le geolier contraint par corps, fe faifant décharger, & vous ferés bien.

Le Juge met au bas de cête requête , *Vienent les parties.*

Il faut enfuite la faire fignifier avec un avenir, & la comuniquer à Monfieur l'Avocat du Roi , qui conclura à l'audiance , fi la requête eft plaidée , & fur laquelle interviendra jugement , par lequel il fera ordoné que dans tel tems J...fera tenu de faire recoler & confronter à E...les témoins oüis en l'information , finon qu'il fera fait droit fur ladite requête.

Que fi les témoins afignés ne comparent pas à la premiere afignation, ils doivent être condanés à l'amande pour le premier défaut, & en cas de contumace, fur le reajournement, le Juge peut ordoner qu'ils feront contraints par corps.

Le recolement & la confrontation font des actes qui doivent être écrits en diferens cahiers.

Recolement.

L'an .... par devant nous F.... Confeiller du Roi, Prevôt ou Bailli de... ou Lieutenant Criminel à ... eft comparu J.... demandeur & acufateur, lequel nous a dit qu'en exécution de nôtre ordonance du... il a fait afigner O ... P... Q... témoins, oüis en l'information par nous faite à fa requête contre E... acufé & complice pour être recolé en leur depofition, par exploit de G., huiffier, ou fergent du.. . Contrôlé à... le ... lequel il nous a reprefenté, & requis qu'il nous plût proceder au recolement defdits témoins.

Sur quoi nous avons doné acte audit J... de fa comparution, dire & requifition, & ordoné qu'il fera par nous prefentement procedé au recolement defdits témoins, & s'eft ledit J... retiré.

Et à l'inftant eft comparu P... fecond témoin oüi à l'information par nous faite, à la requête dudit J... auquel P... après ferment par lui fait de dire verité, avons fait faire lecture de fa depofition par lui faite en ladite information, & après l'avoir oüi, a dit qu'elle eft veritable, n'y veut augmenter ni diminuer, & qu'il y perfifte, lecture à lui faite du prefent recolement, y a auffi perfifté & a figné avec nous, *ou*, declaré ne fçavoir écrire ni figner de ce interpelé, fuivant l'ordonance.

Eft auffi comparu O... premier témoin oüi en ladite information, auquel après le ferment par lui prêté de dire verité &c. ... *comme au recolement du témoin ci-deffus.*

Les témoins doivent être recolés feparement, & le Juge doit d'abord prendre le ferment du témoin, & enfuite lui faire lecture de fa depofition, & l'interpeler de declarer s'il y veut ajouter ou diminuer.

S'il dit y vouloir ajouter ou diminuer quelque chofe, ou expliquer plus clairement ce qu'il a dit, il faut écrire ce qu'il dira.

Si au contraire il declare qu'il perfifte en fa depofition, & qu'il n'y veut ajoûter ni diminuer, il faut pareillement écrire fa declaration, & en l'un & en l'autre cas lui faire la lecture de fon recolement, & lui faire figner & parapher en toutes les pages, avec le Juge, s'il fçait ou veut figner, finon faire mention de fon refus.

Après le recolement, les témoins ne peuvent plus retracter

leurs depofitions , ni rien changer dans les circonftances effentieles , & s'ils le font , ils doivent être punis comme faux témoins.

Voire même aprés l'information & avant le recolement.

Les témoins ne peuvent pas doner par devant Notaires ou
autres perfones publiques , des declarations contraires à leur
depofition , & s'ils le font , ils doivent être condanés en quatre
cens livres d'amande , & la partie qui fe fert & produit de femblables declarations condanée en pareille amande fuivant l'article 31. du titre 15.

Maître Guy Baffet Tome 2. page 50. dit qu'il a été ordoné
au Parlement de Grenoble que le Comiffaire pouvoit faire arêter dans les prifons les témoins qui fe contredifent , ou pouroient être eux-mêmes coupables du crime dont ils depofent.

On doit auffi ajouter foi en ce cas à la premiere depofition ,
autrement un acufé pouroit éluder les meilleures preuves en
fubornant les témoins qu'il avoit chargé , fauf neanmoins les
reproches de droit qui avoient lieu lors de la premiere depofition.

Si le recolement avoit été fait en l'abfence de l'acufé , & par
contumace contre lui , & qu'aprés cela il vint à fe reprefenter à
Juftice , ou être pris & conftitué prifonier , plufieurs Praticiens
du fiecle eftiment qu'en ce cas le recolement devroit être reïteré , fondé fur ce que dés le moment que le contumax eft fait
prifonier , ou fe prefente à Juftice , tous les défauts & contumaces font caffés & mis au neant de plein droit , fans qu'il foit
befoin de le faire ordoner , ainfi qu'il a été remarqué ci-
deffus.

Neanmoins , l'article 6. dudit titre 15. decide qu'en ce cas le
recolement ne doit pas être reïteré , & que depuis qu'il a été fait
une fois , durant la contumace , ou contre l'un de plufieurs acufés , il vaut pour l'inftruction contradictoire , aprés l'emprifonement de l'acufé , & même contre tous les acufés , s'ils font plufieurs , dont les uns foient prifoniers & les autres contumax.

La confrontation doit être écrite en un cahier à part , comme
le recolement , mais il y a plus de formalités à obferver.

Pour y proceder , le Juge doit faire venir par devant lui l'acufé & un des témoins , & aprés leur avoir fait prêter ferment en
prefence l'un de l'autre , il doit les interroger s'ils fe conoiffent ,
& enfuite doit être fait lecture à l'acufé des premiers articles de
la depofition du témoin , contenant fon âge, qualité & demeu-

re, la conoiſſance qu'il aura dit avoir des parties , & s'il eſt leur parent ou allié.

L'acuſé doit être enſuite interpelé par le Juge de fournir ſur le champ ſes reproches contre le témoin , ſi aucun il a & averti qu'aprés la lecture faite de ſa depoſition, il n'y ſera plus reçu, dont il doit être fait mention.

Si l'acuſé a quelques reproches à propoſer contre le témoin , il le doit faire , & les témoins doivent être enquis de la verité des reproches , & ce que l'acuſé & les témoins auront dit doit être écrit.

Si au contraire il declare n'en avoir aucuns , ou n'en vouloir point fournir , il ſera ſeulement fait mention de ſa declaration.

Aprés qu'il en aura fourni ou declaré n'en vouloir fournir , lecture lui doit être faite de la depoſition & du recolement du témoin , avec interpelation de declarer s'ils contienent verité , & ce qui ſera dit ſur l'interpelation , tant par l'acuſé que par le témoin, doit auſſi être redigé par écrit.

Lecture aïant été faite à l'acuſé de la depoſition du témoin , il n'eſt plus reçu à fournir de reproches, s'ils ne ſont juſtifiés par écrit, mais ſi elles étoient juſtifiées par écrit, elles ſeroient reçues en tout état de cauſe.

Si la depoſition du témoin ne ſert qu'à établir la verité d'un fait dont il ne charge perſone en particulier il ne faut pas métre que c'eſt de l'acuſé dont il a entendu parler par ſa depoſition & recolement.

Comme s'il diſoit pour reproches contre le témoin qu'il auroit été repris de Juſtice, & qu'il raportât les jugemens de condanation au fouet ou aux galeres, qui auroient été rendus contre lui , s'il diſoit qu'il eſt parent , fermier ou debiteur de la partie civile , & qu'il en raportât les pieces juſtificatives , enfin s'il diſoit être en procés contre ledit témoin , & qu'il raportât les procedures de ce procés.

Si dans la confrontation l'acuſé remarquoit en la depoſition du témoin quelque contrarieté ou quelque circonſtance qui pût ſervir à ſa decharge , il poura requerir le Juge d'interpeler le témoin de les reconoître , & s'il les reconoit , ou refuſe de les reconoître , ce qu'il répondra , ſera redigé par écrit.

Il y a deux choſes à obſerver en matiere de confrontation de témoins , la premiere , qu'encore que par le jugement rendu ſur la contumace de l'acusé, il ait été ordoné que le recolemet vaudroit confrontation, neanmoins l'acusé s'étant rendu, o aïant été fait prisonier, il lui faut confronter les témoins, bie que le recolement ne doive pas être reïteré, comme il a été d ci-deffus, la feconde, que les acufés contre lefquels il y a euîor ginairement decret de prise de corps, doivent tenir prifon durar la confrontation.

Les acufés font non feulement confrontés aux témoins, mai quand il y a plufieurs acufés d'un même crime, ils doivent êtr confrontés les uns aux autres, principalement quand dans leur interrogatoires ils ont dit quelque chofe à la charge ou à la dé charge les uns des autres, & en céte confrontation il faut tenir l même ordre que celui qui fe tient en la confrontation aux té moins.

Il faut faire comparoir les deux acufés enfemble, prendre d'eux le ferment en prefence de l'un & de l'autre, les interpele refpectivement de fournir de reproches l'un contre l'autre, écrire les reproches qu'ils doneront, ou leur declaration de n'en voulou point doner, enfuite leur faire lecture des articles de leurs inter rogatoires par lefquels ils feront chargés, & les interpeler de de clarer fi le contenu en ces articles eft veritable, faire écrire ce qu'ils diront fur céte interpelation, & les faire figner leur con frontation avec le Juge, s'ils fçavent figner, ou faire mention qu'ils n'ont pû, ou n'ont voulu figner.

Les recolemens & confrontations faits en la maifon du Juge, ont été declarés nuls au Parlement d'Aix, par arrêt du 6. Fevrier 1677. raporté dans la fuite de Boniface tome 1. page 132.

Neanmoins il femble, fuivant mon fentiment, qu'il ne foit pas neceffaire de faire ailleurs les recolemens, même ceux qui valent confrontation, atendu, que ce font de fimples inftructions qui fe font en l'abfence de l'acufé.

Il femble auffi qu'il n'y ait pas de nulité pour les confrontations qui font faites en confequence d'un decret d'ajournement perfo nel, fi l'acufé veut bien aller en la maifon du Juge.

La confrontation, felon les regles ci-deffus, fera faite à l'a cufé ainfi qu'il enfuit.

Confrontation.

Confrontation faite par nous F... Confeiller du Roi, Prevôt ou Lieutenant Criminel de,.. à la requéte de J.... demandeur & complaignant, le Procu-

reur du Roi joint contre E... acufé prifonier és prifons de céte Cour , des témoins oüis en l'information par nous faite le... & ce en execution de nôtre
fentence du ...à laquelle confrontation avons procedé , ainfi qu'il enfuit.

Du ...jour de ...

A été emmené devant nous par le geolier des prifons E... acufé, auquel avons
confronté Q...troifiéme témoin de l'information , & aprés ferment par eux fait
de dire verité , & interpelés de dire s'ils fe conoiffent , ont dit qu'ils fe conoiffent, *ou* , l'acufé a dit ne conoître le témoin , & le témoin a dit qu'il conoît
bien l'acufé, *ou*, l'acufé & le témoin ont dit qu'ils ne fe conoiffent pas.

Aprés quoi nous avons fait faire lecture par nôtre grefier des premiers articles de la depofition du témoin, contenant fon nom , âge, qualité & demeure,
& fa declaration , qu'il n'eft parent, allié , ferviteur , ni domeftique des parties , & interpelé l'acufé de fournir prefentement de reproches contre le témoin,
finon & à faute de ce faire, qu'il n'y fera plus reçu, aprés que lecture lui aura
été faite de fa depofition & recolement , fuivant l'ordonance que lui avons doné
à entendre.

L'acufé a dit qu'il n'a aucuns reproches à fournir contre le témoin , *ou*, l'acufé a dit pour reproches , que le témoin a été bani hors du Roïaume par fentence
ou arrêt du..... *ainfi écrire les reproches.*

Le témoin a dit que les reproches font veritables , *on*, qu'ils ne font pas veritables.

Ce fait avons fait faire lecture de la depofition & recolement du témoin en
prefence de l'acufé,lequel témoin a dit que fa depofition eft veritable, & l'a ainfi
foutenu à l'acufé , & c'eft de l'acufé prefent qu'il a entendu parler par fa depofition & recolement , & y a perfifté.

Et l'acufé a dit .... *Il faut en cet endroit écrire ce que l'acufé dira contre la depo-*
fition du témoin , & ce que le témoin voudra repliquer.

Lecture faite à l'acufé & aux témoins de la prefente confrontation , y ont perfifté chacun à leur égard, & ont figné , *ou* , declaré ne fçavoir écrire, ni figner
de ce enquis.

CHAPITRE LXIV.

De la punition du crime de faux tant principal qu'incident.

L 'Infcription en faux eft une inftance formée contre quelques
pieces pretendues fauffes ou falfifiées.

Il y a de deux fortes de faux, l'un eft apelé, le faux principal
& l'autre apelé faux incident.

Le faux principal eft celui qui s'intente directement contre
le fauffaire pour lui faire faire fon procés, comme quand on acu-

se un sergent, un Notaire, ou autres Oficiers, d'avoir fait plusieurs actes faux ou antidatés.

La plainte, denonciation, & acusation de ce crime de faux
principal, & les procedures pour conviction des coupables, se
doivent faire en la même forme & maniere que celles de tous
les autres crimes, ainsi qu'il est dit par l'article 1. du titre 9. de
l'ordonance de 1670.

Toutesfois, la seule diference qu'il y a, est en premier lieu
que dans les informations qui se font pour raison de ce crime des
experts, ou maîtres Ecrivains només d'ofice par le Juge, sont oüis
comme témoins, & ensuite recolés & confrontés comme témoins.

En second lieu que les pieces pretendues fausses ou falsifiées,
doivent être mises entre les mains du Juge par devant lequel l'a-
cusation est poursuivie, pour dresser son procés verbal de leur
état, être paraphées en sa presence par la partie civile qui s'en
veut servir, si elle sçait signer, & ensuite remises au grefe.

Le faux incident, qui est le plus frequent, & le plus ordinaire en Justice, est celui qui naît & se forme incidemment en l'instruction d'une cause ou d'un procés civil; quand le demandeur
pour former son action, ou le défendeur pour établir sa défense,
comunique ou produit une piece fausse qu'il supose veritable,
emporteroit gain de cause.

Car si cete piece étoit nulle de soi, & pouvoit être détruite
par la voïe de nulité, l'inscription en faux seroit inutile & super-
flue.

Comme si un testament ou un contrat n'avoit été signé que
d'un seul Notaire sans témoins, ce testament ou ce contrat seroit
infailliblement nul, & ne pouroit nuire à celui contre qui il seroit
produit, & partant ce seroit inutilement qu'on s'inscriroit en
faux, pour la faire rejeter, parce que pour doner ouverture
à l'inscription de faux, il faut qu'une piece soit telle qu'elle puisse
nuire.

Mais si la piece produite (quoique fausse) a la forme ou la
figure d'un instrument obligatoire, authentique, ou sous écritures privées.

Comme si c'est une obligation signée de deux Notaires ou
d'un Notaire, & de deux témoins, ou une promesse qu'on prétend être signée de la main de celui contre qui elle est produite,
ou de celui duquel il est heritier ou cessionaire, il y a necessité de
s'inscrire en faux pour la detruire.

Car

Car encore que par la difposition du droit Romain aux loix
16. 23. & 14. au code *ad leg. Corn. de falfis*, celui contre qui
une piece fauffe eft produite, ait le choix d'agir civilement ou
criminellement pour la faire rejeter, neanmoins par nôtre ufage on ne la peut detruire & en obtenir le rejet, que par la voïe
de l'infcription en faux, & on ne feroit pas écouté aleguant
qu'elle feroit fauffe, & ofrant de le prouver, à moins que de paffer à l'infcription.

On ne peut point s'infcrire en faux contre un acte fous feing
privé, lorfqu'il ne s'agit que de la reconoiffance ou de la verification, en cas de denegation, mais s'il y a quelque alteration
dans le corps de l'acte on ne laiffe pas de la recevoir.

L'infcription de faux arête & furfeoit le jugement de l'inftance du procés, auquel elle a été incidemment formée, parce
qu'avant que pouvoir prononcer fur le diferent civil d'entre les
parties, il faut prealablement juger fi la piece arguée de faux,
fur laquelle l'une ou l'autre des parties fonde fon droit eft fauffe
ou veritable.

Cependant elle n'empêche pas que la piece arguée de faux ne
foit executée par provifion, fi c'eft un contrat, ou une obligation, à moins que la fauffeté ne foit évidente par l'infpection de
la piece, ou que la preuve n'en foit prompte & par écrit, parce
qu'autrement les mauvais debiteurs & chicaneurs, ne manqueroient pas de former des infcriptions de faux, pour s'exempter
d'être contraints par leurs creanciers, ou pour retarder le jugement d'un procés.

Ainfi, quand l'une des parties, en une caufe ou procés civil,
trouve que la partie adverfe ait produit, ou lui ait comuniqué
quelque piece fauffe pour s'en prevaloir contre lui, il doit s'infcrire en faux contre céte piece & pour cela bailler fa requête
au Juge pardevant lequel la caufe ou procés civil eft pendant,
à ce qu'il lui foit permis de s'infcrire en faux.

Il faut que céte requête foit fignée de la partie même, ou de
fon Procureur, fondé de procuration fpeciale.

*Requête à ce que le defendeur foit tenu de declarer s'il veut fe fervir de la piece
maintenuë fauffe.*

A Monfieur le Prevôt ou Bailli de .....

Suplie humblement A......
Difant qu'au procés d'entre lui d'une part & B..... d'autre, pendant parde-

vant vous, le fupliant aïant pris comunication par vos mains dudit procés, a trouvé que la cinquiéme piece' de la cote N.... de la produčtion dudit B.... eſt un procés verbal fait par Monſieur tel....Conſeiller, le.... par lequel une letre pretenduë écrite par le fupliant a été tenuë pour reconuë, faute par lui d'être comparu à l'aſſignation qui lui a été donée, dont il n'a eu aucune conoiſſance, laquelle létre eſt fauſſe, auſſi ledit B...... ne l'a point produite, mais feulement une copie inſerée au même procés verbal.

Ce conſideré, Monſieur, il vous plaiſe doner ačte au fupliant de ce qu'il s'inſcrit en faux contre ladite létre, & en conſequence ordoner que ledit B.... fera tenu dans tel temps qu'il vous plaira, de declarer s'il s'en veut ſervir, & de metre icele au grefe, ſinon & à faute de ce faire, ordoner qu'elle fera rejetée du procés, que fans y avoir égard il fera paſſé outre au jugement d'icelui, & condaner ledit B...... aux domages & interêts du fupliant, & vous ferés bien.

Sur céte requête le Juge ordonera que le demandeur en faux fera fon inſcription au grefe, & que le demandeur fera tenu dans le delai qui lui fera doné ſuivant la diſtance des lieux, de declarer s'il fe veut ſervir de la piece, ou s'il ne s'en veut point ſervir.

Il faut atacher à céte requête, la quitance de l'amande, que le demandeur doit avoir conſigné, ſuivant l'article 3. du titre 9. de l'ordonance de 1670.

Céte amande qui ſe doit conſigner, n'étoit au Parlement que de 75. livres par le reglement fait, toutes les Chambres aſſemblées le 8. Avril 1665. mais par l'article 5. du titre 9. de ladite nouvele ordonance, elle eſt aujourd'hui de cent livres aux cours ſouveraines, & de ſoixante livres aux ſieges qui y reſſortiſſent immediatement, & de vingt livres en toutes les autres Juriſdičtions inferieures.

Si le demandeur declare ne vouloir pas ſe ſervir de la piece inſcrite de faux, il fera ordoné qu'elle fera rejetée, & fans y avoir égard, paſſé outre au jugement de la cauſe, ou procés civil.

Ce qui ſe doit entendre, pourveu que la piece arguée de faux n'ait pas été fabriquée ou falſifiée par celui qui l'a produite, mais par un autre à fon inçû & fans ſa participation, comme ſi le demandeur en faux étoit ceſſionaire, ou legataire de quelque obligation ou promeſſe qui ſeroit fauſſe.

Car ſi le défendeur en faux n'étoit point auteur ni complice de la fauſſeté de la piece par lui produite, il feroit quite & déchargé du crime de faux, declarant ne ſe vouloir point ſervir de la piece.

Mais s'il en étoit l'auteur ou le complice, sa declaration de
ne s'en vouloir point servir ne le dechargeroit pas, & nonobstant
icele, il pourroit être poursuivi extraordinairement, suivant la
disposition de la loi 8. au code, *ad leg. Corn. de falsis*, qui est pre-
cisé pour cela.

C'est pourquoi par l'article 8. dudit titre 9. de l'ordonance
criminele, portant que la piece doit être rejetée après la declaration du defendeur de ne s'en vouloir servir, il est ajoûté,
*Sauf à pourvoir aux domages & interéts de la partie, & à poursuivre
le faux extraordinairement par les Procureurs du Roi, ou par les Procureurs des Seigneurs.*

Ce qui se doit entendre, contre tout autre que celui qui a fait
céte declaration, à moins qu'on ne veüille soûtenir contre lui
qu'il est auteur ou complice de la fausseté.

On peut aussi poursuivre par information celui qui a fabriqué
une fausse piece, au lieu qu'on ne peut agir que par inscription
en faux contre un tiers qui s'en veut servir.

Ce même article 8. de ladite ordonance, declare que si une
instance & complainte en matiere beneficiale, l'un des contendans avoit produit une piece fausse, il ne sera pas quite pour l'a-
bandoner, & declarer qu'il ne s'en veut pas servir, mais il sera
déchû de tout le droit qu'il pouvoit avoir au benefice contentieux, suposé qu'il se pût défendre sans ladite piece, s'il se trouve
qu'il l'ait fabriquée ou fait fabriquer, ou qu'il en ait seulement
conu la fausseté lorsqu'il l'a produite.

Après la declaration du défendeur, de ne se vouloir point servir de la piece arguée de faux, l'amande doit être rendue au demandeur en faux, le rejet de la piece à son égard, étant de pareil
éfet, que si par le jugement, elle étoit declarée fausse.

C'est pourquoi aucuns ont crû que l'amende ne devoit être
consignée qu'en formant l'inscription, après que le defendeur a
declaré se vouloir servir de la piece, & qu'il y a necessité de prononcer sur ladite inscription.

Mais l'ordonance en l'article 5. ci devant citée, resiste à céte
opinion, & veut que la quitance de l'amende soit atachée à la
requête baillée, afin d'avoir permission de s'inscrire en faux, &
par consequent que l'amende soit païée avant que le defendeur
ait fait sa declaration, même avant qu'il ait été sommé & interpelé de le faire.

Au cas que le demandeur declare se vouloir servir de la piece
arguée de faux, il la doit metre au grefe, & signifier l'acte du

mis au demandeur pour dans les vingt-quatre heures aprés former son inscription de faux.

Acte portant que la piece inscrite de faux a été mise au grefe.

A la requête de B........

Soit signifié & declaré à A..... que la lètre écrite audit B..... par ledit A....... & par lui soûtenuë fausse a été ce jourd'hui mise au grefe de la Cour, à ce qu'il ait à former son inscription dans le temps de l'ordonance, dont acte.

Si le defendeur ne met pas la piece au grefe, il sera doné jugement par défaut, ou contraditoire contre lui, par lequel il sera ordoné que la piece sera rejetée & passé outre au jugement de la cause ou du procés civil d'entre les parties.

Excepté que le demandeur en faux voulût soutenir que le défendeur fût auteur ou complice de la fausseté, & que le Procureur du Roi, ou le Procureur fiscal se fût joint avec lui pour faire faire le procés au defendeur, parce qu'en ce cas, & si la fausseté étoit importante, il pouroit être contraint de raporter ladite piece.

Mais s'il la met au grefe, aprés la sommation qui lui a été faite, le demandeur doit former son inscription au grefe, & ensuite y prendre communication de la piece, par les mains du grefier.

Acte d'inscription de faux.

Extrait des Regiftres de ....

Aujourd'hui est comparu A. ...., assisté de Maître J..... son Procureur, lequel a declaré qu'il s'inscrit en faux contre une lètre missive, datée du.... produite par B.... cinquième piece de la cote N. ... de sa production, ofrant de doner ses moïens de faux dans le temps de l'ordonance, élisant son domicile en la persone dudit J.... dont il a requis acte, fait ce.....

Si la piece arguée de faux n'est qu'une grosse ou une copie, & que le demandeur en faux pretende qu'elle ne soit pas conforme à sa minute ou à son original, ou que la minute sur laquelle céte grosse aura été expediée, ou l'original sur lequel céte copie aura été extraite ou collationée, soit faux, il doit faire ordoner que céte minute ou cet original sera aportée au grefe dans un certain delai qui sera doné pour ce faire, & s'il

ne fatisfait pas au jugement , qui l'aura ordoné , la piece ne
fera pas pour cela declarée fauffe , mais elle fera rejetée du procés , ainfi qu'il eft porté par l'article 9. du titre 9. de ladite ordonance de 1670.

Aprés que la piece arguée de faux aura été mife au grefe,
& la minute raportée , fi c'eft une piece qui ait minute , le demandeur en faux fera tenu de doner fes moïens de faux dans
trois jours.

Ces moïens de faux ne font point fignifiés ni comuniqués à
la partie , mais font joints à la piece arguée de faux , & mis entre les mains du Juge , qui aprés les avoir examinés , s'il trouve
qu'ils ne foient fondés que fur de legeres conjectures , ou fur
des faits , qui étant juftifiés ne feroient pas fufifans pour donner ateinte à la piece arguée de faux , il les joint à l'inftance ou procés civil , pour en jugeant y avoir tel égard que de
raifon.

Si au contraire ils contienent des faits qui étant juftifiés ,
foient fufifans pour faire declarer la piece fauffe , il les declare
pertinens & admiffibles , & permet d'en faire la preuve , tant
par titres , que par témoins , & par comparaifon d'écriture , &
defignature , par experts qui feront nommés d'ofice , par le même jugement , fauf à les recufer.

Sentence par laquelle les moïens de faux font declarés admifibles.

Extrait des Regiftres de &c. .....

Vû la requête à nous prefentée par A...., tendante à ce qu'il lui fût permis de
s'inferire en faux contre une létre par lui pretenduë écrite à B. .... ordonance fur
ladite requête, portant permiffion de s'inferire en faux, & que ledit B......
feroit tenu de declarer dans..... s'il vouloit fe fervir de ladite letre, fignification faite au demandeur le.... à la requête de B. .... contenant qu'il avoit
mis au grefe ladite letre, procés verbal fait par Maître tel. .... Confeiller le...
contenant l'état de ladite létre, acte d'infeription de faux, formée par le demandeur au grefe de la Cour, le...... contre ladite piece, moïens de faux fournis par le demandeur, mis au grefe de céte Cour, la létre maintenuë fauffe,
Oui le raport dudit Confeiller à ce commis, conclufion du Procureur du Roi,
& tout confideré.

Nous avons les moïens de faux donés par le demandeur contre la letre en
queftion, qui font, que l'écriture du corps d'icele a été enlevée, & qu'au lieu
de l'anciene écriture il en a été fait de nouvele au deffus de la veritable fignature du demandeur, declarés & les declarons pertinens & admiffibles, ordonons
que la preuve fera faite d'iceux, par titres, par témoins & par comparaifon d'é-
critures & fignatures fur les pieces de comparaifon dont les parties conviendront,

par M. . . . & N. . . . écrivains jurés experts, que nous avons només d'ofice, ce qui sera executé sans prejudice de l'apel.

En vertu de ce jugement, le demandeur en faux doit faire informer des faits qui y sont contenus.

De ces faits il y en a qui se verifient par comparaison d'écriture, & d'autres non.

On a vû plusieurs fois ariver qu'on a suposé des persones pour passer des obligations ou d'autres contrats au nom d'autres persones absentes, & qu'on a fait declarer par ces persones suposées qu'elles ne sçavoient écrire ni signer.

Ainsi, s'il y a inscription de faux contre un contrat ou une obligation de cête qualité, & que celui contre qui on les veut executer, ait articulé par ses moïens de faux qu'on a suposé une autre persone pour lui, qu'il étoit absent lorsque ladite obligation a été passée en son nom, ou qu'il étoit en extremité de maladie, en un lieu éloigné, tous ces faits ne se peuvent pas verifier par comparaison d'écriture ou de signature, parce que la persone suposée n'a point écrit.

C'est pourquoi ils doivent être verifiés par des titres justificatifs de l'absence ou de la maladie, ou par des témoins qui puissent deposer de l'un ou de l'autre, ou qui aïent eu conoissance de la suposition de la persone, pour avoir été presens lorsque l'obligation a été passée, & avoir reconu par le visage, la taille, & le poil de la persone suposée, qu'elle est autre que celle contre laquelle on veut executer ladite obligation.

Mais si par les moïens de faux, on a articulé que l'écriture ou la signature du demandeur en faux, ou de quelque autre persone a été contrefaite ou falsifiée, ou qu'on a enlevé l'écriture de quelque piece pour y écrire autre chose que ce qui étoit écrit originairement, en ce cas la preuve de fausseté ne peut être faite que par des raports & dépositions des expers, & par des comparaisons d'écriture.

En ce dernier cas, il faut que les pieces inscrites de faux, & celles de comparaison dont le demandeur en faux se voudra servir, soient mises entre les mains des experts, qui auront été nommés d'ofice par le Juge, aprés que le serment aura été par eux prêté, pour être lesdites pieces par eux vûës, & examinées separement, & ensuite leur rapport delivré au Juge.

Aprés que ces rapotrs ont été faits, ou qu'autre information a été faite, fi le cas y échet, les pieces infcrites de faux, & les moïens de faux, avec l'information & le raport des experts, doivent être comuniqués aux gens du Roi, qui donent leurs conclufions, & enfuite le tout remis entre les mains du Juge.

S'il y a charge, il peut decreter contre tous ceux qui fe trouveront auteurs ou complices de la fauffeté, foit qu'ils foient perfones privées ou oficiers publics, comme fergens, notaires & grefiers, & on leur fait & inftruit leurs procés, par interrogatoires, recolemens & confrontations, dans laquelle inftruction les experts qui ont doné leurs raports, font recolés & confrontés comme les autres témoins, felon l'article 12. du titre 8. & l'article 16. du titre 9. de l'ordonance de 1670.

Si par le jugement qui intervient fur l'infcription de faux, le demandeur fucombe, il doit être condané en trois cens livres d'amende en cours fouveraine, en fix vingt livres aux fieges qui y reffortiffent immediatement, & en foixante livres aux fieges inferieurs.

Sur laquelle fomme lui eft deduite celle qu'il a confignée en demandant la permiffion de s'infcrire en faux, & font ces amandes aplicables au Roi pour les deux tiers, & pour l'autre tiers à la partie civile.

Neanmoins fi l'infcription de faux étoit manifeftement calomnieufe, & touchoit l'honeur des perfones publiques, le Juge leur peut ajuger une plus grande reparation & condaner le demandeur pour fa calonie à faire amande honorable, & en plus grande peine fi le cas le meritoit.

Mais fi au contraire le défendeur en faux fe trouvoit convaincu de la fauffeté dont il feroit acufé, non feulement la piece dont il fe feroit voulu prevaloir, feroit declarée fauffe & rejetée du procés civil, mais encore lui & fes complices feroient mulctés d'amandes pecuniaires, tant envers le Roi, qu'envers les parties, & même punies corporelement, ou capitalement, fuivant la qualité de la fauffeté, & de fes circonftances.

Par édit du Roi François I. du mois de Mars 1531. Il a été ordoné que tous ceux qui feront ateints & convaincus d'avoir fait & paffé de faux contrats, ou porté faux témoignage, feront punis de mort.

Cete ordonance a auffi été confirmée par le Roi prefentement regnant, par édit du mois de Mars 1680. regiftré au Parlement le vingt-quatre Mai enfuivant.

Maître Gui Baffet tome 2. page 505. atefte, que fuivant l'ufage du Parlement de Grenoble, le faux fe juge quelquefois fur les feules aparences, ou fur la non vrai-femblance de l'acte, fans qu'on foit obligé de paffer à l'infcription de faux, & qu'il fufit de combatre la piece par les moïens de nullité.

Ce qui eft encore conforme à l'opinion de nos meilleurs auteurs, qui eftiment que le faux fe juge fur des prefomptions feules, lorfqu'on agit civilement.

On juge auffi fouvent la fraude & le deguifement d'un contrat fur les fimples conjectures, comme fi les propres avoient été vendus à l'extremité.

Mais fi on impugnoit la verité de l'acte on ne jugeroit pas fur des prefomptions.

A l'égard des procés verbaux de faifie des fergens, on permet de faire preuve fans obliger de paffer à l'infcription de faux.

CHAPITRE LXV.

Des letres de grace, remiffion, pardon & abolition.

CElui qui eft acufé ou coupable de quelque crime, eft fouvent obligé d'avoir recours aux létres du Prince qui les luî acorde fuivant la qualité du crime.

Si le crime pour lequel l'acufé eft pourfuivi eft un homicide involontaire commis par cas fortuit ou dans la neceffité d'une legitime défenfe de fa vie, les létres que le Roi lui acorde, font apelées létres de grace & de remiffion.

S'il n'eft pas pourfuivi comme principal auteur de l'homicide, mais pour s'être trouvé en la compagnie de l'auteur, lorfqu'il a été commis fans s'être mis en devoir de l'empêcher, en forte que fa faute foit inexcufable, & que neanmoins il n'y échet peine de mort, les letres qui lui font donées font apelées létres de pardon.

Mais fi l'acufé eft prevenu du crime qui ne foit pas remifible dans les regles de la juftice, il a befoin de létre d'abolition par lefquelles le Roi pardone, éteint & abolit le crime, de pleine puiffance & autorité roïale.

En

En ces trois fortes de létres, il faut confiderer la forme en laquelle elles doivent être obtenuës, la forme en laquelle elles doivent être enterinées & la fuite de l'enterinement.

A l'égard de l'abolition, ces trois fortes de letres ont cela de comun, qu'elles doivent contenir verité, & être conformes à ce qui refulte des charges & informations, fans aucun vice de fubreption & d'obreption.

Le vice de fubreption eft, quand dans les letres on a avancé quelque fait contraire à la verité, pour les obtenir plus facilement.

Le vice d'obretion eft, quand dans les mêmes letres on cele ou on diffimule un fait, qui en auroit rendu l'obtention impoffible ou plus dificile, ou quand l'acufé tait fa qualité pour faire adreffer fes letres à un autre Juge que celui qui en doit conoître, & qu'il croit lui pouvoir être plus favorable.

Comme fi un Gentilhomme taifoit fa qualité pour empêcher que l'adreffe de fes letres ne foit faite au Parlement où elles doivent être adreffées, à peine de nullité.

Ainfi fi ces vices fe rencontrent en des letres, elles font nulles, & l'impetrant en doit être debouté.

Il y a auffi céte diference pour l'obtention, entre les letres de grace, pardon, remiffion, & celles d'abolition, que les létres d'abolition ne peuvent être obtenuës qu'en la grande Chancelerie, & les autres fe peuvent obtenir aux petites Chanceleries qui font établies en chacun Parlement.

Les letres de remiffion doivent feulement être acordées pour les homicides involontaires ou commis pour la defenfe de fa vie & non pas pour les autres crimes, encore qu'ils foient puniffables de mort.

Comme pour vols, larcins, raps, fauffetés, fauffe monoïe & autres chofes femblables.

A l'égard des létres d'abolition, elles fe peuvent doner par le Roi pour toutes fortes de crimes, à l'exception des duels, de l'affaffinat premedité, des pactions faites à prix d'argent, pour tuer, outrager, ou exceder quelqu'un, ou pour recourte de prifoniers des mains de la juftice, encore que ces pactions illicites n'aïent pas eu leur éfet, & qu'il n'y ait eu que la feule machination ou l'atentat, le rapt commis par violence, & les outrages faits aux Magiftrats & oficiers de juftice exerçant leurs charges.

Monfieur le Bret en fon Traité de la fouveraineté du Roi, Livre 4. Chapitre 6. dit que les letres d'abolition, procedantes du propre mouvement de fa Majefté, & étant expediées de fon comandement abfolu, elles ne font fujetes à aucune conoiffance de caufe, & que la partie civile ne les pût debatre d'incivilité, & d'obreption & fubreption.

Neanmoins aux termes de l'ordonance de 1670. il femble que cela ne foit pas abfolument veritable pour deux raifons.

La premiere, que par l'article 1. du titre 16. de céte ordonance, le Roi enjoignant aux Cours fouveraines & autres Juges, d'entretenir inceffament les letres d'abolition qui leur font adreffées, il ajoûte, *pourveu qu'elles foient conformes aux charges ou information*, ainfi pour favoir fi elles font conformes aux charges & informations, il faut entrer en conoiffance de caufe.

La feconde eft, que par le même article & par le quatriéme du même titre fur la fin, fa Majefté permet aufdites cours, de lui faire des remontrances & aux autres juges, auffi-bien qu'à Monfieur le Chancelier en deux cas; le premier, fi par furprife des létres d'abolition avoient été obtenuës pour l'un des crimes exceptés ci-deffus, l'autre, fi le crime pour lequel l'abolition auroit été acordée étoit trop énorme & trop atroce.

Ainfi, pour favoir fi ce crime eft trop atroce, ou s'il eft l'un de ceux qui font exceptés, & fur ce faire remontrance au Roi ou à Monfieur le Chancelier, il faut de neceffité entrer en quelque forte de conoiffance de caufe.

Par une declaration du 22. Novembre 1683. il eft enjoint aux Juges d'enteriner les remiffions fcelées en comandement, pourveu que les letres foient conformes aux informations, encore que le cas ne foit pas remiffible aux termes de l'ordonance, ou du moins pourveu que la non conformité ne foit qu'en des circonftances qui ne changent pas la qualité de l'action, & qui vrai-femblablement n'euffent pas empêché le collateur d'acorder la grace.

Le même le Bret, au lieu ci-devant cité, remarque auffi que par le droit Romain, il eft défendu de doner des abolitions du crime de peculat, mais que cela ne fe pratique point en ce Roïaume, parce que fouvent, & particulierement aprés une recherche generale des financiers, on leur done une abolition de leurs pilleries, en païant quelque fomme de deniers aufquelles ils font taxés.

Dequoi on ne peut plus douter, car par édit du Roi du mois de Juillet 1665. sa Majesté a converti en peines pecuniaires toutes celles qui avoient été encourues, suivant la rigueur des ordonances, par les comptables, & autres financiers prevenus & acusés de peculat & autres malversations, en la derniere chambre du justice.

Si un homme avoit tué un voleur trouvé de nuit dans sa maison, ou en se défendant contre lui sur un grand chemin, il n'est pas obligé de prendre des letres de remission, parce qu'il faut faire distinction entre ce que la loi autorise, & ce qu'elle excuse.

Or la loi autorise l'homicide du voleur trouvé de nuit dans sa maison, avec armes ofensives, & de celui par qui on est ataqué sur le grand chemin, & partant en ces cas il n'est pas besoin de remission, car on n'a rien fait qui ne soit permis par la loi naturele & civile, mais elle n'autorise pas les homicides qui sont commis par imprudence, ou dans la chaleur d'un premier mouvement, quand on est injurié ou ofensé, elle excuse seulement ces fautes, & par cête raison on a besoin de la grace, & de la misericorde du Prince, qui a seul pouvoir de les pardoner.

Si Titius qui avoit intention de tuër Mævius de propos deliberé, avoit tué par imprudence Sempronius, qui s'étoit mêlé dans la quercle pour l'apaiser, la grace doit-elle être enterinée.

Bartole sur la loi, *Respiciendum §. delinquun. in fine de pænis*, tient que le coupable ne peut pas éviter la peine d'homicide, & Julius Clarus, *lib.* 5. §. *homicidium*, *n.* 6. declare qu'il opineroit pour la mort, mais que s'il y avoit letres de grace, il ne pourroit pas se dispenser de les enteriner, parce que la qualité d'homicide volontaire cesse, l'intention qui fait juger de nos actions, n'aïant pas eu son éfet.

Dieu seul conoît le cœur & l'intention de l'homme, au lieu que les Juges ne le peuvent que par des simples conjectures.

Il y en a suivant Menochius, *de præsumpt. lib.* 5. *præs.* 40. trois principales, qui font juger si l'homicide est volontaire ou involontaire, *genus armorum*, *qualitas percuffionis*, & si celui qui a tué, *daret operam rei licitæ vel illicitæ*.

On ne peut avoir recours à ces conjectures, sinon lorsque les cas est arivé dans un lieu où il n'y avoit persone present, d'autant qu'il y a peu de remiſſions où on ne ſupoſe quelque faiᵗ qui puiſſe doner lieu à pallier l'action, mais le fait doit être prouvé & ateſté par ceux qui étoient preſens, ainſi qu'il eſt decidé en la loi 1. *in princip. Cod. ad leg. Cornel. de Sicar.* l'acuſé étant obligé de prouver ſon inocence, & qu'il n'y a aucun dol.

Celui qui a doné ordre de doner des coups qui ne ſont pas capables de cauſer la mort, n'eſt pas puni, ſuivant pluſieurs de nos auteurs, de la peine ordinaire d'homicide, en cas que la mort fût arivée contre ſon intention, mais ſeulement des peines arbitraires, comme pour homicide caſuel, atendu que la mort n'arive que *ex culpa non dolo.*

Mais on repond, qu'il ſufit qu'il ſoit cauſe de la mort, quoiqu'indirectement, aïant doné lieu à ce qui pouvoit ariver par l'imprudence de celui dont il s'eſt ſervi, & l'ordre pernicieux qu'il a donné, agrave l'homicide & le rend inexcuſable, c'eſt pourquoi il ne peut pas être remis comme un homicide caſuel.

L'acuſé qui veut preſenter ces létres de pardon, ou remiſſion, doit être neceſſairement priſonier & écroüé, autrement toute audiance lui eſt deniée juſques à ce qu'il ſe ſoit mis en état.

Il les doit preſenter dans les trois mois du jour de l'obtention, & l'ordonance dit que les impetrans ne pourront être relevés du laps de temps, neanmoins on done encore tous les jours des létres de ſuranation, à la charge que la depoſition des témoins decedés ſubſiſtera.

Ce qui ne peut s'entendre que des témoins decedés depuis la ſuranation des premieres letres, d'autant que la depoſition des témoins decedés avant le recolement doit être rejetée, pourveu qu'il n'y ait pas eu de l'afection, & éconivence de la part des Juges à ne pas faire de recolement des témoins, afin de faire deperir la preuve.

Son écroüe doit être ataché à ſes letres, afin qu'on conoiſſe qu'il eſt actuelement priſonier.

Il doit demeurer priſonier durant tout le reſte de l'inſtruction du procés, ſans pouvoir être élargi.

Si les létres étoient obtenuës depuis les decrets d'ajournement perſonel, & de priſe de corps decernés contre l'acuſé, la ſignification deſdites letres ne pouroit pas empêcher l'execution deſdits decrets, ni des jugemens de coutumace, & l'execution de ceux donés en conſequence deſdits decrets juſqu'à ce

que l'acufé fût actuelement en état dans les prifons du Juge auquel ces letres font adreffées.

Les demandeurs en letres, tant d'abolition, que de remiffion, & pardon, doivent faire apeler les parties civiles, fi aucunes y a, pour les voir enteriner, & enfuite les prefenter à l'audiance tefte nuë & à genoux, & aprés la lecture, ils doivent repondre & afirmer (le Juge les interrogeant) qu'ils s'en veulent
aider, qu'ils ont doné charge de les obtenir, & qu'elles contienent verité.

Sur la prefentation des letres faites en céte forme, intervient
un jugement, par lequel il eft ordoné que lefdites letres, les informations & autres procedures feront comuniquées au Procureur du Roi, & copie d'iceles baillées à la partie civile, fi aucune
y a, pour fournir fes moïens d'opofition dans le temps de l'ordonance, & que l'impetrant fera oüi & interogé fur les faits refultans defdites letres & informations.

En execution de ce jugement, l'impetrant doit être interogé
dans la prifon par le raporteur du procés.

Pour cela fi le Juge qui doit conoître des letres, n'eft pas celui qui a informé, & pardevant qui le procés criminel a été
inftruit.

Par exemple, fi le Juge du delit étoit un Juge fubalterne, auquel les letres n'ont pût être adreffés, parce que celles des Gentils-hommes ne peuvent être adreffées qu'à la Cour, & celles des
perfones roturières, qu'aux bailliages roïaux, où il y a fiege Prefidial, il faut faire aporter les charges & informations, & toutes les procedures faites, tant avant que depuis l'obtention
defdites létres au grefe du Juge, à qui lefdites letres font adreffées.

Si le procés n'eft pas entierement inftruit, le Juge qui doit
conoître des letres, peut cometre ce qui refte à faire de l'inftruction au Juge du lieu du delit, mais fi le procés eft entierement
inftruit, le Juge doit feulement ordoner qu'il fera comuniqué au
Procureur du Roi pour bailler fes conclufions, encore que l'impetrant prene droit par les charges.

L'ufage en plufieurs lieux, eft de faire recoler & confronter les
témoins, fi on ne l'a fait, ce qui eft le plus fouvent à l'avantage
de l'acufé, d'autant qu'aprés qu'on a fatisfait à la partie, ils dé-
truifent ordinairement la force de leurs premieres depofitions par
quelque explication concertée.

D d d iij

C'eft pourquoi on ne devroit pas épargner les témoins qui varient dans les circonftances effentieles.

Par un arrêt du Parlement de Bordeaux du 19. Janvier, raporté en la feconde Partie du Journal du Palais, il a été jugé que la partie civile devoit faire informer par adition, peu de temps après la prefentation des letres, fans retarder long-temps le jugement après que les inftructions font faites.

Si la partie civile à qui les letres de remiffion auront été fignifiées s'opofe à l'enterinement, & debat defdites létres d'obreption & de fubreption, fes moïens d'opofition, & les reponfes du demandeur en letres font jointes au procés.

La partie civile aïant doné fes moïens d'opofition & le Procureur du Roi fes conclufions définitives qui procede au jugement du procés, l'impetrant eft interrogé fur la felete & fon interrogatoire redigé par écrit, & fi les letres ne font pas conformes aux charges & informations, il en eft debouté & condané, tout ainfi que fi lefdites letres n'avoient point été obtenuës.

Si au contraire elles fe trouvent conformes aux informations, elles feront enterinées pour joüir par l'impetrant de l'éfet d'iceles, neanmoins il doit être condané en quelque aumône envers les pauvres, & quelquefois en quelque fomme pour faire prier Dieu pour celui qu'il a tué.

S'il y a partie civile, & qu'elle n'ait été fatisfaite auparavant l'obtention des letres ou le jugement du procés, il eft encore condané en une reparation civile envers elle, parce que les letres de remiffion par lefquelles le Roi remet la peine au public, ne font jamais de prejudice aux interéts de la partie civile, au contraire, elles contienent toûjours cête claufe, *fatisfaction préalablement faite à la partie, fi fait n'a été.*

Mais elles font prejudice au Seigneur haut-jufticier, à qui la confifcation apartiendroit, fi l'acufé étoit condané, parce que le Seigneur haut-jufticier n'eft pas recevable à s'opofer à l'enterinement des letres de remiffion ou d'abolition, fous pretexte de fon interês.

La fimple proteftation par le Procureur du Roi d'apeler, oblige de faire conduire l'impetrant dans la Conciergerie du Palais, au lieu que s'il n'y a que la partie civile qui apele, le procés eft diftribué aux enquêtes pour l'interêt civil feulement.

Il n'y a que le Roi qui puiffe doner des letres d'abolition, & de remiffion.

Corbin en ses plaidoïers, Chapitre 5. raporte un arrêt du 5. de Decembre 1605. par lequel il se voit, qu'un Eclesiastique qui avoit tué un soldat, aïant obtenu des letres de grace du Cardinal de Plaisance, alors Legat en France, & les aïant fait enteriner par le Juge d'Eglise, sur l'apel come d'abus qui en fut interjeté, il fut dit qu'il avoit été mal, nullement & abusivement procedé & ordoné, que nonobstant lesdites letres, le procés seroit fait & parfait à l'Eclesiastique.

Monsieur le Bret en son traité de la souveraineté du Roi, au lieu ci-dessus cité, dit que le Roi Loüis XII. aïant été averti que par l'usage & la coutume de Dauphiné, les Gouverneurs de céte Province avoient l'autorité d'octroïer des graces, & quelques Barons de Bretagne pretendoient être en joüissance de semblable droit, il en retrancha l'abus, & par un édit exprés, cassa & revoqua tous ces privileges.

Neanmoins le privilege du Chapitre de Roüen, à cause des fierté de saint Romain, subsiste toûjours.

Ce privilege consiste à delivrer tous les ans, le jour de l'Ascension, un prisonier acusé de crime capital.

Il est vrai que le Chapitre de Roüen en aïant autrefois abusé, en apliquant céte grace à des prisoniers prevenus de crimes execrables & irremisibles, le Roi Henri IV. l'a restraint par une declaration de l'année 1597. par laquelle il ordone qu'à l'avenir ceux qui se trouveront prevenus du crime de leze-Majesté, d'heresie, de fausse monoïe, des violences de fille, & d'assassinat de guet à-pens, ne pourront se servir ni prevaloir du privilege de la fierté.

Mais il subsiste pour les autres crimes qui sont remisibles, & qu'en Normandie on apele fiertables, & de fait il a été nouvelement confirmé par un arrêt du grand Conseil du 15. Septembre 1672. raporté au troisiéme Tome du Journal du Palais.

Il a été jugé au Parlement d'Aix le troisiéme Juillet 1677. que les létres de grace ne pouvoient pas être portées à la Chambre des vacations.

Il y a des homicides purement involontaires, pour lesquels on n'oblige pas toûjours de prendre des létres de remission.

Comme si quelqu'un s'étoit exposé dans un lieu où on tire à l'arquebuse, ou à l'arbaleste, après que le tireur a crié trois fois, sauf quelque petite somme qu'on ajuge pour tous dépens domages & interéts.

Mais il n'en est pas de même lorsqu'il y a de l'imprudence ou de l'imperitie, encore qu'on s'ocupe à une chose licite, & que temps & le lieu convienent à l'action, *qua culpa casum præcedit*, faut obtenir des letres du Prince.

On peut dire la même chose pour ce qui se comet dans vin, ou lors qu'un juste ressentiment trouble la raison, le cr me peut être remis ou aboli, pourveu qu'il ait été con mis dans la chaleur d'un premier mouvement, & sans preme ditation.

Il y a des cas où les heritiers de l'homicidé sont condan aux depens de l'impetrant, lorsqu'il paroît qu'il n'a tué qu dans la necessité d'une legitime defense de sa vie, n'aïant p chercher son salut dans la fuite, il y en a eu des exemples Beauvais.

Quoique la mort soit la peine de l'homicide, neanmoins un miserable se trouvoit dans l'impuissance d'obtenir des letre pour un cas involontaire & fortuit, les Juges seroient obligés d moderer la peine.

Il y avoit autrefois chés les Juifs des Villes de refuge pou ceux qui avoient tué par hazard.

Letres d'abolition.

Loüis &c.....à tous presens & avenir, *Salut*, nous avons reçû l'humble supli-cation de tel.....contenant que la famille du sieur tel....aïant successivemen eu depuis plus de cent ans une haine mortelle contre la famille de l'exposant ledit tel.....a cherché les ocasions d'en faire ressentir les éfets à l'exposant, & s'est toûjours rencontré dans les lieux où il a crû pouvoir lui doner du chagrin, ce que l'exposant a soufert avec toute la moderation imaginable, mais le sieur tel....abusant de l'honêteté & des égards que l'exposant avoit pour lui, est venu le....jour de....en la maison du nomé tel....où étoit l'exposant, qui voulut en sortir lorsqu'il vit ledit tel......lequel continuant ses insultes, & l'exposant ne pouvant plus se contraindre, mit l'épée à la main, & en dona deux coups audit tel.....dont il mourut un jour aprés au grand regret de l'ex-posant qui a un extrême deplaisir d'avoir contribué à ce malheur, nous supliant de lui octroïer nos letres de grace ; *A ces causes*, voulant doner audit tel.... des marques de nôtre clemence, lui avons quité, remis, pardoné, éteint, & aboli, quitons, pardonons, remetons & abolissons, par ces presentes, le fait & cas ci-dessus exposé, avec toute peine, amende & ofense corporele, civile & criminele qu'il a pour raison de ce encouruë envers nous & justice, metons au neant tous decrets, defauts, contumaces, sentences, jugemens & arrêts qui s'en sont ensuivis, le metons & restituons en sa bone renomée & en ses biens, non d'ailleurs confisqués, satisfaction prealablement faite à partie civile, si fait n'a été, & s'il y échet, imposons sur ce, silence perpetuel à nôtre Procureur gene-ral, ses subtituts, presens & avenir, & à tous autres, *Si donons en mandement*, à nôtre Prevôt de.....ou son Lieutenant Criminel & gens tenant le siege audit lieu.

lieu, que du contenu en ces presentes, nos létres de grace & abolition, ils fassent joüir l'exposant, pleinement, paisiblement, & perpetuelement, cessant & faisant cesser tous troubles & empêchemens contraires, à la charge de se presenter pardevant vous pour l'enterinement des presentes dans...... à peine de nullité d'iceles, *Car* tel est nôtre plaisir. *Doné à &c.*

Letres de remission.

Loüis &c...... à tous presens & avenir, *Salut*, nous avons reçû l'humble suplication de tel..... (*exposer sa qualité*) contenant, (*on expose le fait le plus au vrai & le plus conforme aux charges & informations qu'il se peut*), & bien que ce fait soit ainsi arivé par la faute & agression dudit défunt (*ou bien*, par un cas fortuit & imprevû sans aucun mauvais dessein) toutefois il en a été informé & decreté par.... Juges des lieux à l'encontre du supliant, lequel craignant la rigueur de la justice s'est absenté, & n'oseroit se reprensenter sans nos letres de grace, pardon & remission, qu'il nous a tres-humblement fait suplier lui acorder; *A ces causes*, voulant la preferer misericorde à la rigueur des loix, consideré que ledit défunt a doné lieu à son malheur par ses agressions, & que ledit supliant n'a été que dans une défense toute naturele (*ou bien*, que le cas est imprevû & sans aucun dessein premedité), que d'ailleurs la vie du supliant est exempte de blâme, de nôtre grace speciale, pleine puissance, & autorité Roïale, nous avons audit supliant quité, pardoné & remis, & par ces presentes, quitons, pardonons & remetons le fait & cas, tel qu'il est ci-dessus exposé, avec toutes peines, amende, ofense corporele, civile & criminele, qu'il a pour raison de ce encouru envers nous & justice, metons au neant tous decrets, défauts, coutumaces, sentences, jugemens & arrêts, si aucuns s'en sont suivis, le metons & restituons en sa bone renomée, & en ses biens, non d'ailleurs confisqués, satisfaction faite à partie civile, si fait n'a été, & s'il y échet, imposant sur ce silence à nôtre Procureur general, ses substituts presens & avenir, & à tous autres; *Si donons en mandement* à nôtre Bailly de...... ou son Lieutenant Criminel & gens tenans le siege audit lieu, dans le ressort duquel le fait & cas ci-dessus est arivé, que du contenu en ces presentes, nos letres de grace & remission, ils fassent joüir ledit supliant, pleinement, paisiblement & perpetuelement, cessant & faisant cesser tous troubles & empêchemens contraires, à la charge de se presenter pardevant vous pour l'enterinement des presentes dans..... à peine de nullité d'iceles, *Car* tel est nôtre plaisir, & afin que ce soit chose ferme & stable à toûjours, nous avons fait metre nôtre scel à cesdites presentes. *Doné à &c.*

Letres de pardon.

Loüis &c...... tel..... nous a exposé qu'il y a prés de quatre ans qu'il se trouva chés le sieur tel.... lequel donoit à manger à plusieurs persones qui y étoient assemblées, & pendant le repas le nomé tel.... & tel.... se dirent des paroles fâcheuses, & ensuite se menacerent en presence de l'exposant, lequel croïant que tel...... avoit raison de repouser par des injures, celles qui étoient dites par tel....... se declara pour tel....... en blamant tel...... & la querele s'étant échaufée, tel...... prit un des couteaux qui étoient sur la table & en dona un coup à tel..... quelque éfort que l'exposant pût faire pour l'empêcher, duquel coup tel.…. mourut à l'inſtant, dont l'expoſant eut un ſenſible deplaiſir, nous ſupliant de lui octroïer nos lêtres de pardon à ce neceſſaires;. *A ces cauſes*, avons remis & pardoné, remetons & pardonons par ces preſentes, le fait &c.

CHAPITRE LXVI.

Des jugemens & procés verbaux de queſtion & tortures.

SI le Juge, aprés l'inſtruction de la procedure criminele, procedant au jugement du Procés, ne trouve pas que les preuves produites contre l'acuſé ſoient ſufiſantes pour le condaner, & que toutefois il ne ſoit pas juſte de l'abſoudre entierement, pour avoir preuve entiere de la verité; il doit ordoner qu'il ſera apliqué à la queſtion.

Ainſi, ſupoſé qu'il y ait lieu d'apliquer l'acuſé à la queſtion, il faut examiner quatre choſes, la premiere, ſi tous Juges peuvent condaner à la queſtion, la ſeconde ſi toutes ſortes de perſones y peuvent être apliquées, la troiſiéme, en quel cas la queſtion doit être ordonée, & la quatriéme & derniere, comme les jugemens qui l'ordonnent doivent être rendus & executés.

A l'égard du premier point, il eſt certain que tous Juges, tant Roïaux que ſubalternes, qui ont conoiſſance des crimes capitaux, peuvent condaner à mort, & peuvent auſſi condaner à la queſtion.

Sur quoi il faut excepter ici le Juge d'Egliſe, qui en ce cas de delit commun & non privilegié, ne peut pas par jugement définitif condaner l'Ecleſiaſtique criminel à mort, mais ſeulement à la privation de ſes benefices, à des jeunes & prieres & à la priſon perpetuele.

Toutefois par un ancien arrêt de 1392. raporté par Charondas, il a été jugé que le Juge d'Egliſe peut auſſi condaner à la queſtion, mais plus douce & moins ſevere que celle qui eſt ordonée par le Juge laïque, en ſorte qu'il n'en puiſſe ariver aucune éfuſion de ſang, ou mutilation de membre.

Pour ce qui eſt du ſecond point, par la depoſition du droit Romain, les perſones conſtituées en dignité ne peuvent point être apliquées à la queſtion, ſinon en crime de leze-Majeſté.

mais suivant l'usage de ce Roïaume, aucun n'en est exempt par sa condition, ou par sa naissance, ou par sa dignité.

Il est vrai, que pour y condaner une persone d'honête condition & de reputation entiere, il faut des indices bien plus forts, que pour y condaner des vagabons, des scelerats ou des persones mal famées.

Neanmoins il y a des persones qui en sont exemptes par la consideration de leur foiblesse & de leur infirmité, comme les impuberes, les malades ou infirmes, qui ne peuvent pas être apliqués à la question sans danger de leur vie, c'est pourquoi si ces sortes de persones y étant apliquées venoient à mourir dans les tourmens, le Juge en pouroit être puni.

Les femmes enceintes en sont pareillement exemptes, & n'y peuvent pas être apliquées durant leur grossesse.

Quant au troisiéme point, qui est de savoir en quel cas la question doit être ordonée, il est dificile & depend de la prudence du Juge, l'ordonance de 1670. titre 19. article 1. dit que si l'acusé est prevenu d'un crime capital, & qui merite la mort, & que le crime soit constant, il peut être condané à la question s'il y a preuve considerable contre lui, & que neanmoins céte preuve ne soit pas sufisante pour le convaincre & pour le condaner à la mort.

Elle dit aussi qu'il faut que le crime soit constant, & qu'on doute seulement qui en est l'auteur, car autrement, en quelque indice, & quelque témoignage qu'il puisse y avoir contre l'acusé, il ne peut pas être condané à la question.

Par exemple, un homme est acusé d'homicide, sur ce qu'un autre avec lequel il avoit des inimitiés capitales, qu'il avoit menacé de tuer, ne paroît plus, & qu'on ne sait ce qu'il est devenu, il est certain que cet acusé ne peut pas être condané à la question, quelques indices & quelques temoignages qu'il y ait contre lui, s'il n'est constant que cet homme qui a disparu a été tué, soit par le procés verbal de la levée de son corps, ou autre preuve invincible, parce qu'autrement, & si on apliquoit à la question avant que l'homicide fût constant, il en pouroit ariver de grands inconveniens, comme il en est autrefois arivé, & que des persones se sont trouvées vivantes aprés l'execution à mort, de ceux qu'on avoit acusé les avoir tué, & qu'on avoit condané sur des indices & des presomptions.

C'est ce qui est remarqué en la loi, *Absentem §. Dig. de pænis*

fatuis eſt enim impunitum relinqui facinus nocentis quam innocen-
tem damnari.

En éfet la regle qui veut que les preſomptions qu'on a pour
ſoi, obligent nôtre adverſaire à prouver ſon fait, n'a pas lieu,
lorſqu'il s'agit de condaner en matiere criminele, où on ne peut
condaner perſone ſur des indices, à moins qu'ils ne ſoient plus
clairs que le jour.

Il y a de deux ſortes d'indices, l'une de fait, & l'autre de
droit.

Ceux de fait conduiſent à la preſomption, & ceux de droit
ſufiſent quelquefois pour la queſtion, en ſorte que pour ce qui
eſt de la preſomption qui reſulte de pluſieurs indices, elle a la même force que l'argument *à veriſimili*, & on la définit une conje-
cture legitime ſur une choſe douteuſe ſur laquelle la loi permet
au Juge de faire atention.

Il y a la préſomption de droit, celle de l'homme & celle apelée *juris & jure.*

L'ordonance audit titre 19. article 1. dit, que pour pouvoir
condaner un acuſé à la queſtion, il faut que la preuve qui ſe
trouve contre lui ſoit conſiderable, mais la dificulté eſt de ſavoir de quelle nature doit être une preuve pour pouvoir être
qualifiée conſiderable & ſufiſante, ſuivant l'intention de l'ordonance, parce que les opinions des Docteurs ſont diferentes touchant la force des indices, la qualité de la preuve qui en reſulte,
& quelle foy y doit être ajoutée.

Un ſeul indice ne ſufit pas pour apliquer un acuſé à la queſtion, comme s'il étoit ſeulement juſtifié qu'il a eu des inimitiés
capitales avec le défunt, il faut que les indices ſoient fort preſ-
ſans, autrement il n'y a pas lieu à la queſtion.

Le ſang coulé des plaïes de l'occis en preſence de l'acuſé,
aprés l'avoir fait paſſer & repaſſer neuf fois par deſſus le corps
dudit occis n'eſt pas auſſi une indice ſufiſante pour la queſtion,
ni la depoſition d'un ſeul témoin, quelque préciſe qu'elle puiſſe
être, ſi elle n'eſt acompagnée d'autres indices.

La confeſſion ſeule des acuſés ne ſufit pas non plus pour faire
condaner les autres acuſés du même crime à la queſtion, ni la
declaration faite par un condané à mort, par laquelle il charge
quelqu'un, eſt encore moins conſiderable que la confeſſion ſeule
des acuſés, tant parce que ce condané à mort eſt infame, & par
conſequent incapable de rendre témoignage, qu'à cauſe qu'il ne
peut plus être recolé ni confronté.

La declaration faite par le bleſſé en mourant qu'il a été tué ou aſſaſſiné par l'acuſé n'eſt point encore ſufiſante pour le faire apliquer à la queſtion, d'autant que les ſentimens de religion n'éteignent pas toûjours les eſprits iraſcibles, & qu'un malade ne deſeſpere que tres-rarement de ſa ſanté, & qu'on ſe trouve tres-ſouvent dans la precipitation & dans l'obſcurité.

Que ſi le bleſſé en mourant parle en faveur de l'acuſé & declare que ce n'eſt pas lui qui l'a frapé & aſſaſſiné, cête declaration decharge ledit acuſé, & purge tous les indices qui étoient contre lui, & ſur leſquelles il auroit peut être condané à la queſtion, mais elle ne purge pas les indices tres-violens, qui ſont plus que ſufiſans pour la condanation, ſelon le ſentiment de Farinace, *de indiciis & tort. quæſt. 46. num. 116. &* 117.

Toutefois la confeſſion de l'acuſé faite hors jugement, ou pardevant un Juge incompetent, & depuis deniée pardevant un Juge competent, eſt ſufiſante pour faire condaner à la queſtion.

Ce n'eſt pas toûjours une regle certaine, qu'il ſoit neceſſaire de purger les indices par quelque peine, d'autant qu'ils ſont ſouvent équivoques, ou des éfets du haſard, ou cauſés par le défaut de la memoire, c'eſt pourquoi je ne crois pas qu'on puiſſe declarer l'acuſé convaincu de violens ſoupçons, n'y aïant pas de conviction, tant qu'il n'y a que des ſoupçons.

Il y a des indices apelés prochaines & immediates, qui conduiſent à la preuve, pour leſquels une demi preuve ſufit ſouvent pour la queſtion, & la preuve entiere pour la condanation, comme lorſqu'on a vû des gens ſe quereler, ou qu'on a entendu doner ordre de tuer, & d'autres apels éloignés, dont quelques-uns ſufiſent quelquefois pour la condanation, lorſqu'il y a d'autres adminicules, comme ſi la choſe volée avoit été trouvée chés l'acuſé.

La variation paſſe pour une demie preuve lorſqu'elle concerne le delit, ou les qualités & circonſtances eſſenticles, & non lors qu'elle regarde d'autres faits & circonſtances qui ne regardent pas immediatement la defenſe de l'acuſé, comme s'il avoit varié touchant le lieu où il étoit un tel jour, à moins que la ſituation ne ſervît à la preuve.

Il ne ſufit pas toûjours que l'épée d'un particulier ait été trouvée pleine de ſang proche le corps du défunt pour condaner à la queſtion, lorſqu'il y a preuve que pluſieurs étant à table ou dans un bal ont pris confuſement les épées.

L'experience fait auſſi ſouvent conoître que ceux qui menacent & qui font éclater leurs inimitiés, ne ſont pas toûjours ceux qui ont commis une mechante action, car on a ſouvent diferens ennemis, mais il eſt tres-rare qu'un François n'ait pas doné quelques marques de ſon reſſentiment, lorſqu'il ſe vange aprés quelque intervale.

On ne donera jamais en cête matiere des regles certaines à la prudence, *ex facto jus oritur*, mais la contrarieté qu'on remarque tous les jours dans les idées & raiſonemens des Juges, les doit rendre circonſpects.

A l'égard du quatriéme & dernier point, qui concerne la maniere de rendre & faire executer les jugemens des queſtions, l'ordonance au même titre 19. article 2. dit que tous les Juges condanant à la queſtion, peuvent arêter que nonobſtant la queſtion, les preuves ſubſiſteront en leur entier, pour pouvoir condaner l'acuſé à toutes ſortes de peines pecuniaires ou aflictives, excepté la mort, & l'acuſé qui a ſoufert la queſtion ſans rien avoüer, ne peut pas être condané, ſi ce n'eſt qu'il ſurviene de nouveles preuves depuis la queſtion.

Mais quelque nouvele preuve qui ſurviene, l'acuſé ne doit jamais être apliqué deux fois à la queſtion pour un même fait, ainſi qu'il eſt porté par l'article 12. dudit titre 19.

Lorſqu'il y a des indices qui ne ſont pas ſufiſans pour apliquer l'acuſé à la queſtion, les Cours ſouveraines, pour tacher de découvrir la verité du crime, peuvent ordoner qu'il ſera preſenté à la queſtion.

En execution de cet arrêt, l'acuſé doit être conduit à la chambre de la queſtion, où étant à genoux, le Commiſſaire aſſiſté d'un autre Juge, lui fait lire l'arrêt par le grefier, qui dit tout bas le mot de *preſenté*, en ſorte que l'acuſé ne le puiſſe entendre.

Enſuite ledit acuſé eſt dépoüillé, lié, attaché & mis en état de ſoufrir la queſtion, & en cet état il eſt interogé par le Comiſſaire, & s'il ne confeſſe rien, il eſt detaché & remené en priſon, mais ces feintes ne ſont permiſes qu'aux ſeules cours ſouvéraines, étant expreſſement défendu à tous autres Juges par l'article 5. dudit titre 19. d'ordoner qu'un acuſé ſera preſenté à la queſtion, ſans y être apliqué.

Ci-devant les ſentences de queſtion pouvoient être executées,

quand il n'y en avoit point d'apel, & si aprés la question comencée le criminel apeloit, son apel n'étoit point reçu, & n'empê-
choît pas que l'execution ne fût pas achevée, même aucuns ont
crû que s'il atendoit à apeler, aprés qu'il auroit été conduit à la
chambre de la question, son apel ne devoit plus être reçu, bien
que la question ne fût point encore comencée.

Aujourd'hui on en use autrement, parce que par l'article 7. du
même titre, les sentences de condanation à la question ne peuvent plus être executées, qu'elles n'aïent été préalablement confirmées par arrêt, encore qu'il n'y ait pas d'apel, si ce n'est qu'-
elles soient rendues en dernier ressort, ou par jugement Prevôtal.

Si la condanation à la question est par arrêt, ou par sentence
Prevôtale, ou en dernier ressort, le jugement en doit être dressé
& signé sur le champ, & le raporteur asisté de l'un des autres
Juges, doit se transporter en la chambre de la question, pour le
faire prononcer à l'acusé.

Aprés la prononciation de ce jugement, le Juge doit prendre
le serment de l'acusé, l'interroger sur les faits resultans de l'information, avant que de le faire apliquer à la question, & lui
faire signer son interrogatoire, ou faire mention qu'il n'a pû ou
voulu signer.

Cet interrogatoire achevé, il doit être depouillé, lié & apliqué à la question en presence du raporteur & d'un des autres
Juges qui chargeront leur procés verbal de l'état de la question,
des réponses, confession, denegation, & variations à chacun
article de l'interrogatoire.

Imbert, livre 3. chapitre 14. dit qu'il y a plusieurs sortes de
question & tortures, & que celle dont on se sert ordinairement
en Poitou, sont les brodequins.

Mais le Brun en sa Pratique criminelle en raporte plusieurs
especes dont il dit que se servent les Prevôts des Marechaux en
son païs de Beaujolois & lieux circonvoisins, sçavoir la Riote,
l'eau pour le lavement de la serviete, le vinaigre, l'huile instil-
lée par le gosier, la poix ardente, des œufs cuits en la braise,
apliqués sous les aisseles, les doigts serrés étroitement dans le
chien d'une arquebuse ou pistolet, les gresillons, qui sont de
petits bâtons liés, & serrés de ficelles entre les doigts, les botes,
les escarpins, &c.

Le même Auteur au même lieu, expliquant la maniere de
doner la question en son païs, dit, que le criminel est dépouillé

& ataché les mains derriere le dos, & étendu sur un treteau, ban ou chevalet destiné à cet éfet, qu'ensuite ses pieds sont ataché aux boucles ou aneaux qui servent à la torture, ou à la pierr qui lui doit servir de poids aux pieds, s'il est tiré en haut il ser élevé avec la corde où les mains sont atachées, ou s'il est étend en long il sera tiré, jusqu'à ce que le corps abandone le ban ou treteau, & ne porte plus que sur les cordes des pieds & de mains.

A Paris, la question tant ordinaire qu'extraordinaire se don le plus souvent avec l'eau.

En la question ordinaire on passe un treteau sous les corde ausquelles les pieds de l'acusé sont atachés, qui fait une plu grande extension du corps, & en cet état on lui fait boire qua tre pots d'eaux.

En la question extraordinaire, on passe un treteau plus hau sous la même corde, & on lui fait boire quatre autres potée d'eaux.

Le Brun en l'endroit ci-dessus cité, dit que les voleurs & brigands ont des artifices pour se rendre insensibles à la douleur & qu'il a vû en l'anée 1688. un scelerat & chef de voleurs, nomé le grand François, auquel les deux orteils des pieds furen arachés dans la violence de la question, sans qh'il fît aucune demonstration de douleur, dont la cause aïant été demandée à l'un de ses complices, il répondit que cela provenoit de ce qu'il avoit mangé du savon, qui a la force de stupefier & engourdir les nerfs, & que le remede à céte insensibilité étoit de lui faire avaler du vin.

Ce qui aïant été fait, il s'écria qu'il étoit mort, confessa tous les meurtres & vols qu'il avoit comis, & fut condané à la rouë.

Par l'article 10. dn titre 19. de l'ordonance de 1670. il est permis aux Comissaires procedans à la question d'en faire moderer & relâcher une partie des rigueurs, si l'acusé confesse, & s'il varie, de le faire remétre dans les mêmes rigueurs.

Aprés qu'il a été delié entierement & ôté de la question, il ne peut plus y être remis, mais il doit incontinent & sur le champ être interrogé sur ses declarations & sur les faits par lui confessés pendant la torture, & le Juge lui doit faire signer son interrogatoire, ou faire mention de son refus de signer.

Mais suivant Farinaccius *de indic. & tortura quæst.* 38 *nombre* 90. celui qui n'a pas voulu ratifier la confession qu'il avoit faite

à

à la torture , y peut être mis une seconde fois en jour diferent,
soit à cause qu'il n'avoit pas sufisament purgé les indices , & que
s'il persistoit dans ses denegations , il devoit être absous , &
même que s'il avoit encore confessé dans les tourmens , & qu'il
ait retracté depuis , il y pouvoit être apliqué une troisiéme fois,
& non plus , mais qu'il n'étoit pas à propos d'y apliquer plus de
deux fois à moins que les indices ne fussent violens.

Ce qui a neanmoins été changé par l'ordonance criminele de
1670.

Quoiqu'ordinairement la question ne soit ordonée , que par
un jugement interlocutoire , pour parvenir à la conviction de
l'acusé , & tirer de sa bouche la confession de la verité , toutefois, quand il est constant que plusieurs autres ont participé au
même crime , il peut être ordoné par le même jugement qui le
condamne à la mort, qu'il sera préalablement apliqué à la question
pour avoir revelation de ses complices.

Celui qui a été absous par un jugement en dernier ressort d'u-
ne acusation , ne peut plus être poursuivi , ni dans le même tribunal , ni en un autre , ni même à la requête du Procureur du
Roi , sous pretexte qu'un autre acusé a declaré depuis à la torture
ou par un testament de mort qu'il étoit complice , suivant la loi,
Si cui §. iisdem criminibus dig. de accusat. leg. licet §. in factum , dig.
naut. caup. stabul. leg. Senatus dig. de accusat.

Neanmoins Covaruvias , livre 9. chapitre 10. nombre 1. raporte deux exceptions , la premiere , lorsque le nouvel acusateur a un interêt particulier , qui n'a pas été conu , comme si des
enfans demandoient les interêts civils pour l'homicide de leur
pere , & la seconde , s'il paroissoit qu'il y a eu de la colusion
entre l'acusateur & l'acusé.

Les Juges peuvent aussi après la visite du procés recevoir l'a-
cusé en ses faits justificatifs qui seront reçus par le Juge dans les
interrogatoires & confrontations , & inserés dans le jugement,
à la signification duquel il doit nomer sur le champ des témoins,
autrement il ne doit plus y être reçu, aïant sçu le secret des
informations par les confrontations , il ne peut pas les détruire,
faisant entendre des témoins à sa devotion.

Les témoins doivent aussi être oüis à la requête de la partie
publique , ou en consequence d'une ordonance du Juge , en sorte que céte preuve peut être faite nonobstant & sans prejudice
de l'apel , de peur qu'elle ne deperisse.

Il y a cependant certains éclaircissemens que peut demander

un acufé avant la vifite du procés , mais il en doit avancer les frais, ou du moins la partie civile en peut demander un *recupere-tur* , fi elle a été obligée de les païer.

Procés verbal de la queftion ordinaire & extraordinaire,

L'an.... le jour de.... neuf heures du matin , nous U.... Confeiller du Roi, Lieutenant Criminel à... & N... auffi Confeiller du Roi en la Senechauffée & Siege Prefidial de.... nous étant transporté en la chambre de la queftion , avons fait faire extraire des prifons , & amener en ladite chambre Z... acufé, lequel acufé s'étant mis fur la felete , & aprés ferment par lui fait de dire verité, avons procedé à fon interrogatoire , ainfi qu'il enfuit..

Interrogé de fon nom, âge , qualité & demeure..

A dit...

Il faut interroger l'acufé fur les faits refultans du procés , & non d'autres.

Lecture à lui faite du prefent Interrogatoire a dit que fes réponfes contienent verité , y a perfifté & a figné, *ou* a declaré ne fçavoir écrire , ni figner de ce enquis.

Aprés quoi l'acufé s'étant mis à genoux la tête nuë , lui a été prononcé par nôtre Grefier la fentence rendue fur le procés criminel extraordinairement fait à la requête de Y... contre l'acufé , par laquelle avant que de proceder au jugement définitif du procés , il a été ordoné que l'acufé feroit apliqué à la queftion ordinaire & extraordinaire & interrogé fur les faits refultans du procés.

Ce fait l'acufé a été deshabillé , & mis fur le fiege de la queftion par le queftionaire , & aprés avoir été ataché par les bras & jambes en la maniere acoutumée , & aïant été étendu , & le premier treteau paffé fous les cordes atachées aux jambes de l'acufé , a dit.... *Il faut écrire tout ce que l'acufé voudra dire..*

Le queftionaire a fait boire un pot d'eau à l'acufé qui a dit...

Au deuxiéme pot ,

A dit.

Au troifiéme pot ,

A dit...

Au quatriéme pot ,

A dit...

Aprés quoi le grand treteau de l'extraordinaire aïant été paffé fous les mêmes cordes , l'acufé a dit....

Au premier pot de l'extraordinaire ,

A dit...

Au deuxiéme pot de l'extraordinaire ,

A dit...

Au troifiéme pot de l'extraordinaire ,

A dit...

Au quatriéme pot de l'extraordinaire ,

A dit...

Et enfuite l'acufé a été detaché & mis devant le feu fur un matelas , où étant,

L'avons interrogé s'il n'eft pas vrai que...

A dit....

Interrogé fi &c....

Lecture faite à l'acufé de fes interrogatoires,

A dit que fes réponfes contienent verité, y a perfifté & a figné, *ou*, a declaré ne fçavoir écrire ni figner de ce enquis, ce fait l'acufé a été mis és mains du geolier defdites prifons pour le remener en icelles, fait le jour & an que deffus.

CHAPITRE LXVII.

De la reception en procés ordinaire, & de l'abrogation des apoin-temens à oüir droit.

IL arive quelquefois qu'un procés comencé par voïe civile, eft par aprés pourfuivi extraordinairement, au cas qu'il paroiffe au Juge qu'il y ait lieu à quelque peine aflictive.

Il y a auffi des procés criminels, dont les uns finiffent & changent de nature avant la confrontation, & les autres aprés la confrontation.

Ces derniers étoient ci devant reglés par un apointement, par lequel les parties étoient apointées à oüir à droit, à bailler par le demandeur & acufateur fes conclufions civiles dans trois jours, & par le défendeur & acufé fes défenfes par atenuation, écrire & produire par lefdites parties tout ce que bon leur fembleroit dans huitaine.

Les procés criminels qui changent de nature avant la confrontation, font ceux aufquels les parties font reçues en procés ordinaire.

Ce qui arive lorfque le Juge conoit par la lecture d'une information & de l'interrogatoire de l'acufé qu'il n'y a charge d'un crime, & que le diferend des parties n'aboutit plus qu'à un interêt civil.

Par exemple, fi un homme étoit acufé d'avoir enlevé d'un champ des gerbes de bled, & d'avoir fait couper des arbres, ou d'avoir pris quelque autre chofe, & que par l'information il y eût preuve de tout cela, & que l'acufé eût fait voir par fon interrogatoire que ce qu'il auroit pris, coupé & enlevé lui apartenoit, en ce cas le procés criminel doit être civilifé, parce qu'il ne s'agit que d'ajuger des domages & interêts à l'une & à l'autre des parties.

F ff ij

Il en eſt de même , ſi un homme acuſé d'homicide , avoie alegué par ſon interrogatoire pour faits juſtificatifs , qu'il é-toit abſent , lorſque l'homicide a été comis , ou que l'occis a été l'agreſſeur , & qu'il ne l'a tué qu'en ſe défendant , car s'il a été reçu à verifier ſes faits juſtificatifs & qu'il les ait éfectivement verifiés par une enquête , les parties doivent être reglées en pro-cés ordinaire.

Par le jugement qui reçoit les parties en procés ordinaire , les informations doivent être converties en enqueſtes , & permis à l'acuſé de faire enqueſte de ſa part dans les delais de l'ordonan-ce , & comme il ne ſe fait point de procés verbal lors de l'infor-mation , de même que lorſque de la confection des enqueſtes , il doit être fait mention par le jugement , que le demandeur ſera tenu de doner au défendeur un extrait des noms , ſurnoms , âges , qualités & demeures des témoins ouis és informations , pour fournir contre eux de reproches , s'il le veut.

On dit auſſi à la fin de ce jugement , *ſauf à reprendre l'extraor-dinaire , s'il y échet* , parce que par l'article 5. du titre 20. de l'or-donance de 1670. il eſt dit , qu'encore que les parties aïent été reçues en procés ordinaire , neanmoins la voïe extraordinaire poura être repriſe , ſi la matiere y eſt diſpoſée , & s'il ſurvient de nouvelles charges.

Ainſi par la même raiſon , ſi un procés comencé par voïe ci-vile & inſtruit à l'ordinaire , les Juges trouvoient qu'il y eût lieu de condaner l'une des parties à quelque peine corporelle , ils peuvent ordoner qu'il ſera pourſuivi extraordinairement , & à céte fin decerner decret de priſe de corps , ou ajournement per-ſonel , ſuivant la qualité des preuves & des perſones.

Avant la nouvelle ordonance , les parties pouvoient être re-çues en procés ordinaire aprés la confrontation & l'inſtruction entiere du procés ordinaire , aujourd'hui cela ne ſe peut faire , & eſt défendu par l'article 4. du titre 20. qui porte , *qu'aprés la confrontation le Juge doit prononcer définitivement ſur l'abſolution ou condanation de l'acuſé.*

Quant aux autres procés criminels ſur leſquels les parties é-toient ci-devant apointées à oüir droit & bailler concluſion civi-le , défenſes par atenuation & produire , l'inſtruction en a auſſi été abrogée , parceque les apointemens à oüir droit ſont abrogés par la même ordonance , titre 23. auſſi bien que l'uſage de fournir en ces matieres des concluſions civiles , défenſes , avertiſſemens, inventaires, contredits, cauſes & moïens de nulité, griefs, réponſes &c.

Il eſt ſeulement permis à la partie civile de bailler ſa requête, contenant ſes demandes & concluſions civiles , & d'y atacher les pieces que bon lui ſemblera , dont il eſt tenu de bailler copie à l'acuſé , autrement la requeſte & les pieces doivent être rejetées.

Comme auſſi il eſt permis à l'acuſé de répondre & contredire les pieces produites par la partie civile par une autre requeſte, à laquelle il peut pareillement atacher telles pieces que bon lui ſemble, en baillant copie d'icelles, & pour cela il n'y a point de ſomation à faire , ni de forcluſions à aquerir par l'acuſé contre la partie civile , ni par la partie civile contre l'acuſé, parce que faute de bailler ces requeſtes par l'une , ou par l'autre des parties, le jugement du procés criminel n'en eſt pas retardé.

Requête de la partie civile.

A Monſieur le Prevôt ou Bailly de tel lieu....

Suplie humblement E..........
Diſant que pour raiſon de l'aſſaſſinat comis en ſa perſone par O... vous avés informé du contenu en la plainte du ſupliant, & decreté de priſe de corps contre O... lequel aïant été interrogé & les témoins recolés & confrontés, le ſupliant eſtime que les preuves du crime dont il s'agit ſont ſufiſament établis.

Ce conſideré, Monſieur, il vous plaiſe declarer O... dûement ateint & convaincu d'avoir aſſaſſiné le ſupliant , & autres cas mentionés au procés, pour reparation deſquels le condaner en ... livres d'interêt civil envers le ſupliant & aux dépens du procés, ſauf à Monſieur le Procureur du Roi à prendre telles concluſions qu'il aviſera pour l'interêt de Sa Majeſté & du public, & vous ferés bien.

Si le demandeur a juſtifié les faits contenus en ſa plainte, par quelques actes & titres, comme par des écritures privées , écrites & ſignées de la main de l'acuſé, il en doit faire mention dans la requeſte , & les atacher à icelle.

Requête de l'acuſé.

A Monſieur &c...
Suplie humblement O... priſonier.
Diſant qu'encore qu'il ſoit inocent du crime dont il a été acuſé par E... le

F ff iij

procés lui a été extraordinairement fait & parfait par interogatoire, recolement & confrontation de témoins, pendant lequel procés il a toûjours été detenu. ... (il faut exprimer les moïens que l'acufé a pour faire conoître fon inocence, & les induétions des pieces qu'il joindra à fa requête.)

Ce confideré, Monfieur, il vous plaife decharger le fupliant de la calomnieufe acufation de E. ... le condaner envers ledit fupliant, en telle reparation d'honeur qu'il apartiendra, avec depens, domages & interêts, & en confequence ordoner qu'il fera relaché & mis hors des prifons, à ce faire le geolier contraint par corps, ce faifant dechargé, que l'écroüe de fa perfone étant fur le regiftre de la geole fera raïé & bifé, à côté duquel il fera fait mention de la fentence qui interviendra, & vous ferés bien.

CHAPITRE LXVIII.

Des fentences, jugemens & arrêts fur procés criminels.

AVant que de proceder au jugement des procés criminels, il faut necelfairement qu'ils foient comuniqués aux Procureurs du Roi, ou aux Procureurs fifcaux des Seigneurs, pour y bailler par écrit leurs conclufions définitives & cachetées.

Si les conclufions du Procureur du Roi, ou du Procureur fifcal, font à la mort nature ou civile, aux galeres, ou au baniffement à temps, les procés doivent être jugés le matin, & non de relevée.

Il faut joindre aux procés les requêtes & pieces des parties civiles, & celles qui auront été donée par les acufés.

Les raifons fur lefquelles les conclufions feront fondées, ni doivent pas être exprimées, & l'acufé doit être interrogé fur la felete, en prefence de tous les Juges affemblés pour le jugement du procés, & cet interrogatoire fur la felete doit auffi être redigé par écrit.

Mais tout remiffionaire doit être fur la felete, quoique les conclufions ne tendent pas à peine afliétive.

Si le procés criminel eft de la qualité a être jugé Prevôtablement, & en dernier reffort par les Prefidiaux, il doit y avoir fept Juges au moins, & fi le nombre ne fe rencontre dans le fiege pour caufe d'abfence, maladie, ou recufation d'aucun des oficiers, il faut avoir recours à des Avocats & gradués pour remplir le nombre de fept.

Que fi le procés n'étoit jugé qu'à la charge de l'apel, il fufit que les Juges foient au nombre de trois, foit oficiers, ou
gradués.

Il faut que le jugement qui intervient, foit figné de tous les
Juges, foit qu'il foit rendu au nombre de trois, ou au nombre
de fept.

Si en procedant au jugement, les Juges fe trouvent partis
en leurs opinions, l'avis le plus doux doit être fuivi, fi le plus
fevere ne prevaut d'une voix dans les procés qui fe jugent à la
charge de l'apel, & de deux voix, en ceux qui fe jugent en dernier reffort.

Par l'article 15. du titre 25. de l'ordonance de 1670. il a été
decidé, qu'aprés la mort naturele, la peine la plus rigoureufe
étoit la queftion avec referve de preuves, que celle qui fuit, eft
celle des galeres perpetueles, aprés les galeres perpetueles eft le
baniffement perpetuel, aprés le baniffement perpetuel, la queftion fans referve de preuve, aprés céte forte de queftion, des
galeres à temps, aprés les galeres à temps, la peine du foüet,
aprés la peine du foüet, l'amende honorable, aprés l'amande
honorable le baniffement à temps.

Il femble qu'on puiffe condaner au baniffement perpetuel
hors du reffort, aprés le temps des galeres expiré, à l'égard de
certaines gens dont le païs a interêt d'être delivré, les peines
étant arbitraires, & qui peut le plus, peut le moins.

On condane auffi à fervir le Roi dans une citadele, & quelquefois auffi à fervir dans troupes reglées, afin d'empêcher les
malheurs que la prefence de ces fortes de gens pouroit caufer,
ou pour ne pas ofenfer les yeux publics aprés certaines actions,
fa Majefté a même fouvent aprouvé de pareils jugemens, que
j'ai rendus en plufieurs Jurifdictions, où j'ai jadis eu l'honeur
d'être Juge.

Si par le jugement il y a condanation de mort ou peine aflictive, il doit être executé le même jour qu'il aura été prononce-
cé, fi ce n'étoit que la condanation de mort ne fût donée contre
une femme qui declara être enceinte, car en ce cas, le Juge doit
ordoner qu'elle foit vifitée par des matrones par lui nomées d'o-
fice, & fi par leur raport elle fe trouve enceinte, l'execution doit
être deferée jufques aprés fon acouchement.

L'execution doit être faite aux depens de la partie civile, s'il
y en a, & à céte fin les Juges peuvent decerner executoire contre elle, pour les frais neceffaires de l'execution, fans toutefois y

pouvoir comprendre leurs épices, droits & vacations, ni les droits & salaires des grefiers, & s'il n'y a pas de partie civile, ou qu'elle ne puisse satisfaire aux executoires, les Juges en doivent decerner d'autre contre les receveurs du domaine du Roi, aux lieux où il n'est point engagé, & aux autres lieux où il est engagé contre les engagistes ou leurs fermiers, qui seront contraints au païement, même au delà du fond destiné pour les frais de justice, & nonobstant toutes apellations, sauf aux receveurs du domaine, ou aux engagistes, leurs recours contre les parties civiles, s'il y en a.

Si le jugement avoit été rendu en la justice d'un Seigneur, le Juge est pareillement tenu de decerner executoire contre les receveurs & fermiers du Seigneur, sauf son recours contre la partie civile, & s'il y avoit des contestations ou amendes ajugées au Roi, il est juste que les oficiers & grefiers y prenent quelques salaires raisonables en vertu d'executoires, qu'ils doivent faire viser par Messieurs les Intendans.

Si la condanation est à la mort par Jugement en dernier ressort, ou qu'elle ait été confirmée par arrêt, la sentence de confession doit être ofert aux condanés, & ils doivent être assistés d'un Eclesiastique, jusqu'au lieu du suplice.

Si la condanation à mort n'est que par contumace, l'execution se fera par éfigie, comme j'ai dit ci-devant au Chapitre des défauts & contumaces, en sorte que si les condanés se veulent pourvoir contre les défauts & contumaces, soit par requête pardevant le premier Juge, ou par apel, pardevant le Juge superieur, toute audiance leur doit être deniée, jusqu'à ce qu'ils se soient mis en état, c'est-à-dire qu'ils se soient rendus prisoniers aux prisons du premier Juge, ou en celle du Juge d'apel.

Si la condanation est aux galeres perpetueles, ou à temps, le condané est incontinent transferé des prisons à la Tournele, qui est à la porte saint Bernard, où ils sont mis à la chaine, & gardés jusqu'à ce qu'ils soient conduits aux galeres.

Si le condané à l'amande honorable refusoit d'obéïr à Justice, c'est-à-dire, de prononcer les paroles qui sont prescrites par l'arrêt qui le condane, le Juge lui doit faire sur le champ trois diferentes injonctions d'obéïr, après lesquelles s'il n'obéït pas, il pourra le condaner à une plus grande peine.

Ce qui se doit entendre des condanés à l'amande honorable, sans peine de mort naturele, car s'ils étoient condanés à faire
amende

amende honorable avant que d'être pendus, rompus, ou brûlés, comme il arive affés fouvent, il feroit impoffible de le condaner à une plus grande peine.

Mais fi la fentence intervenuë fur un procés criminel, ne portoit qu'une condanation pecuniaire pour reparation, & qu'il y en eût apel, elle feroit executée par provifion, en baillant caution, par la partie civile, pourveu que dans la juftice des Seigneurs, outre les depens & les reparations ajugées à la partie civile, elle n'excedât la fomme de vingt livres.

Dans les Jurifdictions Roïales qui ne reffortiffent pas nuëment au Parlement, la fomme de cinquante livres, & l'amende de vingt-cinq livres.

Dans les Bailliages & Senechauffées où il y a Prefidial, & dans les fieges des pairies & autres Juftices reffortiffantes nuëment au Parlement, mille livres envers la partie civile, & cinquante livres pour l'amende.

Mais fi la fentence portoit quelque reparation ou interdiction outre la condanation pecuniaire, en ce cas l'apel eft fufpenfif eu égard à la plus grande peine, dont l'autre n'eft qu'accelfoire.

Et fi le condané étoit retenu prifonier pour la reparation civile, la partie eft obligée de lui fournir fa nouriture, autrement & à faute de ce faire, il feroit élargi, fuivant l'article 23. du titre 13. de l'ordonance criminele, car il n'y a que les prifoniers retenus pour crimes qui doivent être nouris aux depens du Roi, & aufquels le geolier doit fournir feulement du pain, de l'eau & de la paille, comme il eft porté par l'article 25. du même titre.

On leur ajuge pourtant contre la partie, le droit de giftes & geolages, lequel eft compris en matiere civile dans la provifion des vivres, d'autant qu'on ne doit pas étendre les droits au delà de l'intention de l'ordonance.

La même ordonance ne fait pas la taxe de ce qui doit être fourni aux prifoniers, par ceux à la requête defquels ils font arétés ou retenus, mais elle a été faite par arrêt du Parlement en forme de reglement du 9. Mars 1667. raporté au troifiéme volume du Journal des Audiances, Livre 1. Chapitre 18. par lequel il eft ordoné, qu'aux prifoniers detenus pour dettes, ou pour reparation civile, fera païé quatre fols par jour pour leurs nouritures, par ceux qui les ont fait emprifoner, qui font tenus de païer un mois par avance, autrement & à faute de ce faire, aprés qu'ils ont été fommés, lefdits prifoniers doivent être élargis.

Sans que le creancier puiffe faire emprifoner de nouveau le debiteur élargi faute d'alimens.

Le bleffé qui a fait emprifoner l'acufé pour une provifion qui lui a été ajugée, n'eft pas obligé de fournir la provifion de vivres, parce que ce feroit provifion contre provifion.

Par arrêt rendu en la Tournele du Parlement de Paris, le 20. Mars 1660. raporté au fecond Tome du Journal des Audiances, Livre 3. Chapitre 24. il a été ordoné que le condané au baniffement demeureroit prifonier, felon l'article 23. du titre 13. de l'ordonance de 1670. jufqu'au païement de la reparation civile.

Cependant le contraire a été jugé par arrêt du Parlement de Bourdeaux, des 12. & 15. Septembre 1671. raportés au fecond Tome du Journal du Palais, mais il eft plus fûr de s'en tenir à l'arrêt du Parlement de Paris.

Céte pretention pouroit être foutenuë avec plus d'aparence par le Procureur du Roi, que par le prifonier, qui veut fous pretexte de garder fon ban, éluder les condanations contre lui prononcées, mais il n'y a rien contre l'interêt public, que le condané demeure dans les prifons jufqu'à ce qu'il ait fatisfait à l'interêt civil.

Il en feroit autrement, s'il étoit condané aux galeres, ou à fervir le Roi dans une citadele, car ceux qui ont aquiefcé aux fentences de baniffement, doivent encore moins pretendre de fortir fans païer la reparation civile.

Aprés que l'interêt civil a été païé, on ne peut pas le retenir pour les depens, même aprés les quatre mois, l'interêt public étant preferable en ce cas.

La condanation d'être blamé, auffi-bien que l'amende pour crime, lorfqu'on eft declaré convaincu irrogent infamie.

Neanmoins comme elles ne font pas au nombre des peines aflictives dont parle l'ordonance, il femble fuivant mon fentiment, qu'elles ne devroient pas emporter interdiction des ofices & benefices dont on eft en poffeffion, mais feulement l'incapacité pour en obtenir d'autres, s'il n'eft porté autrement par le jugement.

Un Juge ou Notaire font quelquefois condanés par imprudence ou facilité aveugle, trompée par la furprife d'un autre, dont ils fe peuvent coriger.

Il en eſt de même des beneficiers condanés pour crimes qui ont pour cauſe la fragilité humaine.

L'ordre des peines & la forme des jugemens de condanation à mort, la queſtion avec reſerve des preuves, les galeres perpetueles, le baniſſement perpetuel, la queſtion ſans reſerve de preuves, les galeres à temps, & le foüet, l'amende honorable, & le baniſſement à temps, ſont au Chapitre des arrêts en maïeres crimincles du premier volume de mon Ancien Clerc du Palais.

Concluſion definitive du Procureur du Roy, afin de decharger de l'accuſation.

Vû les charges & informations faites à la requête de E.... demandeur & acuſateur contre O.... priſonier, défendeur & acuſé, le decret de priſe de corps, decerné contre l'acuſé ſur les informations le.... interogatoire de l'acuſé du.... contenant ſes reconoiſſances, confeſſions & denegations, recolement des témoins en leurs depoſitions & confrontations d'iceux faites à l'acuſé les... requête de E.... à ce que l'acuſé fût declaré dûëment ateint & convaincu de tel crime &c.... requête de l'acuſé à ce qu'il fût dechargé de ladite acuſation, avec domages, intetêts & depens.

Je n'empêche pour le Roi que O.... ſoit dechargé & envoïé abſous de l'acuſation, que E.... ſoit condané A.... & en conſequence ordoné que l'acuſé ſera relaxé, & mis hors des priſons, l'écroüe de ſon empriſonement raïé & bifé, à côté duquel ſera fait mention de la ſentence qui interviendra, fait ce &c.

Autres concluſions.

Vû les charges & informations &c....
Je n'empêche pour le Roy qu'il ſoit par vous fait droit aux parties, ainſi qu'il apartiendra par raiſon.

Concluſion à ce que l'acuſé ſoit reçû en ſes faits juſtificatifs.

Vû les charges & informations &c....
Je n'empêche pour le Roy, que l'acuſé ſoit reçû à nomer témoins pour la preuve des faits juſtificatifs, & de reproche par lui alegués au procés pour iceux ſi aucuns ſont par lui només être oüis d'ofice à ma requête.

Concluſion à mort.

Vû les charges & informations &c....
Je requiers pour le Roy, l'acuſé être declaré dûëment ateint & convaincu de.... pour reparation de quoi, qu'il ſoit condané à être pendu & étranglé, juſqu'à ce que mort s'enſuive, à une potence, qui pour cét éfet ſera plantée en

la place publique de. . . . ordoné que son corps mort y demeurera vingt-quatre heures, & sera ensuite porté aux fourches patibulaires, que tous & chacuns ses biens soient declarés aquis & confisqués à qui il apartiendra, & que sur iceux, il soit pris la somme de. . . . livres d'amande envers le Roy, en cas que confiscation n'ait lieu au profit de sa Majesté, l'acusé prealablement apliqué à la question ordinaire & extraordinaire, fait ce &c. . . . .

CHAPITRE LXIX.

De la maniere de faire le procés aux Comunautés, des villes, bourgs, & vilages, corps & compagnies.

IL y a des cas ausquels il est necessaire de faire le procés à une Comunauté entiere, en nom collectif, comme à une ville, à un bourg, ou à un vilage, à un corps d'oficiers, de marchands ou de métiers, comme quand ils ont fait rebellion ou violence, ou sedition.

Il faut, suivant le sentiment de nos Docteurs, que chacun ait vû & sçû ce qui se passoit, & qu'on ait pû y resister aisément & sans peril, ou que la Comunauté assemblée ait aprouvé par deliberation, ce qui s'est fait en son nom.

Pour faire le procés à une comunauté, il faut premierement informer de la sedition & de la rebellion, sur l'information, decreter & ordoner que la Comunauté sera tenuë de nommer un syndic, ou deputé, pour subir l'interogatoire & la confrontation.

Si la Comunauté refuse de nomer, le Juge doit nomer d'ofice un curateur.

L'ordonance du Juge portant, qu'une Comunauté d'habitans nomera un syndic ou deputé doit être signifiée un jour de Dimanche ou de Fête, lorsqu'ils sortent de la Messe, ou Vespres, & le sergent ou huissier doit en bailler copie à l'un d'iceux, & en atacher une autre copie à la porte de l'Eglise, à ce qu'ils n'en ignorent, & en ce cas voies le chapitre des ajournemens de mon Stile general des Huissiers & Sergens.

Le Juge aïant nomé d'ofice un curateur au refus fait par la Comunauté d'habitans de nomer un syndic, la sentence doit aussi leur être signifiée en la même maniere que la precedente.

Le curateur nomé par le Juge doit acepter céte charge pardevant lui & prêter ferment de bien & fidelement défendre les habitans, & il doit lui en delivrer acte.

Le findic, deputé ou curateur doit enfuite fubir l'interogatoire & la confrontation des témoins, & fera emploïé en céte qualité dans toutes les procedures qui fe feront jufques au jugement definitif exclufivement.

Le findic ou curateur ne fera pas interogé fur la felette, il fera feulement interogé deriere le bureau, ainfi qu'il eft dit par l'article 23. du titre 14. de l'ordonance de 1670.

Dans le depofitif du jugement qui interviendra, ce ne fera pas le curateur qui fera condané, mais la condanation fera conçûë contre la Comunauté.

La condanation contre la Comunauté ne peut être que de reparation civile, domages & interêts envers la partie, d'amende envers le Roi, de privation de leurs privileges, & de quelque autre punition, qui marquent publiquement la peine qu'elles auront encouruës pour leur crime, comme de dependre leurs cloches, demanteler leur Ville, demolir & rafer leurs fortifications &c.

Neanmoins fi par l'information qui fera faite de la fedition, ou de la rebelion, il y avoit charge contre aucuns particuliers de la Comunauté, d'en avoir été les principaux auteurs, leur procés leur doit être fait en particulier. pour être punis exemplairement, fuivant la qualité du crime.

Mais fi par le jugement ces particuliers n'étoient condanés qu'à une peine pecuniaire, ils ne pouroient être contraints de porter leur part de la fomme à laquelle la Comunauté fera condanée pour le même crime, & en feroient quittes en payant celle à laquelle ils auront été condanés en leur particulier.

Une Comunauté n'eft pas refponfable, à moins que le trouble n'ait été fait avec fedition, ou que le general n'ait aprouvé par fa prefence & tolerance, ce qui s'eft fait par les particuliers.

Interogatoire à une Comunnauté d'habitans en la perfone d'un Sindic, Deputé, ou Curateur.

L'an..... pardevant H.... Confeiller du Roi, Lieutenant Criminel en la Senechauffée de..... en la Chambre du Confeil de ladite Senechauffée eft comparu X.... Sindic de la Comunauté des habitans du vilage de.... lequel nous a dit qu'il eft prêt & ofre de fubir l'interogatoire fur les faits refultans des informations par nous faites à la Requête de T..... lesdits habitans, requerant qu'il nous plût lui doner acte de sa comparution, & proceder à son interogatoire, & a signé.

Sur quoi nous avons doné acte audit X..... audit nom, de sa comparution & requisition ci-dessus, & ordoné qu'il sera par nous presentement procedé à l'interogatoire dudit X....

Et à l'instant X...... a prêté le serment de repondre verité sur les faits sur lesquels il nous plaira l'interoger.

Ce fait l'avons interogé de son nom, âge, qualité, & demeure.

A dit que son nom est X.... qu'il est Sindic & deputé de la Comunauté des habitans de.... y demeurant ordinairement, de present en cête Ville de.... logé ruë de.... âgé de.... ans ou environ.

Interogé s'il sçait le sujet par lequel lesdits habitans l'ont deputé pour comparoître devant nous,

A dit.....

Interogé s'il sçait pourquoi nous avons decreté ajournement personel contre lesdits habitans,

A dit.....

Interogé si lui repondant n'étoit pas dans ledit vilage le... jour de....

A dit.....

Interogé si le même jour lesdits habitans s'étant atroupés, ne furent pas devant la porte de l'hôtelerie de..... aucuns desquels portoient du bois & de la paille pour metre le feu à la maison, pendant que quatre ou cinq desdits habitans sonoient le tocsin.

A dit.....

Il faut rediger ainsi l'interogatoire, & ajouter enfin.

Lecture à lui faite du present interogatoire, a dit que ses reponses contienent verité, y a persisté, & a signé.

CHAPITRE LXX.

De la maniere de faire le procés aux muets & sourds, & à ceux qui refusent de repondre.

IL y a de deux sortes de muets, les uns sont naturels, les autres volontaires.

Les muets naturels sont ceux qui de leur naissance sont sourds, & par consequent muets.

Ceux qui aïant la faculté de l'oüie, sont privés de l'usage de la parole ou par infirmité naturele, ou par acident.

A l'égard des muets naturels, de quelque qualité qu'ils soient, s'ils sont acusés de quelque crime, le Juge leur doit d'ofice nomer un curateur qui saura lire & écrire, & qui prêtera le serment de bien & fidelement défendre l'acusé, & à cet éfet poura s'instruire secretement par signes ou autrement.

Si l'acusé qui est sourd & non muet, ou muet sans être sourd, savoit écrire & signer, il pouroit écrire & signer toutes ses réponses & reproches contre les témoins, mais il faudroit aussi les faire signer par son curateur, car s'il étoit sourd & muet de naissance, il ne pouroit pas oüir ni répondre aux interrogatoires qui lui seront faits, ni encore moins écrire & signer ses reponses.

Soit que l'acusé, soit sourd ou muet, ou tout ensemble sourd & muet, & qu'il ne puisse ou ne veuille signer, son curateur doit répondre pour lui en sa presence, fournira de reproches contre les témoins, & toute l'instruction sera faite contre ledit curateur, tout ainsi qu'elle seroit faite contre l'acusé cessant son infirmité, sinon que le curateur ne sera pas interrogé sur la selete avant le jugement, mais seulement debout & nud tête, & le jugement prononcé contre l'acusé, & non contre ledit curateur.

Il n'en est pas de même du muet volontaire, c'est à dire, de celui qui entendant ou pouvant parler, ne veut neánmoins répondre aux interrogatoires qui lui sont faits par le Juge, parce que pour lui faire son procés, il ne lui faut pas créer un curateur dont il n'a pas besoin, pouvant répondre & se défendre lui-même s'il vouloit.

La forme de faire le procés à ces muets volontaires, est prescrite par un arrêt de reglement du 1. Decembre 1663. rendu sur les conclusions de défunt Monsieur le President Talon, pour lors l'Avocat general, & raporté au second Tome du Journal des Audiances, livre 5. chapitre 31.

Par cet arrest il est dit, que si un acusé ne veut point répondre, le Juge qui procedera à l'instruction de son procés, aprés avoir jugé le declinatoire, lui fera trois somations de répondre à trois diferens jours, & lui declarera qu'à faute de ce faire, il lui fera son procés, comme à un muet volontaire.

Aprés ces trois somations, il rendra sentence, portant que l'acusé répondra, sinon que le procés lui sera fait comme à un muet.

Il fera prononcer céte sentence à l'acusé, & si aprés céte prononciation, il persiste en son refus de répondre, le Juge le lendemain procedera à l'interrogatoire de l'acusé, & ensuite au recolement & confrontation des témoins , & chacun defdits actes declarera audit acufé que fon procés lui fera fait & parfait , comme à un muet volontaire.

La forme de l'interrogatoire d'un acufé qui ne veut pas répondre , eft prefcrite par l'article 9. du titre 18. de l'ordonance de 1670. où il eft dit qu'en chacun article de l'interrogatoire , il fera fait mention que l'acufé n'a voulu répondre.

Par exemple , le Juge aïant fait venir l'acufé devant lui , l'interpelera de lever la main, & faire ferment de dire verité , & fur le premier article , dira que l'acufé n'y a voulu répondre.

Par un deuxiéme article , le Juge dira qu'il a interrogé l'acufé de fon nom , âge & qualité , & ajoutera enfuite , à quoi il n'a voulu répondre.

Par un troifiéme article , il lui demandera en quel lieu il étoit tel jour & à telle heure & fera écrire par fon grefier qu'il l'a interrogé fur ce fait , à quoi il n'a voulu répondre.

Et continuera ainfi l'interrogatoire fur tous les faits refultans des informations , declarera fur chacuns articles qu'il n'a voulu répondre , ou dit qu'il ne vouloit répondre , ou qu'il n'a répondu que par un branlement de tête , ou par quelque autre figne.

Si l'acufé aïant au comencement refufé de répondre , fe ravife dans la fuite de la procedure , & ofre de répondre , s'il le fait dans les vingt-quatre heures du delai que le Juge lui poura doner aprés les trois interpelations , tout ce qui aura été contre lui fait jufques alors fubfiftera , même les confrontations des témoins contre lefquels il n'aura pas fourni de reproches , & ne fera plus reçu à en doner , fi elles ne font juftifiées par écrit

Comme au contraire fi l'acufé aïant comencé de répondre, ceffe de le vouloir faire , le Juge doit continuer à lui faire les trois interpelations en la maniere que j'ai dit ci deffus.

La nouvelle ordonance de 1670. audit titre 18. a reformé le reglement de la Cour du mois de Janvier 1663. en deux chofes, la premiere , en ce que par le reglement il eft dit , que les trois interpelations feront faites en trois diferens jours , la feconde, en ce que par ce même reglement , il eft porté qu'aprés ces trois interpelations , fera rendu un jugement par lequel il fera ordoné , que l'acufé répondra , finon & à faute de ce faire , que fon procés lui fera fait & parfait , comme à un muet volontaire.

Car par l'article 8. & 9. de ce titre , les interpelations doivent être faites fur le champ en céte maniere.

Nous

Nous l'avons interpelé pour la premiere fois, enſuite pour la ſeconde, & enfin pour la troiſiéme fois.

Et aprés ces trois interpelations ainſi faites, ſi le Juge ne trouve pas à propos de lui doner un delai pour s'aviſer, qui ne peut être plus long que de vingt-quatre heures, il poura proceder à l'inſtruction de ſon procés, comme à un muet ſans qu'il ſoit beſoin de l'ordoner par aucune ſentence, comme il étoit requis par ledit reglement.

Outre les muets volontaires qui ne veulent pas répondre, il y a encore une autre ſorte de perſones auſquelles on ne done pas de curateur.

Ce ſont les étrangers qui n'entendent pas la langue françoiſe, qui veulent bien répondre, mais ne peuvent entendre les demandes qui leur ſont faites par le Juge, ni le Juge leurs réponſes.

A ces ſortes de gens l'ordonance veut qu'il ſoit doné un interprete & non un curateur, que cet interprete ſoit l'ordinaire s'il y en a, ſinon qu'il en ſoit nomé un autre d'ofice par le Juge.

Cét interprete doit prêter le ſerment, & enſuite dans l'interrogatoire, il explique à l'acuſé les demandes qui lui ſont faites par le Juge, & au Juge les réponſes qui ſeront faites par l'acuſé, & le tout écrit en la langue françoiſe & ſigné par le Juge, par l'interprete & par l'acuſé, ſinon qu'il ſoit fait mention du refus que l'acuſé fera de ſigner.

La diference qu'il y a entre l'interprete & le curateur, eſt que le curateur répond pour le muet naturel qui ne peut pas répondre.

Mais l'interprete ne fait qu'expliquer en la langue françoiſe, la réponſe que l'acuſé a faite par ſa bouche.

Ce qu'ils ont de comun, eſt que l'un & l'autre ſont interrogés debout, derriere le bureau, encore que les concluſions du Procureur du Roi, ou du Procureur fiſcal, tendent à peine afflictive contre l'acuſé, ou que l'acuſé ſoit apelant d'une ſentence qui porte peine afflictive.

Interrogatoire au muet, ou ſourd qui veut écrire ſes réponſes.

L'an ... nous P... Conſeiller du Roi, Lieutenant Criminel en la Senechanſſée de .... ſur la requiſition de B.... demandeur & plaignant le Procureur du Roi joint nous ſommes tranſporté ... & le reſte du procés verbal de nomination du curateur, ci-deſſus.

Et à l'inſtant avons fait amener ledit S... acuſé, en la Chambre du Conſeil.

où étant en presence dudit T... son curateur, ledit T... nous a dit que l'acusé veut écrire & signer ses réponses à l'interrogatoire que nous lui ferons, & à l'instant avons fait métre un écritoire & du papier devant l'acusé, qui a ensuite levé la main, suivant l'interpelation que nous lui en avons faite, & lui aïant dit ces mots, *vous prometés à Dieu de dire verité*, l'acusé s'est assis & écrit sur une feuille separée du present interrogatoire, *oüi*.

Interrogé de son nom, âge, qualité & demeure,

A écrit, *mon nom est S... je suis âgé de... ans, bourgeois de.... je demeure rüe...*

Interrogé s'il sçait pourquoi il a été emprisoné,

A écrit, *je n'en sçai rien.*

Interrogé s'il n'est pas vrai que...

A écrit...

Interrrogé, s'il en veut croire les témoins qui ont deposé en l'information.

A écrit, *je m'en raporte à la verité.*

Lecture faite à l'acusé du present interrogatoire,

A écrit, *Les réponses que j'ai faites sont veritables.*

Ce fait la feuille de papier sur laquelle l'acusé a écrit ses réponses, a été parafée par nous, par l'acusé, & par ledit T... curateur, & avons ordoné qu'icelle feuille demeurera jointe au present interrogatoire, fait les jours & an que dessus, & ont signé.

Autre à celui qui refuse de répondre.

L'an... nous S... Conseiller du Roi, Lieutenant Criminel en la Senechauffée de... étant en la Chambre du Conseil de ladite Senechauffée avons mandé C... prisonier esdites prisons pour proceder à son interrogatoire sur les charges & informations contre lui faites à la requête de E... lequel C... y aïant été amené par le Geolier, lui avons enjoins de lever la main, faire le serment de dire verité, & nous declarer son nom, âge, qualité, & demeure, à quoi il n'a voulu satisfaire.

L'avons interpelé de répondre, & à lui declaré qu'autrement son procés lui séra par nous fait, comme à un muet volontaire, & qu'aprés il ne sera plus reçu à repondre sur ce qui aura été fait en sa persone pendant son refus de répondre.

N'a voulu répondre.

Interpelé pour la seconde fois de répondre, & à lui declaré, &c. *comme à la premiere interpelation.*

N'a voulu répondre.

Interpelé pour la troisiéme fois de répondre, & à lui declaré, &c.

N'a voulu répondre.

Interrogé de son nom, âge, qualité & demeure,

N'a voulu répondre.

Interrogé de quel lieu il est natif,

N'a voulu répondre.

Interrogé s'il conoit le sieur D...

N'a voulu répondre.

Et ainsi de tous les autres articles de l'interrogatoire.

Lecture à lui faite du present interrogatoire, & interpelé de figner, n'a voulu répondre ni figner, fait les jours & an que deſſus.

CHAPITRE LXXI.

Des apelations en matieres criminelles.

IL y a de trois fortes d'apelations en matieres criminelles, les premieres font celles qui font interjetées des premiers actes de la procedure, ſavoir de la permiſſion d'informer, decret de priſe de corps ou d'ajournement perſonel, & de tout ce qui s'en eſt enſuivi, les ſecondes font celles qui font interjetées des jugemens preparatoires & interlocutoires, & les troiſiémes, font celles qui font interjetés des ſentences definitives.

A l'égard de l'apel de la permiſſion d'informer, information, decret de priſe de corps, ou ajournement perſonel, il ne peut pas empêcher l'execution deſdits decrets, ni l'inſtruction & jugement du procés.

Il eſt même défendu aux Cours ſouveraines par l'article 4. du titre 26. de l'ordonance de 1670. de doner aucune défenſe ou ſurſeance de continuer l'inſtruction des procés criminels, ſans avoir vû les charges & informations, & ſans les concluſions de Monſieur le Procureur general, dont il ſera fait mention dans les arrêts, ſi ce n'eſt qu'il n'y ait qu'un ajournement perſonel, d'autant que ce decret done lieu de croire, que le crime n'eſt pas ſi grand, & que la punition d'icelui n'eſt pas d'importance au public.

D'où il s'enſuit, que ſi en ce cas, les défenſes avoient été obtenues par ſurpriſe, la partie qui les auroit obtenues, & le Procureur qui auroit ſigné ſa requête, ſeroient condamnés chacun en cent livres d'amande, aplicable moitié à la partie, & l'autre moitié aux pauvres.

Suivant l'édit du mois de Decembre 1680. les Cours ne peuvent doner aucun arrêt de défenſes d'executer les decrets d'ajournement perſonel, qu'aprés avoir vû les informations, lorſque les decrets auront été decernés par les Juges Eccleſiaſtiques, & par les Juges ordinaires Roïaux, & des Seigneurs, pour malverſations d'Oficiers dans l'exercice de leurs charges, ou lorfqu'il y aura d'autres acufés, contre lefquels il y aura decret de prife de corps.

Quoique les decrets d'ajournement perfonel foient pour d'autres cas que ceux exceptés par cet édit, neanmoins les Cours peuvent refufer des arrêts de défenfes, felon que par le titre de l'acufation il leur paroit convenable au bien de la Juftice, ainfi qu'il eft porté par ledit édit.

Les acufés qui demandent des arrêts de défenfes doivent atacher à leur requête la copie du decret qui leur aura été fignifié à perfone, ou à leur domicile.

Tous Juges Roïaux & des Seigneurs, font tenus d'exprimer dans les ajournemens perfonels, le titre de l'acufation, pour laquelle ils decreteront, à peine contre les Juges ordinaires & des Seigneurs d'interdiction de leurs charges.

Requête afin d'obtenir défenfes d'executer un decret d'ajournement perfonel.

A Noffeigneurs de Parlement.

Suplie humblement A......

Difant, que pour raifon du vol & divertiffement des éfets de la fucceffion de G... aïant été informé par le Prevôt de... à la requête de P... ledit Prevôt a decerné ajournement perfonel contre le fupliant, qui lui a été fignifié le.... & comme céte acufation eft calomnieufe, & que... (*Il faut expofer les moïens qu'on a d'empêcher l'execution du decret d'ajournement perfonel.*

Ce confideré, Noffeigneurs, il vous plaife recevoir le fupliant apelant de la permiffion d'informer, information & decret d'ajournement perfonel, contre lui decerné, le tenir pour bien relevé, ordoner que fur l'apel les parties auront audience au premier jour, & cependant que comandement fera fait au grefier de la Prevôté de... d'aporter les charges & informations au grefe de la Cour, & à lui enjoint d'obeir au premier comandement, à peine d'y être contraint par corps, de cent livres d'amande, pour lefdites informations vûes, faire défenfes de métre ledit decret à execution.

L'ordonance qui fe met au bas de céte requête porte, *Soit fait comandement au grefier de la Prevôté de &c. & au refus il y fera contraint par corps, fait le...*

Lorfque les informations ont été mifes au grefe de la Cour, elles doivent être comuniquées à Monfieur le Procureur general, qui done fes conclufions au bas de la requête.

S'il ne s'agit que d'un ajournement perfonel, il n'eft pas neceffaire de lui comuniquer, à l'éfet d'obtenir un arrêt de défenfes.

Enfuite, il faut métre le tout entre les mains d'un de Meffieurs les Conseillers pour en faire le raport, & sur la requête, la Cour done des défenses, si elle le trouve à propos.

Par l'arêt la Cour reçoit le supliant apelant, le tient pour bien relevé, ordone que sur les apelations sur lesquelles il sera intimer qui bon lui semblera, les parties auront audiance au premier jour, & cependant fait défenses d'executer le decret d'ajournement personel, & de faire poursuite ailleurs qu'en la Cour, jusqu'à ce qu'autrement, parties oüies, il en ait été ordoné.

Lorsque c'est un arrêt de défenses d'executer un decret d'ajournement personel converi en prise de corps, il porte défenses de metre le decret d'ajournement personel converti en decret de prise de corps à execution, jusqu'à ce qu'autrement par la Cour, parties oüies, il en ait été ordoné.

Que si faute de comparution le decret de prise de corps est executé par emprisonement, l'arrêt pour l'élargissement ordone, que le supliant sera élargi, & mis hors des prisons, à ce faire le geolier contraint par corps, ce faisant dechargé, à la charge par le supliant de se presenter à toutes assignations élisant domicile.

Si en consequence du decret de prise de corps, les biens ont été saisis & anotés, l'arrêt fait defenses d'atenter à la persone & aux biens, fait main-levée des saisies & anotations sur lui faites d'iceux, en vertu du decret de prise de corps, à la representation desquels les gardiens & Comissaires sont contraints comme depositaires, ce faisant dechargés &c.

Que si on pretend que l'arrêt de défenses a été mal obtenu, & pour faire lever les défenses, il faut presenter requête pour être reçu oposant, & la requête étant comuniquée comme dessus & raportée, la Cour ordone, que sur l'oposition les parties auront audiance au premier jour, & cependant sans prejudice d'iceles & des apelations, leve & ôte les défenses portées par l'arrêt, & en consequence ordone, que l'acusé sera tenu de se representer en persone pardevant tel, Juge pour subir l'interrogatoire sur les informations contre lui faites, & à céte fin sera tenu de comparoir à la premiere assignation qui lui sera donée, autrement sera contre lui procedé par ledit Juge, ainsi que de raison.

Si la Cour ne veut pas lever les défenses sans oüir les parties, on met un *Viennent*, sur la requête, laquelle il faut signifier avec un avenir pour plaider.

Soit que l'apel foit interjeté d'un decret d'ajournement perfonel, ou de prife de corps, il doit être relevé par létres de
Chancelerie), tout ainfi qu'en matiere civile, & dans ces létres
de relief, l'apelant doit métre le nom du Procureur qui ocupera
pour lui, fuivant l'article 16. du titre de l'ordonance du mois
d'Avril 1667.

Enfuite fi l'apel n'eft que d'un ajournement perfonel, il faut
que l'apelant fe prefente au grefe du petit criminel, pour efter
à droit fur les charges & informations, & faffe fes foumiffions au
grefe, & élection de domicile.

Acte de comparution perfonele.

Extrait des regiftres de.......

Aujourd'hui eft comparu B..... affifté de T..... fon Procureur, & ce pour
efter à droit fur les charges & informations contre lui faites par Monfieur le
Prevôt ou Bailly de..... ou Lieutenant Criminel de.... à la requéte de A....
& a fait les foúmiffions en tel cas requis & açoûtumées, & élû domicile en la
Maifon dudit T......

Il faut fignifier cét acte à la partie civile, ou à fon Procureur, qui pouroit faute de comparution perfonele obtenir congé contre l'apelant.

Si l'apel eft d'un decret de prife de corps, l'acufé eft obligé de fe rendre en état dans les prifons du Juge de l'apel, autrement, & jufques à ce qu'il ait fatisfait, toute audiance lui doit
être deniée.

Si le decret de prife de corps étoit pour crime capital, ou qui
meritât punition corporele, l'apel doit être relevé au Parlement,
mais s'il étoit decerné pour crime de moindre importance, &
que pour punition il n'y échet qu'une amende ou reparation
pecuniaire, il peut être relevé pardevant les Lieutenans criminels des Bailliages & Senechauffées, felon l'article 1. du titre
26. de l'ordonance de 1670. qui en ce cas done le choix à l'apelant de relever fon apel au Parlement, ou pardevant les Lieutenans criminels.

L'apelant, foit d'ajournement perfonel, ou de prife de corps,
s'étant mis en état en la maniere qu'il vient d'être dit, l'intimé
qui eft la partie civile, doit faire aporter au grefe, les charges & informations, aprés quoi la caufe eft portée à l'audiance
de la Tournele, foit qu'elle foit mife au rôle, ou pourfuivie par
placet.

Si l'acufé aprés s'être mis en état, a été obligé de faire quelques diligences, il en peut demander executoire contre fa partie, d'autant qu'un acufé ne doit avoir aucun autre foin que de
fe défendre.

Avant qu'elle foit apelée ou à tour de rôle, ou fur placet, la
partie qui pourfuit doit faire prendre les informations par celui de Meffieurs les Avocats generaux qui eft de fervice à la
Tournele, & aprés qu'il les a prifes, les Avocats lui comuni-
quent la caufe, laquelle étant apelée, & les Avocats aïant plaidé,
ledit fieur Avocat general fait recit des informations, & fur fon
recit, la Cour rend fon arrêt, par lequel elle confirme la procedure, s'il y a charge contre l'acufé, & s'il n'y a point de charge,
elle infirme.

Neanmoins s'il y a charge, mais en matiere legere, & qui ne
merite pas plus ample inftruction, elle évoque le principal & le
juge fur le champ.

Les fentences interlocutoires ou preparatoires, qui ne vont
qu'à l'inftruction, doivent être executées nonobftant l'apel, mais
fi c'eft une fentence qui ordone que l'acufé foit préalablement
apliqué à la queftion, non feulement il faut deferer à l'apel,
mais auffi en cas qu'il n'y eût point d'apel, il faut que l'acufé & fon procés foient envoïés en la Cour, pour y faire juger
cet interlocutoire, fuivant l'article 7. du titre 17. de l'ordonance de 1670. par lequel les fentences de condanation à la queftion, ne peuvent être executées, qu'elles n'aïent été confirmées par arrêt; excepté quand elles ont été renduës en cas Prevôtaux & en dernier reffort, auquel cas l'apel de la fentence qui
ordone la queftion, n'eft pas reçû, non plus que l'apel de la
fentence definitive.

A l'égard des apellations des fentences définitive, fi elles portent condanation de mort ou de peines aflictives, l'apel n'en
eft pas relevé par létres de Chancelerie, en forte que l'apelant,
ni l'intimé ne font point obligé de fe prefenter par Procureur,
mais le grefier de la juftice en laquelle la fentence a été renduë, eft tenu à peine d'interdiction, & de cinq cens livres d'a-
mende, d'envoïer inceffamment à la Cour l'acufé, & fon procés
à même temps, & non feparement, cela lui étant défendu par
l'ordonance criminele.

S'il y a plufieurs acufés d'un même crime, ils doivent tous
être envoïés en la Cour, encore qu'il n'y en ait qu'un qui ait été
jugé, & fi de deux acufés d'un même crime, l'un étoit condané

& l'autre abfout, il faut envoïer l'abfout conjointement avec
condané.

Ce qui a lieu auffi à l'égard de ceux qui font condanés au ba
niffement pour complicité, encore qu'ils vouluffent aquiefcer
la condanation.

Si la partie civile ne faifoit pas transferer l'acufé, il doit
pouvoir en la Cour où reffortit l'apel & demander par requête
qu'atendu que par fentence d'un tel Juge, du tel jour, il a été
condané à &c. de la quelle il fe feroit porté pour apelant par
acte fignifié à tel, &c. le tel jour, & que neanmoins ledit tel
n'a pas fait transferer en la conciergerie de la Cour, qu'il plaife à la Cour ordoner, que ledit tel, fera tenu de faire amener inceffament le fupliant, en la conciergerie du Palais, avec
fon procés, pour être procedé fur fon apel de la fentence contre lui renduë, autrement qu'à faute de ce faire lefdites prifons
foient ouvertes audit fupliant, à ce faire le geolier contraint par
corps.

Céte requête aïant été comuniquée à Monfieur le Procureur
general, l'acufé obtient un arrêt portant que, *Dans...... jours
aprés la fignification du prefent arrêt faite audit tel, à fa perfone ou
domicile, il fera tenu de faire amener tel, en la Conciergerie du Palais, avec fon procés, pour être procedé fur fon apel de la fentence
contre lui renduë, autrement ledit temps paffé fera amené à la diligence du fubftitut du Procureur general en la Senechauffée de &c. & la
conduite donée au rabais, dont fera delivré executoire à l'encontre dudit tel, enjoint audit fubftitut de tenir la main à l'execution du prefent
arrêt, & d'en certifier la Cour au mois, fait &c.*

L'acufé doit faire fignifier cet arrêt à la partie civile, aprés
quoi, fi elle n'y fatisfait pas aprés le délai qui y eft porté pour
faire transferer l'acufé, il peut remetre entre les mains de Monfieur le Procureur du Roi, l'arrêt avec la fignification faite
à la partie civile, pour proceder au bail, au rabais de la conduite de l'acufé.

Ce bail fe fait pardevant le même Juge dont eft apel, à la
diligence de Monfieur le Procureur du Roi, ou de celui du Seigneur, & pour y parvenir il faut faire apofer à la porte de l'auditoire, & dans la place publique des afiches, qui doivent être
dreffées, ainfi qu'il enfuit.

DE

DE PAR LE ROY.

Et Monsieur le Lieutenant Criminel de......

On fait à sçavoir à tous, qu'à la requête de Monsieur le Procureur du Roy en la Senechauffée de &c... Il fera le tel jour, telle heure du matin, ou de relevée, en la Chambre, & pardevant Monsieur le Lieutenant Criminel, procedé au bail, au rabais de la conduite de tel.... prifonier és prifons de céte Ville, pour être amené fous bone & fure garde avec fon procés en la Conciergerie du Palais à Paris, auquel lieu toutes perfones feront reçûës à rabaiffer le prix de ladite conduite.

Les afiches aïant été mifes & apofées, le Juge doit proceder au bail, au rabais, au jour & à l'heure marqués dans les afiches.

Celui à qui la conduite du prifonier eft confiée doit être le meffager du lieu, ou une perfone fidele & folvable.

L'acufé avec fon procés étant amené en la conciergerie, le geolier doit incontinent porter le procés au grefe criminel, & en avertir Monfieur le Prefident qui y eft de fervice, afin qu'il le diftribuë.

Enfuite le procés eft porté au parquet & diftribué par Monfieur le Procureur general à l'un de fes fubftituts, fur le raport duquel il done fes conclufions, aprés quoi le procés eft remis entre les mains du Confeiller raporteur, qui aprés l'avoir examiné le raporte en la Chambre de la Tournele en une feance de relevée.

Aprés le raport fait par Monfieur le raporteur, l'acufé eft mené par le geolier en la Chambre pour y être interogé fur la felete, & enfuite jugé.

Si par l'arrêt la fentence de condanation de mort ou de peine aflictive eft confirmée, il eft renvoïé en prifon pour être remené au lieu du delit où l'execution doit être faite, fi ce n'eft que par la Cour il foit jugé à propos d'ordoner qu'elle fera faite au lieu où l'apel a été jugé.

Que fi l'execution doit être faite à Paris, l'acufé eft auffi-tôt mis entre les mains de l'executeur de la haute juftice, pour être executé le même jour, à moins qu'il n'y ait des raifons pour lefquelles l'execution en foit deferée à un autre jour.

Mais fi par la fentence difinitive, l'acufé n'étoit condané qu'à

une amende, à une reparation civile, ou à des domages & interêts, l'apel qui en seroit interjeté par la partie civile, ou par l'a-
cusé ne peut être relevé que par des létres prises en Chancelerie, tout ainsi qu'en matiere civile.

Apel de procedures extraordinaires ou crimineles.

Loüis &c..... au premier nôtre huissier &c...... à la requête de nôtre amé-
tel.... nous te mandons assigner & intimer à certain & competant jour en nôtre Cour de Parlement de Paris tel.... pour proceder sur l'apel par l'exposant
interjeté, & qu'il interjete par ces presentes de la permission d'informer, information, decret, & de tout ce qui s'en est ensuivi decerné par le Bailly de....
ou son Lieutenant Criminel à l'encontre de l'exposant le..... jour de......
& outre fait comandement au grefier dudit lieu, d'aporter ou envoïer incontinent & sans delai au grefe de nôtre dite Cour, les charges & informations, &
autres procedures sur lesquelles l edit decret est intervenu, & proceder en outre,
comme de raison, declarant que Maître tel, Procureur en nôtre-dite Cour de
Parlement, ocupera pour l'exposant, de ce faire te donons pouvoir; car tel est
nôtre plaisir. Doné à &c.

En vertu de ces létres de relief, l'apelant doit faire intimer sa
partie averse, & lui declarer par l'exploit d'intimation le nom
du Procureur qui ocupera pour lui, s'il n'a pas été declaré par
ledit relief d'apel.

Sur l'exploit d'intimation, l'intimé se doit presenter au grefe
du petit criminel, s'il se presente, le procés est conclu & distribué aux enquêtes, comme un procés civil.

Ce qui se doit entendre, pourveu que l'apel ne soit interjeté
que par l'une ou l'autre des parties, car si l'apel étoit interjeté,
à minima, par Monsieur le Procureur general, ou par son substitut, ou par le Procureur fiscal du Seigneur en la justice duquel le procés auroit été fait, le procés comme étant du grand
criminel, seroit aporté en la Conciergerie, & en suite porté
au grefe du grand criminel, & distribué à la Tournele.

Il n'en est pas de même d'une sentence par laquelle les parties auroient été reçûës en procés ordinaire, ou par laquelle
des létres de remission auroient été enterinées, car s'il n'y a
que la partie civile qui s'en plaigne, & en soit apelante, le
procés sera porté & jugé aux enquêtes, comme il vient d'ê-
tre dit.

Mais si le Procureur du Roy, ou le Procureur fiscal en est
apelant, le procés, comme étant du grand criminel, sera porté
& jugé à la Tournele.

Si en vertu d'une fentence d'enterinement de létres de remiffion, ou qui auroit reçû les parties en procés ordinaires, l'a-
cufé avoit été élargi avant l'apel du Procureur du Roy ou fifcal, il feroit obligé de fe rendre en état lors du jugement du
procés.

En cas d'adultere, l'apel du mari a le même éfet que l'apel
à minima, pour les autres crimes, ainfi qu'il a été jugé par arrêt
de la Tournele criminele du 22. Aouft 1672. raporté en la premiere Partie du Journal du Palais.

CHAPITRE LXXII.

Des letres de revifion, de rapel, de ban, ou de galeres, & de la
procedure à l'éfet de purger la memoire d'un défunt.

SI un condané par arrêt ou jugement en dernier reffort, prétend qu'il y ait de l'injuftice en fa condanation, & a des pieces par lui recouvrées, fufifantes pour le juftifier, ou s'il articu-
le des faits decififs qui n'ont pas été examinés au procés, il faut
qu'il ait recours aux letres de revifion, qui font en matieres crimineles, ce que font les requêtes civiles en matiere civile.

Neanmoins, il y a pourtant céte diference entre les requêtes
civiles & les létres de revifion, qu'en matiere de requéte civile
on ne retracte point les arrêts, fous pretexte de mal jugé au fond,
s'il n'y a des ouvertures en forme, il n'eft pas même permis aux
Avocats en plaidant d'entrer dans les moïens du fond, cela étant
expreffement défendu par les articles 32. & 37. du titre 35. de
l'ordonance de 1667.

Mais en matiere criminele la faveur de l'inocence eft fi grande, que s'il paroiffoit évidament qu'un inocent eût été condané, il y auroit neceffité de revoir fon procés & en le renvoïant
de l'abfoudre.

Il y a encore céte diference entre ces deux fortes de letres que
les Juges enterinent les requêtes civiles, ne peuvent juger que le
refcindant & non le refcifoire, c'eft-à-dire, remetre feulement
les parties en pareil état qu'elles étoient avant l'arrêt contre

I i i ij

lequel la requête civile a été obtenuë fans pouvoir toucher au fond qui demeure en fon entier.

Mais en enterinant les létres de revifion, ils peuvent par un même arrêt revoquer la condanation, & renvoïer le condané abfout des cas qui lui étoient impofés, avec reftitution & retabliffement dans fes biens & dans fa bone fame & renomée, même lui ajuger des domages & interêts, fi le cas y échet.

Ainfi les létres de revifion font beaucoup plus dificiles à obtenir que les requêtes civiles.

Les létres en forme de requêtes civiles s'obtienent aux petites Chanceleries, fur une confultation fignée de trois Avocats, mais les letres de revifion ne s'expedient qu'au grand fceau, & doivent être fignées, non par un fimple Secretaire du Roi, mais par un Secretaire des comandemens.

Le condané qui fe veut pourvoir par letre de revifion, doit bailler fa requête au Confeil, narative du fait, & de fes circonftances, c'eft-à-dire, de l'acufation intentée contre lui, de la procedure & du jugement qui eft intervenu fur l'acufation, & des moïens par lefquels il pretend juftifier avoir été injuftement condané, ou pris par erreur, ou pour un autre, par la reffemblance du vifage, de la taille, & des habits, comme il eft quelquefois arivé.

Céte requête fe raporte au Confeil, fi elle fe trouve raifonable, elle eft renvoïée aux requêtes de l'hôtel, pour avoir l'avis de Meffieurs les Maîtres des requêtes, & fur leurs avis raporté au Confeil, les letres en font expediées & fcelées, & l'adreffe en eft faite aux Cours où a été jugé le procés dont la revifion eft ordonée.

Les parties procedant en execution des letres de revifion pardevant les Juges pardevant lefquels ils font renvoïés, peuvent produire de nouveles pieces s'ils en ont recouvré, qui feront atachées à une requête, dont fera baillée copie à la partie, enfemble des pieces qui y feront atachées, pour y repondre par la partie averfe, par une autre requête, dont fera parcillement baillé copie dans le delai qui fera ordoné, après lequel delai, l'ancien procés & les requêtes & pieces nouvelement produites par les parties aïant été examinées, il fera procedé au jugement des letres fur ce qui fe trouvera produit.

Si un acufé eft condané par contumace, & eft decedé avant de la purger, la veuve & les enfans, ou autres parens plus proches du condané par contumace qui eſt decedé avant les cinq ans, à compter du jour de ſon execution, peuvent apeler de la ſentence contre lui renduë, & pour moïen d'apel, raporter les preuves juſtificatives de l'inocence du défunt, en ſorte que s'il a été condané par arrêt ou jugement en dernier reſſort, ils pourront ſe pourvoir pardevant les mêmes Juges qui l'auront rendu.

Mais s'il meurt aprés les cinq ans expirés, ſa veuve & ſes heritiers ne peuvent plus être reçûs à purger ſa memoire, qu'en vertu des letres du Roi obtenuës en la grande Chancelerie.

La raiſon eſt, que par l'article 28. du titre 17. de l'ordonance de 1670. il eſt dit que ſi les condanés par contumace ne ſe repreſentent dans les cinq ans, les condanations pecuniaires renduës contre-eux, les amendes & confiſcations ſeront reputées contradictoires, & vaudront comme ſi elles avoient été ordonées par arrêt.

Telement que dans la rigueur de droit, toute audiance doit être deniée aprés les cinq ans aux condanés par contumace, & par conſequent à leurs veuves & heritiers.

C'eſt pourquoi ils ne peuvent être reçûs à eſter à droit que par une grace particuliere du Prince, qu'il s'eſt reſervé de leur pouvoir faire par ledit article 28. lorſqu'il le jugera à propos; & c'eſt à céte grace que les condanés par contumace doivent avoir recours aprés les cinq ans, ou leurs veuves & heritiers, s'ils ſont decedés aprés les cinq ans.

Les letres pour purger la memoire d'un défunt aïant été obtenuës par ſa veuve ou ſes heritiers, ils doivent premierement en vertu d'iceles faire aſſigner la partie civile, s'il y en a, & lui doner copie deſdites letres, en ſecond lieu, faire doner l'aſſignation dans les delais preſcrits pour les afaires civiles, en troiſiéme lieu, avant que de faire aucune procedure, aquiter les frais de juſtice, qui auront été faits pour la pourſuite & jugement de la contumace, & conſigner l'amende.

Cela fait, ils doivent faire remetre le procés, c'eſt-à dire les informations, procedures & pieces, ſur leſquelles la condanation par contumace ſera intervenuë, entre les mains du raporteur auquel il ſera diſtribué.

Et ſi les parties ont quelques pieces nouvelles à produire, elles le peuvent faire reſpectivement, & les atacher à une requête qui expliquera les inductions qu'on en voudra tirer, ſans que pour cela il puiſſe être pris aucun apointement, mais il faut que les requêtes foient fignifiées, & copies baillées des pieces qui feront atachées.

Neanmoins fi ces pieces meritent contredits, les parties y pourront repondre par d'autres requêtes, qui feront pareillement fignifiées, & copie baillée des pieces qui y feront atachées.

Si un acufé eft condané aux galeres ou au baniffement, il peut obtenir des letres de rapel de ban ou de galeres.

Elles s'obtienent auffi à la grande Chancelerie, mais pour les obtenir valablement, il faut que l'arrêt ou jugement de condanation foit ataché fous le contre-fcel defdites letres, & pour l'enterinement, il n'en eft pas de même que des letres de remiffion & d'abolition, dont j'ai ci devant parlé, qui doivent être conformes aux charges & informations, parce que par l'article 7. du titre 16. de ladite ordonance de 1670. il eft enjoint à tous Juges d'enteriner les letres de rapel de ban ou de galeres qui leur feront adreffées, fans examiner fi elles font conformes aux charges & informations.

Il faut obferver ici, que fi en execution de l'arrêt de condanation aux galeres, le condané avoit été mis à la chaine, il faut que par l'arrêt qui enterine les letres d'apel, il foit dit qu'il fera detaché & tiré de la chaine où il eft, & mis en liberté.

Quelquefois le Roi ne remet pas entierement au criminel la peine, à laquelle il a été condané pour fon crime, mais il la modere feulement, & la convertit & commuë en une moindre peine.

Comme par exemple, celle de la mort, en celle des galeres, celles des galeres en un baniffement, & celle du baniffement a été quelquefois convertie en une obligation de fervir par le condané, le Roy à fes depens dans fes armées, ou en quelque garnifon durant quelques années.

Ces letres s'apelent, letres de comutation de peine, elles ne peuvent être fcelées qu'en la grande Chancelerie, non plus que les letres de rapel, de ban & de galeres.

Pour les faire fceler, il faut que l'arrêt de condanation foit ataché avec lefdites letres, fous le contre-fcel, & les Juges aufquels elles font adreffées, les doivent enteriner, fans examiner fi elles font conformes aux charges & informations.

Si un abfent condané par contumace a obtenu des letres pour efter à droit après les cinq ans, & juftifié fon inocence, il doit rentrer dans fes biens confifqués, ainfi qu'il eft dit par l'article

28. dudit titre 17. de l'ordonance, qui porte, *que si le condané par contumace obtient des letres pour se purger & ester à droit après les cinq ans, & que par le jugement qui interviendra sur les letres, il soit renvoié absous, tous les meubles & immeubles consiqués, qui se trouveroient encore en état, lui doivent être rendus, sans toutefois aucune restitution de fruits, des amendes, ou des interêts civils, qu'il perd pour être demeuré cinq ans dans la contumace.*

Les biens confisqués, doivent pareillement être rendus au condané par jugement contradictoire, si le crime pour lequel il a été condané étoit remissible & pardonable, & qu'il ait obtenu des letres de remission qui aïent été enterinées, parce que ce cas est reputé restitution de justice, & le Seigneur haut justicier, auquel pouroient apartenir les biens confisqués, si la condanation subsistoit, comme étant situés dans son territoire, n'est pas recevable à s'oposer pour ses interests à l'enterinement des letres de remission, ni à retenir les biens confisqués après l'enterinement.

Si le Roi par ses letres remet la peine seulement, ou si outre la peine il retablit l'impetrant en tous ses biens, au premier cas, le condané ne peut pas recouvrer ses biens confisqués, parce que la grace que le Roi lui fait par ses letres, ne peut être étendue au de-là de ce qu'elles contienent.

Mais au second cas, quand le Roi outre la peine retablit l'impetrant dans ses biens, si ces letres sont enterinées, il doit rentrer en tous ses biens confisqués, soit que par la confiscation ils apartienent au Roi, ou à un Seigneur haut-justicier.

Ce qui se doit entendre, pourveu que le Roi ou ledit Seigneur haut-justicier n'en aient pas disposé, depuis l'arrêt de condanation, & avant l'impetration des letres d'abolition, car s'ils en avoient disposés, ceux qui les auroient aquis à titre onereux, ne seroient pas obligé de les rendre.

Letres qui reçoivent à purger la memoire d'un défunt.

Loüis &c..... A nos amez & feaux &c... (*l'adresse se fait aux Juges qui ont jugé le procès par contumace*) Salut, avons reçu l'humble suplication de telle... veuve de défunt tel...., laquelle nous a exposé qu'en l'anée... ledit défunt passant dans la ruë de.... il vit deux hommes qui se batoient sans aucun avantage l'un sur l'autre, & s'étant aproché pour les separer, il les reconut pour être tel...& tel...lesquels prevoïant peut-être l'intention de l'exposant, se precipiterent avec si peu de jugement, qu'ils s'enferrerent dans leurs épées & tomberent en même tems tous deux morts sur la place, la veuve dudit tel,...en fit informer & obtint un jugement de mort par défaut & contumace contre ledit défunt , en ladite Senechauffée , le ... pendant un voïage qu'il fit en Savoïe , où il eſt decedé , & où il étoit alé pour des afaires preſſantes , ne croïant pas que pour avoir voulu rendre un bon ofice , il dût être pourſuivi criminelement , nous ſupliant de la recevoir à purger la memoire du défunt ſon mari , & lui octroïer nos létres à ce neceſſaires , *A ces cauſes* , nous avons reçu l'expoſante à purger la memoire dudit défunt tel..... ſon mari , ainſi qu'il eût pu faire avant les défauts & contumaces , & condanation à mort contre lui prononcée , quoique l'expoſante ſoit hors le tems porté par nos ordonances , dont nous l'avons relevé & relevons par ces preſentes , à la charge de païer les frais de la contumace , comme frais prejudiciaux , & de conſigner les amandes , dépens , domages & intérêts civils , & que foi ſera ajoutée aux depoſitions des témoins decedés , comme s'ils avoient été confrontés; *Mandons* au premier nôtre huiſſier ou ſergent ſur ce requis , de faire pour l'execution des preſentes tous exploits , ſignifications & actes de Juſtice neceſſaires , *Car* tel eſt nôtre plaiſir , *Doné à* ... le ..... jour de.... l'an de grace...... & de nôtre regne le &c....

PAR LE ROY.

Tel ....

Si le défunt avoit obtenu des létres de remiſſion avant ſon decés , la clauſe qui ſuit pouroit être ajoutée.

Clauſe lorſque le défunt a obtenu des lêtres de remiſſion.

Et permis à l'expoſant de pourſuivre l'enterinement des létres de grace & remiſſion acordées audit défunt , & du contenu en icelles faire joüir l'expoſant , comme ſi elles euſſent été enterinées du vivant dudit défunt , à la chárge de païer les frais &c.

Létres de rapel de ban , ou de galeres.

Loüis &c..... à tous preſens & avenir , *Salut* , nous avons reçû l'humble ſupli-cation de tel.... lequel nous a expoſé qu'il y a plus de trois ans que tel .... aïant été aſſaſſiné , tel.... ſon fils en acuſa l'expoſant , & en fit informer par nôtre Prevôt de... lequel decerna un decret de priſe de corps contre lui , quoi-que les témoins qui depoſerent juſtifiaſſent mieux la paſſion & la haine dudit tel...que le pretendu crime dont il l'acuſoit , & par ſentence du ... l'expoſant fut condané aux galeres perpetuelles où il a été mené depuis deux ans , & où il eſt à l'extremité de ſa vie par la fatigue de la chaine , qu'il n'a plus la force de ſoutenir , & par le chagrin de voir ſon inocence injuſtement oprimée , & ſa famille qui ne ſubſiſtoit que par ſes ſoins , reduite aux miſeres de la plus inſu-portable pauvreté , faute du ſecours qu'il pouroit encore lui doner , nous ſu-pliant de lui octroïer nos letres à ce neceſſaires; *A ces cauſes* , de l'avis de nôtre Conſeil qui a vû ladite ſentence du... ci atachée ſous le contre ſcel de nôtre Chancelerie , & de nôtre grace ſpeciale , pleine puiſſance & autorité Roïa-

le,

le, avons l'expofant rapelé & dechargé, rapelons & dechárgeons par ces prefentes, des galeres *ou* du baniffement, à quoi il eft condané par ladite fentence
pour le tems qui en refte à expirer, & remis l'expofant en fa bonne renomée,
& en fes biens non d'ailleurs confifqués, impofons fur ce, filence à nôtre Procureur general, fes fubftituts prefens & avenir, & tous autres, à la charge de
fatisfaire aux autres condanations portées par ladite fentence, fi fait n'a été,
Si donons en mandement &c.

Letres de comutation de peine.

Loüis &c. .... à tous prefens & avenir, *Salut*, nous avons reçû l'humble fuplication de tel.... lequel nous a expofé que dés l'âge de quatorze ans, il fut
mené à la guerre où il a expofé fa vie pendant plus de vingt anées, principalement au fiege de.... en qualité de Capitaine au Regiment de... à la bataille
de..... comandant la Compagnie de.... & en d'autres ocafions où il a doné
des preuves confiderables de fa valeur & de fon zele pour nôtre fervice, qu'il
eût continué toute fa vie avec le même courage, s'il n'eût pas eu le malheur
d'avoir été condané à fervir de forçat fur nos galeres pendant trois ans (, par
fentence du Bailli de...... laquelle condanation il ne peut executer aïant eu la
main gauche percée d'un coup de moufquet, au fiege de... dont il eft demeuré
eftropié & incapable de fervir fur les galeres, nous fupliant tres-humblement
de comuer céte peine; *A ces caufes*, de l'avis de nôtre Confeil qui a vû ladite
fentence du.... ci atachée fous le contre fcel de nôtre Chancelerie, & de nôtre
grace fpeciale, pleine puiffance & autorité Roiale, avons ledit tel... déchargé & dechargeons par ces prefentes, de la peine des galeres à laquelle il a été
condané par ladite fentence, & icelle comuée & comuons en celle de..... *ou de*
nous fervir à fes dépens en nôtre armée de.... dans le Regiment de..... pendant..... anées, & raportant par lui certification, tant du General de l'armée,
du Capitaine de la Compagnie où il aura fervi, de l'Intendant de Juftice, que
du Secretaire de nos Comandemens, aiant le departement de la guerre, l'avons
dés à prefent remis en fa bone renomée &c.

Létres de rehabilitation.

Loüis &c... A tous prefens & à venir, *Salut*, tel... nous a expofé que tel
...... l'aiant prié de garder un fac rempli de papiers, il ne voulut pas lui refufer une chofe qui paroiffoit être de fi petite confequence, & un mois aprés l'expofant aprit que tel.... étoit acufé d'avoir fait de faux titres de nobleffe, ce
qui l'obligea de porter au grefe de la Prevôté de.... le fac que tel.... lui avoit
doné en depôt, dans lequel il fe trouva plufieurs pieces fervans à conviction
contre ledit tel..... ce qui faifoit voir la fincerité de l'expofant, neanmoins
fur l'interrogatoire de tel...... il fut decreté ajournement perfonel contre l'expofant qui a été interrogé, & a fubi la confrontation, par où fon inocence, &
fa bone foi font également juftifiées, cependant par la fentence qui condane
tel.... à mort, pour reparation du crime de faux dont il fut convaincu, l'expofant a été blâmé & condané en.... livres d'amande qu'il a paiée, ce qui
feroit une note d'infamie fans nos létres de rehabilitation, qu'il nous fu, lie

tres-humblement de lui octroier, pour lui conserver l'honeur qui lui est infini-
ment plus precieux que sa vie. *A ces causes*, de l'avis de nôtre Conseil qui a vû
ladite sentence du...... ci atachée sous le contre scel de nôtre Chancelerie, &
de nôtre grace speciale, pleine puissance & autorité Roiale, avons remis, res-
citué & rétabli, remetons, restituons & retablissons l'exposant en sa bone renomée, ainsi qu'il étoit avant ladite sentence, sans que pour raison d'icelle il
lui puisse être imputé aucune incapacité ni note d'infamie, laquelle nous avons
ôtée, éteinte & efacée, ôtons, éteignons & efaçons par ces presentes, voulons
& nous plait, que nonobstant ladite sentence il puisse tenir & posseder osice, &
sur ce imposons silence à nôtre Procureur general, ses substituts, presens & avenir, &c. ..

CHAPITRE LXXIII.

Des Benéfices, & de leur division.

BEnefice est une certaine portion du bien d'Eglise asignée à
un Clerc, c'est à dire, à une persone Eclesiastique pour en
joüir durant sa vie, par maniere de recompense & de retribution du service qu'il rend, ou doit rendre à l'Eglise dans la fonction & dans le ministere auquel il est apelé.

Touchant cête definition, nous observerons,

Premierement, que celui qui est pourvû de quelque Benefice,
a droit, & est même obligé d'y exercer les fonctions spiri-
tuelles conformement à la fondation, avec le consentement du
Superieur.

Il a aussi la faculté d'en percevoir les fruits, de les exiger, &
de les apliquer à son profit.

En deuxiéme lieu, que les bourses fondées dans les Coléges
pour faire étudier les pauvres écoliers de certaines Villes, ou
Provinces, ne sont pas des Benefices, par la raison qu'elles ne
sont pas perpetuelles, mais seulement pour un certain tems
limité par la fondation, outre que pour les posseder il n'est pas
necessaire d'être Clerc, c'est à dire, d'être Tonsuré, ni d'en être
pourvû Canoniquement.

Il y a neanmoins des bourses à perpetuité de même que les Benefices, & ces bourses ne se donent qu'à des Eclesiastiques qui
sont només grands Boursiers, mais il n'y a en France que quelques
Coléges qui en aient, en sorte que, suivant mon sentiment, ses

bourfes peuvent auffi paffer pour des Benefices puifqu'elles en ont les qualités.

La divifion des Benefices fe fait eu égard à leur fonction, ou à la qualité des perfones aufquelles ils font afectés, ou à la maniere par laquelle ils font conferés.

Ainfi, il y a de trois fortes de Benefices, en premier lieu, on les divife en Benefices fimples & en Benefices aiant charge d'ames, en fecond lieu, en Benefices Seculiers, & en Benefices Reguliers, en troifieme & dernier lieu, en Benefice confiftoriaux, & non confiftoriaux.

Les Benefices fimples font les Canonicats & les Chapeles, elles font apelées Benefices fimples, parce qu'elles font fans charges d'ames, & prefque fans fonction, n'obligeant les Titulaires qu'à dire de certaines prieres, & à chanter au Chœur.

Ils ont préeminence & dignité, ou font fans dignité, les dignités anexées aux Benefices fimples, font les Prevôtés, les Doïenés & les Archidiaconés, dans les Eglifes Cathedrales & Colegiales.

Il y a d'autres Benefices qui ont fimple préeminence fans Jurifdiction, comme, par exemple, ceux des Chantres & des Treforiers.

Les Benefices aiant charges d'ames, font les Archevêchés, Evêchés, Abayes, Prieurés Conventuels, & les Cures.

Ces Benefices font apelés, Benefices aiant charges d'ames, par la raifon que les Titulaires ont la direction des ames qui leur font comifes & la Jurifdiction fur elles au for interne, ou externe.

Sur quoi, il faut remarquer ici, que ceux qui ont la Jurifdiction au for interne, ne l'ont pas au fort externe, mais au contraire, que ceux qui ont la Jurifdiction au for externe, l'ont auffi au for interne, c'eft à dire que tous ces benefices ont la direction des ames, mais qu'ils n'ont pas tous des Dignités anexées avec autorité, comme les Cures.

Les Benefices feculiers font ceux qui font afectés & doivent être poffedés par des perfones feculieres, c'eft à dire, par des perfones non fujetes aux Regles Monaftiques, & qui n'ont fait aucun vœu dans le Cloître, comme font les Religieux des quatre grandes Regles que l'Eglife a reçues.

Les Benefices feculiers fe conoiffent,

Premierement, par le titre de leur fondation, car lorfque c'eft un Benefice feculier , ces mots fe metent , ou doivent être mis dans le titre de la fondation , favoir , *debet per feculares regi.*

En fecond lieu par la prefcription de quarante ans , qui change l'état & la qualité d'un benefice, de laquelle prefcription je parlerai ci-après.

C'eft une maxime generale , que tout benefice eft reputé feculier, s'il n'eft juftifié du contrat.

Rebuffe neanmoins remarque un cas auquel les benefices font prefumés reguliers, à moins qu'il ne foit juftifié du contraire ; favoir lorfque ce font des Chapelles fondées & defervies dans les Eglifes régulieres.

Les Benefices reguliers font ceux qui font afectés aux reguliers, c'eft à dire , aux perfones qui ont fait profeffion en quelque Ordre de Religieux, comme les Abaïes , les Prieurés Conventuels , les Prieurés fimples & les Ofices Clauftraux qui font le Sacriftain, le Chambrier , le Celerier &c. aux Monafteres où ces Ofices font en titre de Benefice , car ils font fuprimés dans la plûpart des Abaies reformées.

Les feculiers ne peuvent pas poffeder aucuns Benefices reguliers, ni les Religieux les Benefices feculiers, fi ce n'eft par difpenfe.

Mais le feculier a cet avantage, que tous les Benefices font reputés feculiers s'il n'eft juftifié au contraire , & que par quarante ans auparavant ils n'aient été poffedés par des Religieux.

D'où il s'enfuit , que fi un Religieux s'eft fait pourvoir d'un Benefice feculier fans difpenfe, il eft fujet à devolut de même que le feculier qui s'eft fait pourvoir d'un Benefice regulier, comme il a été jugé par plufieurs arrêts remarqués par Tournet.

C'eft auffi par céte raifon qu'un Benefice afecté à certain Ordre de Religieux, ne peut pas être tenu par un Religieux qui eft d'un autre Ordre.

Par exemple , les Religieux de l'Ordre de faint Benoît , ne peuvent pas poffeder les Benefices qui dépendent de l'Ordre des Chanoines Reguliers de faint Auguftin , en forte que quoiqu'il l'eût poffedé pendant plus de trois ans , il ne laifferoit pas d'en être evincé , nonobftant la poffeffion trienale, & la *regle de pacificis poffefforibus*, qui ne peut pas détruire la regle & la maxime, *Regularia Regularibus , Secularia Secularibus*, laquelle eft plus forte & plus anciene.

Cependant le Pape ne laiffe pas de conferer des Benefices re-

guliers à des feculiers, par difpenfe, mais à la charge de faire profeffion dans l'ordre dans un certain temps, & les provifions qui font ainfi donées, font apelées, *Procupientibus profi-
teri.*

Les feculiers peuvent être pourvûs des Benefices reguliers en
comande, & les Benefices qui peuvent être ainfi donés, font les
Abayes & les Prieurés, tant fimples que conventuels.

Le Pape feul peut doner des provifions en comande, parce
qu'il n'y a que lui qui puiffe exempter de l'obfervation de la regle, *Regularia Regularibus.*

Les Religieux peuvent être promûs aux Evêchés & Archevêchés, fuivant la difpofition du Concordat, & par le moïen
de la dignité Epifcopale, ils font fecularifés, & ont difpenfe de
l'obfervation de la regle, toutefois ils font incapables de fuceder,
ainfi qu'il eft porté par les articles 336. & 337. de la Coutume de
Paris comentée par Ferriere.

Les Benefices feculiers peuvent encore être poffedés par des
reguliers, & les Benefices reguliers, par des perfones feculieres
dans ce cas; fçavoir, dans celui de la legitime, prefcription de
quarante années, car comme je viens de dire, la prefcription de
quarante ans change entierement l'état & la qualité du Benefice, pourveu que trois conditions fe rencontrent.

La premiere, que le Benefice duquel on pretend que la qualité a été changée par la prefcription de quarante ans, n'ait pas
été poffedé, en comande pendant un temps immemorial, la comande n'étant qu'une efpece de depôt, il s'enfuit que la qualité
du benefice n'eft pas changée pour cela.

La deuxiéme, que ceux qui ont joüi pendant les quarante
années du Benefice, en aïant été pourvû, *ab habente poteftatem*,
& non pas de leur autorité & fans titre, ou en qualité de fermier
ou d'adminiftrateur.

La troifiéme, qu'ils en aïent joüi de bone foy, en forte que
ce n'ait point été contre l'ordre & la defenfe du Pape, ni contre
leur propre titre.

Les Comandataires peuvent auffi joüir & difpofer des fruits des
Benefices en Comande, atendu qu'en France les Comandes tienent lieu de veritables titres.

Les Benefices Confiftoriaux, font ceux qui étoient autrefois
électifs, fçavoir les Evêchés, Archevêchés, & Abbaye, mais
qui par la depofition du Concordat qui a aboli les élections,

font maintenant conferés par le Pape feul, fur la nominatic
du Roy.

On les apele Confiftoriaux, parce qu'on n'en expedie poi
de provifions, qu'elles n'aïent été propofées & refoluës au Coi
fiftoire, c'eft-à-dire, dans l'affemblée des Cardinaux où le Pap
prefide.

Pour pourvoir aux Evêchés & Archevêchés, & autres fem
blables Benefices, il faut deux Confiftoires.

Dans le premier on propofe l'Evêché vacant & la perfone qu
le Pape en veut pourvoir fous la nomination du Roy, ce qui e
une efpece de publication, pour avertir ceux qui auroient quel
que chofe à dire contre la perfone propofée.

Dans le deuxiéme Confiftoire on declare que le Pape a pour
vû fous la nomination du Roy audit Evêché la perfone de te
&c. & c'eft ce qu'on apele *préconifer*.

Les provifions des moindres Benefices s'expedient en la Chan
celerie.

A l'égard des Benefices Confiftoriaux, il faut païer l'annate
au Pape, & lever les Bulles, mais pour les autres Benefices on
n'en païe point, & on leve feulement une fimple fignature de
provifion.

L'annate eft un droit que le Pape prend fur les Benefices Confiftoriaux.

Ce droit fe païe ordinairement fuivant la taxe qui en eft faite
à Rome dans les Livres de la Chambre Apoftolique, & même
on prend quelquefois le revenu d'une année, ou quelquefois davantage, & c'eft d'où vient ce mot, *Annate.*

La raifon eft, que depuis le temps que la taxe des annates eft
faite, le revenu de certains Benefices eft augmenté, & celui de
plufieurs autres eft diminué, c'eft pourquoi céte taxe ne fe raporte pas le plus fouvent avec le revenu dès Benefices.

Le moïen dont on fe fert pour ne pas païer le droit d'annate,
eft qu'on expofe dans la fuplique, que le Benefice dont on demande les Bulles, n'excede pas en revenu la valeur de vingt-quatre ducats, d'autant que le droit d'annate n'eft point dû, & ne fe
païe pas au Pape lorfque le Benefice vaut moins de trente ducats
de revenu.

Neanmoins les Oficiers de Cour de Rome ne foufrent, & ne
tolerent point à l'égard des autres Roïaumes, céte claufe (*que
le revenu du Benefice n'excede pas ving-quatre ducats de revenu,*)
ainfi la France eft feule exempte de céte regle de Chancelerie,

de vero valore exprimendo , car à l'égard des Benefices des autres
Roïaumes, on eſt tenu, à peine de nullité des proviſions d'exprimer au juſte la valeur des Benefices.

Les Benefices veritablement électifs, ſont ceux auſquels on
pourvoit par élection, & confirmation, c'eſt à-dire, auſquels il
faut que l'élection ſoit confirmée par le ſuperieur, mais à preſent
il y a peu de ces Benefices dans ce Roïaume.

Les électifs, & collatifs, ſont ceux que les électeurs conferent
en éliſant, ſans que leur élection ait beſoin de confirmation, &
de céte nature ſont les Doïenés de pluſieurs Egliſes Cathedrales
& Colegiales.

On peut reſigner en Cour de Rome les Benefices électifs confirmatifs, auſſi-bien que les électifs collatifs, ainſi qu'il a été jugé par arrêt du 19. Decembre 1630. pour le Doïené de Bar, qui
eſt électif confirmatif.

Cet arrêt eſt raporté par Dufreſne en ſon Journal, Livre 2.
Chapitre 68.

Le Pape peut auſſi prevenir en cas de mort en l'une & en
l'autre eſpece de Benefices, mais il faut, *res ſint omninò inte-
græ* ; car s'il y a eu, *tractatus aut alius actus præparatorius ad ele-
ctionem* , la prevention ceſſe, jugé pour le Doïené de ſaint Honoré à Paris.

Toutefois la ſimple preſentation du Patron, bien qu'aceptée
par le preſenté, ne lie pas les mains au Pape, *niſi pulſaverit aures
ordinarii.*

Mais en la queſtion de ſçavoir ſi les Benefices électifs ſont
ſujets aux nominations des gradués & des indultaires, il faut diſtinguer, les électifs confirmatifs ne ſont ſujets ni aux uns, ni
aux autres.

Mais les électifs collatifs ſont indubitablement ſujets aux nominations des indultaires.

Et pour ce qui eſt des gradués, il faut diſtinguer, les Doïenés des Egliſes Colegiales y ſont encore ſujets, mais les dignités
des Egliſes Cathedrales en ont été dechargées par l'article 1. de
l'édit de 1606. comme pareillement de toutes autres graces expectatives, & par conſequent de l'indult de Meſſieurs du Parlement, mais la Cour en verifiant cet édit, a dit ſur cet article; *ſans
deroger au droit des indultaires.*

Les Benefices purement collatifs, ſont ceux qui dependent
d'un ſeul colateur qui les done & confere à qui bon lui ſemble

en cas de vacance, pourveu que ce soit à une persone qui ait la capacité requise.

Les patronages sont ceux que les Collateurs ne peuvent conferer à qui bon leur semble, mais seulement à ceux qui leur sont representés par les patrons.

Tellement que le droit de patronage est une espece de servitude imposée sur les Collateurs.

CHAPITRE LXXIV.

Des capacités requises pour posseder les Benefices.

IL y a trois choses necessaires, pour posseder un Benefice ; sçavoir, l'ordre, l'âge, & le degré.

L'ordre est un Sacrement institué de Dieu dans l'Eglise, qui se confere à ceux qui se dévoüent au culte des autels, pour y faire les fonctions qui sont de leur ministere.

Il y a cinq degrés dans l'ordre.

Le premier est la Tonsure, c'est à-dire, la coupe des cheveux, que fait l'Evêque à ceux qui la reçoivent, & ce degré se peut prendre à l'âge de sept ans acomplis, & pour le prendre auparavant, il faut des dispenses du Pape.

La deuxiéme est apelé les quatre mineurs, parce que ceux qui reçoivent ce degré ne sont pas pour cela engagés à demeurer dans l'état Eclesiastique, comme ceux qui ont reçû les ordres majeures, c'est-à-dire, le Soûdiaconat, le Diaconat, ou la Prêtrise, qui sont des caracteres qui ne se peuvent éfacer quand on les a une fois reçûs.

Les quatre mineurs sont apelés ainsi, par la raison qu'on les confere tous quatre en même temps, à la diference des autres qui ne se conferent que l'un aprés l'autre dans le temps marqués par les Conciles.

La fonction & le ministere de ceux qui ont reçû les quatre mineurs, est comprise dans ces termes, qui ne signifient autre chose que les quatre mineurs, lesquels sont només *Ostiarii & Janitores*, à cause du soin qui leur est doné des portes de l'Eglise, *Lectores*, parce qu'ils sont établis pour chanter dans le chœur les antiennes, répons, & autres choses semblables, *Exorcistæ, oista*, à cause du pouvoir d'exorcifer les obfedés, ou poffedés des demons, *Acolythi*, parce qu'ils fuivent les Prêtres, Diacres, & Soûdiacres oficians, afin que l'ofice foit celebré avec plus de pompe & de veneration.

Le troifiéme degré eft le Soûdiaconat, qui eft le premier ordre facré, lequel fe fait par la tradition du calice, & de la patene vuide entre les mains du Soûdiacre.

Le quatriéme eft le Diaconat, lequel fe confere par la tradition du livre de l'Evangile.

La fonction des Diacres eft auffi de chanter l'Evangile aux grandes Meffes.

Le cinquiéme eft la Prêtrife, qui fe confere par la tradition du Calice avec du vin, & de la patene avec du pain, pour faire le facrifice de la Meffe.

Ainfi, il faut neceffairement paffer par tous ces degrés pour parvenir à la Prêtrife, en forte que fi un homme avoit été promû à un ordre fuperieur fans avoir paffé par l'inferieur, il eft iregulier, & par confequent inhabile à tenir Benefice.

On eft obligé de prendre les ordres de fon propre Evêque, & fi on les veut prendre d'un autre, il faut avoir du fien des létres démiffoires, autrement celui qui auroit pris quelque ordre fans démiffoire d'un autre Evêque que le fien, feroit iregulier & incapable de poffeder Benefice.

Neanmoins fi quelqu'un étoit tombé dans céte iregularité, il peut fe faire rehabiliter par le Pape, qui done un refcrit de *perinde valere*.

Pour être pourvû d'un Benefice facerdotal, il faut être Prêtre, atendu que les Benefices facerdotaux requierent le caractere de Prêtrife, *aut à lege, aut à fundatione*.

A lege, lorfqu'il fufit d'être Prêtre dans l'année de la collation, comme font les Curés.

A fundatione, lorfqu'il faut être Prêtre, *tempore collationis*, c'eft-à dire, au temps que celui qui le poffede en a été pourvû, ou qu'il lui a été conferé.

A l'égard des Benefices fimples, il fufit d'être tonfuré, pour en être pourvû.

Sur quoi il faut obferver ici, que la Tonfure, ni les autres ordres n'ont aucun éfet retroactif, car fi un laïque avoit poffedé pendant un tres long-temps un Benefice, & que par après il fe fit tonfurer, la Tonfure & les autres ordres qu'il prendroit, ne leveroient pas l'incapacité qui étoit en lui de poffeder le Benefice, de quelque nature qu'il puiſſe être, ſoit qu'il fût ſimple ou qu'il eût charge d'ames.

L'âge requis pour poſſeder un Benefice, ſe regle ſuivant la diverſité des Benefices.

Pour les ſimples Chapeles, il faut avoir ſept ans.

Pour les Prebendes des Egliſes Colegiales, dix ans.

Pour les Prebendes des Egliſes Cathedrales, quatorze ans.

Pour les dignités qui n'ont pas de charge d'ames, vingt-deux ans comencés.

Pour les Abayes & Prieurés Conventuels, 23. ans comencés.

Pour les Prieurés reguliers où il n'y a, ni charge d'ames, ni conventualité, vingt ans, d'autres ſe contentent de l'âge de la profeſſion.

Pour les Cures & les dignités qui ont charge d'ames, vingt-quatre ans acomplis, & vingt-cinq ans comencés.

Pour les Evêchés & Archevêchés, vingt ſept ans.

Ainſi, ſuivant la regle generale, on ne peut point poſſeder un Benefice avant l'âge requis pour le poſſeder, ſi ce n'eſt par diſpenſe du Pape, car il n'y a que lui qui en puiſſe diſpenſer, *cap. cum in cunctis de elect.*

Ce qui ſoufre neanmoins une exception à l'égard des pourvûs de Benefice en regle, leſquels ſont conferés par le Roy à ceux qui n'ont pas l'âge requis pour les poſſeder ſans diſpenſe du Pape, de ſorte qu'un enfant de ſept ans peut être pourvû en regale d'une Chanoinie dans une Cathedrale, ſans diſpenſe, par la raiſon que le Roy confere en regale par le droit de ſouveraineté.

Il n'eſt pas toûjours neceſſaire d'être gradué pour poſſeder un Benefice, il n'y a que dans certains cas où cête condition eſt requiſe.

Primò. Les Curés des Villes & lieux murés ne peuvent être conferées qu'à des gradués, ou au moins à des perſones qui aient étudiés trois ans en Theologie, ou en droit civil, ou en droit canon.

Secundò. Les Prebendes Theologales ne peuvent être conferées qu'à des Docteurs en Theologie.

Par l'article 31. de l'édit de 1606. nul ne peut être pourvû d'aucune dignité en une Egliſe Cathedrale, ni de la premiere dignité en une Egliſe Collegiale, s'il n'eſt gradué en Theologie ou droit canon, à peine de nullité des proviſions.

Tertiò. Pour être Archevêque ou Evêque, il faut ſuivant le

Concordat, être Docteur en Theologie ou Docteur en droit, ou au moins licentié.

La capacité de ceux qui veulent être pourvûs de quelque Benefice, doit être confiderée du jour de la provifion, en forte que quoique lors de la vacance le pourvû eût été incapable du Benefice, foit pour n'avoir pas l'âge, foit pour n'être pas dans l'ordre requis pour poffeder le Benefice, ou que pour lors il fût né hors le mariage, & que depuis il eût ateint l'âge, qu'il fût promû à l'ordre que le Benefice demandoit, qu'il fût legitime par un fubfequent mariage, il peut être canoniquement pourvû.

Il y a plus de dificulté ; fçavoir fi la perfone doit avoir les capacités au jour de la nomination, ou s'il fufit de les avoir au jour des Bulles.

Il femble, felon mon avis, qu'elles ne foient requifes que du jour des Bulles, de même que pour examiner la capacité du prefenté par le Patron, on ne s'arête pas à la date de la prefentation, on ne confidere que la date de collation, au temps de laquelle il fufit, que le prefenté ait les capacités requifes.

Or la nomination du Roy eft une efpece de patronage laïque, & partant la même regle y doit être obfervée en ce cas.

Neanmoins, il faut dire le contraire, parce que la nomination a fucedé à l'élection, & donc aux perfones nomées le même droit & le même avantage que donoit autrefois l'élection, ainfi dans le temps que l'élection avoit lieu, il faloit que ceux qu'on élifoit euffent toutes les capacités neceffaires, pour poffeder les Benefices aufquels ils étoient élûs, fur peine de nullité des élections.

CHAPITRE LXXV.

De la vacance des Benefices.

LEs Benefices font vacans lorfqu'ils ne font poffedés de perfone, ou que ceux qui les poffedent n'ont aucun titres pour les poffeder, ou qu'ils font devenus incapables de les poffeder par quelque incapacité qui puiffe caufer la vacance de leurs Benefices.

Il y a plufieurs moïens qui caufent la vacance des Benefices.

Premierement, par la mort naturele du titulaire.

En fecond lieu, par la mort civile, comme s'il eft bani à perpetuité, ou condané aux galeres.

En troifiéme lieu, par fa demiffion ou refignation pure & fimple entre les mains du Colateur, pour en difpofer par le Colateur
au profit de qui bon lui femblera.

En quatriéme lieu, par refignation en faveur d'un particulier.

Ce qui ne fe peut faire qu'entre les mains du Pape, parce
que ces réfignations en faveur, font prohibées par les faints
decrets de l'obfervation defquels il n'y a que le Pape qui fe
puiffe difpenfer, auffi le Pape admetant ces réfignations, eft neceffairement obligé de les conferer à ceux, en faveur defquels
elles font faites, & s'il conferoit à un autre, fes provifions feroient nulles.

En cinquiéme lieu, par permutation, ce qui fait quand deux
particuliers réfignent refpectivement leurs Benefices, en faveur
de l'un & de l'autre, pour caufe de permutation Canonique, &
en ce cas, fi l'un des permutans vient à être évincé du Benefice qui lui a été doné en permutation, il a droit de reprendre
le fien.

L'Evêque peut auffi admetre la permutation, & pour iceles il
n'eft pas neceffaire d'avoir recours au Pape.

En fixiéme lieu, par le mariage, quand celui qui eft pourvû d'un Benefice fe marie, fon Benefice eft vacant & impetrable.

En feptiéme lieu, par la profeffion Monaftique, quand celui
qui eft pourvû d'un Benefice feculier, fait profeffion en quelque ordre de Religieux, fon Benefice eft pareillement vacant
& impetrable.

En huitiéme lieu, par incompatibilité, quand le poffeffeur
d'un Benefice eft pourvû d'un fecond qui eft incompatible avec
le premier, le premier vacque, s'il ne s'en fait pourvoir dans l'an.

Mais plufieurs Praticiens du fiecle pretendent que ce delai
n'a lieu que lorfque l'on a exprimé au Colateur, que l'on poffedoit tel Benefice, autrement l'un ou l'autre eft vacant, & peut
être obtenu par devolu.

Cependant, l'option doit demeurer, au cas où les deux Benefices peuvent être tenus pendant l'an, & même on ne peut

pas avoir les fruits des deux , si le Superieur ne le juge à propos.

Les Benefices incompatibles , font les Benefices aiant charge d'ames , & suivant la jurisprudence des derniers arrests , tous Benefices qui requierent residence , sont incompatibles , aiant été jugé qu'un Eclesiastique ne peut posseder tout ensemble une Cure & une Prebende , soit en une Eglise Cathedrale ou Colegiale , en sorte que de tout tems deux Benefices en une même Eglise , autrement *sub eodem tecto* , ont été reputés incompatibles.

Neanmoins la dispense en peut être favorable , à cause de la modicité.

En neuviéme lieu , par l'inhabileté du possesseur, comme par exemple , s'il étoit étranger ou bâtard , parce que les étrangers par les Ordonances de nos Rois , & les bâtards par la disposition du droit Canon , sont incapables de posseder des Benefices.

Toutefois , il semble que l'étranger ne soit pas incapable de droit , & que ce n'est qu'un empêchement politique qui ne l'empêche pas de resigner , & ne done pas lieu à son resignant de rentrer.

Ainsi, le remede à cete inhabileté , il faut que l'étranger obtiene du Roi des letres de naturalité , & que les bâtards obtienent dispense du Pape , par laquelle nonobstant le vice & le défaut de sa naissance , il soit rendu habile à posseder des Benefices.

Il faut dire aussi , que si un seculier étoit pourvû en titre d'un Benefice regulier , ou au contraire si un regulier étoit pourvû d'un Benefice seculier , il peut impetrer comme vacant par l'inhabileté de possession.

En dixiéme lieu , par l'iregularité & indignité du possesseur, quand il a comis quelque crime , ou quelque faute qui le rendent indigne & le privent de son Benefice.

Comme le crime de leze Majesté divine & humaine , l'homicide , la sodomie , l'heresie , la simonie , la confidence , qui est quand il prête son nom à autrui , & lui sert de *custodi nos*, & la falsification de ses letres de provision.

C'est pourquoi par nos ordonances , quiconque s'est sciemment servi de quelques pieces fausses en une instance possessoire pour un Benefice , est privé & dechu de tout le droit qu'il y pouvoit pretendre.

En onziéme lieu, le Beneficier qui porte les armes, ou exerce quelque art infame, comme de Comedien & de boufon, est pareillement iregulier & privable de ses Benefices.

Cependant il a été jugé par arrest du 22. Juin 1672. que la milice ne faisoit pas vaquer les Benefices, sinon après l'iregularité encourue par le Titulaire.

Mais il n'est pas necessaire qu'on ait vû répandre le sang, & il sufit que le Titulaire se soit trouvé dans quelque ocasion, ou vrai-semblablement il a contribué à l'infusion du sang.

En douziéme lieu, celui qui a gardé, ou fait garder le corps d'un defunt, pour avoir le tems de courir son Benefice, en doit aussi être privé, pour avoir comis céte faute.

Il faut dire encore que si un Beneficier avoit assisté à un jugement de mort, il seroit iregulier & privable de son Benefice.

Toutefois si un Beneficier condané à mort avoit interjeté apel, il peut pendant l'apel resigner son Benefice, ainsi qu'il a été jugé par plusieurs arrests, tant du Parlement de Paris, que des autres.

Mais cela n'auroit pas lieu au crime de leze-Majesté, & autres crimes atroces qui font vaquer les Benefices de plein droit.

En treiziéme lieu, si un Eclesiastique voïant un Beneficier grievement malade, avoit envoïé en Cour de Rome pour son Benefice comme vacant par sa mort, il en doit aussi être privé, parce qu'il auroit couru le Benefice d'un homme vivant, ce qui est expressement défendu par les saints Decrets.

En quatorziéme lieu, par desertion ou par non residence.

Par desertion, quand le Benefice est abandoné par le Titulaire, ou si aiant des provisions, il les a gardées plus de trois ans, sans prendre possession.

Par residence, quand les Curés ne resident pas en leurs Paroisses, ainsi qu'ils sont obligés, leurs Evêques leur peuvent enjoindre d'y venir resider, & de les deservir en persone, & si après que les injonctions & denonciations leur ont été faites & dûement signifiées, ils n'y satisfont, declarer leurs Benefices vacans par non residence, & les conferer à d'autres.

CHAPITRE LXXVI.

De la colation des Benefices.

COlation eft une conceffion gratuite d'un Benefice vacant, faite par une perfone qui a un pouvoir legitime de le conferer à une perfone qui ait les capacités requifes pour poffeder des Benefices.

Il y a de deux fortes de colations, fçavoir, les colations libres & volontaires, & les colations neceffaires.

Les colations neceffaires font les provifions qui font donées par les colateurs à ceux qui les demandent, fans qu'ils puiffent conferer les Benefices à d'autres, comme dans les cas fuivans.

Primò. eft lorfque la refignation eft faite en faveur d'un particulier.

Secundò. Quand la refignation eft faite pour caufe de permutation.

Tertiò. Lorfque les provifions font demandées en vertu de la prefentation des Patrons, ou en vertu des graces expectatives, comme celles des indultaires & des gradués.

Le droit des Gradués empêche que les colations ne foient libres, & fur tout dans les mois de rigueur, aufquels le colecteur eft obligé de conferer au plus ancien Gradué nomé.

Ce qui n'eft pas dans le mois de faveur où il a la liberté de choifir entre tous les Gradués celui qu'il lui plait gratifier du Benefice qui eft en vacance.

Les colations libres & volontaires, font les provifions d'un Benefice, qui fe donent par les colateurs de plein droit, c'eft à dire, lorfqu'ils ont la liberté de gratifier & choifir telles perfones qu'il leur plait choifir pour remplir les Benefices qui font à leur colation.

La colation ou le droit de conferer les Benefices vacans apartienent aux Evêques dans le Diocefe defquels ils font fitués.

Ce droit apartient auffi aux Abés & Prieurs pour les Benefices qui dependent de leurs Abaies & Prieurés.

Il y a des Chapitres où les Chanoines conjointement conferent les Benefices qui font de leur colation.

Il y en a d'autres où tous les Chanoines donent à leur tour les Benefices, qui tombent en leur femaine, chacun felon fon rang, nomant & prefentant au Chapitre celui qu'il veut gratifier, & fur céte nomination le Chapitre fait expedier fes provifions.

La colation des Chanoinies & Prebendes de l'Eglife Cathedrale, apartient de droit comun à l'Evêque, conjointement avec le Chapitre de la même Eglife, mais à l'égard des autres Benefices qui ne font pas du corps de ladite Eglife, la difpofition en apartient à l'Evêque feul.

Toutefois avec le confentement de fon Chapitre, cependant la plus grande partie des Evêques de ce Roïaume ont prefcrit contre leurs Chapitres ce droit de pouvoir difpofer des Benefices & même des Chanoinies de leur Eglife Cathedrale, fans en demander avis à leur Chapitre.

Il y a des Seigneurs laïques, lefquels fans être Patrons ont la colation de plein droit de quelques Benefices.

Les Rois de France ont droit de pourvoir aux Chanoinies & autres Dignités des Chapitres purement de fondation Roïale, de leur Chef, & comme colateurs, fans prefenter à l'Evêque.

Ils pourvoient auffi de plein droit aux quatre premieres Dignités, & au Doïené de faint Martin de Tours, étant par le titre de la Courone Abé, Protecteur & Chanoine de céte Eglife, ils pourvoient encore à plufieurs autres Dignités & Chapitres.

La Regale atribue auffi aux Rois de France le droit de conferer tous les Benefices dependans des Evêchés & Archevêchés vacans en regale, qui n'ont pas charges d'ames, lefquels durant la vacance des Evêchés ou Archevêchés fe trouvent vacans de droit & de fait, ou de fait ou de droit feulement, ainfi qu'il fera expliqué ci-aprés au Chapitre de la Regale.

Il y a trois chofes à obferver dans la colection des Benefices, la premiere regarde le colateur, lequel doit être habile pour cet éfet, la deuxiéme concerne celui à qui le Benefice eft conferé, lequel doit avoir la qualité requife pour le poffeder, la troifiéme regarde la maniere de conferer le Benefice, laquelle doit être gratuite fous peine de fimonie.

De céte troifiéme condition il s'enfuit, que le colateur ne peut point conferer un Benefice, à la charge que celui à qui il
eft

eſt conferé, lui reſignera un autre Benefice, il y auroit ſimonie & nullité dans les proviſions, mais cête condition de reſigner le Benefice dont il feroit pourvû, pour empêcher par ce moïen l'incompatibilité des Benefices, laquelle eſt defendue & prohibée par les Canons.

Le Colateur ne peut pas auſſi ſe reſerver une penſion ſur le Benefice qu'il confere, il y auroit ſimonie, ni même au profit d'un autre, parce qu'il n'a pas le droit de diminuer le revenu des benefices qu'il confere, il n'a que la faculté de les conferer purement & ſimplement.

Il eſt encore neceſſaire que la colation pour être valable, ſoit faite ſans crainte, force, ni violence, ni par perſuaſion de perſone puiſſante.

On fait diference entre la maniere de conferer par le Pape & celles des ordinaires, en ce que le Pape confere par neceſſité quand c'eſt, *ex cauſa reſignationis*, étant obligé de ſuivre la condition *in favorem & non alias*, qui ſe met le plus ſouvent dans les reſignations.

Mais les reſignations qui ſe font és mains de l'ordinaire, comme elles ſont faites *purè & ſimpliciter*, il a la liberté de conferer ou de refuſer s'il lui plait.

Ainſi, ſi les proviſions du Pape & celles de l'ordinaire concourent en même jour, ce feroit celles du Pape qui doivent prevaloir, ſuivant l'opinion des Canoniſtes, ou plûtôt ſelon la diſpoſition du Chapitre, *Si à Sede Apoſtolica*, le premier mis en poſſeſſion doit être preferé, *de præb. in Sext.* mais en ce Roïaume celles de l'Ordinaire ſont plus favorables, comme étant plus conformes au droit comun.

Il faut dire auſſi, que ſi en un même jour deux ou pluſieurs perſones ont obtenu en Cour de Rome des proviſions d'un même Benefice, il n'apartiendra, ni à l'un ni à l'autre des impetrans, parce que leurs proviſions ſont nulles par le concours, ſi ce n'étoit qu'ils les euſſent obtenues par divers genres de vacance, parce que quand les proviſions ſont par divers genres de vacance, il n'y a pas de concours.

A l'égard des formalités requiſes aux colations des ordinaires, il faut qu'elles ſoient redigées par écrit, & que les lettres qui en ſont expediées, ſoient ateſtées de deux témoins, dont les noms, demeures & qualités ſoient inſerés dans leſdites leres, & que ces deux temoins ne ſoient parens ou domeſtiques, ni de l'Evêque , ou autres colateurs , ni de celui à qui il confere.

La raison par laquelle les provisions des ordinaires ne font pas valables fans temoins , eft afin d'empêcher les abus qui fe cometoient autrefois dans les provisions qui étoient acordées par les colateurs ordinaires.

Les Benefices vacans doivent être conferés dans fix mois, aprés lefquels le droit eft devolu du Chapitre à l'Evêque , & fix autres mois aprés au Superieur, ou directement au Pape, fi le dernier colateur n'a pas de Superieur , fauf le droit de prevention du Pape.

Le Chapitre *Sede vacante* , fuccede aux colations neceffaires, & confere aux expectans , quoique ce pouvoir ne foit pas exprimé par le droit.

Neanmoins Sollier en fes Notes fur Monfieur Coras , page 46. nombre 6. veut que le Chapitre ne puiffe admetre les permutations des Benefices qui font à la colation de l'Evêque feul.

Au refte ce qui eft delegué au Vicaire de l'Evêque , n'apartient pas au Chapitre pendant la vacance du Siege , mais au Vicaire fucceffeur.

Le pouvoir general fufit au Vicaire de l'Evêque pour conferer aux Graduês à caufe que la colation eft neceffaire.

CHAPITRE LXXVII.

Des indultaires , & du droit d'indult.

L'Indult eft une grace expectative acordée par le Pape Eugene IV. renouvelée & confirmée par Paul III. à Monfieur le Chancelier comme Chef de la Juftice , à Meffieurs les Prefidens , les Maîtres des Requêtes , les Confeillers , Grefiers en chefs , aux quatre Notaires & Secretaires de la Cour , & au premier Huiffier du Parlement de Paris.

Le privilege des indultaires confifte à pouvoir être només fur les Benefices de ce Roïaume , au cas qu'ils en foient capables, & qu'ils veuillent poffeder des Benefices , & au cas qu'ils en foient incapables & inhabiles, comme s'ils font mariés , ou qu'ils n'aient pas les qualités requifes , ou s'ils ne veulent pas être d'Eglife, ils peuvent nomer d'autres perfones en leur place pour être pourvûes aux Benefices qu'ils pouroient accepter pour eux-mêmes.

Le Parlement de Paris n'a comencé à joüir de ce privilege qu'au regne du Roi Charles VII.

Pour joüir du privilege d'indults, il faut que ceux qui parti-cipent à ce privilege, obtienent des letres de nomination du Roi adreffées à l'Evêque ou Abé, ou Convent des lieux d'où de-pendent les Benefices qu'on veut avoir, dans lefquelles il doit être fait mention du Diocefe où ils font, & de l'Ordre que les indultaires fuivent.

Ce qui doit être acompagné d'un certificat ou enquête de vie, & de mœurs.

Ces letres du Roi doivent porter ces termes, qu'*obtemperant à l'ordonance du Pape, ils aient, tant conjointement que feparement, à pourvoir tel, du premier Benefice, de quelque qualité, nature & valeur qu'il foit, vacant par mort, après la notification qui leur fera faite des letres de nomination.*

Autrefois, après que ces létres étoient obtenues, il faloit les faire enregiftrer au rôle de la Cour fait pour cet éfet, & en pren-dre acte du grefier, après que Monfieur le Chancelier garde des fceaux avoit fcelé lefdites Letres, mais à prefent céte formalité n'eft plus d'ufage, au lieu de laquelle Monfieur le Chancelier garde, ou fait garder un rôle de nomination de Meffieurs les Oficiers du Parlement de Paris.

L'indultaire, ou celui qui eft nomé dans les létres à fa place, doit faire notifier fa nomination au colateur, & à cet éfet lui bailler copie de fes letres en prefence de deux témoins.

Il faut auffi faire infinuer les letres de nomination avant la va-cance du Benefice dans le grefe des infinuations de l'Evêché, ou autre lieu où les Benefices font fitués.

Il femble à prefent que le grand Confeil veuille établir pour maxime, que le feul défaut d'infinuation emporte nullité con-tre les indultaires, quoiqu'il n'y ait pas de preuve de fraude & de fauffeté, c'eft pourquoi il eft de tres-grande confequence, que l'infinuation foit faite.

Celui qui auroit été nomé par un de ceux qui ont droit d'in-dult, fa place n'aiant pas été remplie pendant la vie de celui qui l'a nomé, peut par après, fuivant mon fentiment, joüir de fon droit, pourveu qu'il ait notifié fon droit au colateur du vi-vant de celui qui l'a nomé en fon lieu & place.

Un colateur ne peut être chargé que d'un indult , pendant tout le tems qu'il eſt colateur ou patron , & n'eſt tenu de ſatisfaire qu'à un indultaire , en ſorte que pour doner ouverture à un nouvel indultaire , il faut qu'il y ait changement de Titulaire en l'Evêché ou Abaie , ſur laquelle la nomination eſt faite.

Si d'un même colateur dependent des Benefices ſeculiers & reguliers , les indultaires peuvent nomer un ſeculier & un regulier , mais le colateur aiant conferé le Benefice à l'un il eſt déchargé envers l'autre.

Les Chapitres qui ne meurent point , ne ſont auſſi chargés que d'un ſeul indultaire pendant toute la vie du Roi.

Les Benefices qui ſont ſujets à la nomination du Roi , comme les Chanoines de ſaint Quentin , ne ſont pas ſujets aux indultaires , parce que Sa Majeſté n'a pas entendu procurer aux indultaires une grace contre lui-même , & au prejudice de ſes droits.

Les indultaires ſont preferés aux Gradués , parce que le droit des indultaires eſt plus ancien que celui des Gradués , à prendre l'origine de l'indult du Pape Eugene IV. parce qu'à la prendre ſeulement du Pape Paul III. le droit des Gradués qui derive du concordat ſeroit plus ancien.

Il y a pluſieurs Edits & Declarations qui ont declaré les indultaires preferables aux Gradués , remarqués par Brodeau ſur Monſieur Loüet letre B. chapitre 16.

Le nomé par le Roi eſt preferé à l'indultaire , pour le ſerment de fidelité , ainſi qu'il a été jugé par arreſt du grand Conſeil du 13. Juillet 1606. raporté par Tournet en ſon Recueil d'arreſts, letre r. nombre 36.

Mais aujourd'hui on ne doute plus que l'indultaire ne ſoit preferé au brevetaire pour ſerment de fidelité , lequel n'a pas de decret irritant , à moins qu'il n'ait requis le Benefice vacant avant qu'il ſoit conferé à un autre.

Le Pape peut prevenir les indultaires , auſſi bien que les Gradués , les choſes étant encore entieres , c'eſt à dire avant que les indultaires aient requis à l'ordinaire le Benefice vacant , ſuivant l'avis de Maître Charles du Moulin ſur la regle *de infirmis* , nombre 237.

Ce qui a auſſi été jugé ainſi , par un arrêt du grand Conſeil du 27. Juillet 1557. raporté par Tournet letre I. nombre 35.

Autrefois, ſuivant l'indult du Pape Paul III. les colateurs ordinaires pouvoient obliger les indultaires d'accepter les Benefices,

Cures, ou autres Benefices de la valeur de deux cens livres, pour se decharger envers eux de pareille obligation.

Mais par les Bulles d'ampliation du Pape Clement IX. du mois de Mars 1667. regiftrées au grand Confeil, le 16. Novembre 1668. le droit des indultaires a été augmenté en trois chofes.

La première eft, qu'ils ne font pas obligé d'acepter de Benefices, Cures, ou aïant charges d'ames.

La feconde eft, qu'ils ne font pas obligés d'acepter des Benefices, qui ne foient de la valeur de fix cens livres, & au deffus.

La troifiéme eft, qu'ils peuvent être pourvûs en Comande de Benefices reguliers par les ordinaires, aufquels le pouvoir de ce faire en a été doné par céte Bulle.

A la charge toutefois que les pourvûs en comande par les ordinaires, feront tenus d'obtenir en Cour de Rome de nouveles Comandes dans huit mois, à compter du jour de la date des Comandes qui leur auront été acordées par les ordinaires, & de païer les droits dûs à la Chancelerie Apoftolique, à peine de nullité.

Comme auffi que fi le Benefice regulier obtenu par l'indultaire, n'avoit pas acoûtumé d'être doné en Comande, ou qu'il n'eût été doné en Comande au dernier poffeffeur, que pour céte fois feulement, & avec decret de retour en titre après fon decés, en ce cas l'indultaire eft obligé d'exprimer au Pape la qualité dudit Benefice, & le decret apofé en la provifion du dernier poffeffeur, pareillement à peine de nullité.

Les Cardinaux qui poffedent en France des Evêchés, Archevêchés, ou Abaye, ne font pas fujets aux droits d'indults, ils en font dechargés, tant par ladite Bulle de Clement IX. que par arrêt du Confeil d'état du 11. Janvier 1672. & letres patentes du Roi du 25. du même mois, donées en conformité dudit arrét, & regiftrées au grand Confeil le 22. Fevrier enfuivant.

Si l'ordinaire refufe de pourvoir l'indultaire du Benefice par lui requis, il doit s'adreffer à l'un des executeurs de l'indult.

Ces executeurs només par la Bulle de Paul III. étoient les Abés de faint Magloire, de faint Victor, & le Chancelier de l'Eglife de Paris.

Mais par la Bulle ampliative de Clement IX. ce font les Abés de faint Denis, & de faint Germain des prés, avec le grand Archidiacre de l'Eglise de Paris, lesquels en ce cas, il fuſit de s'adreſſer à l'un d'eux pour obtenir des proviſions, parce qu'un ſeul les peut doner par la diſpoſition de céte Bulle.

L'indultaire eſt tenu de requerir le Benefice dans ſix mois, à compter du jour de la vacance d'icelui, autrement non recevable.

Il ne peut point varier, ni changer ſa nomination, ni metre ſon indult ſur un autre Evêché ou Abaye, compoſer, acorder, ni tranſiger pour ſon indult, car tels acords ſeroient reputés repletion.

La conoiſſance des procés qui ſurviennent entre les indultaires & autres pourvûs du même Benefice, apartient au grand Conſeil, à moins que par quelques conſiderations le procés ne ſoit évoqué pardevant d'autres Juges.

CHAPITRE LXXVIII.

Des Gradués.

LE droit des Gradués a été introduit pour recompenſer les ſçavans, & empêcher que les Benefices ne fuſſent remplis de perſones incapables, & que les Colateurs ne les conferent à des ignorans.

Le Concile de Bâle a afecté aux Gradués la troiſiéme partie des Benefices.

Ce qui a auſſi été confirmé par la pramatique ſanction, faite du temps du Roy Charles VII. & depuis le concordat fait entre le Pape Leon X. & le Roy François I.

Mais comme il étoit mal-aiſé de partager tous les Benefices du Royaume en trois parties égales, par le même concordat, il fut ordoné que l'année ſeroit diviſée en trois parties, & que les Benefices qui vaqueroient par mort durant le tiers de l'année, ſeroient afectés aux Gradués.

Ce tiers étant de quatre mois, on en a afecté deux aux Gradués ſimples; ſçavoir Avril & Octobre, & deux aux Gradués només, qui ſont Janvier & Juillet, tellement que tous les Benefices qui vaquent par mort en ces quatre mois, leur apartienent.

Les Gradués, font ceux qui par leur étude & leur fience ont obtenu des degrés dans quelques Univerfités, comme celui de Maître és arts, ceux de Bachelier, Licentié, ou Docteur dans les Facultés fuperieures.

Les Facultés fuperieures, font la Theologie, le Droit, & la Medecine.

L'ateftation d'étude fe juftifie par des letres patentes de l'U-niverfité fignées du Scribe, & fcelées du fceau de ladite Univer-fité, par lefquelles elle certifie que celui à qui elles font donées, a étudié autant de temps qu'il eft requis par le concordat, pour aquerir le degré duquel il a été honoré.

Il faut avoir étudié dans une des Univerfités de ce Roïau-me, autrement on auroit aucun égard aux letres d'ateftation du temps d'étude, obtenuës dans une Univerfité hors le Ro-yaume.

Les étrangers qui ont obtenu du Roy des letres de naturalité peuvent auffi être Gradués, car étant naturalifés, ils joüiffent des mêmes privileges que les regnicoles, pourveu toutefois qu'ils aïent étudié dans une des Univerfités de ce Royaume, pendant le temps requis par les Canons.

C'eft une queftion; fçavoir fi un étranger qui auroit étudié dans une des Univerfités du Royaume pendant le temps requis par les Canons; mais qui n'auroit point obtenu des letres de na-turalité, pouroit être gradué.

Je repons à céte queftion, que comme la qualité de Gradué eft pour recompenfer ceux qui ont étudié, il ne feroit pas jufte que l'étranger qui l'auroit meritée en fût privé.

Mais comme d'un autre côté les étrangers non naturalifés ne peuvent pas poffeder des Benefices en France, on a trouvé ce temperament, qui eft que l'étranger qui a étudié dans une Uni-verfité de ce Royaume pendant le temps requis par les Canons, peut pour lors être Gradué en France, fans toutefois qu'il puiffe demander des Benefices en vertu de fes degrés, jufqu'à ce qu'il foit naturalifé.

Suivant la difpofition de plufieurs Canons, il faut être Ton-furé pour être Gradués.

Le temps d'étude pour être Gradué eft diferent, fuivant les degrés qu'on veut obtenir.

Pour le degré de Maître és arts, il faut avoir étudié cinq ans, à comencer la Logique; fçavoir deux ans en Philofophie, & trois ans en Theologie, ou dans une autre Faculté fuperieure;

en forte que le temps d'étude dans la grammaire & la rhetorique ne font point comptés pour obtenir des degrés.

Pour le degré de Bachelier en droit civil & canonique, il faut cinq ans.

Pour celui de Bachelier en Theologie, il faut fix ans.

Pour celui de Docteur ou Licentié en droit Canonique, ou en droit civil, ou en Medecine, il faut fept ans.

Pour celui de Licentié ou de Docteur en Theologie, il faut dix ans.

Or il s'enfuit, que fi ce temps d'étude étoit interompu, pour lors tout le temps qu'il auroit étudié lui feroit compté, mais non pas le temps de l'interuption.

Il y a de deux fortes de Gradués ; fçavoir les Gradués fimples, & les Gradués només.

Les gradués fimples font ceux qui ont obmis de faire intimer & nomer aux Colateurs, mais qui ne perdent pas pour cela leur droit, finon qu'en cas de concurence, & les només ont droit de preference.

Les només font ceux qui font infinués & només aux Colateurs, & leur ont declaré qu'ils s'arêtoient à tels Benefices, parce qu'on fe peut nomer à trois fortes de Benefices.

Le gradué qui a obtenu des letres de degrés, doit fe faire infinuer & nomer à des Colateurs patrons, leur doner copie de fes letres de degrés du temps d'étude, une fois feulement, & enfuite tous les ans au temps de Carême, il doit leur renouveler l'infinuation de fon nom & furnom.

Toutefois, s'il n'y a pas eu de temps pour infinuer, après la vacance du Benefice, il fufit d'avoir infinué avant la vacance d'icelui, & enfuite renouveler à chaque Carême.

L'infinuation fe fait aux Colateurs, nominateurs & patrons, & leur eft fignifiée & notifiée par acte de Notaires, à ce qu'ils n'en ignorent, felon l'adreffe des letres de nomination, & en leur abfence à leurs oficiaux, grands Vicaires, Prieurs clauftraux, ou Soûprieurs, & même l'infinuation doit encore être faite à leur grefe, s'ils en ont.

Les mois d'Avril & octobre font apelés mois de faveur, parce que le Patron ou Colateur peut gratifier, entre les gradués fimples, ceux qu'il veut pour remplir les Benefices qui vaquent dans ces mois, & pour preferer les derniers & moins qualifiés aux plus anciens, pourvû qu'ils foient auffi només & infinués & qu'ils aïent fait les renovations fufdites.

Si

Si le Colateur avoit conferé le Benefice vacant dans un mois de faveur à un non gradué, il ne pouroit pas varier, & en nomer un autre tel qu'il voudroit, mais il seroit tenu de conferer le Benefice au plus ancien gradué qui le requerroit.

A l'égard des Benefices qui vaquent dans les mois de Janvier & de Juillet, les Colateurs sont tenus de les conferer aux plus anciens gradués, c'est pourquoi ils sont apelés mois de rigueur.

Que si plusieurs ont été només dans une même année, le plus qualifié sera preferé, c'est-à-dire, les Docteurs, Licentiés ou Bacheliers en Theologie, sont preferés aux Docteurs en droit civil, ou canonique, ou en Medecine, & les Bacheliers en droit canonique, ou en droit civil, aux Maîtres és arts.

Les Docteurs en droit sont preferés aux Docteurs en Medecine, & les Docteurs en droit Canonique aux Docteurs en droit civil, & les Bacheliers en droit Canonique aux Bacheliers en droit civil.

Les regens qui ont regenté dans l'Université de Paris, sont preferés, lorsqu'ils ont regenté sept ans continuels dans un Colege celebre, & qu'ils en raportent atestations en bone forme de ladite Université.

Ce privilege leur done la preference contre toute sorte de Gradués excepté les seuls Docteurs en Theologie.

Tous les Regens depuis la sixiéme jusqu'à la Philosophie, joüissent de ce privilege, pourveu qu'ils aïent professé dans un Colege celebre, c'est-à-dire de plein exercice, où on professe toutes les classes, depuis la sixiéme jusqu'à la Philosophie.

Si deux Gradués d'une même année se trouvoient de pareil degré, & en même Faculté, en ce cas, il faut avoir recours à la date de leur nomination, ou de leur degré, ainsi qu'il est porté par le Concordat, en sorte que le premier nomé doit être preferé, quoiqu'ils fussent tous deux d'une même année, & s'ils se trouvoient tous deux égaux en toutes choses, le Colateur pourroit preferer lequel il voudroit.

Les Gradués, tant simples que nommés, doivent requerir dans six mois, les Benefices qui ont vaqué durant les mois qui leur sont afectés, à compter du jour de la vacance.

De sorte que si dans les six mois le Pape y a pourvû avant qu'un Gradué eût requis, la provision du Pape est bone &

valable, parce qu'il peut prevenir les Gradués, de même que les indultaires.

Céte prevention est autorisée par le Parlement de Paris, mais le Parlement de Dijon la rejete, par la raison qu'elle est odieuse, en ce que les provisions qui se donent aux Gradués, sont *in forma pauperum*, & partant fort favorables, que d'ailleurs les Universités du Roïaume, & le public, sont interessés à conserver le droit des Gradués qui aspirent aux Benefices vacans par mort, *non præveniendo, sed promerendo.*

Quoique j'ai dit ci-dessus que les privileges des Gradués s'étendent sur tous les Benefices qui vaquent pendant les 4. mois qui leur sont afectés, toutefois les Benefices de fondation laïque n'y sont pas sujets, la raison est, qu'autrement les Patrons seroient privés de leur droit de presentation, si la vacance des Benefices, desquels la presentation leur apartient, étoit sujete au droit des Gradués.

Lorsque la presentation est alternative entre un Pàtron laïque & un Eclesiastique, & qu'ils ont droit de presenter chacun à leur tour, le Patron laïque n'est pas sujet aux Gradués.

Il faut dire le contraire du Patron Eclesiastique, lequel y est sujet à son tour, & que cela le remplit, comme il a été jugé par arrêt du Parlement de Paris, en date du 20. Mai 1658. raporté dans le Journal des Audiances.

La provision donée dans les six mois à un autre qu'à un Gradué, n'est pas nulle, & elle subsisteroit, pourveu qu'aucun Gradué ne vint pas par aprés requerir dans les six mois, auquel cas elle seroit nulle.

Il y a diference entre les Gradués simples & les Gradués només, en ce qui concerne les provisions qui leur sont faites, & la qualité de leurs degrés.

A l'égard des colations faites aux Gradués simples *sine adjectione gradùs*, elles sont valables, pourveu qu'ils soient veritablement Gradués, les Benefices étant tombés dans les mois de faveur.

Mais à l'égard de celles qui sont faites aux Gradués només pour les Benefices vacans aux mois de rigueur, elles sont nulles, si céte clause n'y est expresse, *tibi graduato nominato, debitè insinuato, & qualificato conferimus atque donamus, &c.*

Un Gradué qui est déja pourvû d'un Benefice, n'en peut pas obtenir un autre en vertu de ses degrés, s'il a quatre cens livres de Benefices obtenus en vertu desdits degrés, ou six cens livres de Benefices obtenus autrement que par ses degrés , & par céte raison les Gradués sont obligés de declarer dans leurs létres de nomination les Benefices dont ils sont pourvûs , lorsqu'ils se font nomer , ainsi qu'il est porté par le concordat.

Si un Gradué aiant requis un Benefice capable de le remplir , le cedoit pour un autre Benefice moindre , ou pour une legere pension , il seroit censé être rempli , quand même il n'auroit pris aucune pension ou recompense.

C'est pourquoi lorsqu'un Gradué a requis un Benefice , & qu'il lui est contesté , il est obligé de s'en faire évincer contradictoirement , autrement il est presumé en avoir tiré recompense , & même on lui pouroit valablement objecter qu'il seroit rempli.

Si un Gradué nomé sur un Chapitre , a été refusé par ce Chapitre , & que ce Chapitre soit exempt de la Jurisdiction de l'Evêque ou de l'Archevêque , il faut neanmoins pour avoir ses provisions s'adresser à l'Evêque ou Archevêque , parce qu'en ce cas l'exemption n'est d'aucune consideration , selon le sentiment de tous les Docteurs , & entre autres de Chopin dans son Livre *de sacrâ politiâ* , où il raporte un arrêt rendu , toutes les Chambres assemblées , qui ordona que le refusé par le Chapitre , devoit s'adresser à l'Evêque Diocesain auparavant que de s'adresser au Pape , afin de garder les degrés de Jurisdictions établis dans l'Eglise.

Que si le Gradué avoit été refusé par un colateur qui n'eût pas de superieur dans ce Roïaume , il seroit obligé en ce cas de se pourvoir en la Cour , où sur sa requête expositive du refus de la qualité du colateur qui l'auroit fait , cometroit le Chancelier de l'Université de Paris pour lui doner des provisions.

Les Benefices qui sont sujets à la nomination des Gradués , sont generalement tous les Benefices qui vaquent par mort aux mois qui leur sont afectés , à l'exception des Benefices consistoriaux , les Electifs confirmatifs , & ceux qui sont à la nomination ou colation du Roi.

Il faut aussi excepter les Dignités des Eglises Cathedrales , lesquelles y étoient sujetes par le concordat , mais elles en ont été dechargées par l'édit de 1606. qui a été confirmé depuis par plusieurs arrêts.

Il n'y a que les Benefices qui vaquent par mort , qui soient sujets au droit des Gradués , en sorte que si une permutation avoit été faite par un homme moribond en fraude des Gradués , elle ne feroit pas valable , pourveu que ces trois prefomptions de fraude s'y rencontraffent.

La premiere l'inégalité des Benefices permutés , lorfque le moribond permute un Benefice confiderable pour un autre de peu de valeur.

La deuxiéme , la parenté & proximité des permutans.

La troifiéme , le tems afecté aux Gradués.

Ainfi qu'il a été jugé par arrêt du 26. Mars 1645. rapoité par Dufrefne.

Depuis par l'article 13. de la declaration du Roi fur l'édit du contrôle du mois d'Octobre 1649. il fufit pour la validité des permutations, qu'elles foient admifes & les provifions infinuées au grefe des infinuations Eclefiaftiques , avant les decés des co-permutans.

L'union des Benefices peut être faite au prejudice des Gra-dués , & les Gradués ne peuvent pas même l'empêcher, ni pren-dre des Benefices aprés l'union faite , avec les folemnités requifes, comme il a été jugé par un arrêt du grand Confeil du 30. Jan-vier 1667. par la raifon que les Benefices reünis perdent leur nom & leur qualité pour pretendre celle du Benefice auquel ils font reünis.

C'eft pourquoi les Benefices reünis n'étant plus , ils ne peu-vent plus être dits vacans par mort , ni par confequent pretendus par les Gradués només ou fimples.

CHAPITRE LXXIX.

Des nominations du Roi aux Benefices.

LA nomination du Roi aux Benefices n'eft autre chofe , que le droit qui apartient au Roi de nomer aux grands Benefi-ces qui font vacans.

Ces Benefices font les Archevêchés , Evêchés & Abaies du Roiaume qui ne font pas Chefs d'Ordre.

La nomination de ces Benefices apelés confiftoriaux qui é-toient autrefois électifs , n'apartienent au Roi , qu'en vertu du concordat fait en l'anée 1515. entre le Pape Leon X. & le Roi François I.

Neanmoins l'origine en est beaucoup plus anciene, puisque nous aprenons de l'Histoire, que le Pape Adrian I. repondant à une Epître de l'Empereur Constantin, lui dit, que s'il vouloit veritablement embrasser la Foi Catholique, il devoit laisser aux Souverains Pontifes le droit de nomer aux Evêchés & Archevêchés, que les Empereurs Heretiques avoient usurpé.

Lorsque le Roi succede à la Courone, il a droit de nomer une persone sur chaque Evêque & colateur du Roiaume, pour être pourvû de la premiere Prebende qui vient à vaquer après la signification de joieux avenement, *C'est ce qu'on apele le droit de joieux avenement.*

Lorsqu'un Evêque a été pourvû d'un Evêché, & que pour cet éfet il a prêté le serment de fidelité au Roi, Sa Majesté a aussi droit de lui nomer une persone pour être pourvûe de la premiere Prebende vacante après la signification de la nomination, *C'est ce qu'on apele le droit de serment de fidelité.*

Le droit de joieux avenement & le droit de serment de fidelité sont apelés graces expectatives, qui sont conservées & maintenues au grand Conseil, mais le Parlement ne les reconnoît point, ce qui fait que souvent le Brevetaire n'en jouit pas.

Le Roi ne peut point varier, ni nomer plusieurs persones à un même Benefice.

Il y a de trois sortes de Benefices qui sont exempts de la nomination du Roi.

Premierement les Abaies qui portent le titre de Chef d'Ordre.

En second lieu, les Dignités des Eglises Cathedrales, Colegiales & Conventuelles, en sont aussi exemptes, suivant l'ordonance de Blois.

En troisiéme lieu, toutes les Prelatures qui ne sont pas perpetuelles.

Celui qui a été nomé par le Roi à un Evêché ou Archevêché, doit obtenir du Pape des Bulles sur la nomination qui a été faite de sa persone, & en vertu d'icelles, se faire sacrer, après avoir obtenu du Roi des letres d'atache, par lesquelles Sa Majesté permet à l'impetrant de metre les Bulles à execution, faire proceder & aprehender la possession, saisine & jouissance de tel Evêché, maison & anexes, fruits, profits, revenus & émolumens d'iceux, pour en jouir ainsi qu'il est contenu dans les Bulles.

Neanmoins avant que d'obtenir ces letres, il faut que l'Evêque prête au Roi le serment de fidelité, lequel ne se fait pas pour les Benefices comme tenus du Roi, mais pour les biens temporels qui en dependent, & pour lesquels les Evêques & autres Beneficiers de ce Roïaume reconoissent le Roi pour Souverain.

CHAPITRE LXXX.

Du droit de patronage ou de presentation.

LA presentation des patrons est un droit qui apartient à ceux qui ont fondé, ou doté les Eglises, en vertu duquel ils peuvent presenter aux Benefices qui ont été par eux fondés, quand ils viennent à vaquer.

Presenter, c'est à dire, nomer à l'Evêque, ou à un autre colateur une persone pour étre par lui pourvûe d'un Benefice vacant sur la nomination du patron.

L'Evêque ou colateur est obligé de doner des provisions à celui qui a été nomé par le patron, s'il a les qualités requises pour posseder & deservir le Benefice pour lequel il est presenté.

Il y a de deux sortes de patrons, les Eclesiastiques, & les Laïcs.

Les patrons Eclesiastiques, sont ceux qui ont droit de patronage à cause de quelque Benefice duquel ils sont pourvûs.

Les Laics, sont ceux qui possedent ce droit de leur Chef, comme ataché à leur famille, ou à quelque terre & Seigneurie qui leur apartient.

Il y a encore des patrons mixtes, comme les Universités & les Chevaliers de Malte.

Toutefois, un Eclesiastique qui auroit le droit de patronage à cause de sa famille ou de quelques terres de son patrimoine, ne passeroit pas pour Patron Eclesiastique, il passeroit pour laic, parce qu'en ce cas on considere la qualité du droit, & non pas de la persone.

Les Patrons Eclesiastiques sont obligés de presenter aux colateurs dans six mois, & les Laics dans quatre mois.

Les Laics peuvent varier dans le tems qui leur est acordé pour se presenter, mais non pas les Eclesiastiques.

Le Pape peut prevenir les Patrons Eclefiaftiques, & non pas les Patrons Laics, en forte que pour empêcher la prevention par le Patron Eclefiaftique, il faut aprés l'expedition de fes letres de prefentation, qu'elles aient été prefentées à l'Evêque pour doner fes provifions fur icelles, & jufqu'à ce le Pape peut toûjours prevenir.

Si les letres de nomination ont été prefentées à l'Evêque, & qu'il ait refufé de doner fes provifions, il faut fe pourvoir par devant le Superieur dudit Evêque, lequel voiant l'injuftice du refus, donera des provifions, mais le refus de l'Evêque lie les mains au Pape.

Si un même Benefice avoit deux Patrons, l'un Laic & l'autre Eclefiaftique, le Pape ne pouroit pas prevenir, parce que le privilege du Laic concerneroit celui de l'Eclefiaftique, à moins que le patronage ne fût alternatif & reglé par tous, & en ce cas fi le Pape avoit prevenu dans le tout de l'Eclefiaftique, fon tout feroit perdu, au lieu que fi les deux Patrons étoient Eclefiaftiques, le tout feroit converfé.

Le Patron ne peut pas fe prefenter foi même, mais il peut prefenter fon fils.

Si le Patron Eclefiaftique prefente un indigne, il perd pour cête fois fon droit de prefenter, neamoins fi le prefenté n'étoit pas notoirement conu pour tel, je foutiens que le Patron en pouroit prefenter un autre dans le tems.

CHAPITRE LXXXI.

Des incapacités de tenir des Benefices.

IL y a de deux fortes d'incapacités de tenir des Benefices, l'une regarde la perfone, & l'autre la qualité du Benefice.

Il y a plufieurs fortes d'incapacités qui regardent les perfones.

La premiere eft le défaut de l'âge.

La deuxiéme eft le défaut des Ordres.

La troifiéme eft le défaut des degrés dans les cas neceffaires.

La quatriéme eft le défaut de naiffance, lequel fe rencontre dans les bâtards , & auffi quelque fois dans les perfones nées en legitime mariage.

A l'égard des bâtards, le vice de leur naiffance eft une incapacité fi grande en leur perfone, qu'elle les prive _ipfo jure_, de tenir aucun Benefice, fuivant la difpofition du chapitre _extra de filiis Prefbiter._

Le Chapitre _Cum in cunctis extra de elect._ decide, que pour être Evêque il faut être né d'un legitime mariage , & par le chapitre _innotuit_, du même titre, il eft permis aux Chanoines de poftuler pour leur Evêque, celui qui ne feroit pas né d'un legitime mariage , fans toutefois qu'ils puiffent l'élire , à caufe des difpenfes du Pape qu'il lui faut obtenir pour être capable d'être elevé à cette Dignité.

Par le 1. Chapitre _ext. de filiis Prefbyt._ il eft fait defenfes de promouvoir aux Ordres facrés ceux qui font nés _ex fornicatione_, fi ce n'eft que ce fût pour fe rendre Religieux , auquel cas cependant ils demeurent incapables des Dignités & Ofices de leur Ordre.

Le chapitre dernier du même titre declare nulles les provifions des Dignités , perfonats, & autres Benefices aiant charges d'ames, acordées à des bâtards fans difpenfe du Pape , de forte qu'un bâtard qui a obtenu une difpenfe pour prendre les Ordres facrés, feroit tenu d'obtenir d'autres difpenfes pour poffeder des Benefices aiant charges d'ames.

Par le chapitre 1. _de fi iis Presb. in 6._ il eft loifible aux Evêques de promouvoir un bâtard aux Ordres Mineurs , & de lui doner des difpenfes à l'éfet de poffeder un Benefice fimple , mais par le même chapitre il eft defendu aux Evêques de promouvoir les bâtards aux Ordres facrés, ni de leur conferer des Benefices qui aient charges d'ames , & il faut qu'en ce cas ils aient recours au Pape pour avoir des difpenfes.

La raifon pour laquelle les bâtards font incapables de tenir des Benefices dans l'Eglife fans difpenfe, eft, qu'il y a fujet de craindre qu'ils n'aient les mauvaifes inclinations de ceux qui les ont mis au monde, _quia folent effe imitatores paternæ incontinentiæ_, & auffi pour punir plus feverement la faute de leurs parens , & par ce moien detourner les hommes de mal faire, voians qu'ils ne fe peuvent decharger aux depens de l'Eglife des fruits malheureux de leur peché.

Le defaut de naiffance fe rencontre dans une perfone née en legitime mariage dans cête efpece remarquée par le Pape Alexandre

xandre III. dans le chapitre *ex tranfmiſſa extra de filiis Preſb.* aux
Decretales, ſavoir que le fils d'un Prêtre, né en legitime mariage, avant que ſon pere eût reçu les Ordres ſacrés, ne peut
pas poſſeder le Benefice, dont ſon pere a été pourvû pendant ſa
vie.

Ce qui eſt ainſi ordoné, parce que *in Eccleſia non habet locum
ſucceſſio.*

Sur quoi il faut remarquer ici, que céte incapacité ceſſeroit,
ſi un autre particulier avoit tenu le Benefice après la mort du
pere immediatement, parce que pour lors ce ſeroit au ſuccef-
ſeur de ſon pere à qui il ſuccederoit, & non pas à ſon pere.

Le defaut de naiſſance ſe rencontre encore dans une perſone
née en legitime mariage, ſavoir dans la perſone d'un enfant
d'un Heretique ou Neophite, car il ne peut être promu aux
Ordres, ni poſſeder des Benefices ſans diſpenſe du Siege Apoftolique.

La cinquiéme incapacité, qui regarde la perſone, eſt la mauvaiſe conduite, ou le ſcandale qu'elle peut avoir cauſé par quelque crime, & principalement par celui de quelque homicide.

La ſixiéme eſt l'ignorance qui a cauſé autrefois beaucoup de
deſordres, parce qu'on donoit des Cures, & autres Benefices
qui ont charges d'ames à des perſones ignares & non letrées.

La ſeptiéme eſt la qualité d'étranger, ſans avoir obtenu des
letres de naturalité en France, & quoique l'ordonance de Blois
article 4. porte prohibition nonobſtant quelque diſpenſe &
clauſe derogatoire, cependant l'uſage eſt, que céte incapacité
eſt levée par les letres de naturalité, que l'étranger obtient.

Ce qui me ſemble tres juſte, puiſque nous voions que l'incapacité des bâtards eſt levée par les moiens des letres de legi-
timation.

La huitiéme eſt lorſqu'on a été marié deux fois, ou qu'on a
epouſé une veuve, parce que au dernier cas c'eſt une eſpece de
bigamie, *Can. ſervat. in 32. diſt. 33. diſt. Can. maritum de big.*

La neuviéme eſt lorſqu'on eſt eſtropié, comme quand on a
un œil crevé ou perdu, un doigt coupé, ou le corps ſi diforme,
que *poſſet ſcandalum generare in populo.*

A l'égard de l'incapacité qui a regardé la qualité du Benefice,
c'eſt proprement l'incompatibilité du Benefice, dont on veut
être pourvû, avec celui qu'on poſſede.

Les Benefices incompatibles ſont les Cures, les Prebendes des
Egliſes Cathedrales & Colegiales, avec les Cures, & les Preben-

des avec les Prebendes, soit dans une même Eglise, ou dans diferentes.

Neanmoins dans une même Eglise on peut posseder une Prebende & une Dignité.

Celui qui s'est fait pourvoir d'un Benefice à cause de l'incapacité du possesseur, peut être reçu à prouver cête incapacité, quoiqu'il n'ait point inquieté le possesseur durant sa vie, suposé que ce possesseur n'ait pas jouï du Benefice pendant un tems considerable, car autrement il n'y seroit pas reçu, *quia forte dispensationem illius subripuit*, & qu'il attendoit que ce possesseur fût mort, n'aiant pas osé pendant sa vie l'inquieter, de crainte que sa friponerie ne fût decouverte.

CHAPITRE LXXXII.

Des Devoluts.

DEvolut est la provision d'un Benefice obtenu du Pape, ou de l'Ordinaire, fondée sur incapacité, inhabilité du possesseur du Benefice, ou sur le defaut ou nullité de ses titres.

Les devoluts ont été introduits, à cause du prejudice qui est causé à l'Eglise par une longue vacance, & aussi afin d'entretenir les pourvûs des Benefices dans leur devoir par la crainte de perdre leurs Benefices.

Le defaut de titre, est quand quelqu'un se met & s'ingere dans la possession d'un Benefice, sans aucune provision canonique, ou du moins qui soit colorée.

Ainsi, celui qui est intrus dans un Benefice sans titre ni provision, en peut être évincé, même aprés trois ans de possession, parce que pour se pouvoir aider & prevaloir de la regle *de pacificis*, il faut avoir un titre qui soit au moins coloré.

Une provision colorée, est une provision qui a la couleur & l'aparence d'un titre legitime, quoiqu'elle puisse être arguée de nullité pour quelque défaut qui s'y rencontrent, & qui sont couverts par la possession paisible & trienale, pourveu qu'elle n'ait point été prise & retenue par force & par violence.

La maniere de se prevaloir de la regle *de pacificis*, est que celui qui a jouï paisiblement d'un Benefice durant trois ans en vervû d'un titre coloré , étant troublé en sa possession , obtient en Chancelerie des letres *de pacificis* , les fasse signer , & les opose par forme de fin de non recevoir , à celui par qui il est ataqué.

Nullité de titre , est le défaut qui se peut rencontrer en une provision & qui est capable de la rendre nulle.

Par exemple , le défaut de puissance en la persone du colateur, quand le Benefice est doné ou conferé par celui qui n'a pas droit de le conferer , ou le défaut de formalité , comme si la provision de l'ordinaire n'étoit pas signée de deux témoins , ainsi qu'il est requis par l'arrêt de verification de l'édit du Roi Henri II. de 1550. ou si en une provision de Cour de Rome l'impetrant avoit obmis d'exprimer les Benefices dont il étoit auparavant pourvû.

Quoique le devolut soit impetré du vivant du Titulaire , on ne peut plus agir contre le pourvû par mort , s'il n'y a pas eu contestation serieuse avec le défunt , parce que l'obituaire n'est pas obligé de répondre des capacités du défunt.

Aprés que le devolutaire a obtenu ses provisions , il faut qu'il prene possession , mais il n'en peut pas entrer en jouissance des fruits & revenus du Benefice par devolut, cela lui est expressement défendu par l'article 46. de l'ordonance de Blois , jusqu'à ce qu'il ait obtenu sentence de recreance , ou de maintenue à son profit , à peine de decheance de son droit.

Cet article de l'ordonance est conçu en ces termes , *Défendons aux devolutaires de s'immiscer en la possession des Benefices, avant qu'ils aient obtenu sentence de provision ou definitive , donée avec legitime contradicteur , qui est celui qui possede , & sur lequel le devolut est impetré , & où ledit devolutaire s'immisceroit , nous le declarons dechu du droit possessoire par lui pretendu , tant en vertu du devolu qu'autrement.*

Par l'article 15. de la declaration du Roi de 1646. faite sur la revocation de l'édit du contrôle , il est dit, que tous devolutaires pourvûs en Cour de Rome , par mort; incapacité ou autrement, sont tenus de prendre possession dans l'an , & en cas d'oposition, faire apeler les oposans ou ceux qui les peuvont troubler , par devant les Juges qui en doivent conoître , trois mois après leur prise de possession , autrement sont declarés dechus de leur droit, avec défenses aux Juges d'avoir aucun égard à leur provision.

Avant que de poursuivre son droit en Justice , il est obligé de bailler bonne & sufisante caution de la somme de cinq cens li

vres, en forte que toutes audiances lui doivent être deniées juſqu'à ce qu'il l'ait fait recevoir en la forme ordinaire, & à faute
de ce faire dans le delai qui lui fera preſcrit par le Juge, eu égard
à la diftance du lieu de ſon domicile , & de celui où le Benefice
eft deſervi, il eft declaré déchu de ſon droit, ſans pouvoir être tenu à purger ſa demeure.

La raifon pour laquelle les devolutaires ſont tenus de bailler
caution, eft non ſeulement pour la reftitution des fruits en cas
qu'ils les euſſent perçus, ſoit par la recreance qu'ils pouroient
avoir ſurpris, ou autrement, mais encore pour paier les dépens
du procés.

C'eft ce qui eft apelé en droit *judicatum ſolvi.*

Lorſqu'il y a procés pour le Benefice ſur lequel le devolut eft
jeté , le devolutaire doit preſenter requête au Juge où le procés
eft pendant, à l'éfet d'être reçu partie intervenante.

Par l'article 4. de ll'ordonance d'Orleans , *Défenſes ſont faites
aux Evêques & Archevêques de doner aucunes proviſions de Benefices
par devoluts, avant que le poſſeſſeur ait été declaré incapable , & à
tous Juges d'avoir aucun égard aux proviſions par devoluts, ſoit Apoſ-
toliques , ou autrement, avant la declaration d'incapacité.*

Neanmoins cet article a été corigé par l'article 46. de l'ordonnance de Blois , qui veut que tous devolutaires aiant obtenu des
proviſions fondées ſur vacation de droit , ſoient admis à en
faire pourſuite, encore qu'il n'y ait aucune declaration precedente.

Il a été jugé par pluſieurs arrêts, tant du Parlement de Paris,
que des autres, que celui ſur qui le devolut eft pris, peut valablement reſigner depuis l'obtention des proviſions par devolut,
juſqu'à ce qu'il ait été apelé en Juſtice à la requête du devolutaire , n'y aiant que l'aſignation en Juſtice qui lui puiſſe lier les
mains, & l'empêcher de reſigner.

A la verité celui qui a comis un crime qui emporte vacation
de droit ne peut pas reſigner , mais on prefere le reſignataire au
devolutaire , à cauſe de la clauſe *aut alias quovis modo* , encore que
le devolut ſoit anterieur, pourveu qu'il n'ait pas conteſté la cauſe , de même que le reſignataire d'un ſimoniaque obtient le benefice plûtôt comme devolutaire , que comme reſignataire , à
l'excluſion de tous autres.

Quoique j'aie dit ci-deſſus que le devolutaire ſoit tenu de
bailler caution, toutefois il y a certain cas où il n'y eft pas tenu ,
comme quand il a conſigné la ſomme de trois cent livres , ou

qu'il a un privilege particulier en fa 'perfone , comme 's'il eft
Gradué nomé, & que le benefice fe trouve vacant aux mois qui
lui font afeçtés.

Il en faut dire de même des indultaires lefquels ne font point
tenus de bailler caution , la raifon eft , que dans les deux derniers cas , ces perfones ne doivent pas être, à proprement parler,
reputées devolutaires à caufe de leurs degrés ou du privilege de
leur nomination qui les diftingue.

CHAPITRE LXXXIII.

Des difpenfes.

L Orfque par quelque iregularité on eft incapable d'être promû aux Ordres facrés , ou de poffeder des Benefices , en ce
cas il faut des difpenfes.

Ces iregularités peuvent naître de cinq caufes.

La premiere provient *ex defeçtu Sacramenti* , foit pour avoir a-
bufé d'un Sacrement , comme de celui du Mariage , quand on
eft marié deux fois, ou qu'on a époufé une veuve , ou pour quelque autre caufe concernant les Sacremens, les difpenfes pour fe
faire relever de ce défaut, s'obtiennent du Pape.

La deuxiéme provient *ex defeçtu corporis & animæ* , lorfque
celui qui veut prendre les Ordres, eft eftropié , comme s'il a un
doigt coupé , ou un œil crevé ou perdu , ou qu'il ait le corps
fort diforme, en ce cas il doit obtenir des difpenfes du Pape.

Il eft vrai qu'il y a de certains défauts moins grands defquels
l'Evêque peut difpenfer, comme d'être boiteux ou boffu.

A l'égard de ceux qui font tenus d'obtenir des difpenfes *propter
defeçtum animæ* , ce font les bâtards , les enfans des Heretiques
& Neophites, lefquels ont befoin d'une difpenfe Apoftolique ,
excepté à l'égard des bâtards , lefquels n'ont befoin que d'une
difpenfe de l'Evêque lorfqu'ils ne veulent prendre que les Ordres
Mineurs & poffeder des Benefices fimples.

La troifiéme provient *ex defeçtu ætatis & temporis* , comme fi
quelqu'un fe veut faire promouvoir aux Ordres facrés avant l'âge
requis par les Canons , ou s'il veut fe faire promouvoir hors le
tems préfini par lefdits Canons,ou s'il veut fe faire promouvoir de

Benefices avant que d'avoir ateint l'âge neceſſaire pour les poſſeder, il faut qu'il obtiene des diſpenſes du Pape.

Sur quoi je remarquerai ici, qu'un Clerc qui s'eſt fait promouvoir aux Ordres avant l'âge, ou hors le tems prefix ſans diſpenſe du Pape, ou qui s'eſt fait promouvoir aux Ordres ſans Letres
dimiſſoires de ſon Evêque Dioceſain, ou qui s'eſt fait promouvoir aux Ordres ſans un titre Sacerdotal ou patrimonial, ou enfin qui s'eſt fait promouvoir à des Ordres _per ſaltum_, & ſans a-
voir pris l'inferieur, comme s'il avoit pris le Diaconat, ſans a-
voir pris auparavant les quatre Mineurs, dans tous ces cas les
promotions ſeroient vicieuſes, & non ſeulement il auroit beſoin
de diſpenſe qui le rehabilitaſſent _ad Ordines quos nondum ſuſcepiſ-
ſet & ad beneficia_, mais encore d'une abſolution, _à mala inſigni-
tione, vel promotione._

La quatriéme provient _ex homicidio_, car ceux qui ont comis
quelque homicide ne peuvent pas être promus aux Ordres ou
poſſeder des Benefices ſans diſpenſes du Pape, leſquelles ſont
plus ou moins dificiles à obtenir, ſuivant les circonſtances, mais
regulierement ces ſortes de diſpenſes contienent des défenſes de
faire les fonctions des Ordres dans le lieu, dans l'étendue duquel l'homicide a été comis.

Il en faut dire de même des diſpenſes qui s'acordent à ceux
qui ont été Juges dans des procés criminels, & qui ont ſouſcrit à
des ſentences ou jugemens portant condanation de mort, ou à
ceux qui ont exercés la Medecine ou la Chirurgie, ou à ceux qui
ſont convaincus de ſimonie ou de confidence, ou qui ont apoſta-
ſié, ou qui ont été chaſſés de la Religion.

La cinquiéme provient _ex perſonarum & beneficiorum qualitate_,
comme pour poſſeder un Benefice, que par la regle _regularia regularibus, ſecularia ſecularibus_, on ne peut poſſeder ſans diſpenſe.

La ſixiéme provient _ex ſola beneficiorum qualitate_, comme pour
poſſeder des Benefices incompatibles.

Il y a deux choſes qui doivent être contenues dans les diſpenſes que les bâtards doivent obtenir en Cour de Rome, ſoit pour
être promûs aux Ordres, ou pour poſſeder des Benefices.

Primò. Il faut que la qualité de leur naiſſance y ſoit exprimée,
comme s'ils ſont nés _ex ſoluto & ſoluta_, ou _ex ſoluta & conjugato_,
parce que plus leur naiſſance eſt vicieuſe, & plus ils ont de dificultés à obtenir des diſpenſes.

Secundò. il faut exprimer pour quel Ordre on demande les diſpenfes, comme fi c'eft pour être Diacre ou Prêtre , & pour quels benefices les difpenfes font demandées , car il ne fufiroit pas de demander difpenfes de poffeder toutes fortes de benefices, il faut encore expliquer fi c'eft pour Chanoinies , Prebendes, ou Dignités; & fi c'eft pour les poffeder dans des Eglifes Cathedrales.

La raifon eft , que les difpenfes étant odieufes d'elles-mêmes , lorfqu'il s'agit de difpenfes , les Dignités ne font pas comprifes fous le nom general de Benefices , *cap. ad aures extra. de refcript.*

Il faut dire la même chofe des Cures , *cap. fin. extra de Presb.* & fous le nom de l'Eglife de la ville , l'Eglife Cathedrale n'y eft pas comprife, *cap. quamvis de præb. in 6.*

Ainfi , comme les difpenfes ne font autres chofes , que *juris communis relaxationes* , elles font fondées fur des raifons particulieres , comme font les merites de la perfone à qui la difpenfe eft acordée, ou l'utilité & la neceffité de l'Eglife.

Par l'article 12. de l'ordonance d'Orleans, défenfes font faites à tous Juges Roiaux à peine de privation de leurs charges d'avoir égard aux difpenfes octroiées contre les faints Decrets & les Conciles.

La raifon eft , que par le moien de telles Bulles ainfi obtenues par furprife , ceux qui auroient quelque incapacité perfonelle de tenir des benefices, feroient facilement difpenfés.

CHAPITRE LXXXIV.

De la regale , & du ferment de fidelité que les Evêques ou Archevêques doivent prêter au Roi.

REgale eft un droit qu'a le Roi à caufe de fa Courone, de jouir des fruits des Evêchés ou Archevêchés de fon Roiaume durant qu'ils font vacans , & jufqu'à ce que le nouvel Evêque ou Archevêque lui ait prêté le ferment de fidelité.

Comme auffi de conferer tous les Benefices dependans defdits Evêchés ou Archevêchés , non aiant charges d'ames , qui durant la vacance du Siege Epifcopal ou Archiepifcopal fe trouvent vacans de droit & de fait , ou de fait ou de droit feulement.

La vacance de l'Evêché ou Archevêché par mort, promotion au Cardinalat, demiſſion ou reſignation faite par l'Evêque ou Archevêque, ou par tranſlation de leurs perſones en un autre Evêché ou Archevêché, fait l'ouverture de la regale.

Les letres patentes de main levée de la regale, que le Roi fait expedier au nouvel Evêque, en fait la clôture, & ces létres doivent être enregiſtrées en la Chambre des Comptes à Paris.

Par arrêt du 13. Mars 1677. intervenu ſur une cauſe de regale de l'Archevêque de Toulouſe, la Cour ſur les Concluſions de Meſſieurs les Gens du Roi, enjoint aux ſubſtitus de Monſieur le Procureur General ſur les lieux, qu'auſſi-tôt que les Evêchés & Archevêchés ſeront vacans, ils en faſſent ſaiſir les fruits & les revenus, & les métre entre les mains du Roi, leur défendant de ſoufrir que les nouveaux pourvûs des Archevêchés & Evêchés, s'en métent en poſſeſſion, qu'ils ne leur aient auparavant fait a paroir de l'acte de leur ferment de fidelité, & des letres de main levée par eux obtenues en conſequence, bien & dûement enregiſtrées en la Chambre des Comptes de Paris.

Tellement qu'il faut que ces létres de main levée avec l'arrêt d'enregiſtrement, ſoient ſignifiées aux Oficiers du Roi ſur les lieux, avant que la regale puiſſe être cloſe, mais on juge que lorſqu'il n'y a pas eu de ſaiſie du temporel, la regale eſt clauſe par l'arrêt d'enregiſtrement, ſans qu'il ſoit beſoin de ſignification aux Oficiers Roiaux ſur les lieux, ainſi qu'il a été jugé par un arrêt de 1692. en faveur de maître François le Maître pour la Prebende de feu Monſieur Godefroi Hermant, qui a jugé que la regale ouverte par le Cardinalat duroit juſqu'à l'enregiſtrement de l'arrêt de la Chambre des Comptes, encore qu'il n'y ait eu aucune ſaiſie du temporel.

Le ferment de fidelité eſt un acte par lequel l'Evêque ou Archevêque jure, & promet au Roi de lui être fidele & de maintenir autant qu'il ſera en ſon pouvoir les ſujets qui ſont de ſon Dioceſe, en la fidelité & obeiſſance qu'ils lui doivent.

Pour faire cet acte, il faut que le nouveau pourvû d'un Evêché ſe preſente au Roi, étant à la Meſſe revêtu des habits Epiſcopaux avec l'étôle, & à l'Evangile de la Meſſe ou à l'iſſue de ladite Meſſe, le grand Aumônier, ou en ſon abſence un autre Aumônier du Roi lui preſente le Meſſel qu'il baiſe, & aïant la main droite ſur l'Evangile, & la main gauche ſur la poitrine, il fait au Roi ledit ferment de fidelité, qui eſt conçu en ces termes.

SIRE,

SIRE, Je jure le tres-Saint nom de Dieu, & promets à vôtre Majesté que je lui serai, tant que je vivrai, fidele sujet & serviteur, que je procurerai son service & le bien de son Etat de tout mon pouvoir, que je ne me trouverai en aucun dessein, conseil, ni entreprise au prejudice d'iceux, & s'il en vient quelque chose à ma conoissance, je le ferai sçavoir à vôtre Majesté, je jure aussi, SIRE, ce même tres-Saint nom de Dieu, & promets à vôtre Majesté que je me ferai sacrer dans trois mois, si je n'en suis empêché pour cause legitime, & de droit, de laquelle je donerai avis à vôtre Majesté, & en obtiendrai dispense du Pape, & de faire residence personele en mon Diocese, selon que le droit & les Saints Canons l'ont ordoné, ainsi nous soit Dieu en aide, & ses Saints Evangiles, Fait ce &c.

Ainsi les Benefices vaquent en regale, lorsqu'ils ne sont remplis d'aucuns titulaires, ou quand ceux qui les possedent n'ont pas de titres valables.

La prise de possession par procuration, n'empêche point la vacance en regale, parce qu'en matiere de regale, pour empêcher la vacance, il faut que le Benefice soit rempli sans aucune fiction, c'est-à-dire, qu'il ne sufit pas qu'il y ait un titulaire legitime, mais il faut que le titulaire soit en possession vraïe, legitime & solennele, & qu'il joüisse actuellement & éfectivement.

En matiere Beneficiale, en concurence de deux titulaires pourvûs, ou par l'ordinaire, ou en Cour de Rome, celui qui a pris possession par un Procureur a aquis un droit sufisant pour se dire possesseur du Benefice, car encore que telle possession sit *ficta possessio*, neanmoins parce que fiction de droit a lieu, elle a autant d'éfet que si elle étoit vraye, propre & actuelle.

Mais en matiere de regale, il n'en est pas de même, il faut pour empêcher la vacance du Benefice, que la possession soit prise en persone, étant une maxime jugée par plusieurs arrêts, que *ficta possessio* n'empêche pas que la regale n'ait lieu, & que le Benefice ne vaque de fait.

C'est pourquoi au temps de l'ouverture de la regale, tous les Benefices dont la possession est seulement prise par Procureur, & non en persone sont vacans de fait, & faut de nouveau se faire pourvoir en regale, mais les actes de prise de possession personele, font que le Benefice n'est point vaquant en regale.

Pour prendre possession valable aux Eglises Cathedrales, il faut se presenter au Chapitre, & en avoir acte du Notaire, ou du grefier, & sur son refus prendre possession en persone, qui sont actes de fait pour remplir & empêcher la vacance en regale, ainsi qu'il a été jugé pour une persone de Meaux, & depuis pour une Prebende en l'Eglise d'Angers, au profit de Maitre Ambroise Forucille, defendeur en regale, par arrêt du 27. Mars 1621.

Celui qui est bien & dûëment pourvû, & qui a pris possession en persone avant l'ouverture de la regale, peut empêcher la regale.

Durant l'ouverture de la regale, le Roy peut admetre des resignations en faveur, quoique les Evêques dont il exerce les droits ne le peuvent point, en sorte que cela ne reçoit pas de dificulté, à cause de son pouvoir souverain, qui lui done le même droit que le Pape à cet égard.

Il peut aussi conferer les Prebendes des Eglises Cathedrales à des mineurs, encore qu'ils n'aïent pas ateint l'âge de quatorze ans, même à des enfans de sept ans, pourveu qu'ils soient Tonsurés, ce qui est un des privileges de la regale.

Mais par la declaration de 1682. il ne peut point pourvoir des Doïenés & autres Benefices aïant charges d'ames, ni des Archidiaconés & autres, dont les titulaires ont droit particulierement & en leur nom, d'exercer quelque Jurisdiction & fonction spirituele & éclesiastique, si le pourvû n'a l'âge, les degrés & autres capacités prescrites par les canons, & encore à la charge d'obtenir l'aprobation & mission canonique, avant que d'en pouvoir faire aucune fonction.

La regale de vingt jours a aussi lieu aux resignations admises par le Roy pendant la regale, si bien que le Roy n'en peut pas dispenser, si ce n'est que sa Majesté par ses provisions n'aie doné le Benefice, à condition que le resignant survive les vingt jours.

La conoissance du petitoire des Benefices vacans en regale apartient à la Grand Chambre du Parlement de Paris, suivant l'article 19. du titre 15. de l'ordonance de 1667. & celle de Loüis XII. à Blois en Mars 1498. article 2. & 12. privativement aux autres Chambres du même parlement, & à toutes les autres Cours & Jurisdictions.

On a douté jusqu'en 1673. que le Roy eût droit de regale dans tous les Evéchés & Archevêchés de son Roïaume, parce

que plufieurs auteurs qui ont traité de céte matiere ont crû
que le Roy n'avoit droit de regale qu'en certains Evêchés &
Archevêchés, dont ils font le denombrement, & que tous les
autres en étoient exempts, ne paroiffant point que ce droit
y eût jamais été étendu, ni que les Rois en euffent jamais
joüi.

Et d'éfet, conformement à cete opinion, le defunt Roy Henry I V. par l'article 27. de fon Edit de 1606. a declaré qu'il n'entendoit joüir du droit de regale, finon en la forme que fes predeceffeurs & lui en avoient joüi jufqu'alors, & qu'il ne vouloit
pas qu'il fût étendu plus avant au prejudice des Eglifes qui en
font exemptes.

Neanmoins depuis la reünion de la Breffe à la Courone, par
l'échange du Marquifât de Saluffe fait avec le Duc de Savoïe,
en une certaine caufe de regale plaidée en la Cour, le 24. Avril
1608. pour raifon du Doïené de l'Eglife Cathedrale de faint
Jean de Belay, défunt Monfieur Servin Avocat general aïant
conclut à ce que le droit de regale fût declaré apartenir au Roy
en l'Evêché du Belay, comme en tous autres Evêchés & Archevêchés du Roïaume, la Cour declara ainfi par fon Arrêt du
même jour 24. Avril 1608. raporté dans les plaidoïés dudit fieur
Servin, & fit défenfes aux Avocats d'avancer aucunes propo-
fitions contraires au droit de la regale apartenante au Roy en
toute l'étenduë du Roïaume.

En forte que cet Arrêt aïant introduit un droit nouveau, ou
du moins qui avoit été jufqu'alors inufité dans les Provinces de
Dauphiné, Provence & Languedoc, plufieurs particuliers obtin-
rent des provifions en regale des Benefices qui y font fitués, &
le Chapitre de la fainte Chapele, à qui les Rois ont cedés les
fruits & profits de la regale temporele, ne manqua pas de faire
faifir les revenus des Evêchés de ces Provinces, à mefure qu'ils
vinrent à vaquer.

Ce qui aïant excité les plaintes du Clergé, le même Roy
Henry I V. par letres Patentes du 26. Octobre 1609. évoqua à
foi & à fon Confeil, tous les procés qui étoient pendans au Parlement de Paris, fous pretexte de provifions en regale obtenuës
au prejudice de fon édit de 1606.

Depuis par divers contrats paffés par le défunt Roy Loüis
XIII. & le Clergé de France, és années 1615. 1625. & 1636.
il fut expreffement acordé au Clergé, qu'il ne feroit rien entrepris, ni inové contre les droits de l'Eglife, nonobftant quoy y

aïant encore des provifions en regale obtenuës, & des faifies des fruits & revenus d'aucuns Evêchés ou Archevêchés de ces Provinces à la requête du Chapitre de la fainte Chapele, le Clergé renouvela fes plaintes, par une requête prefentée au Roy en 1637. fur laquelle intervint arrêt du Confeil le 16. Octobre de la même année, par lequel il eft ordoné avant faire droit fur céte requête, que les Archevêchés & Evêchés des Provinces de Languedoc, Provence, & Dauphiné, & autres pretendans immunités & exemption du droit de regale, envoïeront dans fix mois au grefe du Confeil, les titres & enfeignemens fur lefquels ils fe fondent, pour le tout vû & examiné par fa Majefté, leur être pourvû ainfi qu'il apartiendra.

En execution de cet arrêt, s'eft formé une inftance au Confeil, qui y eft demeurée pendante & indecife jufques à l'année 1673. & durant tout ce temps les Evéques & Archevéques de ces Provinces fe font maintenus en la poffeffion de la franchife & exemption par eux pretenduës.

Mais le 10. Fevrier 1673. le Roy a fait une declaration qui a été verifiée au Parlement, le 18. Avril enfuivant, par laquelle il declare que le droit de regale lui apartient univerfelement dans tous les Evéchés & Archevéchés du Roïaume, terres & païs de fon obéïffance, à l'exception feulement de ceux qui en font exempts à titre onereux, tellement qu'aujourd'hui il n'eft plus permis de revoquer en doute, que tous les Evéchés & Archevéchés du Roïaume ne foient fujets à la regale, à l'exception de ceux qui en font exempts à titre onereux.

Le litige fait auffi vaquer en regale les Benefices qui fe trouvent litigieux pendant qu'elle eft ouverte, pourveu que le litige forme un doute raifonable, & ne foit pas une vexation manifefte, ainfi qu'il a été jugé par arreft du 8. Mars 1672. raporté en la premiere Partie du Journal du Palais, car fi dans le litige l'une des Parties étoit manifeftement mal fondée, le procés qu'il auroit injuftement fait à fa partie, ne feroit pas vaquer le Benefice en regale.

Cependant fi céte partie mal fondée étoit en poffeffion actuele, & que l'autre partie n'eût que le bon droit de fon côté, j'eftime que le Benefice contefté entre-elles, vaqueroit en regale, parce que pour empêcher la vacance en regale, il faut que le Benefice foit rempli de fait & de droit par une même perfone, étant certain que fi le droit eft d'un côté, & la poffeffion de l'autre, la vacance en regale eft indubitable.

Mais quand le droit & la poſſeſſion concourent en une même perſone, & que céte perſone eſt troublée en ſa poſſeſſion par un litige injuſte, ce litige ne lui fait point de prejudice, & ne fait pas vaquer en regale le Benefice dont il eſt canoniquement pourvû, & en poſſeſſion actuele, ainſi qu'il a été Jugé par arrêt du 2. Juillet 1590. raporté par Maître Anné Robert.

Autrefois, pour faire vaquer un Benefice en regale, il ſuſſioit qu'il fût litigieux au moment de l'ouverture de la regale; mais parce qu'on a reconu, qu'aucun prévoiant la prochaine ouverture de la regale eût en un Evêché, par la vieilleſſe, caducité, ou maladie de l'Evêque, formoient des procès de gaïeté de cœur, & ſans aucun fondement, aux poſſeſſeurs legitimes, pour rendre leurs Benefices litigieux, & les faire vaquer en regale, le Roy y a pourvû par ſa declaration du 10. Fevrier 1673. dont il a été parlé ci-deſſus, par laquelle il a ordoné que le litige ne poura à l'avenir doner ouverture à la regale, s'il n'eſt formé, & s'il n'y a entre les parties conteſtation en cauſe, ſix mois avant le decés des Evêques ou Archevêques.

Si le pourvû en regale trouve un autre en poſſeſſion du Benefice, il faut qu'il forme ſa demande verbale en l'audiance de la Grand-Chambre, par la bouche de ſon Avocat, & ſur la requête Judiciaire, il ſera ordoné que toutes les parties pretendant droit au Benefice, dont il aura été pourvû en regale, ſeront aſſignées pour venir défendre dans les délais ordinaires, ainſi qu'il eſt dit par l'article 20. du titre 15. de l'ordonance de 1667.

Arrêt ſur Requête judiciaire du demandeur en regale.

Extrait des Regiſtres de Parlement.

Sur la Requête judiciairement faite à la Cour, à l'audiance de la Grand-Chambre d'icele, par L.... Avocat de J.... qui a dit qu'il a été pourvû par ſa Majeſté de l'Abaye de.... vacante en regale, par le decés de.... de laquelle il a pris poſſeſſion réele & actuele en perſone, neanmoins O.... ſe pretend titulaire de la même Abaye, & pour raiſon de ce, a fait aſſigner le demandeur pardévant le Prevôt de.... pour être maintenu en la poſſeſſion & joüiſſance d'icele, à ces cauſes, requieroit qu'il plût à la Cour de declarer ladite Abaye avoir vaqué en regale, ce faiſant, l'adjuger au demandeur.

La Cour a ordoné & ordone que les Parties qui pretendent droit à ladite Abaye, feront aſſignées pour venir défendre à ladite demande dans.... fait en Parlement le.....

Ppp iij

Il faut faire fignifier cet arrêt à toutes les Parties qui pretendent droit au Benefice, & leur doner affignation dans les formes preferites au Chapitre des ajournements du premier Tome de ce Livre, & fi elles ne comparent après l'échange de l'affignation & des délais acordés au defendeur, le demandeur doit retourner à l'audiance & y demander défaut, qui lui fera doné, & le profit ajugé fur le champ.

C'eft-à-dire que le Benefice fera declaré avoir vaqué en regale, & lui fera adjugé avec reftitution des fruits & dépens.

Ainfi en matiere de complainte, la Cour ne conoit que du poffeffoire des Benefices, & par confequent ne peut prononcer que fur le poffeffoire, mais en matiere de regale elle conoit que du Benefice au petitoire, & partant prononçant fur le petitoire, elle les juge au regalifte.

Si le defendeur en regale fe prefente & conftitué un Procureur, il faut porter la caufe à l'audiance par un fimple acte, ou metre la caufe au rôle.

Acte pour venir plaider fur une demande en regale.

A la Requête de Q..... Procureur de J..... pourvû en regale de l'Abaye de..... demandeur.

Soit fignifié & declaré à R..... Procureur de O..... pretendant droit à ladite Abaye, que fous le bon plaifir de Noffeigneurs de la Cour, il pourfuivra demain huit heures du matin l'audiance en la Grand-Chambre d'icele, fur la demande en regale formée par L..... à ce qu'il ait à y comparoir, fi bon lui femble, pour plaider, declarant que Maître L.... Avocat eft chargé de la caufe, dont acte.

Si le defendeur ne fe prefente à l'audiance, le demandeur en regale prendra défaut contre lui, dont le profit lui fera ajugé fur le champ, tel qu'il vient d'être dit.

Mais s'il fe prefente à l'audiance la plaidoirie de la caufe comencera par le demandeur en regale, qui ne fera qu'expliquer fes conclufions, & enfuite le defendeur défendra & expliquera tous fes moiens contre la regale, & le demandeur repliquera.

S'il y a conteftation formée pardevant d'autres Juges fur le poffeffoire du même Benefice entre autres parties, du moment que la demande en regale aura été fignifiée aux contendants, le diferent demeurera évoqué de plein droit en la Grand-Chambre du Parlement de Paris, pour être fait droit avec toutes les Parties fur la demande en regale.

La caufe aïant été plaidée à l'audiance, s'il fe trouve que le Benefice eût vaqué en regal, il fera ajugé au demandeur avec reftitution de fruits.

Que fi au contraire le Regalifte ne fe trouve pas bien fondé, la Cour declare le Benefice n'avoir point vaqué en regale, & en confequence elle maintiendra le défendeur en la poffeffion du Benefice, & s'ils font plufieurs défendeurs en regale, elle maintiendra celui qui fe trouvera le mieux pourvû.

Quand il y a de dificulté en la caufe, & qu'on ne peut pas la juger fur le champ, on apointe les Parties en droit fur ladite demande en regale, & cependant on adjuge au Regalifte l'état, c'eft-à dire la recreance, parce que ce qui s'apele recreance en matiere de complainte Beneficiale, s'apele l'état en matiere de regale.

Ancienement le droit aquis au Roy par la regale, duroit trente ans, & le decret, *de pacificis*, ne pouvoit pas être objecté à un Regalifte, venant dans les trente ans, à compter du jour de la vacance en regale, mais aujourd'hui ce decret a lieu en regale, comme en autre matiere Beneficiale par la difpofition expreffe de l'article 27. de l'édit de l'année 1606. portant que les titulaires qui auront été pourvûs canoniquement, & joüi paifiblement trois ans entiers, & confecutifs, ne pouront dorénavant être inquietés fous pretexte des provifions en regale, que le Roy declare en ce cas être de nul éfet & valeur.

Le regalifte ne peut pas fe defifter de fon droit au profit du pourvû par le Pape, ou par l'ordinaire, car il ne peut point prejudicier au droit du Roy, ainfi il faut neceffairement faire juger avec Meffieurs les gens du Roy, s'il y a lieu à la regale, ou non.

Deux Regaliftes pourvûs d'un même Benefice peuvent s'acorder, & même l'un peut ceder fon droit à l'autre parce qu'en ce cas il ne s'agit du droit du Roy, qui n'eft point contefté, mais feulement de fçavoir lequel des deux Regaliftes eft le mieux pourvû.

Outre la colation que le Roy tire de la regale des Benefices qui vienent à vaquer durant la vacance du Siege Epifcopal, ou Archiepifcopal, tous les fruits de l'Evêché ou Archevêché qui échéent durant la regale , c'eſt à dire , durant la vacance du Siege du Siege Epiſcopal ou Archiepiſcopal , lui apartienent auſſi , & cela s'apele par les Auteurs la regale temporelle , comme le droit de conferer les Benefices , s'apele la regale ſpirituelle.

Depuis pluſieurs ſiecles , nos Rois n'ont pas voulu profiter , ni faire entrer dans leurs cofres les deniers provenans des revenus des Evêchés & Archevêchés durant la regale , & les ont laiſſés à la ſainte Chapelle de Paris , tant pour l'entretenement du Service Divin, que pour les ornemens & reparations d'iceles , par diverſes létres patentes bien & dûement verifiées en la Chambre des Comptes.

Neanmoins par édit de 1641. le Roi Loüis XIII. a uni à ladite ſainte Chapelle l'Abaie de ſaint Nicaiſe de Rheims , & moienant ce , a retiré le droit de regale , dont elle jouiſſoit , & en a fait don & remiſe à ceux qui ſeroient dorénavant només aux Evêchés.

Cependant cela n'empêche point que la regale temporele ne ſubſiſte toûjours atendu que les perſones nomées aux Evêchés & Archevêchés ne perçoivent pas les fruits & revenus d'iceux en leur nom, mais ſous le nom d'un économe par eux choiſi & nomé par le Roi , qui leur en rend compte , aprés qu'ils ont prêté ſerment de fidelité.

Ainſi, quoique le Roi aquite & delaiſſe aux Evêques & Archevêques les fruits de la regale temporele , toutefois il ne peut pas leur quiter , ni delaiſſer la colation des Benefices qui vaquent durant l'ouverture de la regale , & la vacance du Siege Epiſcopal, car ce droit n'étant point ceſſible , il eſt inalienable & inſeparable de la Courone.

D'où il s'enſuit que ſi un Evêque ou Archevêque n'avoit pas la colation de toutes les Prebendes de ſon Egliſe Cathedrale, mais ſeulement de la moitié , ſoit de l'un des côtés du Chœur, ou par alternative avec ſon Chapitre , ou bien d'une moindre partie par des partages , & concordats faits avec ſondit Chapitre , arivant l'ouverture de la regale , le Roi peut conferer les Prebendes de la colation du Chapitre.

C'eſt pourquoi quand il y a ouverture de regale en une Egliſe Cathedrale, Sa Majeſté n'amet point de compagnon , en ſorte que les concordats & partages faits entre les Evêques & leur Chapitre, étant poſterieurs à l'établiſſement du droit de regale , n'ont pû faire de prejudice aux droits du Roi.

Toutefois

Toutefois par édit du mois de Janvier 1682. le Roi a declaré qu'il n'entendoit exercer pendant la vacance les droits des Archevêques & Evêques, qu'ainsi & en la maniere qu'ils avoient acoutumé d'en user à l'égard de leur Chapitre.

Comission pour faire asigner les pourvûs d'un Benefice au lieu d'un défunt.

Louis &c... au premier nôtre huissier ou sergent sur ce requis. De la part de nôtre amé tel... nous a été exposé qu'il y a procés pendant & indecis en nôtre Cour de Parlement, entre lui d'une part, & le nomé tel.... & tel autre d'autre part, pour raison des droits pretendus par eux à cause de leurs Benefices, & comme ledit tel est venu à deceder, l'exposant ne peut plus poursuivre sans faire asigner tel pourvû du Benefice dudit défunt, ce qui l'oblige d'avoir recours à nos Létres sur ce necessaires, *A ces causes*, Nous te mandons asigner à certain & competant jour en nôtre Cour de Parlement à Paris tel... pourvû du Benefice au lieu dudit tel... pour prendre, si bon lui semble, comunication dudit procés, & voir dire que l'arrêt qui interviendra contre ledit tel, sera declaré comun & executé contre lui en ladite qualité, & répondre à telles autres telles fins & conclusions que de raison, de ce faire te donons pouvoir; car tel est nôtre plaisir. Doné à &c.

Par le Conseil.

Tel....

CHAPITRE LXXXV.

Des moiens d'aquerir les Bénéfices.

J'Ai parlé dans le Chapitre 74. des capacités requises pour posseder des Benefices, & dans le Chapitre 81. des incapacités de les tenir, & des dispenses, il faut voir à present quels sont les moiens de les aquerir.

Ces moiens sont justes ou injustes.

A l'égard des moiens injustes d'aquerir les benefices, il y en a plusieurs, tirés du texte de la premiere regle du droit Canon.

Le premier est, quand on obtient un benefice à la priere & requisition d'un Heretique, ou lorsqu'on l'obtient sans avoir fait lever quelque empêchement personel qui rend incapable de posseder des benefices, comme par exemple, la naissance, car les bâtars font incapables de poffeder des benefices fans difpenfe, quoiqu'ils aient déja obtenu des difpenfes pour prendre des Ordres facrés.

Le deuxiéme eft , lorfqu'on a obtenu un benefice par force & par violence , fuivant le Chapitre *folicitè extra de reftitutione fpoliatorum* , ou que celui qui l'a conferé , ne le pouvoit pas faire, ou fi les formalités requifes pour l'inftitution , n'ont pas été obfervées , car les défauts qui fe rencontrent dans l'obtention des benefices , ou dans la prife de poffeffion , rendent incapables de les poffeder , de même que les empêchemens qui fe rencontrent dans la perfone du pourvû.

Quant aux moiens juftes d'aquerir lefdits benefices , il y en a auffi plufieurs.

Savoir , l'élection , les provifions , la colation du Pape , *pleno jure* , ou de l'Evêque , ou du Roi , la nomination du Roi , le devolut , la prefentation du patron , tant Laïque qu'Eclefiaftique , le privilege des Gradués des Univerfités , les indults dont j'ai ci-devant parlé , & autres femblables moiens qui font traités dans les diferens Chapitres de ce fecond Tome, en ce qui concerne les benefices.

CHAPITRE LXXXVI.

Des Elections.

ELection eft le choix d'une perfone habile & capable d'entrer dans une Dignité , Confrerie , Societé , & autres femblables , après avoir gardé les formes preferites & defirées par les faints Canons.

Il y avoit autrefois deux fortes d'élections , fçavoir les folemneles & les non folemneles.

Les folemneles fe faifoient pour élire des Prélats , Evêques , Abés & Prieurs Conventuels.

Elles s'apeloient folemneles, parce qu'il faloit obtenir une confirmation folemnele du Superieur.

Le Chapitre *quia propt. extra. de Elect.* a preferit les formalités qui doivent être obfervées dans ces élections.

Le Concile de Bâle tranfcrit de la Pragmatique Sanction , en a ajouté quelques autres, mais les élections font abrogées par le concordat, par lequel ces grands Benefices ne font plus électifs, mais fujets à la nomination du Roi.

Ces Benefices étoient autrefois apelés purement électifs, à la diference des autres qui font purement colatifs, ou qui font électifs & colatifs.

A l'égard des Benefices purement colatifs, ce font ceux qui dépendent d'un feul colateur qui les confere à qui bon lui femble, en cas de vacance, pourveu que ce foit à une perfone qui ait les capacités requifes.

Pour ce qui eft des Benefices électifs & colatifs, ce font ceux dont les élections font non folemneles, lefqueles élections font encore en ufage.

Les élections non folemneles font celles par lefquelles on remplit les Dignités des Eglifes Regulieres & Seculieres, Cathedrales & Colegiales, elles font apelées non folemneles, par la raifon qu'on ne demande point au Superieur la confirmation de fes élections, & en ce cas elles font électives & colatives parce que les Chapitres & les Convents *eligendo conferunt*, que l'on eft obligé de les faire confirmer au Superieur, ce n'eft pas par une confirmation folemnele, où le Superieur foit tenu d'obferver les formalités prefcrites dans la Pragmatique, mais il les acorde fans examiner la capacité de l'élu, en forte que c'eft une efpece de *Vifa*, ou une inftitution que le Superieur done fur la prefentation d'un Patron Eclefiaftique.

Il y a trois chofes requifes en une élection Canonique.

Premierement qu'elle foit faite par ceux à qui elle apartient, comme par ceux qui poffedent quelque charge, Dignité, ou Ofice dans le lieu où l'élection doit être faite.

En fecond lieu, qu'elle foit faite avec un efprit detaché de l'interêt & des confiderations purement humaines, mais feulement dans la vûë de recompenfer le merite & la vertu.

En troifiéme lieu, que le nombre de ceux qui élifent foit fufifant, lequel doit être de trois au moins, afin que l'élection foit faite à la pluralité des voix.

L'élection d'un Abé qui n'eft pas Profés dans le Convent eft nulle, conformement au chapitre, *Cum in magiftrum*, aux decretales, mais la poftulation feroit valable, car la poftulation de celui qui a quelque défaut caufé ou par l'âge, la naiffance, ou autrement, outre que la poftulation n'eft pas une élection, mais une poftulation au Superieur qui a droit d'acorder ou refufer la

dispenfe, fi bon lui femble, au lieu quand il s'agit d'une élection il eft obligé de la confirmer.

Quoique j'aie dit ci-deffus qu'il n'y avoit à prefent que les
élections non folemneles qui étoient en ufage, & que la confirmation du Superieur n'en étoit pas neceffaire, ou fi elle l'étoit,
que ce n'étoit pas une confirmation folemnelle, comme celle qui
s'obfervoit autrefois pour les Benefices purement électifs, neanmoins je ne laifferai pas de faire en ce lieu plufieurs queftions
touchant la confirmation des élections, mais comme je ne veux
point entrer en ce qui regarde le general, & faire une hiftoire de ces fortes de matieres, je ne ferai que celles qui fe peuvent raporter aux élections non folemnelles.

La premiere queftion eft donc de fçavoir à qui apartient la
confirmation & de quelle jurifdiction elle eft.

Elle apartient aux Superieurs d'où les Dignités électives dépendent.

Ces Superieurs font à l'égard des Dignités feculieres, les Archevêques & Evêques, fuivant le chapitre *Conquerente de officio*
Jud. ord. aux decretales.

A l'égard des Dignités regulieres, ces Superieurs font les Superieurs de l'Ordre, comme Abés Titulaires & autres de céte
qualité qui ont jurifdiction, aufquels la confirmation apartient,
pourveu que les Benefices reguliers ne foient pas fujets à la jurifdiction des Evêques Diocefains, & foumis imédiatement à celle
de leurs Superieurs reguliers, car en ce cas la confirmation apartient à l'Evêque Diocefain.

Mais on demande fi le Siege Epifcopal étoit vacant à qui apartiendroit ce droit de confirmation.

Le Chapitre fucede à ce droit par le decés de l'Evêque ou de
l'Archevêque, ainfi qu'il eft decidé dans le Chapitre, *cum olim*
ext. de majoritate & obedi.

On demande auffi fi une confirmation fimoniaque eft bone, &
fi un confirmateur peut recevoir quelque prefent pour fa confirmation.

Quant à la premiere queftion, il eft certain que la confirmation fimoniaque eft nulle fuivant le Chapitre, *Nobis ext. de fimo-*
nia, quoique celui qui aura été élû, ignorât qu'on eût doné
quelque chofe aux Superieurs, à moins que l'argent n'eût été doné en fraude & non pas en faveur de l'élû.

Pour ce qui eft de la feconde queftion, on fait céte diftinction; fçavoir, que le confirmateur peut recevoir quelque cho-

ſe ſans ſimonie, pourveu que ce ne ſoit pas de l'argent, & que ce preſent ne ſoit pas doné, *propter confirmationem*, mais par un éfet d'une gratitude qui ne doit point être forcée, ny contrainte, mais volontaire & ſans aucun pacte.

La confirmation ne peut pas rendre valable une élection qui ſeroit nulle, ainſi qu'il a été decidé par la Gloſe, ſur le Chapitre unique, *de poſtulatione prælat.* où il eſt dit que *ſi non valet electio, ita nec confirmatio.*

Il faut dire la même choſe de la confirmation acordée à un indigne, laquelle ne peut jamais produire de titre valable.

L'éfet de la confirmation eſt, que l'élû qui a été confirmé, a droit de percevoir les fruits de ſon Benefice, ou dignité, de ſon plein droit & autorité, ce qui n'eſt pas acordé à l'élû qui n'a pas été confirmé, parce que l'élection ne done pas de titre valable juſques à ce qu'elle ait été confirmée, & que pendant ce temps elle eſt *in pendenti*, ou *in dubio*, c'eſt à dire qu'elle peut être debatuë & caſſée, comme defectueuſe.

Ainſi, c'eſt la raiſon pour laquelle le Chapitre *Noſti*, aux Decretales, decide formelement qu'un élû à une dignité, ne peut faire aucune des fonctions atribuées à ſon ofice, ni conferer aucuns des Benefices qui en dependent avant la confimation.

Il y a encore un autre éfet de la confirmation, qui eſt que ſi celui qui a été élû, vient à deceder aprés avoir acepté l'élection ; mais avant qu'elle ait été confirmée, l'on conſerve l'anciene vacance du Benefice, lequel eſt conſideré comme n'aïant point été poſſedé depuis céte anciene vacance, au lieu que lorſque l'élection a été confirmée, le titulaire venant à deceder, le Benefice n'eſt reputé vacant que du jour de ſon decés lorſqu'il ne l'a pas reſigné.

Neanmoins quoique l'élection n'ait pas été confirmée, elle empêche la preſentation du Pape, & en ce cas elle difere de la preſentation, laquelle ne lie point les mains au Pape, juſques à ce qu'elle ait été preſentée à l'Evêque, la raiſon de la diference eſt, que l'élection aquiert à l'élû, *jus in re*, au lieu que la preſentation n'acquiert au preſenté, que *jus ad rem.*

CHAPITRE LXXXVII.

Des Provisions.

PRovision eſt une écriture du Pape ou du Colateur ordinaire, qui rend maître du Benefice conferé, pour en joüir comme titulaire, celui à qui elle eſt acordée.

Il y a de deux ſortes de proviſions acordées par le Pape.

La premiere eſt apelée, *in forma dignum*, que le Pape acorde à l'impetrant, à condition qu'il ſoit trouvé capable par l'Evêque du Dioceſe où le Benefice eſt ſitué, auquel il le renvoïe pour eſtre examiné, en ſorte que ſi l'Evéque ou ſes grands Vicaires trouvent l'impetrant indigne ou incapable, ils peuvent le rejeter ſans avoir aucun êgard à ſes proviſions.

Ces proviſions ſont ainſi apelées, *in forma dignum*, parce qu'elles començoient autrefois par ces termes; *dignum arbitramur, & congruum.*

Les proviſions qui ſe donent à preſent en Cour de Rome ſont pour la plus grande partie expediées, *in forma dignum*, ſur quoi il faut obſerver que l'information par l'Evéque doit eſtre faite dans l'an, ſur peine de nullité des proviſions, par la raiſon que tous reſcrits & mandats ſont annaux, & doivent être renouvelés tous les ans, de méme que les procurations, *ad reſignandum*; neanmoins quelques-uns pretendent, que comme ſuivant l'article 11. de l'ordonance de Blois, le *Viſa* n'eſt requis que pour prendre poſſeſſion, & joüir ſans encourir le vice d'*intruſi*, & qu'il eſt d'uſage qu'on peut prendre poſſeſſion dans les trois ans, il s'enſuit qu'on peut auſſi obtenir le *Viſa* dans les trois ans.

La deuxiéme eſt apelée, *in forma gratioſa*, elles ſont donées par le Pape, ſur l'ateſtation des vie & mœurs de l'impetrant, par laquelle il eſt ſufiſament informé de ſa probité & ſufiſance.

Les Colateurs ordinaires des Benefices, c'eſt à dire les Evéques Dioceſains, les Chapitres & autres qui ont droit de conferer, peuvent auſſi acorder des proviſions, mais avec céte diference, que les proviſions du Pape ſont par mort, par reſigna-

tion, ou par devolu, & que l'ordinaire ne peut point doner des
resignations, *in favorem*, mais seulement sur une resignation *purè
& simpliciter facta.*

Quelquefois les Legats *à latere* peuvent aussi doner des provisions pendant le temps de leur Legation.

Le Roy de France done aussi des provisions, les unes pour
les Benefices qui sont en regale lorsqu'ils sont vacans, les autres
pour les Benefices qui sont à sa colation.

La prerogative du Pape sur les Colateurs ordinaires, est que
le Pape confere un Benefice, *ex causa resignationis*, avec céte
clause ordinaire, *aut alias quovis modo etiamsi per obitum cum de-
rogatione 10. dierum*, & que si l'ordinaire done des provisions *per
obitum*, à un autre qui se presentera à lui, celui qui sera pourvû
par le Pape sera preferé, la raison est à cause de la grandeur de
la prerogative du Pape, & que d'ailleurs la resignation est toûjours favorable; ce qui est conforme au Chapitre, *Si à sede in*
6. *de præbend.*

Il y a encore une diference notable d'avec celle des autres
Colateurs, qui est que celles du Pape ont force d'élection & de
confirmation.

Toutefois si les provisions du Pape & de l'ordinaire concourent le même jour; ce sont celles de l'ordinaire en ce Roïaume
qui doivent être preferées, mais ailleurs ce sont celles du Pape,
car il n'y a qu'en France où cela se pratique ainsi.

Neanmoins si deux persones avoient été pourvûes d'un même Benefice par le Pape en même jour, en sorte qu'on ne pût
juger qui en auroit été le premier pourvû, & que l'un d'eux
eût pris possession, il n'y a point de doute que ce seroit celui
qui est en possession qui seroit preferé à l'autre, quoique pourvû en même jour.

La raison est, que *Prior tempore potior jure*, ce qui est conforme aux Canons, outre que *Potior est jus possidentis quam non
possidentis*, & s'il n'étoit preferé, ce seroit une injustice; car
diligentia obesset, au premier, & au contraire *negligentia prodesset*,
au second, ce qui est contraire à la disposition de plusieurs
Canons.

Toutes persones qui ont les qualités requises pour posseder
des Benefices peuvent, comme j'ai dit cy-dessus, obtenir des
provisions.

Les provisions obtenuës en forme de degrés contre les graces expectatives ne sont pas valables suivant l'article 12. de l'or-

donance d'Orleans, qui fait defenfe à tous Juges Royaux, à peine de privation de leur charge, d'avoir égard à ces fortes de provifions.

Les graces expectatives font de deux fortes en ce Royaume, fçavoir, celles des indultaires, & celles des gradués, ainfi qu'il a été expliqué tout au long dans l'un & l'autre de ces deux Chapitres.

Il faut faire mention dans les fupliques qu'on prefente au Pape pour obtenir des provifions d'un Benefice vacant, des Benefices qu'on poffede, encore que le revenu en fût tres-modique, à peine de nullité defdites provifions, ainfi qu'il eft porté par les Canons, & jugé auffi par plufieurs arrêts, neanmoins cête expreffion ne doit pas être faite aux autres Colateurs, comme au Pape.

La raifon eft, que *apud ordinarium non cadit fubreptio, cum ipfe præfumatur fcire poffeffionem alterius*; outre que les Colateurs ordinaires font prefumés acorder les graces *motu proprio*, & non à la fuplication de ceux aufquels ils les acordent, & qu'au contraire le Pape les acorde d'ordinaire fur la fuplique des impetrans; ce qui eft fi vrai, que fi le Pape acordoit un Benefice, *motu proprio*, le defaut d'expreffion n'annulleroit pas la provifion *cap. fi motu de præb. in 6.*

Mais les Docteurs François ont decidé pour empêcher les friponeries qui fe pouroient cometre par les oficiers en Cour de Rome, qu'il ne fufiroit pas que dans les provifions ces mots fuffent ajoutés, *motu proprio*, mais qu'il faloit qu'elles euffent été éfectivement acordées du propre mouvement du Pape, & non pas obtenuës fur les fupliques des impetrans.

En matiere de permutation on n'eft point obligé de faire mention dans la fuplique des Benefices qu'on poffede, atendu qu'on ne demande pas au Pape un nouveau Benefice, mais feulement qu'il autorife le change qu'on fait d'un Benefice pour un autre pour la comodité comune des copermutants.

Cependant outre le Benefice qu'on poffede, on eft auffi tenu d'exprimer dans les fupliques qu'on prefente au Pape du revenu defdits Benefices, felon la difpofition d'une regle de Chancelerie, qui eft obfervée dans les autres Roïaumes, excepté dans celui de France, où l'ufage eft, qu'à l'exception de tous les Benefices qui fe trouvent taxés dans les livres de la Chambre Apoftolique, on n'en exprime point la valeur qu'en

ces

ces termes ; *Viginti quatuor ducatorum auri de camera fecundum communem æftimationem annuum non excedunt.*

Ainfi quand les Benefices que l'on impute de cête forte feroient de vingt mille livres de rente, les provifions ne feroient pas nulles pour cela ; ce qui fe fait feulement pour difpenfer les impetrans de païer les droits d'annate, comme j'ai déja dit ci-deffus.

Il n'eft pas neceffaire d'exprimer les Benefices anexés & incorporés à un Benefice principal, il fufit en ce cas d'exprimer ledit Benefice principal, fans faire mention de ceux qui en dépendent, mais le genre de vacance du Benefice dont on demande au Pape des provifions, doit être expliqué dans la fuplique, comme fi c'eft par la mort du dernier paifible poffeffeur, par la raifon que fon genre de vacance, n'eft pas fous-entendu, à un autre genre, fi ce n'eft qu'on ajoute cête claufe, *aut alias quovis modo.*

Le nom de la perfone decedée, qui étoit le dernier poffeffeur, ne doit point auffi y être mentioné, il fufit que *conftet de corpore Beneficii*, mais il faut fur peine de nullité exprimer dans les provifions, fi le dernier poffeffeur eft decedé en Cour de Rome, ou dehors, ce qui s'exprime ainfi, *In Romana curia*, ou *extra curiam* ; atendu que le Pape a droit de pourvoir à tous les Benefices dont le dernier titulaire eft decedé dans fon reffort.

Lorfqu'un Benefice eft refigné à quelqu'un, il faut que celui à qui il a été refigné exprime dans les fupliques qu'il prefentera au Pape pour avoir fes provifions, que la refignation qui lui a été faite dudit Benefice n'eft point forcée, mais libre & volontaire.

L'expreffion des penfions fur les Benefices qu'on demande, eft auffi neceffaire en deux cas, fuivant l'opinion des Docteurs.

Le premier eft, lorfqu'il y a déja une penfion creée fur un Benefice qu'on demande.

Le deuxiéme eft, quand la même penfion a été acordée par un réfcrit fpecial, *Cap. 33. ad audientiam noftram, de refcript.* aux Decretales.

La provifion colorée eft celle qui eft acordée en vertu d'un titre aparent, quoiqu'il puiffe être arguée.

CHAPITRE LXXXVIII.

De la prise de possession, & de la possession annale &
triennale.

CElui qui est pourvû d'un Benefice par mort, par resignation, ou par quelque autre genre de vacance que ce soit,
il doit aprés avoir obtenu ses provisions, en prendre possession.

Neanmoins il n'est pas obligé de la prendre en persone, si ce
n'est que ses provisions soient en regale, car hors de ce cas, il
peut valablement prendre possession par Procureur fondé de
procuration.

On peut prendre possession en vertu de toutes sortes de provisions, si elles sont donées par le Colateur ordinaire.

Mais si elles sont obtenuës en Cour de Rome, il faut distinguer entre les provisions expediées en forme gratieuse, & celles
qui sont expediés, *in forma dignum.*

On peut prendre possession en vertu de celles qui sont expediées en forme gratieuse, mais avant que pouvoir prendre possession en vertu de celles qui sont expediées, *in forma dignum,*
il faut obtenir le *Visa* de l'Evêque Diocesain ; ainsi qu'il est requis par l'article 12. de l'ordonance de Blois, & par l'article 14.
de l'édit de Melun.

Toutefois ces provisions sont plutôt, *mandata de providendo,*
que des provisions parfaites, parce que si l'impetrant est trouvé
indigne ou incapable par l'Evêque, ou par ses Grands Vicaires, ils le peuvent racheter sans avoir égard à ses provisions de
Cour de Rome.

Ainsi les provisions sont apelées, *in forma dignum,* parce que
l'ancien formule de ses provisions començoit par ces mots,
dignum arbitramur & congruum.

Le *Visa* que l'impetrant est obligé d'obtenir sont létres d'ata-
ches de l'Evêque, ou de son Grand Vicaire, par lesquelles en
execution des provisions de Cour de Rome, il confere audit
impetrant le Benefice dont il est fait mention aprés l'avoir examiné & trouvé capable.

L'article 12. de l'ordonance de Blois, oblige les Evêques &
Archevêques de faire cet examen, ou le faire faire par leurs
Vicaires Generaux, mais céte ordonance s'obſerve mal, & ordinairement il y en a qui donent ce *Viſa* à des abſens qu'ils dé-
clarent ſufiſans ſans les avoir jamais vû, mais ce qui eſt certain, eſt qu'ils ſont expreſſement obligés de faire cet examen,
voici comme eſt conçu l'article de l'ordonance dont je viens
de parler.

*Ceux qui auront impetré en Cour de Rome des proviſions de Bene-
ficies en la forme qu'on apele* dignum, *ne pourront prendre poſſeſſion deſdits Benefices, ni s'immiſcer en la joüiſſance d'iceux, ſans être
prealablement preſentés à l'Archevêque ou Evêque Dioceſain, & en
leur abſence à leurs Vicaires Generaux, afin de ſubir l'examen, &
obtenir leur* Viſa, *lequel ne pourra être baillé ſans avoir vû & examiné ceux qui ſeront pourvûs, dont ſera fait mention dans ledit*
Viſa.

Ce qui eſt auſſi conforme à l'article 14. de l'édit de Moulins,
où il eſt dit la même choſe.

Autrefois c'étoit l'Archevêque ou l'Evêque qui conferoit, &
qui metoit en poſſeſſion du Benefice dont on étoit pourvû, ou l'Archidiacre, ou le Doïen de l'Egliſe, ou un Deputé du Pape, quand
le Pape conferoit.

Mais à preſent on ſe fait metre en poſſeſſion par le premier
Prêtre ou Clerc, ou Notaire Roïal Apoſtolique.

La raiſon eſt, que les letres de proviſion & colation portoient
ordinairement à toutes perſones Eccleſiaſtiques, Tabelions &
Notaires, qu'ils aïent à metre un tel en poſſeſſion.

Enſuite il faut ſe tranſporter au lieu où le Benefice eſt deſervi, aſſiſté de l'Eccleſiaſtique auquel il eſt mandé, de metre en poſſeſſion en preſence d'un Notaire Roïal ou Apoſtolique, & de
deux temoins, où étant il faut obſerver pluſieurs formalités,
comme de ſonner les cloches, prier Dieu dans l'Egliſe, ou Chapele, baiſer l'hôtel, prendre la ſeance apartenant aux Beneficiers, & autres que les Notaires font obſerver, leſquels étant
obſervés, le Notaire en dreſſe un acte ſigné de deux témoins,
qu'il expedie & delivre à celui qui a pris la poſſeſſion, ainſi
qu'il enſuit.

Acte de priſe de poſſeſſion.

Aujourd'hui en la preſence de M... Notaire à.... & témoins ſoubſignés ; eſt
comparu B.... au devant de la porte & principale entrée de l'Egliſe Paroiſ-

fiale de...... lequel en confequence des provifions Apoftoliques par lui obtenuës, *in forma gratiofa*, de Nôtre Saint Pere le Pape N...... donées à Rome
le...... a pris poffeffion corporele, réele, & actuele en perfone, de la Cure de
ladite Paroiffe, & de tous les droits, fruits, & revenus en dependants, en entrant dans l'Eglife, prenant de l'eau benîte, & afpergeant d'icele les Paroif-
fiens prefents, fe profternant à genoux devant le grand-hôtel, baifant icelui,
touchant de fa main le Miffel, & les ornemens confacrés au fervice divin, fon-
nant les cloches, & en gardant toutes les autres folemnités requifes; laquelle
poffeffion ainfi prife, M...... l'auroit publiquement declarée aufdits Paroif-
fiens à ce prefens, à laquelle prife de poffeffion, perfone ne s'eft opofé, dont
& de ce que deffus B...... a requis acte, à lui octroïer le prefent, pour lui
fervir ainfi que de raifon, prefents & affiftés de tels & tels....... qui ont
figné.

Si les provifions font, *in forma dignum*, il doit être fait mention du *Vifa* de l'ordinaire dans l'acte de prife de poffeffion.

Si c'eft une Chanoinie ou Prebande, il faut fe prefenter au
Chapitre lorfqu'il eft affemblé, & demander par une requête
d'être reçû & inftalé, en païant les droits acoûtumés, & fi le
Chapitre enterine la requête, celui qui fe prefente eft reçû fur
le champ, & inftalé tant dans l'Eglife que dans le Chapitre dont
eft dreffé un acte par deux Notaires, ou par un Notaire affifté
de deux temoins.

Que fi au contraire le Chapitre refufe, celui qui fera refufé
doit prendre acte du refus qui lui a été fait, & fe faire inftaler
dans le Chœur, & fe metre en poffeffion, en faifant les ceremonies ci deffus mentionées, ou autres femblables, dont le Notaire
dreffe pareillement un acte qu'il lui delivre.

Lorfqu'un autre a déja pris poffeffion, c'eft une jufte caufe de refufer par un Chapitre de la doner à celui qui la demande.

La poffeffion & inftalation faite par le Chapitre, eft apelée
poffeffion réele, & de fait, étant acompagnée de la joüiffance,
mais celle qui eft prife à fon refus, eft dite poffeffion de droit,
qui n'eft qu'une poffeffion feinte & imaginaire, étant feparé
de la joüiffance.

Si les portes de l'Eglife en laquelle le Benefice eft defervi
font fermées, foit par la violence de quelqu'un, ou que l'acufé
en fût empêché, foit par la guerre, foit par la pefte, ou par
quelque autre malheur imprevû, il fufiroit pour lors de prendre poffeffion dans l'Eglife la plus prochaine du Benefice, en
laquelle il faut obferver les mêmes formalités que dans l'Eglife du Benefice, mais pour rendre la chofe plus autentique, il

faudroît que la ceremonie fe fit un jour de Dimanche ou de Fête.

Quelques-uns tienent que fi on eft feulement empêché d'entrer dans l'Eglife par la violence de quelqu'un, il fufiroit en ce cas de toucher le veroüil de la porte, neanmoins à mon égard, j'eftime que dans ce cas, auffi-bien que dans les autres, ce feroit le plus fûr de prendre poffeffion dans la plus proche Eglife.

Celui qui a pris poffeffion d'un Benefice fur un titre nul & litigieux, fi depuis il aquiert un titre canonique, il n'eft pas obligé de prendre de nouveau poffeffion dudit Benefice, d'autant que la poffeffion étant de fait, on n'eft point obligé de la réïterer pour quelque caufe que ce foit, à moins que ce ne fût pour les provifions en regale, à caufe de la dignité & éminence de ce titre.

S'il y avoit danger ou dificulté d'aler ou envoïer prendre poffeffion du Benefice, il faut prefenter requête au Juge Roïal du lieu où fe trouve celui qui en eft pourvû.

Requête pour avoir permiffion de prendre poffeffion d'un Benefice.

A Monfieur le Prevôt ou Bailli de .....

Suplie humblement A.... Clerc du Diocefe de..... pourvû du Prieuré de, &c.
Difant qu'il ne peut à prefent aller au lieu dudit Benefice, ni envoyer prendre poffeffion d'icelui à caufe de &c......
Ce confideré, Monfieur, Il vous plaife permettre au Supliant de prendre poffeffion dudit Prieuré, en l'une des Chapelles de l'Eglife de ...... pour conferver fon droit à la charge de la reïterer fur les lieux, & vous ferés bien.

Au bas de céte requête, le Juge met fon ordonance, ainfi qu'il enfuit.

Vû les provifions du Prieuré de ..... expediées en Cour de Rome en faveur du fupliant le...... nous avons permis au fupliant de prendre poffeffion dudit Prieuré en l'une des Chapeles de l'Eglife de ...... pour la confervation de fes droits feulement, à la charge de la reïterer fur les lieux, fait ce &c.....

En vertu de céte ordonance celui qui a été pourvû du Benefice, peut en prendre poffeffion, & requerir pareil acte que celui ci-deffus.

Si les provifions n'étoient pas expediées on peut demander la permiſſion de prendre poſſeſſion du Benefice par une requête qui ſera en la forme qui ſuit.

Requête pour avoir permiſſion de prendre poſſeſſion d'un Benefice.

A Monſieur &c...

Suplie humblement B......... Maître és Arts en l'Univerſité de..... Gradué nomé, dûement inſinué, & reiteré ſur l'Archevêché de......

Diſant que la Cure de..... au Dioceſe de...... aiant vaqué au mois de..... afecté aux Gradués només, il a pour s'en aſſurer le titre pris daté en Cour de Rome, ainſi qu'il paroit par le certificat de..... banquier du.... contenant, qu'il y a envoié par le Courier ordinaire & chargé ſon coreſpondant d'obtenir de nôtre Saint Pere le Pape en faveur du ſupliant, les proviſions de ladite Cure vacante par la mort de.... dernier Titulaire & poſſeſſeur d'icelle, que le Courier eſt arivé à Rome le.... auquel jour la date a été retenue & la grace acordée, ſuivant le privilege de France, & les libertés de l'Egliſe Galicane.

Ce conſideré, Monſieur, il vous plaiſe permétre au ſupliant de prendre poſſeſſion de ladite Cure, pour la conſervation de ſes droits ſeulement, à la charge de la reiterer quand beſoin ſera, & que ledit ſupliant aura obtenu ſes proviſions de Cour de Rome, & vous ferés bien.

Le Juge met au bas de la requête, *Vû la preſente requête & le certificat de.... banquier expeditionaire de Cour de Rome, nous avons permis au ſupliant de prendre poſſeſſion de ladite Cure pour la conſervation de ſes droits ſeulement, à la charge de la reiterer lorſqu'il en aura obtenu les proviſions, fait ce &c.*

Celui, qui eſt pourvû d'un Benefice, eſt obligé de prendre poſſeſſion d'icelui dans trois ans, s'il eſt pourvû par mort, ſuivant l'article 14. de la declaration de l'an 1646. ſur l'édit du contrôle, & dans l'an, ſi c'eſt par devolut, ſuivant l'article 15.

Dans trois ans auſſi, ſi c'eſt par reſignation, pourveu que le reſignant ſoit vivant, & aprés les trois ans, les proviſions ſont nulles & caduques, & il faut en obtenir d'autres, mais ſi le reſignataire meurt aprés les ſix mois, à compter de la date des proviſions du reſignant, ſans avoir été depoſſedé par le reſignataire, le Benefice vaque par mort, ſuivant la regle *de publicandis*, comme s'il n'avoit pas été reſigné, ainſi c'eſt pour cela que l'on dit qu'un reſignataire eſt obligé de prendre poſſeſſion dans les ſix mois, pour éviter d'encourir la peine portée par ladite regle.

Le reſignant doit prendre poſſeſſion actuelle & corporelle du vivant du reſignataire en vertu de *Viſa*, & non pas ſur une ſim-

ple permiſſion du Juge Roial, & il ſe doit imputer, s'il n'a pas
fait plûtôt ſes diligences.

Il faut faire inſinuer les proviſions & acte de priſe de poſſeſſion
au grefe des inſinuations Ecleſiaſtiques du Dioceſe dans le mois,
à compter du jour de la priſe de poſſeſſion.

Par la declaration ſuſdite, les proviſions ſont declarées nulles
faute d'inſinuations, mais cela ne s'obſerve point, & les Juges
n'y ont aucun égard, ſinon dans le cas de reſignation, quand
le défaut d'inſinuation peut ſervir à découvrir la fraude qui a
été comiſe.

Par la même declaration, les proviſions priſes de poſſeſſion
& autres expeditions concernans les Benefices qui ſont à la nomination ou colation du Roi, ne ſont point ſujetes à l'inſinuation.

On ne peut point regulierement prendre poſſeſſion d'un Benefice avant que d'avoir obtenu des proviſions, parce que celui qui
prend poſſeſſion dudit Benefice ſans titre, & avant que d'en
avoir été pourvû, eſt intrus & non pas legitime poſſeſſeur.

Il y a pourtant, comme j'ai dit ci deſſus, quelque cas auquel
cela ſe peut faire licitement, comme quand un Gradué eſt re-
fuſé injuſtement par le colateur ordinaire, la Cour peut ordoner qu'il ſe pourvoira vers le Superieur de ce colateur ordinaire,
ou s'il n'en a point dans le Roiaume, ou en païs fort éloigné, par
devant le Chancelier de l'Univerſité de Paris, pour avoir des
proviſions, & cependant lui permet de prendre poſſeſſion pour
la conſervation de ſon droit, en quelque Egliſe empruntée, à
la charge de la reiterer lorſqu'il aura obtenu ſes proviſions.

L'éfet de la poſſeſſion annale, eſt que celui qui eſt paiſible
poſſeſſeur par an, & jour, doit être maintenu en poſſeſſion, juſques à ce que le petitoire ſoit jugé, & on ne ſeroit pas recevable
par aprés à le troubler, ſi ce n'eſt qu'il eût poſſedé ſans titre,
ainſi qu'il eſt dit par l'article 61. de l'ordonance de 1639. en ſorte que s'il étoit troublé il peut intenter complainte.

Celui qui a joüi d'un Benefice au vû & ſçû de tout le monde,
pendant l'eſpace de trois années, a aquis une veritable poſſeſſion
trienale, & par conſequent ne peut être valablement troublé ni
au poſſeſſoire, ni au petitoire, & au cas qu'il le fût, le Juge ne
pourroit pas ordoner le ſequeſtre, mais il ſeroit obligé avant que de
paſſer outre au poſſeſſoire, de doner pleine maintenue contre ceux
qui pourſuivroient le poſſeſſeur au petitoire, pourveu que céte
poſſeſſion ait été ſans trouble & diſcontinuation pendant le tems

entier de trois ans , & que le poſſeſſeur ait un titre , quoique ce titre fût coloré , car quoiqu'un particulier eût joui d'un Benefice durant vingt ans & plus , ſa poſſeſſion ne ſeroit point legitime , ſi elle n'étoit fondée en titre , & ainſi céte poſſeſſion ne pouroit jamais établir aucune preſcription.

C'eſt pourquoi , celui qui eſt troublé en une poſſeſſion trienale doit obtenir des titres Roiaux , *de pacificis poſſeſſoribus* , leſquelles s'expedient ſelon la forme ſuivante.

Comiſſion de pacificis poſſeſſoribus.

Loüis &c. .... au Prevôt de Paris , ſon Lieutenant Civil , & gens tenans le Siege Preſidial dudit lieu , Salut. Nôtre amé tel. ...... nous a fait remontrer qu'il eſt bien & canoniquement pourvû d'un Canonicat en l'Egliſe Roiale de ſaint Germain l'Auxerrois à Paris , dont il a pris poſſeſſion , & joüi paiſiblement depuis pluſieurs anées , neanmoins il a depuis peu été troublé en ſa paiſible poſſeſſion par tel., ... lequel ſe prétendant pourvû du même Canonicat , a fait aſigner l'expoſant par devant vous , mais d'autant que ledit expoſant eſt plus que trienal poſſeſſeur dudit Canonicat , il a recours à nous pour lui être pourvû de nos Létres *de pacificis poſſeſſoribus* , qu'il nous a tres humblement fait ſuplier lui octroier , *A ces cauſes* , voulant ſubvenir à nos ſujets , ſelon l'exigence des cas , Nous vous mandons que s'il vous apert que l'expoſant ſoit plus que trienal poſſeſſeur dudit Canonicat & d'autre choſe , tant que ſuffira doive , en ce cas , aiés à maintenir & garder l'expoſant en la poſſeſſion dudit Canonicat , ſans prejudice du droit des parties au principal , car tel eſt nôtre plaiſir , Doné à &c. ....

Par le Conſeil

Tel ....

Aiant obtenu ſes Létres , il faut les faire enteriner , & pour cet éfet il faut exhiber ſon titre , car en matiere poſſeſſoire de Benefice , il faut comencer par comuniquer ſes titres , & ſur iceux on doit demander l'enterinement des Létres obtenues par le Beneficier , ce que le Juge doit ordoner s'il lui apert du titre & de la poſſeſſion trienale.

Il n'eſt pas neceſſaire que le titre ſoit vrai , il ſufit qu'il ſoit coloré , car ſans titre il n'y a point de poſſeſſion de matiere Beneficiale , ſi longue qu'elle ſoit , c'eſt une inſtruction qui ne ſe couvre point par le tems.

CHAPI-

CHAPITRE LXXXIX.

Des offices & devoirs des Grefiers des infinuations Eclesiastiques
& de leurs droits.

LEs fraudes & les abus qui se cometoient ci-devant dans les actes concernant l'état des persones Eclesiastiques , & les titres des Benefices , étant d'une dangereuse consequence dans la police de l'Eglise , nos Rois se sont de tout tems apliqués à en chercher la cause pour y aporter le remede convenable.

Ainsi , aiant trouvé que le desordre provenoit principalement de la facilité qu'il y avoit d'antidater plusieurs expeditions beneficiales , de la clause distincte des resignations qui demeuroient secretes jusqu'à l'extrémité de la vie des resignans , du peu de soin que les Abés Comendataires , les Patrons & Colateurs particuliers avoient de tenir regiftre des presentations & colations qu'ils expedioient , & de ce qu'aprés leur mort les minutes de leurs presentations & colations étoient le plus souvent perdues, en sorte que quand leurs successeurs avoient besoin pour justifier qu'il étoit en possession d'un patronage , ils ne pouvoient pas les trouver, c'est pourquoi les Rois ont été obligés de pourvoir à tel abus.

Le Roi Henri I I. auroit sur les remontrances de plusieurs Archevêques , Evêques & autres Prélats du Clergé de France , fait publier en 1553. un édit portant creation d'un , ou de plusieurs Grefes des infinuations Eclesiastiques en chaque Diocese du Roiaume , & permis aux Archevêques , Evêques d'en nomer par provision les Grefiers jusques à ce qu'autrement en eût été ordoné.

Mais l'execution de cet édit aiant été negligée, les plaintes des malversations qui se cométoient dans les actes concernans les matieres Beneficiales , auroient continué.

Ce qui fait qu'Henri IV. jugeant qu'il n'y avoit point de meilleur moien pour les faire cesser, que de pourvoir définitivement à l'établissement de ces Grefiers , les auroit érigés par son édit de 1595. en Offices Roiaux , Seculiers & Domaniaux , & aprés les avoir établis , le Clergé auroit obtenu en l'anée 1615.

du Roi Loüis XIII. la permiſſion de rembourſer ceux qui les avoient aquis de la finance par eux païée, & qui étoit actuellement entrée dans les cofres du Roi, à la charge de cométre perſones laïques, & capables pour les exercer.

En execution de céte permiſſion, pluſieurs proprietaires deſdits grefes aiant été rembourſés, les domeſtiques de quelques ordinaires auroient été comis pour faire la fonction du grefier des inſinuations, & aiant doné lieu à des plaintes contre leur conduite, ledit Seigneur Roi leur auroit enjoint par l'ordonance de 1629. de ſe démetre deſdits grefes, & auroit créé par ſon édit de 1637. dans les Villes principales du Roiaume, des Contrôleurs de procurations pour reſigner, & des autres actes concernans les Benefices.

Neanmoins, s'etant rencontré pluſieurs inconveniens pour l'execution de ce dernier édit, nôtre Roi Tres-Chrêtien & invincible Monarque Loüis XIV. heureuſement regnant, auroit fait une declaration ſur ce ſujet en 1646. par laquelle il auroit permis aux Sindics du Clergé de rembourſer leſdites contrôleures, & ordoné que moienant ledit rembourſement, leur charge ſeroit faite & exercée par les Grefiers des inſinuations des Dioceſes, chacun dans ſon reſſort.

Mais depuis, Sa Majeſté aiant été informée que ladite declaration étoit diverſement interpretée & executée dans ſes Cours de Parlement & grand Conſeil, les uns voulant ſuivre ce qui eſt porté par l'article 13. de la ſuſdite declaration, les autres par l'article 19. de l'édit du contrôle, les uns jugent que les procurations pour reſigner, & autres actes ne ſont nuls par le défaut d'inſinuation, que quand ils ſont ſuſpects de fraude, ou de faux, & les autres aiant fait des reglemens pour obliger d'inſinuer les ſignifications des indultaires, & des Gradués, & les procurations pour reſigner avant l'envoi en Cour de Rome, à peine de nullité.

Or, comme ces divers reglemens rendent arbitraire l'inſinuation de la plûpart des actes, les Benefices litigieux, & que l'évenement des complaintes au fond ne dépend le plus ſouvent que de l'iſſuë d'un reglement de Juge, à quoi étant neceſſaire de pourvoir, & de faire pour ce une loi generale qui établiſſe une juriſprudence uniforme, tant pour regler les actes qu'il eſt neceſſaire d'inſinuer, que pour déterminer le tems dans lequel ils doivent être inſinués, le Roi par un nouvel édit doné à Verſailles au mois de Decembre 1691. lû & publié en l'audience du

grand Conseil le 29. Janvier 1692. & enregistré és registres dudit Conseil pour être executé, gardé, & observé selon sa forme
& teneur, Sa Majesté a éteint & suprimé les Ofices de Grefiers
des insinuations Eclesiastiques, créés par les édits des mois de
Mars 1553. & Juin 1595. & a par ledit édit créé, erigé & établi
en titre d'ofice formé hereditaire, domanial, Roial & seculier,
de nouveaux Ofices de Grefiers des insinuations Eclesiastiques
dans chaque Diocese du Roiaume, païs, terres & Seigneuries de
son obéïssance.

Ainsi, cet édit portant creation d'Ofices de Grefiers des Jurifdictions Eclesiastiques, étant de la derniere importance au Public, & qu'il contient tout ce qu'on doit observer à cet égard,
c'est pourquoi j'ai crû qu'il étoit à propos d'en raporter ici les
articles tout au long, afin qu'on puisse s'en instruire par la lecture.

Primò. Voulons qu'en attendant la vente desdits Ofices, il
soit par nous comis à l'exercice, à l'éfet dequoi feront toutes comissions expediées en nôtre grande Chancelerie.

Secundò. Ceux qui sont à present pourvûs ou jouïssans desdits
Ofices, representeront en nôtre Conseil les contrats de la premiere vente qui en a été faite, leurs provisions, quitances de
finance, leurs contrats particuliers d'aquisition, & autres titres
de proprieté en vertu desquels ils exercent, pour être rembour-
sés sur le fond qui sera à cet éfet destiné.

Tertiò. Voulons que lesdits anciens Grefiers & tous autres,
aiant en leur possession les anciens registres des insinuations Eclesiastiques, qu'eux & leurs Auteurs ont tenu jusqu'à present,
soient contraints de les remétre entre les mains de nouveaux Titulaires aprés leur reception, ou de ceux qui feront par nous
comis, huitaine aprés le comandement fait à leurs persones, ou
à leur domicile, sous peine de perte de leur finance, inventaire
prealablement fait desdits registres par le Lieutenant general
du Bailliage, au ressort duquel le grefe sera établi, & seront tenus les nouveaux Titulaires, ou ceux par nous comis, de se
charger desdits registres au pied de l'inventaire.

Quartò. Ceux qui le verront lesdits Oficiers seront tenus de
prendre de provisions qui leur seront expediées sur les quitances du Tresorier de nos revenus casuels, & ils seront ensuite reçus sans frais par devant nos Baillifs & Senechaux du lieu de
leur residence, aprés avoir toutefois fait information de leur vie
& mœurs.

Quintò. Nul ne pourra être pourvû defdits ofices , ni commis à l'exercice d'iceux , s'il n'eft laïque âgé de vingt cinq ans, non parent de banquier au degré de pere , fils , oncle , neveu , ou frere, non oficier & domeftique d'aucun Eclefiaftique feront lefdits grefiers affidus és villes & lieux de leur refidence, pour expedier promptement les parties , & fans retardement ; auquel éfet ils pourront avoir prés d'eux, un ou plufieurs commis pour exercer leurs charges en leur abfence , maladie ou empêchement legitime ; lefquels commis prêteront ferment pardevant le Juge Roïal de leur refidence, & feront toutes expeditions & enregiftremens neceffaires ; & en cas de refus & dilaiement d'infinuer, permetons aux parties de fommer lefdits grefiers ou leurs commis en prefence d'un Notaire Roïal & Apoftolique , & de deux temoins , d'enregiftrer les actes qui leur feront prefentés , & s'il n'y fatisfont , ladite fomation & acte qu'on voudra faire infinuer, feront montrés au Lieutenant General , ou en fon abfence au fubftitut de nôtre Procureur General en ladite Senechauffée ou Bailliage de la Ville de la refidence dudit grefier , & où il n'y auroit point de Senechauffée ou Bailliage, au Juge Roïal ou chef du lieu, & en fon abfence au Subftitut de nôtre Procureur General , par l'un defquels l'acte de fomation & refus fera figné , & lui en fera laiffé copie ; moienant quoi voulons que lefdits actes foient de pareille force que s'ils avoient été infinués , fans neanmoins que les Parties en puiffent abufer , fupofant des refus ou des retardemens.

Sextò. Ne pouront lefdits grefiers & comis avoir qu'un feul regiftre en même temps , ni enregiftrer aucune expedition en un nouveau regiftre que le precedent ne foit entierement rempli , à peine de punition corporele contre lefdits grefiers & comis, & de privation de leurs charges ; & feront obligés de reprefenter leurs regiftres aux Archevêques & Evêques de leur refidence à nos Procureurs generaux , & à leurs Subftituts, lorfqu'ils en feront par eux requis, pour voir s'ils y ont gardé la forme prefcrite par nôtre prefent édit , fans neanmoins que fous ce pretexte , ils puiffent être deffaifis de leurfdits Regiftres.

Septimò. Ne pouront auffi lefdits grefiers ni leurs comis inftrumenter comme Notaires Roïaux & Apoftoliques , en aucun acte fujet à infinuation dans leurs regiftres , à peine de nullité de l'acte, leur defendons de laiffer aucun blanc entre les enregiftremens , à peine d'être procédé contre le grefier comme

fauſſaire, & de quinze cens livres d'amende, domages & interêts des Parties.

Octavò. Voulons que les regiſtres des grefiers des inſinuations
contienent au moins trois cens feüilles, & que chaque page ſoit
reglée de lignes droites, tant en haut qu'en bas, & aux côtés,
& auparavant que d'écrire & enregiſtrer aucune expedition
en icelui, ils ſoient tenus de le preſenter à l'Archevêque ou
Evêque Dioceſain, & au Lieutenant General de la Senechauſſée ou Bailliage du lieu, leſquels feront coter de nombre con-
tinu toutes les feüilles dudit regiſtre, parapheront & feront
parapher chacun d'iceux par leurs grefiers, & ſigneront avec
eux l'acte qui en ſera écrit à la fin du dernier feüillet, contenant le nombre des feüilles d'icelui, le jour qu'il aura été par
eux paraphé & le quantiéme, & ledit regiſtre, le tout à peine
contre leſdits grefiers de faux, de trois mille livres d'amande,
depens, domages & interêts des Parties.

Nonò. Les Edits faits par les Rois nos predeceſſeurs ſur l'inſinuation des actes concernant l'état des perſones Ecleſiaſtiques,
& les titres des Benefices ſeront à l'avenir inviolablement obſervés, en ce qui n'y eſt point derogé par nôtre preſent édit, &
en les renouvelant entant que beſoin ſeroit, & y ajoûtant, ordonons que les letres de Tonſure, celles des quatre mineurs,
de Soûdiaconat, de Diaconat & de Prêtriſe, enſemble des de-
miſſoires, ſeront inſinués dans le mois au grefe du Dioceſe de
l'Evêque qui aura conferé les ordres; les indults pour être promû aux ordres avant l'âge, ou hors les quatre temps; les diſpenſes ſur le diſtant de naiſſance pour prendre les ordres; les
ſignatures d'abſolution, *à mala promotione*, celle d'abſolution d'a-
poſtaſie, avec diſpenſe pour les ordres; les diſpenſes ſur iregularités, avec rehabilitation aux ordres; les proteſtations pour
reclamer contre les ordres de Soûdiacre ou de Diacre; les brefs
declaratoires de nullité de la promotion de l'ordre de Soûdiacre & de Diacre; les ſentences de fulmination pour celles qui
ſont en forme comiſſoire, & dans le mois de la promotion aux
ordres pour celles qui ſont en forme gratieuſe, ſinon & en cas
de défaut d'inſinuation, ne pouront les Parties s'en ſervir devant nos Juges dans les complaintes Beneficiales, ni autres inſtances concernant leur état, faiſons défenſes à nos Juges d'y
avoir égard.

Decimò. Toutes procurations pour reſigner purement & ſimplement en faveur pour cauſe de permutation, de coadjutorie,

avec future sucession, ou en quelque autre façon que ce soit
même union, entre les mains de nôtre Saint Pere le Pape, d
son Legat, ou de l'ordinaire, consentir creation ou extinctio
de pension, les revocations desdites procurations, les signif
cations d'iceles, les provisions de Cour de Rome, de la Lega
tion, ou de l'ordinaire expediées sur lesdites resignations, le
requisitions & refus de *Visa*, les actes de fulmination, les *Visa*
les procurations pour prendre possession, les prises de posses
sion, les publications d'iceles, les actes de repudiation, ou refu
d'acepter une resignation, seront insinués dans le temps cy
aprés declaré.

Und cimò. Toutes procurations pour resigner en faveur, o
permuter, seront insinuées auparavant d'être envoïées en Cou
de Rome, és grefes des Dioceses dans lesquels les Notaires le
auront reçûës; & si elles avoient été passées hors les Dioceses o
les Benefices resignés sont situés, les pourvûs desdits Benefice
sur iceles, seront en outre tenus de les faire registrer dans le gre
fe des insinuations du Diocese, au dedans duquel les Benefice
seront assis, dans trois mois aprés l'expedition de leurs provi
sions, le tout à peine de nullité.

Duodecimò. Si les resignataires ou permutans pourvûs par le
Pape, ont diferé leur prise de possession plus de six mois, & le
pourvûs par demission ou permutation en la Legation, ou pa
l'ordinaire plus d'un mois, ils seront tenus de prendre ladite
possession, & icele faire publier & insinuer conjointement avec
la provision, au plus tard deux jours auparavant le decés du re
signant ou copermutant, sans que le jour de la prise de posses
sion, publication & insinuation d'iceles, & celui de la mort du
resignant soient compris dans ledit temps de deux jours, & à
faute d'avoir pris ladite possession, & icele fait publier & insi
nuer deux jours avant le decés, voulons lesdits Benefices être
declarés, comme par ce present édit nous les declarons vacans
par la mort du resignant.

Decimò 3°. Declarons les provisions des Colateurs ordinaires
par demission, permutation, nulles & de nul éfet & valeur, au
cas que par iceles les indultaires Gradués brevetaires de joïeux
avenement, & de serment de fidelités, soient privés de leurs
graces expectatives, ou les Patrons de leur droit de presentation,
si les procurations pour faire les demissions & permutations, en
semble les provisions expediées sur iceles par les ordinaires,
n'ont été insinuées deux jours francs avant le decés du resignant

ou permutant, le jour de l'infinuation, & celui du decés non compris; ce que nous voulons être exactement gardé par nos Juges, fans y contrevenir, à peine de nullité de leurs jugemens.

Decimò 4°. Les prefentations des Patrons Eclefiaftiques & Laïques, les reprefentations, les provifions des Benefices feculiers & reguliers en titre ou en comande par les Colateurs ordinaires, les nouveles comandes obtenuës à Rome, les mandemens des Archidiacres pour metre en poffeffion, les collations laïques, les provifions de Cour de Rome, par mort ou par devolut, les requifitions de *Vifa*, les *Vifa*, les actes de refus, les certificats de Banquier que la grace eft acordée par le Pape, les ordonances de Juges, les fentences & arrêts portant permiffion de prendre poffeffion civile, les prifes de poffeffion, les procurations des ordinaires pour obtenir Benefices en forme gracieufe, les procurations pour prendre poffeffion, les prifes de poffeffion & autres expeditions, feront infinuées dans le mois de leur date au grefe du Diocefe où les Benefices font fitués, & fi lefdites expeditions ont été datées d'un lieu hors le Diocefe, & ne pouvant par comandement y être infinuées dans ce délai, les Parties feront tenuës pour en affurer la date, de les faire infinuer dans le mois, au grefe du Diocefe où elles auront été faites, & feront en outre obligés de les faire infinuer deux mois après au grefe du Diocefe où les Benefices font fitués, comme auffi voulons que les provifions des ordinaires qui contienent la colation de deux ou plufieurs Benefices affis en divers Diocefes, foient enregiftrées en l'un & l'autre defdits Diocefes, fçavoir, celles de l'ordinaire dans le mois de leur date au grefe de l'un defdits Diocefes, & le mois fuivant dans le grefe de l'autre, c'eft celle de Cour de Rome, ou de Legation, au grefe pareillement de chacun defdits Diocefes, un mois après la prife de poffeffion de chacuns defdits Benefices, le tout à peine de nullité.

Decimò 5°. Seront pareillement fujetes à infinuation dans le mois à peine de nullité, les provifions de Benefices acordées par les ordinaires fur nôtre nomination, les prifes de poffeffion defdits Benefices, & de ceux étants en nôtre colation à titre de regale, où à caufe de la fondation des Eglifes, nonobftant l'article 16. de nôtre declaration du mois d'Octobre 1646. que nous avons revoquée pour cet égard feulement.

Decimò 6°. Les Bulles de Cour de Rome contenant provifions d'Archevêchés, d'Evêchés, d'Abayes, de Prieurés conventuel des premieres dignités des Eglises Cathedrales & Colegiale ou d'autres Benefices situés és païs pretendus d'obediance, e forme comissoire ou gratieuse, celle de coadjutorie, toutes l difpenfes pour obtenir Benefices, celles pour en retenir d'ir compatibles & autres, les fulminations defdites Bulles & difper fes, les actes de prife de poffeffion, les fignatures, le Cour d Rome, & Bulles expediées en la Legation d'Avignon par mo ou devolut, & generalement tous autres actes faits en executio defdites Bulles & fignatures, feront infinuées dans le mois apré la prife de poffeffion, à peine de nullité.

Decimò 7°. Les homologations de concordats en Cour de Ro me, ou à la Legation des Bulles & fignatures, contenant l creation ou l'extinction d'une penfion, & les procurations pou y prêter confentement, feront infinuées au grefe des Diocefe où les Benefices, charges de penfion, feront fitués, & ce dan trois mois, à compter du jour que les Banquiers expeditionaire auront reçû lefdites expeditions, & à céte fin feront tenus lef dits Banquiers d'écrire au dos defdites expeditions, le jour qu'il les auront reçûës.

Decimò 8°. Les letres de degrés, les certificats de temps d'é tudes, les nominations par les Univerfités, les fignifications defdites letres, les procurations pour notifier les noms & fur noms des gradués en temps de Carême, les notifications, les fi gnifications des letres d'indult acordées aux oficiers de nôtre Parlement de Paris, celles des letres de joïeux avenement, & de ferment de fidelité, les procurations pour requerir Benefices feront infinuées au gré du Diocefe dans lequel feront fitués, les Prelatures, Chapitres, dignités, & autres Benefices de Pa trons & Colateurs, aufquels lefdites letres feront adreffées, & en fera ladite infinuation faite dans le mois de la date de chacune defdites fignifications, feront pareillement infinuées dans le mois de leur date les requifitions de Benefices faites par lefdits expectans, les prefentations & colations qui leur feront donées, les actes de refus, les provifions concedées par les executeurs defdites graces expectatives, les actes de prife de poffeffion, & les decrets d'érection, de fupreffion & union de Benefices, le tout à peine de nullité.

Decimò 9°. Et d'autant qu'il paroît fouvent devant nos Juges des reclamations contre les profeffions religieufes fufpectes d'antidates, voulons que les actes de reclamation dans les cinq
années

années contre la profession religieuse, ensemble les dispenses de la publication d'un ou deux bans de mariage, soient insinuées dans le mois de leur date, à peine de nullité, & seront pareillement insinués, les actes de vesture, noviciat & profession, les indults de translation d'un ordre à un autre, les brefs declaratoires de nullité d'une profession religieuse, les sentences sur lesdits brefs, les dispenses de mariage, & les sentences de fulmination, autrement les parties ne pourront s'en servir devant nos Juges; & seront tenus les grefiers d'insinuer sans frais les actes concernant la profession des Religieux & Religieuses des ordres mandians.

Vigesimò. Enjoignons à tous pourvûs de Benefices qui n'ont pas acquis la possession annale paisible, de faire insinuer dans le mois, à compter du jour de la publication de nôtre present édit, les titres & actes en vertu desquels ils sont entrés en possession de leurs Benefices, sinon, & en cas qu'ils soient troubles, faisons défenses à nos Juges d'avoir égard ausdits titres & actes.

Vigesimò-Primò. Les Vicariats pour presenter & conferer Benefices, même les procurations baillées par les Chanoines absens pour nommer aux Benefices qui vaqueront en leur tour, ou les conferer, ne pourront sortir aucun éfet, ni aucunes nominations, presentations, ou colations, être faites en vertu d'iceux jusqu'à ce qu'ils aïent été regiftrés au grefe du Diocese, où est assis le chef lieu des Prelatures, Chapitres & dignités desquelles dependent les Benefices; & seront sujetes à semblable insinuation, les revocations desdits Vicaires, les provisions d'oficial, celles de vicegerent, de promoteur, de substitut, de promoteur de grefiers des Oficialités ou Chapitres, & les actes de remerciement fait par les Prelats ou Chapitres ausdits oficiers, pour en pourvoir d'autres en leur place.

Vigesimò-Secundò. Enjoignons à nos Cours de Parlement, à nôtre grand Conseil, & à tous autres Juges, de tenir la main à l'execution de nôtre present édit, leur défendons d'avoir égard aux actes ci-dessus exprimés, qui n'auront été insinués; & si aucun jugement ou arrêt étoit doné au contraire, nous l'avons dés-à-present declaré nul, & de nul éfet & valeur.

Vigesimò-Tertiò. Et pour engager les particuliers qui se feront pourvoir desdits ofices, à exercer leurs charges avec assiduité, & sans distraction, Voulons qu'outre les droits que nous leur permetons de prendre, suivant le tarifs arêté en nôtre Conseil,

ils joüiffent encore de quatre cens livres de gages , de trois
quartiers defquels le fond fera laiffé dans l'état de nos domaines
de chaque generalité pour leur être païés par nos fermiers ; &
afin qu'ils vaquent avec liberté à leurs fonctions , nous leur
acordons pareillement l'exemption de logement éféctif de gens
de guerre , de la colete des tailles, guet & garde , tutele , curatele , & autres charges publiques.

Depuis cet édit , le Roy interpretant l'article 19. touchant la
publication des bans de mariage , & l'infinuation des difpenfes
d'iceux , a ordoné par fa declaration donée à Verfailles le 16.
Fevrier 1692. regiftrée en Parlement le 28. defdits mois & an ,
que les difpenfes de mariage & les publications de bans, ou les
difpenfes qui en auront été obtenuës , enfemble l'infinuation
defdites difpenfes feroient énoncées dans les actes de celebration des mariages , lorfqu'ils feroient enregiftrés par les Curés
ou Vicaires ; leur défendant de metre lefdits actes de celebration fur leurs Regiftres , fi lefdites difpenfes ne font infinuées ,
& fans y faire mention defdites difpenfes de mariage , & des
publications de bans, ou des difpenfes qui en auroient été obtenuës , enfemble de l'infinuation defdites difpenfes , & de fa
date, le tout à peine de 50. livres d'amande pour chaque contravention , aplicable aux Hôpitaux des lieux , au païement
de laquelle ils pouroient être contraints par faifie de leur temporel.

On trouvera à la fin de ce fecond Tome, enfuite de la taxe
des depens , le tarif des droits qui doivent être pris par ceux
qui font pourvûs de l'ofice de grefiers des infinuations Eclefiaftiques.

CHAPITRE XC.

Des complaintes & de la procedure en matieres Bemficiales.

COmplainte eft une action poffeffoire, par laquelle celui qui
eft en poffeffion d'un Benefice de fait , ou de droit feulement , fe plaint du trouble qui lui eft fait par un autre pretendant droit au Benefice , & conclut afin d'être maintenu & gardé en la poffeffion & joüiffance dudit Benefice, en aïant été bien

& canoniquement pourvû, avec défenses à fa partie adverfe de
l'y troubler, & à ce que pour l'avoir fait, il foit condané de
rendre les fruits par lui perçûs avec domages & interêts, & dépens &c.

Ainfi la complainte en matiere Beneficiale, eft à proprement
parler toutes conteftations aufquelles il s'agit du titre, & de la
poffeffion d'un Benefice, & la même procedure y eft obfervée,
comme en matiere civile, excepté quelques particularités établies par les ordonances, foit pour le poffeffoire des benefices,
ou pour le petitoire.

Les Juges feculiers ne conoiffent que du poffeffoire des Benefices, & la conoiffance du petitoire apartient de droit aux
Juges d'Eglife, à l'exception feulement des regales, dont le
Parlement conoît au petitoire, privativement à tous autres Juges.

Les Juges Laïques ne jugent pas le poffeffoire en matiere Beneficiale, fur les actes de poffeffion des Parties, mais fur leurs
titres, dont ils examinent la validité, & par confequent aïant
jugé le poffeffoire par le merite du fond, & des titres des Parties,
il ne feroit pas raifonable de raporter les mêmes diferents, pardevant le Juge d'Eglife, pour les examiner une feconde fois, &
fur les mêmes titres, car fi cela fe faifoit, les oficiaux & Juges
d'Eglife deviendroient reformateur des arrêts de la Cour, &
pouroient au petitoire ajuger le Benefice à la partie averfe de
celui qui aura été maintenu par arrêt.

Ce qui feroit abfurde, comme il a été jugé par deux arrêts,
des 18. Decembre 1625. & 13. Juin 1626. raporté par Dufrefne en fon Journal des Audiances, Livre 1. Chapitre 78. &
103.

Cependant quoique j'aie dit ci-deffus que celui qui eft en
poffeffion d'un Benefice de droit ou de fait, peut intenter complainte, vû qu'il femble qu'il n'y a que ceux qui font actuelement en poffeffion qui fe puiffent plaindre raifonablement d'ê-
tre troublé, il eft vrai neanmoins qu'en matiere profane, il n'y
a que ceux qui font en poffeffion actuele qui fe puiffent plaindre
d'y être troublé, mais en matiere Beneficiale, celui qui aura été
pourvû d'un Benefice, trouvant la place remplie par un autre,
peut prendre poffeffion de droit feulement, & prendre celle de
fon adverfaire pour trouble, & former fa complainte.

La complainte fe forme par requête ou par exploit d'affignation doné à la partie, par lequel le demandeur en} complainte

declare qu'il prend pour trouble l'empêchement fait à sa possession, en laquelle il demande être maintenu & gardé avec restitution de fruits & dépens &c.

Il faut encore que le demandeur exprime dans cet exploit le titre de sa provision & le genre de vacance sur lequel il a été pourvû.

Par exemple, si céte vacance est par mort, par resignation, permutation, ou devolut, il faut que par le même exploit il baille au défendeur copie de ses titres & capacités, signée de lui, du sergent, & de ses recors.

L'assignation doit être donée à persone, ou au domicile du défendeur, qui est la possession actuele du Benefice, sinon au lieu dudit Benefice.

Les instances des complaintes peuvent être poursuivies pardevant le Juge Roïal seulement, privativement aux Juges d'Eglise & à ceux des Seigneurs, suivant l'article 4. du titre 15. de l'ordonance de 1667. encore que les Benefices contentieux soient à la colation ou presentation desdits Seigneurs.

Si le défendeur ne compare point dans les délais de l'ordonance, le demandeur peut obtenir défaut contre lui, & le faire juger, tout ainsi qu'en matiere prophane, mais s'il compare, il doit le sommer de fournir de défenses, dans les délais acordés au demandeur, dans lesquelles défenses, le défendeur est obligé d'expliquer aussi titre de sa provision & le genre de la vacance sur laquele il a été pourvû, de bailler copie de ses titres & capacités au Procureur du demandeur, qui soient signé du sien, ainsi qu'il ensuit.

Défences contre un demandeur en complainte.

A..... Docteur en....... gradué nommé,.....

Contre F..... demandeur aux fins de l'exploit du.....

Dit pour défenses, que le Benefice dont il s'agit aïant vaqué par le décès de défunt..... en un mois de rigueur, afecté aux gradnés només, le défendeur en céte qualité, a requis ledit Benefice dans les six mois, à compter du jour du décès dudit défunt, en consequence de quoi, l'Evêque de....a conferé, & fait expedier les provisions dudit Benefice au défendeur, avant les provisions que le demandeur dit avoir obtenuës en Cour de Rome, ainsi nôtre Saint Pere le Pape, n'aïant point prevenu l'ordinaire, le titre du demandeur n'est pas valable.

C'est pourquoi le défendeur soutient qu'il doit être maintenu en la possession & joüissance dudit Benefice, & le demandeur condané aux dépens, & à céte fin, lui sera doné copie avec ces presentes de &c.....

Énoncer fomairement les titres & capacités defquels on done copie.

Autre de celui qui n'a pris poffeffion que comme Procureur.

E.....dit pour défenfes , qu'il ne prétend aucun droit en fon nom au titre de ladite Cure , & que l'acte par lui fait (*lequel le demandeur a pris pour trouble*) n'a été que comme Procureur de J..... en confequence de laquelle declaration, foutient qu'il doit être dechargé de ladite afignation avec dépens , & pour juf-tifier de ce que deffus , fera doné copie au demandeur de la procuration de]..... & des prefentes défenfes , dont acte.

Trois jours aprés les défenfes fournies , la caufe fera portée à l'audiance fur un fimple acte fignifié à la requête du Procureur plus diligent pour être prononcé fur le champ, fi faire fe peut fur la pleine maintenue , fur la recreance ou fur le fequeftre s'il y échet.

Acte pour venir à l'audiance.

A la requête de G..... Procureur de C....
Soit fignifié à R.... Procureur de D.... & à O.... Procureur de U.... que demain huit heures du matin il pourfuivra l'audiance de la caufe d'entre les parties, à ce qu'ils aient à y comparoir , fi bon leur femble , pour plaider.

L'anciene procedure qui fe pratiquoit en matiere Beneficiale, a été beaucoup abregée par la nouvelle ordonance de l'année 1667.

Avant cête ordonance, aprés que le défendeur s'étoit prefen-té, il faloit prendre un premier apointement à comuniquer titres & capacités , & y fatisfaire de part & d'autre , ou obtenir & faire juger des défauts contre la partie défaillante , & aprés que les deux parties avoient comuniqué, il faloit prendre un fecond apointement a écrire par memoire , y fatisfaire de part & d'au-tre , obtenir & faire juger des défauts contre les défaillans.

Mais aujourd'hui l'ufage de ces deux apointemens a été aboli par l'article 5. du titre 15. de ladite ordonance de 1667. comme étant inutile par le moien de ce que le demandeur par fon ex-ploit & le défendeur par fes défenfes , font obligés d'exprimer le titre de leurs provifions,& le genre de la vacance fur laquelle ils font pourvûs.

Ce qui ne fe faifoit autre fois que par les écritures, & par memoires , mais à l'heure qu'il eft , ledit de-

Ttt iij

mandeur eſt obligé de bailler copie de ſes titres & capacités; ce qui ne ſe faiſoit auſſi autrefois, qu'en execution de l'apointement à comuniquer titres & capacités.

On ajoute point foi aux ſignatures expediées de Cour de Rome, ſi elles ne font verifiées, & la verification faite par un ſimple certificat de deux banquiers & expeditionaires, écrit ſur l'original des ſignatures & expeditions, ſans autre formalité, ainſi qu'il eſt dit par l'article 8. dudit titre 15. de l'ordonance de 1667.

A l'égard des actes qui font faits hors le Roiaume, ils ne ſont pas reputés autentiques que dans le Roiaume.

Autrefois pour faire céte verification, il faloit preſenter requête & faire cometre l'un des Juges, que l'on apeloit une requête de *Committitur*, enſuite prendre de ce Comiſſaire une ordonance, ou faire apeler la partie pour convenir de banquier, ſinon en voir nomer d'ofice.

Aprés que les parties avoient convenu de banquiers, ou que le Juge en avoit nomé d'ofice, il faloit prendre une ordonance, en vertu de laquelle ces banquiers étoient aſignés pour préter le ſerment, & la partie pour les faire jurer, aprés ce ſerment prêté les banquiers dreſſoient leur raport, que le Juge inſeroit dans ſon procés verbal.

Aujourd'hui toute céte procedure a été auſſi abrogée par ledit article 8. du titre 15. de la nouvelle ordonance, en ſorte que la verification d'une ſignature doit être faite par un ſimple certificat de deux banquiers & expeditionaire, écrit, comme j'ai dit ci-deſſus, ſur l'original de la ſignature ſans autre formalités.

Céte verification étant faite, & la cauſe portée a l'audiance, ſi elle ſe peut juger ſur le champ, le Juge maintiendra en la poſſeſſion du Benefice, celui qui ſe trouvera en avoir été bien & canoniquement pourvû, & ſi elle ne ſe peut juger ſur le champ, il doit apointer les parties en droit, & cependant ajuger la recreance à celui qui ſe trouvera avoir le droit le plus aparent.

Que ſi la cauſe eſt fort douteuſe, & qu'on ne puiſſe aiſément conoître en l'audiance, laquelle des deux parties a le droit le plus aparent, le Juge ordonera que pendant le procés, les fruits du Benefice dont il s'agit, ſeront ſequeſtrés, & à iceux établi Comiſſaire dans &c.... dont les parties conviendront par devant &c.... qu'il cométra à cet éfet.

Les ſentences de ſequeſtres, recreances & maintenues ne ſont

pas valables, ni executoires, si elles ne sont donées par plusieurs
Juges, du moins au nombre de cinq qui seront desnomés dans la
sentence, & si elle est rendue sur une instance, ils en doivent
signer la minute.

Toutefois par l'ordonance de 1667. le Roi a declaré qu'il
n'entendoit rien deroger pour ce regard à l'usage observé aux
requêtes de l'Hôtel & du Palais.

La sentence de maintenue doit être executée nonobstant oposition ou apelation quelconque, pourveu qu'elle ait été donée
par des Juges ressortissans imédiatement en la Cour au nombre
de cinq, en baillant bonne & sufisante caution de rendre &
restituer les fruits, s'il est ainsi ordoné par l'arrêt qui interviendra sur l'apel, suivant l'article 83. de l'ordonance de Loüis XI.
de l'année 1498.

Ce qui est aussi conforme à la disposition de l'article 17. du
titre 15. de celle de 1667. qui porte, *les sentences de recreance,*
sequestre ou maintenue, ne seront valables ni executoires, si elles ne
sont donées par plusieurs Juges, du moins au nombre de cinq, qui se-
ront denomés dans la sentence, & si elles sont rendues sur instance,
ils en signeront la minute, n'entendons toutefois rien changer pour ce
regard en l'usage observé és requêtes de nôtre hôtel & du Palais.

Acte de soumission de rendre les fruits.

Extrait des Registres de . . . .

Est comparu P . . . . . lequel en execution de la sentence de recreance par lui obtenue le . . . . a fait ses soumissions de rendre les fruits qu'il percevra en vertu
d'icele à qui par Justice il sera ordoné en fin de cause élisant domicile en la
maison de S . . . . . .

Il faut faire signifier cet acte au défendeur, après quoi la sentence de recreance & sequestre doit être executée nonobstant
l'apel, à la caution juratoire de celui au profit duquel elle aura
été rendue selon l'article 9. du titre 15. de l'ordonance de 1667.
qui corige l'anciene Jurisprudence, suivant laquelle celui qui
avoit obtenu la recreance, étoit obligé de bailler bonne & sufisante caution.

La recreance est la provision du Benefice contentieux, dont il
a été parlé ci-dessus, & la sentence doit être entierement executée avant que d'être procedé au jugement de la pleine maintenue, ainsi qu'il est dit par l'article 10. du même titre.

Si pendant l'inſtance ou procés pour raiſon d'un Benefice, l'une des parties vient à deceder, celle qui ſurvit, gagne ſa cauſe, pourveu qu'aucun ne ſe faſſe pourvoir du Benefice comme vacant par la mor du decedé.

Cependant ſi le decedé étoit en poſſeſſion actuelle du Benefice, le ſurvivant peut obtenir la main levée des fruits ſur une requête judiciaire, faite à l'audiance par ſon Avocat en raportant l'extrait du regiſtre mortuaire, & les pieces juſtificatives de la litiſpendance.

Sentence portant ajudication de l'état d'un Benefice, & main levée des fruits.

Extrait des regiſtres de........

Sur la requête judiciairement faite par T..... Procureur de Q.... pourvû de la Cure de..... à ce que l'état & main levée des fruits de ladite Cure lui fût doné, atendu que X.... qui en avoit pris poſſeſſion, eſt decedé pendant l'inſtance que Q..... avoit intentée contre lui pour raiſon du poſſeſſoire de ladite Cure, lecture faite des pieces juſtificatives, l'inſtance & de l'extrait du regiſtre mortuaire de l'Egliſe de...... contenant que T..... a été enterré le........

Nous avons fait main levée à Q...... des fruits de ladite Cure, & lui ajugeons l'état d'icele, ſuivant l'ordonance.

Si un tiers ſe fait pourvoir d'un Benefice contentieux, comme vacant par la mort du decedé, il faut que le nouveau pourvû prene poſſeſſion en vertu de ſes proviſions, & enſuite ſe faire ſubroger aux droits du défunt, & reprendre le procés en ſon lieu.

Autrefois pour ſe faire ſubroger, il faloit obtenir des létres Roiaux en Chancellerie, mais aujourd'hui l'uſage de ces létres de ſubrogation, eſt abrogé par l'article 16. du titre 15. de l'ordonance de 1667. & la ſubrogation s'acorde ſur une requête verbale faite judiciairement ſans apeler les parties.

Il étoit auſſi autrefois neceſſaire d'obtenir la ſubrogation dans l'an de la réſignation, mais la nouvelle ordonance ne preſcrit point ce terme.

Quoique durant le procés l'une des parties contendantes réſigne ſon droit à un tiers, neanmoins ce réſignant ne ſera pas par ce moien déchargé de tous les frais faits, ni de tous les fruits par lui perçus juſques au jour de ſa réſignation, ainſi la partie adverſe poura en ce cas continuer ſa pourſuite contre le réſignant,

nant, jufques à ce que le refignataire ait paru, & foit intervenu au procés.

Il n'eft point neceffaire que ce refignataire pour intervenir, obtiene des létres de fubrogation pour être fubrogé aux droits & aux procedures de fon refignant, car il fufit, comme j'ai dit ci-deffus, d'une fimple requête judiciaire pour obtenir la fubrogation.

S'il intervient fentence portant condanation de reftitution de fruits, ou de domages & interêts, elle doit être executée contre le refignant, tant pour les fruits perçus, que pour les dépens faits au procés, & les fruits échus depuis fon intervention, mais il aura fon recours contre fon refignant pour les fruits échus & pour les dépens faits du tems de fondit refignant, felon l'article 18. du titre 15.

Un tiers aiant droit à un Benefice déja contentieux entre deux parties, peut intervenir au procés, pourveu que par fa requête d'intervention il en explique les moiens, & qu'il baille copie fignée de fon Procureur, tant de fa requête, que des titres & capacités, aux Procureurs de chacune des parties principales, & qu'il montre que le Benefice n'apartient ni à l'une, ni à l'autre des contendans, mais à lui feul à leur exclufion.

Requête d'intervention en une inftance de comptant Beneficiale.

A Monfieur le Prevôt ou Bailli de........

Suplie humblement L. &c.....

Difant que fur la refignation faite en fa faveur par F..... de la Cure de...... il a été pourvû en Cour de Rome, *in forma dignum*, de ladite Cure le...... & a obtenu le *Vifa* du fieur Evêque de..... en confequence de quoi il a pris poffeffion reelle & actuelle de ladite Cure, pour raifon de laquelle il y a inftance par devant vous, Monfieur, contre M...... & N...... qui fe prétendent tous deux Titulaires d'icele, quoiqu'il n'y ait que le fupliant qui en foit valablement pourvû.

Ce confideré, Monfieur, il vous plaife recevoir le fupliant partie intervenante en l'inftance d'entre M..... & N..... lui doner acte de ce que pour moien d'intervention, il emploie le contenu en la prefente requête, ce faifant le maintenir en la poffeffion & jouiffance de ladite Cure, fruit & revenus d'icele faire défenfes à M...... & à N...... de l'y troubler à peine de tous dépens, domages & interêts, & vous ferés bien.

La partie intervenante aiant fait fignifier céte requête, & copie baillée de fes titres & capacités, fi la caufe principale eft portée à l'audiance, elle y plaidera fon intervention, mais fi

elle a été déja apointée , il sera reçue partie intervenante , &
sur son intervention les parties seront apointées en droit & joint
au procés principal.

On demande comme se justifie la garde des corps morts en
matiere Beneficiale.

Pour entendre céte question , il faut savoir qu'il arive quelque fois que celui à qui un Benefice a été resigné , garde le corps
du resignant pour pouvoir cacher sa mort , & aprés se faire pourvoir du Benefice , & c'est une fraude qui se comet pour avoir
un Benefice , laquelle se justifie diversement au Parlement & au
grand Conseil.

Au Parlement le fait de la garde des corps morts se justifie
ordinairement par enquéte & non par information , & celui
qui est acusé d'avoir gardé le corps mort , a la faculté de justifier
le contraire par une enquête , & que le défunt n'est decedé qu'-
au tems que la mort en a été declarée & publiée.

Au grand Conseil on instruit les procés de la garde des corps
morts criminelement par information , recôlement & confrontation , & les acusés ne sont pas reçus à faire preuve du fait contraire , au moins avant qu'ils y soient reçus , il faut qu'ils aient
subi l'interrogatoire sur les charges & informations , & on ne
leur done céte faculté , que lorsque par l'information & l'interrogatoire on voit que le fait de la garde du corps n'est pas bien
prouvé.

Les exploits de complainte pour le possessoire d'un Benefice ,
& le formule de demander pour rentrer dans un Benefice permuté , & l'exploit qui doit être fait contre celui qui a créé une
pension sur les fruits dudit Benefice permuté , & ne l'a pas declaré lors de la permutation , est au Chapitre des ajournemens
de mon Stile general des Huissiers & Sergens , où je renvois le
Lecteur.

A l'égard des sentences qui se rendent sur ces sortes de matieres , on en trouvera le formule dans le premier Volume de
mon Ancien Clerc du Palais.

CHAPITRE XCI.

Des permutations des Benefices.

PErmutation de Benefice ne signifie autre chose que changement qui se fait d'un Benefice pour un autre.

Il y a onze choses requises pour rendre canonique une permutation de Benefice.

La premiere qu'il y ait des Benefices permutés de part & d'autre, mais il n'est pas necessaire que le revenu en soit égal.

La deuxiéme, que l'un & l'autre des permutans quite son Benefice, & passe une procuration *ad resignandum*, & que les noms
& surnoms des copermutans soient exprimés dans l'acte de permutation.

La troisiéme, que la permutation soit suivie de colation, par
la raison que la simple convention des parties, n'est pas suffi-
sante, ni même le consentement de l'Evêque, sans une nouvele
colation.

La quatriéme, que la colation soit faite par l'Evêque Diocesain, c'est à dire, celui dans le Diocese duquel le Benefice se
trouve situé, & si les Benefices permutés se trouvoient dans
deux Dioceses diferens, l'Evêque de chaque Diocese le doit
faire pour le Benefice qui dépend de lui, si ce n'est qu'on allât
au Pape en qualité d'Ordinaire des Ordinaires, mais céte condition n'est requise que quand les Evêques sont colateurs des
Benefices permutés, & non pas quand les Benefices dépendent de la colation des Colateurs inferieurs, car c'est à eux
d'en admétre la permutation, autrement il faut avoir recours
au Pape.

La cinquiéme, que chacun des copermutants ait droit au
Benefice qu'il baille, autrement il se trouveroit qu'il n'auroit
rien baillé ; ainsi il n'y auroit point de permutation.

La sixiéme qu'il y ait cause de permutation de laquelle l'Evêque doit être informé.

La septiéme que ceux ausquels la presentation ou l'élection
apartient, y donent consentement, autrement la permutation ne
seroit pas valable ; mais parce que les Patrons ou Electeurs y

aporteroient fouvent des empêchemens ou des dificultés, c'eſt pourquoi après la requiſition faite au Patron, s'il refuſe ſon conſentement, il faut recourir à l'Evêque, lequel aprouve la permutation, mais à l'égard du Patron Eclefiaſtique, il n'importe pas parmi nous d'en avoir le conſentement ou le refus, car il fuſit d'avoir requis ſon conſentement.

La huitiéme, que la permutation ſoit faite de Benefice avec Benefice, & non avec autre choſe profane; & il faut que la permutation ſe faſſe pour Benefice dans lesquels les copermutants aient un droit certain & inconteſtable, car il eſt ſans doute, qu'on ne peut échanger un Benefice dont on eſt pourvû, & en poſſeſſion avec un autre qu'on eſpere, & pour cet éfet bailler une ſimple reſignation non admiſe, ou une reſignation admiſe ſans priſe de poſſeſſion, ou une ſimple nomination & preſentation.

On ne peut point auſſi permuter un Benefice avec un droit ſpirituel d'autre eſpece & nature, comme avec des dixmes, ou un droit de patronage.

La neuviéme, qu'en la nouvelle proviſion à cauſe de permutation, mention ſoit faite des autres benefices, dont les copermutans ſont pourvûs, & de leurs qualités, autrement la permutation faite pardevant le Pape ſeroit nulle.

La dixiéme, qu'il n'y ait point de paction, ni de compoſition de faire la permutation; d'autant que toute paction induit ſimonie, à moins qu'elle ne ſoit telle qu'elle fût aprouvée par le Pape.

La onziéme & derniere, que la permutation ne ſoit point ſimulée ou frauduleuſe, autrement elle ſeroit nulle.

Il y a auſſi pluſieurs cas par où l'un des copermutans peut rentrer dans ſon Benefice, mais les plus ordinaires, ſont;

Primò. Lorſque l'un des copermutans a reſigné à l'autre un Benefice litigieux, & que la permutation ne ſe trouve point de *pacifico ad pacificum.*

Secundò. Lorſque l'un des Benefices permutés ſe trouve chargé d'une penſion dont il n'a point été fait mention en la permutation.

Tertiò. Quand l'un des copermutans n'a point de droit au Benefice qu'il a baillé par permutation, ou qu'il n'a pas ſatisfait aux choſes portées par la permutation; par la raiſon que les reſignations qui ſe font par permutation ſont conditioneles, *& ob cauſam,* & non pures & ſimples.

Quartò. Lorfque ce qui eft baillé en permutation n'eft point un Benefice ; comme fi c'eft une fimple preftimonie, non erigée en Benefice.

Celui des copermutants qui veut rentrer dans fon Benefice, doit denoncer à l'autre le défaut qu'il fe trouve de fa part, ou trouble fait au Benefice qu'il a baillé, à ce qu'il ait à le faire ceffer, & rendre le Benefice paifible, & dechargé de la penfion, & à faute de ce faire dans un tel temps, qu'il rentrera dans fon Benefice.

Il n'eft pas neceffaire pour cet éfet d'obtenir letres Roïaux pour faire ceffer la permutation, parce qu'elle eft reputée comme non faite, ce qui a lieu, foit qu'on agiffe au petitoire ou au poffeffoire.

Les Juges à qui la fentence eft demandée par l'un des copermutans pour rentrer dans fon Benefice, ne la doivent point refufer, fans qu'il foit befoin d'avoir recours au Pape ni à l'ordinaire pour avoir de nouvelles provifions, ainfi qu'il a été jugé par plufieurs arrêts du Parlement, du grand Confeil, raportés par Charondas dans fes Reponfes.

Dumoulin fur la regle, *de infirmis*, nombre 112. dit que pour faire declarer nulle la permutation d'un Benefice d'un grand revenu contre un mediocre, il faut qu'il s'y rencontre trois prefomptions de fraude, fçavoir la parauté, la maladie ou le grand âge de l'un des permutans, l'inégalité de Benefice, la grande amitié & autres femblables.

La permutation qui n'a point eu fon execution ne peut pas être apelée telle, fi elle n'a point été acomplie, car ce n'eft pas tant une permutation qu'un projet qui feroit demeuré fans éfet par le decés de l'un des copermutans.

Ainfi, il eft neceffaire que les refignations, *ex caufa permutationis*, foient aceptées & executées de part & d'autre, en forte qu'autrefois fi l'un des copermutans, après avoir eu fes provifions bien & dûement expediées, venoit à deceder avant qu'avoir pris poffeffion, l'autre qui auroit acompli de fa part & executé la refignation, jouïroit de fa bone fortune, & demeureroit en fon ancien Benefice, les arrêts aïant jugé que la poffeffion du bail du benefice refigné, & la quitance du prix d'icelui, fans autre prix de poffeffion, ne faifoient pas que le titulaire fût depoffedé, & tels actes ne pouvant pas équipoler à une prife de poffeffion, laquelle eft abfolument neceffaire.

D'où il s'enfuit que le refignant doit jouïr de fa bonne for-

tune, en retenant l'un & l'autre, celui qu'il avoit resigné, n'a-
yant pû vaquer par la mort du copermutant, pour avoir icelui
negligé de prendre possession dans le temps, mais par l'article
14. & 21. de la declaration de 1646. sur l'édit du contrôle, il
est ordoné, que si l'un des copermutans vient à deceder avant que
d'avoir pris possession du Benefice, l'autre demeure privé du Benefice par lui baillé, & du droit qu'il avoit en icelui, & qu'il n'y
puisse rentrer sans une nouvele provision, soit que la permutation ait été faite en maladie ou autrement.

Il n'est pas permis en permutation de Benefice inégaux de
faire recompense en argent, telle permutation seroit nulle, en
consequence de la simonie.

Toutefois les échanges des terres, dont les Eglises seroient
dependantes peuvent, selon mon sentiment, être faits avec recompense en argent.

La regle de vingt jours n'a pas lieu en la permutation des
Benefices, ainsi qu'il a été jugé par plusieurs arrêts, tant en Parlement de Paris que des autres.

S'il y a dispute pour la permutation, ou qu'un seul veüille
departir, la recision en doit être demandée pardevant le Juge
d'Eglise, atendu qu'il s'agit du petitoire & du titre du Benefice.

Neanmoins si on étoit encore dans le temps d'agir au possessoire, on pouroit se pourvoir pardevant le Juge Roïal.

CHAPITRE XCII.

Des Pensions.

PEnsions sur un Benefice ou Eclesiastique est, une portion des
fruits & du revenu d'un Benefice assigné à un Eclesiastique,
par l'autorité du Pape, & pour cause legitime.

Elle ne doit pas être resignée par cottité, comme par exemple, du quart, du tiers, ou de la moitié, parce que ce seroit
une espece de fiction du Benefice, qui est défendu par la disposition du droit canonique.

Mais elle doit être assignée d'une certaine somme, à prendre
sur les fruits & revenus du Benefice, laquelle regulierement ne

doit pas exceder le tiers, suivant l'opinion de Rebufe & des autres Canoniſtes.

Cependant en matiere d'Abaye & de Prieuré en comande, & autre Benefice ſimple, on ne ſoufre toutefois que les penſions juſqu'à la valeur de la moitié du revenu, en haine de la perfidie de ceux qui s'y étant obligés pour avoir la reſignation d'un Benefice, refuſent de païer à leur reſignant & bienfacteur.

Quoi qu'une penſion ſoit une portion du revenu d'un Benefice, neanmoins elle n'eſt pas de même nature que le Benefice, car elle ne peut être permutée avec un Benefice, & ſi la permutation en étoit faite, elle ſeroit vitieuſe & ſimoniaque.

Elle ne peut pas auſſi être aſſignée à une perſone laïque pour en pouvoir joüir; il faut être au moins Clerc Tonſuré.

Les Colateurs ordinaires ne peuvent point créer des penſions ſur les Benefices qu'ils conferent, il n'y a que le Pape ſeul qui puiſſe créer des penſions ſur leſdits Benefices.

Le Roy ne peut pas auſſi le faire en conferant regale, de ſorte que lorſque le Roy durant la regale admet une reſignation faite en ſes mains, à la charge d'une penſion, il confere le Benefice quand il lui plaît à la charge de la penſion, mais pour la creation de céte penſion, il renvoïe les Parties à ſe pourvoir en Cour de Rome.

Il n'y a dans le Roïaume que trois cauſes legitimes pour leſquelles les penſions peuvent être creées.

La premiere, la reſignation, quand un Ecleſiaſtique reſignant ſon Benefice, retient & ſe reſerve une penſion pour ſa nouriture & ſubſiſtance.

La ſeconde eſt la permutation, quand un riche Benefice eſt permuté avec un autre de moindre revenu, car en ce cas celui qui ſe depoüillé du meilleur Benefice, ſe peut reſerver une penſion ſur icelui, pour rendre égale la condition des permutants, ou du moins pour empêcher qu'il n'y ait une trop grande inegalité.

La troiſiéme, eſt le bien de la paix, quand deux particuliers plaidans pour un même Benefice, & aprehendant l'un & l'autre, l'évenement du procés s'acordent en telle maniere, que l'un reſigne ſon droit à l'autre, à la charge d'une penſion, par le moïen de quoi, le diferent eſt partagé pour le bien de la paix, l'un aïant le Benefice, & l'autre une penſion ſur icelui.

Ci-devant ceux qui poffedoient des Cures ou des Chanoinie pouvoient les refigner à la charge d'une penfion, & même ce la étoit toleré, quand les penfions n'excedoient point le tiers de revenu des Benefices, & quand elle excedoit, elle n'étoit pas pour cela caffée & declarée nulle, mais elle étoit feulement reduite au tiers.

Aujourd'hui céte jurifprudence a été changée par la declaration du Roy, doné à Ath au mois de 1671. par laquelle il eft ordoné, que les pourvûs des Cures & des Prebendes ordinaires, ou Theologales; dans les Eglifes Cathedrales, ou Colegiales, ne pourront les refigner avec referve de penfion, qu'après les avoir actuelement deffervi durant quinze années entieres, fi ce n'eft pour caufe de maladie, conuë & aprouvée de l'ordinaire, qui les mete hors d'état le refte de leurs jours de pouvoir faire les fonctions de leurs Benefices, fans neanmoins qu'en ce cas la penfion puiffe exceder le tiers du revenu des Cures & Prebendes; à condition que ce tiers diftrait pour la penfion, il puiffe encore refter au titulaire qui deffervira, la fomme de trois cens livres par chacun an, franche de toutes charges, fans comprendre en céte fomme de trois cens livres, le cafuel, & le cœur de l'Eglife, qui apartiendra au Curé, ni les diftributions manueles, qui apartiendront pareillement aux Chanoines titulaires & refervans, outre lefdites trois cens livres, & nonobftant tous traités & concordats, pour caufe de procés, refignations, & permutations, demande en regrés faute de païement defdites penfions, & tous cautionemens, defquels le Roy decharge les obligés par fadite declaration.

Le titre facerdotal eft une penfion que l'on affure à ceux qui font promûs aux ordres, ou fur des Benefices, ou fur des heritages ou rentes; s'il eft affigné fur Benefices, ils ne peuvent être refignés, s'il n'y a referve d'une penfion fufifante, ou du moins elle peut être demandée en cas d'indigence, & lorfqu'il eft affigné fur heritages ou par maniere de rentes, l'alienation fubfifte, & fi celui qui a titre eft pourvû d'un Benefice fufifant; mais il y peut rentrer fi le Benefice étoit perdu, ou qu'il n'eût pas dequoi fubfifter.

Ceux qui ont certifié le titre, ne doivét point auffi être inquietés, finon en cas de neceffité, autrement ils ne doivent pas s'adreffer celui qui leur a voulu faire plaifir, autre chofe lorfque les parens l'ont conftitué, le droit eft aquis à celui à qui on l'a affigné,

de

de même qu'à un donataire, au prejudice des creanciers posterieurs, & il passe aux heritiers.

Il semble aussi qu'un debiteur de rente donée pour titre qu'il a remboursée, ne doit être condané à fournir le titre, sinon lorsque celui à qui il a été constitué se trouve dans l'indigence, & n'a pas d'ailleurs dequoi subsister; c'est pourquoi on nedoit point en ce cas coloquer le titre en un ordre, qu'en faisant doner caution aux creanciers posterieurs de raporter en cas de necessité; mais s'il l'avoit remboursé à un autre qu'au veritable creancier, qui lui avoit lié les mains par la signification de son contrat, il n'en seroit pas en liberté, & seroit condané à païer & continuer.

On peut dire que la pension est réele, étant une reserve des fruits faite par le Pape & homologuée en l'oficialité; & que par consequent l'interdiction causée par le crime du titulaire, ne peut faire aucun préjudice au pensionaire, non plus que le decés de celui qui est en decret, & par ce moïen interdit, peut demander une pension alimentaire pendant le procés, pourveu qu'il n'y ait pas de contumace de sa part, & il semble que le Juge seculier puisse statuër sur ce sujet, s'agissant de temporalité.

CHAPITRE XCIII.

Des portions congruës.

POrtions congruës, est une certaine pension qui est dûë au Curé ou Vicaire perpetuel qui dessert une Cure, par ceux qui perçoivent les grosses dixmes dans sa Paroisse.

L'origine des portions congruës vient de l'usurpation qui a été faite des dixmes, sur les Curés par les Chapitres, les Abaïes & autres Comunautés Eclesiastiques, car originairement & suivant la disposition de droit, tous les dixmes d'une paroisse apartenoient à l'Eglise Paroissiale.

Mais depuis à cause de l'ignorance des Prêtres seculiers, les Moines de l'Ordre de saint Benoist, & les Chanoines reguliers de l'Ordre de saint Augustin, s'étant emparés de la plûpart des Cures, ils les ont desservi eux-mêmes durant quelques temps, mais dans la fuite s'étant relâchés de leur première ferveur, ils les ont fait deffervir par des Prêtres feculiers, en qualité de Vicaires revocables à volonté, aufquels ne donant que fort peu de chofes, ils ne pouvoient trouver que des Prêtres ignorans, incapables d'inftruire les peuples, & de s'aquiter dignement des fonctions curiales.

Ce qu'aïant excité beaucoup de plaintes, & beaucoup de fcandale, il y fut pourvû au Concile general de Latran, tenu fous Alexandre III. & au Concile Provincial d'Aranches, où il fut ordoné que les Religieux qui avoient des Cures, unies à leur mance conventuele, les feroient deffervir par un de leurs Religieux idoines & capables, ou par un Vicaire perpetuel, & non revocable, qui feroit inftitué par l'Evêque fur leur prefentation, & auquel ils feroient tenus d'affigner une portion congruë fur le revenu defdites Cures.

Voilà quelle a été jufques à prefent l'origine des portions congruës.

En execution des decrets de ce Concile, les Chanoines reguliers de l'Ordre de faint Auguftin ont opté de deffervir eux-mêmes les Cures unies à leurs mances, & pour cet éfet d'y établir leurs Religieux en qualité de Prieurs, & c'eft de là que les Prieurés Cures de l'Ordre de faint Auguftin ont tiré leur origine.

Mais les Religieux de l'Ordre de faint Benoift ont opté le contraire, ils ont retenu par devers eux les dixmes & autres revenus des Cures unies à leurs mances, avec la qualité de Curés premitifs, & y ont établi des Vicaires perpetuels, aufquels aiant doné le moins qu'ils ont pû, la pauvreté & l'indigence de ces Vicaires perpetuels, qui n'avoient pas dequoi vivre & fubfifter, a doné lieu à une infinité de demandes en portion congruë.

Les portions congruës n'ont pas été fixées par le droit Canonique, à aucune fomme, & quant même cête fixation auroit été faite, elle ne pouroit pas fubfifter, par ce que le prix des danrées augmente de temps en temps, à mefure que l'argent devient commun, en forte que ce qu'on avoit pour cent fols il y a deux cens ans, vaut prefentement cent livres.

Neanmoins ces portions congruës, ont été reglées & fixées en ce Roïaume, premierement à la fomme de cent vingt livres par l'article 9. de l'édit du Roy Charles IX. du mois d'Avril de l'année 1571.

Depuis elles ont été augmentées jusqu'à trois cens livres, par l'article 14. de l'ordonance du mois de Janvier 1529. qui n'a point été reçû dans l'usage.

Cet article exprime la necessité de l'augmentation, c'est pourquoi j'ai crû qu'il étoit à propos d'en raporter ici les propres termes.

D'autant que les Abés, Prieurs, Chapitres, & autres qui possedent & joüissent des dixmes des Parroisses destinées à la nouriture de ceux qui administrent les Sacrements s'en dechargent en baillant peu de gros aux Curés desdites, qui ne peut sufire à la nouriture & entretenement, & sont lesdits Curés & Vicaires perpetuels reduits à demander des portions congruës, qui leur sont arbitrées & si peu, en égard au surcroit du prix de toutes choses, qu'ils n'ont mòien de s'entretenir; ce faisant, lesdits Curés sont destitués, ou ceux qui les desservent, reduits à de si grandes miseres qu'ils ne peuvent sufire, voulons que desormais les portions congruës qui seront ajugées ausdits Curés ou Vicaires perpetuels, ne puissent être estimées à moins de trois cens livres de revenu pour toutes choses que les Evéques, Abés, Prieurs, Chapitres, & autres possedans dixmes des Paroisses, seront tenus payer ausdits Curés, en cas de demande & reduction à une portion congruë au lieu de gros, ou autre redevance qu'ils fournissent ausdits Curés, la somme de trois cens livres, nonobstant toutes ordonances, coutumes & usages à ce contraires, à quoi nous avons derogé, & derogeons.

Par arrêt du Parlement de Paris, du 8. May de ladite année 1629. rendu entre M. Christophle Maclau, Curé de la Paroisse de Ressous d'une part; & le Prieur Comandataire d'Essincour, & le Commandeur des Fontaines d'autre part, il a été jugé en l'audiance de la Grand Chambre, que ledit Maclau en abandonant par lui le gros de six muits de grains qui lui étoient païés par lesdits Prieur & Comandeur, en qualité de gros decimateurs de sa Paroisse, auroit à l'avenir deux cens livres de portion congruë, outre les menuës dixmes & les novales, & sur ce que ces gros decimateurs auroient depuis troublé ledit Maclau en la possession desdites menuës dixmes & novales, il a été maintenu par autre suivant leuss ofres, païer audit Maclau deux cens livres par chacun an, de quartier en quartier, & par avance, outre les deux cens livres à lui adjugées par le precedent arrêt, en abandonant par ledit Maclau toutes les novales, & menuës dixmes, même celle de laine, chanvre, verdure, & charnage.

Par Declaration du Roi donée fur les remontrances du Clergé
en date du 17. Août 1632. verifiée au grand Confeil le 23. Mars
1633. il eft ordoné que la fixation des portions congrues à trois
cens livres par l'ordonance de 1629. aura feulement lieu pour
les Provinces qui font au deça de la riviere de Loire , & qu'à
l'égard des Diocefes de Bretagne , & des Provinces qui font au
de-là de la riviere de Loire , les portions congrues demeureront
fixées à deux cens livres, comprenant dans lefdites portions congrues, les menues dixmes , le fond des Curés , les fondations
des obits & autres revenus ordinaires , & à la charge auffi qu'és
lieux où de toute ancieneté il y a portions de dixmes és revenus
entre les Evêques , Chapitres, Abés , & Prieurs , & les Curés
ou Vicaires perpetuels, lefdits Curés ou Vicaires feront tenus de
fe contenter de leur ancien partage.

Aprés la publication de céte declaration , les gros decimateurs
des Diocefes qui font au deça de la riviere de Loire , aiant crû
ne devoir pas être de pire condition , que ceux qui font au de-là
de ladite riviere de Loire , ont obtenu arrêt au Confeil privé du
Roi, le 30. Mai 1634. par lequel les portions congrues font reduites & moderées à deux cens livres pour les Cures qui font au
deça de la riviere de Loire , auffi bien que pour celles qui font
au de-là, & enfuite une declaration du Roi du 18. Decembre
de la même anée, verifiée au grand Confeil le 11. Janvier 1635.
par laquelle en confirmant ledit arrêt au Confeil privé , & interpretant l'article 13. de l'ordonance de 1629. les portions congrues pour les Cures fcituées au deça de la riviere de Loire ,
font reduites & moderées à la fomme de deux cens livres par an,
à l'égard de celles où il n'y a point de Vicaire , & à la fomme de
trois cens livres , à l'égard de celles où les Curés ont befoin d'un
Vicaire , fans comprendre dans lefdites fommes de deux cens
livres ou de trois cens livres , les ofrandes & droits cafuels, ni
les fondations des obits qui demeureront aux Curés & Vicaires
perpetuels , & non les mêmes dixmes , les revenus des fonds &
domaines , des Cures , & autres revenus ordinaires qui feront
precomptés fur lefdites portions congrues , nonobftant ledit article 13. de l'ordonance de 1629.

Il y a arrêt du grand Confeil du 2. Mai de ladite anée 1634.
entre Maître Jean Cauffin , Curé de Rodelincourt , d'une part ,
& les Abés & Religieux de Corbie, d'autre, par lequel ledit Abé
& Religieux font condanés de paier audit Curé la fomme de
trois cens livres par an pour fa portion congrue , en leur delaif-

fant tout le revenu & domaine de fa Cure à l'exception feulement du Cœur de l'Eglife.

Par autre arrêt du Parlement de Paris du 14. Juillet 1657. rendu
entre le Curé de Mailli la Ville, Diocefe d'Auxerre & le Doien,
Chanoines, & Chapitre de Vezelai, ledit Chapitre eft condané
paier audit Curé, trois cens livres de portion congrue pour lui,
& cent cinquante livres pour fon Vicaire, ce qui fait voir que
le Parlement n'a point eu d'égard à la reduction faite par la declaration de l'anée 1634. parce qu'il ne l'a point verifiée.

Par autre arrêt du douziéme Août mille fix cens foixante deux,
rendu entre Maître Jean Olivier, Curé de Tigi, & les Abés &
Religieux de l'Abaie de faint Benoît fur Loire, raporté au fecond
Tome du Journal des Audiances, lefdits Abés & Religieux font
condanés paier audit Curé trois cens livres de portion congrue
au cas qu'il n'ait point de Vicaire, & au cas qu'il ait un Vicaire,
la fomme de 400. livres, & outre ce ordone que ledit Curé
jouïra de toutes les vertes, menues dixmes & novales en toute
l'étendue de fa Paroiffe.

Par autre arrêt du même Parlement du 9. Decembre 1664.
raporté audit fecond Tome, la Cour en erigeant la Chapelle de
faint Leonard au Diocefe de Rheims en Cure, ordone que le
Curé qui y fera établi, aura trois cens livres de portion congrue.

Par autre du vingt-neuviéme Decembre rapporté au même Tome, la Cour erigeant l'Eglife fucurfale d'Escueil au
Diocefe de Rheims, en Eglife Paroiffiale, ordone pareillement
que le Curé qui y fera établi, aura trois cens livres de portion
congrue.

En 1666. les agens du Clergé de France prenant ces arrêts du
Parlement & plufieurs autres de même qualité, pour des con-
treventions à la declaration du Roi de l'anée 1634. en ce qu'ils
augmentent les portions congrues des Cures où il n'y a qu'un Curé jufqu'à la fomme de trois cens livres & de celles où il y a un
Curé & un Vicaire, jufqu'à la fomme de 400. livres, ont obtenu une autre declaration du Roi le 30. Mars de ladite anée 1666.
portant que celle de l'anée 1634. fera executée, & en confequence que les Cures qui n'ont point de Vicaire, n'auront que
200. livres de portion congrue, fans toutefois comprendre en
lad. fomme les ofrandes, les droits cafuels, c'eft à dire, le cœur de
l'Eglife, & les fondations des obits, mais comme j'ai dit ci deffus,
elle n'eft pas executée au Parlement où elle n'eft point verifiée.

Ce qui eſt cauſe de la diverſité des arrêts en matiere de portion congrue, parce que ſi la cauſe eſt portée au grand Conſeil, le Curé n'a que 200. livres, & ſi elle eſt portée au Parlement, on lui ajuge trois cens livres, & la juriſprudence du Parlement ſemble être autoriſée par la declaration du Roi de l'anée
1671. touchant la reduction des penſions, parce qu'en reduiſant
au tiers les penſions créées ſur les Cures, il declare que ce tiers
ne poura être pris par le penſionaire, qu'au cas qu'il reſte pour
le Titulaire deſervant la Cure, la ſomme de 300. livres franche
& quite de toutes charges, jugeant qu'il ne peut pas ſubſiſter
honêtement à moins que d'avoir franchement ladite ſomme de
300. livres.

En céte matiere non ſeulement la juriſprudence du Parlement
eſt contraire à celle du grand Conſeil, mais celle du Parlement
n'eſt pas même bien conſtante & certaine, pour ce qui regarde
les novales & les menues dixmes, y aiant des arrêts, comme de
Tigy, qui a ajugé aux Cures & Vicaires perpetuels, outre la
ſomme de trois cens livres; les novales & les menues & vertes
dixmes de leur Paroiſſe, d'autres qui leur ont retranché les novales, d'autres qui leur ont ôté les vertes dixmes, mais il ſemble
que l'on ne leur peut ôter les dixmes domeſtiques & de charnage qui apartienent proprement à celui qui adminiſtre les Sacremens, & qu'ils les doivent avoir, outre les trois cens livres de
portion congrue, auſſi bien que le Chœur de l'Egliſe, & les fondations des obits.

On a pluſieurs fois agité la queſtion de ſavoir, ſi les dixmes
infeodées étoient ſujetes à la portion congrue, & on a jugé que
non, ſi ce n'eſt ſubſidiairement, & en cas d'inſuſiſance des
dîmes Ecleſiaſtiques aprés ont été diſcutées par pluſieurs arrêts
raportés par Monſieur Loüet, & ſon Comentateur, létre D.
nombre 8. & principalement par un arrêt celebre rendu en la
premiere Chambre des Enquêtes, au raport de Monſieur de
Brouſſel le 4. Avril 1662. raporté au ſecond Tome du Journal
des Audiances, par lequel les poſſeſſeurs des dîmes infeodées de
la Paroiſſe de Savigni, ſont condanés les delaiſſer au Curé dudit lieu, ſi mieux ils n'aimoient lui paier 200. livres de portion
congrue, parce qu'il n'y avoit point de dîmes Ecleſiaſtiques ſur
leſquelles céte portion congrue pût être priſe.

Le Roi preſentement regnant par ſon édit du 9. Fevrier 1686.
les a enfin fixés à la ſomme de 300. pour les Curés & Vicaires
perpetuels qu'ils ne pouront plus être qu'en titre, & à la ſomme

de 150. livres pour leur Vicaire , lorfque les Evêques jugeront qu'il y aura neceffité d'en avoir un , ou plufieurs , à quoi les poffeffeurs des dîmes Eclefiaftiqnes , feront contraints , nonobftan l'apel & fubfidiairement ceux qui poffedent les dîmes infeodées folidairement jufqu'à ce que la contribution ait été reglée entre eux , lequel gros leur apartiendra fans charges , outre le cafuel de l'Eglife , les fondations & les honoraires , fous lefquels les Curés pretendent encore que les menues dîmes vertes , & ne leur laiffe que les dîmes de charnage & domeftiques , qui doivent paffer plûtôt pour honoraires & pour profits cafuels, que pour des revenus certains.

Ceux qui defervent dans les Eglifes fucurfales , doivent avoir 300. livres lorfqu'ils font en titre & ont l'adminiftration des Sacremens, & 150. lorfqu'ils font amovibles.

Les arrêts ont ajugé la portion congrue aux Curés des Villes & Faux bourgs, lorfqu'il y avoit des dîmes dans leur Paroiffe, ainfi qu'il a été jugé pour les Curés de S Jurin de Bourdeaux , de Semur en Auxois , du Belai , d'Evreux , fans diftinguer s'ils avoient plus ou moins de 300. livres , mais il feroit à fouhaiter qu'il y eût un reglement fur ce fujet.

Il a été jugé au profit du Chapitre de faint Martin de Tours, contre le Curé de faint Claude de Dizai , que les fonds dont le Curé jouiffoit devoient être precomptés fur les trois cens livres , fuivant l'eftimation qui en fera faite aux frais & dépens du gros decimateur , d'autant qu'un Curé qui eft fur les lieux a beaucoup plus de facilité à faire valoir les biens que ceux qui n'agiffent que par deputés , nous avons traité plus amplement la matiere des portions congrues dans nos Maximes du Droit Canonique , nouvelement imprimées avec plufieurs corrections & aditions.

On veut que les Eglifes qui defervent les Eglifes fucurfales ne puiffent s'adreffer qu'au Curé feul , lorfqu'il ne s'eft pas reduit à la portion congrue , étant obligé de ftipendier fon Vicaire , neanmoins il y auroit beaucoup de juftice d'en changer les dîmes qui fe perçoivent dans l'étendue du fecours , ainfi qu'il eft decidé par le chap. *ad audientiam 3. extr. d c. Ecclefiafticas perceptu-rum* , les dîmes Eclefiaftiques & menues dîmes premierement épuifées avant que de s'adreffer aux groffes, mais la Jurifprudence fe rend contraire aux Curés à cet égard.

CHAPITRE XCIV.

Des resignations & des regles de la Chancelerie Romaine.

IL y a trois especes de resignation.

La premiere est la resignation pure & simple, lorsque celui qui est pourvû d'un Benefice le resigne, & s'en demet purement & simplement entre les mains du colateur, & céte espece de resignation fait vaquer le Benefice, tant pour le titre que pour la possession, de sorte que depuis que céte resignation est faite & amise, on ne peut plus rien prétendre au Benefice, & celui qui en est par aprés pourvû par le colateur, n'en a pas le droit par le resignant, mais du colateur, comme si le Benefice avoit vaqué par mort, & au cas que celui qui seroit pourvû par l'Ordinaire, n'acceptât point la provision qui lui en seroit faite, l'Ordinaire le peut conferer à un autre, quoique le resignant fût vivant.

L'autre espece de resignation est celle qui est faite *in favorem,* céte resignation ne se peut faire que par devant le Pape, parce qu'étant conditionelle & faite à la charge d'en pourvoir un tel denomé en la resignation, elle est reprouvée par l'Eglise comme simoniaque, ainsi il n'y a que le Pape qui la puisse recevoir, le Legat *à Latere* n'est pas même capable de la recevoir, s'il n'en a reçu le pouvoir exprés du Pape.

Il y a entre ces deux especes de resignation, la même diference qu'il y a entre une donation pure & simple & la conditionele, par la resignation pure & simple, il est libre à l'Ordinaire de doner le Benefice à qui il veut, sans que le resignant s'en puisse plaindre mais au cas d'une resignation *in favorem,* il n'est pas au pouvoir du Pape de la doner à un autre qu'à celui qui est nomé par la procuration.

Celui qui est pourvû par céte seconde espece de resignation, doit l'accepter par une prise de possession solemnele & juridique, autrement le resignant demeureroit toûjours en possession, & aprés les trois ans expirés, sans avoir pris possession par le resignataire, la resignation seroit nulle & de nul éfet, & le resignant demeureroit toûjours Titulaire & possesseur de son Benefice, fans qu'il fût befoin de nouvelles provifions.

La troifiéme eft celle qui fe fait pour caufe de permutation, laquelle eft femblable à celle qui fe fait *in favorem*, d'autant qu'-elle fe fait du copermutant, & non d'autre, c'eft pourquoi elle ne fe peut faire qu'entre les mains du Pape.

Par la declaration de 1646. fur l'édit du contrôle, article 16. il eft ordoné que toutes procurations *ad refignandum*, ou pour permutation, feront regiftrées dans le grefe des infinuations, avant que d'être envoiées en Cour de Rome, & par une autre de-claration de l'anée 1650. il eft ordoné que toutes procurations *ad refignandum*, ou par permutation feront regiftrées és grefes des Diocefes, dans lefquelles procurations & autres actes dont l'infinuation eft ordonée, auront été paffées, & ce auparavant que d'être envoiées en Cour de Rome.

Les Papes ont établi des regles pour empêcher les abus qui fe cometent en la refignation des Benefices, nous en avons reçu trois en France qui font la regle *de infirmis*, la regle *de publicandis*, & celle de *verifimili notitia*.

Par la regle *de infirmis*, fi un Beneficier refigne fon Benefice étant malade, pour rendre valable la refignation, il faut qu'il furvive vingt jours aprés qu'elle a été amife en Cour de Rome, autrement s'il decede avant ce tems la refignation eft nulle & le Benefice vaque par la mort du refignant, de même que s'il ne l'avoit pas refigné.

Céte regle n'a pas lieu à l'égard des provifions des colateurs ordinaires, mais feulement pour celles données par le Pape, elle a lieu pour les Benefices qui font à la colation du Roi, excepté ceux qui font par lui conferés en regale, à l'égard defquels elle n'a point lieu, fi ce n'eft que le Roi ait conferé à la charge que le refignant furvivra les vingt jours.

Le Pape peut difpenfer de la rigueur de céte regle, comme il a été jugé par arrêt du 20. Juin 1651. conformément aux con-clufions de Monfieur l'Avocat General Bignon, raportées dans le premier Tome du Journal des Audiances.

Par la regle *de publicandis*, fi le refignataire pourvû en Cour de Rome, ne publie pas fa refignation, & ne prend pas poffef-fion dans les fix mois, & le pourvû par l'ordinaire dans le mois, à compter du jour de la provifion, la refignation demeure nul-le & caduque, fi le refignant vient à deceder aprés les fix mois, ou aprés le mois fans être depoffedé.

On prétend que le Pape ne peut pas deroger à céte regle, & que fi il y avoit derogé , il y auroit lieu à l'apel comme d'abus , par la raifon que cète regle a été confirmée par les ordonances des Rois de France , & par les Arrêts des Cours Souveraines.

Par la regle *de verifimili notitia* , il eft requis qu'il y ait un tems fufifant entre la mort du défunt , par laquelle le Benefice a vaqué , & les provifions qui en ont été obtenues pour être venu à la conoiffance de celui qui a obtenu les provifions , & pour avoir pû faire le voiage du lieu où le défunt eft decedé jufqu'à celui où étoit le colateur , car s'il n'y a pas une intervale de tems fufifant le pourvû par mort eft prefumé avoir couru fon Benefice , avant qu'il fût decedé & cète prefomption rend nulles les provifions qu'il auroit obtenues , quoique la date d'iceles fe trouve après fon decés.

La maniere de publier les refignations , & de prendre poffef-fion pour éviter la regle *de publicandis* , eft prefcripte dans l'article 13. & dans l'article fuivant d'un édit du Roi Henri II. apelé l'édit contre les petites dates.

L'article 13. porte , *Ordonons à nos Juges qu'ils n'aient aucun égard , ajugent le poffeffoire d'aucun Benefice aux provifions dudit be-nefice contentieux par devant eux , faites par refignation , finon que par vertu d'iceles ait été prife poffeffion folemnelle , & felon qu'il eft requis par nos Ordonances & aux regles de Chancelerie en ce qu'elles font reçues pour ce regard , c'eft à favoir quant aux benefices des Eglifes Cathedrales , Collegiales & Conventuelles , qu'il n'en aparoiffe par inf-trument figné du Grefier & Notaire defdites Eglifes , en la forme & maniere qu'ont acoutumé inftrumenter lefdits Grefiers & Notaires con-tenant la reception defdits pourvûs , & en cas de refus acte d'icelui valant & portant éfet de poffeffion & publication pour la fatiffaction de la regle de Chancelerie de publicandis , & au cas que lefdits No-taires du Chapitre refuferoient de bailler acte de la prefentation & re-quifition faite par lefdits pourvûs d'être reçus , & mis en poffeffion def-dits Benefices , dont ils font ainfi pourvus , pourront prendre acte & inf-trument dudit refus par tel autre Notaire Roial ou Eclefiaftique que bon leur femblera , apelés jufqu'à deux témoins pour le moins , lequel acte fera de tel éfet que celui qui leur pourroit avoir été baillé par lefdits Notaires de Chapitre.*

Par l'article 14. il eft porté , *& quand aux Benefices , dont la reception n'apartient aux Chapitres & Coleges , comme Cures , Prieu-rés & autres Benefices la prife de poffeffion d'iceux fera faite devant Notaires & témoins , & la publication d'icele fuivant ladite regle de Chancelerie , de publicandis , au Prône de l'Eglife Paroiffiale defdits*

Benefices, ou aux places ordinaires où font leurs Jurifdictions, ou aux ſieges Royaux, ou Preſidiaux, ou aux jours de marchés où il y aura af-fluence, de peuple ou à l'aſſemblée, que pourra faire l'executeur d'icele Bulle, des Paroiſſiens & Marguilliers d'iceles, ou par notification, & inſinuation faite aux ordinaires, Colateurs ou Patrons & nominateurs, ou à leurs Vicaires ou autres Oficiers, au lieu Archiepiſcopal, Epiſcopal Prieuré & principal lieu du Benefice dont depend ledit Benefice ainſi reſigné de leurſdites proviſions, & priſe de poſſeſſion, leur en baillant copie ſignée d'un Notaire ou de leurs Secretaires s'ils veulent, de la-quelle notification leſdits pourvûs pourront prendre acte des Notaires qu'ils meneront avec eux ou des Secretaires deſdites Ordonances, ſi bon leur ſemble, voulons les priſes de poſſeſſion autrement faites être decla-rées nulles & clandeſtines.

Il faut remarquer ici fur ce dernier article, que la forme de publier les reſignations aux marchés places publiques & audi-toire des Jurifdictions Roïales n'eſt point en uſage, mais ſeule-ment de les publier aux Prônes, parce que pour ſatisfaire à cé-te regle à l'égard des Cures, Prieurés ou Chapeles, il ſufit de prendre poſſeſſion publiquement un jour de Fête ou de Diman-che à l'iſſuë de la Meſſe Paroiſſiale ou des Vêpres, en preſence du peuple qui eſt aſſemblé, & faire ſigner l'acte qui en ſera dreſ-ſé par les Notaires, par quelques uns.

Le Pape ne peut point deroger à la regle, *de veriſimili notitia,* autrement ce ſeroit autoriſer les abus contre leſquels elle a été introduite ; cependant elle n'a point lieu aux proviſions des Benefices donés par le Roy, ſoit en regale ou autrement, com-me il a été jugé par les arrêts raportés par le Comentateur de Monſieur Loüet letre U. Chapitre 2.

Le Pape Urbain VIII. a fait une quatriéme regle de Chan-celerie Romaine en l'année 1634. par laquelle toutes procura-tions, *ad reſignandum,* demeurent acomplies & conſomées en la Chancelerie de Rome dans les vingt jours qu'elles ſont miſes és mains du Notaire de la Chambre, un de la Chancelerie, pour aor-ter & ſigner le conſentement au dos des ſignatures des proviſions & penſions, autrement leſdites ſignatures ne ſont datées que du jour & date courante, & à la fin de toutes ſignatures de reſigna-tions & penſions eſt inceré le decret, *dummodo ſuper reſignations talis Beneficii alia data capta & conſenſus extenſus non fuerit, alias præſens gratia nulla ſit,* pour empêcher les petites dates & la mul-tiplicité des reſignations.

Céte regle a été reçûë en France, & autoriſé par la declaration du Roy, portant la revocation de l'édit du contrôle du mois d'Octobre 1646. article 3.

Les anciens arrêts ont jugé que celui qui a resigné un Benefice en maladie, peut y rentrer en revenant en convalescence.

Mais par l'article 20. de l'édit du contrôle, il a été ordoné qu'en cas qu'un resignant mourût aprés le temps de la regle de *publicandis*, en possession du Benefice aprés la resignation & demission pure & simple entre les mains de l'ordinaire ou du Legat, & par lui admise, en ce cas le resignant demeureroit entierement privé du Benefice, & du droit qu'il avoit en icelui, sans y pouvoir rentrer sans nouveles provisions, soit que la resignation eût été faite en maladie ou autrement, & pour les resignations faites *in favorem*, si le resignataire y avoit consenti expressement ou tacitement, le resignant demeureroit pareillement privé de son droit, & n'y pouroit rentrer sans nouvelles provisions, comme aussi tous resignataires seroient tenus de prendre possession au plûtard dans trois mois aprés leurs provisions, autrement aprés ledit tems passé, elles demeureroient entierement nulles, bien que le resignant soit encore vivant, lequel ne peut plus resigner directement ou indirectement le même Benefice en faveur de celui qui aura laissé passer ledit tems de trois ans sans prendre possession.

Par l'article 21. de cet édit, toutes provisions par permutation sont declarées nulles & de nul éfet & valeur, si celui qui s'en veut aider, n'a fait tout ce qui est de son pouvoir à ce que son copermutant fût pourvû du Benefice à lui resigné pour cause de permutation, & neanmoins si aprés que l'un des permutans a été pourvû, l'autre decede, le Benefice qui a dû lui être resigné vaquera par son decés, soit qu'il en ait été pourvû, ou non, sans que le survivant le puisse retenir, comme jouissant de la bonne fortune, sans prejudicier aux moiens de droit autorisés par les arrêts des Cours souveraines contre les permutations frauduleuses.

Mais par l'édit du mois d'Octobre de l'anée 1646. qui a revoqué l'édit du contrôle des Benefices, l'article 20. concernant les regrés des Benefices, a été retranché, parce qu'on n'a pas crû que ce fût un abus qu'un resignant en maladie étant revenu en convalescence, ne pût & ne dût rentrer dans son Benefice qu'il auroit resigné sans nouvelles provisions, comme il a été jugé par l'arrêt du sieur Benoît, Curé de S. Innocent à Paris, contre le nomé Semelle, en l'anée 1558.& par d'autres arrêts rendus depuis.

Il faut dans les refignations faites par les criminels, informer le Pape & lui demander des provifions, de la qualité du crime dont le refignant eft acufé, & faire mention du procés qui eft intenté contre lui pour ce fujet, fans quoi la provifion ne feroit pas valable, & celui *qui medio tempore*, fe feroit fait pourvoir du Benefice, feroit preferé au prejudice du refignataire.

Il y a en France quelques Eglifes dont les Statuts ordonent, qu'un Chanoine nouvellement pourvû, eft tenu de declarer par ferment, qu'il eft né de legitime mariage.

Sur quoi on demande fi un bâtard qui ne peut afirmer qu'il eft né de legitime mariage, eft en droit de refigner à un legitime une Prebende dans une de ces fortes d'Eglifes, qui lui auroit été refigné, ou dont il feroit pourvû.

A quoi je répons, que ouï, ainfi qu'il a été jugé par arrêt de 1549. rendu conformement à l'opinion de Guimier, fur la Pragmatique Sanction, *tit. de pacif. poffeff.*

Cet arrêt a été rendu dans céte efpece.

Un bâtard difpenfé par le Pape du vice de fa naiffance, ne pouvant demeurer poffeffeur d'une Chanoinie en l'Eglife Cathedrale de Troye, l'a refignée à un legitime, & comme le Chapitre de céte Eglife refufa de recevoir ce refignataire, cela dona lieu à la queftion qui fut jugée au profit du refignataire, lequel fut maintenu en fa poffeffion, & ordoné qu'il feroit reçu.

Si le Titulaire avoit refigné à un étranger qui n'auroit pû obtenir difpenfe du Roi, l'on pretend qu'il ne pouroit plus rentrer, d'autant que la refignation auroit eu éfet, & qu'elle n'eft empêchée que par des raifons politiques, & en éfet le Benefice vaque par le decés du refignataire.

CHAPITRE XCV.

De l'exemption des Eclefiaftiques, tant en matiere civile, que criminelle.

IL y a plufieurs de nos Docteurs qui ont crû que l'exemption des Eclefiaftiques de la Jurifdiction feculiere, en matiere perfonelle, tant civile, que criminelle, étoit de droit divin, & qu'il ne pouvoit y être derogé par aucune loi humaine, ni par aucun usage ou coutume contraire.

Ils ont seulement excepté en matiere civile les actions reeles, & qui participent de la realité, & en matiere criminelle, les crimes atroces par l'énormité desquels les Eclesiastiques se rendent indignes du privilege Clerical.

Julius Clarus celebre Jurisconsulte *lib. 5. receptarum sententiarum quæst. 36.* est de cête opinion & se fonde sur les autorités d'Alciat, de Felinus & de Rebuffe, bien que lui même demeure d'acord qu'elle n'est pas sans dificulté à l'égard des simples Clercs tonsurés.

Voici ses termes, *Omnium exceptionum quæ in causis criminalibus ad declinandum Judicum jurisdictionem proponuntur, nulla frequentior est, quam Clericatus, de ea igitur in primis videamus & quidem in hac materiâ facienda est conclusio, quod Judex secularis nullo modo potest occasione alicujus delicti procedere contra Clericum aut Religiosum, secundum textum in cap.* cum non ab homine, extra de judiciis, *& hoc privilegium quod Clerici non possunt judicari à laicis & eis concessum à jure divino & hæc est communis opinio, ut dicit Alciatus &c. quæ tamen conclusio in puncto juris non transit sine difficultate, saltem quoad Clericos qui non sunt in Sacris constituti.*

Ceux qui ont été de cête opinion, se sont fondés au raport de Didacus Covarruvias, *practicarum quæstionum cap. 31.* sur trois principaux moiens,

Le premier se tire de ces paroles du Pseaume 104. *Nolite tangere Christos meos, quo in loco Deus exemisse videtur à Principibus Christos ejus, id est Sacerdotes, qui Christi, hoc est uncti & consecrati dicuntur.*

Le second du chapitre 17. de saint Mathieu, *ubi Christus cum ab eo exigeretur census, Petrum interrogat dicens, Reges terra à quibus accipiunt tributum, à filiis suis, an ab alienis? cumque Petrus respondisset, ab alienis, Christus colligit conclusionem, filii ergo liberi sunt, ne autem eos scandalisemus, vade & staterem quem aperto ore piscis invenies da eis pro me & te, unde quidam argumentatur, Christum exemisse Clericos à Principum secularrum tributis, quia filii ejus dicuntur, qui sub Christo & Petro qui caput est Ecclesiæ fuerunt significati.*

La troisiéme se tire du témoignage de l'Empereur Constantin, *qui præsidens in Synodo Nicena, cum querelam quorumdam cleri-*

eorum conspiceret coram se deferendam, ait: vos à nemine judicari po-
testis, quia ad Dei solius judicium reservamini.

Mais bien que céte opinion n'ait pas été suivie de tout le
monde, & qu'elle ait été contredite par plusieurs celebres Docteurs, tant François, qu'étrangers, qui ont soutenu avec raison, que l'exemption de la Jurisdiction seculiere en matiere personele, civile & criminele, dont joüissent les Eclesiastiques, est purement de droit humain, & que les Eclesiastiques ne
la tienent que de la grace & de la liberté des Princes temporels.

Neanmoins il faut avoüer que dés le même temps que les
Empereurs Romains ont embrassé le Christianisme, & mis l'E-
glise en liberté, en faisant cesser les persecutions, ils ont eu
tant de respect pour ses Ministres, qu'ils les ont non seulement
honorés de plusieurs privileges & immunités, par des constitutions raportées dans les Codes Theodosien & Justinien, au titre
de Episcopis & clericis; mais encore ils les ont afranchis & exemptés de la Jurisdiction seculiere en plusieurs cas.

Le fondement de céte exemption a été posé par l'Empereur
Constantin, en se recusant lui même au Concile de Nicée, par
la pieuse declaration qu'il y fit, de ne vouloir point prendre conoissance des plaintes qui lui furent faites, & des requétes qui
lui furent presentées par aucuns des Peres du Concile, les uns
contre les autres, car par céte declaration il fit conoître qu'il
n'entendoit pas que ses Oficiers & ses Magistrats entreprissent
de juger les persones Eclesiastiques, puisque lui-même ne le
vouloit pas entreprendre.

Ainsi il n'y a pas dequoi s'étoner, que sa pieté l'ait porté à faire
honeur aux Prêtres & aux Evéques d'une religion qu'il avoit
embrassée, puisque le Paganisme l'avoit fait à ses Prêtres & à
ses Pontifes, il se voit en divers endroits de Tite Live que dans
Rome Païene le grand Pontife, quoique d'ailleurs persone privée, avoit neanmoins seul une espece de Jurisdiction sur les
moindres Pontifes, sur tous les Prêtres, & sur les Vestales.

C'est pourquoi les successeurs de Constantin ont suivi son
exemple.

Il y a une Ordonance des Empereurs Honorius, & Theodose
le jeune, raportée en la Loy 14. du titre *de Episcopis, Ecclesiis*, au
Code Theodosien, par laquelle il est dit que les Clers, à prendre
depuis l'Evêque jusqu'au dernier degré de clericature, ne doivent être acusés.

C'est-à-dire poursuivis criminelement que par devant leurs

Evêques, *clericos nonnifi apud Epifcopos accufari convenit: igitur Epifcopus vel Presbyter, Diaconus, & quicumque inferioris loci Chriftianæ legis minifter eft, apud Epifcopum (fi quidem alibi non oportet à qualibet perfona fuerint accufati, five ille fublimis vir honoris fiv. ullius alterius dignitatis, qui hoc genus laudabilis intentionis arripiat, noverit docenda probationibus, monftranda documentis fe debere inferre, &c.* & plus bas; *nam ficut Epifcopos, Presbyteros, Diaconocaterofque fi his objecta comprobari potuerint, maculatos ab Ecclefia venerabili æquum eft removeri, ut conptemti poft hæc, & miferæ humilitatis inclinati defpectu injuriarum non abeant actionem, ita fimilis videri de Bernaftitiæ quod impetita innocentia moderatam deferri juffimus ultionem, ideoque dumtaxat caufas Epifcopi fub teftificatione multarum actis audire debebunt.*

Il y a cinq obfervations à faire fur cête Loy.

La premiere, qu'elle établit pour regle en termes generaux, & indefinis que les Clers ne peuvent être acufés, c'eft-à-dire pourfuivis criminelement, que pardevant les Evêques, fans exprimer aucune efpece de crimes ou de delits, & partant il faut dire que la regle eft generale, & fe doit entendre pour toutes fortes de crimes & delits, à l'exception feulement des crimes énormes, pour lefquels l'Eglife n'a point de peines fufifantes; on dira ci-aprés quels font les crimes énormes, *clericos nonnifi apud Epifcopos acufari convenit.*

Ce qui eft fortifié par la claufe qui eft au deffous par parentefe, conçûë en ces termes negatifs (*fi quidem alibi non oportet*) c'eft-à-dire, que les Clercs non feulement ne doivent être pourfuivis criminelement qu'en la Jurifdiction de leurs Evêques; mais encore, qu'il n'eft pas permis de les pourfuivre ailleurs.

La feconde obfervation eft, que ce privilege n'eft pas feulement acordé aux Evêques, aux Prêtres, & aux Diacres, mais auffi aux moindres Clercs, *fcilicet his quicumque inferioris loci Chriftianæ legis miniftri funt.*

La troifiéme eft, que ce privilege n'eft pas reftraint aux acufations intentées contre eux par les laïques, de quelque qualité qu'elles foient; *five ille fit vir fublimis honoris, five ullius alterius dignitatis.*

La quatriéme eft, que fuivant cête Loy, la condanation du Clerc convaincu du crime dont il a été açufé doit être prononcée par l'Evêque, ou par celui qui exerce la Jurifdiction, & le Clerc puni d'une peine canonique, qui eft la depofition & la degradation;

degradation ; *si his objecta comprobari potuerint maculatos ab Ecclesia venerabili aquum est removeri.*

Et enfin la cinquiéme est, que par céte même Loy, les Evêques sont obligés d'instruire ces sortes de causes de procés criminels, dans les formes, à cause de leur importance, bien que cela ne leur soit pas permis à l'égard des autres causes & diferens civils, qu'ils sont tenus de juger sommairement; *& de plano ideoque ejusmodi dumtaxat causas Episcopi sub testificatione multorum actis audire debebunt.*

Depuis il y a eu encore une autre Ordonance du même Empereur Theodose le jeune, raportée en la Loy 47. du même titre *de Episcopis & clericis*, au Code Theodosien qui confirme céte premiere, le privilege des Eglises & des Eclesiastiques avoit été violé en plusieurs endroits de l'Empire, sous les regnes precedens Theodose les retablis par céte seconde ordonance, & confirme l'exemption des Clercs de la Jurisdiction seculiere ; *clericos etiam quos indiscretim ad saeculares judices debere deduci infaustus praesumptor dixerat, Episcopali audientiae reservamus : fas enim non est, ut divini muneris Ministri temporalium potestatum subdantur arbitrio.*

Il est vrai que depuis l'Empereur Justinien en sa nouvele 83. a restraint ce privilege, & en établissant deux especes de crimes, les uns communs, les autres Eclesiastiques; il a limité l'exemption des Clercs aux seules acusations pour crimes Eclesiastiques.

Mais céte restriction de Justinien n'a pas été suivie par tout, & n'a pas été de longue durée ; car il se voit en l'Epitre neuviéme de Cassiodore l. 1. que quelques Clers aïant faussement & calomnieusement acusé de trahison, qui est un crime de leze-Majesté, *Augustanae civitatis Episcopum*, le Roy Theodoric, qui regnoit en Italie au même temps que Justinien tenoit l'Empire à Constantinople, aïant fait examiner son procés, le trouva innocent, & le renvoïa absous, aprés quoi il s'agissoit de punir les acusateurs de leur calomnieuse acusation, qui n'étoit pas un crime Eclesiastique, neanmoins parce que ses acusateurs étoient Clercs, le Roy Theodoric, bien qu'Arien, les renvoïa à l'Evêque de Milan pour leur faire leur procés & les punir de leur crime par des peines Canoniques ; *Volumus*, dit il, *impugnatores ejus legitima paena percellere, sed quoniam & ipsi clericatus nomine fungebantur ad sanctitatis vestra judicium cuncta transmisimus ordi-*

Tome II.   Z z z

nanda, cujus eſt æquitatem moribus talibus imponere, quam novimus tradicionem Eclefiaſticam cuſtodire.

Il ſe voit dans le même Caſſiodore Livre 8. Epiſt. 24. une ordonance du Roy Alaric, qui a ſuccedé à Theodoric, par laquele il renvoïe au Pape, tenant alors le ſiege de Rome, la conoiſſance de tous les procés Eclefiaſtiques, tant en matiere civile que criminele.

Ce privilege avoit été violé en pluſieurs perſones du Clergé de Rome ; les uns aïant été pourſuivis en matiere civile, & les autres en matiere criminele, pardevant les Juges ſeculiers dequoi les plaintes aïant été portées à ce Roy dont la domination s'étendoit ſur une grande partie de l'Italie & entre-autres choſes de ce que, *quid in Presbyter Romanæ Eccleſiæ pro levibus cauſis fuerat criminaliter impetitus.*

Il repond au Clergé de Rome, que ces entrepriſes lui ont déplû, & pour remedier à l'avenir, il ordone par ſon Edit, que les Clercs du Dioceſe de Rome ne pouront être apelés ni pourſuivis en juſtice, que par le Pape, *quod nobis*, porte cet édit, *pro ingenita reverentia quam noſtro debemus autori diſplicuiſſe profetemur, ut qui pridem ſacris meruerant inſervire Miniſteriis conventionibus irreverenter nefariis expoſiti injuriis ſubjacerent atque ideo conſiderantes apoſtolicæ ſedis honorem, & conſulentes deſideriis ſupplicantium præſenti autoritate definimus, ut ſi quiſpiam ad Romanum clerum aliquem pertinentem, in qualibet cauſa probabili crediderit actione pulſandum, ad Beatiſſimi Papæ judicium prius conveniat audiendus.*

Preſque au même temps nôtre Roy Chilperic I. aïant pretendu que Pretextat Archevêque de Roüen, avoit conſpiré contre ſon état, & par conſequent qu'il étoit criminel de leze-Majeſté ; neanmoins il ne le fit pas juger par ſes oficiers & Magiſtrats ſeculiers ; mais il le renvoïa au jugement des autres Evêques du Roïaume, qui pour cet éfet furent aſſemblés à Paris en forme de Concile, les termes avec leſquels ce Roy parla au Concile ſont remarquables, voici quels ils ſont au raport d'Aymonius en ſon hiſtoire Livre troiſiéme Chapitre 26. *quamvis (venerandi Pontifices) regia poteſtas reum majeſtatis legibus condemnare poſſit ; ego tamen hunc qui falſum ſibi paſtoris nomen uſurpat conjurationis contra me factæ authorem, ſacris non contradicens canonibus veſtra audientiæ repræſento.*

Auſſi les ſucceſſeurs de Juſtinien en l'Empire de Conſtantinople, ſçavoir l'Empereur Heraclius qui vivoit en l'an 612. &

l'Empereur Alexis Comnene qui eſt mort en l'an 3. ne ſe ſont point arêtés à la diſtinction par lui faite en ſa noüvele 83. des delits comuns, & des delits Ecléſiaſtiques au contraire par leurs conſtitutions qui ſont raportées par Balſamon ſur le nomocanon de Photius, titre 9. chapitre 1. ils ont ordoné indiſtinctement que les Clercs ne pouront être apelés en matiere criminele par-devant d'autres Juges que leurs Evêques.

Voici comme parle Balſamon ; *ſcias autem eſſe novellam piorum Imperatorum Heraclii & Conſtantini, quæ ſtatuit, ne Epiſcopus, neque Clericus, neque Monachus ob pecuniariam criminalemve cauſam apud civilem vel militarem judicem conveniatur Magiſtratum, ſed apud ſuos Epiſcopos dumtaxat, aut Metropolitanos, aut Patriarchas eadem etiam ſtatuit aurea bulla celeberrimi Imperatoris Domini Alexii Comneni, vulgata menſe Julio indictione quarta, &c.*

Les Ecléſiaſtiques ont joüi de ce privilege, non ſeulement en l'Empire d'Orient, comme il vient d'être montré, mais auſſi en l'Empire d'Ocident, depuis qu'il a été fondé & établi par Charlemagne, comme il ſe voit par trois diverſes loix ou ordonances de ce même Empereur, inſerées en ſes capitulaires.

La premiere qui eſt tirée d'un Concile de Carthage, ſe trouve au Livre 1. de ſes Capitulaires, article 38. & eſt conçû en ſes termes, *ut clerici Ecléſiaſtici ordinis, ſi culpam incurrerint Ecléſiaſticos judicentur non apud ſeculares*, la ſeconde eſt au Livre 5. article 237. & porte que, *ſancitum eſt, ut nullus Epiſcopum, aut ſacerdotem, vel clericum apud judices publicos, accuſare preſumat, ſed apud Epiſcopos*, & la troiſiéme au Livre 6. article 54. en ces termes, *ut nullus judicum neque Presbyteros, neque Diaconos, neque reliquos clericos, vel juniores Eccleſiæ, ſine licentiâ proprii Epiſcopi per ſe inſtringat, aut condamnare præſumat, quod ſi fecerit tandiu communione privetur, quandiu reatum ſuum agnoſcat, & per ſatisfactionem emendet Eccleſia quod commiſit.*

Long-temps aprés l'Empire d'Occident aïant été transferé aux Alemans, l'Empereur Federic a confirmé ce privilege aux Ecléſiaſtiques par une conſtitution qui a été inſerée dans le Code de Juſtinien au titre *de Epiſcopis & clericis*, & qui eſt beaucoup plus claire & plus preciſe les loix que nous avons ci-devant raportées, voici comme elle eſt conçûë, *ſtatuimus ut nullus Eccleſiaſticam perſonam in criminali vel civili cauſa trahere ad judicium ſaculare præſumat contra conſtitutiones Imperiales & canonicas ſan-*

ctiones quod si actor fuerit, à suo jure cadat, judicatum non teneat & judex ex tunc judicandi potestate privetur.

Maître René Chopin en son traité de la Police Eclesiastique, livre 2. titre 2. nombre 6. raporte qu'en Pologne il y a un statut arrêté en l'assemblée des Estats du Roïaume, par lequel non seulement les Eclesiastiques, mais encore leurs oficiers, leurs vassaux & leurs sujets, sont exempts de la Jurisdiction laïque & seculiere, de sorte que ni par voïe d'exception, ni par celle de reconvention, il n'est pas permis de convenir ou de traduire un Eclesiastique en Cour laïque.

Le même Auteur au même endroit cite une ordonance de Hungus Roy d'Ecosse, portant que les Eclesiastiques de son Roïaume ne pourroient être apelés pardevant le Juge laïque, ni condanés à mort pour quelque crime que ce fût, ce qui étant injuste à l'égard des crimes énormes & atroces, a été depuis reformé en ce point par ses sucesseurs.

Le même Chopin ensuite, & dans le même nombre, remarque dans l'histoire d'Angleterre, écrite par Polidore, qu'en l'an 1280. le Roy Edoüard I. fit publier une ordonance aux Estats Generaux du Roïaume assemblés à Londres, par laquelle il est ordoné qu'un Eclesiastique prevenu & acusé de larcin, ou d'autre crime sera remis entre les mains de son Evêque Diocesain, à la charge neanmoins de ne l'élargir, ni envoier absous, qu'aprés qu'il se feroit bien & düement justifié.

Julius Clarus grand Jurisconsulte, & Conseiller au Conseil souverain d'Espagne, du temps du Roy Philipes II. Livre 5. *receptarum sententiarum, cap.* 36. *&* 37. Didacus Covaruvias Evêque de Segovie des Eclesiastiques, est exactement observé en Espagne & au Royaume de Naples, & Pierre Gudelin, celebre Professeur en l'Université de Louvain, en son traité *de jure novissimo, lib.* 3. *cap.* 5. assure que c'est l'usage & la pratique de toute la Chrétienté, aprés avoir montré que dans les premiers siecles de l'Eglise, & même au temps de l'Empereur Justinien, les Eclesiastiques n'étoient pas afranchis entierement de la Jurisdiction seculiere en matiere personele civile & criminele, mais seulement en certains cas.

Voici comme il parle de ce qui a été pratiqué dans les siecles posterieurs, *certè magna ratio fuit posterioribus seculis, monachos & clericos jurisdictione laicorum eximendi, partim quia aliqui horum durius suo Imperio contra Eclesiasticas personas abutebantur, partim quia indecorum verecundumque erat, eos qui divinis deputati erant officiis, promiſcuè cum aliis ad publica judicia pertrahi, & hanc exceptionem velut optimam & juſtiſſimam conſuetudo & conſenſus totius orbis Chriſtiani jam firmavit.*

Quant à nôtre uſage, bien que depuis trois cens ans, il ait beaucoup varié en quelques circonſtances, neanmoins il eſt toûjours demeuré conſtant en ce point que par les arrêts du Parlement les Ecleſiaſtiques, même les ſimples Clercs Tonſurés, pourvûs de Benefices, ont été renvoiés à leurs Evêques, ou à leurs oficiaux, pour leur faîre leurs procés pour le delit comun, à la charge du cas privilegié, ſinon lorſqu'ils ſe ſont trouvés prevenus des crimes que nous apelons cas Roïaux, ou de crimes énormes, dont la punition ne peut être moindre que la mort qui ne peut être infligée par l'Egliſe.

Pour preuve de céte verité, il n'eſt pas neceſſaire de remonter en nôtre hiſtoire plus haut que le regne du Roy Philipes III. il ſe voit qu'en l'année 1274. le Clergé du Royaume lui preſenta ces memoires contenant pluſieurs articles par leſquels il ſe plaignoit que les Juges Roïaux entreprenoient ſur la Juriſdiction Ecleſiaſtique.

Entre ces articles, il y en avoit un par lequel le Clergé demandoit au Roy, qu'il lui plût regler à qui il apartenoit de faire le procés à un Clerc acuſé d'homicide, à ſes oficiers ou oficiers de l'Evêque.

A quoi le Roy repond par une ordonance faite au mois de Mars de ladite année 1274. qui eſt raportée dans le Code Henry & dans la conference de Guenois au titre *de la Juriſdiction Ecleſiaſtique*, qu'il veut qu'en ce rencontre, la Juriſdiction ſoit reglée par la diſpoſition du droit écrit, ſinon dans le cas où la coutume ſeroit au contraire, *Clerici interficientes homines in Juriſdictione noſtrâ cui committi debeant nobis videlicet, an Epiſcopo recurri volumus ad jus ſcriptum, niſi quod agi debeat conſuetudo declaret.*

Ainſi pour montrer que par le droit écrit le Roy entendoit les loix Imperiales, & les conſtitutions Canoniques, qui donent aux Evêques, & à leurs oficiers, la conoiſſance des crimes commis par les Ecleſiaſtiques, c'eſt que repondant ſur un autre article deſdites memoires, qui étoit de ſçavoir s'il pouvoit doner la confiſcation des Clercs convaincus d'homicide avant qu'ils fuſſent condanés, il declare qu'il n'entend point le faire, mais il ſe plaint de ce que les Evêques lui font injure, quant au préjudice & en fraude de ſes droits, ils laiſſent les crimes des Eclefiaftiques impunis, & refufent de prononcer leur condanation *de homicidis Clericis priufquam fuerint de crimine condemnati, non videtur quod eorum bona debeant confifcari, fed injuriam facit Epifcopus, fi in præjudicium juris noftri à talium condemnatione effet in fraude.*

D'où il s'enfuit indubitablement, que l'intention du Roi Philipes III. a été de reconoître qu'en cas d'homicide pretendu comis par des Clercs, la conoiffance en apartenoit aux Evêques, puifqu'il fe plaint du refus de condaner en fraude de fes droits.

Depuis ce tems, il y a eu plufieurs arrêts rendus au Parlement de Paris, par lefquels des Clercs delinquants, pris & aprehendés par la Juftice feculiere, ont été rendus à l'Evêque de Paris, il y en a plufieurs raportés par *Joannes Galli in ftilo Curiæ parlamenti*, que l'on peut voir en ce lieu parce qu'il feroit trop long de les expliquer ici.

Monfieur Bouthelier Confeiller au Parlement de Paris qui vivoit il y a plus de deux cens ans, en fa fomme rurale, autrement apelée *le grand Coutumier general de pratique civile & criminelle*, rend témoignage au livre 2. titre 7. article du Clerc qui feroit pris & auroit changé d'habits en prifon, & dit que de fon tems le privilege de Clericature n'étoit, point contefté aux Evêques.

Voici comme il parle en l'endroit ci deffus cité, *item* doit fçavoir que *fi aucun Clerc fut privé pour aucuns delits, & lui étant laiquement prifonier, il étoit requis de fon Prelat comme Clerc, il doit être rendu à fondit Prelat, comme Clerc incontinent qu'il eft requis,* au même titre, en l'article des privileges aux Clercs, il dit, *tu peus & dois favoir que tous Clercs qui du privilege de Clergé, veulent ufer, ne doivent être convenus pour caufe qu'ils aient, fors devant leur Juge & Prelat, foit en caufe criminelle ou civile, finon en caufe reelle où étant complainte de nouvelleté & fauvegarde enfraints, & en port d'armes, car de ces trois cas il convient qu'ils repondent au Juge laique fupofé qu'ils fuffent Prêtres, Evêques, ou d'autres Dignités.*

Et plus bas au même article, *Si le Clerc frape laic jufques au fang, amander fe doit à fon Prelat & Ordinaire, ou il doit être depofé de Benefice.*

Gui Pape qui a été Confeiller au Parlement de Dauphiné en la queftion 138. traite la queftion de favoir fi un Clerc homicide pris & aprehendé en habit Clerical, doit jouir du privilege de Clericature, & être renvoié à la Juftice de l'Evêque, & refoud que fi l'homicide eft volontaire, & de guet-à pens, il ne doit pas être renvoié à l'Evêque, parce que ce crime merite la mort, & que le jugement que l'Evêque pouroit rendre contre lui, feroit inutile & fans éfet, parce qu'il ne peut pas condaner à mort, & qu'il a été ainfi jugé par arrêt du Parlement de Dauphiné du 3. Octobre 1417.

Voici fes termes, *ex quibus apparet per dictos Dominos parlamenti bene fuiffe determinatum & conclufum, dictum, homicidam voluntarium non fore remittendum jurifdictioni Ecclefiafticæ.*

Or il s'enfuit que dans le cas d'un homicide cafuel & involontaire, le renvoi ne peut être denié pour les raifons par lui raportées en céte queftion, & par les Docteurs qui ont fait des notes & des aditions fur icele.

Monfieur Benedicti Confeiller au Parlement de Tolofe, *in cap. regynu. decif.* 2. fur ces mots *& uxorem nomine Adelafiam, num.* 148. aprés avoir montré que fuivant le dire de Panorme, un fimple Clerc tonfuré, quoique convaincu des crimes énormes, ne peut être puni par le Juge feculier, qu'il n'ait été auparavant degradé & declaré déchu de fon privilege Clerical par le Juge Eclefiaftique, il ajoute, *attamen in præfenti regno & curia Franciæ, quoties Clericus fimpliciter tonfuratus de crimine detinetur à feculari poteftate, fi delictum eft ita atrox, quod Ecclefia pro illo non habet pœnam condignam, ut in cafibus aliis notatis per Panormitanum.*

Dans lefquels cas l'homicide cafuel & involontaire, n'eft point compris, mais feulement l'affaffinat & le meurtre de guet-à-pens, & partant fuivant l'ufage de France atefté par cet Auteur dans le cas d'un fimple homicide arivé fortuitement & par rencontre, le renvoi par devant le Juge Eclefiaftique, à la charge du cas privilegié, ne peut être denié.

Monfieur Chaffanée qui a été Prefident au Parlement de Provence en fon Comentaire fur la Coutume de Bourgogne, rubrique 1. §. fur ces mots, *Si aucun comet fimple larcin*, forme la queftion de favoir en quelle maniere les Juges feculiers ont jurifdiction fur les Eclefiaftiques, & aprés avoir établi pour premiere regle generale, *quod Clerici non poffunt de crimine coram fæculari Judice conveniri, & quod confuetudo contraria non valet*, en la feconde faillence à céte regle generale, il excepte l'affaffinat & le meurtre de *guet-à-pens.*

Et dans les faillences fuivantes, il excepte *le port d'armes, le crime de leze-Majefté,* & autres cas Roiaux & privilegiés, mais il ne fe trouvera pas qu'il ait excepté le fimple homicide arivé par rencontre, & qui eft remiffible.

D'où il refulte qu'en ce cas, fuivant l'avis de ce docte Prefident, le renvoi doit être acordé à l'Eclefiaftique par devant fon Juge, à la charge du cas privilegié.

Maître Jean Imbert, Lieutenant Criminel au Siege de Fontenai le Comte, homme docte & parfaitement verfé en l'ufage & pratique de France, dans la pratique Civile & Criminelle qu'il a composée, tant en latin qu'en françois, au liv. 4. chap. 8. traite la queftion de fçavoir, *Ex quibus delictis Clericus apud Regium judicem conveniatur*; & le refoud en ces termes, *fuper hæc autem flagitia cum Clerico apud laicum vel Regium tribunal de fcelere licet expoftulare, quoties ob delicti immunitatem, aut vitæ ante acta indignitatem fordefve in ordinem redigi, facrique confortii privilegiis meritus eft exui, veluti fi in legem Pompeiam de paricidiis commiferit, fi dominum, vel domefticum familiaremque veneno fuftulerit, &c.*

Il ne fait aucune mention du fimple homicide.

Et dans la traduction françoife que cet Auteur a faite lui même de fon Ouvrage Latin, & qu'il a amplifiée & paraphrafée, voici comme il parle, *s'enfuit que nous declarions les crimes & les caufes pour lefquelles un Clerc peut être convenu en crimes enormes, comme s'il eft acufé d'avoir occis fon pere ou fa mere, ou d'avoir par poifon fait mourir fon maître ou autre duquel il étoit domeftique, ou quand il a occis un homme de guet-à-pens, en le guetant fur le chemin ou fur un autre lieu, & bien qu'aucuns difent que cela eft bien fufifant pour priver de l'immunité de l'Eglife, mais non du privilege Clerical, je ne trouve point céte opinion raifonable, toutefois j'ai vû renvoier à l'Eglife plufieurs Clercs mariés acufés de fauffe monoie, & plus bas, j'ai vû renvoier plufieurs Clercs mariés à l'Eglife, encore qu'ils euffent porté des habits non convenables à leur Ordre.*

Depuis l'édition du Livre de Maître Jean Imbert, le crime de fauffe monoie a été declaré Prevôtal, & les Clercs mariés exclus du privilege de Clericature par plufieurs ordonances, mais ce que dit Imbert, marque quel étoit l'ufage & la pratique de fon tems.

Par édit du Roi Charles IX. doné à Paris en Janvier 1563. il a été ordoné qu'en quelque matiere que ce foit civile ou criminelle, *nul ne fera recevable à requerir par vertu du privilege Clerical, d'étre renvoié par devant le Juge d'Eglife, s'il n'eft Soûdiacre pour le moins.*

Ce qui étant directement contraire à l'article 4. de l'anciene coutume de Bretagne, qui permet aux Juges feculiers d'aprehender & arêter les Prêtres & Clercs prevenus de crimes, fauf à les rendre à leurs Juges, s'ils font revendiqués, & qu'il fe trouve

que

que faire se doive , a doné lieu à Monsieur d'Argentré en son Comentaire sur cet article 4. de se plaindre hautement de la nouveauté introduite par cet édit du Roi Charles IX. en ces termes.

Frustra tot Canones editi , frustra tot Imperatorum sanctiones , frustra orbis & sæculorum consensus , si valitura est ordinatio Caroli Regis, IX. edita Parisiis anno 1563. quæ in totum privilegium fori adimit simplicibus Clericis , nisi in Sacris sint , de qua sapienter Curia Parisiensis referendum ad Regem censuit , nec adhuc absolutam dispositionem recipit , sed & de ejus acerbitate multum detractum est , alia Molinensi ordinatione art. 40. sed videndum fuit quid ea de re orbis prisci Reges, tot egregii concessus & antiquitas constituissem , quorum sensus non temerè damnandus fuit illecebri perdita licentia ætatis nec salutare plerumque ferventis ætatis remedium in totum abrogandum , cum satis constet multos legum acerbitati subductos è summis periculis in viam rediisse , & frugem fuisse in Republicâ non mediocrem.

Aussi cet édit a été reformé par une declaration du même Roi Charles IX. doné à Paris le 10. Juillet 1566. par laquelle aiant eu égard aux remontrances du Clergé , le privilege Clerical est conservé aux simples Clercs tonsurés , à la charge qu'ils seront pourvûs de Benefice , ou actuellement étudiant , tellement qu'à present on ne doute plus que les Clercs Beneficiers ne doivent joüir de ce privilege , aussi bien que ceux qui sont *in Sacris.*

Maître Adam Theveneau qui a fait un docte Comentaire sur les ordonances , au titre de la Jurisdiction Ecclesiastique , article 12. où est raporté l'article 11. de l'ordonance du Roi François I. fait en Decembre 1540. qui défend aux Juges Eclesiastiques de proceder à l'expedition des jugemens & procés des persones acusées de cas & crimes privilegiés , sans prealablement y apeler le Procureur du Roi, remarque sur le mot *crime*, qu'encore que céte ordonance ne parle que des crimes privilegiés qui sont les cas Roiaux.

Neanmoins il y faut comprendre & sousentendre les crimes énormes , & pour exemple d'un crime énorme , il cote *l'assassinat de guet-à pens*, qu'il distingue de *l'homicide simple* , & dit pour cela qu'il faudroit une declaration du Roi , portant exclusion du privilege Clerical , en cas d'assassinat , ou d'autres meurtres qui ne sont pas de simples homicides , comme *s'il y a coup*, dit-il, *ou poison doné pour faire mourir pere ou mere , maîtres , ou autres persones, dont le Clerc seroit domestique* , & generalement pour tous autres

Tome II. A Aaa

crimes , dont la punition n'en peut être faite par le Juge d'Eglise.

Il faut auffi obferver ici que par cet article onziéme de ladite ordonance de 1540. le Roi n'ôte pas la conoiffance au Juge de l'Eglife des crimes aufquels il y a même cas privilegié , puifqu'il lui défend feulement de proceder à l'expedition & au jugement , fans y apeler le Procureur du Roi , & fans lui comuniquer le procés , d'où il s'enfuit qu'il peut proceder audit jugement, en y apelant le Procureur du Roi.

La même confequence refulte de l'article 22. de l'édit de Melun qui porte , que l'inftruction des procés criminels contre les perfones Eclefiaftiques , pour le cas privilegié fera fait conjointement, tant par le Juge Eclefiaftique , que par le Juge Roial , dont il faut que le Juge d'Eglife , ait part à ce jugement, auffi bien que le Juge Roial , autrement céte ordonance feroit illufoire.

Par la derniere ordonance criminelle de l'année 1670. titre 1. article 11. il eft dit , que les Baillifs, Senechaux & Juges Prefidiaux conoitront privativement aux autres Juges Roiaux , & à ceux des Seigneurs, des cas Roiaux , qui font le crime *de leze-Majefté* , en tous fes chefs , *facrilege avec éfraction* , *rebellion* , *& autres* cas mentionés audit article , mais il n'eft pas dit , privativement aux Juges Eclefiaftiques, quand il y aura delit comun & privilegié concourant enfemble.

Par l'article fuivant , eft fait le denombrement de tous les cas dont la conoiffance apartient aux Prevôts des Marechaux , mais dans l'article 13. fuivant immediatement il eft dit , *N'entendons deroger par le precedent article aux privileges , dont les Eclefiaftiques ont acoutumé de jouir* , lequel article feroit illufoire & mal placé après les deux precedens , fi dans tous les cas qui y font mentionés , le Juge d'Eglife étoit exclus, quand l'acufé eft un Eclefiaftique.

En forte qu'en ce cas les Eclefiaftiques feroient bien moins favorablement traités que ceux de la Religion Pretendue Reformée, parce que par l'article 67. de l'édit de Nantes, quand le procés eft fait (même prevôtablement) à un particulier de céte Religion , les Juges Roiaux font obligés à peine de nullité , d'apeler à l'inftruction , & au jugement du procés un ajoint de céte Religion pour défendre & foutenir les interêts de l'acufé, à plus forte raifon quand un Eclefiaftique eft acufé , le Juge d'Eglife en doit

avoir conoiſſance pour la conſervation des droits & des privileges du Clergé.

CHAPITRE XCVI.

Du privilege de Clericature.

UN Clerc peut être convenu par devant un Juge laic , ou
Roial , s'il eſt acuſé de crime énorme , comme par exemple , s'il étoit acuſé d'avoir tué ſon pere ou ſa mere , ou d'avoir
fait mourir par poiſon ſon maître , ou ſon domeſtique , ou d'avoir
comis un homicide de guet-à-pens.

Toutefois Maître Jean Imbert , en ſa Pratique civile & criminelle , dit avoir vû jadis , renvoier pluſieurs Clercs (même
mariés) acuſés de crime par devant le Juge d'Egliſe.

Par le Statut general du Roiaume de Pologne , le Clerc a le
même privilege de Clericature , & eſt exempt de toutes Juriſdictions laïques & ſeculieres.

Il s'obſerve auſſi la même choſe dans le Roiaume d'Ecoſſe.

En l'Egliſe Orientale , les Empereurs de Conſtantinople , ont
pareillement doüé ce même privilege au Clergé , lequel ne pouvoit être contraint de plaider par devant le Juge ſeculier , tant
en matiere civile , que criminelle , mais ſeulement par les Evêques Metropolitains & les Patriarches.

Ce droit Oriental a été redigé & mis en ordre par Theodore
Balzamon avec la Bulle dorée de l'Empereur Alexis.

Ce qui a été pareillement ordoné par ordonance d'Edoüard I.
Roi d'Angleterre qu'il fit publier aux Etats Generaux aſſemblés
à Londres par laquelle il eſt ordoné , que les Prêtres & autres
Ecleſiaſtiques acuſés & prevenus de larcins ou autres crimes,
feront rendus à leurs Evêques Dioceſains , à la charge de ne les
élargir & envoier abſous,qu'ils ne ſoient bien & düement juſtifiés.

Céte ordonance eſt de l'an 1280. Polidore Virgile la raporte au livre 17. de l'Hiſtoire d'Angleterre.

Le même crime quelquefois eſt reputé cas privilegié, quelquefois delit comun par raport aux circonſtances agravantes , ſi bien
qu'une ſimple fornication a été jugée cas privilegié au Parlement
de Bretagne, par arrêt raporté par Dufreſne article 11.contre un

Treforier de l'Eglife de faint Paul de Lyon, qui avoit abufé d'une fille de 26. ans, neanmoins il faut en ce cas qu'il y ait au moins un rapt de feduction qui eft fouvent prefumé à caufe de la foiblesse de l'âge de la fille.

On a aussi douté si l'adultere étoit un cas privilegié, à caufe des termes de la Decretale du Pape Alexandre III. qui eft au Chapitre 3. *ext. de judic. de adulteriis vero & aliis criminibus, quæ funt minora poteft Epifcopus tum clericis poft peractam pœnitentiam dispenfare.*

En éfet Jefus-Chrift ne voulut condaner la femme adultere, parce qu'elle n'étoit acufée de perfone ; mais l'on punit quelquefois du baniffement, ou autre peine, un Eclefiaftique adultere, quoique le mari ne s'en plaigne pas lorfqu'il ne veut pas ce qui eft vû de tout le monde avec fcandale public, & le Juge ne laiffe pas d'infliger des peines Canoniques, lorfque le crime n'eft devenu public que par les informations ; mais en ce cas, la femme ne doit pas être nomée, ni dans les procés, ni dans le jugement.

Un adminiftrateur d'hôpital qui emploie le bien des pauvres, pour abufer des pauvres filles tombé dans le cas privilegié, à moins que ce ne foient des filles déja debauchées, qui ont été le tenter chés lui.

La preuve de deux ou trois faits de debauches avec diferentes perfones ne fufit pas pour le cas privilegié, s'il n'y a autres circonftances, d'autant qu'on doit plus confiderer la qualité de l'action, que la repetition des actes.

L'abfolution du Juge feculier, emporte la decharge du delit comun, pourveu qu'il ne s'agiffe que d'une feule & même action.

Neanmoins fi l'acufé avoit obtenu des letres d'abfolution, ou de remiffion en comandement, qui fuffent de graces, & non de fimples letres de Juftice, le Juge d'Eglife pouroit encore prononcer fur ledit commun, *quos princeps indulgentia liberat nota.*

CHAPITRE CXVII.

*De l'execution de l'article 22. de l'Edit de Melun , concernant
les procés criminels qui se font contre les Eclesiastiques.*

IL n'y a rien de plus necessaire pour maintenir la Police des
Etats, que d'établir un bon ordre dans l'administration de la
Justice, & de prescrire ce qui doit être de la conoissance de
chacun de ceux qui sont proposés pour la rendre.

Le Roi par ses ordonances des années 1667. & 1670. auroit reglé particulierement la competance des Juges concernant les procés criminels qui se font contre les Eclesiastiques, de sorte que
par les articles 11. & 12. du titre de ladite competance, de l'ordonance de 1670. Sa Majesté a ordoné que les Baillifs, Senechaux, les Prevôts des Maréchaux de France, Lieutenant criminel de Robe-courte, Vice-Baillifs, Vice-Senechaux ; conoîtront des crimes y énoncés, & par l'article 13. de la même ordonance, le Roy declare qu'il n'entend point deroger par lesdits
articles 11. & 12. au privilege, dont les Eclesiastiques auroient
acoutumé de joüir.

Cependant sadite Majesté, aïant été informée que ledit article 13. est diversement interpreté & executé dans quelques unes
des Cours de Parlemens, & autres Jurisdictions ; les uns voulants,
en execution d'icelui, suivre ce qui est porté par le trente-neu-
viéme article de l'ordonance de Moulin, du mois de Fevrier
1566. & les autres, l'article 22. de l'édit de Melun, du mois de
Fevrier 1580. ce qui fait que les Eclesiastiques se trouvent en
diverses ocasions troublés en la joüissance de leur privilege &
immunités, & feroit le sujet de plusieurs diferens, particulierement dans les Dioceses enclavés dans le ressort de divers Parlemens & donant à même temps à des persones privilegié l'o-
casion de trouver l'impunité de leur crime dans diferentes contestations.

A quoi voulant remedier, & pourvoir à ces inconveniens,
en rétablissant sur ce une loy comune & generale, & une Jurisprudence uniforme, le Roy par son édit doné à saint
Germain en Laye au mois de Fevrier 1678. & registré au Par-

lement le 29. Août 1684. a ftatué & ordoné que l'article 22.
de l'édit de Melun, concernant les procés criminels qui fe font
aux Eclefiaftiques, fera executé, felon fa forme & teneur, dans
toute l'étenduë du Royaume, païs, & terre de fon obeïffance,
ce faifant, que l'inftruction defdits procés pour le cas privilegiés fera fait conjointement, tant par les Juges d'Eglife, que par
les Juges Roïaux dans le reffort defquels font fituées les oficialités, & pour cet éfet lefdits Juges feculiers font tenus d'aler au
fiege de la Jurifdiction Eclefiaftique fituée dans le reffort, fans
aucune dificulté, pour y étant faire rediger les depofitions des
témoins interogatoire, recolemens & confrontations par leurs
grefiers en des cahiers feparés de ceux des grefiers des oficiaux,
pour être le procés inftruit, jugé par lefdits Juges Roïaux fur
les procedures redigées par leurs grefiers, fans que fous quelque
pretexte que ce puiffe être, lefdits Juges puiffent juger lefdits
Eclefiaftiques fur les procedures faites par les oficiaux.

Neanmoins le Roy par cet édit n'entend point annuler les
informations faites par les Juges d'Eglife auparavant que les Juges feculiers aïent été apelés pour les cas privilegiés; lefqueles
premieres informations doivent en ce cas fubfifter en leur force & vertu à la charge de recoler les témoins par les Juges Royaux; voulant pareillement fa Majefté, qu'en cas que lefdits Eclefiaftiques euffent été acufés devant les Juges feculiers, & vinffent à être vandiqués par les promoteurs des oficialités pour renvoïer pour le delit commun, que les informations & autres procedures faites par lefdits Juges Roïaux fub-
fiftent felon leur forme & teneur, pour être le procés fait, par-
achevé & jugé contre lefdits Eclefiaftiques, pour raifon du delit comun, fur ce qui aura été fait par les Juges feculiers du renvoi & declinatoire.

Que fi le procés s'inftruit aufdits Eclefiaftiques dans une
Cour de Parlement, le même édit porte, que les Évêques fuperieurs defdits Eclefiaftiques font tenus de doner leur Vicaria à
l'un des Confeillers Clercs defdits Parlements, pour conjointement avec celui des Confeillers laïques defdites Cours, qui fera
pour cet éfet comis, être le procés fait & parfait aux Eclefiaftiques acufés, & font tenus tant lefdits Juges que les Vicaires
& oficiaux des Evêques d'obferver le contenu audit édit, à
peine de nullité des procedures qui feront refaites aux depens des contrevenants, & de tous depens, domages & interêts.

Ordonant en outre, que lorsque dans l'instruction des procés qui se feront aux Eclesiastiques, les oficiaux conoitront que les crimes dont ils sont acusés & prevenus, seront de la nature de ceux pour lesquels il échet de renvoïer aux Juges Roïaux pour les cas privilegiés, lesdits oficiaux seront tenus d'en avertir incessament les substituts des Procureurs generaux du ressort où le crime aura été comis, à peine contre lesdits oficiaux, de tous depens, domages & interêts, & même d'être la procedure refaite à leurs depens.

Toutefois, depuis cet édit, le Roy aïant été informée qu'il s'étoit trouvé de la dificulté entre quelques-uns desdits oficiers, pour sçavoir si ce seroit le Juge du lieu dans lequel on pretendoit que le crime a été comis, ou celui dans le ressort duquel est situé le siege de l'oficialité, qui instruiroit lesdits procés & en auroit conoissance, c'est pourquoi par une declaration du moindre Juillet 1684. doné à l'interpretation de l'édit ci dessus, registrée en Parlement le 29. Août ensuivant, sa Majesté pour le bien de la justice, & pour prevenir toutes les dificultés qui peuvent retarder l'instruction des procés criminels, & particulierement de ceux des Eclesiastiques, qui scandalisent ainsi par leurs dereglements, ceux qui devroient s'instruire & édifier par leurs bons exemples, a ordoné ce qui ensuit.

Nous avons dit, statué & ordoné, disons, statuons & ordonons par ces presentes signées de nôtre main, que nôtre declaration du mois de Fevrier 1698. cy-atachée sous le contre-scel de nôtre Chancelerie sera executée selon sa forme & teneur, & qu'à cet éfet, lorsque nos Baillifs, Senechaux, ou leurs Lieutenants Criminels instruiront le procés criminel à des Eclesiastiques, & qu'ils acorderont le renvoy pardevant l'Oficial dont ils sont justiciables pour le delit comun, soit sur la requête des acusés, soit sur celle du Promoteur en l'Oficialité, nos Procureurs esdits sieges en doneront avis à l'Oficial, afin qu'il se transporte sur les lieux pour l'instruction du procés, s'il l'estime à propos pour le bien de la justice, & en cas qu'il declare qu'il n'entend instruire ledit procés dans le siege de l'Oficialité, ordonons que lesdits acusés seront transferés dans les prisons de l'Oficialité, dans huitaine aprés ladite declaration, aux frais & à la diligence de la partie civile, s'il y en a; & en cas qu'il n'y en eut pas, à la poursuite de nos Procureurs, & aux frais de nos domaines, & que le Lieutenant Criminel, & à son défaut un autre oficier dudit Siege, dans lequel le procés a été comencé, se transporte dans le même temps de huitaine dans le lieu où est le siege de l'Oficialité, quand même il seroit hors le ressort du siege, pour y achever l'inſtruction dudit procés, conjointement avec l'Oſicial, atribuant à cet éfet à noſdits oficiers toute Cour, Juriſdiction & conoiſſance, & ſans qu'ils ſoient obligés de demander territoire, ni prendre pareatis des Oficiers ordinaires des lieux ; & qu'aprés que le procés inſtruit par ledit comun aura été jugé en ladite Oficialité, l'acuſé ſera demené dans les priſons dudit ſiege Royal où il aura été comencé pour y être jugé à l'égard du cas privilegié, & en cas que ledit Lieutenant Criminel, & à ſon défaut un autre Oficier dudit Siege Royal, ne ſe rende pas dans ledit delai de huitaine au Siege de l'Oficialité où l'acuſé aura été transferé ; Voulons en ce cas que le procés ſoit inſtruit conjointement avec ledit Oſical par le Lieutenant Criminel, ou en ſon abſence ou legitime empêchement, par l'un des Oficiers du Bailliage, ou Senechauſſée, ſuivant l'ordre du tableau, dans le reſſort duquel le ſiege de l'Oficialité eſt ſitué, pour être enſuite jugé au même ſiege, auquel nous en atribuons toute Cour, Juriſdiction & conoiſſance ; voulons que le même ordre ſoit obſervé dans les procés qui auront été comencés dans les Oficialités, & que les Oficiaux ſoint tenus d'en avertir les Lieutenans criminels de nos Baillifs & Senechaux, dans le reſſort deſquels les crimes ou cas privilegiés, dont leſdits Ecleſiaſtiques ſeront acuſés auront été comis, enjoignons auſdits Lieutenans Criminels ou en leur abſence & legitime empêchement aux autres Oficiers deſdits ſieges, ſuivant l'ordre du tableau, de ſe transporter dans les lieux où ſont leſdits ſieges deſdites Oficialités, dans huitaine aprés la ſomation qu'il leur en aura été faite à la requête des Promoteurs, pour être par eux procedé à l'inſtruction & jugement deſdits procés pour le cas privilegié en la forme expliquée ci-deſſus, & à faute par leſdits Juges de ſe rendre dans leſdits delais dans les lieux où ſont leſdites Oficialités, leſdits procés ſeront inſtruits & jugés par les Oficiers du Bailliage ou Senechauſſée dans le reſſort duquel eſt le Juge de l'Oficialité, le tout ſans prejudice à nos Cours de cometre d'autres de nos Oficiers pour leſdites inſtructions, & de renvoier en d'autres ſieges le jugement deſdits procés lorſqu'elles l'eſtimeront à propos, pour des raiſons que nous laiſſons à leur arbitrage &c.

CHAPITRE XCVIII.

Des droits honorifiques des Seigneurs dans les Eglises.

LEs droits honorifiques dépendent du patronage fur les Eglifes & Benifices, foit Chapitre, ou Eglife Colegiale, Prioré,
Hôpital, Cure, Chapele, ou autre.

Neanmoins peu de Seigneurs ont ce droit, & encore moins
fur les Cures, excepté dans les Provinces de Normandie & Bretagne où il y a plus de Cure & Benefices en patronage laïque,
qu'en tout le refte du Royaume.

Ces droits confiftent en nominations aux Benefices, prefeance
en l'Eglife, & aux affemblées qu'on fait pour l'entretenement
& reparation d'icele & du fervice divin, à preceder tous autres, aux Proceffions, & à l'ofrande immediatement après les Prêtres, à avoir le premier de la main du Curé ou Vicaire l'af-
perfion, l'eau-benîte, l'encenfement, la diftribution du pain
beni, à baifer la paix, & la recomendation particuliere aux
prieres publiques, d'avoir banc, feance, & fepulture au cœur,
& litre ou ceinture funebre, & de deüil autour de l'Eglife,
d'où proviennent fouvent de grand maux, car au lieu de ne
penfer à l'Eglife qu'à Dieu & aux prieres & mifteres qui s'y ce-
lebrent, on fe diftrait, divertit, & trouble par envie, & inimitiés, & de-là on paffe à des fcandales, quereles, meurtres,
& affaffinats.

C'eft pourquoi en 1539. le Roy François I. fit fur ce fujet une
ordonance à Villiers-Cotterets pour la Bretagne, & voici comme il parle au fujet defdits droits honorifiques, aux articles 13.
& 14.

*Nous pour faire ceffer les diferents debats & contentions d'entre nos
fujets ; avons ordoné qu'aucuns, de quelque qualité & condition qu'il
foit, ne pourra pretendre droit, poffeffion, autorité, prerogative, ou
preéminence au dedans des Eglifes, foit pour y avoir bancs, fieges, ora-
toires, efcabeaux, acoudoirs en feux, litres, armoiries, écuffons, ou
autres enfeignes de leurs maifons, finon qu'ils foient Patrons, ou fondateurs defdites Eglifes, & qu'ils en puiffent promptement informer*

Tome II.   BBbb

par letres ou titres de fondation, ou par fentences, & jugemens donés
avec conoiffance de caufe, & partie legitime.

Or, quoique céte ordonance n'aie été faite que pour la Bretagne, neanmoins comme les conteftations fur fes honneurs fe
font trouvés frequentes, on a été contraint d'en étendre l'execution en toutes les Provinces de France, quoique dans la maifon de Dieu chacun doivent être reçûs également, le pauvre,
comme le riche, fans exception ni aceptation.

Ainfi j'ai crû qu'il étoit à propos pour l'utilité du public, de
raporter ici plufieurs queftions jugées en ce rencontre; les Parlements aïant toûjours jugé que les droits honorifiques des Eglifes apartenant au Patron; privativement, & par preference à
tous autres Seigneurs; quoinge les Patrons ne foient pas Seigneurs du fief de la Juftice du lieu où l'Eglife eft fituée.

Primò. On a jugé que le droit de patronage ne peut être
vendu., cédé, ni aliené par perfone laïque, à autre laïque, qu'a-
vec la terre, Seigneurie, ou maifon d'où il depend, ou avec
l'hoirie univerfele du Patron, ou contre-part d'icele, mais non
une fimple piece d'heritage; il s'en trouve un arrêt du Parlement de Roüen du 13. Fevrier 1514.

Secundò. Par un arrêt du grand Confeil du dernier Septembre
1593. il a auffi été jugé que les droits de patronage & honorifiques, n'étoient ceffibles par tranfaction, ni même en faveur
du mariage, finon avec bonne part defdits fiefs, terres & Seigneuries.

L'arrêt étoit au profit du fieur Pollay, mais pourtant ce droit
de patronage eft ceffible à l'égard de l'Evêque, Abbé, Prieur,
Chapitre, ou autre Eclefiaftique, à caufe de fa dignité.

Tertiò. Le vendeur de la terre d'où le fief depend, fe peut
toutesfois referver le patronage, mais il demeure inalienable
à fa pofterité, comme il a été jugé par arrêt du 18. Mars 1628.
au profit de Madame la Comteffe de Soiffons.

Quartò. Celui qui a rétabli une Eglife ou Chapele entierement ruinée doit être le feul patron d'icele.

Quintò. En la Cure qui confifte en deux parts ou portions,
le Patron de la premiere portion, aura les prerogatives, aux
honneurs de l'Eglife, au jour même que le fecond Curé fera
l'office ainfi jugé au même Parlement de Roüen, par arrêt du
4. Juin 1604. pour le fieur du Loir.

Sextò. Par arrêt du Parlement de Paris du premier Aouft
1620. pour Dame Anne du Beuil, il a été jugé pour être Patron,

il n'eſt pas beſoin d'être Seigneur Juſticier , ou feodal de la
Paroiſſe.

Septimò. Lorſque dans une Paroiſſe il n'y a point de Patron
laïque, & que les Seigneurs Juſticiers & de fief, pretendent les
honneurs hors la nomination au Benefice, céte pretention ſe
regle par la poſſeſſion immemoriale, ainſi qu'il a été jugé au
Parlement de Paris, le 18. Juillet 1620. pour le ſieur de Mon-
ceaux.

Octovì. L'acquereur d'une moitié de terre d'une fille aînée,
aïant eu procés avec la fille puiſnée, il a été jugé par arrèt du
Parlement de Paris du 20. Janvier 1616. qu'ils auroient les honeurs de mois en mois alternativement, à comencer par ladite
fille aînée, les parties étoient Catherine de ſaint Blaiſe, & le
nomé le Boſche.

Cela a été encore jugé entre Gentils hommes qui n'ont point
de titres.

Nonò. Comme auſſi s'il y a deux Seigneurs hauts-juſticiers en
une même Paroiſſe, celui ſur le fief duquel l'Egliſe eſt batie,
a le premier les honeurs, ſuivant l'arrêt du Parlement de Dijon, du 3. Mars 1560. & par ce même arrêt il eſt fait défenſes
aux Seigneurs de permetre aucune danſe publique dans le cimetiere, mais quand l'un des Seigneurs a la Juſtice, & l'autre le
fief, le Seigneur Juſticier a les prerogatives, comme étant la juſtice plus noble que le fief, encore que le patronage & le
fief, dont il depend ait été concedée à l'Egliſe ; neanmoins tant qu'il ſe trouve une perſone du nom, armes, & famille du donateur, il a les honeurs par preference à tous autres Seigneurs laïques de la Paroiſſe.

Decimò. Par arrêt du Parlement de Paris, du 13. Fevrier
1621. il a été jugé que les bâtards ne doivent preceder les enfans legitimes és honeurs de l'Egliſe, & doit le gentil-homme de
race preceder l'annobli par des létres.

Undecimò. Le Magiſtrat ne doit avoir ſeance au Cœur, que
quand il n'y a point de Seigneur ni Patron juſticier, ou Seigneur de fief, par arrêt du Parlement de Roüen, du 30. Mars
1670. pour Alorge; mais és Villes, gros Bourgs, & grandes
Terres & Seigneuries des Princes, le Juge, s'il eſt gradué, doit
avoir les honeurs & le pain beni, comme repreſentant le Seigneur abſent.

Duodecimò. Le Patron ſeul eſt fondé d'avoir banc à queuë &
clos, tombeau & ſepulture au Chœur de l'Egliſe, par arrêt du

Parlement de Roüen, du 27. Juillet 1598. & de Paris du 20. Mai 1623. pour Pinel, bien que les Seigneurs hauts, moïens, ou bas Justiciers, ou Seigneurs de fiefs, aïant feance, tombeau & fepulture au Cœur, ce n'eft que par foufrance, & ne peuvent prejudicier au Patron, qui peut y metre, & faire metre fon ban & fiege quand il lui plait, & y prendre la fepulture, la poffeffion étant ataehée au Patron doctateur & fondateur, par arrêt du Parlement de Paris du 29. Mars 1596. pour Beauvoifin.

Decimò-Tertiò. Deux Seigneurs en concurence de haute-juftice, doivent avoir leur ban dans le Cœur, l'un à droit, & l'autre à gauche, & fi quelque Gentil-homme veut avoir oratoire ou chapele à côté du Cœur, ou autre part de l'Eglife, il ne le peut faire que par conceffion ou permiffion du Seigneur, ou de ceux à qui le droit de conceder apartient, & il n'y a qu'à Paris, & dans les grandes Villes, où les Marguilliers ont ce droit, en faifant par les nobles & roturiers quelque reconoiffance à l'Eglife.

Decimò-Quartò. Le côté droit du Chœur d'une Eglife, eft celui où on lit l'Evangile, & par confequent le plus honorable, fuivant ce qu'en a traité le fieur Maréchal dans fon Traité des droits honorifiques, page 115.

Decimò-Quintò. Les tombeaux, fepultures & épitaphes peris avec l'Eglife, peuvent être retablis quand elle eft retablie, par arrêt du Parlement de Paris, du 2. Mars 1584. par Damoifele Barbe le Clerc.

Decimò Sextò. Deux Cofeigneurs égaux peuvent chacun avoir litre, & celui qui voudra faire peindre litre, ne le poura faire qu'au deffous de la premiere peinte, ainfi jugé par arrêt du Parlement de Touloufe le 17. Août 1571. pour Beaubin.

Decimò-Septimò. L'ufufruitier ou fimple doüaire n'a droit de litre, ni honeurs, ni pareillement l'engagifte du domaine du Roi par arrêt du Parlement de Paris du 5. Juillet 1554. contre la Dame de Louvre en parifis.

Decimò-Octavò. Le Seigneur d'un village de la Paroiffe, n'a pour cela droit de litre, par arrêt du Parlement de Paris du 12. Avril 1630. pour le Curé d'Offoles.

Decimò-Nonò. On ne peut pas empêcher à un Gentil-homme l'opofition des pieces d'honeur au deffus de la fepulture de la perfone qui les a eues, qui font l'épée, armes, la bote d'armes, l'écu, la lame, les gantelets, les éperons, & autres pieces d'honeur.

Vigefimò. L'action pour les droits honorifiques fe doit intenter par devant le Juge seculier, même entre persones laïques.

Vigesimò-Primò. Il n'est pas permis aux Seigneurs & Patrons de hâter ou retarder le Service Divin quand il leur plaît , suivant l'édit de Charles IX. verifié au Parlement en Avril 1571.

Vigesimò-Secundò. Le Gentil-homme Catholique doit joüir des honeurs, où la Dame ou Patrone du lieu est de la Religion Pretendue Reformée , en atendant qu'elle, ou les siens se convertissent , par arrest de la Chambre de l'édit de Paris du 3. Juin 1590. contre Dame Denise de Valansac.

Vigesimò-Tertiò. La femme & les enfans du frere aîné , doivent avoir les honeurs avant le puîné par arrêt du Parlement de Paris, du 21. Janvier 1624. pour Robert de Ceres.

Vigesimò-Quartò. Celui qui done des ornemens à une Eglise, bien qu'il soit Seigneur de la Paroisse , y peut faire métre ses armoiries, même timbrées, s'il a droit de ce faire , par arrest du Parlement de Paris, du 30. Mars 1624. Pourpiere Chevalier.

Vigesimò Quintò. Un Gentil-homme ne peut actioner le Curé d'une Paroisse pour lui distribuer les honeurs, il faut que ce soit avec le Seigneur qu'il intente sa demande , par arrest du Parlement de Paris, du 26. Mai 1631. entre Oudet & Caduet.

Vigesimò-Sextò. Par un autre arrest du même Parlement , du 7. Mars 1570. il a été jugé que le Patron seul pouvoit faire complainte pour son banc & seance, pour Etienne d'Alencé.

Vigesimò-Septimò. Le même Parlement a encore jugé que l'aposition , graveure & peinture d'armoiries en cloches ou Eglises, ne sont pas susisantes pour s'en dire Patron, il faut avoir titres & enseignemens pour le Patronage.

Cet arrêt est du 28. Janvier 1603. contre François Martel.

Autrefois les Seigneurs & les Patrons n'étoient conus que par le même nom de *Seniores*, ainsi qu'on peut voir dans le Capitulaire de Charlemagne, de Loüis le Debonaire & de Clotaire.

C'est pourquoi Dumoulin en sa note , sur la glose *in verb. inde senioribus , cap. 1. ext. de censibus*, reprend Jean André , & les autres Canonistes, qui avoient autrement expliqué le mot de *Senior,* par l'ignorance de l'Histoire.

Toutefois aux termes de l'ordonance de François I. de 1531. les Châtelains & les Hauts-justiciers n'ont les droits honorifiques, que lorsqu'il n'y a aucun Patron, ou qu'il ne paroît point.

Ils ne laissent pas neanmoins d'en joüir presque par tout, pourveu que l'Eglise soit située dans l'étendue de la Justice , car quoique les Lieux saints soient exempts de leurs Jurisdictions, cependant il est juste que ceux qui ont la puissance publique soient distingués de leurs justiciables par quelque marque d'honeur.

Patron est une distinction équivoque, & de plusieurs significations.

En Droit Civil Romain, ce mot est relatif à celui d'afranchi son esclave.

Au même Droit Civil & au Droit Canon, il signifie Avocat, Intercesseur, Mediateur, ou Protecteur.

En langue Françoise, le mot de *Patron*, entre gens de marine, signifie le maître du navire, comme en la langue italienne, il signifie le maître ou chef de la maison.

Mais au sujet du droit honorifique, Patron est celui qui a fondé, construit, & doté l'Eglise, Chapele, Hôpital, ou autre maison pieuse.

Ainsi il faut prendre céte description pour définition, parce que les parfaites définitions sont rares en droit, de sorte que de telle definition ou plûtôt description, il s'ensuit que le droit de patronage, & la qualité de Patron s'acquiert par fondation, construction & dotation.

Ce même droit de patronage ne peut être particulierement ni feparèmennt vendu, cedé, transporté, aliené par persone laïque à autre laïque, qu'avec la terre, & seigneurie, ou maison d'où il dépend, ou avec l'hoirie univerfelle du Patron, ou quote port d'icelui.

Quote port, est une moitié tiers, quart, qui font des parties, aiant une proportion notable au total, & non point une simple piece d'heritage.

La raison pourquoi le droit de Patronage ne peut être vendu, ni aliené feparement par persone laïque à autre laïque, est que le droit de patronage & de nomination à un Benefice, tient du spirituel & de l'Eclefiaftique.

Les droits de patronage, ni les droits honorifiques ne font point ceffibles, foit par ventes, ou par tranfaction, ni même en faveur de mariage, quand ils dépendent de quelques fiefs, terres & feigneuries, finon avec quote & bonne part defdits fiefs, terres & feigneuries.

Quand on dit que le droit de patronage; n'est point feparement ceffible ni alienable, cela s'entend, par persone laïque, à persone laïque, car il peut être cedé à l'Evêque, à un Abé, Prieur, Chapitre, ou autre Eclefiaftique, à caufe de fa dignité.

Celui qui a reparé ou augmenté, & a eu partie dotée, une

Eglife, ne peut être purement dit Patron , à moins que l'Eglife étant ruinée de fond en comble , il l'eût entierement rebâtie, ou qu'il l'eût augmentée en bâtiment , & dotée de plus qu'elle n'é-toit.

Cependant je foutiens en ce cas , que le premier fondateur & dotateur, ou fes heritiers , & aiant caufe , ne perdent point leur titre , ni leur qualité de Patron, ni les droits honorifiques qui en dépendent , neanmoins je conviens que le fecond teftateur & dotateur aura & jouira de pareil honeur, que le premier im-mediatement aprés lui.

C'eft pourquoi les Patrons ont la feure intendance à la confer-vation des biens de l'Eglife , cela eft expreffement ordoné par l'article 20. de l'édit fait fur la remontrance du Clergé de France à Paris en 1606. verifié au Parlement de Roüen le 22. Fevrier 1612. veu même qu'en cas de pauvreté , le Patron en doit être alimenté.

Il y a d'autres droits qui ne dépendent point du patronage & qu'on n'y entremêle , comme par exemple le droit de permétre joüer d'inftrumens, & dancer certains jours de Fêtes , *item* de joüer aux quilles ou autres jeux non reprouvés, porter chaperon par les Confuls aux païs où l'élection defdits Confuls fe fait , dans les vilages de l'autorité des Seigneurs jufticiers.

Mais tels & femblables droits étant un droit de police, il eft par confequent droit de Juftice , & non point de fimple patro-nage , car tant s'en faut que les Seigneurs duffent permétre les jeux & dances , même aux jours de Fêtes des faints Patrons de l'Eglife de la Paroiffe , au contraire ils devroient les défendre , atendu les affemblées qui fe font ce jour-là dans les tavernes , dances & jeux dont ordinairement chacun ne fe fepare point fans querele, ni fouvent fans meurtre.

Ce qui éft une pratique de Chirurgien & des Oficiers de Juf-tice de tels Seigneurs qui s'y atendent pour faire valoir leur fça-voir faire.

Celui qui a joüi par lui & fes predeceffeurs par poffeffion im-memoriale des droits honorifiques , y doit être confervé contre tous autres, excepté le feul Patron, ou le Seigneur jufticier.

Quant aux honeurs dûs aux Oficiers des Seigneurs de la Pa-roiffe , s'ils font Oficiers Roiaux , la Juftice apartenant au Roi, en ce cas, tels Oficiers , fçavoir, le Baillif, Senechal, Juges, Lieutenant, Avocat & Procureur du Roi , ont les honeurs avant tous les Gentils hommes , & Seigneurs feodaux de la Paroiffe, tant à caufe de la Dignité Roiale , que de la Juftice qui eft plus noble que le fief.

Le Seigneur Patron , Jufticier ou de fief, n'eft pas obligé de ceder au Magiftrat fuperieur, autre chofe eft, fi le Magiftrat n'y fait que paffer ou fejourner quelque peu, en ce cas la bienfeance veut qu'on lui defere les honeurs , il eft même du devoir de le faire.

A l'égard des Oficiers de Juftice des autres Seigneuries aux Villes, gros bourgs, & grandes terres, & Seigneuries où la Juftice a beaucoup d'étendue, & où il y a fiege d'audiance & d'afife ordinaire, le Juge s'il eft gradué, comme il doit être, aura les honeurs au lieu du Seigneur abfent qu'il reprefente , & par la même raifon les Oficiers Roiaux doivent les avoir aux Villes purement Roiales.

Mais aux petits villages où la Juftice ne fe tient point à jour ordinaire, & où les Oficiers ne font que fimples praticiens, & où en plufieurs endroits ils ne font même que fimples païfans, les Maires & Echevins qui exercent les Juftices de leurs Seigneurs qui font auffi païfans, & qu'on n'y élit de trois ans, en trois ans, ou qui fuccedent à tour de rôle, de même qu'aux charges de la Paroiffe, tel Oficier qu'ils apelent Maire ou Juge, qui n'eft qu'un fimple Praticien ou laboureur, ne doit pas avoir les honeurs qu'auroit le Seigneur s'il étoit prefent à l'exclufion des Gentils-hommes refidens en la Paroiffe, ainfi qu'il a été jugé par arrêt du Parlement de Touloufe, du 29. Janvier 1601.

Toutefois le Mayeul de la Baronie de Sommevoire a été maintenu en la prefeance, contre un archer des Gardes du corps du Roi, par arreft du Parlement de Paris du 7. Mars 1631.

Pour ce qui eft des feances des Oficiers entre eux , il faut dire que ceux qui n'ont de prééminence qu'à caufe de leur charge, les Oficiers Roiaux fçavent entre eux leur rang qui font la plûpart reglés par quantité d'arrêts.

Quant à leur rang fur les Oficiers fubalternes, Meffieurs des Corps & Compagnies fouveraines , comme des Parlemens, grands Confeils , Chambres des Comptes , Cour des Aides, lefquelles Dignités anobliffent, outre que plufieurs font Gentils hommes & Nobles de race , precedent ; & il faut que tous autres Oficiers inferieurs leur cedent, même dans les Eglifes qui ne font point Roiales, & dans toutes fortes de Villes, Bourgs & Paroiffes, nonobftant qu'elles n'apartienent point immediatement au Roi.

A l'égard

A l'égard des Oficiers inferieurs, on diftingue les Oficiers Roiaux anciens ordinaires, comme Baillifs, Senechaux, leurs Lieutenans, Avocats & Procureur du Roi, des Oficiers extraordinaires, ou qui ont leur jurifdiction limitée à certaines efpeces de caufes, comme les Elûs, Grenetiers, Contrôleurs, Oficiers de l'Amirauté & femblables, en forte que les Oficiers des Seigneurs ne font pas obligés à ceder à ceux-ici la preféance, ni la prééminence dans l'Eglife des Seigneurs dont ils font Oficiers.

Autre chofe eft de Meffieurs de la Cour des Aides où les Elûs & Grenetiers refortiffent *ad certum genus caufarum.*

Neanmoins ils precedent toute forte d'Oficiers fubalternes, par deux raifons, l'une qu'ils font Juges fouverains, & l'autre que les Charges anobliffent.

Touchant les femmes & enfans, ceux des Seigneurs qui ont les droits & prerogatives à caufe du patronage ou de la juftice, ils les fuivent immediatement aux feances, proceffions & ofrandes, mais quoiqu'il en foit leurs femmes & enfans ont droit de le faire.

Cependant le contraire pour le rang entre les femmes a été jugé, quoique diverfement au Parlement de Touloufe, entre les Cofeigneurs de Monbrun par arrêt du 30. Août 1703.

Toutefois les Seigneurs qui ont les prerogatives pour eux, leurs femmes & enfans, font civils, s'ils s'acompagnent, ou s'ils fe laiffent fuivre immediatement par les autres Gentils hommes de la Paroiffe, ainfi les femmes & enfans doivent aller après les hommes.

Les femmes des Princes qui ne font point du fang Roial, font nomées après les hommes, quoiqu'elles foient époufées du Prince du fang, leurs maris, ni elles n'étant ni fils, ni filles, ni freres, ni fœurs de Roi.

Quant au rang des autres Princes du fang Roial, il y en a cinq Familles en France qui fe conteftent fi fort le rang, qu'il y a longtems qu'ils ne fe trouvent plus enfemble aux grandes & celebres affemblées, comme de mariage du Roi, de celui des enfans de France, & des autres Princes du fang, ni aux Baptêmes, ni funerailles.

Ainfi leurs rangs ne peuvent être reglés que par le Roi même, & par une ordonance expreffe, comme celle qui fut faite par Henri III. en 1576. après laquelle ils n'auroient plus de pretexte de ne fe point trouver aux affemblées, qui feroient plus cefebres & auguftes aux peuples, même aux étrangers, fi les Princes de ces cinq Maifons s'y trouvoient.

CHAPITRE XCIX.

Des lots & ventes.

LEs lods & ventes font un douziéme du prix de la vente d'un heritage tenu en cenfive fitué dans la Coutume de Paris.

Ils font dûs prefque dans tous les cas dans lefquels le quint eft dû au feigneur feodal pour la vente d'un fief, c'eft pourquoi ce qui a été decidé du quint au chapitre des droits Seigneuriaux du premier Tome de ce Livre, doit être entendu des lods & ventes.

Neanmoins plufieurs perfones font exemptes de paier ce droit par coutume locale.

Savoir les habitans de Tonnerre & Muffi, & autres raportés au procés verbal des Coutumes du Bailliage de Sens, article 225. comme auffi ceux de la Coutume d'Anjou, livre 2. titre 3. nombre 1. nonobftant laquelle ils ont cependant été condanés par arrêt cité par Chopin au paiement des lods & ventes.

Secùs, ceux qui font fondés en privilege du Prince, comme les habitans de Figiac, par arrêt doné à l'audiance du grand Confeil, le 18. Fevrier 1611. mais ils ne font pas exempts de paier cens.

L'article 2. de la Coutume locale de Meaux, & le procés verbal fur la fin, il eft porté que ceux de Meaux font exempts de paier ventes pour ce qui eft fcis en la Ville.

Il n'eft auffi rien dû où la coutume n'en difpofe point, comme Auvergne & Langres, mais ces droits font dûs en Perigord, nonobftant la coutume articulée au contraire, ainfi qu'il a été jugé pour le Roy de Navarre contre Calvimon, par arrêt du grand Confeil, du 10. Novembre 1644.

Il en faut dire de même de ce qui dépend de Montfaujon Luci, & Gurgy le Châtel où nulle vente n'eft dûë.

Le droit de quint, & de lods & ventes font dûs aux Seigneurs en cas de vente & de toute alienation par acte équipolant à la vente, comme dans les cas suivants.

Primò. Il est dû vente d'infeodation au Seigneur dominant au païs de droit écrit, & à l'infeodant au païs coutumier.

Secundò. Pour joüissance de fond laissé au creancier pour sureté de rente rachetable, ainsi qu'il est dit par la Coutume d'Anjou, s'il n'y a hipotéque de fond, suivant le sentiment de Monsieur Loüet en son recüeil d'arrêt Letre J. bien qu'elle soit speciale.

Tertiò. Pour vente à grace excedant neuf ans pour chose située en ladite Coutume d'Anjou ; & ailleurs, comme en la Coutume de Paris, pour tout temps.

Quartò. Pour cession de grace faite à un tiers, mais le mineur restitué pour le temps de grace de fin, ne doit vente, bien que le temps excede.

Il n'est aussi rien dû pour resolution de contract procedant de l'évition de partie, ou qualité de la chose.

Item, pour vendition faite par la necessité publique, selon la Coutume de Paris.

Neanmoins par édit du mois d'Avril 1667. le Roy s'est obligé de païer non seulement les droits de vente pour les heritages en roture, & de quint pour les heritages tenus en fief, qu'il acquiera ci-aprés pour l'agrandissement & decoration de ses maisons Royales, ou construction d'autre édifice public, mais encore d'en païer au Seigneur censier ou feodaux, une espece d'indemnité qui est reglée par cet édit.

Quintò. Il est dû vente aux Seigneurs pour bail & rentes rachetables, sans atendre le rachapt, à quelque prix que la rente se rachete, & en ce cas ce droit apartient aux fermiers du temps du contrat à faculté de rachat, & non pas celui du temps auquel le rachat se fait.

Amendes taxées apartienent aussi aux fermiers du temps du delit, & les arbitraires au fermier du temps de la sentence, encore qu'il y en ait apel.

Licitation entre coheritiers ne produit aucune vente, ainsi qu'il est dit par l'article 8. de la Coutume de Paris, excepté en Nivernois.

Item, Ny pour échange faite entre lesdits coheritiers, suivant ladite Coutume de Paris, ensuite de partage, encore qu'un étranger y ait été admis, pourvû toutesfois qu'il ne soit point demeuré adjudicataire, ou que la foulte ne foit faite de chofe non comune.

Sextò. Elles font dûës pour licitation faite entre étrangers, neanmoins Maître Loüet & Maître Charles du Moulin, tiennent le contraire, fi ce n'eft que le contrat foit comencé par vente, ou que la chofe ne fe puiffe partager.

Si l'adjudication a été faite à la vûë, il n'eft point dû de droit, parce qu'elle n'eft aucunement heritiere du mary, lui fuccedant feulement par le moien de la comunauté.

Il y a encore diverfité d'opinions, fi la femme qui a pris les conquêts de la comunauté, en paiant de fes conventions, doit les droits, lorfqu'elle renonce à la comunauté.

A mon égard, il feroit à fouhaiter, felon mon fentiment que ces fortes d'acomodemens ne fuffent pas fi onereux, mais à prendre les chofes dans les regles, la femme n'y aiant plus aucun droit par fa renonciation, & prenant le tout en paiement de l'heritage du mari qui en a été faifi, eft prefumée plûtôt aquerir que partager.

Il y a même plufieurs arrêts raportés dans la conference de Fortain, qui ont ainfi jugé, quoiqu'il eût decidé le contraire fur la Coutume de Paris.

Neanmoins, je trouverois beaucoup d'équité à fauver les droits de ces fortes d'aquifitions forcées, atendu qu'elles font quelquefois faites des deniers dotaux de la femme; cependant on ne pouroit pretendre fes droits fi la femme avoit aquis folidairement avec fon mari, & confervé l'heritage en vertu de l'aquifition, quoiqu'elle ait renoncé, le prix deduit fur fes conventions.

Septimò. Il eft dû vente tant pour le fond, que pour le bâtiment, quoique ledit bâtiment ait été fait depuis la conceffion du fond, & que le Seigneur n'ait baillé que la place, fol, ou aire à cens, & que le preneur y ait bâti fans être tenu de le faire & fi l'heritage vient à être vendu, l'édifice compris, il eft auffi dû lots & ventes comme étant ledit édifice aceffoire du fond; article 19. de la Coutume de Bourges.

Le tenancier ne peut pas demolir le bâtiment fans le confentement du Seigneur, ni abatre la haute-futaie, fi le fond devient aprés inutile, quand même la Coutume le permetroit, excepté que l'heritage foit d'ailleurs trés-fufifant, & en ce cas je foutiens que le Seigneur ne peut point demander des lots & ventes à raifon des demolitions, mais on lui doit ajuger une indemnité pour les terres en champart mis en bois, de même que pour les dixmes.

Octavò. Elles font dûës pour prorogation de grace faite dans le temps permis, fi elle eft ratifiée aprés, encore qu'elle foit faite par le Juge.

Il n'eft rien dû pour rachat de fervitudes ni d'arrieres-fiefs, fait le même jour que l'achat du fief, pourveu que ce foit aprés, excepté que le fief foit imaginaire.

Elles peuvent auffi être donées, mais bien reçûës par le Seigneur au prejudice de fon fermier, fon bail n'étant point notifié, fauf en cas de recepte le recours du fermier contre le Seigneur.

Nonò. Celui qui retient cens & rentes a les ventes, quoique la rente foit alienée par lui.

Decimò. La donation onereufe, autre que pour nopces eft fujete à vente en ligne directe, bien qu'il y ait eftimation, & que moienant ce le donataire renonce à l'article 26. de la Coutume de Paris, ou qu'aprés le mariage, ôte le fond eftimé.

Ce qui eft auffi conforme à l'article 15. & 16. de la Coutume de Poitou.

Undecimò. Pour tranfation faite entre freres, pour ce qui eft baillé en paiement des dépens, domages & interéts, toutefois le premier acte entre coheritiers tient lieu de partage.

Il n'eft rien dû pour vente des grefes.

Duodecimò. Les lots & ventes font dûs pour échange d'heritage, contre heritages, ou autres rentes, fuivant les édits & declarations du Roy, du 20. Mars 1673. & du mois de Fevrier 1674. enregiftrés au Parlement, & en la Chambre des Comptes le 23. enfuivant.

Il y a un arrêt du Grand Confeil du 7. Juin 1666. raporté au fecond Tome du Journal des Audiences, Livre 8. Chapitre 6. où il a été jugé que les Secretaires du Roi ne doivent aucuns droits Seigneuriaux pour les aquifitions qu'ils font d'heritages feodaux ou roturiers dans les Terres & Seigneuries des Archevêchés & Evêchés durant l'ouverture de la regale, atendu que durant céte ouverture, le Roy fait fiens tous les fruits provenans du revenu temporel, defdites Archevêchés & Evêchés, & que les Secretaires du Roy ont le privilege de ne paier aucuns droits Seigneuriaux pour ce qu'ils acquerent en la cenfive ou en la mouvance du Roy.

Decimò-Tertiò. Elles font dûës pour affignats tranflatifs de propriété faite par le mari, aprés la diſſolution du mariage, pour la dot de la femme.

On Juge neanmoins, que lorſqu'elle prend en paiement des conquêts de la Comunauté, elle ne doit aucun droit, encore qu'elle y ait renoncé, à cauſe de la part qu'il y a eu.

Il n'eſt rien dû pour vente de bois de haute futaie, excepté qu'il ne faſſe la meilleure partie du fief, ou que le fond ſoit aprés inutile, ainſi qu'il eſt dit par la Coutume d'Anjou titre 2. nombre 3. mais ce droit eſt dû au païs de droit écrit, Monſieur Borieux en ſa Deciſion 229. & 238. dit qu'il a été jugé au Parlement de Bordeaux qui eſt païs de droit écrit, que ſi un fond eſt vendu avec les fruits pour même prix, & par même contrat, les lots & ventes ſont dûës de tout, mais ſi au contraire les fruits ſont vendus ſeparement du fond, pourveu que ce ne ſoit point, *in fraudem mox futura venditionis fundi*, il n'en eſt dû aucun.

Il n'eſt auſſi rien dû pour le bail excedant neuf ans, s'il n'eſt à la vie ou à perpetuité, ou qu'on vende le fond en même temps.

Neanmoins du Moulin tient le contraire, ſi ce n'eſt que la ferme ſoit paiable en grain.

Toutefois j'eſtime qu'il eſt plus certain, que ce droit n'eſt pas dû pour baux à longues années, s'il n'y a argent debourſé ou promis, auquel cas, il eſt dû à proportion de la ſomme, cependant il ſeroit dû des droits ſi le bail étoit cedé à un autre, à raiſon du prix, de même qu'on en uſe pour les rentes de baux d'heritages.

La vente de l'uſufruit ſeparé de la proprieté, produit des droits dans certaines Coutumes, pourveu que l'uſufruit ait été acheté peu de temps aprés; au lieu que ſi on l'avoit acquis longtemps aprés, ce ſeroit moins une vente qu'une conſolidation à la proprieté.

Il a neanmoins été jugé dans la Coutume de Paris, par arrêt du 28. Fevrier 1688. raporté en la onziéme Partie du Journal du Palais, qu'il n'étoit dû aucuns droits pour la vente de l'uſufruit qui apartenoit à une femme, tant qu'elle venoit, n'y aiant aucun exemple qu'on ait jamais fait paier les droits pour baux à vie, qui peuvent finir à tous moments, quoique fait à prix d'argent.

Du Moulin tient cependant, que les droits ſont dûs en ce cas, lorſque l'uſufruit eſt ſtipulé rachetable à certain prix.

Item. Il n'eſt rien dû pour retrait lignager acordé en jugement, ou dehors.

Les Secretaires du Roy ne ſont pas exempts des ventes dont
ils ſe chargent pour fruſtrer les Seigneurs, s'ils ſont vendeurs ou
acheteurs.

Il a été jugé par arrêt du 18. Decembre 1668. qu'un Secretaire du Roy évincé par retrait lignager d'un heritage par lui
aquis dans le domaine du Roy, n'a pas droit de reprendre les
droits Seigneuriaux ſur le retraiant, comme lui aiant été une
fois aquis par ſon aquiſition.

Decimò Quartò. Il eſt dû vente par le poſſeſſeur d'un heritage,
bien qu'elles ne ſoient de ſon temps, ſuivant l'article 24. de la
Coutume de Paris.

Item. Pour les amendes, & juſques à ce que le Seigneur n'eſt
pas tenu d'admetre, ou qu'il ait reçû le cens du predeceſſeur,
ſecus, s'il y a eu ſaiſine ſans reſerver les droits, ou s'il a acquis par
decret ſans opoſition, ou s'il n'eſt que fermier.

Mais l'acquereur preſcrit par dix & vingt ans céte hipotéque, pour les droits qui precedent ſon acquiſition, au lieu qu'il
eſt tenu perſonelement des droits à cauſe de ſon acquiſition,
quand même il auroit ceſſé de poſſeder, atendu qu'il eſt garant
de celui à qui il l'a vendu, ſi on s'adreſſoit à lui.

Il n'eſt rien dû pour la nouvele vente de la nomination du
commant, pourveu qu'elle ſoit faite dans deux mois, & même
aprés, quoiqu'il ait paié de ſes deniers ſans declarer que c'eſt
comme Procureur, d'autant qu'il tranſporte l'heritage par une
ſuite neceſſaire de la procuration.

La même choſe eſt en païs plain, pour vente de navire ou bâ-
teaux, s'il n'eſt banal, fondé ſur port ou ſur terre, ainſi qu'il
eſt dit par l'article 519. de la Coutume de Normandie, & l'article 4. de celle de Bayone.

Decimò-Quintò. Ce droit eſt dû pour le prix des fruits vendus
avec le fond.

Item. Pour tranſaction faite pour confirmer l'achat, ſuivant
l'article 360. de la Coutume d'Anjou, & Argentré tient qu'elles
ſont dûës au fermier du temps du ſuplement.

Decimò Sextò. Pour échange d'heritage à un meuble pretieux
non eſtimé.

Secus, En la Coutume de Laon, article 138. pour vente reſo-
luë du conſentement des contractans dans huitaine aprés la tradition.

Ce qui eſt auſſi conforme à la Coutume de Paris, à celle de Tours, Bourbonnois, Poitou, & à celle de Troyes.

Decimò Septimò. Elles ſont dûës pour contrat reſolu, faute de paier le prix notament ſi la faillite arive peu après le contrat, & avant qu'il y cût demande ou ſaiſie du Seigneur.

Il y a un arrêt du 26. Août, rendu en la cinquiéme Chambre des enquêtes du Parlement de Paris, au raport de Mr. de Bullion, où il a été jugé en faveur du fermier de l'Archevêque de Paris, que celui qui a vendu à credit, & qui quelques années après, au lieu de demander à rentrer dans ſa choſe, ſe les fait adjuger, ſur étant moien de ſes credits à vil prix ; doit de nouveaux droits, d'autant que c'eſt plûtôt un nouveau titre que la reſurection du premier.

J'eſtime auſſi, que ce n'eſt pas aſſés pour ſauver les droits de lots & ventes, qu'on ait marqué par l'acte de reſilement, que l'acquereur ne peut ſatisfaire au contrat ; il faut qu'il y ait des pourſuites en Juſtice, en ſorte que ſi on avoit vendu à rente rachetable, le vendeur à qui l'heritage auroit été retrocedé, ne laiſ-feroit pas de paier de nouveaux droits, atendu que la conſtitution de rente, fait le prix pour lequel on a ſuivi la foy de l'acheteur.

Mais dans la Coutume de Senlis & autres ſemblables, c'eſt celui qui retrocede qui eſt tenu des droits de lots & ventes, lorſqu'il y a faculté de remerrer, neanmoins il n'eſt pas dû de nouveaux droits pour le regrés même, après le temps finit.

On ne peut pas non plus éviter ces droits par un reſilement, où l'on énonce qu'on avoit acquis à faculté de remerré, & que l'on eſt encore dans le temps, à moins qu'on ne juſtifie du contre, d'autant que la fraude eſt évidente.

On ne peut point demander ventes pour rente conſtituées, ainſi qu'il eſt dit par l'article 78. de la Coutume de Paris, mais les lots ſont dûs en celle d'Amiens, lorſqu'il y a nantiſ-ſement.

Elles doivent être rembourſées à l'acquereur, quoique le Seigneur lui en eut fait grace, ſi celui qui les doit rembourſer à pareil privilege, ſans qu'il ſoit tenu d'afirmer, ni comuniquer ledit privilege à l'autre contractant, quand même le privilegié s'en chargeroit.

Il n'eſt rien dû pour réunion pourſuivi par le Seigneur, car la choſe n'a pû être alienée ſans lui.

Item ,

Item, Pour droit, *ob venditionem lapidicinæ, qui a fundæus super-*
eſt ; id judicatum in prætorio Pariſienſi.

En contrat de vente on ne conſidere que le prix actuellement
paié & debourſé, ou promis, & non les vins du marché, qui ne
ſont point écrits dans le contrat, ni le droit des proxénetes, &
entremeteurs, ni le ſalaire des Notaires, ni autres ſemblables
fruits, & loyaux coûts.

Les droits de lots & ventes ſe prenent ſur les ſommes auſquelles montent les reparations qui entrent dans l'eſtimation du
prix principal d'une maiſon, dont un creancier joüiſſoit auparavant.

Neanmoins s'il avoit acquis moienant un prix, & qu'il l'eût
fait depuis des reparations, quoique le vendeur ait depuis obtenu condanation de paier ſuivant l'eſtimation ; j'eſtime que les
reparations faites depuis le contrat, ne doivent pas être conſiderés pour les droits de lots & ventes.

CHAPITRE C.

Du rang des Ecleſiaſtiques, Gentils-hommes, & autres Oficiers.

LE rang des Evêques ſe regle ſuivant l'ordre de leur con-
ſecration, & non point eu égard à l'antiquité de leurs
Egliſes.

Toutefois on a jugé la preſeance à l'Evêque d'Autun, aux
Etats de Bourgogne, ſur ſes confreres, quoique plus ancien
que lui.

Les Evêques Pairs de France ont auſſi ſeance au Parlement
à l'excluſion des Archevêques & autres Evêques qui n'ont point
céte dignité, ainſi qu'il a été obſervé en pluſieurs endroits du
premier Tome de ce Livre.

Les Abbés titulaires & comandataires, marchent concurre-
ment, & ont rang du jour de reception.

Ils ont auſſi également voix deliberative dans les Conciles &
aſſemblées, autrement les rangs des Abés ſeroient perdus en France où il en reſteroit peu de titulaires.

Neanmoins le Concile Provincial de Normandie, tenu à

Roüen en 1581. determina fur ce fujet, aprés avoir confulté le Pape Gregoire VIII. que les Abés benis, & qui ont droit de porter mître, precederoient les Comandataires dans les Conciles.

Il veut auffi que les Chanoines en corps, aient rang avant les Abbés, d'autant qu'ils ne font qu'un même corps avec l'Evêque dont ils ne peuvent être feparés, cependant en particulier, les Abbés precedent les dignités des Cathedrales.

Le Vicaire General de l'Evêque doit preceder le grand Archidiacre, n'y aiant point de milieu entre l'Evêque & fon Vicaire, qui tient fouvent le même tribunal, ainfi je foutiens que la Coutume contraire ne doit pas en ce cas être fuivie, comme bleffant l'honêteté, nonobftant le fentiment contraire de nos Docteurs, & de plufieurs autres Praticiens du fiecle qui affurent que le Vicaire ne doit avoir aucun rang en céte qualité, & qu'il doit marcher en fon ordre de Chanoine, s'il eft du nombre.

La preféance entre le dignités des Cathedrales & autres Eglifes fe reglent par la fondation ou poffeffion, mais le rang entre les Chanoines, ou Prêtres d'une focieté depend de l'ufage.

Les Benedictins de la Ville de Sens ont été maintenus en poffeffion de preceder les Curés de la même Ville aux proceffions, ainfi qu'il a été jugé par arrêt du 13. May 1653. en l'audiance de la Grand Chambre du Parlement de Paris.

Les Gentils-hommes ne peuvent à caufe de leur qualité preceder un roturier qui eft Patron ou haut jufticier, parce que l'Eglife ne confidere point la Nobleffe du fang, mais feulement la pieté ou la puiffance publique.

Cependant la poffeffion d'un fief ne doneroit pas fuivant mon fentiment cet avantage à un roturier.

Les Secretaires du Roy pretendent marcher avec les Gentils-hommes, felon l'âge, étant égales à ceux des Caterace & reputés capable de Chevalier, fuivant leur ancien privilege.

Neanmoins les nouveaux Nobles, qui ont obtenu létre d'anobliffement ne marchent qu'aprés ceux d'anciene extraction, mais les enfans qui leur font nés avant l'acquifition de leur Nobleffe, ne laiffent pas de joüir des mêmes privileges, fuivant la difpofition de la loi cinquiéme, *ff. decenator*, qui done le privilege aux enfans nés avant que leurs peres euffent été creés Senateur.

La loi 8. *ff. de adv. de verf. judic.* veut auffi que les enfans de ceux qui ont été faits Avocats du fifc, fuivant la condition de leur pere ; & jugé ainfi par arrêt du Confeil privé du 27. Janvier 1675. en faveur des enfans du fieur Bouchard, quoique leur Noblefle demeurant fufpens jufques à ce que leur pere ait fervi 20. ans, ou qu'il meure dans la charge.

Les Oficiers du Roi qui ont la Juftice ordinaire precedent dans le lieu de leur établiffement les Patrons & les hauts Jufticiers, parce qu'ils reprefentent le fouverain, au nom duquel ils exercent fa Juftice, & ont puiffance publique, qui a toûjours été en veneration dans l'Eglife.

Les Gentils-hommes qui ne vont qu'aprés les Patrons & hauts-Jufticiers, doivent auffi, fuivant la Loy, ceder aux Oficiers Royaux, non feulement dans le lieu de leur refidence, mais auffi dans l'étenduë de leur Jurifdiction, tant à caufe du reffort, ou fuperiorité, que de la prevention qu'ils ont fur eux.

Cependant les arrêts n'y ont maintenu que les chefs hors le lieu où eft leur fiege, & il n'y a que les Lieutenans generaux qui puiffent preceder les Gentils hommes à la campagne, lorfqu'ils y ont des maifons.

Il en eft la même chofe des Prefidens, puifqu'ils precedent les Lieutenans Generaux, & qu'ils font auffi Juges des Nobles, mais les Confeillers des Prefidiaux ne les precedent que dans la Ville ou leur Siege.

On a fouvent difputé la prefeance entre la puiffance feculiere, Eclefiaftique, les Juges en qui refide la puiffance publique, & les Chanoines des Cathedrales, qui ont été inftitués pour compofer le Senat de l'Evêque, mais il faut faire diference des ceremonies Eclefiaftiques, ou faifans fonction de mediateur auprés de Dieu, & en ce cas, ils doivent aprocher les plus prés de fes hôtels politiques & particulier, où ils font apelés comme bons Citoïens ; ainfi à cet égard, étant membre de la Republique, ils doivent fe foûmetre à ceux qui leur ont été donés pour Juge.

Les Prevôts des Maréchaux, Lieutenans de Robe Courte & leur Affeffeurs doivent preceder les Elûs, parce qu'ils ne font que pour un certain genre de caufe.

Il a même été jugé par arrêt du Parlement de Paris du 17. Fevrier 1629. que le Lieutenant Affeffeur en la Marechauffée de Montargis precederoit l'Avocat du Roy au Baillage du même lieu.

Les Elûs marchent devant les Oficiers de Pairie des lieux où il y a des sieges Roiaux superieurs.

C'est pourquoi, les Elûs de Beauvais ont obtenu un arrêt provisoire au grand Conseil, contre les Oficiers du Comté de la même Ville, pour les preceder en toute assemblée, hormis en celle de l'hôtel de Ville où le Baillif & le Procureur Fiscal ont seance avant eux immediatement après les Conseillers du Presidial.

Le contraire a lieu en faveur des Oficiers de l'ordinaire, lorsqu'il n'y a point d'autres Oficiers Roiaux au dessus d'eux.

Les Tresoriers de France marchent immediatement après le Lieutenant General, comme il a été depuis peu Jugé pour Amiens, mais ce n'est que dans leur generalité, ce qui a lieu même à l'égard de ceux ausquels il est permis de demeurer hors de leur generalité, comme il y en a un certain nombre dans chacun Bureau.

Il en est de même des Oficiers dans les maisons Roiales, dont la Cour est le domicile, & dont plusieurs sont encore trop contents de joüir à si bon marché, & souvent sans aucune peine, deservir de l'exemption des tailles, logement de gens de guerre, d'ariere-ban, tutele & curatele, sans parler du comômitonus, & de plusieurs autres privileges, pour lesquels ils ne paient ni prêts, ni polete.

Si on considere les caresses & les honeurs que chacun fait dans les Provinces aux Maires & Echevins, ce sont ceux qui doivent avoir la preseance sur tous Oficiers, & autres qui sont exposés à leur vengeance, mais d'ailleurs, si on examine leur ocupation, & que ce ne sont que des charges momentanées, & populaires, persone ne leur doneroit le premier rang.

En éfet, on peut apliquer à l'égard de ceux qui briguent avec tant d'ardeur & de depense ces sortes d'emplois, les belles pensées que Seneque raporte de Censaurain au comencement du troisiéme Livre de ses controverses, *qui honores in municipiis ambitiose petunt, videntur in somnis laborare.*

Les Marguilliers ont rang dans la plûpart des Paroisses avant les Oficiers, atendu qu'ils representent le corps mistique des habitans de la Paroisse.

Ils sont même en quelque façon Deputés du corps du Clergé, ainsi ils presentent au Benefice ce même Patron Eclesiastiques, & même ils pretendent joüir de l'avantage des Patrons laïques, pour ce qui regarde les preventions des Cours de Rome & les refignations ou permutations.

La poffeffion ne laiffe pas de prevaloir en faveur des Chefs de Juftice ou des Maires des Villes, lorfqu'ils ont acoûtumé de preceder les Marguilliers depuis long-temps.

Entre deux Marguilliers només le même jour, on a doné la preféance à la condition, par arrêt du 9. Avril 1558. doné en faveur d'un Procureur de Chateaudun contre un marchand de chevaux, nonobftant les certificats qu'on raportoit, qui ateftoient que le plus agé avoit toûjours precedé fans avoir égard à la diference des conditions.

Ceux qui font fortis de charge de Marguillier, doivent preceder aux proceffions des Paroiffes, à la referve des Oficiers Roïaux.

A Auxerre, les Oficiers Roïaux, Elûs, Echevins, precedent auffi les Marchands de même nomination, quoiqu'ils aient plus de voix, ainfi qu'il a été jugé par arrêt du fixiéme May 1630.

La même chofe fe pratique à Soiffon, & en plufieurs autres Villes du Roïaume.

A Rheims au contraire, l'Echevin plus âgé precede ceux de même nomination, fans diftinction de qualités, même de Confeillers ni d'Avocats, ce qui a été confirmé par arrêt du 29. Novembre 1649. nonobftant l'intervention du Prefidial.

Il a auffi été jugé pour Chartres ; que celui qui avoit l'avantage des voix dans une même nomination, quoique marchand, devoit preceder un Confeiller du Prefidial.

Il a été jugé pour Crefpin, par arrêt du 11. Fevrier 1653. que le fieur Bataille grenetier, precederoit le Prefident de fon corps qui avoit moins de voix.

Neanmoins en 1691. on a commencé à changer cet ufage pour Beauvert, même en faveur d'un fimple Avocat qui avoit moins de voix.

Les Confuls Roïaux precedent les Gentilshommes, encore qu'ils poffedent des rentes dans le lieu.

Les Prevôts Roïaux ont obtenu en plufieurs lieux un rang honorable parmi les Oficiers des Prefidiaux & Bailliages, il feroit à fouhaiter qu'ils y fuffent tout à fait incorporés, afin de fauver un degré de Jurifdiction, & empêcher la contrarieté des jugemens que caufe la jaloufie entre Juges de même païs, & auffi reprimer les Miniftres inferieurs qui ne font retenus par

DDdd iij

aucune crainte, lorſqu'ils vont en diferens Tribunaux, dont les Oficiers ont beſoin d'eux pour atirer des afaires.

Un Conſeiller d'un Preſidial qui a prêté ſerment au Parlement, & y a été reçû, doit preceder celui qui a été reçû avant lui au Preſidial, n'y aiant preſenté ſes letres que depuis que l'autre auroit doné ſa requête à la Cour.

Par arrêt du Parlement de Provence du 20. Octobre 1639. raporté dans le recüeil de Boniface, tome 1. livre 1. titre 14. on a doné la preſeance à un Procureur du Roy, à l'excluſion des Oficiers municipaux; étant juſte que celui qui procure l'intervention du Roy, precede ceux qui ne ſont que les Sindics des peuples.

Il a auſſi été jugé par arrêt de la Châbre de l'édit du Parlement de Dauphiné du 30. Juillet 1669. qu'un Avocat reçû au Parlement a la preſeance ſur celui qui avoit été reçû avant lui au Baillage de ſaint Paul trois Châteaux à Lauoir, precedé à ſon vû & ſçû, lequel arrêt porté neanmoins, *ſans toutefois tirer à conſequence.*

En éfet, il ſemble que dans les regles ils doivent avoir rang du jour de ſa reception dans le Baillage de même qu'un Conſeiller qui n'a pas été reçû au Parlement.

CHAPITRE CI.

De l'honeur de la proceſſion.

LA grande peſte cauſée en 1594. par l'inondation du Tibre, a doné lieu à l'inſtitution des proceſſions.

Ainſi ſaint Gregoire le Grand, ſuceſſeur de Pelage II. que ce mal n'avoit point épargné, ordona une proceſſion generale, afin de tâcher d'apaiſer par ce moien le couroux du Ciel.

Il enjoignit auſſi aux Evêques de ſon temps de faire deux proceſſions chaque ſemaine pour detourner les irruptions des Barbares.

En France, elles ont été inſtituées ſous le regne du Roi Clovis, par ſaint Mamert Evêque de Vienne à cauſe des tremblemens de terre qui avoient renverſé céte Ville pendant un an entier où elle n'étoit plus que la retraite des cerfs & des loups.

Ce saint obtint de Dieu la cessation de ce mal, par la procession, le jeûne, & les prieres, qu'il ordona aux environs de l'Ascension, ainsi que nous aprenons de Gregoire de Tours, *lib. 2. cap. 34.*

Ce qui a depuis été continué tous les ans, sous le nom des *Rogations*, dans la même saison, pour la necessité des biens de la terre, mais les Espagnols diferent les *Rogations*, après la Quinquagesime, croiant qu'il n'est point permis aux Enfans de l'Epoux, de pleurer, ni de jeûner pendant qu'il demeure avec eux.

Les Canons donent aux Patrons des Eglises, le premier rang dans les processions, neanmoins céte loy n'est pas suivie parmi nous.

L'Histoire Eclesiastique nous fournit plusieurs exemples au sujet des honeurs de la procession.

Elle dit que saint Athanase après son retour d'exil, tous les peuples d'Alexandrie allerent au devant de lui, chacun étant rangé selon son âge, son sexe & sa profession.

Saint Chrisostome sortit aussi avec son Clergé au devant de saint Epiphane Evêque de Salamine en Chipre, lequel venoit à Constantinople.

Mais ce qui se faisoit pour lors par un éfet de zele & d'impatience, est depuis tourné en obligation & on a consideré la Procession comme l'un des droits Episcopaux, c'est pourquoi nous voions dans le Chapitre *Auditis*, *de præscription*, qu'un Abé vouloit s'afranchir de céte charge à cause de son exemption, contre laquelle l'Evêque alleguoit qu'il y avoit une interruption de la possession dans laquelle cet Abé vouloit se maintenir, de n'être point obligé d'aller au devant de l'Evêque en Procession.

On a aussi acordé la même chose aux Empereurs qui venoient à l'Eglise.

Les Gouverneurs des Provinces aiant aussi obligé le Clergé de venir au devant d'eux, l'Empereur Justinien défendit aux Prêtres païens de sortir au de là du vestibule des Temples pour recevoir le President, parce qu'ils y deposent leur dignité & qu'ils n'y doivent être considerés que comme particuliers.

Les Ultramontains reservent particulierement ce droit, outre le Pape & les Cardinaux, au doge de Venise, dans l'Eglise de saint Marc dont il est patron.

En France les Ducs & les Comtes qui se sont atribués plusieurs droits Roiaux ont obligé le Clergé de venir au devant d'eux en Procession , comme nous voions dans Gregoire de Tours liv. 10. chapitre 9. où il est parlé de Brecarius General des armées du Roi Gontran, au devant de qui l'Evêque de Vanne avoit envoié son Clergé avec la Croix , chantant les sept Pseaumes.

Hibaud Comte de Chartres souhaita aussi que le Monastere vint en Procession au devant de lui , comme nous aprenons de l'épître 21. de Fulbert.

Ainsi, tous les Patrons particuliers des Eglises , ont aussi prétendu le même droit, mais cet usage, comme j'ai dit ci-dessus , quoique prescrit par les Canons , n'est pas executé en France , comme dans les païs étrangers.

Neanmoins cela a lieu à l'égard de ceux des corps & compagnies qui vienent celebrer l'Ofice le jour du Patron de la Paroisse , ils doivent être reçus par le Curé ou Vicaire perpetuel en persone , & non par leur Vicaire, ou comis , si ce n'est en cas d'absence necessaire , maladie , ou autre empêchement legitime.

Le Chapitre de la Cathedrale de Beauvais a même obtenu arrêt en pareil cas sur production le 14. Fevrier 1626. contre le sieur de Neuillit Curé de saint Pierre pour l'obliger à preceder leur Procession avec une baguete & un bouquet au bout , lui-même en persone sans pouvoir substituer un autre en son lieu & place.

CHAPITRE CII.

Des bancs d'Eglise.

AUtrefois les laïques n'entroient point dans les clôtures de l'Autel pendant le service Divin, & les Moines mêmes lorsqu'ils assistoient à l'Eglise les jours solemnels , n'avoient place qu'aux portes du Sanctuaire au milieu du Clergé & du peuple.

Il n'y avoit que l'Empereur qui pût entrer en ce lieu pour rendre graces & ofrir ses prieres au Createur.

Depuis les Empereurs Grecs, y demeurerent pendant le reste de la Messe , & on les y a souferts soit par flaterie ou autrement,

comme

comme le raporte Zonare en sa note sur le Canon 69. l. 5. chap. 19.

Cependant saint Ambroise fit pourtant avertir Theodose à Milan par son principal Diacre d'en sortir aprés son obligation & de se retirer parmi les laïques.

Les quatre Canons du Concile de Tours défendent la méme chose à tous laïques, si ce n'est dans le tems de la Communion, & comme céte ancienne discipline commençoit à se relâcher, les capitulaires de Charlemagne renouvelerent la prohibition du Concile de Tours.

Aujourd'hui la confusion qui se trouve dans quelque Eglise où l'on voit les laïques & les femmes, aussi bien que les Prêtres au pied des Autels, justifie les reproches que Balsamon faisoit aux Latins sur ce sujet.

Ainsi, il n'y a que les Patrons qui aient droit d'avoir un banc dans le cœur, & méme ce n'est qu'au défaut du Patron que les Hauts-justiciers l'ont d'abord prétendu, étant presumés avoir le plus contribué à la fondation de l'Eglise.

On a aquis depuis, par un usage universel le droit d'avoir banc à queuë & permanent pourveu qu'il n'incomode point le Service, neanmoins les arrests ont condané plusieurs Seigneurs hauts-justiciers de faire ôter leur banc du cœur.

On a aussi étendu ce droit au Moien & Bas justicier, lorsqu'il n'y a ni Patron, ni haut-justicier, & des Gentils-hommes y ont été quelque fois maintenus en vertu d'une possession ancienne, pourveu que ce ne soit pas au prejudice du Patron, lequel suivant mon sentiment semble avoir seul droit de défendre la liberté de l'Eglise.

Les Vassaux & hommageres peuvent aussi avoir dans le cœur un banc non ataché & sans acoudoirs.

On prétend que le Haut-justicier a parmi nous le droit d'exclure tous autres, à moins que outre la justice & les fiefs qu'ils ont dans la Paroisse, ils ne soient fondés dans une possession anciene, d'autant qu'ils ont été capables d'acquerir par prescription, à cause de leur qualité, un droit qu'on leur a toleré long-tems.

Or, quoiqu'on ne puisse pas transiger touchant les droits honorifiques, on ne laisse pas neamoins que d'avoir égard aux transactions faites avec le Patron & Haut-justicier touchant les bancs, lorsqu'elles ont eu leur execution, & que celui à qui ce droit a été acordé a qualité pour pouvoir en jouir, pourveu que ce ne foit point au prejudice d'autres Seigneurs principaux qui n'yont point parlé.

Les roturiers qui font en une longue poffeffion d'un banc dans la nef, à caufe des fondations & des bienfaits envers l'Eglife, ne doivent pas eftre deplacés par un Gentil-homme fous pretexte de fa qualité.

Il y a auffi plufieurs Paroiffes où ceux qui font en poffeffion par an & jour d'une place au cœur, ne veulent point fe retirer plus loin, pour faire place à un Oficier plus qualifié, mais on peut les y contraindre d'autant que chacun doit y être felon fon rang.

Neanmoins on en fait ordinairement fortir ceux qui y font placés, à la charge d'y doner la premiere place vacante au plus digne qui s'y prefente.

On feroit auffi injure à un particulier, fi on lui ôtoit d'autorité privée le banc dont il a quafi poffeffion.

Il faut que les Marguilliers fe pourvoient pour ce fujet par action, autrement on pourroit intenter contre eux.

A l'égard de la complainte, ceux mêmes qui ont titre legitime d'un banc, ne peuvent pas l'intenter, mais feulement agir civilement ou criminelement, s'il y a de la violence, ainfi il n'y a que les Patrons ou Hauts jufticiers qui ont ce droit, & les Seigneurs de fiefs dans l'étendue defquels l'Eglife eft fituée, fur tout quand le Haut-jufticier demeure dans une Paroiffe où il y a banc à queuë & permanant dans ladite Eglife, les autres bancs étant en la difpofition des Marguilliers.

Les conceffions qui font faites par les Marguilliers à des particuliers, font revocables, en rendant l'argent qui a tourné au profit de l'Eglife, à moins que le banc n'ait été acordé du confentement des habitans en corps, & du Curé, quoiqu'il n'y ait aucun droit en fon particulier, ne pouvant difpofer du temporel.

C'eft pourquoi les bancs font inprefcriptibles par tel tems qu'on en ait joui fans la permiffion des Marguilliers, à moins qu'on ne foit fondé dans une poffeffion anciene acompagné de figne vifible, qui font prefumer un titre de fondation ou de bienfait, autrement les heritiers ne peuvent rien prétendre au banc après la mort de leur auteur à qui il avoit été acordé à vie.

On a pourtant coutume de les preferer à d'autres, & moienant une reconoiffance à la fabrique, l'Eglife étant hors d'intereft par ce moien, & telle claufe qu'il y ait en faveur des heritiers, l'Eglise n'eſt pas obligée à l'entretenir, rendant ce dont elle a profité pour ce ſujet.

Il n'en eſt pas de même lorſqu'une Chapelle, ou le banc d'une Chapelle apartient à une famille, à cauſe de la fondation, ou conſtruction, les Marguilliers ne peuvent point en faire ceſſion à d'autres qui ſont étrangers de la famille, quoiqu'ils aient été en demeure hors de la Paroiſſe, ainſi qu'il a été jugé par arreſt du 18. Mars 1602. raporté par Chenus centur. 1. queſtion 85.

Dans les petites Villes, Bourgs & Villages, les Marguilliers n'ont pas droit de conceder les bancs à perpetuité, ce ſont les Patrons & Curés qui en diſpoſent, & qui permetent d'ériger des Chapelles, & de métre des épitaphes, autrement on ne peut aquerir le patronage particulier des Chapelles, ni le prouver que par une poſſeſſion continuelle d'empêcher d'autres d'y prendre place, encore faut-il que céte poſſeſſion ſoit, comme j'ai dit ci-deſſus acompagnée de ſigne exterieur & viſible, comme par des armoiries aux vîtres; ou contre l'Autel.

La Chapelle ne peut être fermée à clef par le fondateur quand elle eſt ſous la grande voute de l'Egliſe.

Lorſqu'il n'y a point de poſſeſſion pour prouver que l'on a joüi du droit de Chapele à l'excluſion des autres, ceux de la famille ne peuvent prétendre à aucun droit de preference, leurs armes étant à la principale vître, ou à la clef de la voute de la Chapele.

Un Patron qui a été privé par voie de fait de ſon banc, peut agir en reintegrande.

La place du Patron doit être à main droite du cœur en entrant dans l'Egliſe, neanmoins on ne peut pas changer les bancs & ſepultures qui ſont ailleurs.

Un banc d'Egliſe n'eſt point dans le comerce, c'eſt pourquoi il ſemble que l'aquereur d'une maiſon qui a aquis par contrat, ou qui a vendu le banc de l'Egliſe avec la maiſon, ne puiſſe prétendre aucune diminution, faute de pouvoir jouir du banc.

Toutefois, s'il paroiſſoit que le banc fût entré en conſideration, pour le prix de la maiſon, j'eſtime qu'il ſeroit juſte d'en acorder quelque deduction, eu égard à ce dont le vendeur auroit profité, ſinon à ce que l'on done ordinairement à la fabrique pour la conceſſion.

CHAPITRE CIII.

De la sepulture.

ON ne peut pas blâmer dans l'Eglise, la sepulture, étant autorisée par l'exemple d'Abraham, le pere des Fideles qui
acheta un lieu pour ce sujet.

Ce soin est encore autorisé par l'exemple de Jacob & de Jo-
seph qui souhaiterent que leurs os fussent transferés de l'Egipte,
dans le tombeau de leur pere qui étoit en la terre de Chanaan.

Ainsi, quoique les sepultures des Romains ne fussent que dans
leurs heritages & souvent sur le bord des chemins, Is étoient
considerés comme de droit Divin, il y avoit même des peines
tres severes contre ceux qui les profanoient, & une amende de
cent écus, au profit de celui qui avoit assés de zele pour se rendre denonciateur sans aucun titre particulier.

Ce droit ne tomboit point dans le comerce, il ne peut même
être permuté, crainte de faire mélange de famille diferente, il
ne pouvoit pas non plus être doné en partage à un heritier à
l'exclusion des autres.

Il n'est point aquis à celui qui achete une heredité en titre ou
université de biens, toutefois celui qui vend son fond, sans se
reserver le droit de sepulture, est censé y avoir renoncé à moins
que le lieu de sepulture ne soit le long du chemin.

Le droit de sepulture n'est point non plus sujet à confiscation
parmi les autres biens, il apartient à tous les heritiers indiferemment.

Il apartient aussi à tous les descendans, tant du côté des femmes que des mâles.

Les Loix des douze Tables défendirent d'enterrer un corps mort
dans la ville, neanmoins elle excepte ceux qui étoient entrés en
triomphe, mais cête loi a été depuis entierement abolie par
l'Empereur Leon, & on destina des lieux particuliers pour ce
sujet, qu'on noma cimetiere qui étoient d'abord tres frequentés
par les Fideles qui étoient persuadés que les Chrétiens ne mou-
roient point, & qu'ils y dormoient jusques à leur resurrection.

Ce qui obligea les Empereurs Païens, voiant nuit & jour un

ſi grand nombre de Chrêtiens , de leur défendre de s'y aſſembler.

Il y avoit encore un autre lieu au delà du cimetiere où l'on en-
terroit ceux qui avoient été tués ou noiés , qui n'étoient point
exclus des prieres, mais on ne ſoufroit pas dans ces lieux , aucune
perſone excomuniée.

On permet auſſi d'enterrer les Martirs dans les Egliſes , à l'excluſion de tous autres.

L'Empereur Conſtantin fut le premier qui ſe fit enterrer dans
le porche du Temple des Apôtres à Conſtantinople , & Honorius élut auſſi ſa ſepulture dans le porche de ſaint Pierre à Rome,
ainſi ce qui étoit pour lors une faveur aux Empereurs , a été
depuis acordé à tous les Fideles par le Concile de Vaiſon ſous
Leon I.

Le Concile de Tibur tenu en 1895. permit enſuite aux Prêtres de ſe faire enterrer dans l'Egliſe , ce que le Concile de
Meaux a étendu aux Laïques, pourveu qu'ils s'en rendent dignes
par une probité.

Il n'y a eu perſone qui n'ait crû meriter cet avantage, c'eſt
pourquoi pluſieurs perſones ſe ſont fait devotion d'y avoir leur
ſepulture , afin de profiter plus particulierement des prieres des
Fideles.

Neanmoins,il n'y a que les Patrons & Hauts-juſticiers qui aient
droit parmi nous de choiſir dans les Egliſes , le lieu plus honóra-
ble, d'autant que les places d'Egliſe n'apartienent à perſone en
particulier , ſi ce n'eſt qu'on ait permis à quelqu'un d'avoir un
ſepulcre vouté dans l'Egliſe auquel cas,ceux de la famille peuvent
s'y faire enterrer à l'excluſion de tous autres.

Les Patrons & les Hauts juſticiers ont auſſi ſeul droit d'empêcher qu'autre qu'eux ne ſoit inhumé dans le cœur , ainſi qu'il a
été jugé par arrêt du mois d'Août 1665. mais ils ne peuvent pas
empêcher que le Curé n'y ſoit inhumé,d'autant que céte grace a
été premierement acordée aux Prêtres.

C'eſt auſſi à l'Egliſe & à ceux qui la gouvernent, à qui apartient le droit d'aſſigner les places pour les ſepultures.

Si pluſieurs heritiers ſont convenus qu'un ſeul d'entre eux
jouïroit du patronage , les autres heritiers du Patron , ne peuvent
pas prétendre le droit de ſepulture , s'ils ne l'ont reſervé.

Le droit de banc n'induit point celui de ſepulchre particulier ,
ni au contraire celui de ſepulchre n'induit point celui de banc.

Ceux de la Religion Prétendue Reformée , ne jouiſſent point

EEee iij

du droit ❦ fepulture apartenant à leur famille, tant qu'ils demeurent dans l'erreur.

De même que parmi les Romains, les Cendres de ceux qui avoient été banis, ne pouvoient être raportées à Rome fans la permiſſion de l'Empereur.

Les tombeaux paſſent dificilement à un aquereur; étant plûtôt des privileges de famille, que des dependances de Seigneurie, auſſi l'alienation des maiſons de Ville, ne transfere aucun droit de fepulture à ceux qui les ont aquifes.

La fepulture peut être preſcrite contre le Patron, qui feul a droit dans le Cœur, on ne deterre pourtant point pour ce fujet les corps aprés un long temps, mais le Juge doit condaner les heritiers à quelque amende, comme il a été jugé, par arrêt du 20. May 1623. raporté dans le Journal des Audiances.

Quoique regulierement le trouble doive être reparé avant de proceder au petitoire, neanmoins ſi un mort avoit été nouvelement inhumé dans un lieu où d'autres font en poſſeſſion de fe faire enterrer, on ne pouroit pas l'en faire ôter par proviſion; la faveur de la religion faifant paſſer par deſſus la rigueur du droit.

On conferve les Gentils-hommes dans leur anciene poſſeſſion de tombeau ou de banc au Cœur, lorſqu'ils font fondés en poſſeſſions anciennes, pourveu que ce ne foit pas au prejudice du Patron.

Ainfi on a tellement paſſé par deſſus les ancienes regles en céte matiere, qu'on a confervé à une famille de Melun, le droit de fepulture dans le Cœur d'une paroiſſe proche le grand hôtel, fous la tombe qui y étoit, par arrêt du quatriéme Juin 1652.

CHAPITRE CIV.

Des litres & ceintures funebres.

LEs honeurs & litres apartienent au Patron par preference à tous autres même preferablement aux Jufticiers par deux raifons.

La premiere, que la fondation de l'Eglife eft prefumée plus anciene que la conceffion de la Juftice faite par les Rois aux Seigneurs Jufticiers, s'il n'apert du contraire, car la conceffion des juftices au Seigneur particulier n'eft point de toute antiquité, ny precedant le Chriftianifme en céte Monarchie, elle eft même pofterieure au Roy Pepin le Bref pere de Charlemagne.

La deuxiéme raifon eft, qu'on prefume que le Seigneur a quité & remis fa prerogative au Patron & fondateur, foufrant qu'on édifiât l'Eglife fur fon territoire, s'il ne l'a refervé expreffement.

Il n'y a point d'inconvenient qu'un vaffal precede en certain cas fon Seigneur de fiefs, hors le lieu où il lui doit homage, & hors les actes qui en dependent, comme par exemple, en la feance de l'Eglife, & à la convocation du ban & arriere-ban, ou pour raifon d'autres fiefs.

Ainfi le droit de titre apartient au Patron, quoiqu'il n'ait pas le fief, ou quoi qu'étant Seigneur du fief fur lequel l'Eglife eft fituée, il n'en ait point la Juftice, comme en Normandie où la plûpart des Cures font au Patronage de quelque Gentilhomme, à caufe de fon fief, quoique regulierement en ce païs-là les fiefs n'aient point d'autre Juftice, que de *Gageplege*, qui eft feulement une efpece de Juftice cenfuele, ou fonciere.

Or, il s'enfuit, que pour contraindre à la reconoiffance & perception des droits Seigneuriaux dependans des fiefs, il faut auffi fe pourvoir dans l'une ou l'autre de ces deux fortes de Jurifdictions, & même les Barons en Normandie n'ont point haute Juftice, à moins qu'elle ne leur ait été concedée expreffement ; ce qui eft fingulier & particulier à céte Province.

Aprés le patron, le droit d'apofer & faire peindre litre, apartient au Seigneur haut-Jufticier ; fans que le moien & bas-Jufticier, ni le fimple Seigneur du fief où l'Eglife eft fituée puiffent l'avoir, ni le pretendre, s'ils ne l'ont refervé expreffement, vû que les plus grands Seigneurs & Barons, & même les Ducs n'en ont doit, quand il y a patron, s'ils ne l'ont refervé, fuivant le fentiment de *Chaffaneus, in catal. glor. mund. part. 1. n. 12.*

Neanmoins il femble que cela foit contre l'ufage comun de plufieurs païs, car il y a plufieurs lieux dans le Royaume, où les moiens, les bas jufticiers, & les fimples Seigneurs du fief, où l'Eglife eft fituée, qui ufent & font peindre litre, mais je crois que c'eft plûtôt par foufrance, que par droit.

Et de fait, par fentence des Requêtes du palais, du parlement de Tolofe du 12. Août 1591. il fut permis à Alexandre le Roux comme Seigneur pour moitié de la baffe juftice de Haigrevile au Comté de Carmain, de peindre feulement contre le mur dans l'Eglife, à l'endroit du tombeau de fon pere, fes armoiries, avec une bande noire de 10. ou 12. pans, ou efpans, dont les 10. valent 15. pieds en figne de deüil fans aucune ceinture funebre, qui demeureroit au lieu de la fepulture, de tel auteur, qu'elle n'empêchât point la ceinture funebre du Seigneur Jufticier, au cas qu'il mourût dans l'an.

Ce qui a été ainfi ordoné, afin d'établir une diference de la fepulture de celui qui a quelque portion d'efpece de Juftice, d'avec la fepulture de fes jufticiables & des autres qui n'en ont pas droit.

La litre eft une trace de peinture de largeur d'un pied & demi, ou de deux au plus, de couleur noire au tour d'une Chapele, ou Eglife, à l'honeur, memoire, & enfeigne de deüil du fieur patron de l'Eglife, ou du Seigneur du lieu, les armes du défunt étant peintes fur divers endroits de céte trace.

Celle qui fe fait tant au dedans qu'au dehors de l'Eglife, qu'on apele litre patronal & Seigneurial, eft auffi atribuée au Seigneur Châtelain, & au patron fondateur dans plufieurs Coutumes du Royaume.

Par exemple, il eft general & d'ufage par tout, tant en païs Coutumier, qu'en ceux de droit écrit, que comme les honneurs de l'Eglife apartienent au patron privativement à tous autres, par confequent il a droit de faire, & d'avoir litre, tant dedans que dehors, à l'exclufion du Baron, Chaftelain, ou autre Seigneur.

Cela

. Cela a même été jugé par arrêt du parlement de Roüen, du 28. Fevrier 1550. pour Robert du Sol, Seigneur de Bourg-à Ville.

Il y a encore un autre arrêt, fur le même fujet du 27. Mars 1633. pour l'Abaie de la Trinité de Can, & un autre du 20. Juin 1601. pour Nicolas Darces Baron de la Ferriere, fieur de Livarot, contre Philipe de la Haye, fieur de Pipardiere.

Cependant cela n'auroit pas lieu fi le Baron Châtelain, ou autre Jufticier, s'étoit refervé en permutant, ou foufrant fonder ou doter une Eglife fur fon fief & juftice, la prerogative & prééminence des honeurs de l'Eglife, toutefois cela n'empêche pas que les Seigneurs hauts-Jufticiers, & ceux des fiefs où l'Eglife eft fituée, ne pretendent auffi d'avoir litre, tant au dedans que dehors ladite Eglife, & tout autour.

Il feroit neanmoins, fuivant mon fentiment, plus décent, plus pieux & plus religieux, de ne point peindre des litres au dedans au moins de ne point peindre autour de toute l'Eglife, car c'eft en quelque façon la defigurer & la bigarer de chofes profanes, & fouvent de figures indecentes.

On pouffe encore cet abus plus loin, car plufieurs perfones fans difcretion ont fait noircir en plufieurs lieux du Roiaume, leur litre fur peinture d'image des Saints, même fur les Croix qui marquoient la Dedicace de l'Eglife, qui font peintes ou en plat, ou apliquées en pierre & en boffe, en memoire de Nôtre-Seigneur Jefus-Chrift, ou de fes douzes Apôtres, qui font les premieres Colomnes de l'Eglife.

C'eft un crime d'éfacer les armes du Prince, même de gâter celles de fon fimple Seigneur de fief fuzerin, mais c'eft un bien plus grand crime que d'éfacer les images des Saints, & les Croix dont je viens de parler, qui font à l'égard des Croix les armes de Dieu que l'Evêque met dans l'Eglife lorfqu'il l'a dediée, pour marquer que Dieu en prend poffeffion, ainfi ces Croix ne font pas feulement benîtes, elles font facrées avec le faint huile, c'eft pourquoi c'eft un crime énorme que de metre fes armoiries fur ce qui apartient à Dieu.

Ce n'eft pas fans miftere que les Eglifes font apelées, *Bafiliques*, c'eft-à-dire Roïal, parce que tenant plus du Ciel que de la terre, elles font en éfet Roaïales Dames & Maîtreffes, de forte que toutefois & quantes que l'Ecriture parle d'aler au Temple, elle fe fert du mot de *Monter*, non feulement felon le fens literal, parce que le Temple de Jerufalem étoit bati fur une montagne, & que la premiere Eglife des Chrétiens affemblés dans le Cenacle de faint Jean, fut auffi fur le Mont de Sion, mais l'Ecriture fe fert de ce mot, *Monter*, felon l'explication fpirituele, dont le Pfalmifte a dit, *Afcenfiones in corde fuo difpofuit*; & en un autre endroit, *fundamenta ejus in montibus fanctis*; & en un troifiéme, *illuminas tu mirabiliter à montibus æternis.*

L'emphafe de ces termes, eft pour en relever la hauteur, la puiffance abfoluë, & la pleine liberté, & pour en exclure abfolument la baffeffe d'une fervitude terreftre, à moins d'avoir oublié entierement fon devoir, & le refpect, & l'amour, & la reverence que nous devons à Dieu, ainfi pour vivre Chrétienement il faut renoncer à toutes fes pretentions facheufes, vaines, ridicules & indignes d'un bon Chrétien.

Il y a parmi nous de bons Religieux, & qui vivent en odeur de fainteté, avec lefquels j'ai plufieurs fois converfé, qui fuivant la loy de Dieu, blâme fort les litres, ce qui me paroît auffi tresjudicieux, car pour peu de reflexion que le lecteur faffe à la chofe, c'eft à proprement parler, faire porter le düeil aux Eglifes de perfones qui font recompenfées au monde par leur vanité des biens-faits, dont ils devroient atendre la recompenfe au Ciel.

On fait la litre Patronale ou Seigneuriale au dedans & au dehors de l'Eglife, en quoi elle eft diferente d'une fimple litre ou ceinture qui fe fait dans une Chapele de fondation particuliere d'un Gentilhomme, ou d'une perfone de qualité.

Le Gentilhomme, ou autre perfone Noble, qui a une Chapele peut y faire litre, pourveu que ce ne foit qu'au dedans de fa Chapele feulement, fans l'étendre au dedans du Cœur, ni de la nef, ni au dehors de l'Eglife.

Neanmoins le Patron de l'Eglife principale peut, faifant faire litre autour, dedans & dehors l'Eglife, y comprendre le dedans & dehors d'une telle Chapele, faifant peindre fa litre, & fes armes au deffus de celle du particulier à qui la Chapele apartient, foit qu'il foit vaffal, ou qu'il ne le foit pas.

Mais le Seigneur à qui céte prerogative apartient, fait beaucoup mieux, & plus civilement, s'il fe contente de comprendre en fa litre le dehors de telle Chapele particuliere, fans la faire metre au dedans.

La litre Patronale & Seigneuriale ne doit point être plus

large de deux pieds, il n'y a comunement que celle des Princes qui excedent céte largeur, & qu'on étend jûfqu'à deux pieds & demi de largeur, fur laquelle litre des Princes, leurs écuffons & armes peuvent être peintes en diftance de deux toifes, & de douze pieds, mais celle des autres Seigneurs doit être plus éloigné quant on veut garder la decence.

Il faut encore obferver ici, qu'il n'y a que les Princes, & les plus grands Oficiers de la Courone qui puiffent & doivent avoir le hôme timbré de leurs armes, *de front*, c'eft-à dire du côté de l'écu.

De plus, quant on veut obferver regulierement la decence, le heome du Noble qui n'a point fait profeffion des armes, doit être abatu, clos, & non levé, au lieu que les autres peuvent l'avoir entrouvert.

Suivant l'ordonance, il n'apartient qu'aux Nobles d'avoir écû & armes timbrées étant défendu fur peine d'amande de mille livres, de prendre la qualité de Noble, quand on n'en a pas droit; quoique ce foit des Bourgeois qui poffedent les fiefs, terres, & Seigneuries, même une Baronie.

Il y a une efpece de forme de litre, ou ceinture funebre, qui fe fait de velours, dama, drap, ferge, futaine, ou autre étofe, au dedans feulement des Eglifes ou Chapeles, mais tels litres, paremens d'hôtels, écuftodes, ne reftent point aprés l'an & jour, en forte qu'aprés le fervice du bout de l'an, l'étofe apartient à la fabrique, pour en difpofer par les Marguilliers à fon profit, fi ce n'eft que les heritiers du défunt, defirant aprés l'an & jour, les retirent ou une partie, pour les envoier en l'Eglife de leurs Seigneuries, s'en acomodent avec les Marguilliers.

On met frequemment de ces litres d'étofe aux Villes où il y a quantité de perfones Nobles & de qualité, qui quoiqu'ils ne foient point Patron, Seigneur Jufticier, ni feodaux, & qu'ils n'aient point d'autres prerogatives que l'honeur de leur Nobleffe, de leurs qualités & ofices; ils peuvent neanmoins metre ces ceintures d'étofes, qui ne demeurent que durant l'année de l'obit, & aprés elles apartienent à la fabrique.

Semblablement, pour tels Nobles & perfones qualifiées, on peut metre litre de quelque étofe, en quelque Chapele, ou fur quelques piliers aux Eglifes des Vilages où ils ont ordoné de faire quelque fervice, ou lorfque leurs heritiers veulent en faire celebrer, quoiqu'ils ne foient pas Seigneurs des lieux.

En ces paroiffes de Vilages, on fe contente le plus fouvent pour ces Nobles qui ne font point Seigneurs, de faire litre au pilier, ou aux endroits où ils avoient leur ban, & on met fur cete petite litre leur armoirie peinte fur du papier, ou fur de la quarte, qu'on puiffe lever après le bout de l'an, ce qui ne peut pas être empêché par les Patrons & Seigneurs qui ont droit de litre, puifqu'ils n'en foufrent aucun prejudice.

On ne peut point non plus empêcher tels nobles ou perfones de famille, quoiqu'ils n'aient, ni droit de Patronage, ni droit Seigneurial en la Paroiffe, d'avoir une tombe plate dans l'Egli-fe fur leurs foffes, où leurs armes & effugies foient gravées pour toûjours.

Toutefois, fi un particulier done à l'Eglife un tableau, une image, ou quelque autre ornement, on ne peut pas empêcher que fes armes foient gravées ou peintes fur ce qu'il done, non plus qu'aux habits, calice, vafe, chandeliers, donés à l'Eglife, quoique ce foit pour les metre ou porter dans le Cœur, & non-obftant qu'il ne foit ni Patron, ni haut Jufticier, atendu que c'eft un moien d'exciter la pieté à être liberale.

Cela eft auffi permis par le droit Romain à ceux qui donent ou conftruifent quelque chofe pour le public.

Mais il n'apartient qu'à ceux qui font Patrons, ou pure-ment & abfolument Seigneurs du lieu, d'apofer, peindre, ou faire graver leurs armes aux corps, & à la ftructure des Egli-fes.

Ancienement on ne pouvoit pas fans permiffion apofer fta-tue, enfeigne, ni image d'aucune perfone privée en aucun lieu public, car l'apofition des armes eft une marque de Seigneurie, & de fuperiorité, & par céte raifon, il n'apartient qu'aux No-bles d'en avoir.

L'ufage des armoiries eft fi ancien qu'on trouve que le peu-ple de Dieu, & les Rois de Judas (à comencer par David) en ont eu.

Ils portoient un lion en leur enfeigne militaire, & en leur feau & cachet.

Les Lacedemoniens avoient en leur feau un aigle tenant un ferpent en fes ferres ou grifes.

Pompée avoit un Lyon rampant portant haut en la pate droi-te une épée nuë.

Si plusieurs sont Patrons de la même Eglise, l'aîné, ou celui qui en est issû doit avoir sa litre & ses armes à droit, & le puisné à gauche, ou bien l'aîné les aura peintes ou aposées plus haut que les autres, ainsi qu'il a été jugé par arrêt du Parlement de Toulose du 13. Septembre 1552.

La même chose doit avoir lieu si la justice est indivisée entre deux freres Seigneurs, l'aîné aura la litre & arme à droit, l'autre à gauche, ou il les aura peintes plus haut que celui du puisné, ou bien si l'aîné veut, leur armoirie seront peintes en hauteur, distance égale & parité de nombre, tant dedans que dehors l'Eglise, sur même ceinture ou litre, de même maniere, que les armes de l'aîné étant peintes les premieres, celles du puisné suivent en distance convenable, excedant douze pieds de long; & tout de suite alternativement.

En concurrence du Patron avec le Seigneur haut-Justicier, le Patron les doit avoir plus haut que le Seigneur haut-Justicier, par la raison que les autres honeurs lui apartienent, comme j'ai dit cy-dessus, preferablement à tous autres.

A l'égard de deux Seigneurs, en concurrence, dont l'un a la preseance & la preference à la procession, à l'ofrande, au pain beni, & à la paix, il ne peut point empêcher que l'autre Seigneur ne fasse peindre litre, tant dedans que dehors l'Eglise, ainsi qu'il a été jugé par arrêt du Parlement de Dijon, le 2. Avril 1612. entre Philibert Morain, sieur de Corcele en Charolois, contre Jacques de Breche, sieur du Lieu.

Si le moïen, ou bas Justicier, ou simple Seigneur de fief est en possession de faire peindre litre au dedans, ou au dehors, ou dedans & dehors, le Patron ou Seigneur Justicier peut toûjours faire la sienne au dessus.

Entre deux Coseigneurs égaux, chacun peut avoir litre sans qu'il soit permis à celui à qui il arrivera par le decés de quelqu'un des siens, de faire peindre litre aprés celle de son Coseigneur, peinte pour pareil sujet; il y soit permis de peindre la sienne au dessus, ce doit être au dessous.

Le Seigneur qui tient par engagement terre du domaine du Roy ne doit pas avoir litre, ni faire aposer ses armes aux Paroisses de la terre dont il est engagiste.

Céte doctrine a été confirmée par arrêt du Parlement de Paris du 29. Août 1620. doné au raport de Monsieur le Roy, confirmatif d'une sentence des Requêtes du Palais, entre Antoine

Defduc Ecuyer, fieur de Crefpiere d'une part, & Claude Piquet fieur de Sautours, Seigneur haut Jufticier par engagement de ladite terre & Seigneurie de Crefpiere.

Il faut auffi,remarquer ici, qu'il ne fe trouve point, ou peu de paroiffes en France où il y ait concurence d'un Patron laïque, d'un Seigneur haut Jufticier, d'un moien, ou bas jufticier feparement; & qu'un autre foit Seigneur du fief.

Toutefois, le cas arrivant, on ne voit pas plus de deux litres peintes au tour de l'Eglife, l'une du Patron, l'autre du Seigneur haut Jufticier, ou du Seigneur Jufticier, & du Seigneur du fief.

Neanmoins par arrêt du 9. Août 1613. doné pour les honneurs de la Paroiffe d'Hanches,la Cour a reglé & prefcrit l'ordre des trois litres des trois Seigneurs en céte paroiffe, en forte que cet arrêt eft tres-remarquable, il eft raporté au 2. Tome du Journal des Audiances nombre 4.

F I N.

TAXES

POUR DE'PENS ADJUGEZ

Tant par Arrêt des Cours Souveraines, que par Sentence des Jurifdictions qui y reffortiffent, dont il a été parlé au Chapitre troiziéme de ce Tome.

Subalterne Civil.

COnfultation, huit fols parifis, cy . . . . 8 f. p.

Pour le premier exploit contenant la demande, outre le papier & le contrôle, quatre fols, cy . . . . 4 f.

Prefentation, un fol huit deniers, cy . . . . 1 f. 8 d.

Au Greffier aucun droit de prefentation, cy . . . . Neant.

Si la partie eft demeurante hors du lieu, ne fera taxé vin de meffagers, pour avertir de la comparution, parce qu'au jour de l'affignation on plaide, mais bien le voyage pour charger un Procureur, cy . . . . . .

Pour chaque rôle de papier au Greffier un fol huit deniers, outre le papier, cy . . . . 1 f. 8 d.

Journée du Procureur un fol trois deniers, cy . . . . 1 f. 3 d.

Pour le falaire du Juge qui a fait enquête, pour chacun témoin cinq fols, cy . . . . 5 f.

Pour le Greffier Neant, parce qu'il a la groffe, cy . . . . Neant.

Que s'il y a tranfport, auquel cas il lui fera taxé moitié du Juge, cy . . . . 2 f. 6 d.

Pour chacun Interrogatoire au Juge, vingt-deux fols, cy . . . 22 f.

Au Greffier Neant, s'il n'y a tranfport, comme deffus, cy . . Neant.

Si le Juge fe tranfporte, fera taxé pour fa journée compris fa dépenfe, foixante quatre fols, fuivant l'Arrêt de Reglement du 10 Juillet dernier, cy . . . . 64 f.

Au Greffier, trente deux fols, cy . . . . . . 32 f.

Au Procureur, trente deux fols, cy . . . . 32 f.

Pour les vacations d'une matinée ou aprés-dînée entiere, defdits Juges fubalternes hors Paris, pour les fcelez, inventaires, comptes & partages, trente deux fols parifis, fuivant ledit Reglement du 10 Juillet 1665, cy . . . . 32 f. p.

Pour les Procureurs fifcaux s'ils y affiftent, és cas efquels ils y peuvent affifter, il leur eft dû les deux tiers du Juge, cy . . . . 21 f. 5 d.

Au Procureur des Parties, la moitié, cy . . . . . . 16 f. *Ordonance*

Au grefier ne fera taxé aucune vacation, s'il ne fe tranfporte comme *de 1665.* deffus, & fe tranfportant aura la moité de la taxe dudit Juge, outre fa groffe, cy . . . . 16 f.

Pour les tutelles & assemblées des parens pour quelques causes , que ce soit au Juge, seize sols, cy . . . . . 16 s.

Au grefier huit sols sans vacation suivant le reglement, cy . . . . 8 s.

Au Procureur fiscal s'il y asiste és cas de l'ordonance les deux tiers du Juge, cy . . . . 10 s. 8 d.

Au Procureur la moitié du Juge, cy . . . . . 8 s.

Pour chacun rôle d'écriture & inventaire , onze sols , sinon qu'il soit en minute , auquel cas la taxe est arbitraire , . . . 11 s.

Epices des sentences, suivant la taxe qui ne poura exceder celle portée par le reglement du 10. Juillet 1663. & conformement à icelui , ...

Au grefier pour la façon & signature à raison de douze sols par rôle, en y metant vingt deux lignes & quinze sillabes à la ligne , cy . . . .

Subalterne criminel.

Au Juge qui fait ll'information pour chacun témoin six sols, cy . . 6 s.

Au sergent qui fait l'information sur le lieu pour chacun témoin quatre sols, cy . . . . 4 s.

A l'ajoint (il a été ci-devant suprimé , mais à present l'ofice a été retabli par une declaration du Roi du . . . . .) , cy . . . 11 s. 8 d.

Sera taxé au seigneur grosse d'information , parce qu'il faut qu'il garde la minute , à raison de onze sols pour chacun rôle , cy . . . . 11 s.

Au Procureur fiscal qui verra les informations , huit sols , cy . . . . . 8 s.

Au Juge douze sols, ... 12 s.

Au grefier pour le decret, quatre sols dix deniers, cy . . 4 s. 10 d.

Au grefe qui comunique les informations , tant au Procureur fiscal, qu'au Juge pour decreter , ne sera rien taxé, cy . . *neant.*

Pour le sergent qui aura executé le decret d'ajournement personel sur le lieu, six sols, cy . . . . 6 s.

S'il se transporte , vingt-quatre sols, cy . . . 24 s.

S'il y a prise de corps , & que le sergent soit assisté de deux recors pour constituer prisonier , trente six sols , cy . . 36 s.

Au Procureur fiscal qui prend comunication , huit sols, cy . . 8 s.

Le grefier pour l'interrogatoire, moitié du Juge, cy . . 6 s.

Pareil droit pour le recolement & confrontation, cy . . . . 6 s.

Conseil sur l'interrogatoire, huit sols , cy . . 8 s.

Abrogé par l'ordonance de 1667. Pour les asignations aux témoins s'il n'y a transport , chacun deux sols, cy . . . . . 2 s.

Et taxer tous les exploits d'un même jour en un article , comme pareillement toutes les taxes des témoins , cy .

Au Juge pour recolement & confrontation de chacun témoin , six sols, cy . . . . . 6 s.

Au grefier s'il n'y a transport, *neant* , cy . . *neant.*

Si c'est par contumace , les asignations à trois briefs jours en cas de ban & quart , d'abondant sera taxé pour chacun sur le lieu , douze sols , cy , ... 12 s.

Et en cas de transport dans le détroit de la Jurisdiction vingt-quatre sols, cy . . . . 24 s.

voyage

Voyage pour le Civil.

Pour les voïages en matiere civile , fi les parties font demeurantes hors le lieu , fera taxé voiage pour aporter l'exploit , cy . . . .

Voiage pour produire , cy

Voiage pour pourfuivre le jugement & lever la fentence , felon la qualité de la partie , & deux jours de fejour , cy

Pour le criminel.

Voiage pour le decret , cy

Voiage pour l'interrogatoire , cy

Voiage au recolement & confrontation , cy

Voiage pour les conclufions civiles , & défenfes par atenuation, & pro- duire , cy

Voiage pour la fentence & jugement felon la qualité , cy . . . . . .

Ordonance criminelle de 1670.

Pairie civile.

Confultation , douze fols , cy   12 f.

Exploit contenant demande pour contrôle , feize fols , cy . . . 16 f.

Prefentation deux fols , cy   2 f.

Grefier , *Neant* , cy   *Neant.*

Si la partie eft demeurante hors le lieu ne fera rien taxé pour avertir de la prefentation , cy   *Neant.*

Pour chacun rôle de papier au grefier , fera taxé deux fols outre le pa- pier , cy   2 f.

Journée au Procureur , un fol huit deniers , cy . . . . . 1 f. 8 d.

Pour chacun rôle de groffe des écritures faites par Avocat , pour le falaire dudit Avocat , huit fols , & ajouter le papier timbré,cy. . . . 8 f.

Pour la groffe de chacun rôle , un fol huit deniers , cy . . . 1 f. 8 d.

Et ne fera taxé revifion , cy   *Neant.*

Pour les groffes des inventaires dreffées par les Procureurs qui con- tiendront quinze lignes & huit fillabes , quatre fols , cy . . . . 4 f.

Pour le falaire du Juge qui fait enquête pour chacun témoin , fix fols, cy   6 f.

Pour le falaire de chacun témoin , quatre fols , s'il n'y a tranfport, auquel cas fera taxé felon la diftance , cy   4 f.

Au grefier *Neant* , aiant fa groffe , s'il ne fe tranfporte, cy . . *Neant.*

Si le Juge s'y tranfporte fera taxé par jour , quatre livres feize fols, cy   4 l. 16 f.

Au grefier moitié du Juge, cy   2 l. 8 f.

Au Procureur , cy   2 l. 8 f.

Tome II.   G G g g

Pàirie criminelle.

Au Juge qui fait l'information pour chacun témoin, six fols, cy .. 6 f.
Au grefier trois fols, cy   .   .   .   3 f.
Si c'eft un fergent qui fait l'information pour chacun témoin , quatre
fols, cy   .   .   .   .   .   4 f.
A l'adjoint cela eft abrogé , deux fols huit. deniers , cy . . . 2 f. 8 d.
Pour le decret au Juge , douze fols , cy   .   .   .   12 f.
Pour le Procureur fiscal , huit fols , cy   .   .   8 f.
Pour le decret au grefier , huit fols, cy   .   .   8 f.
Pour l'interrogatoire , au Juge , douze fols , cy   .   .   12 f.
Au grefier six fols ; cy   .   .   .   .   6 f.
Recolement & confrontation au Juge , pour chacun témoin recolé &
confronté , six fols , cy   .   .   .   .   6 f.
Au grefier trois fols, cy   .   .   .   .   3 f.
Pour la groffe de chacun rôle outre le papier , deux fols , cy ... 2 f.
Pour les afignations à trois briefs jours , quart d'abondant , douze fols,
cy   .   .   .   .   .   12 f.
Le voyage des parties vingt- quatre fols , cy   .   .   .   24 f.

Bailliages Roiaux *et)* Prevôtés Roiales hors de Paris.

Confultation vingt-quatre fols , cy   .   .   .   24 f.
Ajournement fans tranfport , huit fols , cy   .   .   .   8 f.
Prefentation , deux fols , cy   .   .   .   2 f.
Au grefier quatre fols , cy   .   .   .   4 f.
Journée de Procureur fur jugement ou fentence deux fols , cy .... 2 f.
S'il y a Avocat & Procureur fera taxé à l'Avocat quatre fols , cy ...4 f.
Au Procureur deux fols , cy   .   .   .   2 f.
S'il y a long plaidoié fera taxé à l'Avocat , fept fols , cy . . . 7 f.
Pour les écritures de l'Avocat , huit fols, cy   .   .   8 f.
Pour rôle outre le papier au Clerc , un fol huit deniers , cy ... 1 f. 8 d.
Pour les inventaires de productions à raison de quatre fols par rôle , &
le papier , cy   .   .   .   .   4 f.
Les voiages , ainfi qu'ils font ci-deffus reglés , cy .   .   .
Au grefier pour chacun rôle trois fols neuf deniers tournois,
cy   .   .   .   .   3 f. 9 d. tz.
S'il y a moindre taxe , il la faut fuivre ,   .   .   .
Pour le falaire du Juge qui fait enquête ou information , s'il eft Lieu-
tenant general , ou Prevot des Marechaux fur les lieux ,   pour chaque té-
moin huit fols , cy   .   .   .   .   8 f.
Au grefier ne fera taxé que la groffe s'il ne fe tranfporte , cy . . . .
A l'ajoint * en fait d'enquête , moitié du Juge , cy. . . . . . . 4 f.
A l'enquêteur pour chacun témoin, fix fols , cy   .   .   6 f.
Pour l'ajoint les deux tiers , quatre fols .   .   .   .   4 f.

* Ils ont été abrogés , mais par un nouvel édit ils font re- tablis.

Pour l'interogatoire aux Juges, vingt-quatre sols, cy. : . 24 s.

Au grefier sa grosse à raison de trois sols neuf deniers tournois, cy.   3 s. 9 d.

Si le Juge Roïal se transporte, sera taxé par jour pour vacation & depense; sçavoir au Lieutenant general dudit Siege Roïal; douze livres seize sols, cy.   12 l. 16 s.

Aux autres Juges douze livres douze sols, cy.   12 l. 12 s.

Au Substitut du Procureur general, huit livres dix sols huit deniers, cy.   8 l. 10 s. 8 d.

A l'Ajoint pris sur le lieu, quatre livres seize sols par jour, cy.   4 l. 16 s.

En cas de transport hors sa demeure, la moitié du Juge, cy. . 6 l. 8 s.

Au grefier la moitié s'il se transporte, cy.   6 l. 8 s.

Et aux Procureurs moitié du Juge, cy.   6 l. 8 s.

A l'Enquêteur s'il se transporte, huit sols, cy.   8 s.

Pour les vacations des actes de tutele, curatele, avis & autres assemblées de parens, vingt-quatre sols, cy.   24 s.

Sieges Roïaux criminel.

Au Juge qui fait l'information, sera taxé comme dessus à l'enquêteur, cy.   6 s.

Au grefier sa grosse à raison de trois sols neuf deniers, cy. . 3 s. 9 d.

Au sergent qui fera l'information pour chacun témoin, quatre sols, cy.   4 s.

A l'Ajoint moitié qui est deux sols, cy.   2 s. *Abrogé, &*

Au Substitut du Procureur general pour les conclusions au decret, seize sols, cy.   16 s. *depuis ré-tabli par*

Au Juge, vingt-quatre sols, cy.   24 s. *un nouvel*

Au grefier seize sols, cy.   16 s. *Edit.*

Pour chaque rôle de grosse quatre sols, cy.   4 s.

Pour les assignations à trois briefs jours en cas de ban & quart debondant sur le lieu, vingt-quatre sols pour chacun, cy. . 24 s.

Et s'il y a transport, à raison de trois livres treize sols par jour, cy.   3 l. 13 s.

Pour les voïages des parties, comme dessus aux subalternes, cy . . . . .

Les presentations & droits des Procureurs, reglés comme dessus, cy.

Au Lieutenant-general qui fait enquête ou information pour l'audition de chacun témoin huit sols, cy.   8 s.

A l'ajoint les deux tiers, cy.   6 s.

Au grefier moitié, outre sa grosse, à raison de trois sols neuf deniers pour rôle, en observant les lignes & les silabes, suivant le reglement, cy.   4 s.

Pour les actes de tuteles, curateles & avis de parens, au Juge pour sa vacation, deux livres huit sols, cy.   2 l. 8 s.

Au grefier vingt quatre fols, cy. . . . 24 f.

Au subftitut du Procureur general du Roy, pour les conclusions fur information, feize fols, cy. . . . 16 f.

Au Juge pour le decret d'ajournement perfonel ou prife de corps, vingt quatre fols, cy. . . . 24 f.

Au grefier pour le decret, feize fols, cy. . . . 16 f.

Pour l'interogatoire au Juge, vingt-quatre fols, cy. . . 24 f.

Au grefier moitié du Juge outre fa groffe, cy. . . 12 f.

Pour le confeil fur l'interogatoire, douze fols, cy. . . 12 f.

Recolement & confrontation au Juge pour chacun témoins, huit fols, foit pour le recolement & confrontation foient faits conjointement ou feparement, cy. . . . . . 8 f.

Au grefier moitié, cy. . . . . 4 f.

Si le Lieutenant general fe tranfporte, fera taxé par jour, compris fa depenfe, douze livres feize fols, cy. . . . 12 l. 16 f.

Aux autres Lieutenants & Confeillers defdits Sieges, neuf livres douze fols, cy. . . . . 9 l. 12 f.

Au Subftitut, en cas que fa prefence foit neceffaire, les deux tiers, cy. . . . . . 6 l. 8 f.

A l'Ajoint au fait d'enquête les deux tiers du Juge, cy. . . 6 f.

Au grefier la moitié du Juge, cy. . . . 4 f.

Au Procureur *Idem* comme au grefier, cy. . . . 4 f.

Au Prevôt des Maréchaux fe tranfportant, *Idem* qu'aux Juges dans le reffort duquel il fera établi, cy. . . . 3 l. 12 f.

Au grefier & Procureur du Roy, pareilles taxes que deffus, cy. . . .

Quand c'eft un recolement qui vaut confrontation, au Juge pour chacun témoin huit fols, cy. . . . . 8 f.

Les voiages feront taxés faits fur les lieux, aux expeditions comme il eft dit ci-deffus, cy.

Si la partie eft de grande qualité; & prefente en perfone lors du recolement & confrontation, fera taxé fon voiage & fejour felon fa qualité, & du crime à proportion du fejour du Juge, cy.

En quelque qualité que foit la partie ne fera taxé pour aporter l'exploit & produire, quand il y aura contredits, voiage & fejour que pour homme à cheval, cy.

Outre la diftance, aura pour aporter l'exploit un jour, & pour produire deux jours de fejour, cy.

Le voiage pour faire juger fera taxé felon la qualité de la partie, aura trois jours de fejour, fi le jugement eft difinitif, cy.

Et s'il n'eft qu'interlocutoire, ne fera taxé que pour homme à cheval, cy.

Baillage du fort l'Evêque, S. Germain des Prés, S^{te}. Gene-
viéve, S. Victor, S. Marcel, S. Martin, le Temple &)
autre justice subalterne de la Ville & fauxbourgs de Paris.

Pour les exploits faits à Paris, & aux faux-bourgs, quatre sols, cy.. 4 s.

Pour les memoires quatre sols, cy.   4 s.

Consultations, huit sols, cy.   8 s.

Journée du Procureur, du jour de la presentation de la cause, un sols
huit deniers, cy.   1 s. 8 d.

Pour les défenses & repliques sans qu'il puisse y avoir autre procedure
quatre sols, cy.   4 s.

Conseil sur les défenses & repliques six sols, cy,   6 s.

Toutes les journées, un sols huit deniers, cy.   1 s. 8 d.

Pour les apointements endroit à metre, & autres expeditions à raison
d'un sol huit deniers pour rôle, cy.   1 s. 8 d.

Pour la façon & signature des sentences en parchemin, y metant vingt-
deux lignes à chaque page, & quinze silabes à la ligne pour chacun rôle
douze sols, cy.   12 s.

Pour chacune vacation desdits Juges aux opositions & levées de scelés, inventaires, comptes & partages, ne sera taxé que vingt sols par
heure, cy.   20 s.

Pour la matinée, ou aprés dînée entiere, il ne sera taxé que trente
deux sols pour chacune, suivant l'article 57. du reglement cy dessus cité, cy.   32 s.

Se transportant hors leur demeure, cy.   3 l. 4 s.

Aux Procureurs fiscaux, y assistants pour mineurs, ou absens, quand
ils en seront requis les deux tiers des Juges, cy.

Aux Procureurs moitié de la taxe du Juge qui est cité cy-dessus,
cy.

Au greffier pour la grosse des procés verbaux, metant quinze lignes à
la page & dix silabes à la ligne pour chacun rôle deux sols, six deniers,
cy.   2 s. 6 d.

Pour la vacation desdits Juges aux tuteles ou avis de parens, vingt-
quatre sols, cy.   24 s.

Aux Procureurs fiscaux les deux tiers des Juges, cy.   16 s.

Aux greffiers pour la vacation expedition & signature seize sols, cy. 16 s.

Aux Procureurs moitié du Juge, cy.   12 s.

Pour les inventaires de production, metant vingt lignes à la page &
dix silabes à la ligne, & sans qu'il puisse être taxé aucunes écritures separées dudit inventaire, quatre sols pour rôle, sinon reduits, cy. .. 4 s.

Pour les écritures faites par Avocat, pour chacun rôle huit sols,
cy.   8 s.

Pour le Clerc deux sols, cy.   2 s.

Pour les comptes en grand Papier, contenant vingt lignes & dix silabes
à la ligne pour chacun rôle six sols, cy   6 s.

Pour les vacations defdits Juges aux décentes dans la Ville & fauxbourgs, trente deux fols, cy. . . . . 32 f.

Et s'ils fe tranfportent hors Paris, fera taxé pour chacune journée compris leur dépenfe trois livres, trois fols, cy. . . . 3 l. 3 f.

Aux Procureurs fifcaux, fi leur prefence y eft neceffaire, & qu'ils en foient requis, les deux tiers, cy. . . . . 21 f. 4 d.

Et s'il fe tranfporte, comme le Juge, cy. . . . 42 f.

Aux Procureurs des Parties, moitié de Juges, cy. . . .

Au grefier, moitié, cy. . . . . *Idem.*

Pour un interrogatoire fur faits, feize fols, cy. . . 16 f.

Aux enquêtes pour chacun témoin fix fols, cy. . . 6 f.

A l'Ajoint les deux tiers fuprimé, cy.

Au grefier pour la groffe; à raifon de deux fols fix deniers pour rôle, cy. . . . . . . 2 f. 6 d.

Aux informations pour chacun témoin, fix fols, cy. . . 6 f.

Pour la groffe à raifon de deux fols pour rôle, cy. . . 2 f.

Au Procureur fifcal pour voir l'information, & doner fes conclufions huit fols, cy. . . . . . 8 f.

Au Juge douze fols, cy. . . . . 12 f.

Au grefier pour le decret, quatre fols dix deniers, cy. . . . 4 f. 10 d.

Et pour l'execution des decrets aux fergents & autres vacations & procedures, fuivant qu'il eft taxé ci-deffus au titre des Pairies, cy. . . . . . .

A l'égard du Baillage de l'artillerie, les taxes feront reglées ainfi que celles des Baillages Roïaux & Prevôtés Roïales de Paris.

Iurifdictions Confulaires, tant de Paris que du reffort de la Cour.

Ordonance de 1667. titre 16. & celle du commerce de 1673.

Pour l'enregiftrement à l'apel de la caufe à la premiere affignation, fera taxé pour la partie pourfuivante deux fols tournois, cy. . . . 2 f. tz.

Idem. Pour l'enregiftrement à l'apel de la caufe fur le reajournement deux fols tournois, cy. . . . . 2 f. tz.

Pour chacun feüillet d'écriture de toutes Comiffions, Ordonances, apointements, jugemens, fentences, executoires de dépens & tous autres actes & expeditions qui fe delivrent audit grefe, feulement en papier, pour tout droit de façon, fignature & expedition, deux fols tournois, cy. . . . . . 2 f. tz.

Et fans que les Comis au grefe puiffent delivrer aucunes expeditions en parchemin, cy.

Et pour dreffer les *dictums* des diferens remis à la Chambre & jugés à jour ordinaire, quoiqu'il y ait vû de pieces, ne fera taxé aucune chofe qu'ils foient interlocutoires provifoires ou difinitifs, cy. . . . . . *Neant.*

Pareillement ne fera taxé aucun droit pour la reception de toutes enquêtes faites pardevant autres Juges comis, ny pour la decharge defdi-

tes enquêtes ; en cas d'apel feront les enquêtes portées au Parlement fans
frais , cy. . . . . *Neant.*

Ne fera pris aucun droit de prefentation des parties defendereffes ,
pour obtenir congé des affignations qui leur auront été donés , mais feulement la groffe dudit congé , où il conviendroit le lever , cy.... *Neant.*

Comme auffi ne fera pris aucun droit du demandeur pour la prefentation des cautions & certificateurs, de toutes fentences de provifion ou
definitives , cy. . . . . *Neant.*

Châtelet de Paris.

En actions réeles & fomations , fera taxé pour le memoire ou deman-
de , quatre fols Parifis , cy. . . . . 4 f. P.
Pour confultation , huit fols , cy. . . . 8 f.
En reconoiffance de fimple promeffe , fera taxé pour confultation &
memoire huit fols , cy. . . 8 f.
Au Sergent pour un exploit ordinaire , quatre fols , cy. . . . 4 f.
Pour la prefentation au Procureur deux fols , cy. . 2 f.
Au grefier compris le quart en fus, fix fols quatre deniers, cy. . 6 f. 4 d.
Pour l'apointement à deliberer huit deniers, cy. . 8 d.
L'apointement fufdit ne fera taxé qu'en cas d'executoire , mais feule-
ment pour la journée deux fols , cy. . . . 2 f.
Pour la copie des contrats & autres pieces comuniquées , fera taxé à
raifon d'un fol de chacun rôle de la groffe , cy. . . 1 f.
Les defenfes , repliques & reponfes , huit fols , cy. . . 8 f.
Pour la journée des pieces , & expeditions qui fe baillent à la main ,
& où il n'y a point de fignification , deux fols , cy. . . 2 f.
Pour le deliberé fur les défenfes & premieres reponfes feulement ,
huit fols , cy. . . . . 8 f.
Journée fur chacune , quand elles font baillées à la main , & non autrement deux fols , cy. . . . 2 f.
Apointement à metre , ou en droit , & de toutes fentences renduës à
l'audiance , fera taxé huit fols , cy. . . 8 f.
Pour chacun rôle , pourvû qu'il y ait vingt-cinq lignes à la page , &
quinze fillabes à la ligne , fuivant l'ordonance & arrêt , & en cas de
contravention reduites, même la fignature , cy. . 22 f. 6 d.
Au premier Audiancier pour fon droit aux caufes plaidées au Prefi-
dial , fi les fentences & apointemens font contradictoires , fera taxé pour
l'audiance au Procureur pourfuivant , fix fols , cy. . . 6 f.
Pour la journée , deux fols , cy. . . 2 f.
Pour la copie & fignification à voir & rendrë , trois fols , cy. . 3 f.
Et s'il y a domicile , fept fols , cy. . . 7 f.
Pour la minute de la fentence par defaut , fuivant le reglement du 6.
May 1660. fix fols , cy. . . . 6 f.
Pour les requêtes verbales , quand il y a conclufion incidente , huit
fols , cy. . . . . 8 f.

Pour droit de Conseil , huit sols , cy.   8 s.

Requêtes verbales à venir plaider, deux sols huit deniers, cy. 2 s. 8 d.

Pour les assignations faites au Châtelet de Paris , deux sols , cy. . 2 s.

Au domicile des Procureurs , ou des Parties , quatre sols , pourveu que le Procureur ait mis sur celle à signifier à domicile , sinon ne sera taxé que deux sols , cy.   2 s.

La signature des sentences renduës à l'Audiance vingt-deux sols six deniers par rôle , qui contiendra vingt-cinq lignes en la page , & quinze silabes à la ligne , & en cas de contravention , reduites à vingt-deux sols six deniers , cy.   22 s. 6 d.

Le sceel de toutes sentences & executoires , huit sols , cy. . . 8 s.

Il ne sera taxé aucun droit de consultation pour produire , cy. . *Neant.*

Inventaire de production quatre sols pour rôle , metant quatorze lignes à la page , sinon reduit , cy.   4 s.

Ne seront taxées aucunes remontrances separées dudit inventaire , cy.   *Neant.*

Si l'apointement porte à contredire , sera taxé pour la copie de l'inventaire , à raison d'un sol pour rôle , cy.   1 s.

Pour l'exhibition , ne sera ladite copie taxée , si elle n'est representée , ou icele prise en baillant , cy   *Neant.*

La colation de l'inventaire au grefier , six sols , cy. . . 6 s.

Pour la journée du Procureur , quatre sols , cy. . . 4 s.

Ecritures de l'Avocat , soit avertissement , ou contredits , huit sols , cy.   8 s.

Au Clerc de l'Avocat , pour rôle , deux sols , cy. . . 2 s.

Au Procureur , pour le droit de revision , le tiers de l'Avocat , cy.   2 s. 8 d.

Pour l'exhibition d'Audiancier , deux sols , cy. . . 2 s.

Aux Clercs des Lieutenants Civils , Particuliers , & Conseillers pour la communication d'un procés ou instance , quelque nombre de sacs qu'il y ait , seize sols , cy. . . 16 s.

La Requête de comandement au Procureur de rendre le procés , injonctions , copies & signatures , huit sols , cy. . 8 s.

A l'Audiance pour la contrainte , vingt-quatre sols , cy. . . 24 s.

Ne sera taxé aucuns salaires aux Clercs des Raporteurs pour faire juger , cy.   *Neant.*

Les épices à raison de trois sols parisis pour écu , cy. . 3 s. p.

Le droit du Receveur , quatre sols dix deniers parisis pour écu , cy.   4 s. 10 d.

La journée du Procureur qui paie les épices , quatre sols , cy. . 4 s.

La façon des Sentences renduës sur procés par écrit , huit sols Parisis le rôle , pourveu qu'il ait vingt-cinq lignes à la page , & quinze silabes à la ligne , & en cas de contravention , reduit comme dessus , cy.   8 s. p.

La copie un sols tournois le rôle de la grosse , & se taxeront les copies entieres , à l'exception des Sentences d'ordre , dont les copies entieres ne seront taxées , ceux qui ont produit , & pour ceux qui n'ont pas produit ,

produit, ne feront taxées que pour les qualités & le *dictum* de la Sentence, cy. . . . . 1 f. tz.

Au grefier pont la decharge fix fols parifis pour chacun fac, cy. . 6 f.

A lui pour comuniquer le procés au Procureur, feize fols, cy... 16 f.

Pour le delivré d'un défaut, ou congé aux prefentations, deux fols,
cy. . . . . . 2 f.

Pour la journée au Procureur fur chacun defdits defauts, deux fols,
cy. . . . . . 2 f.

Pour le memoire fur défaut, deux fols, cy. . . 2 f.

Pour le Procureur qui dreffe les Conclufions du défaut jugé difinitivement, fix fols, cy. . . . . 6 f.

Pour la groffe des Sentences jugées aux ordonances, faute de comparoir, dix-huit fols quatre deniers, cy . 18 f. 4 d.

Pour la fignature des Sentences obtenuës fur lefdits défauts, quarante
quatre fols; dix deniers, cy. . . 44 f. 10 d.

Les épices, droit de Receveur & journées comme fur les Sentences
des procés par écrit, cy. . . .

Ne fera taxé en faifie & arrêt aucun droit de confultation, mais feulement pour les memoires quatre fols, cy. . . 4 f.

Pour le memoire en execution de la Sentence à fin de taxer depens,
quatre fols, cy. . . . . 4 f.

Pour le fergent, prefentation, quart en fus, journée, *idem*, qu'à la
premiere affignation, cy. . . .

Pour le congé de taxer, fix fols, cy. . . 6 f.

Pour la journée onze fols, cy. . . . 11 f.

Au Comiffaire pour les droits de taxe, quatre fols huit deniers pour
chacun écu, cy. . . 4 f. 8 d.

Pour la façon de l'executoire onze fols, cy. . . 11 f.

Pour le feel, *idem*, qu'aux Sentences, huit fols, cy. . 8 f.

Au grefier qui écrit l'apointement fur fon Regiftre, quatre fols,
cy. . . . . 4 f.

A tous actes fignifiés, ne fera taxé apointement, ni journée,
cy. . . *Neant.*

Et s'il y a demande incidente par aucuns defdits actes, fera l'apointement de défendre, & journée taxée comme deffus, cy. .

Ne fera taxé aucun droit de confeil fur les expeditions & fentences
par défaut en matiere civile & criminele, cy. . *Neant.*

Ni droit d'Audiance au Procureur, cy. . . *Neant.*

Ni aux fentences renduës par apointement reçû par les Clercs du grefe, cy. . . . *Neant.*

En execution d'obligation ou Sentence, fera taxé pour le memoire,
quatre fols, cy. . . 4 f.

Pour le Comandement à Paris au fergent, huit fols, cy. . 8 f.

Pour la faifie réele d'une maifon, rente ou ofice à Paris, quarante huit
fols, y compris la fignification & copie, cy. . 48 f.

Pour la Sentence de congé de cries, *idem* qu'aux autres Sentences,
cy. . . . 8 f.

Abrogé, Voïés sur ce, le second volume de mon Ancien Clerc du Palais, qui contient un nouveau traité des criées pour toutes les Coutumes du Roïaume.

L'afiche pour les criées seize sols, cy.   16 f.

Les deux copies à raison de quatre sols, montent huit sols, cy... 8 f.

Au sergent pour signification cinq sols, cy.   5 f.

Pour les quatre criées ensemble, pour le procés verbal, huit livres, cy.   8 l.

Pour le Procureur qui a vû le procés verbal des criées, trente-deux sols, cy.   32 f.

Pour la certification des criées, cinq livres, deux sols, six deniers, cy.   5 l. 2 f. 6 d.

Pour la journée de la certification quatre sols, cy.   4 f.

Pour la minure & grosse de la Sentence de certification des criées, trente-six sols, cy.   36 f.

Pour le memoire pour faire assigner la partie, pour avoir congé d'a-juger quatre sols, cy.   4 f.

Pour l'exploit à persone seize sols, cy.   16 f.

Pour la presentation quart en sus, *idem*, qu'à la premiere assigna-tion, cy.

Pour la Sentence de congé d'juger, *idem* que les autres Sentences, cy.

Pour l'afiche de quarantaine, seize sols, cy.   16 f.

Pour chacune copie quatre sols, cy.   4 f.

Pour chacune oposition au Sergent quatre sols, cy.   4 f.

Pour un memoire pour faire signifier l'apofition & afiche, quatre fols, cy.   4 f.

Pour la signification au sergent, quatre sols, cy.   4 f.

Pour le grefier qui la reçoit & paraphe, six sols, cy.   6 f.

Toutes les remises d'encheres de loïers ou de proprieté, six sols, cy.   6 f.

A chacune remise sera taxé la journée du Procureur, quatre sols, cy.   4 f.

Au Procureur pour la consultation & memoire avant que de faire une opofition aux criées huit sols, cy.   8 f.

Pour la copie & memoire deux sols, cy.   2 f.

Pour la signification au Châtelet de Paris deux sols, cy.   2 f.

A domicile quatre sols, cy.   4 f.

Le memoire pour registrer l'opofition quatre sols, cy.   4 f.

Pour la journée du Procureur quatre sols, cy.   4 f.

Si l'opofition est à charge, ou à fin de distraire sera taxée la copie qui aura été fournie selon ce qu'elle contiendra, cy.

Pour la denonciation d'opofition à charge, ou distraire qui seront faites au Procureur des saisis & oposans, compris l'acte & journée trois sols quatre deniers, cy.   3 f. 4 d.

Pour la copie des causes de telles opofitions & pieces justificatives au Procureur du saisi & plus ancien Procureur des creanciers oposans sera taxé à raison de deux sols par rôle de la copie, cy.   2 f.

Et pour l'acte de denonciation au Procureur des autres oposans, & fomation d'en prendre comunication par les mains du plus ancien Procureur , ne fera taxé, pour chaque fignification & copie que deux fols huit deniers , cy .   .2 f. 8. d.

Pour la façon de la peau du decret vingt-quatre fols, cy.   24 f.

Pour la fignature quarante fols tournois de la peau , cy.   40 f. tz.

Pour le fcel , quarante-huit fols , cy.   48 f.

Pour chacune opofition qui fe fera entre les mains du fceleur , huit fols , cy.   8 f.

Pour les actes de tutele , curatele & avis de parens ne fera taxé que quarante huit fols , cy.   48 f.

Au grefier pour la groffe , & expedition fans vacation , vingt-quatre fols , fuivant le reglement , cy.   24 f.

Pour l'audition de chacun témoin en fait d'enquête, ou d'information au Comiffaire huit fols , cy.   8 f.

Pour les interrogatoires fur faits & articles , au Comiffaire quarante huit fols , cy.   48 f.

Les groffes d'informations , enquêtes ou interrogatoires , quatre fols , pour rôle , cy.   4 f.

Pour les épices d'un decret fuivant le reglement vingt-cinq fols huit deniers , cy.   25 f. 8 d.

Conclufions au Subftitut du Procureur general du Roy , feize fols , cy.   16 f.

Pour la façon & expedition du decret , feize fols . cy.   16 f.

Ne fera taxé au Comiffaire vacation pour porter l'information chés le Subftitut du Procureur general du Roy , non plus que chés le Lieutenant criminel , cy.   *Neant.*

Pour le recolement & confrontation , fera taxé au Juge pour chacun témoin recolé & confronté conjointement ou feparement , fuivant le reglement , article 42. huit fols , cy.   8 f.

Au Procureur qui a dreffé la minute du compte , vû les pieces pour deux groffes , fera taxé par cahier de chacune defdites deux groffes en grand papier , quatre livres , cy.   4 l.

Pour la tierce copie du compte , fait par le Comiffaire , pour chacun cahier quatre livres , cy.   4 l.

Ne fera taxé que trois voïages au procés par écrit , & deux aux caufes jugées en l'Audiance , en afirmant , s'il n'y a adjudication de domage & interêts , auquel cas fera taxé fejour , cy.

Pour l'acte d'afirmation d'un voïage au grefier deux fols, cy.   2 f.

Pour l'acte d'afirmation en faifie & arrêt fait devant le Comis au grefier fix fols , cy.   6 f.

Pour les actes de reconoiffance de promeffe , comunication de pieces, quatre fols , cy.   4 f.

Pour les actes de renonciation fix fols , cinq deniers , cy.   6 f. 5 d.

Pour la Requête à fin de permiffion de faifir ; & autres ordonances , & au Procureur qui l'aura dreffé , huit fols , cy.   8 f.

Pour la Comiffion obtenuë fur Requête , contrat , obligation & fentences , façon , fignature & fcelé , trente quatre fols , cy.   34 f.

Pour un compulfoire figné & fcelé , trente fix fols , cy.   36 f.

Pour les Comiſſions à fin d'adjudication du profit des défauts, ſignature & ſcel, trente quatre ſols, cy.   34 ſ.

Pour chacun article bon des declarations de depens ajugés, tant par
Sentence donée ſur procés par écrit, qu'à l'audiance, frais ordinaires &
extraordinaires de criées, quatre deniers tournois, cy.   4 d. tz.

A l'Avocat qui plaide vingt-cinq ſols huit deniers, cy... 25 ſ. 8 d.

Vacations de Comiſſaires à l'opoſition & levée des ſcelés, comptes
ou partages, pour chacune matinée ou aprés dînée entiere, quatre livres
ſeize ſols, cy.   4 l. 16 ſ.

Au Subſtitut du Procureur general, en cas qu'il aſſiſte, & y ſoit apelé, les deux tiers, cy.   3 l. 4 ſ.

Aux Procureurs la moitié de la taxe du Comiſſaire, cy .. 2 l. 8 ſ.

Et à l'égard des actes auſquels leſdits Comiſſaires ſeront appelés
par les huiſſiers & Sergents en aide de droit, quarante huit ſols,
cy.   2 l. 8 ſ.

Pour les conteſtations qui ſeront reglées és maiſons des Lieutenants
civil, particulier, & conſeiller, ſera taxé pour chaque vacation au Procureur, quarante huit ſols, cy.   2 l. 8 ſ.

Et quant aux conteſtations qui naiſſent en procedant à la levée des
ſcelés, ſur leſquelles les Comiſſaires renvoïent pardevant les Lieutenants civils, ou autres Juges pour être reglées, ſera taxé pour chacune
vacation du Juge, quarante-huit ſols, cy.   2 l. 8 ſ.

Lorſque le Juge ſe tranſporte hors de Paris, ſera taxé au Lieutenant civil, dix-neuf livres quatre ſols, cy.   19 l. 4 ſ.

Au Lieutenant particulier, ſeize livres, cy.   16 l.

Aux Conſeillers douze livres ſeize ſols, cy.   12 l. 16 ſ.

Au Subſtitut du Procureur general les deux tiers, cy.. 8 l. 10 ſ. 8 d.

A ſon Subſtitut la moitié, cy.   6 l. 8 ſ.

Au grefier la moitié du Juge, cy.   9 l. 2 ſ.

Au Procureur pour chaque vacation, és maiſons des Lieutenants civils,
particuliers & conſeillers, vingt-quatre ſols, cy.   24 ſ.

Pour les decentes & viſitations ſera taxé pour vacation du Lieutenant
Civil, en la Ville & faux-bourgs de Paris, quatre livres, ſeize ſols,
cy.   4 l. 16 ſ.

Au Lieutenant particulier, quatre livres, cy.   4 l.

Au Conſeiller, quarante huit ſols, cy.   2 l. 8 ſ.

Et ne ſera taxé aucune choſe aux Clercs des oficiers, cy. ... *Neam*.

Pour la groſſe des procés verbaux, pour chacun rôle, quatre ſols,
cy.   4 ſ.

Copie à raiſon d'un ſol pour chacun rôle de groſſe, cy.   1 ſ.

Leſquelles taxes à l'égard deſdits Juges & oficiers du Châtelet, même des Notaires, ſeront executées par proviſion, en atendant le reglement general, que la Cour ſe reſerve de faire.

Notaires.

Aux Notaires pour chacune vacation, fuivant les arrêts, quatre livres feize fols, cy.   4 l. 16 f.

Pour chacun rôle d'actes en grand papier, huit fols, cy. . . 8 f.

Pour chacun rôle de parchemin, feize fols, cy.   16 f.

Et à l'égard des dépens, frais & loyaux couts, les groffes des contrats, ne feront taxés s'il ne paroît qu'ils aïent été païes par les creanciers, cy.

Pour le droit de recherche de toutes les minutes, vingt-quatre fols, cy.   24 f.

Table de marbre.

Les procedures fe feront, & taxeront comme aux juftices fubalternes, cy.

Conétablie & Marechauffée de France, & Chambre du Trefor.

En matiere civile, les procedures fe feront comme aux Requêtes du Palais, cy.

Et en matiere criminele, comme au Châtelet, cy.

Et fur les apelations des Prevôts, comme en la Cour, cy.

Admirauté.

Les inftructions en premiere inftance, & fur les apelations, fe feront & taxeront ainfi qu'en la Cour, cy.

Baillage du Palais.

Pour la confultation avant que d'intenter l'action, douze fols, cy.   12 f.

Pour le falaire du Sergent qui donera l'affignation, fix fols, cy.. 6 f.

Pour le memoire quatre fols, cy.   4 f.

Pour chaque journée de la caufe deux fols, cy.   2 f.

Pour les défenfes & repliques, fans qu'il puiffe être taxé aucunes autres procedures jufques au reglement, chacun huit fols, cy.   8 f.

Pour les copies des pieces, à raifon d'un fol, huit deniers, pour chacun rôle de la groffe en papier ou en parchemin, cy. . . 1 f. 8 d.

Pour les vacations des actes de tutelle , curatelle , avis de parens , & autres semblables apofitions & levées de fcelés , comptes & partages, defcentes , vifitations , enquêtes , informations & tranfports hors de la Ville & Faux-bourgs de Paris , feront reglés ainfi qu'il eft reglé au titre du Châtelet de Paris , cy   .   .   .   .

Eaux *et* forêts.

Ordonance nouvelle de 1667.

Les procedures des caufes & inftances en dernier reflort & autres inftruites à l'ordinaire , fe feront & taxeront , comme en la Cour , cy . . . .

Et à l'égard des apointemens & fentences , la taxe fe fera fuivant le reglement defdites eaux & forêts, cy   .   .   .   .

Requêtes du Palais.

Pour le droit de confultation fur la demande , vingt-quatre fols, cy   .   .   .   .   24 f.

Memoire , fix fols , cy   .   .   .   6 f.

Exploits , douze fols , cy   .   .   .   12 f.

Prefentation , deux fols , cy   .   .   .   2 f.

Reception au grefier , fix fols , cy   .   .   6 f.

Voiage d'homme à cheval , ou de pied , felon la qualité des parties, & diftance des lieux pour aporter l'afignation , fçavoir trois livres pour homme de cheval, cy   .   .   3 l.

Et pour homme de pied , à raifon de dix lieuës par jour , vingt-quatre fols , cy   .   .   .   1 l. 4 f.

Vin du meflager pour avertir de la comparution , quatre fols, cy   .   .   .   4 f.

Défaut aux prefentations , trois fols quatre deniers , cy . . 3 f. 4 d.

Sur debouté de défenfes ne fera taxé aucune demande , cy . . . . *Neant.*

Epices de la fentence deux livres douze fols , cy . . . 2 l. 12 f.

Pour la prononciation , fix fols , cy   .   .   6 f.

Façon & fignature ce qui fe trouvera taxé , qui fera toutesfois reglé , fçavoir ,

Pour la façon à raifon de quatre fols dix deniers pour chacun rôle , cy   .   .   4 f. 10 d.

Pour la fignature , feize fols pour chacun rôle à la charge qu'il y aura vingt-deux lignes à la page , & quinze fillabes à la ligne finon reduits , cy   .   .   16 f.

Journée deux fols , cy   .   .   2 f.

Exploit de reajournement , douze fols , cy   .   12 f.

Vin du meflager , vingt-quatre fols ou à l'arbitrage felon la diftance, cy   .   .   24 f.

Prefentation deux fols , cy   .   .   2 f.

Reception quatre fols , cy   .   .   4 f.

Vin du meſſager comme deſſus, cy   24 ſ.

Apointement à produire ſur le debouté de défenſes, copie, ſignification & journée compris dix deniers, pour le paraphe huit ſols,
cy   8 ſ.

Conſultation pour produire trente deux ſols, cy   32 ſ.

Inventaire de production a raiſon de quatre ſols pour rôle, cy ... 4 ſ.

Six ſols quand il y aura dix-huit lignes, cy   6 ſ.

Quand il y aura vingt lignes, & cinq mots à la ligne huit ſols,
cy   8 ſ.

Produit quatre ſols, cy   4 ſ.

Comandement de produire, deux ſols, cy   2 ſ.

Forcluſion deux ſols, cy   2 ſ.

Et ſi c'eſt à domicile ſix ſols huit deniers, cy   6 ſ. 8 d.

Autre forcluſion de contredire deux ſols, cy   2 ſ.

Voiage pour produire ſuſit de quatre livres ſeize ſols, cy .. 4 l. 16 ſ.

Et ſur le reajournement de ladite ſentence il n'y a point de computa-
tion pour le défaut aux preſentations, trois ſols quatre deniers,
cy   3 ſ. 4 d.

Pour la demande, vingt quatre ſols, cy   24 ſ.

Epices de la ſentence, cinq livres quatre ſols, cy .... 5 l. 4 ſ.

Façon & ſignature, ce qui ſe trouvera taxé comme deſſus, cy ...

Prononciation huit ſols, cy   8 ſ.

Journée, deux ſols, cy   2 ſ.

Vin de meſſager, quarante huit ſols, cy   48 ſ.

Ou quatre livres ſeize ſols, ſelon la diſtance des lieux, cy .. 4 l. 16 ſ.

Si la demande giſt en preûve par témoins, en execution de debouté
de défenſes par défaut faute de comparoir, ou par défaut faute de
défendre, ſeront dreſſés les faits pour informer, pour leſquels ſera taxé
à l'arbitrage du tiers, ou au moins, vingt quatre ſols, cy .... 1 l. 4 ſ.

Pour une requête de committitur, deux ſols tournois, cy .... 2 ſ. tz.

Pour une ordonance pour aſſigner la partie, pour convenir d'ajoint,
voir jurer témoins, & les témoins pour depoſer, quatre ſols quatre deniers tournois, cy   4 ſ. 4 d. tz.

Pour les aſſignations, donées dans Paris & par huiſſier deſdites Requêtes
aux Procureurs dans le Palais, quatre ſols, cy   4 ſ.

Et aux domiciles des parties, à raiſon de ſix ſols ſix deniers pariſis
chacun, & pour chacune copie, cy   6 ſ. 6 d.

Pour la comparution du Procureur à l'aſſignation douze ſols, cy ..... 12 ſ.

Que ſi c'eſt à la campagne, les aſſignations ſeront taxées ſuivant le tranſport du ſergent, ſavoir à une lieüe de Paris, vingt-quatre ſols, cy ... 24 ſ.

Et à deux, à trois lieües, quarante huit ſols, cy   48 ſ.

Et pour chaque journée trois livres douze ſols, cy ... 3 l. 12 ſ.

Pour le ſalaire des témoins en un ſeul article, ſelon ce qui ſe trouvera avoir été taxé par l'enquête ou procés verbal, & s'il n'y a point de
taxe à raiſon de quatre ſols pour chacun témoin, cy .... 4 ſ.

Vacation du Conſeiller Comiſſaire, ſelon la taxe, cy ......

A l'ajoint, *Idem*, cy   *Idem*

Pour la groffe de fon procés verbal à raifon de quatre fols pour rôle , cy

4 f.

Et pour la groffe de l'enquête qui doit être feparée , *Idem* cy ..... 4 f.

Pour le Procureur qui a produit les témoins , pour chacune vacation à Paris vingt-quatre fols, cy

1 l. 4 f.

Et en cas de tranfport les deux tiers de la taxe du Confeiller Comif-faire , cy

Voiage d'homme de cheval ou de pied , felon la qualité & diftance pour faire l'enquête & quatre jours de fejours , ou plus grand , s'il y échet , felon les vacations , cy

Pour le port au grefe au meffager felon l'executoire qui lui en aura été delivré quitance , dans lequel ne poura être taxé qu'à raifon de deux fols par lieuë , cy

2 f.

Pour ledit executoire quatre fols, cy

4 f.

Pour l'apointement de reception d'enquête , copie , & fignification , un fol huit deniers , cy

1 f. 8. d.

Et pour la copie du procés verbal d'enquête , à raifon d'un fol huit deniers pour rôle , cy

1 f. 8 d.

Apointement de reception d'enquête & de reglement à produire com-pris la journée , copie & fignification fept fols , cy

7 f.

Pour la requête de commandement de fournir de reproches deux fols, cy

2 f.

Forclufion deux fols , cy

2 f.

Apointement de publication d'enquête , compris la journée , copie & fignification fix fols , cy

6 f.

Comunication de l'enquête à l'huiffier , huit fols, cy

8 f.

Droit de confeil fur les moiens de nullité & de reproches , une livre douze fols , cy

1 l. 12 f.

Vin de meffager quatre fols, cy

4 f.

Pour les falvations des témoins , fi elles font dreffées par Avocat , à raifon de feize fols pour rôle , finon arbitrer, cy

16 f.

Droit de revifion moitié, cy

8 f.

Pour la groffe, neuf fols tournois pour rôle , cy

9 f.

Avertiffement s'il y en a eu en l'inftance , *Idem* , cy

9 f.

Revifion , *Idem* , cy

9 f.

Groffe , *Idem* , cy

9 f.

Confultation pour produire , une livre douze fols , cy. .... 1 l. 12 f.

Inventaire de production , felon la grandeur des rôles comme deffus , favoir quatre fols pour rôle , cy

4 f.

Quand il y aura dix-huit lignes, fix fols, cy

6 f.

Quand il y aura vingt lignes , & cinq mots à la ligne huit fols , cy...8 f.

Produit quatre fols , cy

4 f.

Comandement de produire , deux fols , cy

2 f.

Et fi c'eft à domicile , comme deffus , cy

6 f. 8 d.

Voiage pour produire d'homme de cheval , & deux jours de fejours , comme deffus , cy

4 l. 10 f.

Forclufion *Idem* que deffus , cy

2 f.

Autre

Autre forclusion de contredire , *Idem* que deſſus , cy . . . . . 2 ſ.

Vin de meſſager quatre ſols , cy   4 ſ.

Comunication de l'inventaire ſeize ſols , cy   16 ſ.

Contredits , comme deſſus , cy   8 ſ.

Reviſion , *Idem* , que deſſus , cy   2 ſ. 8 d.

Clerc d'Avocat comme deſſus , c'eſt à dire deux ſols tournois par rôle ,

cy   2 ſ. tz

Copie de contredire moitié du Clerc de l'Avocat , cy   . 1 ſ.

Pour les avoir oferts en baillant, dix deniers , cy   . 10 d.

Pour les avoir oferts purement & ſimplement, dix deniers, cy. . . 10 d.

Forcluſions d'en fournir comme deſſus , cy   . . . 2 ſ.

Vin de Meſſager pour aporter argent , afin de retirer leſdites écritures, ſelon la diſtance & qualité ,eſt ordinairement taxé quarante huit ſols pour homme de pied , cy   48 ſ.

Et pour homme de cheval , quatre livres ſeize ſols , cy. . . . . 4 l. 16 ſ.

Droit de conſeil ſur la copie des contredits , quand il n'y a ſalvation , douze ſols , cy   12 ſ.

Pour la requête contenant deux rôles de grand papier , quarante huit ſols , cy   48 ſ.

Et ſi elle excede à proportion , cy

Pour la requête d'empriſonement à faute de rendre l'inſtance , deux ſols , cy   2 ſ.

Pour la contrainte, vingt-quatre ſols , cy   24 ſ.

Vin de meſſager , quatre ſols , cy   4 ſ.

Salvations comme les contredits , cy   8 ſ.

Reviſion , moitié cy   4 ſ.

Clerc de l'Avocat comme deſſus , à raiſon de deux ſols par rôle , cy   2 ſ.

Remiſe des ſacs , en cas de retribution , une livre quatre ſols , cy   1 l. 4 ſ.

Rediſtribution de l'inſtance au grefier , quelque nombre de ſacs qu'il y ait , ſeize ſols , cy   16 ſ.

Pour une forcluſion , neuf ſols huit deniers , cy . . . . 9 ſ. 8 d.

Acte de rediſtribution , un ſol quatre deniers , cy . . . . 1 ſ. 4 d.

Epices de la ſentence ſelon la taxe ; cy

Prononciation à raiſon de douze ſols dix deniers pour la premiere feuille , cy   12 ſ. 10 d.

Pour les autres ſuivantes , neuf ſols huit deniers , cy . . . 9 ſ. 8 d.

Et pour les forcluſions , douze ſols , cy   12 ſ.

Façon & ſignature de la ſentence , comme deſſus ,

Savoir pour la façon de quatre ſols dix deniers pour chacun rôle , cy   4 ſ. 10 d.

Et pour la ſignature ſeize ſols pour chacun rôle à la charge qu'il y aura 22. lignes à la page , & 15. ſillabes à la ligne , ſinon reduits , cy   16 ſ.

Journée deux ſols , cy   2 ſ.

Pour la copie , à raiſon de deux ſols tournois pour rôle , cy . . . 2 ſ. tz

Et pour la fignification dix deniers , cy   10 d.

Voiage de la partie , pour faire juger , & trois jours de fejour fera taxé , cy

Pour retirer les facs du grefe en quelque nombre qu'ils foient , pour une même partie ou plufieurs par même Procureur , & même production quatre fols , cy   4 f.

Pour la declaration de dépens à raifon de deux fols tournois pour cha-cun article bon , cy   2 f. tz

Pour la fignification dix deniers , cy   10 d.

Pour l'execution , façon & fignature douze fols , cy . . . . 12 f.

Pour le fcel quatre fols , cy   4 f.

Et fi le défendeur fe fait reftituer contre le debouté de défenfes , four-niffe de défenfes , droit de confeil fur lefdites défenfes , douze fols , cy   12 f.

Pour les défenfes , copie & fignification douze fols , ou felon la gran-deur , cy   12 f.

Pour les repliques *Idem* , cy   12 f.

Confeil fur lefdites repliques douze fols , cy   12 f.

Pour l'apointement en droit ou à métre à la barre , copie , fignifica-tion & journée , fix fols , cy   6 f.

Si à domicile fix fols huit deniers , cy   6 f. 8 d.

Pour la requête pour plaider fur les demandes & défenfes à la Cham-bre quatre fols , cy   4 f.

A l'Avocat , cinquante deux fols , cy   52 f.

Si le Procureur plaide à la Chambre contradictoirement , vingt-fix fols , cy   26 f.

Si par défaut , douze fols , cy   12 f.

Sur renvoi fait aux Requêtes.

Pour l'exploit de renvoi douze fols , cy   12 f.

Droit de confeil , douze fols , cy   12 f.

Prefentation , deux fols , cy   2 f.

Reception , quatre fols , cy   4 f.

Voiage d'homme de cheval , ou de pied pour aporter , comme deffus , cy

Procuration , quatre fols , cy   4 f.

Vin de meffager portant avis de la comparution , quatre fols , cy   4 f.

Pour la fentence de caffation fous la colation , huit fols , cy . . . . . 8 f.

Pour fignature felon la taxe , cy

Pour la requête verbale , fur laquelle ladite fentence a été expediée , douze fols , cy   12 f.

Journée deux fols , cy   2 f.

Copie & fignification , douze fols , cy   12 f.

Et fi c'eft fur les lieux, felon la diftance, comme deffus, cy.

Sentence d'évocation, pareille taxe, cy.

Congé, défaut à faute d'acord, la retention, copie & fignification au Palais, trois fols quatre deniers, cy. — 3 f. 4 d.

A domicile huit fols, huit deniers, cy. — 8 f. 8 d.

Permiffion de le faire juger, huit fols, huit deniers, cy... 8 f. 8 d.

Droit de confeil fur les fins declinatoires, douze fols, cy. — 12 f.

Avenir du grefe à l'audiance fur la retention, trois fols quatre deniers, cy. — 3 f. 4 d.

Si c'eft à domicile, huit fols huit deniers, cy. — 8 f. 8 d.

Jugement de retention par défaut, copie, fignification & journée, fix fols, cy. — 6 f.

Vin de Meffager quatre fols, cy. — 4 f.

Qualités du jugement de retention contraditoire, un fol, huit deniers, cy. — 1 f. 8 d.

Défaut à faute de repondre au principal, trois fols, quatre deniers, cy. — 3 f. 4 d.

Pour la copie des pieces juftificatives de la demande & acte de comunication, comme deffus, à raifon de deux fols tournois par rôle, cy. — 2 f.

Permiffion de faire juger deux fols quatre deniers, cy. — 2 f. 4 d.

Droit de Confeil fur exception, à fin de délay de quarante jours, douze fols, cy. — 12 f.

Apointement de délai, copie, fignification & journée, cinq fols cy. — 5 f.

Autre apointement de delai de huitaine, cinq fols, cy. — 5 f

Vin de Meffager, quatre fols, cy. — 4 f

Si la demande eft en declaration d'hipoteque, & que l'exception foit de vûë, & montrée, Confeil douze fols, cy. — 12 f.

Pour l'apointement de vûë & montrée compris la fignification & journée, fix fols, cy. — 6 f.

Si la vûë fe fait enfuite par un Sergent, comme il eft ordinaire, fon falaire du procés verbail fera taxé felon la vacation, cy.

Vin de Meffager pour aporter ledit procés verbal fera taxé comme deffus, quatre fols, cy. — 4 f.

Pour la copie à raifon de deux fols tournois le rôle, & pour la fignification, dix deniers, cy. — 10 d.

Permiffion de faire juger le défaut à faute de défenfes, trois fols, quatre deniers, cy. — 3 f. 4 d.

Si l'exception eft à fin de delai de garant, fera taxé douze fols, cy. — 12 f.

Pour l'apointement, contenant ledit delai, fignification & journée, fix fols, cy. — 6 f.

Iterative permiffion aprés le delai paffé, trois fols, quatre deniers, cy. — 3 f. 4 d.

Droit de Confeil fur les défenfes au principal douze fols, cy. — 12 f.

Vin de Meffager quatre fols, cy. — 4 f.

Pour les repliques, douze fols, cy.　　　　　　　1 2 f.

Ou fuivant la grandeur, comme deffus, cy

Apointement en droit fur les demandes & défenfes, copie, fignification, & journée, fix fols, cy.　　　　　　6 f.

Le refte de la procedure taxé comme deffus, cy.

Pour la procedure fur une demande en reconoiffance de promeffe, comme deffus, cy.

Et pour les deux jugemens, l'un portant que la promeffe fera mife au grefe, & l'autre de reconoiffance d'icele, fera taxé pour chacune copie, fignification & journée fix fols, cy.　　　　6 f.

Pour l'acte que la promeffe a été mife au grefe, copie & fignification, un fol, quatre deniers, cy.　　　　1 f. 4 d.

Et pour la copie de ladite promeffe, quatre fols, cy.　　　4 f.

Droit de grefe, quatre fols, cy.　　　　　　　　4 f.

Acte de prefentation, de caution, pour la provifion huit fols, cy.　　　　　　　　　　　　8 f.

Copie & fignification, quatre fols, cy.　　　　　4 f.

Journée, deux fols, cy.　　　　　　　　　　2 f.

Les pourfuites ordinaires pour la reception par Requête de *Committitur*, défaut pur & fimple, dont la taxe eft ci-deffus, cy.

Declaration des facultés des cautions, copie & fignification, douze fols, cy.　　　　　　　　　　　12 f.

Et pour les copies & pieces juftificatives, à raifon de deux fols pour rôle de la groffe, cy.　　　　　　　　　2 f.

Epices de la Sentence de reception, felon la taxe, cy.

Journée deux fols, cy.　　　　　　　　　　2 f.

Pour ladite Sentence & fcel, vingt-quatre fols, cy.　　24 f.

Copie & fignification, & à domicile, dix fols, cy.　　10 f.

Ordonance criminelle du mois d'Août 1670. titre 3. article 2. & titre 9.

Incident de faux.

Requête de permiffion de s'infcrire en faux, douze fols, cy.　12 f.

Par le Confeil vingt-quatre fols, cy.　　　　　24 f.

Pour la procuration, atendu qu'il en faut minute, dix-huit fols, cy.　　　　　　　　　　　　18 f.

Pour l'acte, huit fols, cy.　　　　　　　　8 f.

Journée deux fols, cy.　　　　　　　　　2 f.

Copie & fignification, quatre fols, cy.　　　　4 f.

Défaut & permiffion de metre la piece au grefe, congé, & permiffion à faute de fournir de moiens de faux, & les Sentences qui interviendront feront taxées comme deffus, cy.

Les moiens de faux étant declarés admiffibles, & permis d'en informer, les frais de l'information & procedures fe taxeront comme deffus, cy.

Au grefier pour bailler l'information au Raporteur, quatre fols, cy.　　　　　　　　　　　　4 f.

Au Clerc du Raporteur, pour la comunication au Parquet, douze
fols, cy. . . . . . 12 f.
Pour les conclufions du Parquet felon la taxe, cy. . .
Pour l'enregiftrement fuivant le reglement, cy. . .
Au Clerc du Subftitut pour la remife, douze fols, cy. . . 12 f.
Epices du decret, felon la taxe, cy. . .
Prononciation, fix fols, cy. . . . 6 f.
Pour la façon, à raifon de quatre fols dix deniers pour chacun rôle,
cy. . . . . . 4 f. 10 d.
Et pour la fignature feize fols pour chacun rôle, à la charge qu'il y
aura vingt-deux lignes à la page, & quinze filabes à la ligne, finon re-
duits, cy. . . . . 16 f.
Et le refte de la procedure fera taxé comme il eft ci-deffus cité, cy. ...

Inftance de Reprife.

Confeil fur le decés, douze fols, cy. . . 12 f.
Requête pour affigner en reprife, douze fols, cy. . . 12 f.
Si par Comiffion, vingt-quatre fols, cy. . . 24 f.
Sceau, quatre fols, cy. . . 4 f.
Si c'eft de la Chancelerie trente fix fols, cy. . . 36 f.
Pour l'exploit d'affignation, douze fols, cy. . . 12 f.
Prefentation, deux fols, cy. . . 2 f.
Défaut aux prefentations, trois fols quatre deniers, cy. . . 3 f. 4 d.
Et les autres procedures feront taxées comme ci-deffus eft dit, cy. . . .
Pour l'acte de reprife huit fols, cy. . . 8 f.
Copie & fignification, quatre fols, cy. . . 4 f.
Confeil fur ladite reprife douze fols, cy. . . 12 f.
Pour la copie du dernier errement & acte de fignification, huit fols,
cy. . . . . . 8 f.

En conftitution de Procureur au lieu d'un défaut.

Confeil, Requête, comiffion, affignation, prefentation, vin de Meffager, feront taxés comme deffus, cy. . . . .

En peremption.

Confultation, Requête contenant la demande & procedure à faute de
défendre, comme deffus, cy. . . . .
Pour la copie fournie de la derniere procedure pour juftifier la peremption, quatre fols, cy. . . . 4 f.

Complaintes & reintegrandes.

Les procedures des complaintes & reintegrandes en matieres profanes à faute de défendre feront taxées comme deffus, cy.

Si par les défenfes on obtient poffeffion contraire, & qu'il fe faffe une demande incidente, il fera taxé pour la confultation, 24.fols, cy .. 24 f.

Pour les défenfes, douze fols, ou felon la grandeur, cy.   12 f.

Pour l'apointement à écrire par intendits, & faits contraires, journée, copie, & fignification, fix fols, cy.   6 f.

Intendits à feize fols par rôle comme deffus, cy.   16 f.

Revifion huit fols, cy.   8 f.

Groffe du Clerc de l'Avocat, à raifon de quatre fols tournois, cy.   4 f. tz.

Copie à raifon de deux fols, cy.   2 f.

Vin de Meffager, vingt-quatre fols, cy.   24 f.

Pour les fignifications defdits intendits en baillant purement & fimplement pour chacune, dix deniers, cy.   10 d.

Requête de Comandement d'en fournir, deux fols, cy.   2 f.

Forclufion, deux fols, cy.   2 f.

Requête de Comandement d'en acorder la clôture deux fols, cy.. 2 f.

Forclufion de le faire, deux fols, cy.   2 f.

Au grefier pour la clôture defdits frais, quatre fols, cy.   4 f.

Pour la copie defdits frais retenus, à raifon de deux fols, pour rôle de la groffe, quatre fols, cy.   4 f.

Vin de Meffager, quatre fols, cy.   4 f.

Comiffions pour faire enquête douze fols, cy.   12 f.

Pour le fcel, quatre fols, cy.   4 f.

Droit de Confeil fur la copie des faits contradictoires, douze fols, cy.   12 f.

Vin de Meffager, quatre fols, cy.   4 f.

Apointement de renouvelement de delai, journée, copie & fignification, fix fols, cy,   6 f.

Et fi c'eft à la Chambre, douze fols, cy.   12 f.

Et au Procureur qui plaide à la Chambre comme deffus, cy... 26 f.

Les procedures pour la confection & reception d'enquêtes, feront taxées comme deffus, cy.

Les procedures en reintegrande qui s'inftruiront civilement par défaut & permiffion, feront taxées comme deffus, cy.

Et fi la reintegrande eft pourfuivie extraordinairement, fera taxé pour la plainte & information, & autres procedures, comme és matieres crimineles.

Complainte en matiere Beneficiale.

Pour la presentation, deux sols, cy.   2 f.

Reception au grefier, quatre sols, cy.   4 f.

Voïage d'homme à cheval, ou de pied, selon la qualité des parties, & distance des lieux pour aporter l'assignation ; sçavoir trois livres pour homme de cheval, cy.   3 l.

Et pour homme de pied à raison de dix lieuës par jour, vingt-quatre sols, cy.   24 f.

Retention, trois sols quatre deniers, cy.   3 f. 4 d.

Pour apointement à comuniquer titres & capacités, copie, signification & journée, quatre sols, cy.   4 f.

Requête de *Committitur*, pour faire verifier la signature de Cour de Rome, quatre sols, cy.   4 f.

Ordonance pour convenir de Banquiers, trois sols quatre deniers, cy.   3 f. 4 d.

Pour les copie & assignation aux deux banquiers, & à la partie, vingt-quatre sols, cy.   24 f.

Défaut & assignation sur iceux, *idem*, cy.   *Idem.*

Au Conseiller Comissaire, pour sa vacation suivant la taxe, cy. . . . .

Comparution de Procureur, vingt-quatre sols, cy.   24 f.

Aux Banquiers chacun quarante-huit sols, cy.   48 f.

Procés verbal, à quatre sols pour rôle, cy.   4 f.

Droit de Conseil, douze sols, cy.   12 f.

L'acte d'ofre de titres & capacités, en baillant purement & simplement, quatre sols, cy.   4 f.

Défaut à faute d'en fournir trois sols, quatre deniers, cy. . 3 f. 4 d.

Pour les copies des titres & capacités, vingt-quatre sols, cy. . . 24 f.

Permission de faire juger le défaut, trois sols quatre deniers, cy. 3 f.4 d.

Pour la demande sur le profit du défaut, vingt-six sols, cy. . 26 f.

Epices de la Sentence, & recreance, prononciation, façon, & signature, journée, copie & signification, se taxeront comme est ci-dessus cité, cy.

Pour le droit de Conseil, sur les titres comuniqués, douze sols, cy.   12 f.

Vin de Messager, quatre sols, cy.   4 f.

Ecritures par memoires à l'Avocat, à raison de seize sols Parisis pour rôle, cy.   16 f. P.

Revision, huit sols, cy.   8 f.

Au Clerc de l'Avocat, quatre sols tournois pour rôle, cy. . 4 f. tz.

Pour la copie à raison de deux sols tournois du rôle, cy. . . 2 f.

Signification, dix deniers, cy.   10 d.

Et à domicile, six sols, cy.   6 f.

Vin de Messager selon la distance, & au moins vingt-quatre sols, cy.   24 f.

Défaut à faute d'en fournir, trois fols quatre deniers, cy. . . 3 f. 4 d.

Pour la demande vingt-quatre fols, cy. . . . . 24 f.

Epices de la fentence, prononciation, façon, fignature, journée, copie, fignification, vin de meffager comme deffus, cy. . . .

Pour le droit de Confeil fur les écritures par memoire, vingt-deux fols, cy. . . . . 22 f.

Requête pour venir plaider quatre fols, cy. . . . 4 f.

A l'Avocat, quarante-huit fols, cy. . . . . 48 f.

Pour les avenirs feront taxés comme deffus en un feul article, cy. . . .

Pour les qualités un fol huit deniers, cy. . . . 1 f. 8 d.

Pour la fentence definitive, & façons & fignature comme deffus, cy. . . .

Journée deux fols, cy. . . . . . . 2 f.

Pour le Clerc de l'Avocat en retirant le fac huit fols, cy. . . . 8 f.

Si la caufe eft apointée, l'apointement, confultation, inventaire de production, voïage, & autres procedures feront taxées comme deffus aux inftances ordinaires, cy.

Voir le nouveau traité des Criées qui eft au fecond Tome de mon Ancien Clerc du Palais.

Criées.

Exploit de Comandement à Paris, douze fols, cy. . . 12 f.

Confultation avant que de faifir réelement, trente deux fols, cy.. 32 f.

Saifie réele d'une maifon, heritages, rentes, ou ofice à Paris y compris la copie & fignification à la partie faifie, quarante huit fols, cy. . . . . 48 f.

L'enregiftrement au Comiffaire general fera taxé, fuivant le reglement fait par la Cour pour les taxes & droits de fa charge, cy. . . .

Pour l'enregiftrement de la faifie réele, fera taxé au Comis, tenant les criées, quarante fols tournois, pour les faifies non excedant cinq articles, icelui inclus, cy. . . . . . 40 f. tz.

Pour dix articles, icelui auffi inclus, foixante fols tournois, cy. . . . . 60 f. tz.

Et depuis dix, quelque nombre qu'il y ait, quatre livres tournois, cy. . . . . 4 l. tz.

Afiches pour parvenir aux criées, vingt-quatre fols, cy. . . 24 f.

Et pour les deux copies pour aficher au lieu faifi, & à la porte de l'Eglife Parochiale de la fituation de la chofe faifie, pour chacune copie fept fols, ou à l'arbitrage, cy. . . . . 7 f.

Au Sergent, pour les apofitions defdites deux copies, avec les panonceaux Roïaux, huit fols, cy. . . . . . 8 f.

Les heritages faifis étant fitués en diferentes Paroiffes où les criées fe doivent faire, en ce cas fera augmenté en taxe une copie de l'afiche, & une apofition à chacune des Eglifes Parochiales, feront taxées comme deffus, cy.

Exploit de fignification defdites apofitions, & de premiere criée à la partie faifie, fera taxé douze fols, cy. . . . 12 f.

Pour les faifies réeles hors de Paris, & où il y aura tranfport, fera taxé taxe au Sergent, y compris la copie & signification à la partie saisie, à raison de quatre livres seize sols par jour, cy. . . . 4 l. 16 f.

Voïage d'un homme à cheval pour charger le Sergent des pieces, & faire faire ladite saisie réele, sera taxé à raison de soixante sols par jour, cy. . . . 60 f.

Pour les quatre criées & quatorzaines à Paris, sera taxé au Sergent, à raison de quarante-huit sols pour chacune criée, cy. . . . . 48 f.

La grosse du procés verbal en papier commun, à raison de deux sols par rôle, & en grand papier, quand il y aura vingt-deux lignes à la page, & douze sillabes à la ligne, quatre sols, cy. . . . 4 f.

A l'égard des criées qui se feront à la campagne où il y aura transport du Sergent, son salaire sera taxé à raison de quatre livres seize sols par jour, cy. . . . 4 l. 16 f.

Pour les quintes & sur-abondantes criées qui se feront, quand il est survenu quelque changement à la saisie, ou à cause de la longue discontinuation des procedures, sera taxé comme dessus, cy. . . . .

Pour l'exploit de signification de la saisie réele des rentes constituées sur particuliers au debiteur de la rente saisie, comme au semblable, aux Receveurs & paieurs des rentes de l'Hôtel de Ville, & des gages & droits des ofices saisis, sera taxé y compris la copie de ladite saisie réele seize sols, cy. . . . 16 f.

Pour l'exploit de signification de la saisie réele d'un ofice sujet au sceau, qui sera faite au garde des rôles des Oficiers de France, sera taxé, y compris la copie de ladite saisie, comme en l'article precedant, cy.

Au garde des rôles pour son droit d'enregistrement de ladite saisie, six livres, cy. . . . 6 l.

Pour les extraits des opositions qu'il delivrera, sera taxé suivant le reglement fait pour les droits de sa charge, quatre livres pour chacune oposition, cy. . . . 4 l.

Aux certificateurs des criées au Châtelet de Paris, cinq livres deux sols, six deniers, cy. . . . 5 l. 2 f. 6 d.

Sentence de certification, comme il est dit au titre des criées du Châtelet, cy. .

Au Procureur du Châtelet, douze sols, cy. . . 12 f.

Pour les Sentences de certification des criées dans un autre Siege, sera taxé suivant ce qui se trouvera porté par icele, sauf l'apel & prise à partie du Juge en cas d'excés de taxe, cy. . . .

Voïage d'un homme à cheval pour retirer & faire certifier les criées, à raison de soixante sols par jour, & trois jours de sejour, cy... 60 f.

Pour la consulation sur lesdites criées, & certification, trente-deux sols, cy. . . . 32 f.

Requête pour bailler moien de nullité, & faire assigner la partie saisie pour l'interposition du decret, & les oposans pour proceder sur leurs opositions, vingt-quatre sols, cy. . . . 24 f.

Comission sur ladite Requête, en cas qu'ils soient demeurans hors de Paris, douze sols, cy. . . . 12 f.

Séel & Contrôle, quatre fols, cy. 4 f.

Copie de la requête, huit fols, cy. 8 f.

Et au Sergent pour fon exploit d'affignation au faifi à Paris, feize fols, cy. 16 f.

Et fi elle eft faite à une perfone de condition, quarante huit fols, cy. 48 f.

Et aux opofans auffi à Paris, feize fols, cy. 16 f.

Copie de ladite Requête & Comiffion pour affigner à la campagne, dix fols, cy. 10 f.

Au Sergent pour l'exploit d'affignation, à raifon de trois livres douze fols par jour, & fi à perfone de condition, quatre livres feize fols auffi par jour, cy. 4 l. 16 f.

Procés verbal de perquifition de la perfone du faifi, pour lui doner l'affignation à Paris, vingt-quatre fols, cy. 24 f.

Et à la campagne, à raifon de trois livres douze fols par jour, cy. 3 l. 12 f.

Au Procureur pour l'afiche à publier au Prône, contenant l'affignation au faifi, atendu fon abfence, vingt-quatre fols, cy. 24 f.

Pour deux copies, l'une pour bailler au Curé, & l'autre pour l'aficher à la porte de l'Eglife, huit fols chacune, cy. 8 f.

Au Curé pour la publication, & en delivrer certificat, vingt-deux fols, cy. 22 f.

Au Sergent pour fon procés verbal d'apofition à la porte de ladite Eglife, & publication de ladite afiche qu'il fera au devant de ladite porte, à l'iffuë de la Meffe Paroiffiale à Paris, quarante huit fols, cy. 48 f.

Et à la campagne, fuivant la diftance de fon tranfport à raifon de trois livres douze fols par jour. 3 l. 12 f.

Pour la confultation fur ladite demande en interpofition du decret, vingt-quatre fols, cy. 24 f.

Prefentation, deux fols, cy. 2 f.

Au grefier, quatre fols, cy. 4 f.

Procuration, quatre fols, cy. 4 f.

Voïage d'homme à cheval, fi le faififfant eft demeurant hors de Paris, à raifon de foixante fols par jour, cy. 60 f.

Au Meffager pour avertir de la comparution, quatre fols, cy. 4 f.

Les copies des procés verbaux de faifies & criées & la fentence de certification, feront taxées à raifon de deux fols tournois pour rôle, ou à l'arbitrage, cy. 2 f.

Défaut & permiffion à faute de fournir moïens de nullité, fe taxeront comme aux autres inftances, cy.

Les frais & droits du bail judiciaire, de converfion des baux conventionels en judiciaires, feront taxés fuivant le reglement fait par la Cour pour les frais & droits dudit Comiffaire general, raportés au nouveau traité des criées, du 2. Tome de mon ancien Clerc du Palais, cy. . . . .

Et pour les vacations du Confeiller Comiffaire pardevant lequel le bail fera fait, feront taxées, ainfi qu'elles fe trouveront au bas de fon procés verbal.

Pour la groffe du bail judiciaire en grand papier, à raifon de quatre fols pour rôle, en metant vingt-deux lignes à la page, & 15. fillabes à la ligne, cy . . . . . 4 f.

Au Procureur pour trois comparutions audit bail, fera taxé en un feul article, trente-fix fols, cy. . . . 36 f.

A l'Huiffier, pour publier le bail & les encheres, fept fols tournois, cy. . . . . 7 f. tz.

Moïens de nullité fournis contre les faifies & criées, & copies, à raifon de huit fols, pour rôle, cy. . . 8 f.

Signification au Palais, dix deniers, cy. . . 10 d.

A domicile, fix fols, cy. . . . 6 f.

Confeil fur iceux, douze fols, cy. . . 12 f.

Reponfe, copie & fignification, feront taxées à la même raifon que lefdits moïens de nullité, cy. . . . 8 f.

Requête pour plaider à la Chambre, copie & fignification, quinze fols, cy. . . . . 15 f.

Apointement à metre ou produire, rendu en la Chambre, fera taxé douze fols, cy. . . . 12 f.

A l'Avocat qui aura plaidé, cinquante-deux fols, cy. . 52 f.

Journée, deux fols, cy. . . . 2 f.

Au Clerc de l'Avocat retirant le fac, huit fols, cy. . 8 f.

Si le Procureur a plaidé à la Chambre contradictoirement, vingt-fix fols, cy. . . . 26 f.

Et par défaut, douze fols, cy. . . 12 f.

Copie & fignification dudit apointement, quatre fols, cy. . 4 f.

S'il y a domicile, huit fols, cy. . . 8 f.

Confultation pour produire, trente deux fols, cy. . 32 f.

Pour l'inventaire de production ne fera taxé que quarante-huit fols, cy. . . . 48 f.

Produit, quatre fols, cy. . . 4 f.

Forclufion comme deffus, cy.

Le faifi s'étant raporté à la Cour, ne fera taxé produit, ni forclufion, le fac ne paiant au grefe, cy. . *Neant.*

Epices de la fentence, portant congé d'ajuger, fuivant la taxe, cy. . .

Prononciation, façon & fignature, comme ci-deffus aux autres inftances, cy.

Journée deux fols, cy. . . 2 f.

Copies pour fignifier aux Procureurs du faifi, & des opofans, à raifon de deux fols pour rôle de la groffe, cy. . 2 f.

Signification dix deniers de chacune, cy. . 10 d.

Et à domicile, fix fols, cy. . . 6 f.

Pour l'enregiftrement de ladite fentence de congé d'ajuger qui fera fait par le Clerc aiant la charge des criées, ne lui fera taxé aucune chofe, cy. . *Neant.*

Actes d'opofitions formées au grefe, fera taxé dix fols tournois, cy. . . . 18 f. tz.

Confeils pour lefdites opofition, douze fols, cy. . 12 f.

Pour les copies des actes d'opofitions, à fin de charges, servitudes, diftraire & annuller, qui feront par le pourfuivant baillées au Procureur du faifi, & plus ancien Procureur des opofans fera taxé à raifon de quatre fols pour chacune copie, ou à l'arbitrage, cy. . . . . 4 f.

Et les fignifications comme deffus, cy.

Pour l'acte de denonciation d'iceles aux Procureurs des opofans à fin d'hipotéque, à ce qu'ils aient à en eprendre comunication par les mains dudit ancien Procureur, fera taxé quatre fols pour rôle, cy... 4 f.

Pour chacune copie & fignification faite au Palais, un fol quatre deniers, cy. . . . . . 1 f. 4 d.

Et à domicile, fix fols huit deniers, cy. . . 6 f. 8 d.

Pour le congé, defaut, & permiffion contre l'opofant, pour fournir fes caufes d'opofition & pieces juftificatives, comme aux autres inftances, cy.

Si le défaut eft jugé, fera taxé pour la demande, vingt-quatre fols, cy. . . . 24 f.

Epices de la Sentence fuivant la taxe, cy.

Pour la façon, fera taxé à raifon de quatre fols pour chacun rôle, cy. . . . 4 f.

Et pour la fignature, feize fols pour chacun rôle, à la charge qu'il y aura vingt-deux lignes à la page, & quinze fillabes à la ligne, finon rednits, cy. . . . . 16 f.

Journée deux fols, cy. . . . 2 f.

Copies & fignifications au Procureur de l'opofant defaillant, enfemble au Procureur du faifi, & des autres opofans, fera taxé douze fols chacune, cy. . . . 12 f.

L'opofant fourniffant des caufes d'opofition, & qu'elles foient dreffées par Avocat, fera taxé à raifon de feize fols par rôle, cy . . 16 f.

Et fi elles font faites par le Procureur, huit fols du rôle, cy. . . 8 f.

Au Clerc de l'Avocat, quatre fols tournois pour rôle, cy . . 4 f. tz.

Droit de revifion au Procureur, le dixiéme de l'Avocat,

Et fi ledit Procureur les a faites, ne fera taxé revifion, felon l'Ordonnance de 1667. tit. 31. art. 12. cy . . . . Neant.

Copie, moitié du Clerc de l'Avocat, deux fols pour chacun rôle, cy. . . . 2 f.

Signification au Palais dix deniers, cy. . . 10 d.

Et s'il a domicile, fix fols, cy. . . 6 f.

Confeil fur lefdites caufes d'opofition, & pieces, s'il n'y a reponfe, douze fols, cy. . . . 12 f.

Pour les copies des pieces juftificatives defdites caufes d'opofition, fera taxé à raifon de deux fols pour rôle de la copie, cy. . . 2 f.

Confeil fur iceles douze fols, cy. . . 12 f.

Pour les copies defdites caufes d'opofition & pieces qui feront baillées par le pourfuivant, au Procureur du faifi, & plus ancien Procureur des opofans, fera taxé à raifon de quatre fols pour rôle, cy. . . 4 f.

Pour l'acte & fignification au Palais dix deniers, cy . . 10 d.

Et à domicile, fix fols, cy . . 6 f.

Pour l'acte de denonciation aux autres Procureurs des opofans, que lefdites copies ont été fignifiées audit Procureur plus ancien , à ce qu'ils aient à les voir par fes mains , fera taxé quatre fols , cy . . . . 4 f.

Et pour chacune copie , fignification au Palais , un fol quatre deniers, cy . . . . 1 f. 4 d.

Et à domicile fix fols , cy . . . . 6 f.

Pour les réponfes aufdites caufes d'opofition , fi elles font neceffaires fera taxé , *Idem* , auxdites caufes d'opofition , à raifon de deux fols par rôle , cy . . . . . . 2 f.

Requête pour plaider à la Chambre , copie & fignification , quatre fols , cy . . . . . . 4 f.

A l'Avocat pour plaider , cinquante deux fols , cy . . 5 2 f.

A fon Clerc retirant le fac , huit fols , cy . . . 8 f.

Qualités de la fentence définitive ou apointement contradictoire à produire fur ladite opofition à la Chambre , copie & fignification , un fol huit deniers , cy . . . . . 1 f. 8 d.

Si le Procureur plaide contradictoirement , vingt-quatre fols , cy . . . . . . 24 f.

Si par défaut , douze fols , cy . . . . 1 2 f.

Pour ladite fentence , façon & fignature , comme il eft ci-deffus cité, fera taxé , cy . .

Apointement à produire pris au parquet , fur ladite opofition , copie & fignification, fix fols , cy . . . . 6 f.

Journée deux fols , cy . . . . 2 f.

Confultation pour produire , trente deux fols , cy . . 3 2 f

Inventaire de production , fera taxé quarante huit fols , cy. . . 48 f.

Forclufions , fera taxé comme il eft ci-deffus dit , cy

Pour le voiage d'un homme à cheval pour produire , fera taxé trois livres par jour , en cas qu'il foit afirmé fuivant l'ordonance.

Pour la comunication de l'inftance , fera taxé comme deffus , & atendu la nouvelle ordonance , la comunauté a fixé la vacation , fans deplacer , fix livres , cy . . . . 6 l.

Contredits , falvations , Clerc de l'Avocat , revifion , copie defdits contredits & fignification , fera taxé , comme deffus il eft énoncé , cy

Requête d'emploi pour contredits en deux rôles de grand papier , quarante huit fols , cy . . . . 48 f.

Et fi elle excede , fera taxé , à raifon de vingt-fix fols par rôle , cy . . . . . . 26 f.

Pour la copie , à raifon de quatre fols par rôle , cy . . . . 4 f.

Et pour la fignification au Palais, dix deniers , cy . . 10 d.

Et quand il eft à double , fix fols , cy . . 6 f.

Confultation, trente deux fols , cy . . 3 2 f.

Requête de falvation , *Idem* , cy . . 3 2 f.

Confultation, trente deux fols , cy . . 3 2 f.

Epices de la fentence fur lefdites opofitions , fuivant la taxe , cy. . . . .

Prononciation , façon & fignature , feront taxés , comme deffus

KKkk iij

cy

Journée , deux fols, cy . . . . . 2 f.

Copies de la fentence feront taxées à raifon de deux fols par rôle de la groffe , cy . . . . 2 f.

Significations aux Procureurs des opofans dix deniers au Palais , cy . . . . 10 d.

Et quand il eft à domicile, fix fols, cy . . 6 f.

Enregiftrement de ladite fentence au Clerc des criées , ne fera taxé aucune chofe , cy

Voiage pour faire juger , fuivant la qualité, fera taxé , comme deffus ,

Pour retirer la production du grefe , fix fols, cy . . . . 6 f.

Requête , & comiffion pour faire affigner en reprife les veuves , enfans, & heritiers du decedé , & voir contr'eux declarer executoire, le titre en vertu duquel , les faifies & criées ont été faites , & en confequence qu'il fera paffé outre au decret fuivant les derniers errements , taxé comme deffus , cy

Idem , pour femblablee requête , & comiffion pour affigner en conftitution de nouveau Procureur , ou en reprife , les heritiers des opofans decedés , cy

Confeil fur le decedé, douze fols, cy . . 12 f.

Exploits d'afignation à Paris , y compris la copie de la requête & comiffion, douze fols , cy . . . 12 f.

Que fi c'eft à la campagne fera taxé comme deffus, cy . . . . .

Prefentation deux fols , cy . . 2 f.

Au grefier, quatre fols, cy . . 4 f.

Pour les procedures, fur lefdites demandes en reprife par défaut & permiffion, delai de quarante jours , huitaine jour de confeil , comunication, dépens , & pour les autres procedures, épices & fentence , fera taxé comme deffus , cy

Acte de reprife , huit fols, cy . . 8 f.

Journée trois fols , cy . . 3 f.

Copie & fignification au Palais quatre fols , cy . 4 f.

Et à domicile fept fols, cy . . 7 f.

Confeil fur la reprife , douze fols , cy . . 12 f.

Au Procureur du pourfuivant pour dreffer l'enchere de la quarantaine d'une maifon, ofice ou rente , vingt-quatre fols , cy. . . . 24 f.

Et s'il y a plufieurs terres & heritages faifis quarante huit fols, cy . . . 48 f.

Pour façon de ladite enchere au comis en metant vingt-deux lignes à la page , & à la ligne quinze fillabes , fera taxé pour chaque rôle fept fols dix deniers tournois, cy . . . 7 f. 10 d. tz.

Pour la comiffion fur ladite enchere quand elle fe doit publier hors Paris , façon & fignature deux fols , cy . . 2 f.

Pour le fcel & contre fcel quatre fols dix deniers , cy. . . 4 f. 10 d.

Pour la fignature de ladite enchere comme deffus , cy. . . . .

Au premier huiffier pour la publication de ladite enchere à l'audiance quinze fols tournois , cy . . . 15 f. tz.

Au Procureur du pourfuivant , douze fols, cy . . . . 12 f.

Pour la publication à l'audiance des criées du Châtelet , aux grefiers à chacun vingt-quatre fols, cy . . . . 24 f.

Pour les copies defdites encheres , & comiffion pour faire apofer, que publier & fignifier aux Procureurs de la partie faifie , & des opofans , fera taxé à raifon de deux fols par rôle de la groffe, cy . . 2 f.

Pour chacune fignification au Palais , dix deniers, cy. . . . . 10 d.

Et fi c'eft à domicile , fix fols, cy . . . 6 f.

Pour le procés verbal d'apofition à Paris à l'huiffier cinq fols tournois, cy . . . . 5 f. tz.

Aux Curés pour lefdites publications & certificat , fera taxé comme deffus , cy . . . .

Pour les publications de la même enchere , & comiffion qui feront faites hors Paris , & audiances des Jurifdictions des chofes faifies , fera paié au grefier , & pour en delivrer acte , trente fols tournois, cy . . , . . . 30 f. tz.

Pour les procés verbaux d'apofitions & publications defdites encheres & comiffion à la campagne , fi le fergent eft demeurant fur le lieu où elles font faites , fera taxé pour chacune apofition & publication quatre fols , cy . . . . 4 f.

Et s'il fe tranfporte fera taxé à raifon de trois livres douze fols par jour , cy . . . . . 3 l. 12 f.

Pour le voiage d'un homme à cheval pour faire faire lefdites apofitions & publications , fera taxé à raifon de trois livres par jour ,

S'il eft afirmé au grefe finon *pro vino* , cy . . . .

Au Procureur pour avoir dreffé l'ajudication , fauf quinzaine douze fols , cy . . . . 12 f.

Au comis des criées pour la métre en parchemin , quinze fols tournois , cy . . . . 15 f. tz.

Pour la fignature , comme deffus , feize fols pour chacun rôle , cy . . . . . 16 f.

Journée du Procureur deux fols fix deniers tournois , cy... 2 f. 6. d. tz.

Aux grefiers du Châtelet pour la publication à chacun eft paié , vingt-quatre fols, cy . . . . . 24 f.

Pour les copies à fignifier aux Procureurs du faifi & des opofans , & pour apofer à Paris aux mêmes endroits que l'enchere de quarante , pour les exploits de fignifications & apofitions d'icelles , fera taxé , comme deffus à l'enchere, cy . . . . .

Pour les trois remifes , & plus grand nombre , s'il y en a, fera taxé au comis de l'audiance dix fols tournois pour chacune , ... 10 f. tz.

Au Procureur du pourfuivant au jour de chacune remife douze fols , cy . . . . . 12 f.

Au premier huiffier pour les publications à chacune remife , huit fols tournois , cy . . . . 8 f. tz.

Pour les copies defdites remifes à fignifier aux Procureurs defdites parties faifies & opofantes à raifon de onze fols , cy . . . . 11 f.

Et pour les fignifications dix deniers , de chacune , cy . . . 10 d.

Et fi c'eft à domicile , fix fols , cy . . . 6 f.

Au grefier de l'audiance pour fon droit de l'ajudication par decret, & recevoir la declaration du Procureur ajudicataire , fera taxé dix fols tournois , cy   10 f. tz.

Au premier huiffier huit fols tournois, cy   8 f. tz.

Au Procureur du pourfuivant vacation au jour de ladite ajudication , quarante huit fols , cy   48 f.

Au comis tenant les criées pour le delivré du decret , vingt fols tournois , cy   20 f. tz.

A lui pour la façon de la fentence d'ajudication par decret en metant vingt-deux lignes à la page , & 15. fillabes à la ligne , douze fols tournois pour rôle , cy   12 f. tz.

Au comis du garde fcel pour le fceau fera taxé cinq fols tournois, cy   5 f. tz.

Pour les apofitions formées en fes mains , fera taxé huit fols tournois, cy   8 f. tz.

Pour l'enregiftrement quinze fols tournois , & fans qu'il puiffe prétendre aucune chofe pour la garde , cy   15 f. tz.

Pour l'extrait des opofans aux criées delivré par ledit Clerc des criées, fera taxé , huit fols tournois pour rôle en métant vingt deux lignes à la pages , & 15. fillabes à la ligne , cy   8 f. tz.

Frais ordinaires des criées.

Voiés le nouveau Traité des criées du fecond Tome de mon ancien Clerc du Palais.

L'exploit de comandement , la faifie réelle , établiffement de Comiffaire , fignification d'icele à la partie faifie , l'enregiftrement au Comiffaire general , l'afiche , apofition avec panonceaux , fignification , & de premiere criée , feront taxé comme deffus, cy

Voiage d'homme à cheval pour charger un fergent , les criées & procés verbal d'icelles , fera taxé à raifon de trois livres par jour, cy   3 l.

La confultation fur lefdites criées , la certification defdites criées , & frais d'icelles , voiage d'homme à cheval pour retirer ledit procés verbal de criées , & fentence de certification , l'enregiftrement de la faifie reelle au grefe , moitié de la requête ou comiffion pour faire apeler le faifi , pour bailler moiens de nullité , & les opofans pour fournir caufe d'opofition , l'exploit d'afignation donnée au faifi , moitié du voiage pour aporter l'exploit , la confultation fur ladite demande , prefentation , la fentence de congé d'ajuger , journée , copies , & fignifications , les encheres , l'ajudication fauf quinzaine , publication , copies , fignification & opofitions d'iceles , voiage pour faire faire lefdites publications à la campagne , & trois remifes , enfemble les journées & vacations du Procureur du pourfuivant , la façon , fignature & fcel du decret , cy . . .

Et ne fera taxé aucun voiage pour l'ajudication , & feulement pour le vin douze livres , le furplus en frais extraordinaires, cy . . . . . 12 l.

Frais

Frais extraordinaires de criées.

Les frais exttaordinaires de criées, doivent être taxés, comme deffus, & y entreront.

Primò. La confultation pour faire les criées, moitié de la requête & comiffion, moitié du voiage & l'affignation au faifi pour bailler moiens de nullité, & aux caufes, leurs caufes d'opofition, les exploits d'affignation donnés aufdits opofans, quintes & furabondantes criées, & ce qui fera fait pour y parvenir, droit de confeil fur les opofitions, & les procedures qui feront faites fur icelles, afin de changer, annuler, diftraire & fervir, enfemble fur les apelations de faifies, criées, fentences de certifications de congé d'ajuger, evocation au confeil, les procedures fur les demandes en fubrogation, & parvenir au bail judiciaire, faire rendre compte au Comiffaire, celles des inftances, foit en reprife ou conftitution de nouveau Procureur contre les tuteurs ou curateurs des mineurs, & aux biens vacans, ou deguerpis, les remifes au deffus de trois.

2. Voiage d'homme à cheval, pour faire faire l'ajudication par decret, & toutes les procedures & frais de l'inftance d'ordre, & incidens d'icelle, fors les caufes d'opofitions, & inventaire de production du pourfuivant, qui n'entreront que pour moitié, l'autre moitié confufe audit pourfuivant, comme regardant fon interêt particulier, voiage d'un homme à cheval pour produire fur l'ordre pour le tout, cy   .   .   .   .

3. Les contredits & falvations, revifion, Clerc de l'Avocat, deux copies defdits contredits, aux Procureurs du faifi & plus ancien des opofans, & un extrait à chacun des autres Procureurs pour ce qui les concerne, le voiage pour faire juger l'ordre, felon la qualité, & quatre jours de fejours, & toutes les autres procedures pour parvenir au jugement de l'ordre, même les dépens qui pouroient être ajugés au pourfuivant criées, contre la partie faifie ou autre, en fubrogeant les opofans en fon lieu, cy   .   .   .   .   .   .

4. Les épices & frais de la fentence d'ordre, & execution d'icelle, le tout fuivant les taxes ci-deffus, n'entreront neanmoins en taxe les procedures qui fe trouveront faites contre les opofans, afin de conferver, pour bailler moiens d'opofition, & pieces juftificatives, cy   .   .   .

5. Les dépens & frais extraordinaires de criées feront taxés avec le Procureur du faifi du pourfuivant & plus ancien Procureur, ne leur fera taxé, qu'une feule affiftance.

Pour l'executoire, façon & fignature, feize fols, cy   .   .   .   .   16 f.
Pour le fcel, quatre fols, cy   .   .   .   4 f.

EN LA COUR.

Apelations verbales de la grande Chambre.

Pour le confeil fur l'acte d'apel , douze fols , cy . . . . . 12 f.
Pour les létres de relief , ou anticipation d'apel trente deux fols ,
cy   32 f.
  Memoires quatre fols , cy   4 f.
  Vin de meſſager pour les porter fur les lieux à l'arbitrage du tiers &
au plus eloigné , douze fols , cy   12 f.
  Pour les exploits d'aſſignation à Paris , douze fols & hors Paris felon
le tranſport, cy   12 f.
  Lorſqu'il y aura tranſport de deux lieuës , quarante huit fols ,
cy   48 f.
  A quatre ou cinq livres trois livres douze fols , cy . . . . 3 l. 12 f.
  Et s'il excede pour chacun jour fera taxé trois livres douze fols ,
cy   3 l. 12 f.
  Les exploits de faifie reelle & criées , quatre livres feize fols ,
cy   4 l. 16 f.
  Voiage d'homme de pied de la demeure de la partie , & celle du fergent pour le charger de la comiſſion , ou autre en vertu duquel l'aſſignation fera donnée à raiſon de vingt-quatre fols par jour , cy . . . . 24 f.
  Et où le défendeur feroit qualifié , ou redouté en la ville ou lieu de
la demeure, encore qu'il y ait des fergens dans ladite ville , fera neanmoins taxé pour le tranſport d'un fergent de la plus prochaine ville ,
cy
  Pour exploit à un Prince , Marechal de France , ou autre de qualité
aprochant , quarante huit fols , fans s'arêter aux reçus des fergens qu'ils
pouroient métre au bas de leur exploit , cy   .   .   48 f.
  Pour la prefentation , cinquante deux fols , cy   .   52 f.
  Pour une procuration , quatre fols , cy   .   .   4 f.
  Confultation en apelation verbale , trois livres douze fols ,
cy ,   3 l. 12 f.
  Memoire , quatre fols , cy   4 f.
  Voiage pour aporter l'exploit pour homme de cheval fi la perfone eſt
de qualité , à raiſon de dix livres par jour , tant pour venir que pour le
retour , & un jour de fejour à quarante fols par jour , cy . . . . . 40 f.
  Et pour homme de pied, vingt-quatre fols , cy . . . . 24 f.
  Et feront tous les voiages afirmés , fuivant l'ordonance , finon reduits
à vin de meſſager , cy   12 f.
  Avis fur la prefentation , quatre fols , cy   .   .   4 f.
  Livre rouge , deux fols , cy   2 f.
  Défaut levé aux prefentations non fcelé, trente fix fols , à un fceau trois
fols , s'il y a pluſieurs fuivant la taxe , cy   36 f.

Pour la journée, cinq fols, cy . . . . . 5 f.
Pour la demande , vingt-quatre fols, cy . . . 24 f.
Pour le vin , douze fols, cy . . . 12 f.
Exploit de reajournement , ou felon le tranfport , fera taxé fuivant
la taxe qui en fera faite, cy
Prefentation fur le reajournement , vingt-fix fols, cy. . . . 26 f.
Vin de meffager pour aporter l'afignation felon la diftance , & au plus
quarante huit fols, cy . . . 48 f.
Caufe mife au rôle ordinaire , fix fols quatre deniers , cy .... 6 f. 4 d.
Ajouté au rôle , au Secretaire du Prefident , vingt-quatre fols ,
cy . . . 24 f.
Au premier huiffier, vingt-quatre fols , cy . . 24 f.
Pour le placet & fignification , deux fols huit deniers , cy .... 2 f. 8 d.
A l'Avocat pour fe preparer à plaider , cinquante deux fols , cy .. 52 f.
Apointement au confeil ofert fur le rôle , un fol huit deniers,
cy . . . 1 f. 8 d.
Pour le paraphe au premier huiffier , quatre fols , cy . . . . . 4 f.
Arrêt d'apointé au confeil , fuivant le reglement de 1664. douze fols,
cy . . . 12 f.
Journée , cinq fols, cy . . . 5 f.
Copie & fignification , quatre fols, cy . . . 4 f.
Pour chacun avenir pris au grefe pour plaider , fuivant le reglement,
fix fols quatre deniers, cy . . . 6 f 4 d.
Journée , copie & fignification , fept fols quatre deniers , cy...7 f. 4 d.
Et s'il y a domicile augmenter de fix fols, cy . . . 6 f.
A l'Avocat pour s'aprêter , cinquante deux fols, cy . . . . . 52 f.
Placet répondu , deux fols fept deniers, cy . . 2 f. 7 d.
Toutes les fomations pour venir plaider , s'employeront en un feul
article , & fe taxeront chacun à raifon de cinq fols quatre deniers ,
cy . . . 5 f. 4 d.
Et fi elles font fignifiées à domicile , feront taxées chacune à huit fols
huit deniers , cy . . . 8 f. 8 d.
Qualités de l'arrêt d'apointé au confeil difinitif en plaidoirie foit au
rôle , ou par avenir un fol huit deniers , cy . . . 1 f 8 d.
Les arrêts fuivant le reglement du 27. Juin 1664.
A l'Avocat qui a plaidé cinquante deux fols, cy . . . 52 f.
Journée , cinq fols , cy . . . 5 f.
Au Clerc de l'Avocat en retirant le fac, douze fols , cy . . . . 12 f.
Voiage felon la qualité pour plaidoirie de la caufe , & quatre jours
de fejour , foit qu'elle ait été apointée , ou jugée , cy . . .
Pour l'apointement au Confeil , & joint fuivant le reglement.
Journée , cinq fols , cy, . . . 5 f.
Copie & fignification , quatre fols , cy . . . 4 f.
Les requêtes de comandement & forclufion de fournir de caufes d'apel,
ou de réponfes , feront taxées à raifon de deux fols cinq deniers ,
Et à domicile , huit fols huit deniers , cy . . . 8 f. 8 d.
Les écritures d'Avocat feront taxées à raifon de feize fols pour rôle ,

cy.　　　　　　　　　　　　　　　　　　　　　　16 f.
　La revifion, moitié, cy.　　　　　　　　　　　8 f.
　Au Clerc de l'Avocat fix fols tournois pour rôle, cy.　　6 f.
　Confultation pour produire, quarante-huit fols, cy.　　48 f.
　Inventaire de production fe taxera à l'égard du rôle fimple, à raifon de quatre fols, & en grand papier huit fols, cy.　　　8 f.
　Pour le produit, fuivant le reglement du 27. Juin 1664. fix fols, fix deniers, cy.　　　　　　　　　　　　　　6 f. 6 d.
　Voïage d'homme de cheval pour produire quand il n'en aura point été taxé pour la plaidoirie, & trois jours y aiant arrêt à contredire, quand même il n'y auroit qu'un emploi, & s'il n'y a point à contredire, fera taxé pour le vin quatre livres feize fols, cy.　　　4 l. 16 f.
　Les Requêtes de Comandement & forclufion de produire pour chacune deux fols huit deniers, cy.　　　　　　2 f. 8 d.
　Epices de l'Arrêt à contredire, cinquante deux fols, cy.　52 f.
　Arrêt fuivant le reglement, journée cinq fols, cy.　　5 f.
　Copie & fignification, quatre fols, cy.　　　　　4 f.
　Vin de meffager felon la diftance, & au plus douze fols, cy.　12 f.
　Comunication de l'inftance compofée de deux ou quatre facs, trente quatre fols, cy.　　　　　　　　　　　　　34 f.
　Quand ils excederont pour chacun fac au delà, quatre fols, cy.　4 f.
　Contredits à l'Avocat, comme deffus, cy.　　　　16 f.
　Revifion, Idem, cy.　　　　　　　　　　　8 f.
　Au Clerc de l'Avocat pour la groffe, Idem, cy.　　8 f.
　Vin de Meffager, felon la diftance & au nombre des rôles, quarante fept fols & quatre livres feize fols, ou à l'arbitrage, cy.
　Copie quatre fols, cy.　　　　　　　　　　4 f.
　Signification en baillant, & fimplement un fol quatre deniers, cy.　　　　　　　　　　　　　　　1 f. 4 d.
　Si la caufe eft apointée au Confeil fur le rôle fans être plaidée, ne fera taxé que pour le vin du meffager.
　S'il y a défaut au congé, fera taxé voïage felon la taxe, felon la qualité, cy.
　A l'Avocat qui s'eft prefenté pour plaider, cinquante deux fols, cy.　　　　　　　　　　　　　　　52 f.
　Au Clerc retirant le fac, douze fols, cy.　　　　12 f.
　Demande vingt-quatre fols, cy.　　　　　　24 f.
　Inventaire, vingt-quatre fols, cy.　　　　　24 f.
　Produit quatre fols, cy.　　　　　　　　4 f.
　Epices de l'arrêt de congé ou défaut, voir au grefe, cy.
　Vin du Meffager, felon la diftance, cy.
　Remife au grefe, huit fols, cy.　　　　　　8 f.
　Pour le retirer fuivant le reglement, cy.
　Et s'il n'eft jugé deux fols, cy.　　　　　　2 f.
　Sera taxé pour chacune demie prefentation à chaque Parlement jufques au reglement, vingt-fix fols, cy.　　　　26 f.

Apel incident.

Pour la Requête contenant apel, douze fols, cy.   12 f.   *Ordonance*
Pour le droit de prefentation fur ledit apel, vingt-fix fols, cy. 26 f.   *de 1667.*
Confultation, quarante huit fols, cy.   48 f.   *tit. 11. art.*
Vin de Meffager, felon la diftance, & au plus quarante-huit fols,   *27.*
cy.   48 f.
Pour l'apointement au Confeil prefenté, un fol huit deniers,
cy.   1 f. 8 d.
Somation de le paffer, un fol quatre deniers, cy.   1 f. 4 d.
Au grefier pour la façon douze fols, cy.   12 f.
Copie & fignification, quatre fols, cy.   4 f.
Journée, deux fols, cy.   2 f.
Vin de Meffager, quatre fols, cy.   4 f.
Le refte des procedures pour l'execution, fe feront & feront taxées
comme les autres de l'apel principal.
Confultation fur l'emploi, quarante fept fols cy.   47 f.
Pour la Requête des caufes d'apel felon la grandeur, & au moins
vingt-quatre fols, cy.   24 f.

Incident de letres.

Pour le droit de confultation avant de les obtenir, quarante-huit   *Ordonance*
fols, cy.   48 f.   *de 1667.*
Pour les memoires, quatre fols, cy.   4 f.   *tit. 11.*
Pour les letres felon qu'elles font grandes, y compris ce que l'on   *article 27.*
trouvera taxé pour le fceau, cy.
Vin de Meffager, quatre fols, cy.   4 f.
Pour la Requête de *Committitur.*   *Abrogé.*
Pour l'enterinement, quatre fols, cy.   4 f.
Et fera ajouté la copie des letres, felon la grandeur, cy.
Pareil droit de confultation au défendeur, quarante-huit fols,
cy.   48 f.
Pour les défenfes douze fols, ou felon la grandeur, cy.   12 f.
Défaut, trois fols quatre deniers, cy.   3 f. 4 d.
Et s'il y a plufieurs, fera ajouté dix deniers pour chacune figinifica-
tion, cy.   10 d.
Pour chaque copie, fix deniers, cy.   6 d.   *Abrogé.*
Défaut fimple, trois fols, quatre deniers, cy.   3 f. 4 d.
Celui aux Ordonances, y compris la journée, copie & fignification
dix fols, cy.   10 f.
Et s'il y a plufieurs Procureurs, fera ajouté deux fols pour chacune
fignification, cy.   2 f.
Et quatre deniers pour la copie, cy.   10 d.

Vin de Meſſager , ſelon la diſtance , cy.

Demande , vingt-quatre ſols , cy.   24 ſ.

Inventaire , vingt-quatre ſols , cy.   24 ſ.

Produits de défauts ſix ſols , cy.   6 ſ.

Epices de l'arrêt ſur défaut cinquante deux ſols , cy.   52 ſ.

Façon & ſignature , ſuivant le reglement de Juin 1664.

La remiſe du defaut au grefe huit ſols , cy.   8 ſ.

Pour le retirer du grefe quatre ſols , cy.   4 ſ.

Journée , cinq ſols , cy.   5 ſ.

Copie & ſignification , quatre ſols , cy.   4 ſ.

Vin de Meſſager , ſelon la diſtance , cy.

Exploit de ſignification & reajournement comme deſſus , cy.   12 ſ.

Preſentation , vingt-ſix ſols , cy.   26 ſ.

Vin de Meſſager pour aporter l'exploit au deſſous des cinquante lieuës vingt-quatre ſols , cy.   24 ſ.

Au deſſus juſqu'à cent lieuës quarante huit ſols , cy.   48 ſ.

Et s'il paſſe , quatre livres ſeize ſols , cy.   4 l. 16 ſ.

Apointement à produire ſur le debouté de défenſes preſenté , un ſol huit deniers , cy.   1 ſ. 8 d.

Au grefier pour la façon , douze ſols , cy.   12 ſ.

Journée cinq ſols , cy.   5 ſ.

Copies & ſignification , quatre ſols , cy.   4 ſ.

Conſultation pour produire , quarante huit ſols , cy.   48 ſ.

Inventaire de production ſuivant les rôles ci-deſſus reglés , cy.

Produit , ſix ſols , ſix deniers , cy.   6 ſ. 6 d.

Vin de Meſſager pour produire, quatre livres ſeize ſols , cy. 4 l. 6 ſ.

Comandement & forcluſion de procedure , comme deſſus , cy.

Vin de Meſſager ſix ſols , cy.   6 ſ.

Letres en forme de Requête civile.

Ordonance du mois d'Avril 1667. titre 15.   Pour la conſultation ſept livres quatre ſols , cy.   7 l. 4 ſ.

Pour les memoires , minutes & groſſe de la Requête civile , quarante huit ſols ou à l'arbitrage , cy.   48 ſ.

Pour les droits du ſceau , ſuivant la taxe , cy.

Pour la conſultation au defendeur , quatre livres , ſeize ſols , cy.   4 l. 16 ſ.

Voïage pour faire la conſultation , & obtenir des letres pour homme de cheval , ou de pied , ſelon la qualité , cy.

Pour l'exploit d'aſſignation ſur l'enterinement , ſelon la diſtance des lieux où le Sergent ſera tranſporté , tel qu'il a été ci-deſſus reglé , cy.   12 ſ.

Pour la preſentation , cinquante deux ſols , cy.   52 ſ.

Procuration , quatre ſols , cy.   4 ſ.

Vin de Meſſager , quatre ſols , cy.   4 ſ.

Pour la requête à fin d'enterinement de literale copie d'iceles , & ſignification au Palais , vingt-quatre ſols , cy.   24 ſ.

Et s'il a domicile, trente sols, cy.   .   .   30 f.

Pour les avenir, placets & fomations pour plaider il faut fuivre ce qui eft dit ci-deffus à l'inftruction de la caufe d'apel.

Aux Avocats des Parties pour s'aprêter à plaider, chacun cinq livres quatre fols, cy.   .   .   .   .   5 l. 4 f.

Pour les deux Avocats affiftans à la plaidoirie, chacun trois livres tournois, cy.   .   .   .   .   3 l. tz.

Si elle eft apointée au Confeil en plaidant, ou jugée definitivement, fera taxé voïage felon la qualité de la partie, quatre jours de fejour.

Pour l'arrêt s'il eft definitif ou autrement fuivant le reglement de Juin 1664.

La procedure & execution de l'apointement fera faite, & les droits taxé, comme deffus, cy.

Et en cas d'apointé au Confeil, ne fera taxé qu'un vint pour produire, atendu qu'il y aura un voïage pour faire plaider la caufe.

Encore que ce reglement porte à contredire, fuivant qu'il eft dit ci-deffus fur les apellations verbales.

Incident de faux.

Droit de confultation avant que de former l'infcription, quarante huit fols, cy.   .   .   .   .   48 f.

    Memoire, quatre fols, cy.   .   .   .   4 f.

    Pour une procuration fpeciale, huit fols, cy.   .   8 f.

Pour l'acte d'infcription de faux, fuivant le reglement de Juin 1664.

    Journée cinq fols, cy.   .   .   .   5 f.

    Copie & fignification, quatre fols, cy.   .   .   4 f.

    Et s'il eft à domicile pour le tout dix fols, cy.   .   10 f.

Voïage d'homme de cheval pour former l'infcription de faux, felon la diftance, ou de pied fuivant la qualité, cy.

Requête de Comandement de metre la piece au grefe, deux fols huit deniers, cy.   .   .   .   2 f. 8 d.

Défaut aux Ordonances faute de metre ladite piece fera taxé comme deffus, cy.   .   .   .   3 f. 4 d.

Et où le défaut feroit baillé à juger, jugé ou non jugé, taxé comme deffus, cy.

Pour la forclufion de fatisfaire à l'arrêt, deux fols huit deniers, cy.   .   .   .   2 f. 8 d.

Pour avoir pris comunication de la piece maintenuë fauffe, fuivant le reglement du mois de Juin, article 43.

Pour la vacation du Procureur pour avoir examiné la piece, & dreffé les memoires pour moiens de faux, vingt-quatre fols, cy. . . 24 f.

    A l'Avocat pour les moiens de faux, fera taxé comme deffus, cy. . .

    Au Procureur pour la revifion, *idem*, taxé comme deffus, cy. . . .

    Au Clerc de l'Avocat, fera taxé felon ce qui a été cité, ci-def-

Ordonance criminelle du mois d'Août 1670. titre 9.

fus , cy.

Pour la diſtribution , en cas qu'ils ne ſoient incidens, ſuivant le reglement , vingt-quatre ſols , cy. 　　　　　　　　　　　24 ſ.

Pour bailler au Raporteur avec la piece maintenuë fauſſe , ſuivant le reglement huit ſols , cy. 　　　　　　　　　　　　　　8 ſ.

Epices de l'arrêt ſur leſdits moïens de faux , ſuivant la taxe qui en ſera faite.

Et pour l'arrêt , ſelon le reglement de Juin 1664.

Journée cinq ſols , cy. 　　　　　　　　　　　　　　　　5 ſ.

Copie & ſignification quatre ſols , cy. 　　　　　　　　　4 ſ.

Voïage pour les faire juger , & trois jours de ſejour ſe taxera ſuivant la qualité.

Pour l'ordonance & les defauts pour l'inſtruction ſera taxé pour chacun trois ſols quatre deniers , cy. 　　　　　　　　　3 ſ. 4 d.

Et s'il eſt à domicile dix ſols quatre deniers , cy. 　　10 ſ. 4 d.

Pour chacune aſſignation aux experts & témoins à Paris douze ſols , cy. 　　　　　　　　　　　　　　　　　　　　　12 ſ.

S'il eſt à la campagne ſera taxé ſuivant le tranſport du Sergent comme deſſus , cy.

Pour les vacations du Conſeiller Comiſſaire , experts , témoins , Notaires , & autres perſones qui ſe preſentent les pieces de comparaiſon , & aux Procureurs aſſiſtans , ſeront taxés ſuivant la taxe.

Seront les taxes des témoins compriſes en un ſeul article , & où il ne ſe trouveroit aucune taxe faite aux témoins , ſera taxé pour chacun à raiſon de quatre ſols , cy. 　　　　　　　　　　　　　4 ſ.

Comparution au Procureur ſur chaque aſſignation douze ſols , cy. 　　　　　　　　　　　　　　　　　　　　　　12 ſ.

Pour la groſſe des procés verbaux & informations , à raiſon de quatre ſols pour rôle , cy. 　　　　　　　　　　　　　　4 ſ.

Pour bailler les informations au Parquet huit ſols , cy. 　　8 ſ.

Pour la Requête à fin des decrets ſur les informations douze ſols , cy. 　　　　　　　　　　　　　　　　　　　　　12 ſ.

Epices des concluſions ſuivant la taxe.

Enregiſtrement des concluſions , qui iront à decret ou à confrontation ſeize ſols , cy. 　　　　　　　　　　　　　　　　16 ſ.

Enregiſtrement des interlocutoires , vingt-quatre ſols , cy. 　24 ſ.

Pour les definitives , quarante-huit ſols , cy. 　　　　48 ſ.

Et pour les grandes , excedantes trois rôles , & au deſſus de quelques grandeurs qu'elles ſoient , leſquelles ſeront écrites en grand papier , à la maniere acoutumée , quatre livres ſeize ſols , cy. 　　4. l. 16 ſ.

Pour chacune opoſition formée ſur le regiſtre du Parquet huit ſols , cy. 　　　　　　　　　　　　　　　　　　　　　8 ſ.

Et pour l'expedition lorſqu'il en ſera delivré , huit ſols , cy. 8 ſ.

Remiſe au Clerc du Subſtitut , douze ſols , cy. 　　　　12 ſ.

Epices de l'arrêt , ſelon la taxe.

Façon & ſignature ſuivant le reglement.

Journée cinq ſols , cy. 　　　　　　　　　　　　　5 ſ.

　　　　　　　　　　　　　　　　　　　　　　　Copie

Copie & fignification, à raifon de trois fols pour rôle de la groffe,
cy. . . . . 3 f.
Et en cas de decret les procedures feront taxées comme ci-aprés au
criminel, cy.
Et s'il eft auparavant de la plaidoirie de la caufe les moiens de faux
y étoient joints par arrêt, en ce cas fera taxé pour la remife defdits
moiens de faux, & pieces maintenuës fauffes, au Clerc du Raporteur,
vingt-quatre fols, cy. . . . 24 f.
Pour faire aprêter la piece & moiens de faux, & les bailler aux gens
du Roy, huit fols, cy. . . . 8 f.
Pour la remife vingt-quatre fols, cy. . . 24 f.

Criminel.

Confultation avant la plainte, quarante-huit fols, cy, . . 48 f.
Requête contenant la plainte quarante-huit fols, cy. . . 48 f.
Conclufion du Parquet, quarante-huit fols, cy. . . 48 f.
Façon & fignature de l'arrêt, fuivant le reglement, cy
A l'un des Confeillers de la Cour qui informera à Paris ou à la cam-
pagne, fera taxé felon la taxe, cy. . . . .
Au grefier, *idem*, cy. . . .
Au Subftitut du Procureur general, *idem*, cy. . .
Au Procureur de la partie, *idem*, cy. . .
Duplicata de la requête atachée à la Comiffion, renvoiée à un juge-
ment pour informer, vingt-quatre fols, cy. . . 24 f.
Pour la vacation du Comiffaire qui aura informé, les grefiers, ordo-
nance & affignation, taxes des témoins, groffes pour les informa-
tions, comme ci-deffus aux taxes des Juges Roïaux & Prefidiaux,
cy. . . . .
Et en cas que l'information foit faite par un huiffier de la Cour,
pour chacun témoin huit fols, cy. . . . 8 f.
Pour la groffe en papier qui contiendra vingt-lignes & dix fillabes à
la ligne, quatre fols pour rôle, cy. . . 4 f.
Et s'il fe tranfporte à la campagne & qu'il y vaque un jour entier,
huit fols, cy. . . . 8 f.
Requête pour decreter les informations, douze fols, cy. . . 12 f.
Au grefier pour le metre au Parquet, huit fols, cy. . . 8 f.
Epices des conclufions, felon la taxe, cy. . . .
Enregiftrement fuivant le reglement, fera taxé, cy. . .
Epices de l'arrêt de decret fuivant la taxe, cy. . . .
Façon & fignature felon le reglement, cy. . . .
Journée, cinq fols, cy. . . . 5 f.
Pour la copie de l'arrêt d'ajournement perfonel, & exploit d'affigna-
tion perfonele à Paris feize fols, cy. . . 16 f.
Voïage, comme deffus, cy. . . .
Acte de comparution perfonele, fuivant le reglement, cy. . . .

Journée cinq fols, cy.   5 f.

Copie & fignification quatre fols, cy.   4 f.

Et s'il a domicile huit fols, cy.   8 f.

Vacation du Confeiller, Comiffaire, grefier, groffes pour l'interrogatoire, comme deffus à l'inftruction du faux, cy.

Voïage de l'acufé pour être interrogé felon fa qualité, & au plus huit jours de fejours, cy

Confultation fur l'interrogatoire, vingt-quatre fols, cy.   24 f.

Requête pour faire ordoner la confronation des témoins, ou que l'on prend droit par l'interrogatoire, douze fols, cy.   12 f.

Pour bailler le tout au Parquet, huit fols, cy.   8 f.

Epices des conclufions fuivant la taxe, cy.

Enregiftrement fuivant le reglement, cy

Remife au Clerc du Subftitut, douze fols, cy.   12 f.

Epices de l'arrêt fuivant la taxe, cy.

Façon & fignature felon le reglement.

Journée, cinq fols, cy.   5 f.

Ordonance pour affigner les témoins, à l'acufé, pour fubir la confrontation à Paris & à la campagne, comme deffus, cy.

Vacation au Confeiller, Comiffaire, grefier & groffe, _idem_, cy.

Voïage pour le recolement, & confrontation, felon la qualité & fejour pendant la confrontation, & deux jours de plus, cy

Apointement à bailler conclufions civiles, défenfes pour atenuation produire & oüir droit, un fol huit deniers, cy.   1 f. 8 d.

S'il eft à domicile huit fols huit deniers, cy.   8 f. 8 d.

Avenir par acte pour la reception à l'audiance un fol quatre deniers, cy.   1 f. 4 d.

S'il eft à domicile, huit fols huit deniers, cy.   8 f. 8 d.

Façon, & fignature fuivant le reglement.

A l'Avocat qui a plaidé pour la reception, cinquante deux fols, cy.   52 f.

Journée, cinq fols, cy.   5 f.

Si le Procureur plaide, vingt-quatre fols, cy.   24 f.

Copie & fignification, quatre fols, cy.   4 f.

Si c'eft à domicile, douze fols, cy.   12 f.

Conclufions civiles à l'Avocat, à fon Clerc pour la groffe, revifion, copie, fignification & forclufion de fournir de défenfes par atenuation, comme deffus, cy.

Défenfes par atenuation, à l'Avocat, à fon Clerc pour la groffe & revifion, comme deffus, cy.

Confultations refpectives pour produire, quarante-huit fols, cy.   48 f.

Inventaire de production comme deffus, cy.

Produit fix fols fix deniers, cy.   6 f. 6 d.

Forclufion de produire comme deffus, cy.

Voïage fuivant la qualité pour produire, cy.

S'il intervient arrêt à contredire fur les productions civiles, les taxes feront fuivies comme en matiere criminele, ci-deffus, cy.

Comunication du procés au Parquet fera taxé fuivant la taxe, cy

Epices des conclusions difinitives, enregiftrement & remifes, comme deffus, cy.

Epices de l'arrêt difinitif, façon, fignature, copie & fignification comme deffus, cy.

Voïage fuivant la qualité & quatre jours de fejour, cy.

Remife quarante-huit fols, cy.   48 f.

Pour la decharge au grefier fept fols, cy.   7 f.

Extrait des pieces fecretes, à raifon de quatre fols pour rôle, cy.   4 f.

Si l'acufé eft abfous avec dépens, entreront en taxe les gîtes & geolages, & le voïage d'un homme à cheval de femblable qualité pour pourfuivre le jugement, cy

Les raport des Chirurgiens afirmés en juftice, la taxe du Juge fera fuivie, & s'il n'y a taxe quarante-huit fols, cy.   48 f.

Si l'acufé ne compare à l'affignation perfonele pour la caufe mife au livre rouge, deux fols, cy.   2 f.

Défaut emportant profit levé aux prefentations, façons & fignatures, feize fols, cy.   16 f.

Journée, cinq fols, cy.   5 f.

Demande, vingt-quatre fols, cy.   24 f.

Inventaire, vingt-quatre fols, cy.   24 f.

Produit, quatre fols, cy.   4 f.

Pour comuniquer les informations & défaut au Parquet douze fols, cy.   12 f.

Epices des conclufions fuivant la taxe, cy.

Enregiftrement felon le reglement.

Epices de l'arrêt de converfion en prife de corps, fuivant la taxe, cy.

Façon & fignature felon le reglement, cy

Journée, cinq fols, cy.   5 f.

Vin de Meffager, fuivant ce qui a été reglé ci-deffus pour lefdites inftances, cy.

S'il y a decret de prife de corps fur l'information en confequence de l'ajournement perfonel converti, & qu'en vertu du decret l'acufé ait été emprifoné, fera taxé au fergent à Paris, feize fols, cy   16 f.

Et fi c'eft une perfone de qualité, & qu'il ait été neceffité de prendre plus grand nombre d'affiftans à l'arbitrage, cy

Si l'acufé étoit arêté dans l'enclos du Palais, quatre livres feize fols, cy   4 l. 16 f.

Que fi c'eft à la campagne, fera taxé felon le tranfport & la qualité de la partie acufée, à l'arbitrage, cy

L'acufé n'étant aprehendé, fera taxé pour un feul procés verbal de perquifition de la perfone à Paris, quarante fept fols, cy.   47 f.

Confeil fur icelui, douze fols, cy.   12 f.

Que fi c'eft à la campagne , comme au precedent article, cy

Pour les exploits d'afignations & publications à trois briefs jours ,
à l'huiffier , crieur & trompete à Paris , quarante huit fols , cy ... 48 f.

Pour les trois prefentations , trois livres dix-huit fols , cy ... 3 l. 18 f.

Pour les défauts du grefe , fuivant le reglement.

Demande , vingt-quatre fols , cy   24 f.

Inventaire , quarante huit fols , cy   48 f.

Produir , quatre fols , cy   4 f.

Pour les bailler au parquet avec les informations , comme ci-deffus
en l'infiruction de faux , cy

Requête pour faire ordoner le recolement , & confrontation , douze fols,
cy   12 f.

Epices & conclufions , felon la taxe , cy

Enregiftrement fuivant le reglement.

Remife au grefe , vingt quatre fols , cy   24 f.

Pour bailler les informations au raporteur au grefier fuivant le reglement , huit fols , cy   8 f.

Epices de conclufions , fuivant la taxe , cy

Enregiftrement fuivant le reglement.

Epices de l'arrêt que le recolement vaudra confrontarion , fuivant le
reglement , cy

Journée , cinq fols , cy   5 f.

Vin de meffager , fuivant la diftance , cy

Ordonance du Confeiller Comiflaire , pour afigner les témoins , quatre fols , cy   4 f.

Pour les exploits d'afignations aux témoins , vacations du Confeiller,
Comis , grefier , Procureur , falaire des témoins & groffes comme deffus,
cy

Voiage d'un homme à cheval , fi la partie eft de qualité , ou de pied,
felon la diftance & le fejour , le tems qu'il y aura vaqué , & deux jours
de plus , cy

Confeil fur la contumace inftruite , douze fols , cy   12 f.

Epices des conclufions définitives fuivant la taxe , cy

Enregiftrement fuivant le reglement.

Remife , vingt-quatre fols , cy   24 f.

Epices de l'arrêt definitif , façon , fignature & journée , comme deffus,
cy

Les gîtes & geolages feront taxés enfemble la dépenfe fuivant les perfones , même quand il y a défenfes de fortir de la ville & faux-bourgs ,
ou que la partie eft à la pourfuite de l'audiance , à caufe du decret , & pour
les écroües & recomandations , fuivant le reglement du 6. Juil. 1663. cy.

Défaut de contumace.

*Ordonance
criminelle
du mois
d'Aôut
1670. tit.
9.*

Les dépens comenceront au jour du jugement rendu aprés le decret de
prife de corps , & enfuite toute la proccedure fera taxée jufqu'au jour de

l'arrêt qui reçoit l'acufé en refondant les dépens , fi autrement n'en a été ordoné , & à l'égard des taxes de procedures , comme ci-devant au criminel.

Demandes en vertu de comiffions & requêtes qui s'inftruifent à la barre non incidente.

Pour la confultation avant d'intenter l'action , quarante huit fols , cy   48 f.

Pour la comiffion ou requête à l'arbitrage , cy

Pour le memoire de la comiffion , douze fols , cy   12 f.

Et hors Paris , fuivant la diftance , cy

Pour le voiage d'un homme de cheval pour aporter l'exploit , comme deffus , cy   3 l.

Prefentation , vingt-fix fols , cy   26 f.

Vin de meffager pour l'avis de la comparution , quatre fols , cy   4 f.

Les autres procedures , à faute de défendre fe taxeront , comme deffus , cy

Acte contenant baillé copie des pieces juftificatives , à raifon de deux fols pour rôle de groffe , cy   2 f.

Pour les repliques , douze fols , cy   12 f.

Autrement fera taxé à raifon de huit fols pour rôle , cy   8 f.

Sera taxé droit de confeil fur fins declinatoires , afin de delai de garand , & prendre qualité , douze fols , cy   12 f.

Et fur toutes les autres exceptions , ne fera taxé aucun droit de confeil.

Sera auffi taxé droit de confeil fur les défenfes & dupliques , à raifon de douze fols fur chacune , cy   12 f.

Apointement en droit fignifié cinq fois & journée , feize fols , cy   16 f.

Le refte de l'inftruction fe taxera , comme deffus , cy

Voiage felon la qualité , encore que l'arrêt ne foit qu'interlocutoire , cy

La procedure en execution de l'arrêt iuterlocutoire portant à contefter plus amplement , qui fe doit faire à la barre , fera taxé comme deffus , cy

Si l'interlocutoire ordone defcente ou enquête , fuivre ce qui eft obfervé ci-aprés.

Les frais des inftances fomaires felon le reglement pour chacun des parties , huit fols , cy   8 f.

Et où il y auroit incident regle , feize fols , cy   16 f.

Epices de l'arrêt fuivant la taxe , cy

Arrêt , façon & fignature fuivant le reglement.

Journée , cinq fols , cy   5 f.

Copie & fignification , quatre fols , cy   4 f.

Ceci eft abrogé par l'ordonance du mois d'Avril 1667. au tit. 11. art. 11.

MMm m iij

Pour retirer le fac , feize fols ,　　　　　　　　　　　16 f.

Si lefdites requêtes fomaires font renvoiées à la barre , elles y feront pourfuivies , ainfi que les autres inftances.

Requêtes apointées à métre à l'audiance.

Pour la confultation fur la demande , vingt-quatre fols, cy ... 24 f.

A l'Avocat pour s'aprêter , cinquante trois fols , cy　.　.　.　53 f.

Les avenir pour plaider , comme deffus , cy

Si le Procureur a plaidé , vingt fix fols, cy　　　　　　26 f.

Qualités , un fol huit deniers , cy　　　　　　　　1 f. 8 d.

Façon de l'arrêt , fuivant l article vingt un du reglement de 1669.
vingt-quatre fols, cy　　　　　　　　　　　　　24 f.

Et tout au plus trente deux fols , cy　　　　　　　　32 f.

Copie & fignification , quatre fols , cy　　　　　　　4 f.

Journée du Procureur , cinq fols , cy　　　　　　　5 f.

Pour avoir retiré le fac, au Clerc , douze fols , cy　　　12 f.

Confultation , pour produire quarante huit fols , cy　.　48 f.

Inventaires de production , felon les rôles , comme deffus , cy .. 24 f.

Somation à produire un fol quatre deniers, cy　　　　1 f. 4 d.

Si c'eft à domicile , huit fols huit deniers , cy　　　8 f. 8 d.

Epices felon la taxe , cy

Arrêt & façon fuivant le reglement, trente deux fols , cy ...32 f.

Journée , cinq fols , cy　　　　　　　　　　　5 f.

Copie & fignification , quatre fols , cy　　　　　　4 f.

Pour retirer le fac , feize fols , cy　　　　　　　16 f.

S'il paffe au grefe , remife , vingt-quatre fols , cy　　24 f.

Vin de meffager felon la diftance , & des plus eloignés , quatre livres
feize fols , cy　　　　　　　　　　　　　4 l. 16 f.

Le Roi par Edit du mois de Janvier 1669. a fuprimé les Chambres de l'Edit des Parlemens de Paris & Rouen.

Retentions & évocation de caufe.

Pour la requête , afin de retention , quatre fols , cy　　4 f.

Confeil avant la requête de retention & évocation , tant au demandeur qu'au défendeur , douze fols , cy　　　　　　12 f.

Pour un certificat de la profeffion du demandeur , vingt-quatre fols , cy　　　　　　　　　　　　　　　24 f.

Pour l'acte & copie baillée de certificat, quatre fols, cy.　4 f.

Pour l'avocat , cinquante deux fols , cy　　　　　　52 f.

A fon Clerc en retirant le fac , douze fols , cy　　　12 f.

A l'huiffier qui a raporté , quatre fols , cy　　　　4 f.

Pour les qualités , vingt fols , cy　　　　　　　　20 f.

Pour l'arrêt , fuivant le reglement.

Journée de Procureur , cinq fols , cy　　　　　　5 f.

Pour la copie & fignification , quatre fols , cy   .   .   4 f.

Vin de meffager , douze fols , cy   .   .   1 2 f.

Si c'eft par intervention pour la requête , douze fols , cy . . . 1 2 f.

Droit de confultation , vingt-quatre fols , cy   .   .   24 f.

Et le refte , comme les autres femblables ci-devant reglés , cy . . . .

Si c'eft par intervention & évocation , *Idem* que deffus , cy   . . . .

Pour la remife du procés pour diftribuer quarante huit fols ,
cy   .   .   .   .   .   48 f.

Au grefier pour la rediftribution , vingt-quatre fols , cy . . 24 f.

Et le refte de l'inftruction fera taxé comme deffus , cy   .   .

Defaut ou congé , frais prejudiciaux , & frais & mifes d'execution.

Pour le droit de confeil fur la demande , douze fols, cy . . . 1 2 f.

Pour la requête , quatre fols , cy   .   .   4 f.

Défaut fauf trois jours pur & fimple aux ordonances , & la procedure ,
comme deffus , cy   .   .

Il ne fera pris aucun apointement en droit fur les défenfes ou ofres qui feront faites, & fi les Procureurs par avis d'anciens ne fe peuvent acorder , le défaut fera baillé à juger en la maniere ci-devant dite, auquel ledit défendeur joindra fes ofres & moïens , fi bon lui femble.

Demande en peremption d'inftance

Pour le droit de confultation , quarante huit fols , cy . . . . 48 f.

Requête contenant la demande , douze fols , cy   .   .   1 2 f.

Vin de meffager , douze fols , cy   .   .   1 2 f.

Pour la copie du dernier errement , acte & fignification , huit fols ,
cy   .   .   .   .   .   8 f.

Pour les défauts , douze fols , ou felon la grandeur , cy . . . 1 2 f.

Le refte de l'inftruction fera taxé , comme deffus , cy   .   .

Demande en diftraction de frais & falaires qui fe doivent inftruire entre les deux parties.

Pour le confeil , douze fols , cy   .   .   1 2 f.

Requête pour en faire la demande à deux Procureurs , vingt-quatre
fols , cy   .   .   .   .   .   24 f.

Si c'eft comiffion , fera taxé comme pour un relief d'apel ou letres
d'anticipation , cy   .   .   .   .   32 f.

Pour l'exploit d'afignation & fignification , fuivre la procedure des
autres demandes , cy   .   .   .   .   .   .

En diftraction de frais & falaires les droits de confultation au Procureur en apelations & demandes, ne feront taxés qu'à raifon de vingt-quatre fols, cy . . . . 24 f.

Et pour produire & emploier par requêtes pour le tout, quarante huit fols, cy . . . . 48 f.

Et feront les frais de la diftraction portés par la partie, pour laquelle le Procureur du demandeur en diftraction a occupé.

Procez par ecrit.

Pour les lêtres de relief d'apel ou anticipation, trente deux fols, cy. 32 f.

Pour les exploits, prefentation, voiages, procurations & avis comme deffus, cy . . . .

Confultation fur l'apel, quatre livres feize fols, cy . . . . 4 l. 16 f.

Pour deux copies de la fentence en forme, à raifon de deux fols pour rôle de la groffe, cy . . . . 2 f.

Pour l'apointement de faire aporter, un fol huit deniers, cy... 1 f. 8 d.

Somation de paffer, un fol quatre deniers, cy . . . 1 f. 4 d.

Idem pour les deux autres prefentés, cy . . . *Idem.*

Congé aux ordonances, cinq fols, cy . . . 5 f.

Vin de meffager, quatre fols, cy . . . 4 f.

Demande, vingt quatre fols, cy . . . 24 f.

Inventaire, vingt quatre fols, cy . . . 24 f.

Produit, quatre fols, cy . . . 4 f.

Vin de Meffager felon la diftance, cy . . . .

Epices cinquante deux fols, cy . . . 52 f.

Arrêt fuivant le reglement.

Journée, cinq fols, cy . . . 5 f.

Copie & fignification, quatre fols, cy . . . 4 f.

Vin de meffager, douze fols, cy . . . 12 f.

Forclufion, deux fols fept deniers, cy . . . 2 f 7 d.

Pour l'apointement de conclufion prefenté, un fol huit deniers, cy . . . 1 f. 8 d.

Somation, un fol quatre deniers, cy . . . 1 f. 4 d.

Congé aux ordonances, demande, inventaire, produit, & le furplus de l'inftruction, comme deffus, cy . . . .

Arrêt de conclufion fera taxé fuivant le reglement du mois de Juin 1664

Journée, cinq fols, cy . . . 5 f.

Vin de meffager, douze fols, cy . . . 12 f.

Colation du procés, douze fols, cy . . . 12 f.

Pour favoir le nom du raporteur, deux fols, cy . . . 2 f.

Pour faire aprêter le procés, fuivant le reglement.

Pour faire joindre une production, quatre fols, cy . . . . . 4 f.

Pour retirer le procés du raporteur, pour faire écrire au Clerc, feize fols, cy . . . 16 f.

Et fi l'huiffier le comunique, douze fols, cy . . . 12 f.

Pour

Pour les écritures, comme deſſus, cy

Et ſi par requête d'emploi pour grief ou reponſes, droit de conſultation, quarante huit ſols, cy — 48 f.

Et pour chaque requête, quarante huit ſols, cy — 48 f.

Pour le vin ſuivant la diſtance des lieux, quarante huit ſols,
cy — 48 f.

Et au plus ſera taxé, quatre livres ſeize ſols, cy — 4 l. 16 f.

Pour les requêtes de ſauf lui & empriſonement de rendre les ſacs,
chacune deux ſols ſept deniers, cy — 2 f. 7 d.

Pour la contrainte, vingt-quatre ſols, cy — 24 f.

Epices de l'arrêt ſuivant la taxe, cy

Arrêt ſuivant le reglement.

Journée, cinq ſols, cy — 5 f.

Copie & ſignification, à raiſon de deux ſols tournois pour rôle de la
groſſe, cy — 2 f. tz.

Voiage pour faire juger, ſera taxé ſuivant la qualité, & quatre jours
de ſejour, cy

Et ſi le procés eſt jugé par comiſſaire, deux jours pour chaque vacation, cy

Remiſes des ſacs, quarante huit ſols, cy — 48 f.

Et s'il excede quatre ſacs, à raiſon de quatre ſols pour chacun ſac retirés du grefe, ſera taxé ſuivant le reglement, *loco citato*, cy

Procez evoquez & renvoiez.

Voiage d'homme de cheval pour aporter l'exploit, ſuivant la diſtance, cy

Preſentation, deux ſols, cy. — 1 f.

Pour la copie de l'arrêt, huit ſols pour rôle de la groſſe, cy… 8 f.

Et pour l'acte de ſignification, un ſol quatre deniers, cy…. 1 f. 4 d.

Vin de meſſager ſuivant la diſtance, cy

A l'huiſſier qui apele le Procureur à la barre, & rapoſté, quatre ſols,
cy — 4 f.

Qualités, un ſol huit deniers, cy — 1 f. 8 d.

Arrêt ſuivant le reglement.

Journée, cinq ſols, cy — 5 f.

Copie & ſignification, quatre ſols, cy — 4 f.

Pour la diſtribution ſuivant le reglement.

Vin de meſſager ſuivant la diſtance du lieu, cy

Pour faire apréter le procés, ſuivant ledit reglement, ſix ſols,
cy — 6 f.

Apointement à oüir droit preſenté, un ſol huit deniers, cy … 1 f. 8 d.

Somation de le paſſer, un ſol quatre deniers, cy — 1 f. 4 d.

Pour l'arrêt, ſuivant le reglement.

Journée, cinq ſols, cy — 5 f.

Copie & ſignification, quatre ſols, cy — 4 f.

Pour la comunication du procés, feize fols, ou vingt-quatre fols tout
en plus, cy   .   .   .   24 f.
Le reste de l'instruction & procedure, fera taxé, ainsi qu'il est dit ci-
deffus, aux apelations verbales, & demandes reglées, cy   .

Apelations incidentes au procez par ecrit.

Ordonance
de 1667.
tit. 11. art.
37.

Requête contenant l'apel, copie & fignification, vingt-quatre fols,
cy   .   .   .   .   24 f.
Si c'est à domicile, trente fols, cy   .   .   30 f.
Et fi elle contient emploi de caufe d'apel, copie & fignification,
quarante huit fols, cy   .   .   48 f.
Si c'est à domicile, cinquante quatre fols, cy   .   54 f.
Droit de prefentation, vingt-fix fols, cy   .   26 f.
Droit de confultation, quarante huit fols, cy   .   48 f.
Vin de meffager, quatre fols, cy   .   .   4 f.
Apointement prefenté, un fol huit deniers, cy   .   1 f. 8 d.
Somation de le paffer, un fol quatre deniers, cy   .   1. f. 4 d.
Pour avoir plaidé contradictoirement, au Procureur, vingt-fix fols,
cy   .   .   .   26 f.
Par défaut, douze fols, cy   .   .   12 f.
Pour les qualités, un fol huit deniers, cy   .   1 f. 8 d.
Pour l'arrêt, fuivant le reglement.
Et le reste de l'instruction, procedures & voiages, feront taxés,
comme deffus.
Epices, façon & fignature de l'arrêt, foit définitif ou interlocutoire,
fuivant le reglement.
Journée, cinq fols, cy   .   .   .   5 f.
Copie & fignification, comme deffus.
Voiage, felon la qualité, fera taxé, encore que l'arrêt foit interlocu-
toire, cy   .   .   .
Remife de procés, & retirer du grefe, comme deffus, cy . . . . .
Et en cas que l'arrêt foit interlocutoire à informer ou contredire plus
amplement pour retirer le fac & dreffer les faits & memoires de contefta-
tion, vingt-quatre fols, cy   .   .   .   24 f.
Pour les ecritures, revifion, Clerc, copie & fignification & forclu-
fions, comme deffus, cy   .
Droit de confeil fur la copie baillée, douze fols, cy   .   12 f.
Quand il n'y a perfone, auquel cas ne fera taxé aucun droit de confeil.
Reponfes, revifions & groffe comme deffus, cy   .   .
Vin de meffager, felon la diftance, cy   .
Comandement d'acorder la clôture & forclufion, cinq fols quatre de-
niers, cy   .   .   5 f. 4 d,
Clôture des faits, fuivant le reglement de 1669.
Pour la groffe en parchemin, fera taxé, ainfi qu'il est cité dans ledit
reglement.

Pour l'apointement de renouvellement de delai prefenté , un fol huit deniers , cy   · · · · 1 f. 8 d.

  Somation de le paffer, un fol quatre deniers , cy · · 1 f. 4 d.

  Requête pour le faire recevoir à la Chambre , quatre fols , cy ... 4 f.

  Pour plaider contradictoirement au Procureur , vingt-quatre fols , cy   · · · · 24 f.

  Par défaut , douze fols , cy · · · 12 f.

  Pour l'arrêt fuivant le reglement , trente deux fols , cy · · 32 f.

  Vin de meffager , fuivant la diftance , inftruction en execution de l'arrêt interlocutoire à contefter ou informer les vacations des Confeillers de la Cour , Juges Roiaux , comis , ajoint , fubftitut du Procureur general , grefiers , Procureurs des parties , experts , témoins & falaires des fergens , feront taxés , comme deffus , cy   ·

  Droit de confultation fur la procedure faite en execution de l'arrêt, quarante huit fols , cy · · 48 f.

  Pour la copie du procés verbal à raifon d'un fol parifis pour rôle , cy   · · · · 1 f. p.

  Et pour la fignature au Palais, un fol huit deniers , cy . . . 1 f. 8 d.

  Pour l'apointement de reception, un fol huit deniers , cy . . 1 f. 8 d.

  Somation de le paffer , un fol quatre deniers , cy . . . . 1 f. 4 d.

  Arrêt de reception , fera taxé fuivant le reglement , trois fols , cy   · · · 3 f.

  Journée , cinq fols , cy · · 5 f.

  Pour faire métre l'enquête au grefe par le Clerc du Comiffaire , ne fera taxé aucune chofe , cy · · *Neant.*

  Pour la faire apréter , felon le reglement , fix fols , cy . . . 6 f.

  Pour la requête de comandement de fournir de moiens de nullité & de reproches , deux fols huit deniers , cy · · 2 f. 8 d

  Forclufion , deux fols huit deniers , cy · · 2 f. 8 d

  Vin de meffager , quatre fols , cy · · 4 f

  Moiens de nullité & de reproches dreffés par Avocat , Clerc d'Avocat & revifion , & copie & fignification , comme deffus , cy · ·

  Forclufion de fournir de réponfes , comme deffus , cy · ·

  Salvations , *Idem* cy · · · ·

  Vin de meffager , quarante huit fols , cy · · 48 f.

  Confultation pour produire , quarante huit fols , cy. . . . . 48 f.

  Inventaire de production , comme deffus , cy · · 24 f.

  Produit , fix fols quatre deniers , cy · · 6 f. 4 d.

  Voiage d'homme à cheval , felon la diftance , cy ·

  Comandement de produire , deux fols huit deniers , cy. . . 2 f. 8 d.

  Forclufion de produire , deux fols huit deniers , cy . . . 2 f. 8 d.

  Vin de meffager , quatre fols , cy · · 4 f.

  Comandement du procés & de l'enquête , vingt-quatre fols , cy ... 24 f.

  Contredits à l'Avocat , Clerc de l'Avocat , revifion , copie & fignification , cy · ·

  Vin de meffager , forclufion & falvations , comme deffus , cy . . . .

  Si l'arrêt interlocutoire ordone defcente fur les lieux , informer par anciens, figure, defcription, mefurage & arpentage, prifée eftimation, vûë & vifiration, les procedures faites en execution dependant du procés verbal du Confeiller Comiffaire, & à l'égard des Juges des lieux, fuivant l'arrêt de reglement du 10 Juillet dernier, fera taxé comme deffus, cy..

Voiage de la partie, fi fa demeure n'eft fur les lieux où s'eft fait la comiffion à l'arbitrage, eu égard aux tems qu'elle aura duré, & que fa prefence aura été neceffaire, cy

Confultation fur le procés verbal, quarante huit fols, cy . . . 48 f.

Pour le port au meffager, ce qui fera contenu en l'executoire & quitance qui ne poura être qu'à raifon de deux fols par lieuë, cy . . . 2 f.

Pour la copie du procés verbal, à raifon d'un fol parifis pour chacun rôle, cy   1 f. p.

Pour l'apointement de reception & la reception prefentée, arrêt de reception, & le refte de la procedure comme deffus, cy

Pour les faits extraits du procés à l'arbitrage, fuivant le reglement.

Pour la groffe, *Idem* cy

Pour les ordonances & affignations, afin de prendre jour, comme deffus, cy

Et feront les taxes faites par le Confeiller, Comiffaire, fuivies tant pour lui, que pour les autres oficiers.

Voiage à la partie pour voir faire l'enquête, cy

Pour le droit de confultation fur l'enquête, raportée & mife au grefe, quarante huit fols, cy   48 f.

Copie du procés verbal, un fol parifis, pour chacun rôle de groffe, comme deffus.

Arrêt de reception, fomation de le paffer, & le furplus de l'inftruction & le refte de la procedure, & voiage pour faire rendre l'arrêt definitif, comme deffus, cy

Confeil avant que prefenter les requêtes, fur lefquelles eft mis, foit comuniqué, ou en jugeant, vingt-quatre fols, cy   24 f.

Pour lefdites requêtes, quarante huit fols, cy   48 f.

Confeil fur icelles au defendeur, quarante un fol, cy . . . 41 f.

Requêtes emploiées pour réponfes, copies & fignification, quarante huit fols, cy   48 f.

Folles affignations, defertions, & incompetence.

Ordonance de 1667. tit. 6. art. 3. 4.

Prefentation, cinquante deux fols, cy . . . . 52 f.

Procuration, quatre fols, cy . . . . 4 f.

Voiage d'homme de cheval ou de pied, felon la qualité, cy. . . .

Confultation, trois livres douze fols, cy . . . . 3 l. 12 f.

Memoires, quatre fols, cy . . . . 4 f.

Vin de meffager pour avenir de la comparution, quatre fols, cy . . . . 4 f.

Requête de comandement de vuider hors de jugement, deux fols fix deniers, cy . . . . 2 f. 6 d.

de dépens. 683

Acte de fomation un fol quatre deniers , cy. — 1 f. 4 d.
Frais de l'expedition , douze fols , cy. — 12 f.
Pour la chambre des confultations , huit fols , cy. — 8 f.
Pour l'apointement prefenté un fol huit deniers , cy. — 1 f. 8 d.
Somation de paffer un fol quatre deniers , cy. — 1 f. 4 d.
Pour l'avoir retiré du Parquet , dix deniers , cy. — 10 d.
Pour le Clerc de l'Avocat en retirant le fac douze fols , cy. — 12 f.
Pour l'arrêt fuivant le reglement de Juin 1664.
Journée cinq fols , cy. — 5 f.
Pour le raport de la caufe à l'huiffier , quatre fols , cy. — 4 f.
Voïage d'homme de cheval , s'il n'eft dit fans nouvel voiage , auquel cas quatre livres feize fols , cy. — 4 l. 16 f.
Declaration de depens à raifon de onze fols tournois pour articles bons , cy. — 11 f.
Signification , deux fols , cy. — 2 f.
Procuration , quatre fols , cy. — 4 f.
Vin de Meffager , quatre fols , cy. — 4 f.
Taxe du Confeiller Raporteur , à raifon d'un fol tournois de chacun article de declaration , cy. — 1 f.
Affiftance des Procureurs & tiers , à chacun les deux tiers d'un fol par article , cy.
Pour le calcul fix deniers par article , cy. — 6 d.
Ordonance à faute de rendre les dépens , trois fols quatre deniers , cy. — 3 f. 4 d.
Requête d'emprifonement & contrainte emploiés en un feul article , taxé comme deffus , cy.
Executoire , façon , fignature & feel , trente fix fols , cy. — 36 f.
Sejour pour faire taxer , fi la partie eft prefente autant que l'affiftance , fi par procuration afirmative , & que le nom du Procureur foit rempli & prefent , *idem* , finon à l'arbitrage , cy.
Pour la requête à fin de rembourfement d'épices quand il n'y a adjudication de dépens , cy.
Pour toutes les remifes de procés ou inftances au grefe , foit pour la rediftriction , ou quand elles font jugées definitivement , fera taxé quarante huit fols , cy. — 48 f.
Et quand il y a un grand nombre de facs pour les quatre premiers, quarante huit fols , cy. — 48 f.
Et pour les autres , à raifon de quatre fols pour chacun , cy.
Les Evêques aiant Abaïes plaidant pour les fermes & droits de leurs Abaïes , n'auront voiage que comme Abés , & non comme Evêques , & ainfi les Abés qui ont des Prieurés , quand il fera queftion de leurs Prieurés , mais s'il n'y a que les fermiers en caufe , ne fera taxé que pour homme de cheval , cy
Si les arrêts portant compenfation de partie de dépens , même fans dépens en quelques chefs , & les autres refervés , pourveu qu'il y ait condition de quelque portion de depens , les épices fe taxeront pour le tout,

NNnn iij

s'il n'y a *retentum* , au contraire , fur la minute de l'Arrêt ou regiftre de
la Chambre, cy

Si de plufieurs plaidans en Comunauté, il y en a aucuns fuivant la
Cour & les autres des Villes éloignées , fera taxé deux voiages , l'un
pour le plus éloigné, & le plus qualifié, cy

Comme auffi deux aians adjudications de dépens , fi l'un eft de qualité, & l'autre artifan , les voiages fe taxeront au plus qualifié.

Les meffagers ordinaires , aiant procés , auront de deux voiages
l'un.

Voyages des Parties , fuivant leurs qualités , à dix lieuës par jour.

Gens d'Eglife.

Ordonance
de 1667.
titre 31.
article 5.

Le Cardinal , feize livres , cy.	16 l.
L'Archevêque, douze livres , cy.	12 l.
L'Evêque , huit livres , cy.	8 l.
L'Abé , fix livres , cy.	6 l.
Les Doïens , Prevôts & Archidiacres des Eglifes Cathedrales, & les Prieurs quatre livres feize fols , cy.	4 l. 16 f.
Les Chanoines quatre livres , cy.	4 l.
Les Curés quatre livres , cy.	4 l.
Les Prêtres trois livres , cy.	3 l.
Homme de cheval, trois livres , cy.	3 l.
Homme à pied fera taxé vingt quatre fols , cy.	24 f.

Les Princes.

Quant il s'agit de leurs droits hors de Paris, fera taxé deux voiages,
l'un pour aporter l'exploit d'homme de cheval , & l'autre pour juger

pour un Ecuyer feulement quatre livres , cy.	4 l.
Les Pairs & Maréchaux de France, *idem* , cy.	
Chevaliers des deux ordres du Roy , douze livres, cy.	12 l.
Marquis & Comtes , huit livres , cy.	8 f.
Le Baron , fept livres , quatre fols , cy.	7 l. 4 f.
Chevaliers fimples , quand ils font d'anciene extraction , fix livres huit fols , cy.	6 l. 8 f.
L'Ecuyer , fix livres , cy.	6 l.
Capitaine de gens de pied fix livres, cy.	6 l.
Lieutenant cinq livres , cy.	5 l.
L'enfeigne cinq livres , cy.	5 l.
Capitaine apointé , cinq livres , cy.	5 l.

Oficiers de Iuſtice.

Les Preſidens des Cours Souveraines hors de Paris, douze livres, cy.   12 l.

Les Conſeillers des Cours Souveraines, huit livres, cy.   8 l.

Le Lieutenant general d'un Siege Preſidial & Baillage reſſortiſſant nuement à la Cour ſix livres ſeize ſols, cy.   6 l. 16 ſ.

Le Conſeiller quatre livres ſeize ſols, cy.   4 l. 16 ſ.

L'Avocat & Procureur du Roi, quatre livres ſeize ſols, cy.. 4 l. 16 ſ.

L'Avocat de la Cour, quatre livres ſeize ſols, cy.   4 l. 16 ſ.

Procureur des Cours Souveraines, quatre livres, cy.   4 l.

Prevôts des Maréchaux, ſix livres, cy.   6 l.

Au Lieutenant, quatre livres ſeize ſols, cy.   4 l. 16 ſ.

Le grefier, ſoixante ſols, cy.   60 ſ.

Les Lieutenans aux Sieges Particuliers, & Aſſeſſeurs, quatre livres, ſeize ſols, cy.   4 l. 16 ſ.

Les Avocats & Procureurs du Roi eſdits Sieges, quatre livres ſeize ſols, cy.   4 l. 16 ſ.

L'Avocat, Procureur & Grefier auſdits Sieges.

Marchands & artiſans qui ſeront taxés à cheval, ou à pied.

Tous marchands, orfevres, horlorgeurs, tanneurs, meuſniers, s'ils ſont proprietaires & laboureurs, ſeront taxés à trois livres, cy. . 3 l.

Apoticaires, barbiers, cordoniers, maréchaux, tailleurs, menuiſiers, ſerruriers, maîtres charpentiers, maçons, couvreurs des Villes capitales és Provinces, & autres où il y a jurande, ſeront taxés à trois livres, cy.   3 l.

Et ceux des autres Villes où il n'y a Jurande, enſemble porte faix, vignerons, & autres artiſans, de quelque lieu que ce ſoit, ſeront taxés, comme homme de pied par jour, vingt-quatre ſols, cy. . . 24 ſ.

Curateurs aux cauſes & biens vacans, colecteurs & artiſans qui viennent pour des Comunautés ſeront taxés pour homme de cheval, cy. . .

Tous les autres ſeront reglés & taxés comme deſſus, cy. . . . .

Les voiages des femmes ſeront taxés ſuivant la qualité du mari, & toûjours d'un homme de pied avec elles de plus que leurs maris, quand elles ſont de qualité d'aller à cheval, cy.

Et à l'égard de celles dont les maris ſont taxés comme homme de pied, ſera taxé pour un homme de pied avec elles, & pour le tout quarante huit ſols, cy.   48 ſ.

S'il y a apel d'articles de depens, ou executoires, ſera taxé comme en une autre cauſe d'apel, cy.

Et quant aux apelations des taxes des Meſſieurs qui ſeront jugés ſans

être relevés avenirs obtenus, ni mife au rôle, ne fera taxé aucun voiage, & fufira d'un fejour au moins de vingt-quatre livres, cy. 24 l.

Pour dreffer une declaration des domages & interêts, fera taxé
voiage d'homme de cheval, & les autres voiages qui fe taxeront en
une inftance, cy.

Pour reprendre un procés quand il y a changement de partie ou de
Procureur, & d'inftance d'un an de côté ou d'autre, fera taxé voiage
d'homme de cheval, où il y auroit moins de temps qu'un an, ne fera taxé voiage, mais feulement pour le vin quatre livres feize fols,
cy. 4 l. 16 f.

Sera auffi taxé voiage pour dreffer une demande literée en execution
d'arrêt, fi la partie eft affignée après un an expiré, cy.

S'il fe rencontre dans les dépens de la caufe principale divers jugemens qui portent la partie prefente, de trois fera taxé un voiage pour
un homme de cheval, à l'égard de ceux qui font de la qualité d'aller
à cheval, cy.

Sur les dificultés ou conteftations qui fe propoferont à la taxe des
dépens, vûs du tiers, l'ancien Procureur duquel fera convenu metre au
bas de la declaration ce qu'il aura reçû pour fa vacation qu'il fignera,
fans que les Procureurs des Parties, ni tiers puiffent rien pretendre, &
feront les frais portés par celui qui aura tort.

Frais de licitation au Parlement.

Voies le nou-
veau traité
des Criées
qui eft au
fecond To-
me de mon
Ancien
Clerc du
Palais.

Pour l'arrêt en vertu duquel eft procedé à la barre, à la vente des maifons par licitation fera taxé fuivant le reglement, cy

Pour l'afiche au Procureur, vingt-quatre fols, cy. 24 f.

Pour les copies & fignifications aux Parties fera taxé fept fols pour
chacune, étant fignifiées en leurs domiciles, cy. 7 f.

Pour une requête de *Committitur*, fi par l'arrêt l'un des Confeillers
n'eft commis, quatre fols, cy. 4 f.

Pour l'ordonance du Confeiller Comiffaire pour apofer afiches & affigner les parties, trois fols quatre deniers, cy. 3 f. 4 d.

Pour les copies de l'afiche, fera taxé à raifon de huit fols pour chacune, & le tout emploié à un feul article, cy. 8 f.

Pour les apofitions defdites afiches aux lieux, & endroits acoutumés,
chacun fera taxé comme aux criées, cy. 8 f.

Pour chacune ordonance portant remife, copie & fignification, trois
fols quatre deniers, cy. 3 f. 4 d.

Et s'il y a plufieurs Procureurs & parties, & domiciles, augmenter
comme deffus, cy.

Au Procureur pour chacune vacation defdites remifes, en cas que l'a-
judication ne fe faffe, douze fols, cy. 12 f.

Au Confeiller Comiffaire pour fes vacations, fuivant la taxe, cy.

Procureur du pourfuivant feul, les deux tiers de la taxe du Confeiller, cy.

Pour

Pour la groſſe du procés verbal, à raiſon de quatre ſols le rôle, cy.   .   .   4 ſ.

A ·l'huiſſier quarante huit ſols, cy.   .   .   48 ſ.

S'il ſurvient quelques conteſtations entre les Parties intereſſées, l'adjudicataire n'en ſera tenu, & ſeront portés par les Parties, s'il n'en eſt autrement ordoné, & que ce ne ſoit une charge de l'afiche.

Frais de partage ordonné par arrêt.

Pour la Requête de *Committitur*, quatre ſols, cy.   .   4 ſ.

Pour un état des biens à partager dreſſé ſur l'inventaire des biens & titres de la ſuceſſion à l'arbitrage, cy.

Pour la groſſe à raiſon de quatre ſols tournois pour rôle, cy. .   4 ſ.

Copie moitié pour la ſignification comme deſſus, cy.

Ordonance pour aſſigner la partie pour proceder audit partage, acordé ou conteſter ledit état, trois ſols quatre deniers, cy. .   3 ſ. 4 d.

Et s'il y a pluſieurs Procureurs ou domiciles, taxer comme deſſus, enſemble pour les défauts, cy.   .   .   .

En cas de conteſtation & reglement ſur icele, les droits de conſultation & procedures ſe taxeront comme deſſus, cy.   .   .   .

Idem, pour les épices, façon, ſignature, journée, copie & ſignification de l'arrêt, cy.   .   .   .   .

Si par l'arrêt il y a adjudication de depens, feront taxés les voiages ordinaires aux autres inſtances.

Pour la conſultation avant que dreſſer le compte, quarante huit ſols, cy.   .   .   48 ſ.

Vacation pour metre les pieces par ordre, à l'arbitrage, ſelon la qualité du compte, cy.   .   .   .

Pour la groſſe du compte, à raiſon de huit ſols pour rôle en grand papier, cy.   .   .   .   8 ſ.

Pour deux copies, autant que pour la groſſe, cy.   .   8 ſ.

Pour les vacations du Conſeiller Comiſſaire, aſſiſtance des Procureurs du rendant compte, & du Procureur plus ancien des heritiers oïans & aïans pareil interêt, à la preſentation du compte, ſuivant la taxe, cy.

Ordonance de 1667. titre 9.

Et à l'égard des Procureurs agiſſans pour les Parties, qui auront même interêt, ne leur ſera taxé qu'une ſeule aſſiſtant, cy.   .   .

Pour les ordonances & défauts, enſemble les arrêts, procedures & contraintes, comme deſſus, cy.

Pour le procés verbal de repreſentation du compte, à raiſon de quatre ſols pour rôle, cy.   .   .   .   4 ſ.

Voïage, ſi l'afirmation eſt en perſone, & ſi c'eſt en vertu de procuration voiage d'homme de cheval, feront taxés ſuivant la qualité, cy.   .   .   .   .   .

S'il y a intervale depuis la preſentation, juſques au jugement, voiage

Tome II.   O O o o

d'homme de cheval, & féjour à l'arbitrage, fuivant la qualité du compte & des vacations, cy.

Criées & adjudications par decret, pourfuivis en la Cour.

Les exploits de comandement, faifie réele, établiffement de Comiffaire, fignification d'iceles, afiche, apofition d'iceles, fignification de premiere criée, au faifi criées, procés verbaux d'iceles, enregiftrement de la faifie réele par le Comiffaire general, fentence de certification defdites criées, frais d'iceles & voïage s'il eft afirmé, feront taxés comme deffus au titre des criées des Requêtes du Palais, cy

Et pour les confultations à fin de faire faifir réelement, & fur les criées, & certifications d'iceles, fera taxé pour chacune defdites confultations, quarante-huit fols, cy. . . . . 48 f.

Pour l'enregiftrement de la faifie au grefe de la Cour, fera taxé au principal Commis, tenant le regiftre des criées, fuivant les deux, trois & quatre articles du Reglement du 27. Juin 1664. cy

Par un acte d'opofition formée aux criées, fera taxé douze fols, felon ledit Reglement, cy . . . . 12 f.

Journée, cinq fols, cy. . . . . 5 f.

Copie & fignification, & papier timbré, cinq fols deux deniers, cy. . . . . . 5 f. 2 d.

Si l'opofition à fin de charger, diftraire, annuller ou pour fervitude, fera taxé pour les copies qui feront baillées par le pourfuivant au Procureur du faifi & des opofans, deux fols pour rôle de la copie, en grand papier, cy. . . . . 2 f.

Et pour l'acte & fignification au Palais, un fol quatre deniers, cy. . . . . 1 f. 4 d.

Et s'il a domicile, fept fols huit deniers, cy. . . 7 f. 8 d.

Pour les moïens du pourfuivant contre ladite opofition, lefquels il pourra fournir à l'inftant de la fignification de ladite opofition fans faire autres procedures, copie & fignification au Palais, douze fols, cy. . . . . 12 f.

Et à domicile, dix-neuf fols cinq deniers, cy. . 19 f. 5 d.

Pour le Confeil fur lefdits moïens, douze fols, cy. . 12 f.

Pour la Requête pour venir plaider, copie & fignification au Palais quatre fols, cy. . . . . 4 f.

Et à domicile, douze fols, cy. . . . 12 f.

Pour les qualités de l'arrêt d'apointé à metre, un fol quatre deniers, cy. . . . . 1 f. 4 d.

Et s'il a domicile, huit fols dix deniers, cy. . 8 f. 10 d.

Pour la façon & fignature, fuivant le reglement, cy.

Journée, cinq fols, cy. . . . . 5 f.

A l'Avocat qui aura plaidé cinquante trois fols, cy. . 53 f.

A fon Clerc retirant le fac, douze fols, cy. . 12 f.

Si le Procureur plaide contradictoirement, vingt-six fols, cy. 26 f.

Et par défaut, douze fols, cy. . . . 12 f.

Pour la copie dudit arrêt quand il fera par défaut, à raifon de deux fols tournois par rôle de la groffe, cy. . . 2 f. tz.

Pour la fignification, deux fols, cy. . . . 2 f.

Et à domicile, huit fols, cy. . . 8 f.

Confultation pour produire, quarante huit fols, cy. . 48 f.

Inventaire de production produit, forclufions, voïage pour produire, *Abrogé.* ou vin de Meffager, fera taxé comme deffus, cy. . . .

Epices de l'arrêt à contredire, façon, fignature, journée, copie & *Abrogé.* fignification, comunication d'inftance, contredits, falvations, droit de revifion, Clerc de l'Avocat, copie de contredit, forclufion, vin de meffager, requêtes & contraintes contre le Procureur, à faute de rendre l'inftance, épices de l'arrêt difinitif, journée, copie & fignification aux Procureurs du faifi & des opofans, voïage pour faire juger, ou vin de meffager, remife de facs au grefe, & pour les en retirer fera auffi taxé comme deffus au titre des taxes des procedures des inftances reglées & jugées en ladite Cour, cy. . . .

Pour les caufes d'opofitions dreffées par un Avocat, fera taxé pour ledit Avocat, fon Clerc & droit de revifion au Procureur, enfemble pour la copie & fignification, comme deffus, cy. . .

Pour les copies des pieces juftificatives de ladite opofition, fera taxé à raifon de deux fols pour rôle de la copie, cy. . . 2 f.

Pour le droit de confeil fur lefdites caufes d'opofitions & copies de pieces, douze fols, cy. . . . 12 f.

Pour les réponfes à l'Avocat, fon Clerc & droit de revifion comme deffus, cy. . . .

Pour celles dreffées par le Procureur, fera taxé huit fols pour rôle, fans droit de revifion, cy. . . 8 f.

Pour les copies defdites caufes d'opofitions & pieces juftificatives qui feront baillées par ledit pourfuivant au Procureur du faifi & plus ancien des opofans, fera taxé à raifon de deux fols pour rôle de la copie, pour l'acte de denonciation aux Procureurs des opofans, quatre fols, & pour les copies & fignifications, à chacun Procureur au Palais, un fol cinq deniers, cy. . . . 1 f. 5 d.

Et à domicile, huit fols huit deniers, cy. . 1 f. 8 d.

Requête de *Committitur*, fur ladite opofition & fignification, deux *Abrogé.* fols, huit deniers, cy. . . . 2 f. 8 d.

S'il a domicile, huit fols huit deniers, cy. . 8 f. 8 d.

Pour l'apointement à produire & contredire, copie, trois fignifica- *Ils fe pre-* tions, injonction & copie fignifiée dudit apointement fignée, & journée *nent à pre-* fera taxée feize fols, cy. . . 16 f. *fent au gre-*

Et à domicile comme deffus, cy. . . . *fe.*

Confultation pour produire inventaire de production & le furplus de la procedure pour l'inftruction, jugement & voïage, fera taxé, *Abrogé.* *idem,* cy. . . . *Idem.*

O O o o ij

Ne fera taxé aucune chofe pour l'enregiftrement defdits arrêts inter-venans fur lefdites opofitions , cy   *Neant.*

Pour la requête contenant la demande en interpofition du decret pour bailler moiens de nullité, & copie d'icele , vingt-quatre fols, cy.   24 f.

A l'huiffier pour l'affignation à la perfonne du faifi, douze fols, cy.   12 f.

Et à une perfone de condition , quarante huit fols , cy.   48 f.

Pour une comiffion en Chancelerie , contenant même demande, trente deux fols , cy.   32 f.

Les memoires , fix fols, cy.   6 f.

Au Sergent pour l'affignation à la campagne , fera taxé comme def-fus , cy.

Voiage d'un homme de pied pour charger le fergent de ladite co-miffion, & faire doner l'affignation fera taxé comme deffus, cy.

Prefentation fur ladite affignation , vingt-fix fols , cy.   26 f.

Voiage d'un homme de cheval pour aporter l'affignation , en charger un Procureur , fera taxé comme deffus , cy.

Abrogé.
Il n'y a plus qu'un dé-faut.

Pour les Requêtes de *Committitur* , défaut fauf trois jours , & pur & fimple , & aux ordonances, & pour les copies des procés verbaux defdi-tes faifies & criées , & fentences de certification , demande & profit du défaut, s'il eft baillé à juger , épices & frais de l'arrêt, journée , copie & fignification , vin de meffager ,remife au grefe dudit défaut , & retiré du grefe comme deffus , cy.

Pour les moiens de nullité , fera taxé pour iceux , & la copie , à rai-fon de huit fols pour rôle , cy   8. f.

Pour la fignification au Palais , huit deniers , cy.   8 d.

Et à domicile , huit fols , cy.   8 f.

Abrogé.

Droit de confeil , douze fols , cy.   12 f.

Apointement à produire & contredire , confultation , inventaire de production, & le furplus de l'inftruction , épices , façon, & fignature de l'arrêt, journée , copie , fignification, pour la copie, voiage pour fai-re juger remife de l'inftance , & pour la retirer du grefe , comme def-fus , cy.

Pour la declaration du faifi qu'il fe raporte à la Cour de la validi-té des criées , cy

Reponfes aufdits moiens de nullité feront taxés comme deffus, cy....

Droit de Confeil , douze fols , cy.   12 f.

Arrêt portant que les faifies & criées & fentences de certification fe-ront remifes par devers la Cour , fans forclufion ni fignification de Re-quêtes fera taxé fuivant le reglement , cy

Journée , cinq fols, cy.   5 f.

Abrogé.

Confultation pour produire, quarante huit fols , cy.   48 f.

Inventaire de production , quarante huit fols , cy.   48 f.

Epices de l'arrêt, portant congé d'adjuger , fuivant la taxe , façon, fignature , fuivant le reglement.

Journée , cinq fols, cy.   5 f.

Copie aux Procureurs du faifi & des opofans, à raifon de deux fols pour rôle de la groffe, cy. . . . . 2 f.

Pour les fignifications au Palais, deux fols, cy. . . 2 f.

Et à domicile, huit fols, cy. . . . 8 f.

Pour l'enregiftrement dudit arrêt fur les regiftres des criées, ne fera rien taxé, cy . . . . . *Neant.*

Au Procureur pour avoir dreffé l'enchere de la quarantaine, quarante huit fols, cy. . . . . . 48 f.

Pour la façon & fignature, fuivant le reglement, cy . .

Publication à l'audiance, *idem*, cy. . . . .

Journée, douze fols, cy. . . . 12 f.

Pour les copies, à raifon de deux fols par rôle de la groffe, fignification au Palais, deux fols, cy. . . . 2 f.

Et à domicile, huit fols, cy. . . . 8 f.

A l'huiffier pour les afiches dans le Palais & aux portes des Cours du Palais, à raifon de quatre fols, cy. . . . 4 f.

Aux portes faint Barthelemi, au Châtelet, & la maifon faifie, & aux portes des Eglifes Paroiffiales, tant de ladite maifon faifie, qu'aux lieux plus prochain, à raifon de huit fols chacune, cy. . . 8 f.

Et aux portes de la Ville & dans les faux-bourgs de Paris, à raifon de douze fols, & fi c'eft à la campagne, fera taxé au fergent, fuivant fon tranfport, comme deffus, cy.

Pour les copies de ladite enchere & procès verbal d'apofition d'afiches pour publier aux Prônes des Eglifes Paroiffiales, fera taxé comme deffus, cy.

Aux Curés pour avoir fait lefdites publications, & delivré leurs certificats d'iceles, douze fols, cy. . . . 12 f.

Pour le voiage d'un homme de cheval pour faire lefdites publications & les raporter, fera taxé comme deffus, cy. . . .

Pour l'afiche dreffée par le Procureur pour parvenir à l'ajudication, fauf quinzaine, fera taxé vingt-quatre fols, cy. . . 24 f.

Pour les copies au Procureur pourfuivant, fera taxé à raifon de douze fols pour chacun, ou felon la grandeur arbitrer, cy. . 12 f.

Pour les fignifications du Procureur du faifi & des opofans au Palais, à raifon de deux fols, cy. . . . 2 f.

Et à domicile, huit fols, cy. . . . 8 f.

Pour les apofitions d'iceles, aux mêmes lieux & endroits que l'enchere de quarantaine, foit à Paris ou à la campagne, fera taxé comme deffus, cy.

Aux trompetes ou tambourgs à la campagne qui affifteront le fergent aux publications qui feront faites aux marchés tenans, & places publiques à l'arbitrage, cy.

Aux grefiers du Châtelet de Paris, & des Juftices des chofes faifies, pour la publication à l'audiance, & en delivrer acte, à chacun vingt-quatre fols, cy. . . . 24 f.

Aux Curés comme deffus, cy. . . . 4 l.

Voiage d'un homme de cheval pour faire lefdites publications, fera taxé comme deffus, cy.

Au Procureur pour avoir dreffé l'adjudication fauf quinzaine, vingt-quatre fols, cy. . . . . 24 f.

Au Comis du grefe pour la publication à l'audiance, fera taxé fuivant le reglement, cy

Façon & fignature fuivant le reglement.

Journée du Procureur, douze fols, cy. . . 12 f.

Pour les copies, fignifications, & apofitions, fera taxé comme deffus, cy.

Au Commis du grefe pour fon droit de l'adjudication par decret pure & fimple, fera taxé fuivant le reglement, quatre livres feize fols, cy. . . . . . . 4 l. 16 f.

Au Procureur pourfuivant quarante-huit fols, cy. . 48 f.

A l'huiffier de fervice au jour de ladite adjudication par decret, fuivant ledit reglement.

Pour la remife de ladite ajudication fi aucune étoit faite, fera taxé, vingt quatre fols, cy . 24 f.

Au Procureur du pourfuivant, vingt-quatre fols, cy. . . 24 f.

Pour les copies & fignifications aux Procureurs du faifi & opofans, afiches, opofitions & publications, fi aucunes étoient faites de ladite remife & voiages pour faire lefdites publications & afiches, fera taxé, comme deffus, cy

Pour le fcel fuivant la taxe, cy

Au comis du grefe, quarante huit fols, cy . . . 48 f.

Frais ordinaires de criées, defquels l'ajudicataire eft tenu.

Voiés au furplus le nouveau Traité des criées qui eft au fecond Volume de mon ancien Clerc du Palais.

L'exploit de comandement, confultation de la faifie reelle, établiffement de Comiffaire, fignification au faifi, l'enregiftrement au Comiffaire general, l'afiche, apofition, avec panonceaux, fignification de premiere criée, voiage d'homme de cheval pour charger le fergent, les criées, & procés verbal d'icelles, la confultation fur lefdites criées, fentence & frais de la certification, voiage d'homme de cheval, l'enregiftrement au grefe de la faifie, moitié de la requête ou comiffion pour l'interpofition du decret, l'exploit d'affignation donnée au faifi, moitié du voiage pour apointer l'exploit, confultation fur ladite demande, prefentation, arrêt de congé d'ajuger, journée, copie & fignification, les encheres, afiches, ajudication, fauf quinzaine, publication, copie & fignification, apofition d'iceles, voiage pour les faire faire, droit de l'ajudication au comis du grefe, & à l'huiffier, journée & vacations du Procureur du pourfuivant, façon, fignature & fcel du decret, feront taxés comme deffus, & le furplus en frais extraordinaires, cy. . . . . .

Frais extraordinaires de l'instance d'ordre pris sur les biens vendus.

Consultation pour faire les criées, quarante huit sols, cy. . . . 48 f.

Moitié de la requête ou comission , & du voiage de l'assignation au saisi pour bailler moiens de nullité , & aux oposans leurs causes d'opositions , les exploits d'assignations donées aux oposans , presentation sur lesdites assignations, quintes & surabondantes criées, & ce qui sera fait pour y parvenir , droit de conseil sur les opositions, ensemble les procedures qui auront été faites sur iceles, afin de charger, distraire , anuller & pour servitudes , comme aussi sur les apelations des saisies, criées & autres incidens pendant le cours du decret , epices de l'arrêt de congé d'ajuger les procedures sur les demandes , afin de subrogation à la poursuite des criées pour le bail judiciaire , faire rendre compte au Comissaire & les remises , si aucunes sont faites de l'ajudication , sera taxé comme dessus, cy

Pour l'extrait des opositions levées au grefe au grefe , sera taxé suivant ledit reglement, cy

Requête de *Committitur* pour regler sur ordre , copie & signification , comme dessus, cy

Apointement à produire & fournir de causes d'oposition & contredire, copie & signification , *Idem* cy

Causes d'opositions à l'Avocat , à son Clerc droit de revision , & pour la copie & signification, sera taxé comme dessus, cy

Pour les réponses comme dessus, cy

Et n'entrera en taxe au poursuivant que moitié desdites causes d'oposition , cy

Clerc de l'Avocat , revision , copie & signification , l'autre moitié confuse en la persone dudit poursuivant , comme regardant son interêt particulier.

Consultation pour produire, quarante huit sols , cy. . . 48 f.

Inventaire de production , comme dessus , cy

Et n'entrera aussi en taxe que la moitié d'icelui , comme lesdites causes d'oposition, cy

Produit suivant le reglement , article 51. six sols cinq deniers , cy
6 f. 5 d.

Voiage d'homme de cheval pour produire sur l'ordre , cy . . . . .

Les forclusions de produire & contredire , cy

La comunication de l'instance , les contredits , salvations & autres procedures , & sur les opositions survenues , depuis le premier apointement sur l'ordre , seront taxées suivant le reglement du 17. Janvier 1664. ensemble les requêtes d'emploi, de contredits , copies & significations de l'arrêt d'ordre , journée remise de l'instance d'ordre au grefe , retiré d'icelle voiage pour faire juger selon la qualité , & le sejour comme dessus, & les dépens ajugés au poursuivant par les ariêts intervenus pendant les

criées en fubrogeant les opofans , entreront en taxe efdits frais extraordinaires , cy

Et non les procedures qui auront été faites contre les opofans , afin de
conferver pour fournir de leurs caufes & moiens d'opofition, cy ... *Neant.*

Les dépens & frais extraordinaires des criées , feront taxés avec les
Procureurs du faifi du pourfuivant & le plus ancien Procureur des opofans feulement , aufquels & au Procureur tiers fera à chacun taxé pour
leur affiftance par le Comiffaire raporteur de l'ordre , les deux tiers deux
fols par article , pour le calcul , cy . . . . 2 f.

A fon Clerc , fix deniers , cy . . . . 6 d.

Et où il fe trouveroit nombre de parties faifies qui auront chacun un
Procureur , ne fera taxé pour tous les Procureurs defdites parties faifies ,
qu'une feule affiftance pour être entre eux également partagée , cy . . .

Pour l'executoire, façon & fignature , fuivant ledit reglement , cy . . .

Pour le fcel , *Idem*, cy

On ne comprend point dans l'executoire le cout du premier comandement de paier.

*Il femble
que depuis
le reglemēt
du 7. Ian-
vier 1664.
il ne doit y
avoir que
l'ancien
Procureur ,
& en ce cas
voiés l'or-
donance de
1667. tit.
31. art. 23.*

Receptions d'Oficiers.

Pour la requête afin de reception d'un Oficier , quarante huit fols ,
cy . . . . . 48 f.

Pour chaque opofition formée pour le regiftre du parquet , comme
deffus , huit fols , cy . . . . 8 f.

Confultations refpectives aux parties fur l'opofition , quarante huit
fols , cy . . . . 48 f.

Requête pour plaider fur les opofitions , copie & fignification , trente
quatre fols , cy . . . . 34 f.

Si c'eft à domicile , trente fols , cy . . . . 30 f.

S'il y a Avocat , cinquante deux fols , cy . . . . 52 f.

Si le Procureur plaide , trente quatre fols , cy . . . . 34 f.

Si non pour la journée , cinq fols , cy . . . . 5 f.

Avenir,qualités de l'arrêt,façon, fignature fuivant le reglement , cy . .

Si la caufe eft apointée , les procedures fe feront & taxeront comme
aux autres apointemens , cy

*Arrêt de
la Cour de
Parlement
de Paris ,
du 10. A-
vril 1701.
portant re-
glement ge-
neral.*

Voiages & fejour

Primò. A un Cardinal vingt livres , cy . . . . 20 l.

2. A un Archevêque , quinze livres , cy . . . . 15 l.

3. A un Evêque , dix livres , cy . . . . 10 l.

4. A un Abé , fept livres dix fols , cy . . . . 7 l. 10 f.

5. Aux Prieurs , Doien , Prevôts & Archidiacres des Eglifes Cathedrales , fix livres , cy . . . . 6 l.

6. Aux Chanoines & aux Curés , cinq livres , cy . . . . 5 l.

7. Aux

7. Aux Prêtres & aux Religieux qui viendront par acte capitulaire, trois livres quinze fols, cy . . . 3 l. 15 f.

8. Que les voiages ne feront taxés aux Princes, Ducs & Pairs, Marechaux de France, quand il s'agit de leurs droits hors Paris, pour charger un Procureur & produire, que pour homme de cheval, & pour faire juger, que pour un Ecuyer feulement, cy . . . .

9. Aux Chevaliers des deux Ordres du Roi, douze livres dix fols, cy . . . . 12 l. 10 f.

10. Aux Marquis & Comtes, dix livres, cy . . 10 l.

11. Aux Barons, neuf livres, cy . . . . 9 l.

12. Au Chevalier & à l'Ecuyer, fans aucun titre, fept livres dix fols, cy . . . . 7 l. 10 f.

13. Aux Oficiers du Roi & des Maifons Roiales, fuivant leurs qualités, cy . . . . .

14. Aux Gardes du Corps, Gendarmes, Moufquetaires, chevaux legers pendant le tems de leur exercice, fera taxé du lieu de la cornette, en faifant le voiage avec congé, fept livres dix fols, cy. . . 7 l. 10 f.

15. Quand ils ne feront à la cornette, ou qu'ils feront veterans, il leur fera taxé de leur domicile même fomme, cy . . 7 l. 10 f.

16. Au Prevôt des Marchands, fept livres dix fols, cy. . . 7 l. 10 f.

17. Au Lieutenant, fix livres, cy . . . 6 l.

18. Au grefier, trois livres quinze fols, cy . . 3 l. 15 f.

19. Aux Lieutenans des Sieges particuliers, Affeffeurs, Avocats & Procureurs du Roi efdits Sieges, fix livres, cy . . 6 l.

20. Au grand Maître des eaux & forêts, neuf livres, cy . . . . 9 l.

21. Aux Maîtres particuliers, Lieutenans, Avocats & Procureurs du Roi efdites maîtrifes, fix livres, cy . . . 6 l.

22. Au grefier, trois livres quinze fols, cy . . 3 l. 15 f.

23. Aux Greneriers, Contrôleurs, Avocats, Procureurs du Roi, Grefier & Oficier des greniers à fel, cinq livres quinze fols, cy. 5 l. 15 f.

24. Aux Secretaires du Roi, Gardes des rôles, Audianciers & Treforiers du fceau, fept livres dix fols, cy . . . 7 l. 10 f.

25. Aux Referendaires, chaufe cire & huiffiers en la Chancellerie trois livres, quinze fols, cy . . . 3 l. 15 f.

26. Aux Receveurs Generaux des finances, Treforiers ordinaires des guerres, & de la Maifon du Roi, fix livres, cy . . 6 l.

27. Aux Treforiers Provinciaux, Comiffaires des guerres, Contrôleurs des domaines, paieurs des gages, receveurs des tailles, Comiffaires aux faifies reelles, quatre livres, cy . . . 4 l.

28. Aux Capitaines, fept livres dix fols, cy . . 7 l. 10 f.

29. Aux Lieutenans, Enfeignes & Capitaines apointés, fix livres cinq fols, cy . . 6 l. 5 f.

30. Aux Prefidens des Cours fouveraines, quinze livres, cy . . 15 l.

31. Aux Confeillers defdites Cours fouveraines, dix livres, cy . . . . 10 l.

32. Aux Gens du Roi defdites Cours, dix livres, cy. . . . 10 l.

33. Aux grefiers en chef, fept livres dix fols, cy . . 7 l. 10 f.

34. Aux Avocats exerçans aufdites Cours fouveraines , fix livres , cy   .   .   .   .   .   6 l.

35. Aux Procureurs defdites Cours, cinq livres, cy . . . . . 5 l.

36. Aux Oficiers des Chambres des Comptes , fera taxé comme aux Cours fouveraines à l'exception des correcteurs & auditeurs qui ne feront taxés que pour fix livres, cy   .   .   6 l.

37. Aux Treforiers de France , Avocat & Procureur du Roi efdits bureaux , fept livres dix fols , cy   .   7 l. 10 f.

38. Au grefier , quatre livres , cy   .   4 l.

39. Au Lieutenant general d'un Siege où il y a Prefidial , fept livres dix fols , cy   .   .   7 l. 10 f.

40. Aux Prefidens des Sieges Prefiliaux , fept livres dix fols, cy   .   .   .   7 l. 10 f.

41. Aux Lieutenans particuliers & Criminel , Confeillers , Avocats & Procureurs du Roi aufdits Sieges , fix livres , cy   .   6 l.

42. Aux Lieutenans generaux des Bailliages & Sieges Roiaux , reffortiffans nuement en la Cour , fix livres , cy   .   6 l.

43. Aux Lieutenans particuliers , Confeillers , Avocats & Procureurs du Roi aufdits Bailliages , cinq livres , cy   .   5 l.

44. Aux Grefiers des Prevôtés Roiales non reffortiffans en la Cour , quatre livres , cy   .   4 l.

45. Aux Avocats plaidans aux Sieges reffortiffans en la Cour , quatre livres , cy   .   4 l.

46. Aux Procureurs , Grefiers , Notaires , trois livres quinze fols , cy   .   3 l. 15 f.

47. A tous Marchands Orfevres , Horlogeurs , Teinturiers , Apoticaires , Barbiers, Cordoniers , Marechaux , Tailleurs , Menuifiers , Serruriers , maîtres Charpentiers , Maçons , couvreurs , de Villes capitales des Provinces & autres où il y a Jurande , & Laboureurs , fera taxé pour voiage d'homme de cheval , trois livres quinze fols , cy . . 3 l. 15 f.

48. Et à ceux des autres Villes , enfemble aux Savetiers , portefaix , vignerons , même aux meuniers qui ne feront proprietaires des moulins qu'ils ocupent , fera taxé feulement pour voiage d'homme de pied , trente fols , cy   .   .   30 f.

49. Qu'il fera taxé pour aporter l'exploit , & charger un Procureur , voiage pour homme de cheval de la diftance du domicile de la partie , à raifon de dix livres par jour & un jour de fejour , cy . . . . . .

50. Qu'il fera pareillement taxé voiage pour produire d'homme de cheval de trois jours de fejour fans qu'il en puiffe être taxé fur les incidens , & où il fe trouvera des demandes principales jointes , fera taxé un fecond voiage pour produire lorfqu'il fe trouvera une diftance de fix mois du premier produit , fans que pendant tout le cours du procés il puiffe être taxé plus de deux voiages pour produire , cy   .   .

51. Qu'il fera taxé voiage pour faire juger , fi le jugement eft definitif fuivant la qualité avec quatre jours de fejour , & en cas que le procés fe trouve jugé de grand Comiffaire , fera encore donné deux jours de fejour pour chacune vacation , cy

52. Que les voiages ne feront taxés que pour un homme de cheval aux afaires interloquées ou apointées au Confeil fur la plaidoirie, & quand elles auront été plaidées pendant plufieurs audiances, fera ajouté aux quatre jours de fejour, deux jours pour chacune audiance fans qu'il foit taxé aucun autre voiage pour produire, cy

53. Qu'il fera taxé voiage d'homme de cheval pour obtenir les létres en forme de requête civile, & confulter avec trois jours de fejour, fans qu'il puiffe être taxé au défendeur plus de fix livres pour le meffager, lorfque la requête civile fera fignifiée à fon Procureur, & lorfqu'il y aura affignation pour employer fon voiage s'il eft afirmé, pour charger un Procureur, cy   6 l.

54. Qu'il fera taxé voiage d'homme de cheval pour faire enquête avec quatre jours de fejour, ou plus grand s'il y échet, cy

55. Qu'il ne fera taxé voiage, que pour homme de cheval aux defcentes, avec le fejour, fuivant les vacations du procès verbal, cy. . . .

56. Comme auffi voiage d'homme de cheval pour former l'infcription de faux de deux jours de fejour, fans qu'il puiffe être taxé qu'en vin de meffager, pour faire juger les moiens de faux, & fera encore taxé voiage pour convenir de pieces de comparaifon, tant au demandeur qu'au défendeur, avec quatre jours de fejour, & s'il y a decret, & que l'inftruction ait fon cours, les autres voiages feront taxés comme ils font ci-aprés employés fur le criminel, cy

57. Que pour la prefentation & afirmation du compte, le voiage ne fera taxé que pour homme de cheval avec quatre jours de fejour, & n'aura la partie pour produire qu'un vin de meffager, & à l'oiant ne fera taxé que voiage pour produire, cy

58. Qu'il fera taxé voiage d'homme de cheval pour dreffer la demande libellée en execution d'arrêt, reprendre un procès par l'heritier, & pareillement au défendeur, lorfqu'il fera affigné un an aprés l'arrêt, cy

59. Que fur les demandes en peremption, les voiages ne feront taxés pour produire & faire juger que pour homme de cheval, cy

60. Que pareillement fur les folles affignations & defertions & incompetences, & en toutes autres afaires qui feront renvoiées pour être reglées à l'expediant ou terminées par l'avis des Avocats & Procureurs, les voiages où il en écherera, ne feront taxés que pour un homme de cheval même fur les apelations des taxes executoires de dépens, cy

61. Que pour faire informer & decreter, fera taxé voiage pour homme de cheval, cy

62. De même pour l'interrogatoire auffi voiage d'homme de cheval, cy

63. Pour la confrontation avec le fejour pendant qu'elle aura duré, outre les quatre jours ordinaires, cy

64. Et aux crimes capitaux, où la partie fera prefente, le voiage fera taxé fuivant la qualité, de même que pour faire juger, fans qu'il puiffe être taxé de voiage pour donner les conclufions civiles, ou défenfes &

produries, cy

64. Qu'il fera taxé voiage à l'acufé decreté d'ajournement perfonel, ou d'affigné pour être ouï pour l'interrogatoire fuivant fa qualité, cy

65. De même au recolement & confrontation & pour le jugement definitif avec les fejours ordinaires, cy

66. Que les frais de garder des prifoniers, foit aux Comiffaires, huiffiers ou autres Oficiers qui s'en chargent, même le fejour de ceux à qui la ville eft donnée pour prifon, feront reputés compris aux domages & interêts qui feront ajugés, & n'entreront en dépens que les gîtes & geolages feulement, cy

67. Qu'il fera taxé voiage d'homme de cheval pour charger un fergent de faire les criées, cy

68. Autre voiage d'homme de cheval pour retirer les criées & faire certifier, cy

69. Il ne fera taxé aucun voiage pour les publications de l'enchere de quarantaine, cy

70. Pareillement *Neant* pour faire proceder à l'ajudication, mais feulement un vin de meffager de quinze livres, qui feront portées par l'ajudicataire, cy   15 l.

71. Qu'il ne fera taxé au pourfuivant qu'un feul voiage pour produire dans l'ordre, pour homme de cheval, & pour faire juger, aura fuivant fa qualité fans qu'il puiffe pretendre de fejour que pour dix vacations, outre les quatre jours ordinaires, quelque nombre qu'il y en ait, cy

72. Que dans les inftances d'opofition afin de charger & de diftraire il ne fera taxé au pourfuivant qu'un feul voiage pour faire juger d'homme de cheval feulement, cy

73. Que dans les inftances jugées fur apointement à métre de quelque qualité qu'elles foient, ne fera taxé aucun voiage, mais vin de meffager à l'arbitrage de celui qui fera la taxe, tout le plus fort ne poura exceder dix livres, cy   10 l.

74. Que les vins de meffager pour le port de l'exploit quand il n'y aura point d'afirmation de voiage, feront taxés pour les affignations données au mois & au deffous trois livres, cy   3 l.

75. A fix femaines & à deux mois, fix livres, cy. . . . . . . 6 l.

76. Que les Abés plaidant pour les droits de leurs Abaies, n'auront voiage que comme Abés, ainfi les Abés qui plaident pour les Prieurés fans en pouvoir prétendre de plus eloignés que du lieu du Benefice qui fait la conteftation, cy

77. Que les Maires des Villes, Prevôts des Marchands, Echevins, quand ils viennent pour les afaires de la Ville, feront taxés à raifon de cinq livres par jour, cy   5 l.

78. Que les meffagers ordinaires aiant procés, n'auront que de deux voiages qui feront afirmés & les vins de meffagers de même, cy . . .

80. Que s'il y a plaidans en Comunauté foit aucuns fuivant la Cour ou demeurant en céte Ville, & les autres des Villes eloignées, fera

taxé de deux voiages, l'un pour le plus éloigné & le plus qualifié, cy.

81. Comme aussi, si plusieurs ocupans en matiere civile par même
Procureur aiant adjudication de depens font plusieurs afirmations, ne
seront taxés que les voiages ordinaires au plus qualifié ou éloigné qui se
partageront entre ceux qui auront afirmé, sans qu'ils puissent être multi-
pliés contre le condané, cy.

82. Que les voiages seront de même taxés en matiere criminele pour
les acusateurs, & aux acusés qui seront renvoiés chacun en particulier,
lorsqu'ils seront éloignés d'être presens en persone, cy.

83. Qu'aux afaires évoquées des Cours Souveraines & revoyées, les
voiages & sejours se taxeront comme ils auroient été aux lieux dont
l'évocation est ordonée jusqu'au jour d'icele, depuis comme on a acoutumé de les taxer en la Cour, cy.

84. Que les voiages des femmes seront taxés de la même qualité qu'à leurs maris, sans qu'il y soit ajouté l'homme de pied, qu'à
celles seulement dont les maris ne sont taxés que pour homme de cheval, cy.

85. Qu'il ne sera taxé que les voiages ordinaires, & ci-devant marqués, quoiqu'il y ait plusieurs afirmations; mais lorsqu'il y en aura une pour faire juger, le procés étant en état, le voiage entrera
en taxe encore que l'arret intervienne aprés quelque intervale de temps
qu'il y ait, cy.

86. Que les sejours aux procés jugés de grands Comissaires, ne seront
taxés (en conformité de l'ordonance) que du jour de la signification de
l'acte d'afirmation, cy.

87. Qu'il ne sera taxé voiage, ni vin de messager pour paier épices
d'un arret dont les dépens sont compensés,

88. Que quand les dépens de la cause d'apel seront compensés, lorsqu'il n'y aura que ceux de la cause principale à taxer, il ne sera point
taxé de voiage de la qualité pour faire juger, atendu qu'il fait partie
des dépens compensés, & sera seulement taxé le voiage d'homme de
cheval pour lever l'arret, cy.

89. Qu'il ne sera aussi taxé voiage pour faire taxer les dépens, & que
le vin de Messager sera reglé suivant l'assistance, pourveu qu'elle n'excede quinze livres, cy.

90. Que quand les arrets portant condanation de partie des dépens,
même compensés en quelques chefs, & que les autres reservés, pourveu
qu'il y ait condanation de quelque portion de dépens, les épices se taxeront pour le tout, s'il n'y a arrêté contraire sur la minure & registre de
la Chambre ou l'arret aura été obtenu, cy.

Salaires des Huissiers, & Sergents, au Châtelet de Paris.

Reglement fait par Monsieur le Lieute- nant Civil en l'année 1667.

Sera taxé aux Huissiers & Sergens pour les exploits d'assignations, significations de sentences, d'arrêts, denonciations, somations, pour ventes de biens, & autres actes en vertu de l'ordonance, qui seront faits en la Ville & fauxbourgs de Paris pour l'original & copie de l'exploit, soit que le terme de comandement y soit, ou ne soit pas exprimé, cinq sols, cy. . . . . 5 f.

Pour un comandement en vertu d'arrêts, sentences, contracts, obligations, ou autres actes, sera taxé pour original & copie, dix sols, cy. . . . . . . 10 f.

Pour un exploit de saisie & arrêt, original & copie, dix sols, cy. . . . . . . 10 f.

Pour l'original de l'acte de denonciation qui sera faite à la partie saisie, des saisies sur elle faites, compris les copies des saisies, soit qu'il y ait assignation ou non, sera taxé dix sols, cy. . . . 10 f.

Pour les saisies par forme de gageries, suivant le privilege des Bourgeois de Paris, ou autrement, sera taxé pour l'original & copie, soit qu'il y ait gardien ou non, trente sols, cy. . . . 30 f.

Pour la saisie & execution de meubles où il y aura gardien, au sergent & à ses assistants, sera taxé trois livres, cy. . . . 3 l.

L'huissier ou sergent n'aura aucune taxe pour le recolement des meubles saisis, soit qu'il les fasse transporter du lieu où ils auront été saisis, ou qu'ils soient representés par la partie ou par le gardien, lequel recolement se fera le jour de la vente, & sera compris en la premiere vacation de la vente, & sera fait mention du temps qui aura été emploié à faire ledit recolement, & à l'égard des charetes & autres frais qu'il conviendra faire pour transporter les meubles saisis, seront taxés par Monsieur le Lieutenant Civil, en la maniere acoutumée, sur les minutes des procés verbaux des sergens, & sans aucuns frais, cy. . . .

Sera taxé pour chacune vacation de vente à l'huissier, ou sergent, soit du matin ou de relevée, qui ne pourra être moins de trois heures, trois livres, cy. . . . . . 3 l.

Les expositions qui se doivent faire suivant l'ordonance, des meubles pretieux, trois diferentes fois, seront faites sous la porte du Châtelet proche de la bariere, chacune vacation trois livres, en sorte que la troisiéme exposition de vente qui se fera, ne seront taxées que pour une vacation, trois livres, cy. . . . . 3 l.

Le sergent qui sera établi gardien aux scelés, ou ailleurs, par ordonance de Monsieur le Lieutenant Civil lorsque le cas le requerra, aura pour ses salaires quatre livres par jour pendant les quinze jours, aprés lesquels quinze jours il ne sera plus taxé que trois livres par jour, & s'il y a necessité d'y augmenter d'oficiers, il ne leur sera taxé à chacun par jour que trois livres, du jour de leur établissement, sans qu'outre lefdites taxes, ils puiffent prendre ou pretendre aucuns droits pour leur nouriture, cy. . . . . . 3 l.

Si pendant les jours qu'un huiffier ou fergent aura été établi gardien il procede à la prife ou vente des meubles, ou marchandifes qui feront à fa garde, il ne lui fera rien taxé pour la journée de garnifon, mais fera taxé pour deux vacations, l'une du matin, l'autre de relevée, fix livres, & ce, pendant le temps feulement qu'il travaillera à la prifée & vente, cy. . . . . . 6 l.

Pour le comandement qui fera fait avant la faifie réele, recorde de deux témoins qui figneront avec le fergent, l'original & la copie, fera taxé quinze livres, fans y comprendre les copies des pieces qui feront fournies aux debiteurs par ledit exploit, cy. . . 15 l.

Pour la faifie réele d'une maifon fituée dans la Ville & fauxbourgs de Paris, d'une charge, d'une ou plufieurs parties des rentes fur la Ville, paiables par un même paieur, ou d'une ou plufieurs parties de rentes dûës par un même debiteur, y demeurant, fera taxé quarante fols, s'il y a plufieurs maifons, plufieurs parties de rentes dûës par diferens païeurs fera taxé pour chacune des autres maifons, ou pour chacune des autres parties de rentes, vingt fols, cy. . . . . 20 f.

Sera taxé pour la copie de la faifie réele qui fera donée à la partie faifie pour le fergent & fes témoins, vingt-fols, cy. . . 20 f.

S'il y a plufieurs parties faifies, ne fera taxé pour chaque copie que quinze fols pour chaque paieur de rentes & debiteurs particuliers à qui il fera doné copie, & fi dans la fignification qui fe fait de la faifie réele aux parties faifies; il y eft fait mention que l'on procedera à la premiere criée, il ne fera rien taxé davantage pour la fignification de la premiere criée, cy. . . . . 15 f.

Lorfque l'exploit de la fignification de faifie réele qui fera faite à la partie faifie ne contiendra point la fignification d'apofition d'afiche, fera taxé au fergent & témoins pour chacune fignification qui fera faite aux parties faifies, cinq fols, & vingt fols pour toutes les opofitions d'afiches, ou panonceaux, tant pour les originaux que pour les copies, cy. . . . . 20 l.

S'il y a plufieurs maifons ou rentes faifies, ou ofices, fera taxé poar chacune apofition aux endroits acoutumés & prefcrits par la coutume, dix fols, cy. . . 10 f.

Pour chaque procés verbal de quatre criées & quatorzaines fera taxé, compris la groffe, dix livres, cy. . . . 10 l.

Sera taxé au fergent pour l'original & copie de l'exploit d'apofition d'afiches à la quarantaine au nombre de quatre, compris les témoins, quarante fols, cy. . . . 40 f.

Laquelle taxe fera augmentée à proportion, s'il y a plufieurs oficiers ou maifons & heritages de diferentes Paroiffes, & pour la fignification à la partie faifie, dix fols pour l'original & copie, & s'il y a plufieurs parties faifies, cinq fols pour chacune des autres, cy. . . °

Pour l'exploit d'interpofition de decret qui fera fait en decret for-

cé à la perfone du faifi, fera taxé au fergent & témoins, quatre fols ;
cy.   4 f.

S'il eft fait au mari & à la femme, cinquante fols, & en decret volontaire moitié, cy.   5o f.

Pour un exploit en retrait lignager avec les ofres, fuivant la coutume, recordé de témoins, fera taxé pour original & copie, quarante
fols, cy.   40 f.

Pour le protefts de letres de change, compris la copie des pieces,
vingt fols, cy.   2o f.

Sera taxé pour la fomation ou fignification de comparoir à un compulfoire pour original & copie, dix fols, & s'il y a plufieurs parties,
pour chacune des autres parties, à qui l'acte fera fignifié, fera auffi taxé
dix fols, cy.   1o f.

Mais dans les compulfoires les pieces qui feront compulfées ne feront
point tranfcrites par le fergent, lorfque lefdites pieces compulfées feront
expediées feparement par un ofice public depofitaire defdites pieces, auquel cas le fergent en fera mention fomairement dans le procés verbal
& au bas des pieces expediées qui feront fignées de lui, & de celui qui
reprefentera les pieces & des parties qui auront comparu audit compulfoire, pour lequel fera taxé au fergent une vacation de trois livres & cinq fols pour le rôle de groffe, de fon procés verbal,
cy.   3 l. 5 f.

Si lefdites pieces ne font point expediées feparement, mais tranfcrites par le fergent dans fon procés verbal, il n'y aura plus grand falaires
que lefdites trois livres & la groffe de fondit procés verbal, qui fera
taxée à raifon de cinq fols pour rôle en grand papier, le rôle contenant
deux pages, de chacune vingt-deux lignes, & chaque ligne quinze fillabes, finon reduit à proportion, cy.   5 f.

Pour un emprifonement à caufe d'une dette de mille livres & au
deffous, fera taxé dix livres, & fi la fomme excede mille livres, quinze
livres, cy.   15 l.

Le fergent qui fera une recomandation d'un prifonier és prifons, compris la copie de l'exploit vingt-fols, cy   1 l.

Pour les opofitions au fceau és mains du garde rôle, des ofices de
France, grefiers d'hipoteques fur les rentes, revenus des confignations
& trefor Roïal, fera taxé vingt fols, cy.   2o f.

Pour la faifie des chevaux & carroffes, par un même exploit, douze
livres, cy.   12 l.

Pour une faifie de chevaux de caroffe non atelés, ou d'un cheval de
felle, fera taxé trois livres, cy.   3 l.

Pour la faifie d'une charete hacquet, atelé d'un cheval, quatre livres, & quand il y aura plufieurs chevaux fix livres, & pour les chevaux
de bâts, bêtes afines, trente fols pour cheval, & quinze fols pour chaque bête afine, cy.

Sera taxé aux huiffiers, fergens, pour tous exploits fimples hors la
Ville & fauxbourgs; fçavoir dans la banlieuë, qui eft deux lieuës ou
environ, trois lieuës, & depuis deux lieuës jufques à quatre, fix livres;

vres, & au delà de quatre lieuës la journée sera taxée à raison de dix lieuës par jour en toutes saisons, huit livres, compris le cheval, nourriture, & salaires des témoins, qui seront menés ou pris sur les lieux, cy. . . . . .

Les grosses des procés verbaux de vente, & autres que les sergens expedieront, leur seront taxés à raison de cinq sols du rôle en grand papier, le rôle contenant deux pages, vingt-deux lignes, & chaque ligne quinze sillabes, dans lesquels ils ne feront aucuns transcrits de pieces, & où ils en feroient, ou si leurs grosses se trouvoient moins remplies de lignes & de sillabes, le salaire en sera diminué à proportion en procedant à la taxe qui sera faite sur la minute des procés, par Monsieur le Lieutenant Civil, suivant l'ordonance, sans frais ni procedures, cy. . . . . 5 s.

Sera taxé au sergent qui signifiera le procés verbal de vente faite à la partie saisie, ou des autres procés verbaux sujets à la signification, le tiers de la grosse, & où il auroit plus d'une vacation, le quart pour chacune, cy.

Outre lesquelles taxes seront les huissiers & sergens paiés du papier & contrôle, suivant le reglement de sa Majesté, cy. . . . . . .

Les exploits qui seront donés dans la Ville & faux-bourgs de Paris, pour assigner au Châtelet de Paris, ou pardevant Monsieur le Lieutenant Civil, ne seront faits par les sergens de la louverie, conétablie, ou autre prohibés par l'édit du . . . . mais par les huissiers aiant fait serment par devant Monsieur le Lieutenant Civil.

Lesquels huissiers & sergens sont tenus de metre leurs reçus au bas de leurs exploits, conformement à l'article 5. du titre 2. de l'ordonance de 1667. à peine de vingt livres d'amande; de sçavoir écrire & signer, conformement à l'article 14. de ladite ordonance, & d'observer dans leurs exploits l'article, & l'édit du mois de Janvier 1685. en forme de reglement.

Contrôle des Exploits.

Pour chaque contrôle d'exploits, suivant l'édit du mois d'Août 1667. cinq sols, cy. . . . . . 5 s.

Et par autre édit du 14. Mars 1691. portant creation d'ofices de contrôleurs des exploits en titres d'ofices, ausquels sera paié pour chacun contrôle, six sols, qui est un sol d'augmentation des cinq sols, cy. . 5 s.

Depuis par un nouvel édit le Roy a augmenté ledit contrôle des exploits, & atribue aux contrôleurs, sept sols, qui est encore un sol d'augmentation, cy . . . 7 s.

Salaires des huissiers audianciers.

Pour chacune signification faite audit Châtelet, à chacun Procureur, deux sols six deniers, cy. . . . . 2 s. 6 d. *Edit du 16. Juin 1690.*

Pour celles faites au domicile de chacun Procureur, cinq fols, cy...5 f.

Aux deux premiers huiffiers audianciers, pour l'apel de chacune caufe , fur laquelle interviendra fentence contraditoire & définitive , qui fera levée par les Procureurs ou Parties , au Parc Civil ou Prefidial , deux
fols , cy.	.	.	.	.	2 f.

Pour chaque caufe d'apel mife au rôle, & fi la caufe eft rapelée à un
autre jour, pour chaque apel cinq fols, cy.	.	.	5 f.

Pour chaque remife d'enchere , fept fols fix deniers, cy. . . 7 f. 6 d.

Pour chacune adjudication de proprieté de maifon heritages ou char-
ges , dix fols, cy.	10 f.

Sur toutes les fentences qui feront levées aux Chambres Civile ,
Criminele de Police , Procureur du Roy & Auditeurs , pour l'apel des
caufes , un fol, cy.	.	.	1 f.

Il y a plufieurs jurifdictions dans le Roiaume où les Procureurs fe co-
muniquent les uns aux autres , ainfi les huiffiers audianciers , comme par
exemple à Lyon, ne jouiffent pas du même privilege, ni des mêmes droits
de ceux du Châtelet de Paris , au moien de certaines finances que les Procureurs defdites jurifdictions ont paiés.

Salaires des Procureurs du Châtelet de Paris.

*Edit du
mois de
Novembre
1689. ve-
rifié le 5.
Juin 1690.*

En toutes demandes principales & incidentes , & des apelations re-
levées au Châtelet, fera taxé pour droit de Confeil, trente fols, cy...30 f.

Sur les demandes formées par Requéte verbale , ou autrement pour
avoir comunication , ou rendre des pieces pour fatisfaire , ou faute d'avoir fatisfait aux fentences difinitives ou preparatoires , ou pour
autres incidens concernans la procedure , ne fera taxé aucun droit de
Confeil , cy	.	.	*Neant.*

Pour le memoire des exploits de demande qui fe doneront au Parc Civil, ou au Prefidial, en matiere perfonele, fera taxé cinq fols, cy . . . . 5 f.

Pour le memoire des exploits en matiere réele, & demande en fomation de garantie de quelque grandeur que ce foit l'exploit, fera taxé dix
fols , cy.	.	.	.	.	10 f.

Sera taxé deux fols fix deniers au Procureur du défendeur pour fe
prefenter , cy.	.	.	.	2 f. 6 d.

Les faits & articles qui feront fignifiés , feront paiés au Procureur , à
raifon d'un fol par article , dont il ne fera fait aucune taxe fuivant l'ordonance , mais le Procureur s'en fera paier par la partie , comme de fa-
laires extraordinaires , cy.	.	.	1 f.

Pour les requétes qui feront prefentées au Lieutenant Civil fera taxé
vingt fols, de quelque grandeur qu'elles puiffent être , auquel cas ne
fera taxé aucun droit de memoire pour exploit, cy.	.	20 f.

Pour les défenfes & repliques , fera taxé dix fols lorfqu'elles ne contiendront qu'un rôle , & fi elles en contiennent davantage , fera taxé à
raifon de dix fols du rôle, en petit papier , qui contiendra vingt-
deux lignes à la page , & quinze fillabes à la ligne , & la moitié pour
la copie , cy.	.	.	.	.	10 f.

Il ne sera fait aucune taxe pour les dupliques, tripliques & autres semblables écritures, cy. *Neant.*

Abrogé, article 3. du titre 19. de l'ordonance de 1667.

Pour les copies de titres & pieces qui seront fournies avec l'exploit de demande, ou en fournissant de défenses & demandes incidentes, sommations & contre-sommations, elles seront taxées à raison de deux sols, six deniers de chacun rôle des titres dont sera doné copie, pourveu que le rôle du titre contiene vingt-deux lignes à la page, & quinze sillabes à la ligne, cy. 2 s. 6 d.

Et lorsque les originaux des titres ne seront pas representés, ou que les rôles seront plus ou moins grands, la taxe en sera faite à proportion par estimation, cy.

Pour l'original d'un avenir, sera taxé au Procureur deux sols six deniers, cy. 2 s. 6 d.

Pour la copie, un sol trois deniers, cy. 1 s. 3 d.

Il ne sera taxé en toutes instances que quatre avenirs, & lorsqu'il y aura des demandes incidentes, six avenirs au plus, cy.

Le Procureur du défendeur en simple saisie & arrêt, n'aura pour tous frais que trois livres, quoiqu'il soit debiteur par diferens titres, jusques & compris la journée & audiance pour obtenir la sentence definitive, ou autre reglement, & pour chaque instance de saisie & arrêt, cy. 3 l.

Et s'il est necessaire que le défendeur donne des copies de pieces, elles seront taxées à raison de deux sols six deniers du rôle du titre comme ci-dessus, cy. 2 s. 6 d.

Le Procureur du demandeur en saisie & arrêt sur plusieurs locataires, ou sous-locataires d'une même maison, n'aura qu'un droit de Conseil, quoique les exploits soient faits en diferens jours, cy.

Pour chaque instance de saisie & arrêts, jusques & compris la journée de l'audiance pour obtenir la sentence difinitive ou autre reglement sera taxé quarante sols, cy. 40 s.

Sera taxé au Procureur qui plaidera sans ministere d'Avocat une cause au Parc Civil, ou Presidial, pour obtenir un jugement definitif, quinze sols pour l'audiance, cy. 15 s.

Pour la journée, deux sols six deniers, cy. 2 s. 6 d.

Au Procureur du défendeur sera taxé même droit, cy. *Idem.*

Et à l'égard de toutes les autres causes qui se plaideront au Parc Civil, Presidial, criées ordinaires, Chambre civile, de Police, & criminele ne sera taxé que dix sols pour l'audiance, cy. 10 s.

Pour la journée, soit qu'ils les plaident eux-mêmes, ou qu'ils se servent du ministere d'un Avocat, deux sols six deniers, cy. 2 s. 6 d.

Toutes demandes, défenses & pieces, dont copies doivent être données suivant l'ordonance avec les demandes & défenses, ofres & requêtes verbales, actes de sommations de produire, requêtes de contredits, salvations & autres instructions, seront signifiées par les audianciers aux Procureurs.

Et où il n'y aura aucune simple communication de pieces, elles pourront être données par baillées, pourquoi sera taxé deux sols cinq de-

QQqq ij

niers pour la journée du Procureur & les copies des pièces de même que deſſus, cy. . . . . 2 ſ. 5 d.

Pour dreſſer les qualités d'une ſentence d'audiance, ſera taxé cinq ſols pour la minute, cy. . 5 ſ.

Pour la copie qui ſera ſignifiée deux ſols ſix deniers, lequel droit ſera doné à celui qui levera la ſentence, & ſi pluſieurs levent la ſentence les qualités ne ſeront taxées qu'à celui qui les aura le premier fait ſignifier, & où elles ſeront ſignifiées le même jour, elles ſeront paſſées à celui qui les aura obtenu à ces fins, cy. . 2 ſ. 6 d.

Le tout à la charge que s'il ſurvient quelque conteſtation ſur leſdites qualités, il ne ſera rien taxé aux Procureurs, ſoit pour journée, ou autrement pour les faire regler, cy. . . . . *Neant.*

Pour les copies qui ſeront ſignifiées des ſentences d'audiance, ſera taxé deux ſols ſix deniers du rôle de la groſſe, qui contiendra vingt-deux lignes, & quinze ſillabes à la ligne, ſuivant l'ordonnance, cy. . . . 2 ſ. 6 d.

Sera taxé aux Procureurs trente ſols, pour la vacation lors de la comparution ſur le procès verbal de la confection de l'enquête, cy. . . . . 1 l. 10 ſ.

Chambre Civile.

Aux cauſes de la Chambre Civile, il ne ſera taxé aucun droit de conſeil, ni de preſentation, cy. . . . *Neant.*

Les dépens de chaque inſtance de la Chambre à l'égard du demandeur ſeront liquidés à trois livres, s'il obtient à ſes fins, cy. . . 3 l.

Pour le défendeur lorſqu'il ſera dechargé de la demande, en ce non compris la groſſe de la ſentence ſera taxé quarante ſols pour les frais de ſaiſie & execution de meubles, de ſaiſie par forme de gagerie, & les frais qui ſe font en execution des ſentences, à moins que par la ſentence du Lieutenant civil il ne les ait liquidés à plus grande ſomme, cy. . . . 2 l.

Défaut aux Ordonances.

Sera taxé deux ſols ſix deniers pour la journée du Procureur qui ſera delivrer le défaut par le grefier des défauts, cy. . 2 ſ. 6 d.

Pour les concluſions dreſſées pour obtenir la ſentence ſur le défaut, dix ſols, cy. . . . 10 ſ.

Pour la journée du Procureur qui levera la ſentence ſur ledit défaut, cinq ſols, cy . 5 ſ.

Pour la copie de la ſentence par défaut faute de comparoir lorſqu'elle ſera ſignifiée, cinq ſols, de quelque grandeur qu'elle puiſſe être, cy. . . . 5 ſ.

Parc Civil.

Les reconoiffances des écritures & fignatures privées doivent être faites à l'audiance de l'ordinaire au Parc Civil , fuivant l'édit du mois de
Decembre 1604.

Scelées , inventaires , comptes & partages.

Les vacations aux fcelés , inventaires , comptes & partages , feront
de trois heures , & fera taxé au Procureur cent fols pour chacune vacation , fuivant l'arrêt du Confeil du premier Juin 1676. cy. . . 5 l.

Sera taxé au Procureur du rendant pour avoir mis les pieces par ordre dreffé la minute du compte , & fourni deux groffes du compte , dont
chaque rôle contiendra deux pages de papier , à un fol fix deniers la
feuille , chaque page de vingt-deux lignes , & à chaque ligne huit fillabes
bes pour chacun cahier de l'un & de l'autre des groffes fera taxé cent
fols pour le droit des Comiffaires, cy. . . . 5 l.

Pour le cahier de la tierce copie fera taxé cent fols , lequel cahier fera
compofé de feize rôles remplis comme ci deffus, cy. . . 5 l.

Ne feront tranfcrits autres pieces que la comiffion du rendant l'acte
de tutelle & l'extrait du jugement qui condane à rendre le compte , fuivant l'ordonance.

Pour les referés qui fe feront au Lieutenant Civil hors la vacation,
fera taxé au Procureur , foixante fols , cy. . . . 3 l.

Pour les comparutions qui fe feront à l'hôtel du Lieutenant Civil ,
aux termes du reglement du mois de Janvier 1685. fera taxé au Procureur , fçavoir trois livres pour les comparutions contradictoires,
cy. . . . . . 3 l.

Lorfqu'elles feront par défaut , feront taxées quarante fols , cy. . 2 l.

Procés par écrit.

L'inventaire de production fera dreffé par le Procureur , dans lequel
les remontrances, pouront être comprifes au preambule , auquel cas ne
fera taxé aucunes remontrances feparées , cy. . . *Neant.*

Et en cas que les remontrances fe faffent feparement , ne fera fait aucun preambule dans l'inventaire , lequel audit cas fera retranché , pour
lequel inventaire fera taxé pour rôle , contenant la page , vingt-deux lignes , & quize fillabes à la ligne , dix fols par rôle , cy. . 10 f.

Pour la copie dudit inventaire , fera taxée deux fols fix deniers ,
cy. . . . . . 2 f. 6 d.

Pour les remontrances & avertiffement , requête d'emploi , & autres
écritures qui feront faites par les Procureurs , fera taxé comme pas

QQqq iij

les inventaires de production, dix fols par rôle, rempli comme deffus,
cy. . . . . 10 f.

Et pour la copie fera taxée comme l'autre ci-deffus, cy. . 2 f. 6 d.

Pour les écritures qui feront faites par les Avocats plaidants actuelement au Châtelet ou au Palais, fera taxé pour rôle de grand papier contenant vingt-deux lignes à la page, & quinze fillabes à la ligne, vingt
fols, cy. . . . . 20 f.

Pour la copie fera taxé fix fols huit deniers, cy. . . . 6 f. 8.

Pour le droit de revifion, deux fols, cy. . . . 2 f.

Au Clerc de l'Avocat fera taxé pour rôle de la groffe, cinq fols,
cy. . . . . . . 5 f.

Pour la journée du produit du grefe, fera taxé au Procureur cinq
fols, cy. . . . . . 5 f.

A celui qui fera prononcer la fentence, cinq fols, cy. . . . 5 f.

Pour avoir pris comunication des procés par les mains des Raporteurs
quelque nombre de facs qu'il y ait, trois livres, cy. . . 3 l.

Pour les copies des fentences rendues fur les productions des parties
qui feront fignifiées, fera taxé deux fols fix derniers du rôle de la groffe
écrite & remplie comme deffus, cy. . . . . 2 f. 6 d.

Pour la remife des facs aprés le procés jugé, trois livres au plus, quelque nombre de facs qu'il y ait, cy. . . . 3 l.

Lorfqu'il s'agira de taxer les dépens la declaration fera fignifiée, fans
doner de nouveau copie de la fentence, en cas qu'elle ait été fignifiée, & fera
permis à celui qui doit les dépens de faire les ofres fuivant l'ordonance
fans aucun droit d'affiftance au Procureur, en cas que les ofres foient
aceptées, ou que les depens foient paiés volontairement par la partie, fans
avoir été fignées par les Procureurs.

Le droit du pourfuivant la taxe, fera d'un fol pour chacun des articles
bons, & la moitié pour la declaration & le droit de chacun des Procureurs pour l'affiftance un fol pour chacun des articles bons, à la charge
d'acoler tous les articles qui le doivent être fuivant l'ordonance, lefquels
articles acolés ne pafferont que par un, cy. . . . 1 f.

Criées.

Ne fera taxé aucun droit de Confeil pour faire une faifie réele,
cy. . . . . . *Neant.*

Ne fera rien taxé au Procureur pour porter la faifie réele, & la retirer du Comiffaire aux faifies réeles, n'étant de fon ofice, cy. . . *Neant.*

Pour un original d'afiches, qui contiendra deux rôles en minute, à
vingt deux lignes chaque page, & quinze fillabes à la ligne, fera taxé
vingt fols, cy. . . . . 20 f.

S'il y a plus ou moins de rôles, fera la taxe augmentée ou diminuée à proportion, & donée moitié de l'original pour chaque copie,
cy. . . . . . . 10 f.

Pour l'acte de declaration à la partie faifie, qu'il fera procedé aux criées ainfi que pour celui par lequel l'on denonce qu'il a été apofé afiches à la quinzaine, fera taxé au Procureur cinq fols, cy . . . . 5 f.

Pour la copie de ladite declaration, deux fols fix deniers, cy . . . . 2 f. 6 d.

Pour voir les criées & les porter & retirer des mains du certificateur, trois livres, ... 3 l.

Pour la fentence de certification fera taxé cinq fols pour la journée du Procureur, cy . . . . . 5 f.

A l'égard des opofitions formées à charge ou afin de diftraire ou d'anuller pendant la pourfuite des criées, lorfque les acufés feront en état d'être portés à l'audiance, le pourfuivant criées fera fignifier un avenir qui contiendra declaration que l'opofant pourfuit l'audiance, ou qu'elle fera pourfuivie par le pourfuivant de jour à autre & ne fera paffé en taxe, que trois avenirs pour raifon defquelles inftances, au furplus la taxe fe fera, comme des autres inftances, ainfi qu'il eft dit ci-deffus, cy . . . .

Pour les autres opofitions, afin de conferver en decret forcé elles ne feront denoncées aux parties faifies, ni à aucun des opofans.

Frais d'opofitions.

En decret volontaire les opofitions pour conferver, ne feront denoncées qu'au vendeur feulement.

Pour lefquelles opofitions afin de conferver, ne fera taxé au Procureur pourfuivant criées, pour tous frais & procedures fur les opofitions & fignifications des fentences jufques à l'ajudication inclufivement, que cent fols aux decrets volontaires, cy . . . . 5 l.

Pour decrets forcés non compris les frais du grefe qui feront emploiés par un feul article en la declaration des dépens, fera taxé quatre livres, cy . . . . 4 l.

Sera taxé à chacun des Procureurs des opofans, afin de conferver après l'ajudication pour la requête de diftribution, & tous droits & frais de procedures de comparutions pour reprefenter les titres & prendre comunication de l'ordre par devant le Comiffaire, la fomme de quatre livres, qui fe prendra comme frais hipotequaires, cy . . . 4 l.

Et lorfqu'il y aura une fentence d'ordre, tous les frais de production du Procureur de chaque opofant utilement colloqué, dont la colation n'aura point été conteftée feront liquidés par la fentence d'ordre à trois livres, fauf en cas que le titre ou la colation de l'opofant foit conteftée à y être pourvû par la fentence d'ordre, en ajugeant les dépens s'il y échet contre celui des creanciers, perfonellement qui aura formé une mauvaife conteftation, fans qu'il puiffe être pris fur la chofe, cy . . . . . . 3 l.

Tous les actes & procedures qui feront faites par les opofans pour coter le volume, & enregiftrement de la faifie reelle, feront rejetés, comme compris en la liquidation, ci deffus, cy . . . *Neant.*

Ne fera taxé au pourfuivant que fix remifes pour parvenir à l'ajudication, outre celle de l'écheance, de la quarantaine, lefquelles remifes, enfemble toutes les fignifications pour l'inftruction des criées, fomations & denonciations qui feront faites aux Procureurs des opofans,
des parties faifies par les audianciers du Châtelet, & les fignifications
taxées comme faites au Châtelet, ne pourront lefdits audianciers les
faire paier comme faites à domicile, & fera taxé cinq fols, pour l'original & copie de chaque commandement d'aporter des titres,
cy   ·}   5 f.

Lorfque l'ordre aure été dreffé par le Comiffaire commis par le Lieutenant Civil, s'il n'y a point de conteftation entre les opofans, les mandemens feront delivrés par le Comiffaire fans leur faire fignifier l'ordre
ni le procés verbal d'ordre, & les arreages & interêts des fommes dûes
aux creanciers, cefferont quinzaine après que l'ordre aura été acordé,
pendant laquelle ceux qui fe trouveront vtilement colloqués prendront
leurs mandemens fi bon leur femble.

S'il y a des conteftations entre les opofans fur le procés verbal du
Comiffaire, ledit procés verbal & l'ordre feront fignifiés à tous les o-
pofans, dont les opofitions feront enregiftrées au grefe, & inferées dans
la fentence d'ajudication, & fera payé au Procureur du pourfuivant pour
la copie quinze deniers du rôle de la groffe, le rôle contenant deux pages, la page vingt-deux lignes, & la ligne quinze fillabes,
cy   15. d.

Et en cas que les pages & les lignes ne foient pas ainfi remplies, il en
fera fait reduction par eftimation.

Le Procureur du pourfuivant en faifant fignifier l'ordre & le procés
verbal, declarera par le même exploit aux opofans qui n'auront produit
leurs titres ni par devant le Comiffaire, ni parlé fur l'ordre, que fuivant la fentence contre eux obtenue, ils font forclos, & que l'apointement & les procedures fur les conteftations, ne feront point faites avec
eux, fauf à intervenir au procés d'ordre à leurs frais & fans repetition,
cy

Le renvoi fera delivré par le Comiffaire au pourfuivant, & ne fera
donné qu'avec ceux des opofans au grefe qui auront produit ou comparu
devant lui, avec lefquels feulement l'apointement fera pris, & les procedures faites en la maniere acoutumée, fauf aux autres opofans à intervenir à leurs frais & dépens, fans repetition, comme il eft dit en l'article
precedent.

Aprés que les conteftations auront été jugées par fentence le Procureur
pourfuivant fera fignifier copie entiere de ladite fentence aux parties faifies & au plus ancien Procureur des opofans.

Et à l'égard des autres opofans avec lefquels l'apointement aura été
pris ou qui auront produit au procés, ne leur fera fignifié que la copie
des qualités & du difpofitif de ladite fentence, laquelle copie fera taxée
à raifon de deux fols fix deniers, du rôle de la groffe de la fentence, &
à proportion pour les qualités & le difpofitif, dont il aura été doné copie, cy   2 f. 6 d.

Qunizaine

Quinzaine aprés la sentence qui aura reglé les contestations de l'ordre, à compter du jour du jugé , tous les interêts & arerages des creanciers, utilement colloqués cesseront , sauf leurs recours contre le poursuivant, en cas que faute d'avoir fait regler les frais il retarde l'expedition des mandemens , lesquels frais il fera regler dans ladite quinzaine.

Neanmoins pour ce qui est des oposans qui n'auront point parlé au procés verbal d'ordre , & qui n'auront point produit au procés y étant intervenus , il ne leur sera donné aucune copie de la sentence , qualité , ni dispositif.

Il sera taxé en procés d'ordre six livres au poursuivant pour en prendre comunication chés le raporteur , quelque nombre de sacs qu'il puisse y avoir , cy . . . . 6 l.

Sera taxé six livres au Procureur pour pareille somme qu'il aura donée au Clerc du raporteur pour la remise des sacs d'un procés d'ordre , cy . . . . 6 l.

Pour parvenir à la taxe des frais & dépens extraordinaires de criées & d'ordre , la declaration sera signifiée au Procureur des parties saisies , & au Procureur plus ancien des oposans sans donner de nouveau copie de la sentence d'ordre les articles seront accolés aux termes de l'ordonance.

Pour chacun des articles bons sera taxé au poursuivant un sol , & moitié pour la declaration , cy . . . . 1 s.

Au Procureur qui aura droit d'y assister , sera taxé pour chacun article bon de l'assistance , un sol , cy . . . . 1 s.

Lorsque pour paier les épices , façons , coût & signature des sentences d'ordre , & autres frais necessaires , il conviendra métre quelque somme entre les mains du Procureur poursuivant , ou au grefe il ne sera fait aucune procedure , mais sur la requête qui sera presentée au Lieutenant Civil , il sera decerné une ordonance de contrainte , contre le receveur des consignations ou Comissaire aux saisies reelles pour deliverer la somme qu'il conviendra , lesquelles sommes ne seront point comprises dans l'executoire , mais il en sera fait mention somairement en cas qu'il soit fait aucune autre procedure , & n'entrera point en taxe.

Tous les frais qui se feront pour ou contre les oposans en sous ordre , seront pris sous la colation de celui sur lequel les opositions auront été formées , ausquels oposans ne sera donné aucune copie des pieces , mais leur sera signifié un simple acte de denonciation.

Il ne sera pris aucune chose sur le prix general de l'ajudication pour les autres procedures , mais sur la colation particuliere , en cas qu'il vienne un ordre , & ou celui sur lequel l'oposition en sous ordre sera faite ne seroit pas utilement coloqué , il sera tenu & condané personellement à rembourser les autres frais legitimes , comme aussi en cas que l'oposant en sous ordre , soit debouté de son oposition les dépens seront par lui paiés personellement , sans que l'on puisse rien prendre sur le prix de l'ajudication , cy . . . . *Néant.*

Lorsqu'il s'agira de faire de reparations és maisons & lieux saisis reellement , la demande n'en poura être faite que contre le poursuivant criées directement , lequel sera tenu de la denoncer au Procureur des par-

ties faifies , & au plus ancien Procureur des opofans par un fimple acte
& lorfqu'avec la demande il y aura des pieces ou procés verbaux, il n'en
fera donné copie qu'au Procureur des parties faifies , & au Procureur
plus ancien des opofans , & copie feulement de l'acte de denonciation
aux autres opofans pour prendre comunication des pieces s'ils le veulent,
& fans frais, par les mains du Procureur plus ancien , l'original duquel
acte de denonciation , fera taxé à raifon de dix fols du rôle de minute,
cy . . . . 10 f.

Le quart pour chaque copie dudit acte, & les copies qui feront fignifiées aux parties faifies & au Procureur ancien , à raifon de deux fols
fix deniers du rôle , ou par evacuation , en cas qu'il y ait plus ou moins
de lignes, comme il eft dit ci-deffus, cy . . 2 f. 6 d.

Les demandes pour reparations ne feront faites, denoncées, ni inftruites avec le Comiffaire aux faifies reelles , ni par lui fait aucune fomation pour raifon defdites demandes , afin de procés feront faites contre
le pourfuivant criées en la maniere ci-deffus , au plus ancien Procureur
des opofans pour lefquels fera taxé comme deffus , & où il en feroit ne
feront paffés en taxe, cy . . . .

Salaires & vacations des Comiffaires fubftituts & Notaires du Châtelet de Paris.

Reglement de Monfieur le Lieutenant Civil de 1667.

Sera taxé aux Comiffaires huit livres pour chacune vacation qui fera
de trois heures au moins, cy . 8 l.

Pour leurs procés verbaux d'apofition & levées de fcelés , enquête &
autres actes, chaque page remplie de vingt-deux lignes & quinze fillabes
à la ligne , fera taxé pour chaque rôle de la groffe , cinq fols , finon
reduirs à proportion, cy . . . 5 f.

Aux fubftituts, fix livres par vacation, cy . . 6 l.

Aux Notaires , fix livres par vacation aux actes qu'ils font hors de
leurs études pour lefquels il fe paie vacation , cy . 6 l.

Pour chaque rôle de la groffe en grand papier , fera paié dix fols,
cy . . . . 10 f.

En parchemin rempli de vingt-deux lignes, quinze fillabes à la ligne,
fera taxé vingt-fols , finon à proportion, cy . . 1 l.

En ce non compris le papier & parchemin timbré.

Lefquels Comiffaires feront tenus d'obferver le reglement porté par
l'arrêt de la Cour du 6. Septembre 1668. & de ne point tenir les faits
pour confeffés & averés aux interrogatoires qui feront fubis par devant
eux , pour les parties, mais les renvoier à l'audiance.

De plus par arrêt de la Cour des 10. Juillet 1665. & 15. Janvier
1684. défenfes font faites aux Comiffaires d'apofer fcelé fans avoir un
requerant , ni de prendre ou faire aucune dépenfe de bouche dans les
maifons des parties, ni que pour raifon d'icelle il leur foit paié ou taxé
aucune chofe outre leurs falaires , ni de prendre aucune obligation fous

leurs noms , ni fous ceux d'autres perfones , pour leurs taxes & vacations qui leur apartiendront pour toutes expeditions de juſtice par eux faites , à peine d'interdiction de leurs charges & de tous dépens , domages & interêts.

Autres droits attribués auſdits Comiſſaires dudit Châtelet de Paris , comme taxateurs de depens , & tiers referendaires.

Par ecu deux fols fix deniers qui eſt dix deniers par livre felon l'ancien droit à eux atribués , cy   •   •   •   2 f. 6 d.

Pour le droit du tiers.

Le tiers qui eſt par écu un fol huit deniers , eſt les deux tiers des droits de l'ancien , cy   •   •   •   •   1 f. 8 d.
Pour deux écus , trois fols quatre deniers , cy   •   •   3 f. 4 d.
Pour trois ecus , cinq fols , cy   •   •   •   5 f.
Pour douze écus , vingt fols , cy   •   •   20 f.
Et ainſi du reſte.

Pour le droit de contrôle.

Le droit de contrôle eſt de fix deniers pour livres , cy . . . . . 6 d.
Sur quoi il faut obferver , que le droit de contrôle de fix deniers pour livre , fe prend non feulement de tout le contenu en la declaration de dépens , mais encore du droit ancien & du droit du tiers.

Pour les droits atribuez aux Clercs & Secretaires de Meſſieurs.

Les Clercs ou Commis des Prefidens , Maîtres des Requêtes , Confeillers , Avocats & Procureurs generaux , & de leurs fubſtituts , Grefiers & Avocats , ne pourront prendre , ni recevoir plus grands droits que ceux qui paſſeront en taxe aux parties , encore qu'ils leur fuſſent volontairement oferts à peine d'exaction , qui poura être prouvé par la depofition de fix témoins autres qu'intereſſés , & qu'ils depofent de faits finguliers.

Ordonance de 1673. & édit y ataché art. 29.

Grefiers des audiances du Châtelet de Paris , du Parc Civil & Prefidial.

Edit du mois de Mars 1690.

Sera paié pour chacun rôle de fentences , le rôle contenant deux pages, chaque page vingt-deux lignes , & chaque ligne quinze fillabes, cy

Pour écrire le difpofitif de la fentence fur le regiftre , colationer celle qui eft écrite enfuite des qualités , fera paié deux fols pour chacune fentence , cy . . . . 2 f.

Pour la publication du teftament ou autres actes portant fubftitution , quarante fols, cy . . . . 2 l.

Pour tranfcrire l'acte qui fera publié dans le regiftre des publications, fera paié à raifon de cinq fols du rôle de la piece qui y fera tranfcrite , cy , ... 5 f.

Pour les autres publications qui ne doivent point être tranfcrites fur le regiftre , comme publications d'enchere du Parlement , requête du Palais , Cour des Aides ou autres , trente fols , cy. . . . 1 l. 10 f.

Pour les actes de garde nobles & bourgeoifes, y compris l'expedition , trente fols , cy . . . 1 l. 10 f.

Pour comuniquer les pieces en execution d'une fentence qui ajuge le retrait , trente fols, cy . . . 1 l. 10 f.

Pour l'enregiftrement d'un acte d'efcrement d'un expert , & le mettre fur l'exploit, cinq fols, cy . . . 5 f.

Pour la decharge d'un prifonier , quarante fols, cy. . . 2 l.

Pour l'acte de foumiffion de celui qui fait ceffion de biens , quarante fols , cy . . . . 2 l.

Pour le port des pieces au Parlement , lorfqu'il eft ordoné , vingt-cinq fols , cy . . . . 1 l. 5 f.

Pour les expeditions en papier qui fe delivrent des actes enregiftrés dans le regiftre des publications , fera paié cinq fols du rôle de l'expedition , cy . . . . 5 f.

Pour la fentence de certification de chacune Paroiffe , cinquante fols , cy. . . . 2 l. 10 f.

Outre lefquels droits celui qui tient le regiftre des criées , aura pour l'expedition des fentences de certification , licitation & baux judiciaires , vingt-fols du rôle , cy . . . 1 l.

Pour le paraphe de l'enchere mife au grefe pour la vente d'un immeuble , vingt fols , cy . . . 1 l.

Pour le paraphe de l'enchere pour un bail judiciaire & pour la vente des fruits & grains pendans par les racines, dix fols , cy . . . 10 f.

Pour le droit du Grefier lors de l'ajudication , pour clore l'enchere , tant en decret forcé que volontaire , vingt-un fol, cy . . . 1 l. 1 f.

Et lors qu'en decret volontaire il y a plufieurs contrats , le droit fe multipliera à proportion du nombre des contrats.

Pour la declaration que fait le Procureur de la perfonne au profit de qui l'adjudication eft faite en decret forcé quarante fols, cy. . . 2 l.

Pour pareille declaration en matiere de baux judiciaires, vingt fols, cy. . . . 1 l.

Pour les letres de diligences en decret volontaire , quarante fols, cy. . . . 2 l.

Pour letres de comparution qui fe delivrent aux huiffiers à cheval, lors de la montre, douze fols, cy.   12 f.

Pour l'expedition du rôle de la montre des huissiers à cheval, dix livres, cy.   10 l.

Pour celui des sergens à verge, six livres, cy.   6 l.

Droits des quinze grefiers commis, écrivains à la peau, pour l'expedition des fentences du Parc Civil, & Prefidial, des Ieudis, Samedis, & de deux Vendredis l'un, & autres actes de leur grefe.

Pour l'expedition desdites fentences fera paié à raifon de huit fols du rôle, contenant deux pages, chaque page vingt-deux lignes & quinze fillabes à la ligne, cy.   8 f.

Pour les letres de garde gardiene, de protection, & pour les compulfoires, feize fols, cy.   16 f.

Pour les Comiffions fept fols, cy.   7 f.

Pour porter au grefe une piece maintenuë fauffe, vingt-un fol, cy.   1 l. 1 f.

Pour les actes de renonciations aux fucceffions ou Comunauté, acte d'autorifation des maris, acte de foumiffion de caution, quinze fols, cy.   15 f.

Pour les copies des pieces qu'ils collationent à raifon de cinq fols du rôle de la groffe, contenant le rôle deux pages, la page vingt-deux lignes, & la ligne quinze fillabes, cy.   5 f.

Pour un acte de creation de curateur aux fucceffions vacantes & biens deguerpis, trente-deux fols, cy.   1 l. 12 f.

Pour les comunications des pieces paraphés & decharges, fept fols fix deniers, cy.   7 f. 6 d.

Pour les actes d'afirmations, foit en perfone ou par procuration, que les Procureurs feront tenus de faire au grefe, fans pouvoir faire fignifier une fimple declaration, dix fols, cy.   10 f.

Joüiront du grefe des afirmations de voïages, & feront paiés pour chacun acte d'afirmation, dix fols, cy.   10 f.

Pour les actes des reprife d'inftance, fept fols, lorfqu'on voudra les faire au grefe, cy.   7 f.

Au grefier des decrets.

Pour l'expedition d'un decret volontaire qui contiendra dix rôles & au deffous figné & fcellé, fera taxé cinquante huit livres dix-huit fols, fçavoir onze livres pour la fignature au grefier de l'audiance, vingt fols à l'audiancier, trente-cinq fols au fcelleur, trente fols au garde feel, quarante fols, & le furplus pour tous les droits y com-

Edit ci-deffus cité, de 1690.

pris la minute , papier & parchemin timbré , cy. . . . 58 l.

Si les decrets volontaires excedent dix rôles, l'excedant fera paié , fçavoir ;

Pour l'enregiftrement de la faifie récle d'une maifon , trente fols, cy. . . . . . . 1 l. 10 f.

Pour celui d'une grande terre , ou d'un grand hôtel à Paris , trois livres , cy. . . . . . . 3 l.

Pour l'enregiftrement de chacun article des biens en rôture , deux fols fix deniers , cy. . . . . . 2 f. 6 d.

Pour l'enregiftrement de chaque opofition fept fols , cy. . . 7 f.

Pour la radiation de chaque apofition , quarante fols , cy. . . 2 l.

Pour la clôture de l'enchere lors de l'adjudication , trente neuf fols, cy. . . . . . . 1 l. 19 f.

Pour l'expedition d'un decret forcé fera paié trente fols du rôle contenant le nombre des pages & lignes que deffus , cy. . . . 1 l. 10 f.

Aux grefiers des Chambres Civile , de Police , & du Procureur du Roy.

Pour l'expedition des fentences d'audiance , de quelque grandeur qu'elles puiffent être , quinze fols , cy. . . . . 15 f.

Pour l'expediton en parchemin des avis de parens , groffe & minute , de quelque grandeur qu'elles foient , fix livres quatre fols , cy. . . . . . . 6 l. 4 f.

Pour l'expedition des actes de tutele , groffe & minute , de quelque grandeur qu'elles foient , quarante huit fols , cy. . . 1 l. 8 f.

Pour l'expedition des curateles , quarante huit fols, cy. . . 2 l. 8 f.

Pour la clôture des inventaires , trente-deux fols , cy. . . 1 l. 12 f.

Pour les fentences d'émancipation , cinq livres huit fols , de quelque grandeur que foit la groffe & expedition , cy. . . 5 l. 8 f.

Pour l'expedition de la fentence fur letres de benefice d'inventaire, groffe & minute , trois livres feize fols , cy. . . 3 l. 16 f.

Pour les decrets qui s'expedient au Civil , & à la Police , en matiere extraordinaire, trente-fix fols , cy. . . . 1 l. 16 f.

Pour l'expedition d'une fentence de recolement , tant au Civil , qu'à la Police , quarante fols , cy. . . . . 2 l.

Pour la decharge d'un prifonier quarante fols , cy. . . 2 l.

Pour une fentence d'enterinement de letres de terrier , trois livres, cy. . . . . . . 3 l.

Pour les vacations lorfqu'il travaillera avec les Juges auront les deux tiers , à la charge de ne rien prendre pour la groffe , cy. . .

Pour le port des informations au Parlement, vingt-cin fols , cy.. 1 l. 5 f.

Pour la comunication des informations aux Avocats du Roy pour plaider à l'audiance , vingt-cinq fols , cy. . . . 1 l. 5 f.

Pour rendre les informations , lorfqu'elles feront en enquêtes , vingt-cinq fols , cy. . . . . . 1 l. 5 f.

Pour delivrer un executoire aux meſſagers & autres qui aportent des pieces, trente ſols, cy.　　.　　.　　.　　1 l. 10 ſ.

Pour les reception d'oficiers, la moitié du Juge, cy.　　.　　.

Pour les avis du Procureur du Roy qui s'expedient en papier, de quelque grandeur qu'ils ſoient, quinze ſols, cy.　　.　　.　　15 ſ.

Pour le ſerment des experts, ſera paié cinq ſols, y compris l'acte qui ſe met ſur l'exploit, cy.　　.　　.　　.　　5 ſ.

Pour l'expedition des letres de maitriſe & jurande, trois livres douze ſols, cy.　　.　　.　　.　　3 l. 12 ſ.

Pour les interrogatoires en la Chambre du Conſeil, lors du jugement des procés extraordinaires, tant au Conſeil qu'à la Police, trois livres quatre ſols, cy.　　.　　.　　.　　3 l. 4 ſ.

Pour les ſentences difinitives à la Police, ſur la production des Parties, minute & groſſe, à raiſon de dix ſols du rôle, cy.　. . .　10 ſ.

Pour la collation, jonction & decharge de chacun ſac, ſept ſols, cy.　.　　.　　.　　.　　.　　7 ſ.

Pour un acte de caution pour les chambres garnies, vingt-ſols, cy.　.　　.　　.　　.　　.　　1 l.

Aux grefiers des défauts.

Pour le défaut concluant, cinq ſols, cy.　　.　　.　　5 ſ.

Pour l'expedition de chacune ſentence en parchemin, dont la minute eſt dreſſée par le Procureur, de quelque grandeur qu'elle puiſſe être, vingt-trois ſols, cy.　.　　.　　.　　1 l. 3 ſ.

Plus, ſuivant l'édit de creation du 14. Mars 1691. ſeront perçûs pour les défauts faute de comparoir & faute de défendre, trente ſols pour chacun, & d'obſerver le reglement y porté, cy.　. . .　1 l. 10 ſ.

Leſquels ſeront tenus d'obſerver le reglement porté par arrêt de la Cour du 6. Septembre 1681.

Au grefier des inſinuations & garde Regiſtres des bannieres.

Même Edit.

Il leur ſera paié de trente ſix ſols du rôle de l'acte qui ſera inſinué, & ce pour le tranſcrire au long ſur le regiſtre des inſinuations, & metre le certificat ſur l'acte qui aura été inſinué, cy.　.　　.　　1 l. 16 ſ.

Et où les actes qui ſeront aportés ſeroient d'une écriture trop preſſée, ou bien écrite trop au large, la reduction ou augmentation ſe fera ſur le pied deux pages chaque rôle, la page vingt-deux lignes, & quinze ſillabes à la ligne.

S'il eſt requis de delivrer des expeditions des actes inſinués, il ſera paié à raiſon de cinq ſols du rôle des expeditions, le rôle contenant les pages & lignes comme deſſus, cy.　　.　　.　　.　　5 ſ.

Il ſera pareillement paié à raiſon de cinq ſols du rôle pour les expeditions qu'il delivrera, extraits des regiſtres des bannieres.

Aux grefiers commis des dépôts, & pour l'expedition de la moitié des sentences sur procés par écrit, tant au Civil qu'à la Police, & les quatre autres grefiers commis pour l'expedition de l'autre moitié desdites sentences du Civil & de la Police.

Pour l'expedition des sentences, y compris la minute, du vû des pieces, qui sera dreslé par lesdits grefiers, seront paiés à raison de dix sols du rôle, le rôle contenant vingt-deux lignes & quinze sillabes à la lignes, cy. . . . . 10 s.

Pour le produit & collation de chaque sac, soit des grosse d'apel, d'afaires beneficiales, procés extraordinaires ou procés ordinaires, dix sols, cy. . . . . . . 10 s.

Pour la communication de la production principale, dix sols, cy. . . . . . 10 s.

Pour les vacations lorsqu'ils travailleront aux afaires extraordinaires les deux tiers du Juge, sans pouvoir pretendre la grosse, cy. . . . .

Pour le produit des moiens de faux & jonction de la piece maintenuë vingt-un sols, cy. . . . . 1 l. 1 s.

Pour la decharge de chaque sac, dix sols pour la comunication des informations aux Avocats du Roy, cy. . . . 10 s.

Pour le port d'un procés au Parlement, vingt-cinq sols, cy. . 1 l. 5 s.

Pour l'expedition des decrets en matiere extraordinaire, trente-six sols, cy. . . . . 1 l. 16 s.

Pour sentence de recolement, quarante sols, cy. . . 2 l.

Pour la decharge d'un prisonier, trois livres, cy. . . 3 l.

Pour la prononciation d'une sentence renduë en matiere extraordinaire, trois livres, cy. . . . . 3 l.

Pour les executoires aux messagers, ou autres qui aportent les pieces ou informations, trente sols, cy. . . . 1 l. 10 s.

Pour les executoires de dépens qui se delivrent sur les declarations de dépens taxés par les Comissaires cinq sols, cy. . . 5 s.

Pour les interrogatoires en la Chambre du Conseil, lors du jugement des procés extraordinaires, trois livres, cy. . . 3 l.

Pour rendre les informations lorsqu'elles seront converties en enquêtes, vingt-cinq sols, cy. . . . 1 l. 5 s.

Des droits dûs aux grefiers du criminel, & un commis écrivain à la peau, reuni ausdits grefiers.

Pour l'expedition de chaque sentence, de quelque longueur qu'elle soit, renduë à l'audiance, dix-huit sols, cy. . . 18 s.

Pour l'expedition d'un decret, compris la comunication au Procureur du du Roy , quarante fix fols , cy.   .   .   46 f.

Pour les letres de comparution perfonelle , vingt-deux fols , cy..   22 f.

Pour le port d'une information au Parlement , vingt-cinq fols , cy.   .   .   .   .   1 l. 5 f.

Pour l'expedition d'une fentence de recolement , provifion & permiffion de publier monitoires, cinquante fols , cy.   2 l. 10 f.

Pour un acte de foumiffion de caution, trente-deux fols, cy..   1 l. 12 f.

Pour le recolement d'un temoin , dix fols , cy.   .   10 f.

Pour les vacations lors des interrogatoires ou recolemens & confrontations , lorfqu'ils font d'une longueur confiderable , & autres actes où les Juges fe taxent vacations auront les deux tiers du Juge fans groffe , cy.   .   .   .   .   .

Pour le produit d'un fac au grefe , colation & enregiftrement , dix fols , cy.   .   .   .   10 f.

Pour decharger une information du grefe , & en charger les Avocats du Roy , vingt-fols , cy.   .   .   1 l.

Pour l'interrogatoire fur la felette , trois livres quatre fols , cy . 3 l. 4 f.

Pour l'expedition des fentences fur procés par écrit , fera paié à raifon de dix fols du rôle en parchemin , le rôle contenant deux pages, cy.   .   .   .   10 f.

Pour dreffer la minute du vû & difpofitif de la fentence , trois livres quatre fols , cy.   .   .   3 l. 4 f.

Pour la decharge d'un prifonier, trois livres quatre fols , cy.. 3 l. 4 f.

Pour parapher les pieces d'un procés , & le porter au Parlement , trois livres , quatre fols , cy.   .   .   3 l. 4 f.

Pour la decharge & colation de chaque fac dix fols , cy. . .   10 f.

Pour l'expedition d'une ordonance pour transferer un prifonier , trente fols , cy.   .   .   1 l. 10 f.

Pour prononcer la fentence à un prifonier , trois livres quatre fols , cy.   .   .   3 l. 4 f.

Pour l'exécutoire lorfqu'un meffager ou autre aporte des informations ou autres pieces , trente fols , cy.   .   .   1 l. 10 f.

Pour la reception d'une fage-femme fept livres dix fols, cy.. 7 l. 10 f.

Pour la reception des fergens à verge & huiffiers à cheval , trois livres huit fols , cy.   .   .   3 l. 8 f.

Et les archers de Ville , trente fols , cy.   .   1 l. 10 f.

Pour raier un écrou , compris le procés verbal , trois livres quatre fols , cy.   .   .   .   3 l. 4 f.

Pour la publication des titres de revifion , trois livres , cy. . . 3 l.

Droits du certificateur des criées.

Pour certifier les criées , les examiner , les certifier , & en venir faire le raport à l'audiance , fept livres quatre fols , cy.   .   7 l. 4 f.

Lorfqu'il y aura plufieurs maifons , & heritages , & autres immeubles fituées en diferentes Paroiffes dans lefquelles on aura fait des

Edit du mois de Mars 1690.

criées, le droit fera augmenté à raifon de fept livres quatre fols:
cy.   .   .   .   .   7 l. 4 f.

Droits de grefier en chef.

Article 18. & 19. du reglement du mois de Fevrier 1679. enregiſtrés au Parlement le 17. Mars de la même année.

Pour l'expedition des jugemens & fentences provifoires & definitives, contradictoires & par défaut prononcées à l'audiance, & fur procés par écrit, decret, baux judiciaires, licitations, gardes nobles & bourgeoifies, tuteles, curateles, avis de parens, interdiction, benefice d'âge, émancipation, fera paié à raifon de vingt-deux fols du rôle, le rôle contenant deux pages, vingt-deux lignes à chacune, & quinze filabes à la ligne, cy.   .   .   .   1 l. 2 f.

Pour demi rôle deux fols, cy   .   .   2 f.

A l'exception toutesfois des fentences, & jugement qui feront rendus aux Chambres civile & de Police, pour des matieres au deffous de cent livres, pour lefquels il ne fera paié que la moitié des droits cy-deffus, onze fols par rôle, cy.   .   11 f.

Pour chacun acte de reception des oficiers de judicature, grefiers, commis, clercs, receveurs, huiffiers audianciers, & autres du corps du Châtelet, fera paié fix livres, cy.   .   6 l.

Pour chacun acte de reception de Procureur, quatre livres, cy. . 4 l.

Pour chacun acte de reception de fergent à verge, & à la douzaine, huiffiers à cheval, vendeurs de bled, oficiers de foin, langaieurs & autres oficiers & fages-femmes trois livres, cy.   3 l.

Pour les receptions des archers de Ville, vingt fols, cy. . 1 l.

Pour chacun decret de prife de corps, d'ajournement perfonel & d'affigné pour être oüi, vingt-cinq fols, cy.   .   1 l. 5 f.

Pour chaque letre de compulfoire & garde gardiene, de protection, de maitrifes & jurandes, feize fols, cy.   .   16 f.

Pour chacune infinuation de donation & publication de fubftitution, trois livres, cy.   .   .   3 l.

Pour chacune comiffion prife au grefe pour affigner, informer, faifir, apofition de fcelé, & executorie de depens, & aport de procés fept fols, fans que les droits ci-devant atachés aufdits grefiers puiffent nuire, ni prejudicier à chacun d'eux au fujet des pretentions refpectives qu'ils ont les uns à l'encontre des autres pour raifon d'aucune des fonctions de leurs charges fur lefquels ils font en procés au Parlement, & notament à celui qui eft entre les grefiers de la Chambre Civile, & les grefiers des procés par écrit, cy.   .   .   7 f.

Des droits des petites fignatures pour les quatre gardes minutes, & Secretaires du grefe.

Edit du mois de Fevrier 1690. portant creation

Toutes les fentences d'inftruction & autres actes qui s'expedient en

parchemin , & qui n'étoient pas fujets à la fignature , au terme de la declaration du Roy du mois de Fevrier 1679. feront à l'avenir fignés du
grefier en chef , pour le droit de laquelle fignature il ne fera paié que
huit fols pour chacun rôle de l'expedition en parchemin , cy. . 8 f.

*defdits offi-
ces de Se-
cretaire du
grefe &
droit de
petite figna.
ture.*

Lorfque lefdites fentences d'inftruction feront mifes par placard , il ne
fera paié pour droit de fignature pour chacune d'icele que huit fols ,
cy. . . . . . . 8 f.

Lefquels huit fols pour chacun rôle , nous avons atribué & attribuons
aufdits quatre fecretaires & gardes minutes dont ils feront bourfe comune pour en joüir chacun par quart, la fomme de 200. livres prealablement prife par le grefier en chef , pour chacun an , pour s'indemnifer
du quart du grefe , à lui apartenant , que nous avons réuni aux charges
des quinze grefiers commis à la peau par nôtre prefent édit.

Droits des geoliers.

*Arrêt du
Parlement
de Paris ,
portant re-
glement
pour les
grefiers &
geoliers &
guichetiers
des prifons,
du 11. Fe-
vrier 1690.*

Les prifoniers à la paille paieront pour gite & geolages par jour ,
un fol , cy. . . . . . 1 f.

Les prifonnires aux lits.

Pour l'entrée en la prifon, dix fols , cy. . . , 10 f.
Pour la fortie de la prifon dix fols , cy. . . . 10 f.
Ceux qui couchent feuls dans un lit , cinq fols par jour, cy . . 5 f.
Ceux qui couchent deux dans un lit , chacun trois fols, cy. . . 3 f.

Les prifonnieres.

Pour nourriture gites & geolages, trois livres par jour, cy. . . 3 l.
S'ils veulent être feuls dans une chambre à cheminé , ils paieront de
furplus une livre par jour qui eft quatre livres, cy. . . 4 l.
S'ils veulent être feuls dans une chambre fans cheminée , quinze
fols , cy. . . . . . . 15 f.

Les prifonniers des chambres deftinées à la penfion.

Pour un lit où ils coucheront feuls , gite & geolage par jour quinze
fols, cy. . . . . . 15 f.
S'ils couchent deux dans un lit , chacun dix fols , cy. . . 10 f.
S'ils veulent être feuls dans une chambre à cheminée , trente fols par
jour , cy. . . . . . 1 l. 10 f.
Pour une chambre fans cheminée , vingt fols , cy. . . . 1 l.

Droits des grefiers.

Pour un écrou & premier extrait dudit écrou, quinze fols, cy. .   15 f.
Pour une recomandation & premier extrait, dix fols, cy. . . . 10 f.
Pour un autre extrait des écrou & recomandation, dix fols, cy. . 10 f.
Pour les decharges des écrous, une livre , cy.   .   .   1 l.
Pour les decharges des recomandations, dix fols, cy.   .   .   10 f.
Pour les extrraits des decharges, dix fols , cy.   .   .   10 f.
Pour les quitances des fommes confignées , cy.   .   .
Pour aliment cinq fols, cy.   .   .   .   5 f.
Pour enregiftrement des faifies & opofitions, cinq fols, cy. . .   5 f.
Pour certificat qu'un acufé n'eft point prifonier , cinq fols, cy. . 5 f.
Pour les actes d'élection & revocation de domicile, cinq fols, cy.   5 f.
Pour tous autres certificats, à l'exception de ceux de ceffation & paie-
ment des aliments , cinq fols, cy.   ..   .   .   5 f.
   Les geoliers des prifons où il n'y a point de grefiers établis , ne pren-
dront pour les decharges des écrous que dix fols , cy.   .   . 10 f.
Pour les decharges des recomandations , cinq fols , cy. . . .   5 fi.
Pour les extraits cinq fols , cy.   .   .   .   5 f.
   Les guichetiers ne prendront aucuns droits , & auront feulement
leur nourriture , outre les gages qui feront au moins de cent livres,
cy.   .   .   .   .   ..   100 l.

Droits des Comiffaires aux faifies réeles.

*Edit du
mois de
Iuillet
1689. veri-
fié en Par-
lement le
8. defdits
mois & an.*

Aucuns Juges , Avocats & Procureurs , ou leurs Subftituts , ne peuvent
prendre part, directement ou indirectement , aux droits , & ofices de Comiffaires , aux faifies réeles dans leurs Jurifdictions , ou dans celle de
leur reffort, cy.   .   .   ..   .   Neam.
   Le Comiffaire prendra pour tous droits, fçavoir pour l'enregiftrement de chaque faifie réele des maifons, rentes & ofices , ou droits
compris dans la même faifie , trois livres, cy   ..   .   3 l.
   Pour l'enregiftrement de chaque faifie réele des terres , foit qu'elles
foient en fief ou en roture , & encore qu'il y ait plufieurs fiefs & heritages en roture compris dans la même faifie, quatre livres , cy. . . 4 l.
   Prendra auffi la même fomme de quatre livres , fi la faifie comprend en
même temps des maifons , rentes , ofices , ou droits, & de terres , foit en
fief ou en roture , & il ne pourra en aucun cas prendre plus grands droits
que quatre livres , quelque nombre qu'il y ait de maifons , rentes , ofices , droits & terres en fief , ou roture , cy   .   .   .
   Pour un acte de refus, vingt fols, cy.   .   .   20 f.
   Et en cas que l'article pour lequel il donera fon refus ait été tranfcrit fur fon regiftre aux termes de l'article onziéme , quarante fols,
cy.   .   .   .   .   2 l.
   Pour chaque extrait qu'il delivrera du livre d'apport , dix fols ,
cy.   ..   ..   10 f.

Pour chaque extrait du Regiſtre des ſaiſies réeles dix ſols, cy. . 10 ſ.

. Pour tous les frais qu'il fera pour parvenir aux baux judiciaires, & pour tous ſes droits, lorſque le prix ſera de trois cens livres & au deſ-ſous, huit livres, cy. . . . . 8 l.

Si le bail eſt au deſſus de trois cens livres, à quelque ſomme qu'il ſe monte, douze livres, cy. . . . . 12 l.

Il aura les mêmes droits de huit & douze livres, pour les ſentences de converſion, des baux conventionels, & pour tous les frais par lui faits pour y parvenir, ſans qu'il prendre aucuns autres droits pour frais de publications, apoſitions d'afiches, ſignifications d'ordonance de Juges, remiſes, droits ou vacations de ſon Procureur, exploits de comandement, voiages, ou pour quelque autre cauſe que ce ſoit, à peine du quadruple, ſauf dans les juſtices, l'expedition du grefier, & dans nos Cours où l'uſage eſt de proceder devant l'un des Conſeillers Comiſſaires, les vacations du Juge & l'expedition du grefier, ſans qu'il puiſſe être introduit ailleurs, & auſſi ſans que les frais des baux judiciaires, dont le prix ne ſera que de cent livres & au deſſous, puiſſent en ce cas exceder vingt livres pour toute choſe, cy. . . 8 & 12 l.

Pour tous les frais & droits des comptes qu'il rendra des baux de trois cens livres, & au deſſous, dix livres, cy. . . . 10 l.

Pour ceux des baux au deſſus de trois cens livres, dix-huit livres, cy. . . . . . . 18 l.

Pour chaque rôle pour l'écriture des comptes, cinq ſols, cy. . . 5 ſ.

Pour les copies bien écrites, moitié de la groſſe, cy. . . .

Le tout ſans y comprendre le papier timbré.

Pour chaque bref état de ſa recete & dépenſe, qui ſera tirée par extrait de ſon regiſtre, à la requiſition du pourſuivant, ou des creanciers opoſans, ou autres parties intereſſées, trois livres, cy. . . . 3 l.

Il ne ſera pris aucun droit pour preſentation de compte, taxe, ou aſſiſtance, ſalaire ou vacations, tant de celui que des Avocats ou Procureurs, & generalement pour quelque cauſe, & ſous quelque pretexte que ce ſoit, à peine de quadruple, cy. . . . . *Neant.*

De tous les deniers depoſés en ſes mains, dix-huit deniers pour livre, cy. . . . . . 1 ſ. 6 d.

Sera pris aucun droit ſur les ſommes qu'il emploiera en réele, à la charge de repriſe, ni ſur les quitances qui lui auront été donées en paiement par les fermiers, locataires ou debiteurs, cy. . . *Neant.*

Le droit ſera pris ſeulement ſur les ſommes dont demeurera relicataire par ſon compte & ſur celles qu'il aura paiées en vertu de ſentences ou arrêts aux termes de l'article 18.

Ne ſera dûs aucuns autres, ni plus grands droits aux Comiſſaires, & à leurs comis, que ceux qui leur ſont atribués par ces preſentes, quand même ils leur ſeront oferts volontairement, à peine du quadruple de ce qu'ils auront indûëment reçû, & de 500. livres d'amande pour chaque contravention.

Droits du Receveur des consignations.

Edit du mois de Fevrier 1689. verifié en Parlement le 28.

Tous adjudicataires d'immeubles, ofices, droits, & autres biens tenant nature d'immeubles vendus, tant par decret forcé, que par arrêts, sentences ou jugemens, seront contraints comme depositaires de justice d'en consigner le prix entre les mains du receveur, huitaine aprés l'adjudication, ou le jugement, & de leur paier leurs droits de consignation, à raison de douze deniers pour livre, cy.   .   .   .   12 d.

Si ce n'est qu'au temps de l'adjudication ou vente, il n'y ait aucunes opositions ou saisies, ou qu'il y en ait une main levée pure & simple, sans autre condition que de se pourvoir sur les autres biens du saisi.

Le prix des biens vendus par licitation, même à d'autres qu'aux partageans, ne sera point sujet à consignation, ni à aucuns droits si ce n'est qu'au jour de l'adjudication il y eût quelque saisie ou oposition subsistante, auquel cas si la saisie est faite sur le total du prix, le tout sera consigné, & les droits paiés à raison de six deniers, cy. . .   6 d.

Et si elle n'est faite que sur l'un des partageans, le prix de sa part seulement sera consigné, & les droits paiés jusques à concurrence, pourront toutefois ceux sur qui les saisies auront été faites, convenir ou faire ordoner avec les saisissans ou oposans, que l'adjudicataire leur paiera leur part du prix, auquel cas il n'y aura lieu à la consignation, ny au paiement des droits ce qu'ils pourront faire même aprés l'adjudication, pourveu que ce soit dans quinzaine du jour des saisies & opositions formées.

Ne sera sujet à consignation, ni à aucuns droits, le prix des biens vendus par decret volontaire, s'il n'y a aucunes opositions subsistantes au temps du decret, & s'il y en a le prix, sera consigné & les droits paiés aussi à raison de six deniers pour livre, cy.   6 d.

Mais si elles sont converties en saisies & arrêts, il n'y aura lieu à la consignation, ni aux droits, pourveu que l'ordre & la distribution du prix ne se fasse point en Justice, sur les contestations reglées entre les creanciers, auquel cas le prix sera consigné, & les mêmes droits paiés, cy   .   .   .   .   6 d.

Les saisies & opositions faites entre les mains des aquereurs depuis les ajudications par licitation, ou depuis les decrets delivrés & scelés, ne donneront aussi lieu à la consignation, ni au paiement des droits, s'il n'y a instance de preference entre les creanciers, auquel cas le prix sera consigné, & les droits paiés à raison de deux deniers pour livre seulement, cy   .   .   .   .   2 d.

Lorsque les provisions des offices dont le prix est entre les mains du receveur de nos revenus casuels, auront été scelées à la charge des opositions, si l'ancien titulaire, ses heritiers, ou aians cause, n'en raportent la main levée pure & simple dans le mois du jour du sceau, le prix en sera porté aux consignations de nôtre Parlement de Paris & les droits paiés à raison de deux deniers pour livre, encore que les contestations entre les creanciers fur la diftribution du prix , foient pendantes en d'autres Cours ou Jurifdictions , fi ce n'eft qu'elles foient portées aux requêtes de nôtre Palais à Paris , auquel cas les deniers y feront confignés & les mêmes droits paiés , cy • • • 2 d.

Ne feront auffi fujets à confignation, ni à aucuns droits les deniers procedans des biens fequeftrés, ou de meubles vendus en Juftice , ni ceux qui feront faifis entre les mains des debiteurs , ou depofés par les parties fans ordonance de Juftice entre les mains des perfonnes dont elles feront convenues , mais fi dans la fuite il y a inftance de preference entre les creanciers faififfans, ils feront portés aux confignations , & les mêmes droits paiés , cy • • *Idem.*

Le même droit de deux deniers pour livre fera paié au receveur pour toutes autres fommes de deniers dont la confignation fera ordonée en juftice , cy • • • • 2 d.

Les Juftices des Seigneurs dans Paris ont été fuprimées par l'édit de creation du nouveau Châtelet , en Fevrier 1674. qui depuis n'en fait qu'un avec l'ancien.

Droits des receveurs des amandes & épices dans toutes les Cours.

Edit du 15. Fevrier 1691.

Il leur eft attribué deux fols pour livre du montant defdites amandes tant de confignations qu'autres , lefquelles à l'avenir feront confignées , outre le prix d'icelles amandes & épices , cy • • • 2 f.

Taxe des voiages pour le Châtelet de Paris.

Aux caufes de la Chambre civile ne fera taxé aucun voiage, cy . . *Neant.*

Aux caufes jugées au parc civil & prefidial , à l'audiance fera taxé deux voiages , & au procés par écrit trois , pourveu qu'ils foient afirmés fuivant l'ordonance.

Quand les parties feront demeurantes dans la Ville , Faux-bourgs , & banlieuës de Paris , auquel cas ne fera taxé aucun voiage ni fejour , cy • • • • • *Neant*

Dans la taxe des voiages , la journée fera comptée à raifon de dix lieuës par jour.

Lorfqu'il n'y aura que fix lieuës au deffous , il ne fera taxé qu'une journée pour venir & le retour fans taxer aucun fejour.

Au deffus de fix lieuës , jufques à dix inclufivement , fera taxé deux journées feulement pour venir & le retour y compris le fejour , cy . . .

Au deffus de dix lieuës fera taxé un jour de fejour , & autant de journées qu'il y aura de fois dix lieuës , ce qui fera augmenté à proportion des lieuës tant pour venir que pour le retour , cy . . . .

Pour chaque journée d'un Gentil-homme , fera taxé fix livres , cy • • • • • 6 l.

Aux Oficiers des Cours fouveraines , Lieutenans generaux & Prefidens aux Prefidiaux , pareille fomme de fix livres par jour , cy. . . 6 l.

Aux Eclefiaftiques nobles , pareille fomme de fix livres , cy . . 6 l.

Aux Confeillers des Prefidiaux , Bailliages , Prevôts , Oficiers des Elections, greniers à fel , & autres de judicature , indefiniment , cinq livres par jour , cy   .   .   .   .   5 l.

Aux bourgeois des Villes , receveurs ou fermiers, Grefiers , Notaires Roiaux , Procureurs & fergens , quatre livres, cy . . . . 4 l.

Aux artifans, gens de metier des Villes , habitans des Paroiffes & vilages , & autres perfones , quarante fols , cy . . . . 2 l.

Voiés l'artêt de la Cour portant reglement fur les voiages & fejours, lequel a été ci-devant raporté , enfuite de la taxe des dépens du Parlement de Paris , & le reglement de Monfieur le Lieutenant Civil dudit Châtelet de Paris , ci-deffus cité.

Edit du 16
Juin 1690.
portant
creation de
jurés ex-
perts & de
grefiers de
l'écritoire.

Droits des jurés experts , Charpentiers & maffons , & grefiers de l'Ecritoire.

Pour la Ville & faux-bourgs de Paris , pour chaque vacation à chacun fix livres , cy   .   .   .   .   6 l.

Et lorfqu'ils feront obligés de fe tranfporter dans la banlieuë de la Ville de Paris, fept livres dix fols, cy   .   .   7 l. 10 f.

Maçonerie.

Murs en fondation depuis vingt-deux pouces d'épaiffeurs , jufques à vingthuit pouces , dans lefquels il y a des portes des caves de pierre fermées enceintes , chaîne de pierre , fous les arcs , à vingt-huit livres la toife quarrée, cy   .   .   .   .   28 l.

Murs de faces de pierre de taille de faint Leu , avec quatre affifes de pierre dure d'arcueil par bas , faifant parement de deux côtés en cinq pieds de haut de vingt-deux pouces d'epaiffeur par bas , plinte, apui & entablement à trente trois livres la toife quarrée , cy . . . . . 33 l.

Murs mitoiens de vingt pouces , d'épaiffeur par bas , dans lefquels il y a des jambes de pierre de taille fous les poutres & fous les pens de bois, de moilon piqué au furplus du mur à quinze livres la toife quarrée, cy   .   .   .   .   15 l.

Murs de refau au deffus du rez de chauffée, avec pieds droits aux portes de pierre de taille, une affife de pierre de taille dure par bas , faifant parpie de dix-huit pouces d'épaiffeur, à treize livres la toife quarée, cy.. 13 l.

Voutes de caves, & des aifances , avec arcs de pierre de taille dure de neuf livres douze pieds d'efpace de milieu en milieu de quatorze pouces d'épaiffeur au couvronement à onze livres la toife quarrée, cy   .   .   .   .   11 l.

Marche de pierre dure d'arcueil pour les grands efcaliers moulées , murs de chiffres de pierre , aufquelles il y aura deux affifes de pierre dure par bas , le furplus de faint Leu , à vingt-deux livres la toife quarrée, cy   .   .   .   .   .   22 l.

Murs

Murs circulaires de puits, avec des affifes de pierre de taille, cranponées par bas, le furplus de moilon piqué de dix-huit pouces d'épaiffeur, à dix-huit livres la toife quarrée, cy . . . . . . 18 l.

Souches de cheminées, de brique, avec pluite & fermeture de pierre de taille de faint Leu, à treize livres la toife quarrée, cy. . . 13 l.

Marches de pierre dure pour les defcentes de caves & échiface avec têtes de pierre dure de quinze pouces d'épaiffeur, à dix-huit livres la toife quarrée, cy . . . . 18 l.

Bornes de pierre dure de quatre pieds de long feulement, & pofes d'icelles, à huit livres piece, cy . . . 8 l.

Les menus ouvrages de plâtre, comme tuyaux, manteaux, fouches de cheminées, lambris, corniches, cloifons, aire pavé de petit carreau, fcellement de lambourde, & autres à fept livres la toife quarrée, cy . . . 7 l.

Fovilles, tranfports & enlevement des terres maffives, tant pour les caves que pour les foffes d'aifances, qu'autres terres, fuivant l'éloignement de la decharge, à huit livres la toife cube, cy . . . . . . 8 l.

Charpenterie de bois, tant neuf que vieux.

Le cent de bois neuf, tant pour les combles, planchers, cloifons, pavés de bois, efcaliers pofés & mis en œuvre, toifés aux us & coutumes de Paris, à trois cens trente livres, le cent de bois, cy . . 330 l.

Le cent de vieil bois pour le remploi aux ouvrages pareils que deffus, à feptante cinq livres le cent de bois, cy . . . 75 l.

Le cent de vieil bois provenant des demolitions de bâtimens, que les Charpentiers remploient, ils en tiennent compte aux Bourgeois fur le pied de deux cens livres le cent, cy . . . 200 l.

Le cent de vieil bois de fapin, provenant de la demolition d'un bâtiment que l'on refait de neuf, que les Charpentiers remploient, ils tiennent compte fur le pied de cent cinquante livres le cent, cy . . . . 150 l.

Couvertures d'ardoifes fortes, tuiles maniées à bout & recherchées.

La toife de Couverture d'ardoife avec lattes & contre lattes de chêne de trois pouces huit lignes de reau, à neuf livres la toife quarrée, cy . . . . 9 l.

La couverture d'ardoifes fortes de carteles, pour les dômes depuis deux pouces de pureau latté comme deffus, à vingt-une livre la toife quarrée, cy . . . 21 l.

La couverture de tuile neuve de grands moules de paffi, ou de fauxbourg faint Germain, laté de quatre pouces de pureau ou echantillon, à fept livres le toife quarrée, cy . . . 7 l.

La couverture de tuile neuve de grands moules, comme deffus, à claire voie, latée comme deffus, à fix livres quinze fols, la toife quarrée, cy . . . 6 l. 15 f.

La recherche detuile pour chacune toise quarrée de trente six pieds de superficie pour toise à quinze sols la toise quarée, cy . . . . , 15 f.

La couverture de tuile mince à bout latée de neuf, decouverte & re-couverte, pour chacune toise de trente six pieds de superficie, à une livre quinze sols la toise quarrée, cy . . . . 1 l. 15 f.

La couverture de recherche d'ardoise pour le racordement des anciens combles dans les ouvrages neufs, à une livre cinq sols, cy . . . . 1 l. 5 f.

Plomberie de bâtimens & pour les tuyaux de fontaine.

Le cent de plomb, tant pour terrasses, noux, nocquets, pieds droits enfêtemens, brisiers, bourseaux, menbrons, annusures, cheneaux, ravettes, cuvettes, canons de sante, soudure à dix-sept livres dix sols le cent pesant, cy . . . . 17 l. 10 f.

Les vieux plombds qui se pouront remploier, à quatre livres le cent emploié en œuvre, cy. . . . . . 4 l.

Les tuyaux de plombs pour les fontaines, soudés de long avec nœuds de soudure pour les joindre, faire les tranchées pour poser lesdits conduits & les remplir, à seize livres dix sols, le cent en œuvre, cy . . . . 16 l. 10 f.

Les tuyaux moulés pour les fontaines avec nœud de soudures pour les joindre, depuis deux pouces de diametre jusqu'à six pouces aussi de diametre, les tranchées & remplages, comme dessus, à quatorze livres le cent posé & mis en œuvre, cy . . . . 14 l.

Menuiseries pour bâtimens ordinaires.

Les croisées à panneau de verre, avec chassis dormans, chassis à panneaux v. lets brisés, derriere aboument de quatre pieds de large, à deux livres dix sols le pied courant, toise sur la hauteur seulement, à deux livres dix sols le pied courant, cy . . . . 2 l. 10 f.

Les croisées, saverbolets de pareille largeur & hauteur comme dessus, pour métre sur les escaliers & autres endroits, à trente sols le pied courant, toise sur la hauteur seulement à une livre dix sols le pied courant, cy . . . . . . 1 l. 10 f.

Les portes à placard de six pieds neuf pouces de haut sur trois pieds d'ouverture avec deux chambranles & revétemens, tant des murs de dix-huit pouces d'épaisseur que dans les cloisons, à vingt sept livres pour chacune porte, cy . . . . 27 l.

Les lambris à hauteur d'apui de deux pieds huit pouces de haut avec pilastres & compartimens de cadres ornés d'un tallon & d'une baguette, le panneau ravalé à huit livres pour chacune toise courante, cy . . 8 l.

Les chambranles de cheminées, avec revétemens de jambages par les dehors, gorches & gorniches au dessus posées en places, à vingt-deux livres piece en place, cy . . . . , 22 l.

La toise de parquet ordinaire, dont le bâtis sera d'un pouce, les

panneaux d'un pouce pofés & atachés fur des lambourdes de trois pouces en quarré , pofés & atachés en place , à vingt quatre livres la toife
quarrée, cy . . . . 24 l.

Les portes de bois de chêne d'un pouce d'épaiffeur , emboîtées par
les deux bouts avec trois clefs dans les joints & languettes de fix pieds
neuf pouces de haut fur deux pieds trois pouces de large , à trois livres
piece, cy . . . 3 l.

Les portes auffi de bois de chêne de quinze lignes d'épaiffeur de fix
pieds & demi de haut fur deux pieds dix pouces le large avec emboiture,
clefs & languettes comme deffus , à cinq livres dix fols piece ;
cy . . . . 5 l. 10 f.

Les portes cocheres de huit pieds & demi de large fur douze pieds de
haut à l'ordinaire , tant pour groffeur , largeur & épaiffeur de bois fec ,
cent cinquante livres chacune , cy . . . 150 l.

Les portes de caves de quinze à feize lignes d'épaiffeur de bois de chêne garnies par derriere de trois barres de quatre à cinq pouces de large
à quatre livres dix fols piece , cy . . . 4 l. 10 f.

Serrureries & gros fers.

Tout le gros fer pour les bâtimens tant ancres, tirans, harpons , étriers,
equieres , grilles à mi mur avec traverfis , grilles & faillies , corbeaux
& autres fers , à onze livres le cent pefant , toutes les chevilles tant
pour la maçonnerie que pour la charpenterie pour bâtimens ordinaires ,
à onze livres le cent pefant , cy , . . 11 l.

La douzaine de dens de loup, pour fervir à la charpenterie , à cinq
fols la douzaine , cy. . . . 5 f.

Les crochets pour fervir aux cheneaux de plomb , à quatre fols onze
deniers le pied , cy. . . . 4 f. 11 d.

Les crochets à enfefter le plomb des combles à onze fols trois deniers
la piece , cy. . . . 11 f. 3 d.

La ferrure d'une porte à placard , garnie de deux fiches à gonds , de
neuf à dix pouces de haut , deux targuettes à panaches , deux crampons , une rofette , une entrée , le tout poli , à treize livres dix fols ,
cy. . . . . 13 l. 10 f.

La ferrure d'une porte cochere à l'ordinaire , de quatre groffes fiches
à gonds , une groffe ferrure , deux groffes targetes à crampons , deux fiches pour le guichet , de quatorze pouces de haut , une boucle, un fleau
à fept livres la piece , cy. . . 7 l.

La ferrure d'une porte d'un pouce , deux fiches à gonds , deux targetes, deux crampons , une ferrure à tour & demi , une gache , une entrée , un bouton, une rofete , le tout étamé à fix livres cinq fols piece , cy. . . . 6 l. 5 f.

La ferrure d'une porte de quinze lignes , garnie comme deffus à cinq
livres cinq fols piece , cy. . . 5 l. 5 f.

Les fiches pour les croifées à l'ordinaire , à trois fols fix deniers piece
atachées en place , cy. . . 3 f. 6 d.

Les targettes fortes & non comunes, atachées en place, & étamées à la poële, à cinq fols piece, cy.   .   .   .   5 f.

Les targettes comunes en oval, à la feuille, à trois fols chacune atachées en place, cy.   .   .   .   3 f.

Les ferrures de porte de cave avec deux fiches à gonds, une forte ferrure, à quatre livres dix fols piece, cy.   .   4 l. 10 f.

Les ferrures des portes des lieux, à trois livres cinq fols piece, cy.   .   .   .   3 l. 5 f.

Les pates en plâtre ou en bois, depuis fix pouces jufques à huit pouces de long, à deux fols fix deniers piece, cy.   .   2 f. 6 d.

Les pates en plâtre ou en bois, depuis quatre pouces jufques à fix pouces de long, à un fol neuf deniers piece, cy.   .   1 f. 9 d.

Vitreries.

Le pied quarré de cent quarante quatre pouces de fuperficie des panneaux de verre en plomb, de la maniere qu'ils fe font dans les bâtimens ordinaires, à fix fols fix deniers le pied quarré, cy.   .   6 f. 6 d.

Les carreaux pour les chaffis, tant ceux colés, & en papier, qu'aux entourés de plomb, arêtés aux quatre coins avec pointes à fept fols fix deniers le pied reduit, cy.   .   .   .   7 f. 6 d.

Impreffion en huile, & en détrempe.

L'impreffion en huile de jaune, de couleur de bois de luth, de deux couches, la travée de fix toifes de fuperficie, montant à deux cent feize pieds, à quatre livres quinze fols la travée, cy.   .   4 l. 15 f.

L'impreffion de blanc de cerufe, à huile de noix, de deux couches, de fix toifes de fuperficies, comme deffus, pour travées, à fept livres la travée de deux cent feize pieds, cy.   .   7 l.

L'impreffion de jaune en detrempe de deux couches, enfemble l'impreffion en blanc auffi de deux couches, fix toifes quarrées, pour travée, à deux livres cinq fols la travée, cy.   .   .   2 l. 5 f.

L'impreffion pour les berceaux peints en vert de montagne, dont une couche de blanc de cerufe, & l'autre de vert, dont les échalas feront efpacés de fix pouces, à une livre douze fols la toife, cy.   1 l. 12 f.

Pavé de grais.

Le gros pavé des ruës, de fept à huit pouces quarré, pofé fur une forme de fable à huit livres dix fols la toife quarrée, cy.   .   8 l. 10 f.

Le pavé fendu en deux, taillé & pofé avec mortier fait de chaux & fable à fept livres la toife quarrée, cy.   .   7 l.

De pareil pavé pofé avec mortier fait avec chaux & ciment, à huit livres dix fols la toife quarrée, cy.   .   8 l. 10 f.

De pavé vieil fourni par le paveur pofé avec mortier fait de chaux & ciment, à fix livres la toife quarrée, cy.   .   6 l.

De pavé vieil fourni par le paveur posé avec mortier fait de chaux & sable à trois livres dix sols la toise quarrée, cy. . . 3 l. 10 f.

De pavé vieil fourni par le bourgeois, posé à chaux & ciment, à trois livres la toise quarrée, cy. . . . . . 3 l.

De pavé vieil fourni par le Bourgeois, posé avec mortier, à une livre dix sols la toise, cy. . . . 1 l. 10 f.

Droits des Comiſſionaires & facteurs de toutes ſortes de marchandiſes en la Ville & faux-bourgs de Paris.

Pour chacun muid de bled, avoine & autres grains en farine, trois livres, cy. . . . . . 3 l.

Pour chacun muid de vin, une livre, cy. . . . 1 l.

Pour chacun millier de foin, trois livres, cy. . . 3 l.

Pour chacun bateau de charbon de bois, quatorze livres, cy. . 14 l.

Pour chacun bateau de charbon de terre, quinze livres, cy. . . 15 l.

Pour chaque voie de bois à bruler, cinq ſols, cy. . . 5 l.

Pour chaque boutique de poiſſon d'eau douce, quinze livres, cy. 15 l.

Droits des Jurés recoleurs & chargeurs de tonneaux de vin, & autres liqueurs.

Pour chacun muid ou demi queuë de vin deux ſols, cy. . 2 f.

Pour chacun demi muid de vin un ſol ſix deniers, cy. . 1 f. 6 d.

Et pour les autres futailles plus grandes ou plus petites à proportion pour tous les droits de roulages ou chargeages generalement quelconques.

Des droits qui doivent être païés aux grefiers des inſinuations Eccleſiaſtiques.

Edit du mois de Decembre 1691.

Pour l'inſinuation des Bulles d'Archevêché ou Evêché, & la priſe de poſſeſſion, trente livres, cy. . . . 30 l.

Pour l'inſinuation des Bulles d'Abayes, fulminations, & priſe de poſſeſſion, vingt-livres, cy. . . . . 20 l.

Pour l'inſinuation des Bulles de Prieurés conventuels de nomination Roïale, fulmination & priſe de poſſeſſion, dix-huit livres, cy. . 18 l.

Pour l'inſinuation des Bulles des premieres dignités des Egliſes Cathedrales, & Prieurés conventuels, collatifs, fulmination de Bulles & priſe de poſſeſſion, quinze livres, cy. . . . 15 l.

Et s'il n'y a qu'une colation de l'ordinaire & une priſe de poſſeſſion, douze livres, cy. . . . . 12 l.

Pour les Bulles des premieres dignités des Egliſes Colegiales, fulmination, & priſe de poſſeſſion neuf livres, cy. . . 9 l.

Et s'il n'y a qu'une colation de l'ordinaire, & une priſe de poſſeſſion, ſix livres, cy. . . . . 6 l.

Pour les ſignatures des dignités perſonats & ofices des Egliſes Cathedrales, *Vifa*, & prife de poffeffion, huit livres, cy. 8 l.

Et s'il n'y a qu'une collation de l'ordinaire & prife de poffeffion fept livres, cy. 7 l.

Pour les fignatures des dignités perfonats des Eglifes Colegiales, *Vifa*, prife de poffeffion, fept livres, cy. 7 l.

S'il n'y a qu'une colation de l'ordinaire & prife de poffeffion, fix livres, cy. 6 l.

Pour les fignatures des Prebandes des Eglifes Metropolitaines & Cathedrales, *Vifa*, & prife de poffeffion, fix livres, cy. 6 l.

Et s'il n'y a qu'une colation de l'ordinaire, & prife de poffeffion, cinq livres, cy. 5 l.

Pour les fignatures des Prebendes des Eglifes Colegiales, *Vifa*, prife de poffeffion & publication, cinq livres, cy. 5 l.

S'il n'y a qu'une colation de l'ordinaire, & une prife de poffeffion, quatre livres, cy. 4 l.

Pour les prifes de poffeffion des premieres dignités des Eglifes Cathedrales en vertu des provifions en regale, huit livres, cy. 8 l.

Prife de poffeffion des dignités perfonats & ofices des Eglifes Cathedrales, en vertu des provifions en regale, quatre livres, cy. 4 l.

Prife de poffeffion des Prebendes des Eglifes Cathedrales & Colegiales en vertu de provifions en regale, trois livres, cy. 3 l.

Prife de poffeffion des premieres dignités des Eglifes de fondation Roïale, quatre livres, cy. 4 l.

Prife de poffeffion des dignités perfonats, & ofices des Eglifes, de fondation & colation Roïale, trois livres dix fols, cy. 3 l. 10 f.

Prife de poffeffion des Prebendes dans les Chapitres de fondation & colation Roïale, deux livres, cy. 2 l.

Signature en forme comiffoire ou gratieufe, *Vifa*, prife de poffeffion des femi-Prebendes, Chapelenies, Chapeles, & autres Benefices du bas Chœur des Eglifes Cathedrales & Colegiales, quatre livres, cy. 4 l.

Et s'il n'y a qu'une collation de l'ordinaire, & une prife de poffeffion trois livres, cy. 3 l.

Signature des Prieurés fimples en titre, ou comende, en forme comiffoire, ou gratieufe, *Vifa*, prife de poffeffion, & publication, huit livres, cy. 8 l.

Et s'il n'y a qu'une collation de l'ordinaire & une prife de poffeffion, fix livres, cy. 6 l.

Signature en forme comiffoire ou gratieufe, *Vifa* & prife de poffeffion d'ofices clauftraux, trois livres, cy. 3 l.

Et s'il n'y a qu'une collation de l'ordinaire, & une prife de poffeffion deux livres, cy. 2 l.

Signature de nouvele comande, trois livres, cy. 3 l.

Signature de Prieuré, Cure, en titre ou en comande, Curés, Vicaires perpetuels, Chapelenies & Chapeles, *Vifa*, prife de poffeffion & publication, cinq livres, cy. 5 l.

Et s'il n'y a qu'une collation de l'ordinaire, & une prife de poffeffion quatre livres, cy. 4 l.

Prefentations, reprefentations, mandemens d'intromifation, & requifitions de provifions, ou *Vifa*, avec refus, ou fans refus, ateftation de
vie & mœurs, pour faire expedier en forme gratieufe, procuration pour
prendre poffeffion, fera paié pour chacun defdits actes, dix fols, cy.. 10 f.

Les concordats, & homologation d'iceux, à Rome, ou à la legation
trois livres, cy. . . . . . 3 l.

Procurations pour refigner en faveur purement & fimplement pour
caufe de permutation, ou en quelque autre façon & maniere que ce foit,
une livre dix fols, cy. . . . . 1 l. 10 f.

Revocation de procuration pour refigner & fignification d'icele, une
livre dix fols, cy. . . . . 1 l. 10 f.

Retractation d'une revocation de procuration pour refigner, & fignification d'icele, une livre dix fols, cy. . . . 1 l. 10 f.

Repudiation d'une refignation ou autre provifion, une livre, cy. . 1 l.

Creation de penfion fur Archevêchés, Evêchés, Abayes, Prieurés conventuels de nomination Roiale, huit livres, cy. . . 8 l.

Creation de penfion fur les autres Benefices, quatre livres, cy. . 4 l.

Procuration pour confentir la reduction, ou extinction d'une penfion,
une livre, cy. . . . . . 1 l.

Signature d'extinction de penfion fur un Benefice de nomination Roiale, fix livres, cy. . . . . 6 l.

Signature d'extinction de penfion fur un autre Benefice, trois livres,
cy. . . . . . . 3 l.

fignification des lettres d'induls de joieux avenement & de ferment de
fidelité, procurations, fera paié pour chacun defdits actes, une livre, cy. . . . . . 1 l.

Lettres de degrés, certificats de temps d'étude, nominations par les
Univerfités, fignifications defdites letres, procuration pour notifier le
nom & le furnom d'un gradué en temps de Carême, acte de notification,
procuration pour requerir Benefices, requifitions, fera paié pour chacun
defdits actes, une livre, cy. . . . . 1 l.

Chaque letre d'ordre, dix fols, cy. . . . 10 f.

Demiffoire pour prendre les ordres, dix fols, cy. . 10 f.

Indult pour être promû aux ordres hors les quatre temps, une livre
dix fols, cy. . . . . 1 l. 10 f.

Indult pour être promû aux ordres avant l'âge & autres difpenfes de
Rome, ou de la legation, fur la promotion, rehabilitation aux ordres,
ou abfolution, *à male promotione*, fera paié pour chacun defdits Induls,
& difpenfe, quatre livres, cy. . . . 4 l.

Proteftation contre la promotion avec ordre de Soudiacre, & de Diacre, une livre, cy. . . . . . 1 l.

Bref declaratoire de nullité de la promotion à l'ordre de Soûdiacre,
ou de Diacre, & fentence de fulmination, quatre livres, cy. . . 4 l.

Les decrets de ration, fupreffion & union de Benefices, douze livres, cy. . . . . . 12 l.

Difpenfe d'âge fans provifion, pour tenir des Abbayes, Prieurés conventuels, ou autres Benefices, douze livres, cy. . . 12 l.

Difpenfe fans provifion fur le défaut de naiffance, pour tenir Benefices, fix livres, cy. 6 l.

Bref de difpenfe fur bigamie, *ad ordines Benefica*, douze livres, cy. 12 l.

Difpenfe fur irregularité jugée, & fentence de fulmination, quatre livres, cy. 4 l.

Difpenfe pour feculiers & Religieux, fur incompatibilité de Benefices, fix livres, cy. 6 l.

Certificat de Banquier, que la grace eft acordée, fentence ou arrêt portant permiffion de prendre poffeffion, prife de poffeffion deux livres, cy. 2 l.

Actes de vêture, Noviciat & profeffion dans les Monafteres non mandians une livre dix fols, cy. 1 l. 10 f.

Indult de tranflation d'un ordre à un autre pour y tenir Benefices fix livres, cy. 6 l.

Acte de reclamation d'un Religieux contre fa profeffion, une livre, cy. 1 l.

Bref declaratoire de nullité d'une profeffion Religieufe, & fentence de fulmination, quatre livres, cy. 4 l.

Difpenfe de mariage entre pauvres, & fentence de fulmination feront regiftrées gratuitement, cy. *Neant.*

Difpenfe de mariage entre riches fans caufe ou avec caufe & fentence de fulmination douze livres, cy. 12 l.

Difpenfe d'un ou de deux bans de mariage, trois livres, cy. 3 l.

Letres de Vicariat pour prefenter & conferer Benefices dependans d'une dignité, cinq livres, cy. 5 l.

Procuration d'un Chanoine abfent pour nommer aux Benefices vacans en fon tour une livre, cy. 1 l.

Provifions d'Oficial ou Vice-gerent, cinq livres, cy. 5 l.

Provifions de Promoteur, de Subftitut de Promoteur, & de grefier de l'Oficialité, fera paié pour chacune trois livres, cy. 3 l.

Acte de revocation des lettres d'un Vicaire general, ou de remerciement fait par les Prelats ou Chapitres, à un Oficier, Vicegerent, Promoteur, Subftitut de Promoteur, & grefier de l'Oficialité, fera paié pour chacun une livre, cy. 1 l.

Fondation à perpetuité d'un Benefice, quatre livres, cy. 4 l.

Fondation de preftimonie, faluts, proceffions, & obits, deux livres, cy. 2 l.

Il fera paié pour les Bulles & fignatures de la legation, les mêmes droits que ceux qui feront taxés pour les Bulles, Brefs & fignatures expediées à Rome, fait fa Majefté défenfes aux grefiers des infinuations Eclefiaftiques, & à leurs commis, d'exiger ni recevoir, fous quelque pretexte que ce puiffe être plus grande fomme que celle contenue au prefent tarif, encore qu'elle leur fût volontairement oferte, à peine de concuffion.